Guía de los
FUNDAMENTOS PARA LA
DIRECCIÓN DE PROYECTOS

(*Guía del PMBOK®*)

Sexta edición

Datos de Catalogación en Publicación de la Biblioteca del Congreso.

Nombres: Project Management Institute, Inc., editor.
Título: La guía de los fundamentos para la dirección de proyectos (Guía del PMBOK) / Project Management Institute.
Otros títulos: Guía del PMBOK
Descripción: Sexta edición. | Newtown Square, PA: Project Management Institute, 2017. | Serie: Guía del PMBOK |
Incluye referencias bibliográficas y un índice.
Identificadores: LCCN 2017032505 (print) | LCCN 2017035597 (ebook) | ISBN 9781628253900 (ePUP) |
ISBN 9781628253917 (kindle) | ISBN 9781628253924 (Web PDF) | ISBN 9781628251845 (paperback)
Áreas temáticas: LCSH: Project management. | BISAC: BUSINESS & ECONOMICS / Project Management.
Clasificación: LCC HD69.P75 (ebook) | LCC HD69.P75 G845 2017 (print) | DDC 658.4/04--dc23
Registro de LC disponible en https://lccn.loc.gov/2017032505

ISBN: 978-1-62825-194-4

Publicado por:
    Project Management Institute, Inc.
    14 Campus Boulevard
    Newtown Square, Pennsylvania 19073-3299 EE.UU.
    Teléfono +1-610-356-4600
    Fax: +1-610-356-4647
    Correo electrónico: customercare@pmi.org
    Sitio web: www.PMI.org

Para colocar una orden comercial u obtener información sobre precios, póngase en contacto con Independent Publishers Group:
    Independent Publishers Group
    Order Department
    814 North Franklin Street
    Chicago, IL 60610 EE.UU.
    Teléfono +1-610-888-4741
    Fax: +1-610337-5985
    Correo electrónico: orders@ipgbook.com (para órdenes solamente)

Para cualquier otra solicitud, póngase en contacto con PMI Book Service Center.
    PMI Book Service Center
    P.O. Box 932683, Atlanta, GA 31193-2683 EE.UU.
    Teléfono 1-866-276-4764 (desde EE.UU. o Canadá) o +1-770-280-4129 (resto del mundo)
    Fax: +1-610-280-4113
    Correo electrónico: info@bookorders.pmi.org

10 9 8 7 6 5 4

AVISO

Las publicaciones de normas y guías de Project Management Institute, Inc. (PMI), una de las cuales es el presente documento, se elaboran mediante un proceso de desarrollo de normas por consenso voluntario. Este proceso reúne a voluntarios y/o procura obtener las opiniones de personas que tienen interés en el tema objeto de esta publicación. Si bien PMI administra el proceso y establece reglas para promover la equidad en el desarrollo del consenso, PMI no redacta el documento y no prueba, evalúa, ni verifica de manera independiente la exactitud o integridad de ninguna información ni la solidez de ningún juicio contenidos en sus publicaciones de normas y guías.

PMI no asume responsabilidad alguna por cualesquiera daños personales, a la propiedad u otros daños de cualquier naturaleza, ya sean especiales, indirectos, consecuentes o compensatorios, que resulten directa o indirectamente de la publicación, uso o dependencia de este documento. PMI no se hace responsable ni proporciona garantía alguna, expresa o implícita, con respecto a la exactitud o integridad de cualquier información publicada aquí, y no se hace responsable ni proporciona garantía alguna de que la información incluida en este documento satisfaga cualquiera de sus objetivos o necesidades particulares. PMI no se compromete a garantizar el desempeño de los productos o servicios de cualquier fabricante o vendedor individual en virtud de esta norma o guía.

Al publicar y hacer disponible este documento PMI no se compromete a prestar servicios profesionales o de otro tipo para o en nombre de ninguna persona o entidad, ni asume ninguna obligación adquirida por una persona o entidad hacia otra. Cualquiera que use este documento lo hará bajo su propio criterio independiente o, según corresponda, buscará el consejo de un profesional competente a la hora de determinar las precauciones razonables a aplicar en cualesquiera circunstancias dadas. Tanto información como otras normas relativas al tema objeto de esta publicación pueden estar disponibles en otras fuentes, que el usuario podrá consultar para ampliar con opiniones e informaciones adicionales las ofrecidas por esta publicación.

PMI no tiene el poder para, ni se compromete a vigilar o hacer cumplir el contenido de este documento. PMI no certifica, prueba ni inspecciona aspectos de seguridad y salud de productos, diseños o instalaciones. Cualquier certificación u otra declaración de conformidad con cualquier información relacionada con la salud o la seguridad incluida en este documento no será atribuible a PMI y será responsabilidad única del certificador o del autor de la declaración.

TABLA DE CONTENIDOS

PARTE 2.
EL ESTÁNDAR PARA LA DIRECCIÓN DE PROYECTOS

PARTE 3.
APÉNDICES, GLOSARIO E ÍNDICE

ÍNDICE DE TABLAS Y GRÁFICOS

PARTE 2.
EL ESTÁNDAR PARA LA DIRECCIÓN DE PROYECTOS

PARTE 3.
APÉNDICES, GLOSARIO E ÍNDICE

Parte 1

Guía de los Fundamentos para la Dirección de Proyectos

(*GUÍA DEL PMBOK®*)

1

INTRODUCCIÓN

1.1 DESCRIPCIÓN GENERAL Y PROPÓSITO DE ESTA GUÍA

La dirección de proyectos no es nueva. Ha estado en uso por cientos de años. Como ejemplos de resultados de proyectos se pueden citar:

◆ Las pirámides de Giza,

◆ Los juegos olímpicos,

◆ La Gran Muralla China,

◆ El Taj Mahal,

◆ La publicación de un libro para niños,

◆ El Canal de Panamá,

◆ El desarrollo de los aviones a reacción comerciales,

◆ La vacuna contra la polio,

◆ La llegada del hombre a la luna,

◆ Las aplicaciones de software comercial,

◆ Los dispositivos portátiles para utilizar el sistema de posicionamiento global (GPS), y

◆ La colocación de la Estación Espacial Internacional en la órbita terrestre.

Los resultados de estos proyectos surgieron de la aplicación por parte de líderes y directores, de prácticas, principios, procesos, herramientas y técnicas de dirección de proyectos en su trabajo. Los directores de estos proyectos utilizaron un conjunto de habilidades clave y aplicaron conocimientos para satisfacer a sus clientes y a otras personas involucradas y afectadas por el proyecto. A mediados del siglo XX, los directores de proyecto iniciaron la tarea de buscar el reconocimiento de la dirección de proyectos como profesión. Un aspecto de esta tarea suponía llegar a un acuerdo sobre el contenido de los fundamentos para la dirección de proyectos (BOK, por las siglas en inglés de *Body of Knowledge*) llamado dirección de proyectos. Este conjunto de conocimientos luego se conocería como los Fundamentos para la Dirección de Proyectos (PMBOK). El Project Management Institute (PMI) produjo una línea base de diagramas y glosarios para el PMBOK. Los directores de proyecto pronto comprendieron que un solo libro no podría contener el PMBOK completo. Por lo tanto, el PMI desarrolló y publicó la *Guía de los Fundamentos para la Dirección de Proyectos (Guía del PMBOK®)*.

El PMI define los fundamentos para la dirección de proyectos (PMBOK) como un término que describe los conocimientos de la profesión de dirección de proyectos. Los fundamentos para la dirección de proyectos incluyen prácticas tradicionales comprobadas y ampliamente utilizadas, así como prácticas innovadoras emergentes para la profesión.

Los fundamentos incluyen tanto material publicado como no publicado. Estos fundamentos están en constante evolución. Esta *Guía del PMBOK®* identifica un subconjunto de fundamentos para la dirección de proyectos generalmente reconocido como buenas prácticas.

◆ *Generalmente reconocido* significa que las prácticas y los conocimientos descritos son aplicables a la mayoría de los proyectos, la mayoría de las veces, y que existe consenso sobre su valor y utilidad.

◆ *Buenas prácticas* significa que existe consenso general acerca de que la aplicación de conocimientos, habilidades, herramientas y técnicas a los procesos de dirección de proyectos puede aumentar la posibilidad de éxito de una amplia variedad de proyectos para entregar los resultados y los valores del negocio esperados.

El director del proyecto trabaja con el equipo del proyecto y otros interesados para determinar y utilizar las buenas prácticas reconocidas a nivel general adecuadas para cada proyecto. Determinar la combinación adecuada de procesos, entradas, herramientas, técnicas, salidas y fases del ciclo de vida para dirigir un proyecto se denomina "adaptar" la aplicación de los conocimientos descritos en esta guía.

Esta *Guía del PMBOK®* es diferente de una metodología. Una metodología es un sistema de prácticas, técnicas, procedimientos y reglas utilizado por quienes trabajan en una disciplina. Esta *Guía del PMBOK®* es una base sobre la que las organizaciones pueden construir metodologías, políticas, procedimientos, reglas, herramientas y técnicas, y fases del ciclo de vida necesarios para la práctica de la dirección de proyectos.

1.1.1 EL ESTÁNDAR PARA LA DIRECCIÓN DE PROYECTOS

Esta guía se basa en *El Estándar para la Dirección de Proyectos* [1]. Un estándar es un documento establecido por una autoridad, costumbre o consenso como un modelo o ejemplo. *El Estándar para la Dirección de Proyectos* es un estándar del Instituto Nacional de Normalización de los Estados Unidos (ANSI) que fue desarrollado utilizando un proceso basado en los conceptos de consenso, apertura, debido proceso y equilibrio. *El Estándar para la Dirección de Proyectos* constituye una referencia fundamental para los programas de desarrollo profesional de la dirección de proyectos del PMI y para la práctica de la dirección de proyectos. Dado que la dirección de proyectos debe ser adaptado para ajustarse a las necesidades del proyecto, tanto el estándar como la guía se basan en prácticas *descriptivas*, más que en prácticas *prescriptivas*. Por lo tanto, el estándar identifica los procesos que se consideran buenas prácticas en la mayoría de los proyectos, la mayoría de las veces. El estándar también identifica las entradas y salidas que generalmente se asocian con esos procesos. El estándar no exige llevar a cabo ningún proceso o práctica particular. *El Estándar para la Dirección de Proyectos* forma parte de la Parte 2 de la *Guía de los Fundamentos para la Dirección de Proyectos (Guía del PMBOK®)*.

La *Guía del PMBOK®* proporciona más detalles sobre conceptos clave, tendencias emergentes, consideraciones para adaptar los procesos de la dirección de proyectos e información sobre cómo aplicar herramientas y técnicas a los proyectos. Los directores de proyecto pueden utilizar una o más metodologías para implementar los procesos de la dirección de proyectos descritos en el estándar.

El alcance de esta guía está limitado a la disciplina de la dirección de proyectos, más que al espectro completo de portafolios, programas y proyectos. Los portafolios y los programas sólo se tratarán en la medida en que interactúan con los proyectos. El PMI publica otros dos estándares que tratan de la dirección de portafolios y programas:

◆ *El Estándar para la Dirección de Portafolios* [2], y

◆ *El Estándar para la Dirección de Programas* [3].

1.1.2 VOCABULARIO COMÚN

Un vocabulario común es un elemento esencial en toda disciplina profesional. El *Léxico de Términos de Dirección de Proyectos del PMI* [4] proporciona el vocabulario profesional base que puede ser utilizado de manera consistente por organizaciones, directores de portafolios, directores de programa, directores de proyecto y otros interesados del proyecto. El *Léxico* seguirá evolucionando en el tiempo. El glosario de esta guía incluye el vocabulario del *Léxico* junto con definiciones adicionales. Pueden existir otros términos específicos por industria utilizados en proyectos que son definidos por la literatura de esa industria.

1.1.3 CÓDIGO DE ÉTICA Y CONDUCTA PROFESIONAL

El PMI publica el *Código de Ética y Conducta Profesional* [5] para infundir confianza en la profesión de dirección de proyectos y para ayudar a un individuo a tomar decisiones inteligentes, especialmente frente a situaciones difíciles donde puede que al individuo se le pida comprometer su integridad o sus valores. Los valores que la comunidad global de la dirección de proyectos definió como más importantes son la responsabilidad, el respeto, la imparcialidad y la honestidad. El *Código de Ética y Conducta Profesional* se sustenta en estos cuatro valores.

El *Código de Ética y Conducta Profesional* incluye tanto estándares deseables como estándares obligatorios. Los estándares deseables describen la conducta que los profesionales que son miembros, poseedores de certificación o voluntarios del PMI se esfuerzan por mantener. Si bien el cumplimiento de los estándares deseables no es fácil de medir, la conducta acorde a ellos constituye una expectativa para quienes se consideran profesionales—no es opcional. Los estándares obligatorios establecen requisitos firmes y, en algunos casos, limitan o prohíben el comportamiento de los profesionales. Los profesionales que también son miembros, poseedores de certificación o voluntarios del PMI y que no se comportan de acuerdo con estos estándares serán objeto de procedimientos disciplinarios ante el Comité de Revisión Ética del PMI.

1.2 ELEMENTOS FUNDAMENTALES

Esta sección describe los elementos fundamentales necesarios para comprender y trabajar en la disciplina de la dirección de proyectos.

1.2.1 PROYECTOS

Un proyecto es un esfuerzo temporal que se lleva a cabo para crear un producto, servicio o resultado único.

◆ **Producto, servicio o resultado único.** Los proyectos se llevan a cabo para cumplir objetivos mediante la producción de entregables. Un objetivo se define como una meta hacia la cual se debe dirigir el trabajo, una posición estratégica que se quiere lograr, un fin que se desea alcanzar, un resultado a obtener, un producto a producir o un servicio a prestar. Un entregable se define como cualquier producto, resultado o capacidad único y verificable para ejecutar un servicio que se produce para completar un proceso, una fase o un proyecto. Los entregables pueden ser tangibles o intangibles.

El cumplimiento de los objetivos del proyecto puede producir uno o más de los siguientes entregables:

- Un producto único, que puede ser un componente de otro elemento, una mejora o corrección de un elemento o un nuevo elemento final en sí mismo (p.ej., la corrección de un defecto en un elemento final);

- Un servicio único o la capacidad de realizar un servicio (p.ej., una función de negocio que brinda apoyo a la producción o distribución);

- Un resultado único, tal como una conclusión o un documento (p.ej., un proyecto de investigación que desarrolla conocimientos que se pueden emplear para determinar si existe una tendencia o si un nuevo proceso beneficiará a la sociedad); y

- Una combinación única de uno o más productos, servicios o resultados (p.ej., una aplicación de software, su documentación asociada y servicios de asistencia al usuario).

Puede haber elementos repetitivos en algunos entregables y actividades del proyecto. Esta repetición no altera las características fundamentales y únicas del trabajo del proyecto. Por ejemplo, los edificios de oficinas se pueden construir con materiales idénticos o similares, y por el mismo equipo o por equipos diferentes. Sin embargo, cada proyecto de construcción es único en sus características clave (p.ej., emplazamiento, diseño, entorno, situación, personas involucradas).

Los proyectos se llevan a cabo en todos los niveles de una organización. Un proyecto puede involucrar a una única persona o a un grupo. Un proyecto puede involucrar a una única unidad de la organización o a múltiples unidades de múltiples organizaciones.

Los ejemplos de proyectos incluyen, entre otros:

- Desarrollar un nuevo compuesto farmacéutico para el mercado,
- Extender un servicio de guía turístico,
- Fusionar dos organizaciones,
- Mejorar un proceso de negocio dentro de una organización,
- Adquirir e instalar un nuevo sistema de hardware informático para su uso en una organización,
- Buscar petróleo en una región,
- Modificar un programa de software informático usado en una organización,
- Realizar investigaciones para desarrollar un nuevo proceso de fabricación, y
- Construir un edificio.

◆ **Esfuerzo temporal.** La naturaleza temporal de los proyectos implica que un proyecto tiene un principio y un final definidos. Que sea temporal no significa necesariamente que un proyecto sea de corta duración. El final del proyecto se alcanza cuando se cumplen una o más de las siguientes situaciones:

- Los objetivos del proyecto se han logrado;
- Los objetivos no se cumplirán o no pueden cumplirse;
- El financiamiento del proyecto se ha agotado o ya no está disponible;
- La necesidad del proyecto ya no existe (p.ej., el cliente ya no desea terminar el proyecto, un cambio de estrategia o prioridad pone fin al proyecto, la dirección de la organización deciden finalizar el proyecto);
- Los recursos humanos o físicos ya no están disponibles; o
- El proyecto se da por terminado por conveniencia o causa legal.

Los proyectos son temporales, pero sus entregables pueden existir más allá del final del proyecto. Los proyectos pueden producir entregables de naturaleza social, económica, material o ambiental. Por ejemplo, un proyecto para construir un monumento nacional creará un entregable que se espera perdure durante siglos.

◆ **Los proyectos impulsan el cambio.** Los proyectos impulsan el cambio en las organizaciones. Desde una perspectiva de negocio, un proyecto está destinado a mover una organización de un estado a otro estado a fin de lograr un objetivo específico (véase el Gráfico 1-1). Antes de que comience el proyecto, normalmente se dice que la organización está en el estado actual. El resultado deseado del cambio impulsado por el proyecto se describe como el estado futuro.

Para algunos proyectos esto puede implicar la creación de un estado de transición, donde se llevan a cabo múltiples pasos a lo largo de un continuo para alcanzar el estado futuro. La conclusión exitosa de un proyecto conduce a que la organización pase al estado futuro y alcance el objetivo específico. Para más información sobre la dirección de proyectos y el cambio, véase *Gestión del Cambio en las Organizaciones: Guía Práctica* [6].

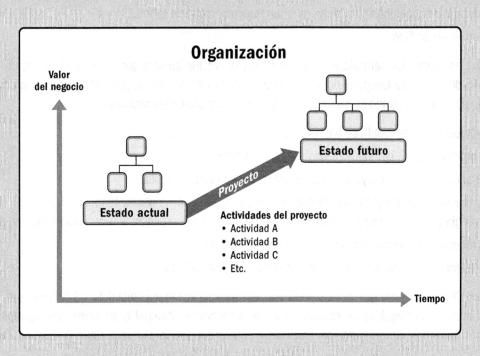

Gráfico 1-1. Transición del Estado de una Organización a través de un Proyecto

◆ **Los proyectos hacen posible la creación de valor del negocio.** El PMI define el valor del negocio como el beneficio cuantificable neto que se deriva de una iniciativa de negocio. El beneficio puede ser tangible, intangible o ambos. En análisis de negocios, el valor del negocio es considerado el retorno en forma de elementos como tiempo, dinero, bienes o intangibles, a cambio de algo intercambiado (véase *Análisis de Negocios para Profesionales: Guía Práctica* p. 185 [7]).

El valor del negocio en los proyectos se refiere al beneficio que los resultados de un proyecto específico proporcionan a sus interesados. El beneficio de los proyectos puede ser tangible, intangible o ambos.

Como ejemplos de elementos tangibles se pueden citar:

■ Activos monetarios,

■ Participación de los accionistas,

■ Servicios,

■ Accesorios,

■ Herramientas, y

■ Participación en el mercado.

Como ejemplos de elementos intangibles se pueden citar:

■ Valor del prestigio de la empresa,

■ Reconocimiento de marca,

■ Beneficio público,

■ Marcas registradas,

■ Alineación estratégica, y

■ Reputación.

◆ **Contexto de Iniciación del Proyecto.** Los líderes de las organizaciones inician proyectos en respuesta a factores que actúan sobre sus organizaciones. Existen cuatro categorías fundamentales de estos factores, que ilustran el contexto de un proyecto (véase el Gráfico 1-2):

■ Cumplir requisitos regulatorios, legales o sociales;

■ Satisfacer las solicitudes o necesidades de los interesados;

■ Implementar o cambiar las estrategias de negocio o tecnológicas; y

■ Crear, mejorar o reparar productos, procesos o servicios.

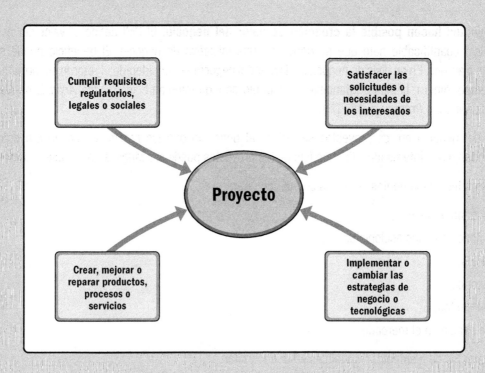

Gráfico 1-2. Contexto de Iniciación del Proyecto

Estos factores influyen en las operaciones en curso y las estrategias de negocio de una organización. Los líderes responden a estos factores a fin de mantener viable la organización. Los proyectos proporcionan los medios para que las organizaciones realicen con éxito los cambios necesarios para enfrentar estos factores. En última instancia, estos factores deben vincularse a los objetivos estratégicos de la organización y al valor del negocio de cada proyecto.

La Tabla 1-1 ilustra cómo los factores ejemplo podrían alinearse con una o más de las categorías de factores fundamentales.

Tabla 1-1. Ejemplos de Factores que Conducen a la Creación de un Proyecto

Factor específico	Ejemplos de factores específicos	Cumplir requisitos regulatorios, legales o sociales	Satisfacer las solicitudes o necesidades de los interesados	Crear, mejorar o reparar productos, procesos o servicios	Implementar o cambiar las estrategias de negocio o tecnológicas
Nueva tecnología	Una compañía de productos electrónicos que autoriza un proyecto nuevo para desarrollar un ordenador portátil más rápido, más económico y más pequeño sobre la base de los avances en materia de memorias y tecnología electrónica			X	X
Fuerzas en competencia	La reducción de los precios de los productos por parte de un competidor da lugar a la necesidad de reducir los costos de producción para mantenerse competitivo				X
Incidentes con materiales	Se presentaron grietas en algunos elementos de apoyo de un puente municipal, lo que tuvo como resultado un proyecto para solucionar los problemas	X		X	
Cambios políticos	Un funcionario recién electo quien instiga cambios a la financiación del proyecto en un proyecto actual				X
Demanda del mercado	Un fabricante de automóviles autoriza un proyecto para construir más automóviles de bajo consumo en respuesta a la escasez de combustible		X	X	X
Cambios económicos	Una recesión económica tiene como resultado un cambio en las prioridades para un proyecto actual				X
Solicitud del cliente	Una compañía eléctrica autoriza un proyecto para construir una nueva subestación a fin de abastecer un nuevo parque industrial		X	X	
Demandas de los interesados	Uno de los interesados exige que la organización produzca una nueva salida		X		
Requisito legal	Un fabricante de productos químicos autoriza un proyecto a fin de establecer pautas para la correcta manipulación de un nuevo material tóxico	X			
Mejoras en los procesos comerciales	Una organización implementa un proyecto resultante de un ejercicio de mapeo de flujo de valor de Lean Six Sigma			X	
Oportunidad estratégica o necesidad de negocio	Un centro de formación autoriza un proyecto de creación de un curso nuevo para aumentar sus ingresos			X	X
Necesidad social	Una organización no gubernamental en un país en vías de desarrollo autoriza un proyecto para dotar de sistemas de agua potable, baños y educación sanitaria a comunidades que padecen altos índices de enfermedades infecciosas		X		
Temas ambientales	Una empresa pública autoriza un proyecto para crear un nuevo servicio que consista en compartir automóviles eléctricos a fin de reducir la contaminación			X	X

1.2.2 LA IMPORTANCIA DE LA DIRECCIÓN DE PROYECTOS

La dirección de proyectos es la aplicación de conocimientos, habilidades, herramientas y técnicas a las actividades del proyecto para cumplir con los requisitos del mismo. Se logra mediante la aplicación e integración adecuadas de los procesos de dirección de proyectos identificados para el proyecto. La dirección de proyectos permite a las organizaciones ejecutar proyectos de manera eficaz y eficiente.

Una dirección de proyectos eficaz ayuda a individuos, grupos y organizaciones públicas y privadas a:

◆ Cumplir los objetivos del negocio;

◆ Satisfacer las expectativas de los interesados;

◆ Ser más predecibles;

◆ Aumentar las posibilidades de éxito;

◆ Entregar los productos adecuados en el momento adecuado;

◆ Resolver problemas e incidentes;

◆ Responder a los riesgos de manera oportuna;

◆ Optimizar el uso de los recursos de la organización;

◆ Identificar, recuperar o concluir proyectos fallidos;

◆ Gestionar las restricciones (p.ej., alcance, calidad, cronograma, costos, recursos);

◆ Equilibrar la influencia de las restricciones en el proyecto (p.ej., un mayor alcance puede aumentar el costo o cronograma); y

◆ Gestionar el cambio de una mejor manera.

Los proyectos dirigidos de manera deficiente o la ausencia de dirección de proyectos puede conducir a:

◆ Incumplimiento de plazos,

◆ Sobrecostos,

◆ Calidad deficiente,

◆ Retrabajo,

◆ Expansión no controlada del proyecto,

◆ Pérdida de reputación para la organización,

◆ Interesados insatisfechos, e

◆ Incumplimiento de los objetivos propuestos del proyecto.

Los proyectos son una forma clave de crear valor y beneficios en las organizaciones. En el actual entorno de negocios, los líderes de las organizaciones deben ser capaces de gestionar con presupuestos más ajustados, cronogramas más cortos, escasez de recursos y una tecnología en constante cambio. El entorno de negocios es dinámico con un ritmo acelerado de cambio. Para mantener la competitividad en la economía mundial, las compañías están adoptando la dirección de proyectos para aportar valor al negocio de manera consistente.

La dirección de proyectos eficaz y eficiente debe considerarse una competencia estratégica en las organizaciones. Permite a las organizaciones:

◆ Ligar los resultados del proyecto a los objetivos del negocio,

◆ Competir de manera más eficaz en sus mercados,

◆ Sustentar la organización, y

◆ Responder al impacto de los cambios en el entorno del negocio sobre los proyectos mediante el ajuste adecuado de los planes para la dirección del proyecto (véase la Sección 4.2).

1.2.3 RELACIÓN ENTRE LA DIRECCIÓN DE PROYECTOS, PROGRAMAS, PORTAFOLIOS Y OPERACIONES

1.2.3.1 DESCRIPCIÓN GENERAL

El uso de los procesos, herramientas y técnicas de la dirección de proyectos establece una base sólida para que las organizaciones alcancen sus metas y objetivos. Un proyecto puede dirigirse en tres escenarios separados: como un proyecto independiente (fuera de un portafolio o programa), dentro de un programa, o dentro de un portafolio. Cuando un proyecto está dentro de un programa o portafolio, los directores de proyecto interactúan con los directores de portafolios y programas. Por ejemplo, pueden ser necesarios múltiples proyectos a fin de lograr un conjunto de metas y objetivos para una organización. En tales situaciones, los proyectos pueden agruparse juntos en un programa. Un programa se define como un grupo de proyectos relacionados, programas subsidiarios y actividades de programas, cuya gestión se realiza de manera coordinada para obtener beneficios que no se obtendrían si se gestionaran de forma individual. Los programas no son proyectos grandes. Un proyecto muy grande puede denominarse un megaproyecto. A título orientativo, los megaproyectos cuestan US$ 1000 millones o más, afectan a 1 millón de personas o más, y tienen una duración de años.

Algunas organizaciones pueden recurrir al uso de un portafolio de proyectos para dirigir de manera eficaz múltiples programas y proyectos que están en curso en un momento dado. Un portafolio se define como los proyectos, programas, portafolios subsidiarios y operaciones gestionados como un grupo para alcanzar objetivos estratégicos. El Gráfico 1-3 ilustra un ejemplo de cómo los portafolios, programas, proyectos y operaciones están relacionados en una situación específica.

La dirección de programas y la dirección de portafolios difieren de la dirección de proyectos en sus ciclos de vida, actividades, objetivos, enfoques y beneficios. Sin embargo, los portafolios, programas, proyectos y operaciones a menudo se involucran con los mismos interesados y pueden necesitar usar los mismos recursos (véase el Gráfico 1-3), lo que puede dar lugar a un conflicto en la organización. Este tipo de situación aumenta la necesidad de coordinación dentro de la organización mediante el uso de la dirección de portafolios, programas y proyectos para alcanzar un equilibrio viable en la organización.

El Gráfico 1-3 ilustra un ejemplo de una estructura de portafolios que indica las relaciones entre los programas, proyectos, recursos compartidos e interesados. Los componentes del portafolio se agrupan juntos a fin de facilitar la gobernanza y la gestión eficaces del trabajo que ayuda a alcanzar las estrategias y prioridades de la organización. La planificación de la organización y de los portafolios afecta a los componentes mediante el establecimiento de prioridades basadas en los riesgos, el financiamiento y otras consideraciones. La perspectiva de portafolios permite a las organizaciones ver cómo las metas estratégicas se reflejan en el portafolio. Esta perspectiva de portafolios también hace posible la implementación y coordinación de una adecuada gobernanza de portafolios, programas y proyectos. Esta gobernanza coordinada permite la asignación autorizada de recursos humanos, financieros y físicos en base al desempeño y los beneficios esperados.

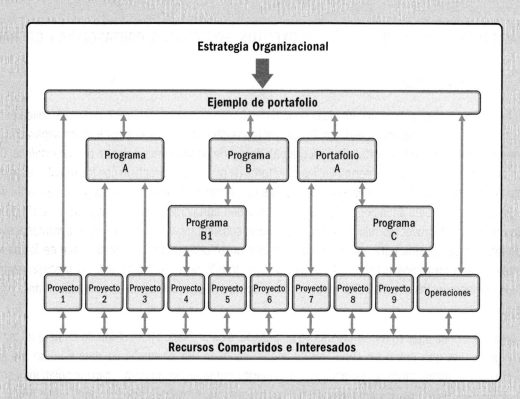

Gráfico 1-3. Portafolio, Programas, Proyectos y Operaciones

Si se examinan la dirección de proyectos, la dirección de programas y la dirección de portafolios desde la perspectiva de la organización:

◆ La dirección de programas y la dirección de proyectos se centran en ejecutar programas y proyectos de la manera "correcta"; y

◆ La dirección de portafolios se centra en ejecutar los programas y los proyectos "correctos".

La Tabla 1-2 muestra una presentación comparativa de portafolios, programas y proyectos.

Tabla 1-2. Presentación Comparativa de Portafolios, Programas y Proyectos

Dirección Técnica de Proyectos			
	Proyectos	**Programas**	**Portafolios**
Definición	Un proyecto es un esfuerzo temporal que se lleva a cabo para crear un producto, servicio o resultado único.	Un programa es un grupo de proyectos, programas secundarios y actividades de programas relacionados cuya gestión se realiza de manera coordinada para obtener beneficios que no se obtendrían si se gestionaran en forma individual.	Un portafolio es una colección de proyectos, programas, portafolios secundarios y operaciones gestionados como un grupo para alcanzar los objetivos estratégicos.
Alcance	Los proyectos tienen objetivos definidos. El alcance se elabora progresivamente a lo largo del ciclo de vida del proyecto.	Los programas tienen un alcance que abarca los alcances de sus componentes de programa. Los programas producen beneficios para una organización, al garantizar que los productos y resultados de los componentes del programa sean entregados en forma coordinada y complementaria.	Los portafolios tienen un alcance organizativo que cambia con los objetivos estratégicos de la organización.
Cambio	Los directores de proyecto esperan cambios e implementan procesos para mantener los cambios gestionados y controlados.	Los programas son administrados de una manera que acepta y se adapta al cambio según resulte necesarios para optimizar la entrega de beneficios a medida que los componentes del programa entregan resultados y/o salidas.	Los directores de portafolios monitorean continuamente cambios en los entornos internos y externos más amplios.
Planificación	Los directores de proyecto elaboran progresivamente información a alto nivel en planes detallados a lo largo del ciclo de vida del proyecto.	Los programas son administrados mediante planes de alto nivel que realizan el seguimiento de las interdependencias y los avances de los componentes del programa. Los planes del programa también se utilizan para guiar la planificación al nivel de componente.	Los directores de portafolios crean y mantienen los procesos y la comunicación necesarios con relación al portafolio en conjunto.
Gestión	Los directores de proyecto gestionan al equipo del proyecto a fin de cumplir con los objetivos del proyecto.	Los programas son gestionados por directores de programas quienes aseguran que los beneficios del programa sean entregados de acuerdo con lo esperado, al coordinar las actividades de los componentes del programa.	Los directores de portafolios pueden manejar o coordinar al personal dirección de portafolios, o al personal de programas y proyectos que puedan tener responsabilidades en materia de presentación de informes en el portafolio en conjunto.
Monitorear	Los directores de proyecto supervisan y controlan el trabajo para la producción de los productos, servicios o resultados para los que se emprendió el proyecto.	Los directores de programas monitorean el progreso de los componentes del programa para garantizar que se logren los objetivos, cronogramas, presupuesto y beneficios del mismo.	Los directores de portafolios supervisan los cambios estratégicos y la asignación de recursos totales, los resultados del desempeño y el riesgo del portafolio.
Éxito	El éxito es medido según la calidad del producto y del proyecto, la puntualidad, el cumplimiento del presupuesto y el grado de satisfacción del cliente.	El éxito de un programa se mide por la capacidad del mismo para entregar sus beneficios previstos a una organización, y por la eficiencia y la efectividad del programa en la obtención de esos beneficios.	El éxito se mide en términos del desempeño de la inversión en conjunto y la realización de beneficios del portafolio.

1.2.3.2 DIRECCIÓN DE PROGRAMAS

La dirección de programas se define como la aplicación de conocimientos, habilidades y principios a un programa para alcanzar los objetivos del programa y para obtener beneficios y control no disponibles cuando los componentes del programa se gestionan individualmente. Un componente de un programa se refiere a los proyectos y otros programas dentro de un programa. La dirección de proyectos se centra en las interdependencias dentro de un proyecto a fin de determinar el enfoque óptimo para dirigir el proyecto. La dirección de programas se centra en las interdependencias entre los proyectos y entre proyectos y el nivel de programa a fin de determinar el enfoque óptimo para gestionarlas. Las acciones relacionadas con estas interdependencias a nivel de programa y proyecto pueden incluir:

◆ Alinearse con la dirección estratégica o de la organización que afecta las metas y los objetivos del programa y los proyectos;

◆ Asignar el alcance del programa a los componentes del programa;

◆ Gestionar las interdependencias entre los componentes del programa de la manera más adecuada para el programa;

◆ Gestionar los riesgos del programa que puedan influir en múltiples proyectos del programa;

◆ Resolver restricciones y conflictos que afectan a múltiples proyectos dentro del programa;

◆ Resolver incidentes entre los proyectos componentes y el nivel de programa;

◆ Gestionar las solicitudes de cambio en un marco de gobernanza compartida;

◆ Asignar presupuestos a través de múltiples proyectos dentro del programa; y

◆ Asegurar la obtención de beneficios a partir del programa y los proyectos componentes.

Un ejemplo de programa sería un nuevo sistema de comunicaciones vía satélite, con proyectos para el diseño y construcción del satélite y las estaciones terrestres, el lanzamiento del satélite y la integración del sistema.

Para más información sobre la dirección de programas, véase *El Estándar para la Dirección de Programas* [3].

1.2.3.3 DIRECCIÓN DE PORTAFOLIOS

Un portafolio se define como los proyectos, programas, portafolios subsidiarios y operaciones gestionados como un grupo para alcanzar objetivos estratégicos.

La dirección de portafolios se define como la gestión centralizada de uno o más portafolios a fin de alcanzar objetivos estratégicos. Los programas o proyectos del portafolio no son necesariamente interdependientes ni están necesariamente relacionados de manera directa.

El objetivo de la dirección de portafolios es:

◆ Guiar las decisiones de inversión de la organización.

◆ Seleccionar la combinación óptima de programas y proyectos para cumplir con los objetivos estratégicos.

◆ Brindar transparencia en la toma de decisiones.

◆ Priorizar la asignación de recursos físicos y del equipo.

◆ Aumentar la probabilidad de alcanzar el retorno de la inversión deseado.

◆ Centralizar la gestión del perfil de riesgo agregado de todos los componentes.

La dirección de portafolios también confirma que el portafolio es consistente con las estrategias de la organización y está alineado con ellas.

Maximizar el valor del portafolio requiere un cuidadoso examen de los componentes que forman parte del mismo. Los componentes se priorizan de modo que aquellos que contribuyen más a los objetivos estratégicos de la organización tengan los recursos financieros, físicos y del equipo necesarios.

Por ejemplo, una organización de infraestructuras que tiene el objetivo estratégico de maximizar el rendimiento de sus inversiones puede incluir en un portafolio una combinación de proyectos en los sectores de petróleo y gas, energía, agua, carreteras, ferrocarriles y aeropuertos. A partir de esta combinación, la organización podría optar por gestionar los proyectos relacionados como un único portafolio. Todos los proyectos energéticos podrían ser agrupados en un portafolio de energía. Del mismo modo, todos los proyectos hídricos podrían ser agrupados en un portafolio hídrico. No obstante, cuando la organización tiene proyectos para diseñar y construir una central eléctrica y luego opera la central eléctrica para generar energía, dichos proyectos relacionados pueden agruparse en un programa. De este modo el programa de energía y su análogo hídrico serían componentes integrantes del portafolio de la organización de infraestructuras.

Para más información sobre la dirección de portafolios, véase *El Estándar para la Dirección de Portafolios* [2].

1.2.3.4 GESTIÓN DE LAS OPERACIONES

La gestión de las operaciones es un área que está fuera del alcance de la dirección formal de proyectos tal y como se describe en la presente guía.

La gestión de las operaciones se ocupa de la producción continua de bienes y/o servicios. Asegura que las operaciones de negocio se desarrollan de manera eficiente, mediante el uso de los recursos óptimos necesarios para cumplir con la demanda de los clientes. Trata de la gestión de procesos que transforman entradas (p.ej., materiales, componentes, energía y mano de obra) en salidas (p.ej., productos, bienes y/o servicios).

1.2.3.5 GESTIÓN DE LAS OPERACIONES Y DIRECCIÓN DE PROYECTOS

Los cambios en las operaciones de negocio o de la organización pueden dar lugar a un proyecto, en particular cuando se producen cambios sustanciales en las operaciones de negocio como consecuencia de la entrega de un nuevo producto o servicio. Las operaciones permanentes están fuera del alcance de un proyecto; sin embargo, existen puntos de intersección en que se cruzan ambas áreas.

Los proyectos pueden intersecarse con las operaciones en varios puntos del ciclo de vida del producto, como por ejemplo:

◆ Cuando se desarrolla un producto nuevo, se mejora un producto existente o se incrementan los resultados;

◆ Mientras se lleva a cabo la mejora de las operaciones o del proceso de desarrollo del producto;

◆ Al final del ciclo de vida del producto; y

◆ En el cierre de cada fase.

En cada uno de los puntos, se realiza la transferencia de entregables y conocimientos entre el proyecto y las operaciones a fin de implementar el trabajo entregado. Dicha implantación se lleva a cabo bien mediante la transferencia de recursos del proyecto o conocimientos a operaciones, o bien mediante la transferencia de recursos de operaciones al proyecto.

1.2.3.6 DIRECCIÓN ORGANIZACIONAL DE PROYECTOS (OPM) Y ESTRATEGIAS

Los portafolios, programas y proyectos están alineados con las estrategias organizacionales o son impulsados por ellas y difieren en la manera en que cada uno contribuye al logro de los objetivos estratégicos:

◆ La dirección de portafolios alinea los portafolios con las estrategias organizacionales seleccionando los programas o proyectos adecuados, priorizando el trabajo y proveyendo los recursos necesarios.

◆ La dirección de programas armoniza sus componentes de programas y controla las interdependencias a fin de lograr los beneficios especificados.

◆ La dirección de proyectos permite el logro de las metas y los objetivos de la organización.

En el ámbito de portafolios o programas, los proyectos constituyen un medio para lograr las metas y los objetivos de la organización. Esto a menudo se logra en el contexto de un plan estratégico, que es el principal factor que guía las inversiones en los proyectos. La alineación con las metas estratégicas del negocio de la organización puede alcanzarse a través de la dirección sistemática de portafolios, programas y proyectos mediante la aplicación de la dirección organizacional de proyectos (OPM). OPM se define como un marco en el que la dirección de portafolios, la dirección de programas y la dirección de proyectos están integradas con los elementos facilitadores de la organización a fin de alcanzar los objetivos estratégicos.

El propósito de OPM es asegurar que la organización lleve a cabo los proyectos correctos y asigne adecuadamente los recursos críticos. OPM también ayuda a asegurar que todos los niveles de la organización entiendan la visión estratégica, las iniciativas que apoyan la visión, los objetivos y los entregables. El Gráfico 1-4 muestra el ambiente organizacional donde interactúan estrategia, portafolio, programas, proyectos y operaciones.

Para más información sobre OPM, véase *Implementación de la Dirección Organizacional de Proyectos: Guía Práctica* [8].

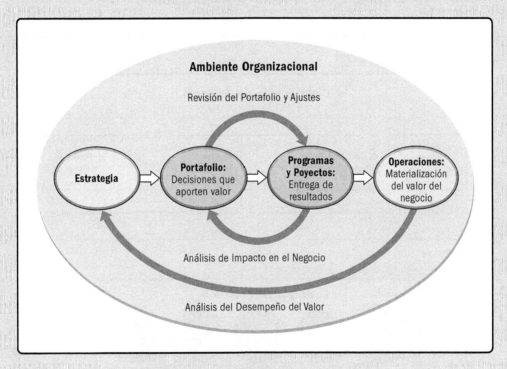

Gráfico 1-4. Dirección Organizacional de Proyectos

1.2.4 COMPONENTES DE LA GUÍA

Los proyectos comprenden varios componentes clave que, cuando se gestionan de forma eficaz, conducen a su conclusión exitosa. Esta guía identifica y explica estos componentes. Los diversos componentes se interrelacionan unos con otros durante la dirección de un proyecto.

Los componentes clave se describen brevemente en la Tabla 1-3. Estos componentes se explican en mayor detalle en las secciones que siguen a la tabla.

Tabla 1-3. Descripción de los Componentes Clave de la Guía del PMBOK®

Componentes Clave de la *Guía del PMBOK®*	Breve descripción
Ciclo de vida del proyecto (Sección 1.2.4.1)	Serie de fases que atraviesa un proyecto desde su inicio hasta su conclusión.
Fase del proyecto (Sección 1.2.4.2)	Conjunto de actividades del proyecto relacionadas lógicamente que culmina con la finalización de uno o más entregables.
Punto de revisión de fase (Sección 1.2.4.3)	Revisión al final de una fase en la que se toma una decisión de continuar a la siguiente fase, continuar con modificaciones o dar por concluido un programa o proyecto.
Procesos de la dirección de proyectos (Sección 1.2.4.4)	Serie sistemática de actividades dirigidas a producir un resultado final de forma tal que se actuará sobre una o más entradas para crear una o más salidas.
Grupo de procesos de la dirección de proyectos (Sección 1.2.4.5)	Agrupamiento lógico de las entradas, herramientas, técnicas y salidas relacionadas con la dirección de proyectos. Los grupos de procesos de la dirección de proyectos incluyen procesos de inicio, planificación, ejecución, monitoreo y control, y cierre. Los grupos de procesos de la dirección de proyectos no son fases del proyecto.
Área de conocimiento de la dirección de proyectos (Sección 1.2.4.6)	Área identificada de la dirección de proyectos definida por sus requisitos de conocimientos y que se describe en términos de sus procesos, prácticas, datos iniciales, resultados, herramientas y técnicas que los componen.

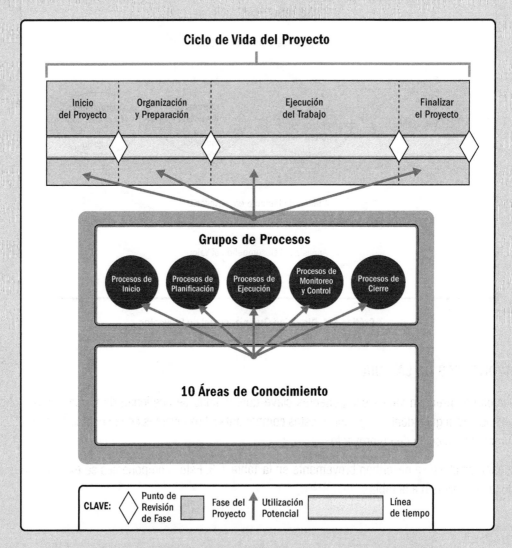

Gráfico 1-5. Interrelación entre los Componentes Clave de los Proyectos de la *Guía del PMBOK®*

1.2.4.1 CICLOS DE VIDA DEL PROYECTO Y DEL DESARROLLO

El ciclo de vida de un proyecto es la serie de fases que atraviesa un proyecto desde su inicio hasta su conclusión. Proporciona el marco de referencia básico para dirigir el proyecto. Este marco de referencia básico se aplica independientemente del trabajo específico del proyecto involucrado. Las fases pueden ser secuenciales, iterativas o superpuestas. Todos los proyectos pueden configurarse dentro del ciclo de vida genérico que muestra el Gráfico 1-5.

Los ciclos de vida de los proyectos pueden ser predictivos o adaptativos. Dentro del ciclo de vida de un proyecto, generalmente existen una o más fases asociadas al desarrollo del producto, servicio o resultado. A estas se les llama un ciclo de vida del desarrollo. Los ciclos de vida del desarrollo pueden ser predictivos, iterativos, incrementales, adaptativos o un modelo híbrido:

◆ En un ciclo de vida predictivo, el alcance, el tiempo y el costo del proyecto se determinan en las fases tempranas del ciclo de vida. Cualquier cambio en el alcance se gestiona cuidadosamente. Los ciclos de vida predictivos también pueden denominarse ciclos de vida en cascada.

◆ En un ciclo de vida iterativo, el alcance del proyecto generalmente se determina tempranamente en el ciclo de vida del proyecto, pero las estimaciones de tiempo y costo se modifican periódicamente conforme aumenta la comprensión del producto por parte del equipo del proyecto. Las iteraciones desarrollan el producto a través de una serie de ciclos repetidos, mientras que los incrementos van añadiendo sucesivamente funcionalidad al producto.

◆ En un ciclo de vida incremental, el entregable se produce a través de una serie de iteraciones que sucesivamente añaden funcionalidad dentro de un marco de tiempo predeterminado. El entregable contiene la capacidad necesaria y suficiente para considerarse completo sólo después de la iteración final.

◆ Los ciclos de vida adaptativos son ágiles, iterativos o incrementales. El alcance detallado se define y se aprueba antes del comienzo de una iteración. Los ciclos de vida adaptativos también se denominan ciclos de vida ágiles u orientados al cambio. Véase el Apéndice X3.

◆ Un ciclo de vida híbrido es una combinación de un ciclo de vida predictivo y uno adaptativo. Aquellos elementos del proyecto que son bien conocidos o tienen requisitos fijos siguen un ciclo de vida predictivo del desarrollo, y aquellos elementos que aún están evolucionando siguen un ciclo de vida adaptativo del desarrollo.

Es función del equipo de dirección del proyecto determinar el mejor ciclo de vida para cada proyecto. El ciclo de vida del proyecto debe ser lo suficientemente flexible para enfrentar la diversidad de factores incluidos en el proyecto. La flexibilidad del ciclo de vida puede lograrse:

◆ Identificando el proceso o los procesos que deben llevarse a cabo en cada fase,

◆ Llevando a cabo el proceso o los procesos identificados en la fase adecuada,

◆ Ajustando los diversos atributos de una fase (p.ej., nombre, duración, criterios de salida y criterios de entrada).

Los ciclos de vida de los proyectos son independientes de los ciclos de vida de los productos, que pueden ser producidos por un proyecto. El ciclo de vida de un producto es la serie de fases que representan la evolución de un producto, desde el concepto hasta la entrega, el crecimiento, la madurez y el retiro.

1.2.4.2 FASE DEL PROYECTO

Una fase del proyecto es un conjunto de actividades del proyecto, relacionadas de manera lógica, que culmina con la finalización de uno o más entregables. Las fases de un ciclo de vida pueden describirse mediante diversos atributos. Los atributos pueden ser medibles y propios de una fase específica. Los atributos pueden incluir, entre otros:

◆ Nombre (p.ej., Fase A, Fase B, Fase 1, Fase 2, fase de propuesta),

◆ Número (p.ej., tres fases en el proyecto, cinco fases en el proyecto),

◆ Duración (p.ej., 1 semana, 1 mes, 1 trimestre),

◆ Requisitos de recursos (p.ej., personas, edificios, equipamiento),

◆ Criterios de entrada para que un proyecto ingrese en esa fase (p.ej., aprobaciones especificadas documentadas, documentos especificados completados), y

◆ Criterios de salida para que un proyecto complete una fase (p.ej., aprobaciones documentadas, documentos completados, entregables completados).

Los proyectos pueden separarse en fases diferenciadas o subcomponentes. Estas fases o subcomponentes generalmente reciben nombres que indican el tipo de trabajo realizado en esa fase. Los ejemplos de nombres de fases incluyen, entre otros:

◆ Desarrollo conceptual,

◆ Estudio de viabilidad,

◆ Requisitos del cliente,

◆ Desarrollo de soluciones,

◆ Diseño,

◆ Prototipo,

◆ Construcción,

◆ Prueba,

◆ Transición,

◆ Puesta en marcha,

◆ Revisión de hitos, y

◆ Lecciones aprendidas.

Las fases del proyecto pueden establecerse en base a diversos factores que incluyen, entre otros:

◆ Necesidades de gestión;

◆ Naturaleza del proyecto;

◆ Características únicas de la organización, industria o tecnología;

◆ Elementos del proyecto que incluyen, entre otros, tecnología, ingeniería, negocios, procesos o elementos legales; y

◆ Puntos de decisión (p.ej., financiamiento, continuación o no del proyecto y revisión de hitos).

El uso de múltiples fases puede proporcionar mejor conocimiento para dirigir el proyecto. También brinda una oportunidad para evaluar el desempeño del proyecto y emprender las acciones correctivas o preventivas necesarias en fases subsiguientes. Un componente clave utilizado con las fases del proyecto es la revisión de fase (véase la Sección 1.2.4.3).

1.2.4.3 PUNTO DE REVISIÓN DE FASE

Un punto de revisión de fase tiene lugar al final de una fase. El desempeño y el avance del proyecto se comparan con los documentos del proyecto y el negocio que incluyen, entre otros:

◆ Caso de negocio del proyecto (véase la Sección 1.2.6.1),

◆ Acta de constitución del proyecto (véase la Sección 4.1),

◆ Plan para la dirección del proyecto (véase la Sección 4.2), and

◆ Plan de gestión de beneficios (véase la Sección 1.2.6.2).

Como resultado de esta comparación se toma una decisión (p.ej., decidir si el proyecto debe continuar o no) a fin de:

◆ Continuar a la siguiente fase,

◆ Continuar a la siguiente fase con modificaciones,

◆ Finalizar el proyecto,

◆ Permanecer en la fase, o

◆ Repetir la fase o elementos de la misma.

Dependiendo de la organización, industria o tipo de trabajo, los puntos de transición de fase pueden conocerse con otros términos como revisión de fase, transición de etapa, punto de cancelación, y entrada de fase o salida de fase. Las organizaciones pueden utilizar estas revisiones para examinar otros elementos pertinentes que están más allá del alcance de esta guía, tales como documentos o modelos relacionados con el producto.

1.2.4.4 PROCESOS DE LA DIRECCIÓN DE PROYECTOS

El ciclo de vida del proyecto se gestiona mediante la ejecución de una serie de actividades de dirección del proyecto conocidas como procesos de la dirección de proyectos. Cada proceso de la dirección de proyectos produce una o más salidas a partir de una o más entradas mediante el uso de herramientas y técnicas adecuadas para la dirección de proyectos. La salida puede ser un entregable o un resultado. Los resultados son una consecuencia final de un proceso. Los procesos de la dirección de proyectos se aplican a nivel mundial en todas las industrias.

Los procesos de la dirección de proyectos se vinculan lógicamente entre sí a través de los resultados que producen. Los procesos pueden contener actividades superpuestas que tienen lugar a lo largo de todo el proyecto. En general, la salida de un proceso tiene como resultado:

◆ Una entrada a otro proceso, o bien

◆ Un entregable del proyecto o fase del proyecto.

El Gráfico 1-6 muestra un ejemplo de cómo las entradas, las herramientas y técnicas y las salidas se relacionan entre sí dentro de un proceso y con otros procesos.

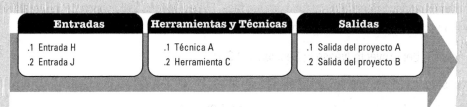

Gráfico 1-6. Proceso de Ejemplo: Entradas, Herramientas y Técnicas, y Salidas

El número de iteraciones de los procesos e interacciones entre los procesos varía según las necesidades del proyecto. En general, los procesos se encuadran en una de tres categorías:

◆ **Procesos utilizados una única vez o en puntos predefinidos del proyecto.** Ejemplos de ellos son los procesos *Desarrollar el Acta de Constitución del Proyecto* y *Cerrar el Proyecto o Fase.*

◆ **Procesos que se llevan a cabo periódicamente según sea necesario.** El proceso *Adquirir Recursos* se lleva a cabo a medida que se necesitan recursos. El proceso *Efectuar las Adquisiciones* se lleva a cabo antes de necesitar el elemento adquirido.

◆ **Procesos que se realizan de manera continua a lo largo de todo el proyecto.** El proceso *Definir las Actividades* puede ocurrir a lo largo del ciclo de vida del proyecto, en especial si el proyecto utiliza planificación gradual o un enfoque de desarrollo adaptativo. Muchos de los procesos de monitoreo y control se realizan de manera continua desde el inicio del proyecto hasta su cierre.

La dirección de proyectos se logra mediante la aplicación e integración adecuadas de procesos de dirección de proyectos, agrupados lógicamente. Si bien existen diferentes formas de agrupar procesos, la *Guía del PMBOK®* agrupa los procesos en cinco categorías llamadas Grupos de Procesos.

1.2.4.5 GRUPOS DE PROCESOS DE LA DIRECCIÓN DE PROYECTOS

Un Grupo de Procesos de la Dirección de Proyectos es un agrupamiento lógico de procesos de la dirección de proyectos para alcanzar objetivos específicos del proyecto. Los Grupos de Procesos son independientes de las fases del proyecto. Los procesos de la dirección de proyectos se agrupan en los siguientes cinco Grupos de Procesos de la Dirección de Proyectos:

◆ **Grupo de Procesos de Inicio.** Procesos realizados para definir un nuevo proyecto o nueva fase de un proyecto existente al obtener la autorización para iniciar el proyecto o fase.

◆ **Grupo de Procesos de Planificación.** Procesos requeridos para establecer el alcance del proyecto, refinar los objetivos y definir el curso de acción requerido para alcanzar los objetivos propuestos del proyecto.

◆ **Grupo de Procesos de Ejecución.** Procesos realizados para completar el trabajo definido en el plan para la dirección del proyecto a fin de satisfacer los requisitos del proyecto.

◆ **Grupo de Procesos de Monitoreo y Control.** Procesos requeridos para hacer seguimiento, analizar y regular el progreso y el desempeño del proyecto, para identificar áreas en las que el plan requiera cambios y para iniciar los cambios correspondientes.

◆ **Grupo de Procesos de Cierre.** Procesos llevados a cabo para completar o cerrar formalmente el proyecto, fase o contrato.

Los diagramas de flujo de procesos se utilizan en toda esta guía. Los procesos de la dirección de proyectos están vinculados por entradas y salidas específicas, de modo que el resultado de un proceso puede convertirse en la entrada de otro proceso que no está necesariamente en el mismo Grupo de Procesos. Nótese que los Grupos de Procesos no son lo mismo que las fases del proyecto (véase la Sección 1.2.4.2).

1.2.4.6 ÁREAS DE CONOCIMIENTO DE LA DIRECCIÓN DE PROYECTOS

Además de los Grupos de Procesos, los procesos también se categorizan por Áreas de Conocimiento. Un Área de Conocimiento es un área identificada de la dirección de proyectos definida por sus requisitos de conocimientos y que se describe en términos de los procesos, prácticas, entradas, salidas, herramientas y técnicas que la componen.

Si bien las Áreas de Conocimiento están interrelacionadas, se definen separadamente de la perspectiva de la dirección de proyectos. Las diez Áreas de Conocimiento identificadas en esta guía se utilizan en la mayoría de los proyectos, la mayoría de las veces. Las diez Áreas de Conocimiento descritas en esta guía son:

◆ **Gestión de la Integración del Proyecto.** Incluye los procesos y actividades para identificar, definir, combinar, unificar y coordinar los diversos procesos y actividades de dirección del proyecto dentro de los Grupos de Procesos de la Dirección de Proyectos.

◆ **Gestión del Alcance del Proyecto.** Incluye los procesos requeridos para garantizar que el proyecto incluye todo el trabajo requerido y únicamente el trabajo requerido para completarlo con éxito.

◆ **Gestión del Cronograma del Proyecto.** Incluye los procesos requeridos para administrar la finalización del proyecto a tiempo.

◆ **Gestión de los Costos del Proyecto.** Incluye los procesos involucrados en planificar, estimar, presupuestar, financiar, obtener financiamiento, gestionar y controlar los costos de modo que se complete el proyecto dentro del presupuesto aprobado.

◆ **Gestión de la Calidad del Proyecto.** Incluye los procesos para incorporar la política de calidad de la organización en cuanto a la planificación, gestión y control de los requisitos de calidad del proyecto y el producto, a fin de satisfacer las expectativas de los interesados.

◆ **Gestión de los Recursos del Proyecto.** Incluye los procesos para identificar, adquirir y gestionar los recursos necesarios para la conclusión exitosa del proyecto.

◆ **Gestión de las Comunicaciones del Proyecto.** Incluye los procesos requeridos para garantizar que la planificación, recopilación, creación, distribución, almacenamiento, recuperación, gestión, control, monitoreo y disposición final de la información del proyecto sean oportunos y adecuados.

◆ **Gestión de los Riesgos del Proyecto.** Incluye los procesos para llevar a cabo la planificación de la gestión, identificación, análisis, planificación de respuesta, implementación de respuesta y monitoreo de los riesgos de un proyecto.

◆ **Gestión de las Adquisiciones del Proyecto.** Incluye los procesos necesarios para la compra o adquisición de los productos, servicios o resultados requeridos por fuera del equipo del proyecto.

◆ **Gestión de los Interesados del Proyecto.** Incluye los procesos requeridos para identificar a las personas, grupos u organizaciones que pueden afectar o ser afectados por el proyecto, para analizar las expectativas de los interesados y su impacto en el proyecto, y para desarrollar estrategias de gestión adecuadas a fin de lograr la participación eficaz de los interesados en las decisiones y en la ejecución del proyecto.

Las necesidades de un proyecto específico pueden requerir una o más Áreas de Conocimiento adicionales, por ejemplo, la construcción puede requerir gestión financiera o gestión de seguridad y salud. La Tabla 1-4 muestra la correspondencia entre Grupos de Procesos y Áreas de Conocimiento de la Dirección de Proyectos. Las Secciones 4 a 13 proporcionan más detalles sobre cada Área de Conocimiento. Esta tabla es una descripción general de los procesos básicos descritos en las Secciones 4 a 13.

Tabla 1-4. Correspondencia entre Grupos de Procesos y Áreas de Conocimiento de la Dirección de Proyectos

Áreas de Conocimiento	Grupos de Procesos de la Dirección de Proyectos				
	Grupo de Procesos de Inicio	Grupo de Procesos de Planificación	Grupo de Procesos de Ejecución	Grupo de Procesos de Monitoreo y Control	Grupo de Procesos de Cierre
4. Gestión de la Integración del Proyecto	4.1 Desarrollar el Acta de Constitución del Proyecto	4.2 Desarrollar el Plan para la Dirección del Proyecto	4.3 Dirigir y Gestionar el Trabajo del Proyecto 4.4 Gestionar el Conocimiento del Proyecto	4.5 Monitorear y Controlar el Trabajo del Proyecto 4.6 Realizar el Control Integrado de Cambios	4.7 Cerrar el Proyecto o Fase
5. Gestión del Alcance del Proyecto		5.1 Planificar la Gestión del Alcance 5.2 Recopilar Requisitos 5.3 Definir el Alcance 5.4 Crear la EDT/WBS		5.5 Validar el Alcance 5.6 Controlar el Alcance	
6. Gestión del Cronograma del Proyecto		6.1 Planificar la Gestión del Cronograma 6.2 Definir las Actividades 6.3 Secuenciar las Actividades 6.4 Estimar la Duración de las Actividades 6.5 Desarrollar el Cronograma		6.6 Controlar el Cronograma	
7. Gestión de los Costos del Proyecto		7.1 Planificar la Gestión de los Costos 7.2 Estimar los Costos 7.3 Determinar el Presupuesto		7.4 Controlar los Costos	
8. Gestión de la Calidad del Proyecto		8.1 Planificar la Gestión de la Calidad	8.2 Gestionar la Calidad	8.3 Controlar la Calidad	
9. Gestión de los Recursos del Proyecto		9.1 Planificar la Gestión de Recursos 9.2 Estimar los Recursos de las Actividades	9.3 Adquirir Recursos 9.4 Desarrollar el Equipo 9.5 Dirigir al Equipo	9.6 Controlar los Recursos	
10. Gestión de las Comunicaciones del Proyecto		10.1 Planificar la Gestión de las Comunicaciones	10.2 Gestionar las Comunicaciones	10.3 Monitorear las Comunicaciones	
11. Gestión de los Riesgos del Proyecto		11.1 Planificar la Gestión de los Riesgos 11.2 Identificar los Riesgos 11.3 Realizar el Análisis Cualitativo de Riesgos 11.4 Realizar el Análisis Cuantitativo de Riesgos 11.5 Planificar la Respuesta a los Riesgos	11.6 Implementar la Respuesta a los Riesgos	11.7 Monitorear los Riesgos	
12. Gestión de las Adquisiciones del Proyecto		12.1 Planificar la Gestión de las Adquisiciones	12.2 Efectuar las Adquisiciones	12.3 Controlar las Adquisiciones	
13. Gestión de los Interesados del Proyecto	13.1 Identificar a los Interesados	13.2 Planificar el Involucramiento de los Interesados	13.3 Gestionar la Participación de los Interesados	13.4 Monitorear el Involucramiento de los Interesados	

1.2.4.7 DATOS E INFORMACIÓN DE LA DIRECCIÓN DE PROYECTOS

A lo largo del ciclo de vida de un proyecto, se recopila, analiza y transforma una cantidad significativa de datos. Los datos del proyecto se recopilan como resultado de diversos procesos y se comparten dentro del equipo del proyecto. Los datos recopilados se analizan en contexto, se acumulan y se transforman para convertirse en información del proyecto durante varios procesos. La información se comunica verbalmente o se almacena y distribuye en diversos formatos como informes. Véase la Sección 4.3 por más detalles sobre este tema.

Los datos del proyecto se recopilan y analizan periódicamente a lo largo del ciclo de vida del proyecto. Las siguientes definiciones identifican terminología clave con relación a los datos e información del proyecto:

◆ **Datos de desempeño del trabajo.** Observaciones y mediciones en bruto identificadas durante las actividades ejecutadas para llevar a cabo el trabajo del proyecto. Entre los ejemplos se incluyen el porcentaje informado de trabajo físicamente terminado, las medidas de desempeño técnico y de calidad, las fechas de comienzo y finalización de las actividades programadas, el número de solicitudes de cambio, el número de defectos, los costos reales, las duraciones reales, etc. Los datos del proyecto normalmente se registran en un Sistema de Información para la Dirección de Proyectos (PMIS) (véase la Sección 4.3.2.2) y en los documentos del proyecto.

◆ **Información de desempeño del trabajo.** Datos de desempeño recopilados de varios procesos de control, analizados en contexto e integrados en base a las relaciones entre áreas. Algunos ejemplos de información de desempeño son el estado de los entregables, el estado de implementación de las solicitudes de cambio y las estimaciones hasta la conclusión previstas.

◆ **Informes de desempeño del trabajo.** Representación física o electrónica de la información sobre el desempeño del trabajo compilada en documentos del proyecto, que está destinada a generar decisiones, plantear cuestiones o acciones, o crear conciencia. Entre los ejemplos se pueden citar informes de estado, memorandos, justificaciones, notas informativas, tableros electrónicos, recomendaciones y actualizaciones.

El Gráfico 1-7 muestra el flujo de información del proyecto a través de los diversos procesos utilizados en la dirección del proyecto.

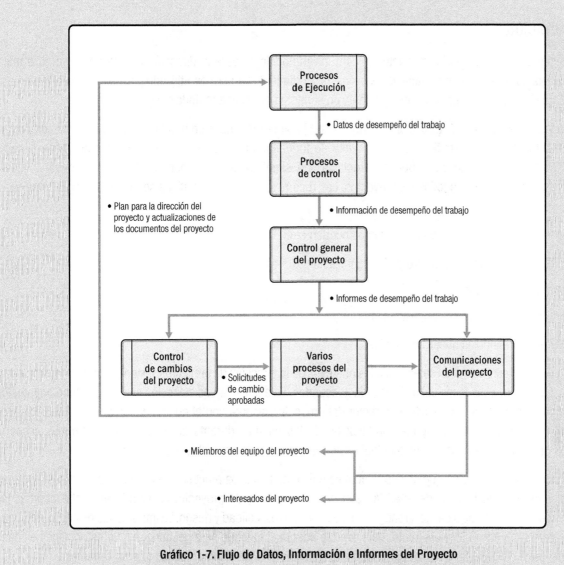

Gráfico 1-7. Flujo de Datos, Información e Informes del Proyecto

1.2.5 ADAPTACIÓN

Por lo general, los directores de proyecto aplican una metodología para la dirección de proyectos en su trabajo. Una metodología es un sistema de prácticas, técnicas, procedimientos y normas utilizado por quienes trabajan en una disciplina. Esta definición deja en claro que esta guía en sí misma no es una metodología.

Esta guía y *El Estándar para la Dirección de Proyectos* [1] son referencias recomendadas para la adaptación porque estos documentos estándar identifican el subconjunto de fundamentos para la dirección de proyectos generalmente reconocido como buenas prácticas. "Buenas prácticas" no significa que el conocimiento descrito deba aplicarse siempre de la misma manera en todos los proyectos. Las recomendaciones específicas sobre metodología están fuera del alcance de esta guía.

Las metodologías para la dirección de proyectos pueden ser:

◆ Desarrolladas por expertos dentro de la organización,

◆ Compradas a proveedores,

◆ Obtenidas de asociaciones profesionales, o

◆ Adquiridas en agencias gubernamentales.

Para dirigir un proyecto se deben seleccionar los procesos de la dirección de proyectos, las entradas, las herramientas, las técnicas, las salidas y las fases del ciclo de vida adecuados. Esta actividad de selección se conoce como adaptación de la dirección de proyectos al proyecto. El director del proyecto colabora con el equipo del proyecto, el patrocinador, la dirección de la organización o alguna combinación de los mismos durante la adaptación. En algunos casos la organización puede requerir el uso de metodologías para la dirección de proyectos específicas.

La adaptación es necesaria porque cada proyecto es único; no todos los procesos, herramientas, técnicas, entradas o salidas identificados en la *Guía del PMBOK®* son necesarios en cada proyecto. La adaptación debe abordar las restricciones contrapuestas de alcance, cronograma, costo, recursos, calidad y riesgo. La importancia de cada restricción es diferente para cada proyecto, y el director del proyecto adapta el enfoque para gestionar estas restricciones en base al entorno del proyecto, la cultura de la organización, las necesidades de los interesados y otras variables.

Al adaptar la dirección de proyectos, el director del proyecto también debe considerar los diferentes niveles de gobernanza que pueden ser necesarios y dentro de los cuales operará el proyecto, y considerar asimismo la cultura de la organización. Además, considerar si el cliente del proyecto es interno o externo a la organización puede afectar las decisiones de adaptación de la dirección del proyecto.

Las metodologías para la dirección de proyectos sólidas toman en cuenta la naturaleza única de los proyectos y permiten cierto grado de adaptación por parte del director del proyecto. No obstante, la adaptación incluida en la metodología puede incluso requerir adaptación adicional para un proyecto dado.

1.2.6 DOCUMENTOS DE NEGOCIO DE LA DIRECCIÓN DE PROYECTOS

El director del proyecto debe garantizar que el enfoque de dirección del proyecto capte la intención de los documentos de negocio. Estos documentos se definen en la Tabla 1-5. Estos dos documentos son interdependientes y desarrollados iterativamente y mantenidos a lo largo del ciclo de vida del proyecto.

Tabla 1-5. Documentos de Negocio del Proyecto

Documentos de Negocio del Proyecto	Definición
Caso de negocio del proyecto	Estudio de viabilidad económica documentado utilizado para establecer la validez de los beneficios de un componente seleccionado que carece de una definición suficiente y que se usa como base para la autorización de otras actividades de dirección del proyecto.
Plan de gestión de beneficios del proyecto	Explicación documentada que define los procesos para crear, maximizar y mantener los beneficios proporcionados por un proyecto.

Por lo general, el patrocinador del proyecto es responsable del desarrollo y el mantenimiento del documento de caso de negocio del proyecto. El director del proyecto es responsable de brindar recomendaciones y supervisión para mantener el caso de negocio del proyecto, plan para la dirección del proyecto, acta de constitución del proyecto y medidas de éxito del plan de gestión de beneficios del proyecto alineados entre sí y con las metas y los objetivos de la organización.

Los directores de proyecto deben adaptar adecuadamente los mencionados documentos de dirección de proyectos a sus proyectos. En algunas organizaciones, el caso de negocio y el plan de gestión de beneficios se mantienen al nivel de programa. Los directores de proyecto deben trabajar con los directores de programa adecuados para asegurar que los documentos de dirección del proyecto estén alineados con los documentos del programa. El Gráfico 1-8 ilustra la interrelación entre estos documentos de negocio críticos de la dirección de proyectos y la evaluación de necesidades. El Gráfico 1-8 muestra una aproximación del ciclo de vida de estos diferentes documentos frente al ciclo de vida del proyecto.

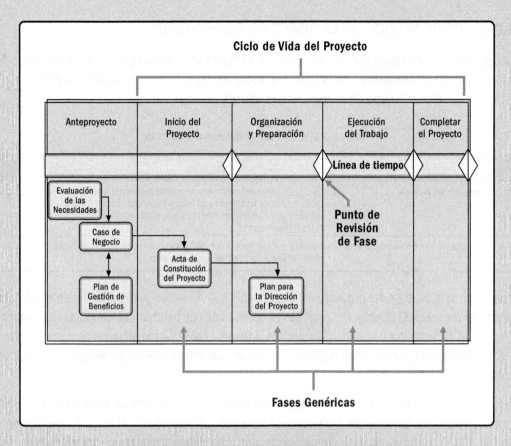

Gráfico 1-8. Interrelación entre la Evaluación de Necesidades
y los Documentos Críticos del Negocio/Proyecto

1.2.6.1 CASO DE NEGOCIO DEL PROYECTO

El caso de negocio del proyecto es un estudio de viabilidad económica documentado utilizado para establecer la validez de los beneficios de un componente seleccionado que carece de una definición suficiente y que se usa como base para la autorización de otras actividades de dirección del proyecto. El caso de negocio enumera los objetivos y las razones para la iniciación del proyecto. Ayuda a medir el éxito del proyecto al final del mismo contra los objetivos del proyecto. El caso de negocio es un documento de negocio del proyecto que se utiliza a lo largo de todo el ciclo de vida del proyecto. El caso de negocio se puede utilizar antes de la iniciación del proyecto y puede dar lugar a una decisión de continuar o no el proyecto.

El caso de negocio a menudo va precedido de una evaluación de necesidades. La evaluación de necesidades implica comprender las metas y los objetivos, incidentes y oportunidades del negocio y recomendar propuestas para abordarlos. Los resultados de la evaluación de necesidades pueden resumirse en el documento de caso de negocio.

El proceso de definir la necesidad de negocio, analizar la situación, hacer recomendaciones y definir criterios de evaluación es aplicable a los proyectos de cualquier organización. Un caso de negocio puede incluir, entre otras cosas, la documentación de:

◆ Necesidades de negocio:

- Determinación de qué está motivando la necesidad de acción;
- Enunciado situacional que documente el problema o la oportunidad de negocio a abordar, incluido el valor a ser entregado a la organización;
- Identificación de los interesados afectados; e
- Identificación del alcance.

◆ Análisis de la situación:

- Identificación de las estrategias, metas y objetivos de la organización;
- Identificación de la(s) causa(s) raíz del problema o los principales contribuidores a una oportunidad;
- Análisis de brechas entre las capacidades necesarias para el proyecto y las capacidades existentes en la organización;
- Identificación de riesgos conocidos;
- Identificación de factores críticos del éxito;
- Identificación de criterios de decisión mediante los cuales se puede evaluar los diferentes cursos de acción;

Algunos ejemplos de categorías de criterios utilizadas para el análisis de una situación son:

  ○ *Requerido.* Se trata de un criterio que "debe" cumplirse para abordar el problema o la oportunidad.
  ○ *Deseable.* Se trata de un criterio que es "deseable" que se cumpla para abordar el problema o la oportunidad.
  ○ *Opcional.* Se trata de un criterio que no es fundamental. El cumplimiento de este criterio puede volverse un diferenciador entre cursos de acción alternativos.

- Identificación de un conjunto de opciones a tener en cuenta para abordar el problema o la oportunidad de negocio. Las opciones son cursos de acción alternativos que pueden ser emprendidos por la organización. Las opciones también pueden describirse como escenarios de negocios. Por ejemplo, un caso de negocio podría presentar las siguientes tres opciones:
  ○ *No hacer nada.* Esto también se conoce como la opción "seguir funcionando como hasta ahora". La selección de esta opción conduce a que el proyecto no sea autorizado.
  ○ *Hacer el mínimo trabajo posible para abordar el problema o la oportunidad.* El mínimo se puede establecer identificando el conjunto de criterios documentados que son fundamentales para abordar el problema o la oportunidad.
  ○ *Hacer más que el mínimo trabajo posible para abordar el problema o la oportunidad.* Esta opción cumple el conjunto mínimo de criterios y algunos o todos los demás criterios documentados. Puede haber más de una de estas opciones documentadas en el caso de negocio.

◆ Recomendación:

- Enunciado de la opción recomendada a seguir en el proyecto;

- Los elementos a incluir en el enunciado pueden incluir, entre otros:

  ○ Resultados de análisis para la opción potencial;

  ○ Restricciones, supuestos, riesgos y dependencias para las opciones potenciales; y

  ○ Medidas de éxito (véase la Sección 1.2.6.4).

- Enfoque de implementación que puede incluir, entre otras cosas:

  ○ Hitos,

  ○ Dependencias, y

  ○ Roles y responsabilidades.

◆ Evaluación:

- Enunciado que describe el plan para medir los beneficios que entregará el proyecto. Esto debería incluir cualquier aspecto operativo en curso de la opción recomendada más allá de la implementación inicial.

El documento de caso de negocio proporciona la base para medir el éxito y el avance a lo largo del ciclo de vida del proyecto mediante la comparación de los resultados con los objetivos y los criterios de éxito identificados. Véase *Análisis de Negocios para Profesionales: Guía Práctica* [7].

1.2.6.2 PLAN DE GESTIÓN DE BENEFICIOS DEL PROYECTO

El plan de gestión de beneficios del proyecto es el documento que describe el modo y el momento en que se entregarán los beneficios del proyecto, y describe los mecanismos que deben estar a disposición para medir esos beneficios. Un beneficio del proyecto se define como una consecuencia de las acciones, comportamientos, productos, servicios o resultados que proporciona valor a la organización patrocinadora, así como a los beneficiarios previstos del proyecto. El desarrollo del plan de gestión de beneficios comienza tempranamente en el ciclo de vida del proyecto con la definición de los beneficios objetivo a alcanzar. El plan de gestión de beneficios describe elementos clave de los beneficios y puede incluir, entre otras cosas, la documentación de:

◆ **Beneficios objetivo** (p.ej., el valor tangible e intangible que se espera ganar con la implementación del proyecto; el valor financiero se expresa como valor actual neto);

◆ **Alineación estratégica** (p.ej., qué tan bien se alinean los beneficios del proyecto con las estrategias de negocio de la organización);

◆ **Plazo para obtener los beneficios** (p.ej., beneficios por fase, a corto plazo, a largo plazo y continuos);

◆ **Dueño de los beneficios** (p.ej., la persona responsable de monitorear, registrar e informar los beneficios obtenidos en el transcurso del plazo establecido en el plan);

◆ **Métricas** (p.ej., las medidas a utilizar para mostrar los beneficios obtenidos, medidas directas y medidas indirectas);

◆ **Supuestos** (p.ej., factores que se espera estén disponibles o visibles); y

◆ **Riesgos** (p.ej., riesgos de obtención de los beneficios).

El desarrollo del plan de gestión de beneficios hace uso de los datos e información documentados en el caso de negocio y la evaluación de necesidades. Por ejemplo, los análisis costo-beneficio registrados en los documentos ilustran la estimación de costos comparada con el valor de los beneficios obtenidos por el proyecto. El plan de gestión de beneficios y el plan para la dirección del proyecto incluyen una descripción de cómo el valor del negocio resultante del proyecto se vuelve parte de las operaciones permanentes de la organización, incluidas las métricas a utilizar. Las métricas proporcionan verificación del valor del negocio y validación del éxito del proyecto.

El desarrollo y mantenimiento del plan de gestión de beneficios del proyecto es una actividad iterativa. Este documento complementa el caso de negocio, el acta de constitución del proyecto y el plan para la dirección del proyecto. El director del proyecto trabaja con el patrocinador para asegurar que el acta de constitución del proyecto, el plan para la dirección del proyecto y el plan de gestión de beneficios permanezcan alineados a lo largo del ciclo de vida del proyecto. Véase *Análisis de Negocios para Profesionales: Guía Práctica* [7], *El Estándar para la Dirección de Programas* [3], y *El Estándar para la Dirección de Portafolios* [2].

1.2.6.3 ACTA DE CONSTITUCIÓN DEL PROYECTO Y PLAN PARA LA DIRECCIÓN DEL PROYECTO

El acta de constitución del proyecto se define como un documento emitido por el patrocinador del proyecto, que autoriza formalmente la existencia de un proyecto y confiere al director de proyecto la autoridad para aplicar los recursos de la organización a las actividades del proyecto.

El plan para la dirección del proyecto se define como el documento que describe el modo en que el proyecto será ejecutado, monitoreado y controlado.

Véase la Sección 4 sobre Gestión de la Integración del Proyecto para más información sobre el acta de constitución del proyecto y el plan para la dirección del proyecto.

1.2.6.4 MEDIDAS DE ÉXITO DEL PROYECTO

Uno de los desafíos más comunes de la dirección de proyectos es determinar si un proyecto es o no exitoso.

Tradicionalmente, las métricas de tiempo, costo, alcance y calidad de la dirección de proyectos han sido los factores más importantes para definir el éxito de un proyecto. Más recientemente, profesionales y académicos han determinado que el éxito del proyecto también debe medirse teniendo en cuenta el logro de los objetivos del proyecto.

Los interesados del proyecto pueden tener opiniones diferentes sobre cómo sería la conclusión exitosa de un proyecto y cuáles son los factores más importantes. Resulta crítico documentar claramente los objetivos del proyecto y seleccionar objetivos que sean medibles. Tres preguntas que los interesados clave y el director del proyecto deberían responder son:

◆ ¿Cómo se define el éxito para este proyecto?

◆ ¿Cómo se medirá el éxito?

◆ ¿Qué factores pueden influir en el éxito?

La respuesta a estas preguntas debe ser documentada y acordada por los interesados clave y el director del proyecto.

El éxito del proyecto puede incluir criterios adicionales vinculados a la estrategia organizacional y a la entrega de resultados de negocio. Estos objetivos del proyecto pueden incluir, entre otros:

◆ Completar el plan de gestión de beneficios del proyecto;

◆ Cumplir las medidas financieras acordadas, documentadas en el caso de negocio. Estas medidas financieras pueden incluir, entre otras:

■ Valor actual neto (NPV),

■ Retorno de la inversión (ROI),

■ Tasa interna de retorno (IRR),

■ Plazo de retorno de la inversión (PBP), y

■ Relación costo-beneficio (BCR).

◆ Cumplir los objetivos no financieros del caso de negocio;

◆ Completar el movimiento de una organización de su estado actual al estado futuro deseado;

◆ Cumplir los términos y condiciones de un contrato;

◆ Cumplir la estrategia, las metas y los objetivos de la organización;

◆ Lograr la satisfacción de los interesados;

◆ Adopción aceptable por parte de clientes/usuarios finales;

◆ Integración de los entregables en el entorno operativo de la organización;

◆ Alcanzar la calidad de entrega acordada;

◆ Cumplir criterios de gobernanza; y

◆ Alcanzar otras medidas o criterios de éxito acordados (p.ej., rendimiento de los procesos).

El equipo del proyecto necesita ser capaz de evaluar la situación del proyecto, equilibrar las demandas y mantener una comunicación proactiva con los interesados a fin de entregar un proyecto exitoso.

Cuando la alineación del proyecto con el negocio es constante, las posibilidades de éxito del proyecto aumentan significativamente, ya que el proyecto permanece alineado con la dirección estratégica de la organización.

Es posible que un proyecto sea exitoso desde el punto de vista del alcance/cronograma/presupuesto, y sea no exitoso desde el punto de vista del negocio. Esto puede ocurrir cuando existe un cambio en las necesidades de negocio o el entorno del mercado antes de concluido el proyecto.

2

EL ENTORNO EN EL QUE OPERAN LOS PROYECTOS

2.1 DESCRIPCIÓN GENERAL

Los proyectos existen y operan en entornos que pueden influir en ellos. Estas influencias pueden tener un impacto favorable o desfavorable en el proyecto. Dos categorías principales de influencias son los factores ambientales de la empresa (EEFs) y los activos de los procesos de la organización (OPAs).

Los EEFs se originan fuera del ámbito del proyecto y a menudo fuera de la empresa. Los EEFs pueden tener un impacto a nivel de la organización, portafolios, programas o proyectos. Véase la Sección 2.2 para información adicional sobre los EEFs.

Los OPAs son internos a la organización. Pueden surgir de la propia organización, un portafolio, un programa, otro proyecto o una combinación de estos. El Gráfico 2-1 muestra el desglose de las influencias del proyecto en EEFs y OPAs. Véase la Sección 2.3 para información adicional sobre los OPAs.

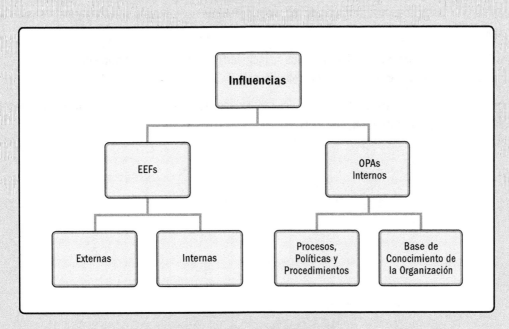

Gráfico 2-1. Influencias del Proyecto

Además de los EEFs y OPAs, los sistemas organizacionales tienen un rol significativo en el ciclo de vida del proyecto. Los factores del sistema que afectan el poder, la influencia, los intereses, las competencias y las capacidades políticas de las personas que actúan dentro del sistema organizacional se discuten con mayor detalle en la sección sobre sistemas organizacionales (véase la Sección 2.4).

2.2 FACTORES AMBIENTALES DE LA EMPRESA

Los factores ambientales de la empresa (EEFs) hacen referencia a condiciones que no están bajo el control del equipo del proyecto y que influyen, restringen o dirigen el proyecto. Estas condiciones pueden ser internas y/o externas a la organización. Los EEFs se consideran como entradas de muchos procesos de la dirección de proyectos, específicamente para la mayor parte de los procesos de planificación. Estos factores pueden mejorar o restringir las opciones de la dirección de proyectos. Además, estos factores pueden influir de manera positiva o negativa sobre el resultado.

Los EEFs varían ampliamente en cuanto a tipo o naturaleza. Estos factores deben tenerse en cuenta si el proyecto ha de ser eficaz. Los EEFs incluyen, entre otros, a los factores descritos en las Secciones 2.2.1 y 2.2.2.

2.2.1 EEFS INTERNOS A LA ORGANIZACIÓN

Los siguientes EEFs son internos a la organización:

◆ **Cultura, estructura y gobernanza de la organización.** Entre los ejemplos se incluyen visión, misión, valores, creencias, normas culturales, estilo de liderazgo, jerarquía y relaciones de autoridad, estilo de la organización, ética y código de conducta.

◆ **Distribución geográfica de instalaciones y recursos.** Entre los ejemplos se incluyen emplazamiento de las fábricas, equipos virtuales, sistemas compartidos y computación en la nube.

◆ **Infraestructura.** Entre los ejemplos se incluyen instalaciones existentes, equipamiento, canales de telecomunicaciones de la organización, hardware informático, disponibilidad y capacidad.

◆ **Software informático.** Entre los ejemplos se incluyen herramientas de software para programación, sistemas de gestión de la configuración, interfaces de red a otros sistemas automáticos en línea y sistemas de autorización de trabajo.

◆ **Disponibilidad de recursos.** Entre los ejemplos se incluyen restricciones contractuales y de compra, proveedores y subcontratistas aprobados y acuerdos de colaboración.

◆ **Capacidad de los empleados.** Entre los ejemplos se incluyen la pericia, habilidades, competencias y conocimiento especializado de los recursos humanos existentes.

2.2.2 EEFS EXTERNOS A LA ORGANIZACIÓN

Los siguientes EEFs son externos a la organización:

◆ **Condiciones del mercado.** Entre los ejemplos se incluyen competidores, participación en el mercado, reconocimiento de marca y marcas registradas.

◆ **Influencias y asuntos de índole social y cultural.** Entre los ejemplos se incluyen clima político, códigos de conducta, ética y percepciones.

◆ **Restricciones legales.** Entre los ejemplos se incluyen leyes y regulaciones del país o locales relacionadas con seguridad, protección de datos, conducta de negocio, empleo y adquisiciones.

◆ **Bases de datos comerciales.** Entre los ejemplos se incluyen resultados de estudios comparativos, datos para estimación estandarizada de costos, información de estudios de los riesgos de la industria y bases de datos de riesgos.

◆ **Investigaciones académicas.** Entre los ejemplos se incluyen estudios de la industria, publicaciones y resultados de estudios comparativos.

◆ **Estándares gubernamentales o de la industria.** Entre los ejemplos se incluyen regulaciones y estándares del organismo regulador relacionados con productos, producción, medio ambiente, calidad y fabricación.

◆ **Consideraciones financieras.** Entre los ejemplos se incluyen tasas de cambio de divisas, tasas de interés, tasas de inflación, tarifas y ubicación geográfica.

◆ **Elementos ambientales físicos.** Entre los ejemplos se incluyen condiciones de trabajo, condiciones climáticas y restricciones.

2.3 ACTIVOS DE LOS PROCESOS DE LA ORGANIZACIÓN

Los activos de los procesos de la organización (OPAs) son los planes, los procesos, las políticas, los procedimientos y las bases de conocimiento específicos de la organización ejecutora y utilizados por la misma. Estos activos influyen en la dirección del proyecto.

Los OPAs incluyen cualquier objeto, práctica o conocimiento de alguna o de todas las organizaciones ejecutoras que participan en el proyecto y que pueden usarse para ejecutar o gobernar el proyecto. Los OPAs también incluyen las lecciones aprendidas procedentes de proyectos anteriores y la información histórica de la organización. Los OPAs pueden incluir cronogramas completados, datos sobre riesgos y datos sobre el valor ganado. Los OPAs son entradas de muchos procesos de la dirección de proyectos. Dado que los OPAs son internos a la organización, los miembros del equipo del proyecto podrían efectuar actualizaciones y adiciones a los activos de los procesos de la organización, según sea necesario a lo largo del proyecto. Los mismos pueden agruparse en dos categorías:

◆ Procesos, políticas y procedimientos; y

◆ Bases de conocimiento de la organización.

Por lo general, los activos de la primera categoría no se actualizan como parte del trabajo del proyecto. Los procesos, políticas y procedimientos normalmente son establecidos por la oficina de dirección de proyectos (PMO) u otra función fuera del proyecto. Estos sólo se pueden actualizar siguiendo las políticas de la organización adecuadas asociadas a la actualización de procesos, políticas o procedimientos. Algunas organizaciones alientan al equipo a adaptar plantillas, ciclos de vida y listas de verificación para el proyecto. En estos casos, el equipo de dirección del proyecto debe adaptar esos activos para satisfacer las necesidades del proyecto.

Los activos de la segunda categoría se actualizan a lo largo del proyecto con información del proyecto. Por ejemplo, la información sobre rendimiento financiero, lecciones aprendidas, métricas y problemas de desempeño, y defectos se actualiza de manera continua a lo largo del proyecto.

2.3.1 PROCESOS, POLÍTICAS Y PROCEDIMIENTOS

Los procesos y procedimientos de la organización para realizar el trabajo del proyecto incluyen, entre otros:

◆ **Inicio y Planificación:**

- Guías y criterios para adaptar el conjunto de procesos y procedimientos estándar de la organización con el fin de que satisfagan las necesidades específicas del proyecto;

- Estándares específicos de la organización, tales como: políticas (p.ej., políticas de recursos humanos, políticas de seguridad y salud, políticas de confidencialidad y seguridad, políticas de calidad, políticas de adquisición y políticas ambientales);

- Ciclos de vida del producto y del proyecto, y métodos y procedimientos (p.ej., métodos de dirección de proyectos, métricas de estimación, auditorías de procesos, objetivos de mejora, listas de verificación y definiciones estandarizadas de procesos para su uso en la organización);

- Plantillas (p.ej., planes para la dirección del proyecto, documentos del proyecto, registros del proyecto, formatos de informes, plantillas de contratos, categorías de riesgo, plantillas de enunciado de riesgos, definiciones de probabilidad e impacto, matrices de probabilidad e impacto y plantillas de registro de interesados); y

- Listas de proveedores preaprobados y diversos tipos de acuerdos contractuales (p.ej., de precio fijo, de costos reembolsables, y contratos por tiempo y materiales).

◆ **Ejecución, Monitoreo y Control:**

- Procedimientos de control de cambios, incluidos los pasos para modificar los estándares, políticas, planes y procedimientos de la organización ejecutora, o cualquier otro documento del proyecto, y la descripción de cómo se aprobará y validará cualquier cambio;

- Matrices de trazabilidad;

- Procedimientos de control financiero (p.ej., informes de tiempos, revisiones requeridas de gastos y desembolsos, códigos contables y disposiciones contractuales estándar);

- Procedimientos para la gestión de incidentes y defectos (p.ej., definir los controles para incidentes y defectos, identificar y solucionar incidentes y defectos, y hacer el seguimiento de los elementos de acción);

- Control de la disponibilidad de recursos y gestión de las asignaciones;

- Requisitos de comunicación de la organización (p.ej., tecnología específica de comunicación disponible, medios de comunicación autorizados, políticas de conservación de registros, videoconferencias, herramientas colaborativas y requisitos de seguridad);

- Procedimientos para priorizar, aprobar y emitir autorizaciones de trabajo;

- Plantillas (p.ej., registro de riesgos, registro de incidentes y registro de cambios);

- Guías estandarizadas, instrucciones de trabajo, criterios para la evaluación de propuestas y criterios para la medición del desempeño; y

- Procedimientos de verificación y validación de productos, servicios o resultados.

◆ **Cierre.** Guías o requisitos de cierre del proyecto (p.ej., auditorías finales del proyecto, evaluaciones del proyecto, aceptación de los entregables, cierre de contratos, reasignación de recursos y transferencia de conocimientos a la producción y/o las operaciones).

2.3.2 REPOSITORIOS DE CONOCIMIENTO DE LA ORGANIZACIÓN

Los repositorios de conocimiento de la organización para almacenar y recuperar información incluyen, entre otros elementos:

◆ Repositorios de conocimiento de la gestión de configuración, que contienen las versiones de componentes de software y hardware y líneas base de todos los estándares, políticas y procedimientos de la organización ejecutora, así como cualquier otro documento del proyecto;

◆ Repositorios de datos financieros con informaciones tales como horas de trabajo, costos incurridos, presupuestos y cualquier sobrecostos del proyecto;

◆ Información histórica y repositorios de conocimiento de lecciones aprendidas (p.ej., registros y documentos del proyecto, toda la información y documentación de cierre del proyecto, información relacionada con los resultados de las decisiones de selección y desempeño de proyectos previos, e información de las actividades de gestión de riesgos);

◆ Repositorios de datos sobre la gestión de incidentes y defectos, que contienen el estado de los mismos, información de control, resolución de incidentes y defectos, así como los resultados de las acciones emprendidas;

◆ Repositorios de datos para métricas, utilizados para recopilar y tener a disposición los datos de mediciones de procesos y productos; y

◆ Archivos de proyectos anteriores (p.ej., líneas base del alcance, costo, cronograma y medición del desempeño, calendarios del proyecto, diagramas de red del cronograma del proyecto, registros de riesgos, informes de riesgos y registros de interesados).

2.4 SISTEMAS ORGANIZACIONALES

2.4.1 DESCRIPCIÓN GENERAL

Los proyectos operan dentro de las restricciones impuestas por la organización a través de su estructura y marco de gobernanza. Para operar de manera eficaz y eficiente, el director del proyecto necesita comprender dónde residen la responsabilidad, la rendición de cuentas y la autoridad dentro de la organización. Este conocimiento ayudará al director del proyecto a usar de manera eficaz su poder, influencia, competencia, liderazgo y capacidades políticas para completar con éxito el proyecto.

La interacción de múltiples factores dentro de una organización individual crea un sistema único que influye en el proyecto que opera en ese sistema. El sistema organizacional resultante determina el poder, la influencia, los intereses, la competencia y las capacidades políticas de las personas que son capaces de actuar dentro del sistema. Los factores del sistema incluyen, entre otros:

◆ Elementos de gestión,

◆ Marcos de gobernanza, y

◆ Tipos de estructura organizacional.

La información y explicación completas de los factores del sistema organizacional y cómo la combinación de estos factores influye en un proyecto están más allá del alcance de esta guía. Existen disciplinas con literatura, metodologías y prácticas asociadas que tratan estos factores con mayor profundidad de lo que es posible en esta guía. Esta sección brinda una descripción general de estos factores y su interrelación.

Esta descripción general comienza con una discusión de los sistemas en general. Un sistema es un conjunto de diversos componentes que juntos pueden producir resultados que los componentes individuales no pueden producir por sí solos. Un componente es un elemento identificable dentro del proyecto u organización que proporciona una función particular o un grupo de funciones relacionadas. La interacción de los diversos componentes del sistema crea las capacidades y la cultura de la organización. Existen varios principios con relación a los sistemas:

◆ Los sistemas son dinámicos,

◆ Los sistemas se pueden optimizar,

◆ Los componentes del sistema se pueden optimizar,

◆ Los sistemas y sus componentes no se pueden optimizar al mismo tiempo, y

◆ Los sistemas son no lineales en su sensibilidad (un cambio en la entrada no produce un cambio predecible en la salida).

Pueden ocurrir múltiples cambios dentro del sistema y entre el sistema y su entorno. Cuando tienen lugar estos cambios, se produce un comportamiento adaptativo dentro de los componentes que a su vez se suman a la dinámica del sistema. La dinámica del sistema se define por la interacción entre los componentes en base a las relaciones y dependencias que existen entre los componentes.

Por lo general, los sistemas son responsabilidad de la dirección de una organización. La dirección de la organización examina el balance entre la optimización de los componentes y del sistema a fin de tomar las medidas adecuadas para lograr los mejores resultados para la organización. Los resultados de este examen influirán en el proyecto bajo consideración. Por lo tanto, es importante que el director del proyecto tome en cuenta estos resultados a la hora de determinar cómo cumplir los objetivos del proyecto. Además, el director del proyecto debe tener en cuenta el marco de gobernanza de la organización.

2.4.2 MARCOS DE GOBERNANZA DE LA ORGANIZACIÓN

Investigaciones recientes del PMI revelan que la gobernanza se refiere a las disposiciones organizativas o estructurales en todos los niveles de una organización diseñadas para determinar e influir en el comportamiento de los miembros de la organización [9]. Estas investigaciones sugieren que el concepto de gobernanza es multidimensional y:

◆ Incluye la consideración de personas, roles, estructuras y políticas; y

◆ Requiere proporcionar orientación y supervisión mediante datos y retroalimentación.

2.4.2.1 MARCO DE GOBERNANZA

La gobernanza es el marco dentro del cual se ejerce la autoridad en las organizaciones. Este marco incluye, entre otras cosas:

◆ Reglas,

◆ Políticas,

◆ Procedimientos,

◆ Normas,

◆ Relaciones,

◆ Sistemas, y

◆ Procesos.

Este marco influye el modo en que:

◆ Se establecen y se logran los objetivos de la organización,

◆ Se monitorea y se evalúa el riesgo, y

◆ Se optimiza el desempeño.

2.4.2.2 GOBERNANZA DE PORTAFOLIOS, PROGRAMAS Y PROYECTOS

Gobernanza de Portafolios, Programas y Proyectos: Guía Práctica [10] describe un marco común de gobernanza, alineando la dirección organizacional de proyectos (OPM) con la dirección de portafolios, programas y proyectos. La guía práctica describe cuatro dominios de la gobernanza, a saber, alineación, riesgo, desempeño y comunicaciones. Cada dominio tiene las siguientes funciones: supervisión, control, integración y toma de decisiones. Cada función tiene procesos de apoyo a la gobernanza y actividades para proyectos independientes, o proyectos que operan dentro de los entornos del portafolio o programa.

La gobernanza del proyecto se refiere al marco, funciones y procesos que guían las actividades de dirección del proyecto a fin de crear un producto, servicio o resultado único para cumplir con las metas estratégicas y operativas de la organización. No existe un único marco de gobernanza que sea eficaz en todas las organizaciones. Un marco de gobernanza debe adaptarse a la cultura de la organización, los tipos de proyectos y las necesidades de la organización a fin de ser eficaz.

Para más información sobre la gobernanza del proyecto, incluida su implementación, véase *Gobernanza de Portafolios, Programas y Proyectos: Guía Práctica* [10].

2.4.3 ELEMENTOS DE GESTIÓN

Los elementos de gestión son los componentes que comprenden las funciones o principios clave de la dirección general de la organización. Los elementos de la dirección general se asignan dentro de la organización según su marco de gobernanza y el tipo de estructura organizacional seleccionada.

Las funciones o principios clave de dirección incluyen, entre otros:

◆ División del trabajo usando habilidades especializadas y la disponibilidad para realizar trabajo;

◆ Autoridad otorgada para realizar trabajo;

◆ Responsabilidad de realizar trabajo debidamente asignado en base a atributos como habilidad y experiencia;

◆ Disciplina de acción (p.ej., el respeto por la autoridad, las personas y las reglas);

◆ Unidad de mando (p.ej., sólo una persona da órdenes a un individuo con relación a cualquier acción o actividad);

◆ Unidad de dirección (p.ej., un plan y un encargado para un grupo de actividades con el mismo objetivo);

◆ Metas generales de la organización tienen prioridad sobre las metas individuales;

◆ Pago justo por el trabajo realizado;

- ◆ Uso óptimo de los recursos;

- ◆ Canales de comunicación claros;

- ◆ Materiales adecuados para la persona adecuada y el trabajo adecuado en el momento adecuado;

- ◆ Trato justo e igualitario de las personas en el lugar de trabajo;

- ◆ Clara seguridad de los puestos de trabajo;

- ◆ Seguridad de las personas en el lugar de trabajo;

- ◆ Contribución abierta a la planificación y ejecución por parte de cada persona; y

- ◆ Moral óptima.

El desempeño de estos elementos de gestión se asigna a individuos seleccionados dentro de la organización. Estos individuos pueden desempeñar las funciones mencionadas en el marco de diversas estructuras organizacionales. Por ejemplo, en una estructura jerárquica, existen niveles horizontales y verticales dentro de la organización. Estos niveles jerárquicos abarcan desde el nivel de gerencia de línea hasta el nivel de dirección ejecutiva. La responsabilidad, rendición de cuentas y autoridad asignadas al nivel jerárquico indican cómo el individuo puede desempeñar la función mencionada en el marco de esa estructura organizacional.

2.4.4 TIPOS DE ESTRUCTURA ORGANIZACIONAL

La determinación del tipo adecuado de estructura organizacional es un resultado del estudio de compromisos entre dos variables clave. Las variables son los tipos de estructura organizacional disponibles para su uso y cómo optimizarlas para una organización dada. No existe una estructura única aplicable a cualquier organización dada. La estructura final para una organización dada es única debido a las numerosas variables a ser consideradas. Las Secciones 2.4.4.1 y 2.4.4.2 brindan ejemplos de algunos de los factores a incluir al considerar las dos variables dadas. La Sección 2.4.4.3 analiza una estructura organizacional que es prevalente en la dirección de proyectos.

2.4.4.1 TIPOS DE ESTRUCTURA ORGANIZACIONAL

Las estructuras organizacionales adoptan muchas formas o tipos. La Tabla 2-1 compara varios tipos de estructuras organizacionales y su influencia en los proyectos.

2.4.4.2 FACTORES EN LA SELECCIÓN DE LA ESTRUCTURA DE UNA ORGANIZACIÓN

Cada organización considera numerosos factores para incluir en su estructura organizacional. Cada factor puede conllevar un nivel de importancia diferente en el análisis final. La combinación del factor, su valor e importancia relativa proporciona a quienes toman las decisiones en la organización la información adecuada para incluir en el análisis.

Los factores a considerar para seleccionar una estructura organizacional incluyen, entre otros:

◆ Grado de alineación con los objetivos de la organización,

◆ Capacidades de especialización,

◆ Intervalo de control de eficiencia y eficacia,

◆ Vía clara para el escalamiento de decisiones,

◆ Línea y un alcance de autoridad claros,

◆ Capacidades de delegación,

◆ Asignación de la obligación de rendir cuentas,

◆ Asignación de responsabilidades,

◆ Adaptabilidad del diseño,

◆ Simplicidad del diseño,

◆ Eficiencia en el desempeño,

◆ Consideraciones de costos,

◆ Ubicaciones físicas (p.ej., en un mismo lugar, regional, virtual), y

◆ Comunicaciones claras (p.ej., políticas, estado del trabajo y visión de la organización).

Tabla 2-1. Influencias de la Estructura Organizacional en los Proyectos

Tipos de Estructura Organizacional	Características del Proyecto					
	Grupos de Trabajo ordenados por:	Autoridad del Director del Proyecto	Rol del Director del Proyecto	Disponibilidad de Recursos	¿Quién gestiona el presupuesto del proyecto?	Personal Administrativo de Dirección de Proyectos
Orgánico o Sencillo	Flexible; personas que trabajan hombro con hombro	Poca o ninguna	Tiempo parcial; puede ser o no un rol de trabajo designado como coordinador	Poca o ninguna	Dueño u operador	Poca o ninguna
Funcional (centralizado)	Trabajo en proceso (por ejemplo, ingeniería, fabricación)	Poca o ninguna	Tiempo parcial; puede ser o no un rol de trabajo designado como coordinador	Poca o ninguna	Gerente funcional	Tiempo parcial
Multi-divisional (puede duplicar funciones para cada división con poca centralización)	Uno de: producto; procesos de producción; portafolio; programa; región geográfica; tipo de cliente	Poca o ninguna	Tiempo parcial; puede ser o no un rol de trabajo designado como coordinador	Poca o ninguna	Gerente funcional	Tiempo parcial
Matriz – fuerte	Por función de trabajo, siendo director del proyecto una función	Moderada a alta	Rol de trabajo designado a tiempo completo	Moderada a alta	Director del proyecto	Tiempo completo
Matriz – débil	Función de trabajo	Baja	Tiempo parcial; se realiza como parte de otro trabajo y es un rol de trabajo designado como coordinador	Baja	Gerente funcional	Tiempo parcial
Matriz – balanceado	Función de trabajo	Baja a moderada	Tiempo parcial; incorporado en las funciones como una habilidad y no puede ser un rol de trabajo designado como coordinador	Baja a moderada	Mezclado	Tiempo parcial
Orientado al proyecto (compuesto, híbrido)	Proyecto	Elevada a casi total	Rol de trabajo designado a tiempo completo	Elevada a casi total	Director del proyecto	Tiempo completo
Virtual	Estructura de red con nodos en los puntos de contacto con otras personas	Baja a moderada	Tiempo completo o parcial	Baja a moderada	Mezclado	Puede ser a tiempo completo o tiempo parcial
Híbrido	Mezcla de otros tipos	Mezclada	Mezclado	Mezclada	Mezclado	Mezclado
PMO*	Mezcla de otros tipos	Elevada a casi total	Rol de trabajo designado a tiempo completo	Elevada a casi total	Director del proyecto	Tiempo completo

*PMO se refiere a una oficina u organización de dirección de portafolios, programas o proyectos.

2.4.4.3 OFICINA DE DIRECCIÓN DE PROYECTOS

Una oficina de dirección de proyectos (PMO) es una estructura de la organización que estandariza los procesos de gobernanza relacionados con el proyecto y facilita el intercambio de recursos, metodologías, herramientas y técnicas. Las responsabilidades de una PMO pueden abarcar desde el suministro de funciones de soporte para la dirección de proyectos hasta la propia dirección de uno o más proyectos.

Existen varios tipos de PMOs en las organizaciones. Cada tipo varía en función del grado de control e influencia que ejerce sobre los proyectos en el ámbito de la organización. Por ejemplo:

◆ **De apoyo.** Las PMOs de apoyo desempeñan un rol consultivo para los proyectos, suministrando plantillas, mejores prácticas, capacitación, acceso a la información y lecciones aprendidas de otros proyectos. Este tipo de PMO sirve como un repositorio de proyectos. Esta PMO ejerce un grado de control reducido.

◆ **De control.** Las PMOs de control proporcionan soporte y exigen cumplimiento por diferentes medios. Esta PMO ejerce un grado de control moderado. Este cumplimiento puede implicar:

  ■ La adopción de marcos o metodologías de dirección de proyectos;

  ■ El uso de plantillas, formularios y herramientas específicos; y

  ■ La conformidad con los marcos de gobernanza.

◆ **Directiva.** Las PMOs directivas ejercen el control de los proyectos asumiendo la propia dirección de los mismos. Los directores de proyecto son asignados por la PMO y rinden cuentas a ella. Estas PMOs ejercen un grado de control elevado.

La oficina de dirección de proyectos puede tener responsabilidad a nivel de toda la organización. Puede jugar un papel para apoyar la alineación estratégica y entregar valor organizacional. La PMO integra los datos y la información de los proyectos estratégicos de la organización y evalúa hasta qué punto se cumplen los objetivos estratégicos de alto nivel. La PMO constituye el vínculo natural entre los portafolios, programas y proyectos de la organización y los sistemas de medición de la organización (p.ej., cuadro de mando integral).

Puede que los proyectos que la PMO apoya o dirige no guarden más relación entre sí que la de ser gestionados conjuntamente. La forma, la función y la estructura específicas de una PMO dependen de las necesidades de la organización a la que ésta da soporte.

Una PMO puede tener la autoridad para actuar como un interesado integral y tomar decisiones clave a lo largo de la vida de cada proyecto a fin de mantenerlo alineado con los objetivos de negocio. La PMO puede:

◆ Hacer recomendaciones,

◆ Liderar la transferencia de conocimientos,

◆ Poner fin a proyectos, y

◆ Tomar otras medidas, según sea necesario.

Una función fundamental de una PMO es brindar apoyo a los directores del proyecto de diferentes formas, que pueden incluir, entre otras:

◆ Gestionar recursos compartidos a través de todos los proyectos dirigidos por la PMO;

◆ Identificar y desarrollar una metodología, mejores prácticas y estándares para la dirección de proyectos;

◆ Entrenar, orientar, capacitar y supervisar;

◆ Monitorear el cumplimiento de los estándares, políticas, procedimientos y plantillas de la dirección de proyectos mediante auditorías de proyectos;

◆ Desarrollar y gestionar políticas, procedimientos, plantillas y otra documentación compartida de los proyectos (activos de los procesos de la organización); y

◆ Coordinar la comunicación entre proyectos.

3

EL ROL DEL DIRECTOR DEL PROYECTO

3.1 DESCRIPCIÓN GENERAL

El director del proyecto juega un rol crítico en el liderazgo de un equipo de proyecto a fin de alcanzar los objetivos del proyecto. Este rol es claramente visible a lo largo del proyecto. Muchos directores de proyecto se involucran en un proyecto desde su iniciación hasta su cierre. Sin embargo, en algunas organizaciones, un director de proyecto puede estar involucrado en actividades de evaluación y análisis antes de la iniciación del proyecto. Estas actividades pueden incluir consultas con líderes ejecutivos y de unidades de negocio acerca de ideas para promover los objetivos estratégicos, mejorar el desempeño de la organización o satisfacer las necesidades de los clientes. En algunos contextos organizacionales, el director del proyecto también puede ser requerido para dirigir o asistir en el análisis del negocio, el desarrollo del caso de negocio y aspectos de la dirección de portafolios para un proyecto. Un director de proyecto también puede estar involucrado en actividades de seguimiento relacionadas con la obtención de beneficios de negocio del proyecto. El rol de un director de proyecto puede variar de una organización a otra. En última instancia, el rol de la dirección de proyectos se adapta para ajustarse a la organización, del mismo modo que los procesos de la dirección de proyectos se adaptan para ajustarse al proyecto.

Una simple analogía puede ayudar a comprender los roles de un director de proyecto para un proyecto grande comparándolos con los roles de un director de una gran orquesta:

◆ **Miembros y roles.** Un proyecto grande y una orquesta comprenden cada uno muchos miembros, donde cada uno juega un rol diferente. Una gran orquesta puede tener más de 100 músicos que son dirigidos por un director. Estos músicos pueden tocar 25 tipos diferentes de instrumentos divididos en grandes secciones, tales como cuerdas, viento-madera, metal y percusión. De modo similar, un proyecto grande puede tener más de 100 miembros del proyecto dirigidos por un director de proyecto. Los miembros del equipo pueden desempeñar muchos roles diferentes, tales como diseño, fabricación y gestión de instalaciones. Al igual que las grandes secciones de la orquesta, ellos representan múltiples unidades de negocio o grupos dentro de una organización. Los músicos y los miembros del proyecto conforman el equipo de cada líder.

◆ **Responsabilidad por el equipo.** El director del proyecto y el director de orquesta son ambos responsables de lo que producen sus equipos—el resultado del proyecto o el concierto de la orquesta, respectivamente. Ambos líderes necesitan adoptar una visión holística de los productos de su equipo a fin de planificar, coordinar y completarlos. Los dos líderes comienzan por revisar la visión, misión y objetivos de sus respectivas organizaciones para asegurar la alineación con sus productos. Los dos líderes establecen su interpretación de la visión, misión y objetivos involucrados en completar con éxito sus productos. Los líderes utilizan su interpretación para comunicarse y motivar a sus equipos hacia la realización exitosa de sus objetivos.

◆ **Conocimientos y habilidades:**

■ Si bien no se espera que el director de orquesta sea capaz de tocar todos los instrumentos de la orquesta, debería contar con conocimientos, entendimiento y experiencia musical. El director proporciona a la orquesta liderazgo, planificación y coordinación a través de las comunicaciones. El director de orquesta proporciona comunicación escrita en forma de partituras musicales y horarios de práctica. Asimismo se comunica con el equipo en tiempo real mediante el uso de una batuta y otros movimientos corporales.

■ No se espera que el director del proyecto desempeñe cada rol en el proyecto, pero debería poseer conocimientos, conocimientos técnicos, entendimiento y experiencia en la dirección de proyectos. El director del proyecto proporciona al equipo del proyecto liderazgo, planificación y coordinación a través de las comunicaciones. El director del proyecto proporciona comunicaciones escritas (p.ej., planes y cronogramas documentados) y comunicaciones en tiempo real con el equipo usando reuniones e indicaciones verbales y no verbales.

El resto de esta sección cubre los aspectos clave del rol del director del proyecto. Si bien existen miles de libros y artículos disponibles acerca del tema, esta sección no pretende cubrir el espectro completo de información disponible. Más bien, está diseñada para presentar una descripción general que proporcionará al profesional una comprensión básica del tema, en preparación para un estudio más concentrado sobre los diversos aspectos analizados.

3.2 DEFINICIÓN DE UN DIRECTOR DE PROYECTO

El rol del director del proyecto es diferente del de un gerente funcional o del de un gerente de operaciones. Por lo general, el gerente funcional se dedica a la supervisión gerencial de una unidad funcional o de negocio. Los gerentes de operaciones son responsables de asegurar que las operaciones de negocio se lleven a cabo de manera eficiente. El director del proyecto es la persona asignada por la organización ejecutora para liderar al equipo responsable de alcanzar los objetivos del proyecto.

3.3 LA ESFERA DE INFLUENCIA DEL DIRECTOR DEL PROYECTO

3.3.1 DESCRIPCIÓN GENERAL

Los directores de proyecto desempeñan numerosos roles dentro de su esfera de influencia. Estos roles reflejan las capacidades del director del proyecto y son representativos del valor y las contribuciones de la profesión de dirección de proyectos. Esta sección destaca los roles del director del proyecto en las distintas esferas de influencia que muestra el Gráfico 3-1.

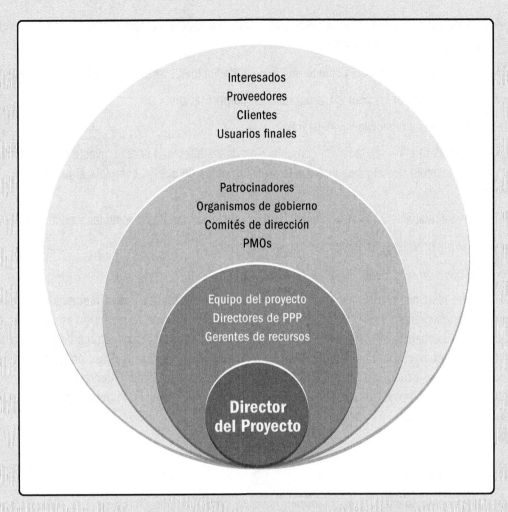

Interesados
Proveedores
Clientes
Usuarios finales

Patrocinadores
Organismos de gobierno
Comités de dirección
PMOs

Equipo del proyecto
Directores de PPP
Gerentes de recursos

**Director
del Proyecto**

Gráfico 3-1. Ejemplo de la Esfera de Influencia del Director del Proyecto

3.3.2 EL PROYECTO

El director del proyecto lidera el equipo del proyecto para cumplir los objetivos del proyecto y las expectativas de los interesados. El director del proyecto trabaja para equilibrar las restricciones contrapuestas que afectan al proyecto con los recursos disponibles.

El director del proyecto también asume roles de comunicación entre el patrocinador del proyecto, los miembros del equipo y otros interesados. Esto incluye proporcionar orientación y presentar la visión de éxito para el proyecto. El director del proyecto usa habilidades blandas (p.ej., habilidades interpersonales y la capacidad para dirigir personas) a fin de equilibrar las metas conflictivas y contrapuestas de los interesados del proyecto y así lograr el consenso. En este contexto, consenso significa que los interesados relevantes apoyan las decisiones y acciones del proyecto, aun cuando no exista 100% de acuerdo.

Las investigaciones muestran que los directores de proyecto exitosos utilizan ciertas habilidades esenciales de manera consistente y eficaz. Las investigaciones revelan que el 2% superior de los directores de proyecto, tal como lo indican sus jefes y miembros del equipo, se distingue por presentar habilidades de relacionamiento y comunicación superiores, dando muestras de una actitud positiva [12].

La capacidad de comunicarse con los interesados, incluidos el equipo y los patrocinadores, se aplica en múltiples aspectos del proyecto que incluyen, entre otros:

◆ Desarrollar habilidades refinadas utilizando múltiples métodos (p.ej., verbales, escritos y no verbales);

◆ Crear, mantener y respetar los planes y programas de comunicación;

◆ Comunicar de manera predecible y consistente;

◆ Intentar comprender las necesidades de comunicación de los interesados del proyecto (la comunicación puede ser el único entregable que algunos interesados reciban antes de que se complete el producto o servicio final del proyecto);

◆ Hacer que las comunicaciones sean concisas, claras, completas, simples, relevantes y adaptadas;

◆ Incluir noticias importantes, tanto positivas como negativas;

◆ Incorporar canales de retroalimentación; y

◆ Habilidades de relacionamiento que implican el desarrollo de extensas redes interpersonales a lo largo de las esferas de influencia del director del proyecto. Estas redes incluyen redes formales como las estructuras jerárquicas de la organización. Sin embargo, las redes informales que los directores de proyecto desarrollan, mantienen y promueven son más importantes. Las redes informales incluyen el uso de relaciones establecidas con individuos como expertos en la materia y líderes influyentes. El uso de estas redes formales e informales permite al director del proyecto involucrar a múltiples personas para resolver problemas y sortear las burocracias presentes en un proyecto.

3.3.3 LA ORGANIZACIÓN

El director del proyecto interactúa de manera proactiva con otros directores de proyecto. Otros proyectos independientes o proyectos que son parte del mismo programa pueden influir en un proyecto debido, entre otras cosas, a:

◆ Demanda de los mismos recursos,

◆ Prioridades de financiamiento,

◆ Recepción o distribución de entregables, y

◆ Alineación de las metas y los objetivos del proyecto con los de la organización.

Interactuar con otros directores de proyecto ayuda a crear una influencia positiva para satisfacer las diversas necesidades del proyecto. Estas necesidades pueden presentarse en forma de recursos humanos, técnicos o financieros y entregables requeridos por el equipo para la conclusión del proyecto. El director del proyecto busca formas de desarrollar relaciones que ayuden al equipo en el logro de las metas y los objetivos del proyecto.

Además, el director del proyecto mantiene una importante función de promoción dentro de la organización. En el transcurso del proyecto, el director del proyecto interactúa de manera proactiva con gerentes dentro de la organización. El director del proyecto también trabaja con el patrocinador del proyecto para abordar problemas políticos y estratégicos internos que pueden influir en el equipo o en la viabilidad o calidad del proyecto.

El director del proyecto puede trabajar para aumentar la competencia y capacidad en dirección de proyectos de la organización en su conjunto, y está involucrado en la transferencia de conocimientos tanto tácitos como explícitos o en iniciativas de integración (véase la Sección 4.4 sobre Gestionar el Conocimiento del Proyecto). El director del proyecto también trabaja para:

◆ Demostrar el valor de la dirección de proyectos,

◆ Aumentar la aceptación de la dirección de proyectos en la organización, y

◆ Potenciar la eficacia de la PMO siempre que exista en la organización.

Dependiendo de la estructura de la organización, un director de proyecto puede estar bajo la supervisión de un gerente funcional. En otros casos, el director del proyecto puede formar parte de un grupo de varios directores de proyecto que dependen de una PMO o un director del portafolio o programa, que es el responsable en última instancia de uno o más proyectos de toda la organización. El director del proyecto trabaja estrechamente con todos los directores relevantes para cumplir con los objetivos del proyecto y para asegurar que el plan para la dirección del proyecto esté alineado con el plan del portafolio o programa. El director del proyecto también trabaja estrechamente y en colaboración con otros roles, como gerentes de la organización, expertos en la materia y aquellos involucrados en el análisis del negocio. En algunas situaciones, el director del proyecto puede ser un consultor externo asignado a un rol temporal de dirección.

3.3.4 LA INDUSTRIA

El director del proyecto permanece informado acerca de las tendencias actuales de la industria. El director del proyecto toma esta información y analiza cómo puede influir o aplicarse en los proyectos actuales. Estas tendencias incluyen, entre otras:

◆ Desarrollo de productos y tecnología;

◆ Nichos de mercado nuevos y cambiantes;

◆ Estándares (p.ej., dirección de proyectos, gestión de la calidad, gestión de la seguridad de la información);

◆ Herramientas técnicas de apoyo;

◆ Fuerzas económicas que influyen en el proyecto inmediato;

◆ Influencias que afectan la disciplina de la dirección de proyectos; y

◆ Estrategias de sostenibilidad y mejora de procesos.

3.3.5 DISCIPLINA PROFESIONAL

La permanente transferencia e integración de conocimientos es muy importante para el director del proyecto. Este desarrollo profesional es continuo en la profesión de dirección de proyectos y en otras áreas donde el director de proyectos conserva la pericia en la materia. Esta transferencia e integración de conocimientos incluye, entre otras cosas:

◆ Contribución de conocimientos y pericia a otros dentro de la profesión a nivel local, nacional y global (p.ej., comunidades de práctica, organizaciones internacionales); y

◆ Participación en capacitación, educación continua y desarrollo:

■ En la profesión de dirección de proyectos (p.ej., universidades, PMI);

■ En una profesión relacionada (p.ej., ingeniería de sistemas, gestión de la configuración); y

■ En otras profesiones (p.ej., tecnología de la información, aeroespacial).

3.3.6 DISCIPLINAS RELACIONADAS

Un director de proyectos profesional puede optar por orientar y educar a otros profesionales con relación al valor de un enfoque de dirección de proyectos para la organización. El director de proyectos puede servir como embajador informal educando a la organización en cuanto a las ventajas de la dirección de proyectos con relación a la conveniencia, calidad, innovación y gestión de los recursos.

3.4 COMPETENCIAS DEL DIRECTOR DE PROYECTOS

3.4.1 DESCRIPCIÓN GENERAL

Estudios recientes del PMI aplicaron el Marco de Desarrollo de Competencias del Director de Proyectos (PMCD) a las habilidades requeridas por los directores de proyecto a través del uso del Triángulo de Talentos del PMI® que muestra el Gráfico 3-2. El triángulo de talentos se centra en tres conjuntos de habilidades clave:

◆ **Dirección técnica de proyectos.** Los conocimientos, habilidades y comportamientos relacionados con ámbitos específicos de la dirección de proyectos, programas y portafolios. Los aspectos técnicos de desempeñar el rol propio.

◆ **Liderazgo.** Los conocimientos, habilidades y comportamientos necesarios para guiar, motivar y dirigir un equipo, para ayudar a una organización a alcanzar sus metas de negocio.

◆ **Gestión Estratégica y de Negocios.** El conocimiento y la pericia en la industria y la organización que mejora el desempeño y entrega de mejor manera los resultados del negocio.

El Triángulo de Talentos del PMI®

Dirección Técnica de Proyectos

Liderazgo

Gestión Estratégica y de Negocios

©Project Management Institute. Todos los derechos reservados.

Gráfico 3-2. El Triángulo de Talentos del PMI® [11]

Si bien las habilidades de dirección técnica de proyectos son esenciales para la dirección de programas y proyectos, las investigaciones del PMI indican que no son suficientes en el mercado global actual cada vez más complicado y competitivo. Las organizaciones están buscando habilidades adicionales de liderazgo e inteligencia de negocios. Los miembros de diversas organizaciones expresan su creencia de que estas competencias pueden apoyar objetivos estratégicos de mayor alcance que contribuyan al resultado final. Para ser los más eficaces, los directores de proyecto necesitan contar con un equilibrio de estos tres conjuntos de habilidades.

3.4.2 HABILIDADES TÉCNICAS DE DIRECCIÓN DE PROYECTOS

Las habilidades técnicas de dirección de proyectos se definen como las habilidades para aplicar de manera eficaz el conocimiento sobre la dirección de proyectos a fin de entregar los resultados deseados de programas o proyectos. Existen numerosas habilidades técnicas de dirección de proyectos. Las Áreas de Conocimiento de esta guía describen muchas de estas habilidades necesarias para la dirección de proyectos. Los directores de proyecto a menudo confían en el juicio de expertos para lograr un buen desempeño. Ser consciente de la pericia personal y de dónde encontrar otros con la pericia necesaria son importantes para el éxito como director de proyectos.

De acuerdo con la investigación, los mejores directores de proyecto han demostrado de manera consistente varias habilidades clave que incluyen, entre otras, la capacidad de:

◆ Centrarse en los elementos técnicos críticos de la dirección de proyectos para cada proyecto que dirigen. Este foco es tan simple como tener los objetos correctos fácilmente disponibles. Encabezando la lista se encontraron:

■ Factores críticos del éxito del proyecto,

■ Cronograma,

■ Informes financieros seleccionados, y

■ Registro de incidentes.

◆ Adaptar las herramientas, técnicas y métodos tanto tradicionales como ágiles a cada proyecto.

◆ Hacerse tiempo para planificar exhaustivamente y priorizar diligentemente.

◆ Gestionar elementos del proyecto que incluyen, entre otros, cronograma, costo, recursos y riesgos.

3.4.3 HABILIDADES DE GESTIÓN ESTRATÉGICA Y DE NEGOCIOS

Las habilidades de gestión estratégica y de negocios involucran la capacidad de ver el panorama de alto nivel de la organización y negociar e implementar de manera eficaz decisiones y acciones que apoyen la alineación estratégica y la innovación. Esta capacidad puede incluir un conocimiento práctico de otras funciones como finanzas, marketing y operaciones. Las habilidades de gestión estratégica y de negocios también pueden incluir el desarrollo y la aplicación de pericia pertinente en el producto y la industria. Este conocimiento del negocio también se conoce como conocimiento del área. Los directores de proyecto deben tener suficiente conocimiento del negocio para ser capaces de:

◆ Explicar a otros los aspectos de negocio fundamentales de un proyecto;

◆ Trabajar con el patrocinador del proyecto, el equipo y expertos en la materia para desarrollar una estrategia adecuada de entrega del proyecto; y

◆ Implementar esa estrategia de una manera que maximice el valor del negocio del proyecto.

A fin de tomar las mejores decisiones con respecto a la entrega exitosa de sus proyectos, los directores de proyecto deben buscar y considerar la pericia de los gerentes de operaciones que dirigen el negocio en su organización. Estos gerentes deben conocer el trabajo realizado en su organización y cómo los planes de proyecto afectarán ese trabajo. Cuanto más pueda saber el director del proyecto sobre la materia del proyecto, mejor. Como mínimo, el director del proyecto debe tener conocimientos suficientes para explicar a otros los siguientes aspectos de la organización:

◆ Estrategia;

◆ Misión;

◆ Metas y objetivos;

◆ Productos y servicios;

◆ Operaciones (p.ej., emplazamiento, tipo, tecnología);

◆ El mercado y la condición del mercado, tal como clientes, estado del mercado (a saber, en crecimiento o contracción), y factores de lanzamiento al mercado, etc.; y

◆ Competencia (p.ej., qué, quién, posición en el mercado).

El director del proyecto debe aplicar al proyecto los siguientes conocimientos e información acerca de la organización para asegurar la alineación:

◆ Estrategia,

◆ Misión,

◆ Metas y objetivos,

◆ Prioridad,

◆ Tácticas, y

◆ Productos o servicios (p.ej., entregables).

Las habilidades estratégicas y de negocio ayudan al director del proyecto a determinar qué factores de negocio deben considerarse para su proyecto. El director del proyecto determina cómo estos factores de negocio y estratégicos podrían afectar el proyecto, comprendiendo al mismo tiempo la interrelación entre el proyecto y la organización. Estos factores incluyen, entre otros:

◆ Riesgos e incidentes,

◆ Implicaciones financieras,

◆ Análisis del costo frente a los beneficios (p.ej., valor actual neto, retorno de la inversión), incluidas las diversas opciones consideradas,

◆ Valor del negocio,

◆ Expectativas y estrategias de obtención de beneficios, y

◆ Alcance, presupuesto, cronograma y calidad.

Mediante la aplicación de estos conocimientos del negocio, un director de proyecto tiene la capacidad de efectuar las decisiones y recomendaciones adecuadas para un proyecto. A medida que cambian las condiciones, el director del proyecto debe trabajar continuamente con el patrocinador del proyecto para mantener alineadas las estrategias del proyecto y del negocio.

3.4.4 HABILIDADES DE LIDERAZGO

Las habilidades de liderazgo involucran la capacidad de guiar, motivar y dirigir un equipo. Estas habilidades pueden incluir la demostración de capacidades esenciales como negociación, resiliencia, comunicación, resolución de problemas, pensamiento crítico y habilidades interpersonales. Los proyectos se están volviendo cada vez más complicados, con cada vez más empresas que ejecutan su estrategia a través de proyectos. La dirección de proyectos es más que simplemente trabajar con números, plantillas, diagramas, gráficos y sistemas informáticos. Un común denominador en todos los proyectos son las personas. Las personas se pueden contar, pero no son números.

3.4.4.1 EL TRATO CON LAS PERSONAS

Una gran parte del rol del director del proyecto implica tratar con las personas. El director del proyecto debe estudiar los comportamientos y las motivaciones de las personas. El director del proyecto debe esforzarse por ser un buen líder, porque el liderazgo es crucial para el éxito de los proyectos en las organizaciones. Un director de proyecto aplica habilidades y cualidades de liderazgo al trabajar con todos los interesados del proyecto, incluidos el equipo del proyecto, el equipo de dirección y los patrocinadores del proyecto.

3.4.4.2 CUALIDADES Y HABILIDADES DE UN LÍDER

Las investigaciones muestran que las cualidades y habilidades de un líder incluyen, entre otras:

◆ Ser un visionario (p.ej., ayudar a describir los productos, metas y objetivos del proyecto; capaz de soñar y traducir esos sueños para otros);

◆ Ser optimista y positivo;

◆ Ser colaborativo;

◆ Manejar relaciones y conflictos mediante:

- Generación de confianza;

- Satisfacción de las preocupaciones;

- Búsqueda del consenso;

- Equilibrio de metas conflictivas y contrapuestas;

- Aplicación de habilidades de persuasión, negociación, compromiso y resolución de conflictos;

- Desarrollar y promover las redes personales y profesionales;

- Adoptar una visión a largo plazo de que las relaciones son tan importantes como el proyecto; y

- Desarrollar y aplicar de manera continua la perspicacia política.

◆ Comunicar mediante:

- Dedicación de tiempo suficiente a la comunicación (las investigaciones muestran que los mejores directores de proyecto dedican aproximadamente 90% de su tiempo en un proyecto a la comunicación);

- Gestión de las expectativas;

- Aceptación de la retroalimentación con gentileza;

- Aporte constructivo de retroalimentación; y

- Preguntar y escuchar.

◆ Ser respetuoso (ayudando a otros a conservar su autonomía), cortés, amigable, bondadoso, honesto, confiable, leal y ético;

◆ Mostrar integridad y ser culturalmente sensible, valiente, capaz de resolver problemas y decidido;

◆ Dar crédito a otros cuando lo merecen;

◆ Ser un aprendiz durante toda la vida, orientado a la acción y los resultados;

◆ Centrarse en las cosas importantes, como por ejemplo:

- Priorizar continuamente el trabajo, revisando y ajustando según sea necesario;

- Encontrar y utilizar un método para establecer prioridades que se adapte a ellas y al proyecto;

- Diferenciar las prioridades estratégicas de alto nivel, especialmente aquellas relacionadas con los factores críticos del éxito del proyecto;

- Mantener vigilancia de las restricciones principales del proyecto;

- Permanecer flexible frente a prioridades tácticas; y

- Ser capaz de escudriñar grandes cantidades de información para obtener la información más importante.

◆ Tener una visión holística y sistémica del proyecto, tomando en cuenta factores internos y externos por igual;

◆ Ser capaz de aplicar el pensamiento crítico (p.ej., aplicación de métodos analíticos para adoptar decisiones) e identificarse a sí mismo como un agente de cambio.

◆ Ser capaz de formar equipos eficaces, estar orientado al servicio, y de divertirse y compartir el humor eficazmente con los miembros del equipo.

3.4.4.3 POLÍTICA, PODER Y OBTENCIÓN DE RESULTADOS

El liderazgo y la gestión tienen que ver, en última instancia, con la obtención de resultados. Las habilidades y cualidades mencionadas ayudan al director del proyecto a alcanzar las metas y los objetivos del proyecto. Muchas de estas habilidades y cualidades radican en la capacidad de lidiar con la política. La política involucra influencia, negociación, autonomía y poder.

La política y sus elementos asociados no son "buenos" o "malos," "positivos" o "negativos" en sí mismos. Cuanto mejor comprenda el director del proyecto la forma en que opera la organización, mayor la probabilidad de que sea exitoso. El director del proyecto observa y recopila datos acerca del proyecto y los escenarios de la organización. Luego, los datos deben revisarse en el contexto del proyecto, las personas involucradas, la organización y el entorno como un todo. Esta revisión produce la información y los conocimientos necesarios para que el director del proyecto planifique e implemente la acción más adecuada. La acción del director del proyecto resulta de seleccionar el tipo adecuado de poder para influir y negociar con otros. El ejercicio del poder también conlleva la responsabilidad de ser sensible y respetuoso hacia las demás personas. La acción eficaz del director del proyecto conserva la autonomía de los involucrados. La acción del director del proyecto conduce a que las personas adecuadas realicen las actividades necesarias para cumplir los objetivos del proyecto.

El poder puede surgir de las características que exhibe el individuo o la organización. A menudo el poder está respaldado por la percepción que otras personas tienen del líder. Resulta crucial que los directores de proyecto sean conscientes de sus relaciones con otras personas. Las relaciones permiten que los directores de proyecto concreten los resultados del proyecto. Existen numerosas formas de poder a disposición de los directores de proyecto. El poder y su uso pueden ser complejos, dada su naturaleza y los diversos factores en juego en un proyecto. Las diversas formas de poder incluyen, entre otras:

◆ Posicional (a veces llamado formal, autoritativo, legítimo) (p.ej., puesto formal otorgado en la organización o equipo);

◆ Informativo (p.ej., control de la recopilación o distribución);

◆ Referente (p.ej., respeto o admiración que otros tienen por el individuo, credibilidad ganada);

◆ Situacional (p.ej., ganado debido a una situación única como una crisis específica);

◆ Personal o carismático (p.ej., encanto, atracción);

◆ Relacional (p.ej., genera y cultiva relaciones productivas, conexiones y alianzas);

◆ Experto (p.ej., habilidad, información poseída; experiencia, capacitación, educación, certificación);

◆ Orientado a recompensas (p.ej., la capacidad de brindar reconocimiento, elementos monetarios u otros elementos deseados);

◆ Punitivo o coercitivo (p.ej., la capacidad de aplicar la disciplina o consecuencias negativas);

◆ Halagador (p.ej., el uso de adulación u otros intereses comunes para ganar un favor o cooperación);

◆ Basado en la presión (p.ej., limitar la libertad de elección o movimiento con el propósito de conseguir conformidad con la acción deseada);

◆ Basado en la culpa (p.ej., imposición de obligación o sentido del deber);

◆ Persuasivo (p.ej., la capacidad de proporcionar argumentos que empujen a las personas hacia un curso de acción deseado); y

◆ Evasivo (p.ej., negarse a participar).

Los mejores directores de proyecto son proactivos y deliberados cuando se trata del poder. Estos directores de proyecto se esforzarán por adquirir el poder y la autoridad que necesitan dentro de los límites de las políticas, protocolos y procedimientos de la organización, en lugar de esperar que les sea concedido.

3.4.5 COMPARACIÓN ENTRE LIDERAZGO Y GESTIÓN

Las palabras *liderazgo* y *gestión* a menudo se usan indistintamente. Sin embargo, no son sinónimos. La palabra *gestión* está más estrechamente relacionada con dirigira otra persona para que llegue de un punto a otro usando un conjunto conocido de comportamientos esperados. En cambio, el *liderazgo* implica trabajar con otros a través de la discusión o el debate a fin de guiarlos de un punto a otro.

El método que elige emplear un director de proyecto revela una clara diferencia en el comportamiento, autopercepción y rol en el proyecto. La Tabla 3-1 compara la gestión y el liderazgo a varios niveles importantes.

Para ser exitosos, los directores de proyecto necesitan emplear tanto el liderazgo como la gestión. La habilidad reside en encontrar el equilibrio adecuado para cada situación. La forma en que se emplean la gestión y el liderazgo a menudo se manifiesta en el estilo de liderazgo del director del proyecto.

Tabla 3-1. Comparación entre Gestión de Equipos y Liderazgo de Equipos

Gestión	Liderazgo
Dirigir mediante el poder de la posición	Guiar, influir y colaborar utilizando el poder de las relaciones
Mantener	Desarrollar
Administrar	Innovar
Concentrarse en los sistemas y la estructura	Centrarse en las relaciones con las personas
Confiar en el control	Inspirar confianza
Centrarse en los objetivos a corto plazo	Centrarse en la visión a largo alcance
Preguntar cómo y cuándo	Preguntar qué y por qué
Concentrarse en el resultado final	Enfocarse en el horizonte
Aceptar el status quo	Desafiar el status quo
Hacer las cosas correctamente	Hacer las cosas correctas
Enfocarse en los incidentes operativos y la resolución de problemas	Enfocarse en la visión, la alineación, la motivación y la inspiración

3.4.5.1 ESTILOS DE LIDERAZGO

Los directores de proyecto pueden dirigir sus equipos de muchas formas. El estilo que selecciona un director de proyecto puede ser una preferencia personal, o el resultado de la combinación de múltiples factores relacionados con el proyecto. El estilo que utiliza un director de proyecto puede cambiar en el tiempo, según los factores que estén en juego. Los principales factores a considerar incluyen, entre otros:

◆ Características del líder (p.ej., actitudes, estados de ánimo, necesidades, valores, ética);

◆ Características de los miembros del equipo (p.ej., actitudes, estados de ánimo, necesidades, valores, ética);

◆ Características de la organización (p.ej., su propósito, estructura y tipo de trabajo realizado); y

◆ Características del entorno (p.ej., situación social, estado económico y elementos políticos).

Investigaciones describen numerosos estilos de liderazgo que un director de proyecto puede adoptar. Algunos de los ejemplos más comunes de estos estilos incluyen, entre otros:

◆ Laissez-faire (p.ej., permitir que el equipo tome sus propias decisiones y establezca sus propias metas, también conocido como adoptar un estilo no intervencionista);

◆ Transaccional (p.ej., centrarse en las metas, retroalimentación y logros para determinar recompensas; gestión por excepción);

◆ Líder servidor (p.ej., demuestra el compromiso de servir y poner a las demás personas antes; se centra en el crecimiento, aprendizaje, desarrollo, autonomía y bienestar de otras personas; se concentra en las relaciones, la comunidad y la colaboración; el liderazgo es secundario y surge luego del servicio);

◆ Transformacional (p.ej., empoderar a los seguidores a través de atributos y comportamientos idealizados, motivación inspiracional, estímulo a la innovación y la creatividad, y consideración individual);

◆ Carismático (p.ej., capaz de inspirar; es de gran energía, entusiasta, seguro de sí mismo; mantiene firmes convicciones); y

◆ Interaccional (p.ej., una combinación de transaccional, transformacional y carismático).

3.4.5.2 PERSONALIDAD

La personalidad se refiere a las diferencias individuales en los patrones característicos de pensamiento, sentimiento y comportamiento. Las características o rasgos de personalidad incluyen, entre otros:

◆ Auténtico (p.ej., acepta a los demás por lo que son y quiénes son, expresa abierta preocupación);

◆ Cortés (p.ej., la capacidad de aplicar el comportamiento y la etiqueta adecuados);

◆ Creativo (p.ej., la capacidad de pensar de manera abstracta, de ver las cosas de modo diferente, de innovar);

◆ Cultural (p.ej., medida de la sensibilidad hacia otras culturas, incluidos valores, normas y creencias);

◆ Emocional (p.ej., la capacidad de percibir emociones y la información que presentan y de manejarlas; medida de las habilidades interpersonales);

◆ Intelectual (p.ej., medida de la inteligencia humana a través de múltiples aptitudes);

◆ Directivo (p.ej., medida de la práctica y el potencial de dirección);

◆ Político (p.ej., medida de la inteligencia política y hacer que las cosas sucedan);

◆ Orientado a servicio (p.ej., evidencia de la disposición para servir a otras personas);

◆ Social (p.ej., la capacidad de comprender y dirigir personas); y

◆ Sistémico (p.ej., el deseo de comprender y construir sistemas).

Un director de proyecto eficaz tendrá cierto nivel de capacidad para cada una de estas características a fin de ser exitoso. Cada proyecto, organización y situación requiere que el director del proyecto haga énfasis en diferentes aspectos de la personalidad.

3.5 REALIZAR LA INTEGRACIÓN

Al realizar la integración del proyecto, el director del proyecto cumple un doble rol:

◆ Los directores de proyecto desempeñan un papel clave al trabajar con el patrocinador del proyecto para comprender los objetivos estratégicos y asegurar la alineación de los objetivos y resultados del proyecto con los del portafolio, programa y áreas de negocio. De este modo, los directores de proyecto contribuyen a la integración y ejecución de la estrategia.

◆ Los directores de proyecto son responsables de guiar al equipo para trabajar en conjunto, centrándose en lo que es realmente esencial a nivel del proyecto. Esto se logra a través de la integración de procesos, conocimientos y personas.

La integración es una habilidad crítica para los directores de proyecto. La integración se trata con mayor profundidad en el Área de Conocimiento Gestión de la Integración del Proyecto de esta guía. Las Secciones 3.5.1 a 3.5.4 se centran en la integración que tiene lugar a tres niveles diferentes: nivel del proceso, cognitivo y contextual. La Sección 3.5.4 concluye tratando la complejidad y la integración.

3.5.1 REALIZAR LA INTEGRACIÓN A NIVEL DEL PROCESO

La dirección de proyectos puede considerarse como un conjunto de procesos y actividades que se emprenden para alcanzar los objetivos del proyecto. Algunos de estos procesos pueden tener lugar una única vez (p.ej., la creación inicial del acta de constitución del proyecto), pero muchos otros se superponen y ocurren varias veces a lo largo del proyecto. Un ejemplo de esta superposición de procesos y ocurrencias múltiples es un cambio en un requisito que influye en el alcance, cronograma o presupuesto y requiere una solicitud de cambio. Varios procesos de la dirección de proyectos como el proceso Controlar el Alcance y el proceso Realizar el Control Integrado de Cambios pueden involucrar una solicitud de cambio. El proceso Realizar el Control Integrado de Cambios ocurre a lo largo del proyecto para integrar solicitudes de cambio.

Si bien no existe una definición establecida sobre cómo integrar los procesos del proyecto, resulta claro que un proyecto tiene escasa posibilidad de cumplir su objetivo cuando el director del proyecto no es capaz de integrar los procesos del proyecto allí donde interactúan.

3.5.2 INTEGRACIÓN A NIVEL COGNITIVO

Existen muchas formas diferentes de dirigir un proyecto y el método seleccionado generalmente depende de las características específicas del proyecto como su tamaño, qué tan complicado pueda ser el proyecto o la organización, y la cultura de la organización ejecutora. Resulta claro que las habilidades y capacidades personales del director del proyecto están íntimamente relacionadas con la forma en que se dirige el proyecto.

El director del proyecto debe esforzarse por volverse competente en todas las Áreas de Conocimiento de la Dirección de Proyectos. En sintonía con la competencia en estas Áreas de Conocimiento, el director del proyecto aplica la experiencia, percepción, liderazgo y habilidades de gestión técnicas y de negocio al proyecto. Finalmente, es la capacidad del director del proyecto para integrar los procesos de estas Áreas de Conocimiento lo que hace posible alcanzar los resultados deseados del proyecto.

3.5.3 INTEGRACIÓN A NIVEL CONTEXTUAL

Se han producido muchos cambios en el contexto en el cual actualmente tienen lugar negocios y proyectos, en comparación con unas décadas atrás. Se han introducido nuevas tecnologías. Redes sociales, aspectos multiculturales, equipos virtuales y nuevos valores son parte de la nueva realidad de los proyectos. Un ejemplo es la integración de conocimientos y personas en el contexto de implementación de un proyecto multidisciplinario grande que involucre múltiples organizaciones. Para guiar al equipo del proyecto, el director del proyecto considera las implicancias de este contexto en la planificación de las comunicaciones y la gestión del conocimiento.

Los directores de proyecto deben ser conscientes del contexto del proyecto y de estos nuevos aspectos al gestionar la integración. Los directores de proyecto pueden decidir cómo usar de la mejor manera estos nuevos elementos del entorno en sus proyectos para alcanzar el éxito.

3.5.4 INTEGRACIÓN Y COMPLEJIDAD

Algunos proyectos pueden denominarse complejos y considerarse difíciles de dirigir. En términos simples, complejo y complicado son conceptos a menudo usados para describir aquello que se considera intrincado o complicado.

La complejidad en el ámbito de los proyectos es resultado del comportamiento del sistema de la organización, el comportamiento humano y la incertidumbre en el trabajo de la organización o su entorno. *En Navigating Complexity: A Practice Guide* (Navegando la Complejidad: Guía Práctica) [13], estas tres dimensiones de la complejidad se definen como:

◆ **Comportamiento del sistema.** Las interdependencias entre componentes y sistemas.

◆ **Comportamiento humano.** La interacción entre diversos individuos y grupos.

◆ **Ambigüedad.** Incertidumbre acerca de incidentes emergentes y falta de entendimiento o confusión.

La complejidad en sí misma es una percepción de un individuo en base a la experiencia personal, la observación y la habilidad. Más que ser complejo, resulta más preciso decir que un proyecto contiene complejidad. Los portafolios, programas y proyectos pueden contener elementos de complejidad.

Al abordar la integración de un proyecto, el director del proyecto debe considerar elementos que están tanto dentro como fuera del proyecto. El director del proyecto debe examinar las características o propiedades del proyecto. Al definir la complejidad como característica o propiedad de un proyecto, generalmente se dice que:

◆ Contiene múltiples partes,

◆ Posee una serie de conexiones entre las partes,

◆ Presenta interacciones dinámicas entre las partes, y

◆ Presenta un comportamiento que es resultado de aquellas interacciones que no pueden explicarse como simple suma de las partes (p.ej., comportamiento emergente).

El examen de estos diversos elementos que parecen volver complejo al proyecto debería ayudar al director del proyecto a identificar áreas clave durante la planificación, dirección y control del proyecto para asegurar la integración.

4

GESTIÓN DE LA INTEGRACIÓN DEL PROYECTO

La Gestión de la Integración del Proyecto incluye los procesos y actividades para identificar, definir, combinar, unificar y coordinar los diversos procesos y actividades de dirección del proyecto dentro de los Grupos de Procesos de la Dirección de Proyectos. En el contexto de la dirección de proyectos, la integración incluye características de unificación, consolidación, comunicación e interrelación. Estas acciones deberían aplicarse desde el inicio del proyecto hasta su conclusión. La Gestión de la Integración del Proyecto incluye tomar decisiones sobre:

◆ Asignación de recursos,

◆ Equilibrio de demandas que compiten entre sí,

◆ Examen de enfoques alternativos,

◆ Adaptación de los procesos para cumplir con los objetivos del proyecto, y

◆ Gestión de las interdependencias entre las Áreas de Conocimiento de la Dirección de Proyectos.

Los procesos de Gestión de la Integración del Proyecto son:

4.1 Desarrollar el Acta de Constitución del Proyecto—Es el proceso de desarrollar un documento que autoriza formalmente la existencia de un proyecto y confiere al director del proyecto la autoridad para aplicar los recursos de la organización a las actividades del proyecto.

4.2 Desarrollar el Plan para la Dirección del Proyecto—Es el proceso de definir, preparar y coordinar todos los componentes del plan y consolidarlos en un plan integral para la dirección del proyecto.

4.3 Dirigir y Gestionar el Trabajo del Proyecto—Es el proceso de liderar y llevar a cabo el trabajo definido en el plan para la dirección del proyecto e implementar los cambios aprobados para alcanzar los objetivos del proyecto.

4.4 Gestionar el Conocimiento del Proyecto—Es el proceso de utilizar el conocimiento existente y crear nuevo conocimiento para alcanzar los objetivos del proyecto y contribuir al aprendizaje organizacional.

4.5 Monitorear y Controlar el Trabajo del Proyecto—Es el proceso de hacer seguimiento, revisar e informar el avance general a fin de cumplir con los objetivos de desempeño definidos en el plan para la dirección del proyecto.

4.6 Realizar el Control Integrado de Cambios—Es el proceso de revisar todas las solicitudes de cambio, aprobar y gestionar los cambios a entregables, activos de los procesos de la organización, documentos del proyecto y al plan para la dirección del proyecto, y comunicar las decisiones.

4.7 Cerrar el Proyecto o Fase—Es el proceso de finalizar todas las actividades para el proyecto, fase o contrato.

El Gráfico 4-1 brinda una descripción general de los procesos de Gestión de la Integración del Proyecto. Los procesos de la Gestión de las Integración del Proyecto se presentan como procesos diferenciados con interfaces definidas, aunque en la práctica se superponen e interactúan entre ellos de formas que no pueden detallarse en su totalidad dentro de la *Guía del PMBOK®*.

Descripción General de la Gestión de la Integración del Proyecto

4.1 Desarrollar el Acta de Constitución del Proyecto

.1 Entradas
  .1 Documentos de negocio
  .2 Acuerdos
  .3 Factores ambientales de la empresa
  .4 Activos de los procesos de la organización

.2 Herramientas y Técnicas
  .1 Juicio de expertos
  .2 Recopilación de datos
  .3 Habilidades interpersonales y de equipo
  .4 Reuniones

.3 Salidas
  .1 Acta de constitución del proyecto
  .2 Registro de supuestos

4.2 Desarrollar el Plan para la Dirección del Proyecto

.1 Entradas
  .1 Acta de constitución del proyecto
  .2 Salidas de otros procesos
  .3 Factores ambientales de la empresa
  .4 Activos de los procesos de la organización

.2 Herramientas y Técnicas
  .1 Juicio de expertos
  .2 Recopilación de datos
  .3 Habilidades interpersonales y de equipo
  .4 Reuniones

.3 Salidas
  .1 Plan para la dirección del proyecto

4.3 Dirigir y Gestionar el Trabajo del Proyecto

.1 Entradas
  .1 Plan para la dirección del proyecto
  .2 Documentos del proyecto
  .3 Solicitudes de cambio aprobadas
  .4 Factores ambientales de la empresa
  .5 Activos de los procesos de la organización

.2 Herramientas y Técnicas
  .1 Juicio de expertos
  .2 Sistema de información para la dirección de proyectos
  .3 Reuniones

.3 Salidas
  .1 Entregables
  .2 Datos de desempeño del trabajo
  .3 Registro de incidentes
  .4 Solicitudes de cambio
  .5 Actualizaciones al plan para la dirección del proyecto
  .6 Actualizaciones a los documentos del proyecto
  .7 Actualizaciones a los activos de los procesos de la organización

4.4 Gestionar el Conocimiento del Proyecto

.1 Entradas
  .1 Plan para la dirección del proyecto
  .2 Documentos del proyecto
  .3 Entregables
  .4 Factores ambientales de la empresa
  .5 Activos de los procesos de la organización

.2 Herramientas y Técnicas
  .1 Juicio de expertos
  .2 Gestión del conocimiento
  .3 Gestión de la información
  .4 Habilidades interpersonales y de equipo

.3 Salidas
  .1 Registro de lecciones aprendidas
  .2 Actualizaciones al plan para la dirección del proyecto
  .3 Actualizaciones a los activos de los procesos de la organización

4.5 Monitorear y Controlar el Trabajo del Proyecto

.1 Entradas
  .1 Plan para la dirección del proyecto
  .2 Documentos del proyecto
  .3 Información de desempeño del trabajo
  .4 Acuerdos
  .5 Factores ambientales de la empresa
  .6 Activos de los procesos de la organización

.2 Herramientas y Técnicas
  .1 Juicio de expertos
  .2 Análisis de datos
  .3 Toma de decisiones
  .4 Reuniones

.3 Salidas
  .1 Informes de desempeño del trabajo
  .2 Solicitudes de cambio
  .3 Actualizaciones al plan para la dirección del proyecto
  .4 Actualizaciones a los documentos del proyecto

4.6 Realizar el Control Integrado de Cambios

.1 Entradas
  .1 Plan para la dirección del proyecto
  .2 Documentos del proyecto
  .3 Informes de desempeño del trabajo
  .4 Solicitudes de cambio
  .5 Factores ambientales de la empresa
  .6 Activos de los procesos de la organización

.2 Herramientas y Técnicas
  .1 Juicio de expertos
  .2 Herramientas de control de cambios
  .3 Análisis de datos
  .4 Toma de decisiones
  .5 Reuniones

.3 Salidas
  .1 Solicitudes de cambio aprobadas
  .2 Actualizaciones al plan para la dirección del proyecto
  .3 Actualizaciones a los documentos del proyecto

4.7 Cerrar el Proyecto o Fase

.1 Entradas
  .1 Acta de constitución del proyecto
  .2 Plan para la dirección del proyecto
  .3 Documentos del proyecto
  .4 Entregables aceptados
  .5 Documentos de negocio
  .6 Acuerdos
  .7 Documentación de las adquisiciones
  .8 Activos de los procesos de la organización

.2 Herramientas y Técnicas
  .1 Juicio de expertos
  .2 Análisis de datos
  .3 Reuniones

.3 Salidas
  .1 Actualizaciones a los documentos del proyecto
  .2 Transferencia del producto, servicio o resultado final
  .3 Informe final
  .4 Actualizaciones a los activos de los procesos de la organización

Gráfico 4-1. Descripción General de la Gestión de la Integración del Proyecto

CONCEPTOS CLAVE PARA LA GESTIÓN DE LA INTEGRACIÓN DEL PROYECTO

La Gestión de la Integración del Proyecto es específica para directores de proyecto. Mientras que otras Áreas de Conocimiento pueden ser gestionadas por especialistas (p.ej., análisis de costos, especialistas en programación, expertos en gestión de riesgos), la rendición de cuentas por la Gestión de la Integración del Proyecto no puede delegarse ni transferirse. El director del proyecto es quien combina los resultados en todas las otras Áreas de Conocimiento y tiene la visión general del proyecto. El director del proyecto es responsable en última instancia del proyecto en su conjunto.

Los proyectos y la dirección de proyectos son integradores por naturaleza. Por ejemplo, una estimación de costos necesaria para un plan de contingencia implica la integración de los procesos de las Áreas de Conocimiento de Gestión de los Costos del Proyecto, Gestión del Cronograma del Proyecto y Gestión de los Riesgos del Proyecto. Cuando se identifican riesgos adicionales asociados a diversas alternativas de adquisición de personal, podría generarse la necesidad de reconsiderar uno o varios de los procesos anteriores.

Los vínculos entre los procesos de los Grupos de Procesos de la Dirección de Proyectos son a menudo iterativos. Por ejemplo, el Grupo de Procesos de Planificación proporciona al Grupo de Procesos de Ejecución un plan documentado para la dirección del proyecto en una de las etapas iniciales del proyecto y más adelante provee actualizaciones al plan, en el caso de que se produzcan cambios conforme avanza el proyecto.

La Gestión de la Integración del Proyecto tiene que ver con:

◆ Asegurar que las fechas límite de los entregables del producto, servicio o resultado, el ciclo de vida del proyecto y el plan de gestión de beneficios estén alineadas;

◆ Proporcionar un plan para la dirección del proyecto a fin de alcanzar los objetivos del proyecto;

◆ Asegurar la creación y el uso del conocimiento adecuado hacia y desde el proyecto, según sea necesario;

◆ Gestionar el desempeño y los cambios de las actividades en el plan para la dirección del proyecto;

◆ Tomar decisiones integradas relativas a los cambios clave que impactan al proyecto;

◆ Medir y monitorear el avance del proyecto y realizar las acciones adecuadas para cumplir con los objetivos del mismo;

◆ Recopilar datos sobre los resultados alcanzados, analizar los datos para obtener información y comunicar esta información a los interesados relevantes;

◆ Completar todo el trabajo del proyecto y cerrar formalmente cada fase, contrato y el proyecto en su conjunto; y Gestionar las transiciones de fases, cuando sea necesario.

Cuanto más complejo sea el proyecto y más variadas las expectativas de los interesados, más se necesita un enfoque sofisticado de la integración.

TENDENCIAS Y PRÁCTICAS EMERGENTES EN LA GESTIÓN DE LA INTEGRACIÓN DEL PROYECTO

El Área de Conocimiento Gestión de la Integración del Proyecto requiere combinar los resultados de todas las otras Áreas de Conocimiento. La evolución de tendencias en los procesos de integración incluye, entre otras cosas:

◆ **Uso de herramientas automatizadas.** El volumen de datos e información que los directores de proyecto deben integrar hace necesario el uso de un sistema de información para la dirección de proyectos (PMIS) y de herramientas automatizadas para recopilar, analizar y utilizar información para cumplir con los objetivos del proyecto y alcanzar los beneficios del mismo.

◆ **Uso de herramientas visuales de gestión.** Algunos equipos de proyecto usan herramientas visuales de gestión, en lugar de planes escritos y otros documentos, para captar y supervisar elementos críticos del proyecto. Hacer que los elementos clave del proyecto sean visibles para todo el equipo proporciona un panorama en tiempo real del estado del proyecto, facilita la transferencia de conocimientos y empodera a los miembros del equipo y a otros interesados para ayudar a identificar y resolver incidentes.

◆ **Gestión del conocimiento del proyecto.** La fuerza de trabajo cada vez más móvil y temporal requiere un proceso más riguroso para identificar el conocimiento a lo largo del ciclo de vida del proyecto y transferirlo a la audiencia objetivo de modo que el conocimiento no se pierda.

◆ **Ampliación de las responsabilidades del director del proyecto.** Los directores de proyecto están llamados a iniciar y finalizar el proyecto, tal como en el desarrollo del caso de negocio y la gestión de beneficios del proyecto. Históricamente estas actividades han sido responsabilidad de la gerencia y de la oficina de dirección de proyectos, pero los directores de proyecto están colaborando más frecuentemente con ellas para cumplir mejor con los objetivos del proyecto y entregar los beneficios. Los directores de proyecto también se están dedicando a una identificación y un involucramiento más exhaustivos de los interesados. Esto incluye gestionar las interfaces con distintos departamentos funcionales y operativos y con personal de alta dirección.

◆ **Metodologías híbridas.** Algunas metodologías de dirección de proyectos están evolucionando para incorporar nuevas prácticas aplicadas con éxito. Entre los ejemplos se incluye el uso de prácticas ágiles y otras prácticas iterativas, técnicas de análisis de negocio para la gestión de requisitos, herramientas para identificar elementos complejos en los proyectos, y métodos de gestión de cambios organizacionales para prepararse para la transición de las salidas del proyecto a la organización.

CONSIDERACIONES DE ADAPTACIÓN

Debido a que cada proyecto es único, el director del proyecto podría necesitar adaptar la forma en que se aplican los procesos de Gestión de la Integración del Proyecto. Las consideraciones para la adaptación incluyen, entre otras:

◆ **Ciclo de vida del proyecto.** ¿Cuál es el ciclo de vida apropiado para el proyecto? ¿Qué fases debería comprender el ciclo de vida del proyecto?

◆ **Ciclo de vida del desarrollo.** ¿Qué enfoque y ciclo de vida de desarrollo son adecuados para el producto, servicio o resultado? ¿Es apropiado un enfoque predictivo o uno adaptativo? En caso de ser adaptativo, ¿el producto debería desarrollarse de manera incremental o iterativa? ¿Es mejor un enfoque híbrido?

◆ **Enfoques de gestión.** ¿Qué procesos de gestión son los más eficaces según la cultura de la organización y la complejidad del proyecto?

◆ **Gestión del conocimiento.** ¿Cómo se gestionará el conocimiento en el proyecto para fomentar un entorno de trabajo colaborativo?

◆ **Cambio.** ¿Cómo se gestionará el cambio en el proyecto?

◆ **Gobernanza.** ¿Qué juntas de control, comités y otros interesados son parte del proyecto? ¿Cuáles son los requisitos de presentación de informes sobre el estado del proyecto?

◆ **Lecciones aprendidas.** ¿Qué información se debe recoger a lo largo y al final del proyecto? ¿Cómo quedarán disponibles para futuros proyectos la información histórica y las lecciones aprendidas?

◆ **Beneficios.** ¿Cuándo y cómo debería informarse sobre los beneficios: al final del proyecto o al final de cada iteración o fase?

CONSIDERACIONES PARA ENTORNOS ÁGILES/ADAPTATIVOS

Los enfoques iterativos y ágiles promueven el compromiso de los miembros del equipo como expertos locales en la gestión de la integración. Los miembros del equipo determinan cómo han de integrarse planes y componentes.

Las expectativas del director del proyecto, tal como se señala en los *Conceptos Clave para la Gestión de la Integración* no cambian en un entorno adaptativo, pero el control de la planificación y entrega detalladas del producto se delega al equipo. El director del proyecto debe concentrarse en establecer un entorno colaborativo para la toma de decisiones y en asegurar que el equipo tenga la capacidad de responder a los cambios. Este enfoque colaborativo puede mejorarse aún más cuando los miembros del equipo poseen una base de habilidades amplia en lugar de una especialización específica.

4.1 DESARROLLAR EL ACTA DE CONSTITUCIÓN DEL PROYECTO

Desarrollar el Acta de Constitución del Proyecto es el proceso de desarrollar un documento que autoriza formalmente la existencia de un proyecto y confiere al director de proyecto la autoridad para asignar los recursos de la organización a las actividades del proyecto. Los beneficios clave de este proceso son que proporciona un vínculo directo entre el proyecto y los objetivos estratégicos de la organización, crea un registro formal del proyecto y muestra el compromiso de la organización con el proyecto. Este proceso se lleva a cabo una única vez o en puntos predefinidos del proyecto. El Gráfico 4-2 muestra las entradas, herramientas y técnicas y salidas del proceso. El Gráfico 4-3 ilustra el diagrama de flujo de datos para el proceso.

Gráfico 4-2. Desarrollar el Acta de Constitución del Proyecto: Entradas, Herramientas y Técnicas, y Salidas

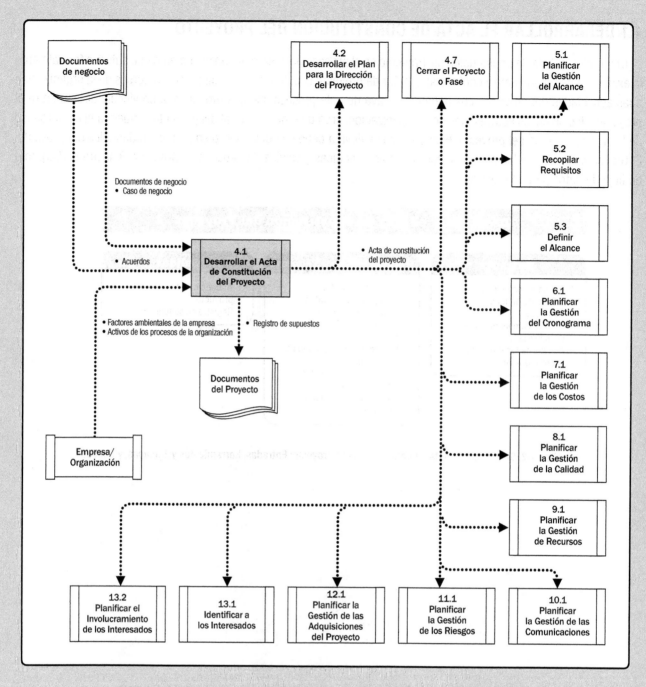

Gráfico 4-3. Desarrollar el Acta de Constitución del Proyecto: Diagrama de Flujo de Datos

El acta de constitución del proyecto establece una relación de colaboración entre la organización ejecutora y la organización solicitante. En el caso de proyectos externos generalmente se opta por establecer este acuerdo a través de un contrato formal. El acta de constitución de un proyecto puede utilizarse incluso para establecer acuerdos internos en el seno de una organización a fin de asegurar la entrega adecuada de acuerdo con el contrato. El proyecto se inicia formalmente con la aprobación del acta de constitución del proyecto. Se selecciona y asigna un director del proyecto tan pronto como sea posible, preferiblemente durante la elaboración del acta de constitución del proyecto y siempre antes de comenzar la planificación. El acta de constitución del proyecto puede ser desarrollada por el patrocinador o el director del proyecto en colaboración con la entidad iniciadora. Esta colaboración permite que el director del proyecto tenga una mejor comprensión del propósito, los objetivos y los beneficios esperados del proyecto. Este entendimiento favorecerá una asignación eficiente de los recursos a las actividades del proyecto. El acta de constitución del proyecto confiere al director del proyecto la autoridad necesaria para planificar, ejecutar y controlar el proyecto.

Los proyectos son iniciados por una entidad externa a los mismos, como un patrocinador, un programa o una oficina de dirección de proyectos (PMO), o el presidente de un órgano de gobierno del portafolio o un representante autorizado. El iniciador del proyecto o patrocinador debería encontrarse en un nivel adecuado para obtener la financiación del proyecto y comprometer los recursos para el mismo. Los proyectos se inician como consecuencia de necesidades internas de la empresa o de influencias externas. Estas necesidades o influencias a menudo motivan la realización de un análisis de necesidades, un estudio de viabilidad, un caso de negocio o la descripción de la situación que abordará el proyecto. La elaboración del acta de constitución de un proyecto confirma la alineación del proyecto con la estrategia y el trabajo en curso de la organización. El acta de constitución del proyecto no se considera un contrato porque no hay consideraciones, compromisos o intercambios monetarios en su creación.

4.1.1 DESARROLLAR EL ACTA DE CONSTITUCIÓN DEL PROYECTO: ENTRADAS

4.1.1.1 DOCUMENTOS DE NEGOCIO

El caso de negocio (descrito en la Sección 1.2.6.1) y el plan de gestión de beneficios (descrito en la Sección 1.2.6.2) son fuentes de información acerca de los objetivos del proyecto y cómo el proyecto contribuirá a las metas de negocio. Si bien los documentos de negocio se desarrollan antes del proyecto, los mismos se revisan periódicamente.

◆ **Caso de negocio.** El caso de negocio aprobado, o similar, es el documento de negocio más comúnmente utilizado para crear el acta de constitución del proyecto. El caso de negocio proporciona la información necesaria desde una perspectiva de negocio para determinar si los resultados esperados del proyecto justifican la inversión requerida. Normalmente se utiliza para la toma de decisiones por parte de la dirección o ejecutivos de un nivel superior al del proyecto. Típicamente, la necesidad de negocio y el análisis costo-beneficio se incluyen en el caso de negocio para justificar y establecer los límites del proyecto. Para más información sobre el caso de negocio, véase la Sección 1.2.6.1. El caso de negocio se crea como resultado de una o más de las siguientes razones:

- *Demanda del mercado* (p.ej., un fabricante de automóviles que autoriza un proyecto para construir automóviles más eficientes en el consumo de combustible, en respuesta a la escasez de gasolina),

- *Necesidad de la organización* (p.ej., debido a los altos costos generales una compañía puede combinar funciones del personal y racionalizar procesos para reducir costos),

- *Solicitud de un cliente* (p.ej., una compañía eléctrica que autoriza un proyecto para construir una nueva subestación a fin de abastecer un nuevo parque industrial),

- *Avance tecnológico* (p.ej. una compañía aérea que autoriza un nuevo proyecto para desarrollar el billete electrónico y sustituir los billetes en papel, con base en los avances tecnológicos),

- *Requisito legal* (p.ej., un fabricante de pinturas que autoriza un proyecto para establecer guías para el manejo de materiales tóxicos),

- *Impactos ecológicos* (p.ej., una compañía que autoriza un proyecto para disminuir su impacto ambiental), o

- *Necesidad social* (p.ej., una organización no gubernamental en un país en vías de desarrollo que autoriza un proyecto para dotar de sistemas de agua potable, letrinas y educación sanitaria a comunidades que padecen altos índices de cólera).

El acta de constitución del proyecto incorpora la información adecuada para el proyecto a partir de los documentos de negocio. El director del proyecto no actualiza ni modifica los documentos de negocio ya que no son documentos del proyecto; sin embargo, el director del proyecto puede hacer recomendaciones.

4.1.1.2 ACUERDOS

Descritos en la Sección 12.2.3.2. Los acuerdos se establecen para definir las intenciones iniciales de un proyecto. Los acuerdos pueden tomar la forma de contratos, memorandos de entendimiento (MOUs), acuerdos de nivel de servicio (SLA), cartas de acuerdo, declaraciones de intención, acuerdos verbales, correos electrónicos u otros acuerdos escritos. Normalmente se utiliza un contrato cuando el proyecto se lleva a cabo para un cliente externo.

4.1.1.3 FACTORES AMBIENTALES DE LA EMPRESA

Los factores ambientales de la empresa que pueden influir en el proceso Desarrollar el Acta de Constitución del Proyecto incluyen, entre otros:

- ◆ Estándares gubernamentales o de la industria (p.ej., estándares del producto, estándares de calidad, estándares de seguridad y estándares de fabricación),

- ◆ Requisitos y/o restricciones legales y regulatorios,

- ◆ Condiciones del mercado.

- ◆ Cultura y el clima político de la organización,

- ◆ Marco de gobernanza organizacional (una forma estructurada de proporcionar control, dirección y coordinación a través de personas, políticas y procesos, para cumplir con las metas estratégicas y operativas de la organización), y

- ◆ Expectativas de los interesados y los umbrales de riesgo.

4.1.1.4 ACTIVOS DE LOS PROCESOS DE LA ORGANIZACIÓN

Los activos de los procesos de la organización que pueden influir en el proceso Desarrollar el Acta de Constitución del Proyecto incluyen, entre otros:

◆ Políticas, procesos y procedimientos estándares de la organización;

◆ Marco de gobernanza para portafolios, programas y proyectos (funciones y procesos de gobernanza para proporcionar guía y toma de decisiones);

◆ Métodos de monitoreo e información;

◆ Plantillas (p.ej., plantilla del acta de constitución del proyecto); y

◆ Información histórica y el repositorio de lecciones aprendidas (p.ej., registros y documentos del proyecto, información sobre los resultados de las decisiones de selección de proyectos previos e información sobre el desempeño de proyectos previos).

4.1.2 DESARROLLAR EL ACTA DE CONSTITUCIÓN DEL PROYECTO: HERRAMIENTAS Y TÉCNICAS

4.1.2.1 JUICIO DE EXPERTOS

El juicio de expertos se define como el juicio que se brinda sobre la base de la experiencia en un área de aplicación, Área de Conocimiento, disciplina, industria, etc., según resulte apropiado para la actividad que se está ejecutando. Dicha pericia puede ser proporcionada por cualquier grupo o persona con educación, conocimiento, habilidad, experiencia o capacitación especializada.

Para este proceso, se debería considerar la pericia de individuos o grupos con capacitación o conocimientos especializados en los siguientes temas:

◆ Estrategia organizacional,

◆ Gestión de beneficios,

◆ Conocimientos técnicos de la industria y el área de especialización del proyecto,

◆ Estimación de la duración y el presupuesto e

◆ Identificación de riesgos.

4.1.2.2 RECOPILACIÓN DE DATOS

Las técnicas de recopilación de datos que pueden utilizarse para este proceso incluyen, entre otras:

◆ **Tormenta de ideas.** Esta técnica se utiliza para identificar una lista de ideas en un corto período de tiempo. Se lleva a cabo en un entorno de grupo y es liderada por un facilitador. La tormenta de ideas comprende dos partes: generación de ideas y análisis. La tormenta de ideas puede utilizarse para recopilar datos y soluciones o ideas a partir de los interesados, expertos en la materia y miembros del equipo al desarrollar el acta de constitución del proyecto.

◆ **Grupos focales.** Descritos en la Sección 5.2.2.2. Los grupos focales reúnen a interesados y expertos en la materia para conocer sobre el riesgo percibido del proyecto, los criterios de éxito y otros temas de un modo más coloquial que una entrevista individual.

◆ **Entrevistas.** Descritas en la Sección 5.2.2.2. Las entrevistas se utilizan para obtener información sobre requisitos de alto nivel, supuestos o restricciones, criterios de aprobación y demás información a partir de los interesados mediante el diálogo directo con ellos.

4.1.2.3 HABILIDADES INTERPERSONALES Y DE EQUIPO

Las habilidades interpersonales y de equipo que pueden utilizarse para este proceso incluyen, entre otras:

◆ **Gestión de conflictos.** Descrita en la Sección 9.5.2.1. La gestión de conflictos puede utilizarse para ayudar a alinear a los interesados con respecto a los objetivos, criterios de éxito, requisitos de alto nivel, descripción del proyecto, resumen de hitos y otros elementos del acta de constitución.

◆ **Facilitación.** La facilitación es la capacidad de guiar eficazmente un evento grupal hacia una decisión, solución o conclusión exitosa. El facilitador garantiza que haya una participación eficaz, que los participantes logren un entendimiento mutuo, que se consideren todas las contribuciones, que las conclusiones o los resultados tengan plena aceptación según el proceso de decisión establecido para el proyecto y que las acciones y los acuerdos alcanzados sean abordados luego de manera adecuada.

◆ **Gestión de reuniones.** Descrita en la Sección 10.2.2.6. La gestión de reuniones incluye preparar la agenda, asegurarse de invitar a un representante de cada grupo clave de interesados y preparar y enviar el acta y las acciones de seguimiento.

4.1.2.4 REUNIONES

Para este proceso, se mantienen reuniones con interesados clave para identificar los objetivos, criterios de éxito, entregables clave, requisitos de alto nivel, resumen de hitos y otra información resumida del proyecto.

4.1.3 DESARROLLAR EL ACTA DE CONSTITUCIÓN DEL PROYECTO: SALIDAS

4.1.3.1 ACTA DE CONSTITUCIÓN DEL PROYECTO

El Acta de Constitución del Proyecto es un documento emitido por el iniciador del proyecto o patrocinador, que autoriza formalmente la existencia de un proyecto y confiere al director del proyecto la autoridad para aplicar los recursos de la organización a las actividades del proyecto. Documenta la información de alto nivel acerca del proyecto y del producto, servicio o resultado que el proyecto pretende satisfacer, tal como:

◆ El propósito del proyecto;

◆ Los objetivos medibles del proyecto y los criterios de éxito asociados;

◆ Los requisitos de alto nivel;

◆ La descripción de alto nivel del proyecto, los límites y los entregables clave;

◆ El riesgo general del proyecto;

◆ El resumen del cronograma de hitos;

◆ Los recursos financieros preaprobados;

◆ La lista de interesados clave;

◆ Los requisitos de aprobación del proyecto (es decir, en qué consiste el éxito del proyecto, quién decide si el proyecto tiene éxito y quién firma la aprobación del proyecto);

◆ Los criterios de salida del proyecto (es decir, qué condiciones deben cumplirse a fin de cerrar o cancelar el proyecto o fase);

◆ El director del proyecto asignado, su responsabilidad y su nivel de autoridad y

◆ El nombre y el nivel de autoridad del patrocinador o de quienes autorizan el acta de constitución del proyecto.

A un alto nivel, el acta de constitución del proyecto asegura una comprensión común por parte de los interesados de los entregables clave, los hitos y los roles y responsabilidades de todos los involucrados en el proyecto.

4.1.3.2 REGISTRO DE SUPUESTOS

Las restricciones y los supuestos estratégicos y operativos de alto nivel normalmente se identifican en el caso de negocio antes de que el proyecto se inicie y se reflejan luego en el acta de constitución del proyecto. Los supuestos sobre actividades y tareas de menor nivel se generan a lo largo del proyecto, tal como definir las especificaciones técnicas, las estimaciones, el cronograma, los riesgos, etc. El registro de supuestos se utiliza para registrar todos los supuestos y restricciones a lo largo del ciclo de vida del proyecto.

4.2 DESARROLLAR EL PLAN PARA LA DIRECCIÓN DEL PROYECTO

Desarrollar el Plan para la Dirección del Proyecto es el proceso de definir, preparar y coordinar todos los componentes del plan y consolidarlos en un plan integral para la dirección del proyecto. El beneficio clave de este proceso es la producción de un documento comprehensivo que define la base para todo el trabajo del proyecto y el modo en que se realizará el trabajo. Este proceso se lleva a cabo una única vez o en puntos predefinidos del proyecto. Las entradas, herramientas y técnicas y salidas del proceso se presentan en el Gráfico 4-4. El Gráfico 4-5 ilustra el diagrama de flujo de datos para el proceso.

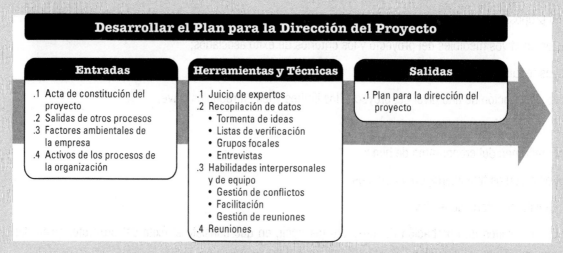

Gráfico 4-4. Desarrollar el Plan para la Dirección del Proyecto: Entradas, Herramientas y Técnicas, y Salidas

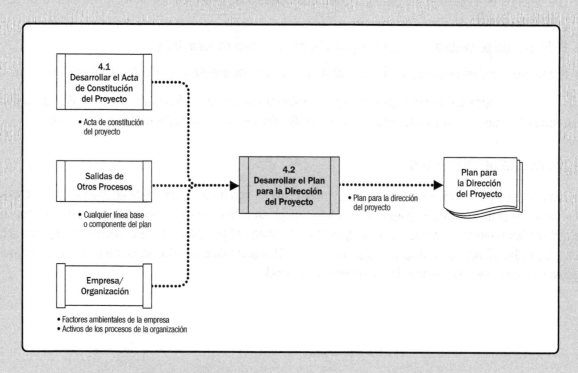

Gráfico 4-5. Desarrollar el Plan para la Dirección del Proyecto: Diagrama de Flujo de Datos

El plan para la dirección del proyecto define la manera en que el proyecto se ejecuta, se monitorea, se controla y se cierra. El contenido del plan para la dirección del proyecto varía en función del área de aplicación y de la complejidad del proyecto.

El plan para la dirección del proyecto puede presentarse en forma resumida o detallada. Cada plan componente se describe hasta el nivel que lo requiera el proyecto específico. El plan para la dirección del proyecto debería ser lo suficientemente robusto para responder al entorno siempre cambiante del proyecto. Esta agilidad puede dar lugar a información más precisa conforme avanza el proyecto.

Deberían definirse las líneas base del plan para la dirección del proyecto; es decir, es necesario definir al menos las referencias del proyecto en cuanto al alcance, tiempo y costo, de modo que la ejecución del proyecto pueda ser medida y comparada con esas referencias y que se pueda gestionar el desempeño. Antes de definir las líneas base, el plan para la dirección del proyecto puede actualizarse tantas veces como sea necesario. No se requiere ningún proceso formal en ese momento. Sin embargo, una vez que las líneas base del mismo han sido definidas, el plan para la dirección del proyecto sólo podrá ser modificado a través del proceso Realizar el Control Integrado de Cambios. En consecuencia, siempre que se solicite un cambio, se generarán y decidirán solicitudes de cambio. Esto resulta en un plan para la dirección del proyecto que se elabora progresivamente por medio de actualizaciones controladas y aprobadas que se extienden hasta el cierre del proyecto.

Los proyectos que se encuentran en el ámbito de un programa o portafolio deberían desarrollar un plan para la dirección del proyecto coherente con el plan para la dirección del programa o portafolio correspondiente. Por ejemplo, si el plan para la dirección del programa indica que todos los cambios que excedan un costo determinado deberán ser revisados por el comité de control de cambios (CCB), se deberá definir este proceso y el umbral de costo correspondiente en el plan para la dirección del proyecto.

4.2.1 DESARROLLAR EL PLAN PARA LA DIRECCIÓN DEL PROYECTO: ENTRADAS

4.2.1.1 ACTA DE CONSTITUCIÓN DEL PROYECTO

Descrita en la Sección 4.1.3.1. El equipo del proyecto utiliza el acta de constitución del proyecto como punto de partida para la planificación inicial del proyecto. El tipo y cantidad de información del acta de constitución del proyecto varía en función de la complejidad del proyecto y de la información que se conoce en el momento de su creación. El acta de constitución del proyecto debería como mínimo definir la información de alto nivel acerca del proyecto, que se desarrollará en los distintos componentes del plan para la dirección del proyecto.

4.2.1.2 SALIDAS DE OTROS PROCESOS

Las salidas de muchos de los otros procesos que se describen en las Secciones 5 a 13 se integran para crear el plan para la dirección del proyecto. Los planes subsidiarios y líneas base que constituyen una salida de otros procesos de planificación constituyen una entrada para este proceso. Además los cambios realizados sobre estos documentos pueden requerir actualizaciones al plan para la dirección del proyecto.

4.2.1.3 FACTORES AMBIENTALES DE LA EMPRESA

Los factores ambientales de la empresa que pueden influir en el proceso Desarrollar el Plan para la Dirección del Proyecto incluyen, entre otros:

◆ Estándares gubernamentales o de la industria (p.ej., estándares del producto, estándares de calidad, estándares de seguridad y estándares de fabricación);

◆ Requisitos y/o restricciones legales y regulatorios;

◆ Fundamentos para la dirección de proyectos específicos para el mercado vertical (p.ej., construcción) y/o área de especialización (p.ej., medio ambiente, seguridad, riesgos o desarrollo ágil de software);

◆ Estructura y cultura de la organización, prácticas de gestión y sostenibilidad;

◆ Marco de gobernanza organizacional (una forma estructurada de proporcionar control, dirección y coordinación a través de personas, políticas y procesos, para cumplir con las metas estratégicas y operativas de la organización); e

◆ Infraestructura (p.ej., instalaciones existentes y bienes de capital);

4.2.1.4 ACTIVOS DE LOS PROCESOS DE LA ORGANIZACIÓN

Los activos de los procesos de la organización que pueden influir en el proceso Desarrollar el Plan para la Dirección del Proyecto incluyen, entre otros:

◆ Políticas, procesos y procedimientos estándares de la organización;

◆ Plantilla del plan para la dirección del proyecto, que incluye:

■ Guías y criterios para adaptar el conjunto de procesos estándar de la organización con el fin de que satisfagan las necesidades específicas del proyecto y

■ Guías o requisitos para el cierre del proyecto, tales como los criterios de validación y aceptación del producto.

◆ Procedimientos de control de cambios, incluidos los pasos para modificar los estándares, políticas, planes, procedimientos oficiales de la organización o cualquier documento del proyecto y la descripción de cómo se aprobará y validará cualquier cambio;

◆ Métodos de monitoreo e información, los procedimientos de control de riesgos y los requisitos de comunicación;

◆ Información de proyectos anteriores similares (p.ej., líneas base del alcance, costo, cronograma y medición del desempeño, calendarios del proyecto, diagramas de red del cronograma del proyecto y registros de riesgos) e

◆ Información histórica y repositorio de lecciones aprendidas.

4.2.2 DESARROLLAR EL PLAN PARA LA DIRECCIÓN DEL PROYECTO: HERRAMIENTAS Y TÉCNICAS

4.2.2.1 JUICIO DE EXPERTOS

Descrito en la Sección 4.1.2.1. Se debería considerar la pericia de individuos o grupos con capacitación o conocimientos especializados en los siguientes temas:

◆ Adaptar los procesos de la dirección de proyectos para satisfacer las necesidades del proyecto, incluyendo las dependencias e interacciones entre dichos procesos y las entradas y salidas fundamentales;

◆ Desarrollar componentes adicionales del plan para la dirección del proyecto, si fuera necesario;

◆ Determinar las herramientas y técnicas que se utilizarán para llevar a cabo esos procesos;

◆ Desarrollar los detalles técnicos y de gestión que se incluirán en el plan para la dirección del proyecto;

◆ Determinar los recursos y los niveles de habilidad necesarios para llevar a cabo el trabajo del proyecto;

◆ Determinar el nivel de gestión de la configuración que se aplicará al proyecto;

◆ Determinar qué documentos del proyecto estarán sujetos al proceso formal de control de cambios y

◆ Priorizar el trabajo del proyecto para asegurar que los recursos del proyecto se asignan al trabajo adecuado en el momento adecuado.

4.2.2.2 RECOPILACIÓN DE DATOS

Las técnicas de recopilación de datos que pueden utilizarse para este proceso incluyen, entre otras:

◆ **Tormenta de ideas.** Descrita en la Sección 4.1.2.2. La tormenta de ideas se utiliza frecuentemente al desarrollar el plan para la dirección del proyecto a fin de recopilar ideas y soluciones sobre el enfoque del proyecto. Los participantes a incluir son los miembros del equipo del proyecto, aunque otros expertos en la materia (SMEs) o interesados también pueden participar.

◆ **Listas de verificación.** Descritas en la Sección 11.2.2.2. Muchas organizaciones disponen de listas de verificación estandarizadas en base a su propia experiencia o utilizan listas de verificación de la industria. Una lista de verificación puede guiar al director del proyecto en el desarrollo del plan o puede ayudar a verificar que toda la información requerida esté incluida en el plan para la dirección del proyecto.

◆ **Grupos focales.** Descritos en la Sección 5.2.2.2. Los grupos focales reúnen a los interesados para analizar el enfoque de dirección del proyecto y la integración de los diferentes componentes del plan para la dirección del proyecto.

◆ **Entrevistas.** Descritas en la Sección 5.2.2.2. Las entrevistas se utilizan para obtener información específica de los interesados a fin de desarrollar el plan para la dirección del proyecto o cualquier componente del plan o documento del proyecto.

4.2.2.3 HABILIDADES INTERPERSONALES Y DE EQUIPO

Las habilidades interpersonales y de equipo que se utilizan al desarrollar el plan para la dirección del proyecto incluyen:

◆ **Gestión de conflictos.** Descrita en la Sección 9.5.2.1. La gestión de conflictos puede ser necesaria para alinear a los diversos interesados con respecto a todos los aspectos del plan para la dirección del proyecto.

◆ **Facilitación.** Descrita en la Sección 4.1.2.3. La facilitación garantiza que haya una participación efectiva, que los participantes logren un entendimiento mutuo, que se consideren todas las contribuciones y que las conclusiones o los resultados tengan plena aceptación según el proceso de decisión establecido para el proyecto.

◆ **Gestión de reuniones.** Descrita en la Sección 10.2.2.6. La gestión de reuniones es necesaria para asegurar que las numerosas reuniones requeridas para desarrollar, unificar y llegar a un acuerdo sobre el plan para la dirección del proyecto sean bien realizadas.

4.2.2.4 REUNIONES

Para este proceso, las reuniones se utilizan para analizar el enfoque del proyecto, determinar el modo en que se ejecutará el trabajo para alcanzar los objetivos del proyecto y establecer la manera en que se monitoreará y controlará el proyecto.

La reunión de lanzamiento del proyecto normalmente está asociada al final de la planificación y al comienzo de la ejecución. Su propósito es comunicar los objetivos del proyecto, lograr el compromiso del equipo para el proyecto y explicar los roles y responsabilidades de cada interesado. El lanzamiento puede ocurrir en diferentes momentos dependiendo de las características del proyecto:

◆ Para proyectos pequeños, generalmente existe un único equipo que realiza la planificación y la ejecución. En este caso, el lanzamiento ocurre poco después de la iniciación, en el Grupo de Procesos de Planificación, porque el equipo está involucrado en la planificación.

◆ En proyectos grandes, un equipo de dirección del proyecto normalmente realiza la mayor parte de la planificación y el resto del equipo del proyecto es incorporado una vez finalizada la planificación inicial, al comienzo del desarrollo/implementación. En esta ocasión, la reunión de lanzamiento tiene lugar con procesos del Grupo de Procesos de Ejecución.

Los proyectos de fases múltiples normalmente incluyen una reunión de lanzamiento al comienzo de cada fase.

4.2.3 DESARROLLAR EL PLAN PARA LA DIRECCIÓN DEL PROYECTO: SALIDAS

4.2.3.1 PLAN PARA LA DIRECCIÓN DEL PROYECTO

El plan para la dirección del proyecto es el documento que describe el modo en que el proyecto será ejecutado, monitoreado y controlado y cerrado. Integra y consolida todos los planes de gestión y líneas base subsidiarias y demás información necesaria para dirigir el proyecto. Las necesidades del proyecto determinan qué componentes del plan para la dirección del proyecto son necesarios.

Los componentes del plan para la dirección del proyecto incluyen, entre otros:

◆ **Planes de gestión subsidiarios:**

■ *Plan de gestión del alcance.* Descrito en la Sección 5.1.3.1. Establece el modo en que el alcance será definido, desarrollado, monitoreado, controlado y validado.

■ *Plan de gestión de los requisitos.* Descrito en la Sección 5.1.3.2. Establece cómo se analizarán, documentarán y gestionarán los requisitos.

■ *Plan de gestión del cronograma.* Descrito en la Sección 6.1.3.1. Establece los criterios y las actividades a llevar a cabo para desarrollar, monitorear y controlar el cronograma.

■ *Plan de gestión de los costos.* Descrito en la Sección 7.1.3.1. Establece la forma en que se planificarán, estructurarán y controlarán los costos.

■ *Plan de gestión de la calidad.* Descrito en la Sección 8.1.3.1. Establece la forma en que las políticas, metodologías y estándares de calidad de una organización se implementarán en el proyecto.

■ *Plan de gestión de los recursos.* Descrito en la Sección 9.1.3.1. Proporciona una guía sobre cómo se deberían categorizar, asignar, gestionar y liberar los recursos del proyecto.

■ *Plan de gestión de las comunicaciones.* Descrito en la Sección 10.1.3.1. Establece cómo, cuándo y por medio de quién se administrará y difundirá la información del proyecto.

■ *Plan de gestión de los riesgos.* Descrito en la Sección 11.1.3.1. Establece el modo en que se estructurarán y se llevarán a cabo las actividades de gestión de riesgos.

■ *Plan de gestión de las adquisiciones.* Descrito en la Sección 12.1.3.1. Establece cómo el equipo del proyecto adquirirá bienes y servicios desde fuera de la organización ejecutante.

■ *Plan de involucramiento de los interesados.* Descrito en la Sección 13.2.3.1. Establece cómo se involucrará a los interesados en las decisiones y la ejecución del proyecto, según sus necesidades, intereses e impacto.

◆ **Líneas base:**

■ *Línea base del alcance.* Descrita en la Sección 5.4.3.1. Versión aprobada de un enunciado del alcance, estructura de desglose del trabajo (EDT/WBS) y su diccionario de la EDT/WBS asociado, que se utiliza como una base de comparación.

■ *Línea base del cronograma.* Descrita en la Sección 6.5.3.1. Versión aprobada del modelo de programación que se utiliza como base de comparación con los resultados reales.

■ *Línea base de costos.* Descrita en la Sección 7.3.3.1. Versión aprobada del presupuesto del proyecto con fases de tiempo que se utiliza como base de comparación con los resultados reales.

◆ **Componentes adicionales.** La mayoría de los componentes del plan para la dirección del proyecto se producen como salidas de otros procesos, aunque algunos se producen durante este proceso. Los componentes desarrollados como parte de este proceso dependerán del proyecto, sin embargo, a menudo incluyen, entre otros:

■ *Plan de gestión de cambios.* Describe el modo en que se autorizarán e incorporarán formalmente las solicitudes de cambio a lo largo del proyecto.

■ *Plan de gestión de la configuración.* Describe la manera en que la información sobre los elementos del proyecto, así como cuáles elementos, serán registrados y actualizados de modo que el producto, servicio o resultado del proyecto se mantenga consistente y/u operativo.

■ *Línea base para la medición del desempeño.* Un plan integrado a nivel de alcance-cronograma-costo para el trabajo del proyecto, con el cual se compara la ejecución del proyecto para medir y gestionar el desempeño.

■ *Ciclo de vida del proyecto.* Describe la serie de fases por las que atraviesa un proyecto desde su inicio hasta su cierre.

■ *Enfoque de desarrollo.* Describe el enfoque de desarrollo del producto, servicio o resultado, tal como un modelo predictivo, iterativo, ágil o híbrido.

■ *Revisiones de la gestión.* Identifica los puntos del proyecto en que el director del proyecto y los interesados relevantes revisarán el avance del proyecto para determinar si el desempeño es el esperado, o si son necesarias acciones preventivas o correctivas.

Aunque el plan para la dirección del proyecto es uno de los documentos principales que se utilizan para la gestión de un proyecto, se utilizan asimismo otros documentos. Estos otros documentos no forman parte del plan para la dirección del proyecto; no obstante, son necesarios para dirigir el proyecto de manera efectiva. La Tabla 4-1 contiene una lista representativa de componentes del plan para la dirección del proyecto y de documentos del proyecto.

Tabla 4-1. Plan para la Dirección del Proyecto y Documentos del Proyecto

Plan para la Dirección del Proyecto	Documentos del Proyecto	
1. Plan para la gestión del alcance	1. Atributos de la actividad	20. Métricas de calidad
2. Plan de gestión de los requisitos	2. Lista de actividades	21. Informe de calidad
3. Plan de gestión del cronograma	3. Registro de supuestos	22. Documentación de requisitos
4. Plan de gestión de los costos	4. Base de las estimaciones	23. Matriz de trazabilidad de requisitos
5. Plan de gestión de la calidad	5. Registro de cambios	24. Estructura de desglose de recursos
6. Plan de gestión de los recursos	6. Estimaciones de costos	25. Calendarios de recursos
7. Plan de gestión de las comunicaciones	7. Pronósticos de costos	26. Requisitos de recursos
8. Plan de gestión de los riesgos	8. Estimaciones de la duración	27. Registro de riesgos
9. Plan de gestión de las adquisiciones	9. Registro de incidentes	28. Informe de riesgos
10. Plan de involucramiento de los interesados	10. Registro de lecciones aprendidas	29. Datos del cronograma
11. Plan de gestión de cambios	11. Lista de hitos	30. Pronósticos del cronograma
12. Plan de gestión de la configuración	12. Asignaciones de recursos físicos	31. Registro de interesados
13. Línea base del alcance	13. Calendarios del proyecto	32. Acta de constitución del equipo
14. Línea base del cronograma	14. Comunicaciones del proyecto	33. Documentos de prueba y evaluación
15. Línea base de costos	15. Cronograma del proyecto	
16. Línea base para la medición del desempeño	16. Diagrama de red del cronograma del proyecto	
17. Descripción del ciclo de vida del proyecto	17. Enunciado del alcance del proyecto	
18. Enfoque de desarrollo	18. Asignaciones del equipo del proyecto	
19. Revisiones de la gestión	19. Mediciones de control de calidad	

4.3 DIRIGIR Y GESTIONAR EL TRABAJO DEL PROYECTO

Dirigir y Gestionar el Trabajo del Proyecto es el proceso de liderar y llevar a cabo el trabajo definido en el plan para la dirección del proyecto e implementar los cambios aprobados para alcanzar los objetivos del proyecto. El beneficio clave de este proceso es que proporciona la dirección general del trabajo y los entregables del proyecto, mejorando así la probabilidad de éxito del proyecto. Este proceso se lleva a cabo a lo largo de todo el proyecto. El Gráfico 4-6 muestra las entradas, herramientas y técnicas, y salidas del proceso. El Gráfico 4-7 ilustra el diagrama de flujo de datos para el proceso.

Dirigir y Gestionar el Trabajo del Proyecto

Entradas	Herramientas y Técnicas	Salidas
.1 Plan para la dirección del proyecto • Cualquier componente .2 Documentos del proyecto • Registro de cambios • Registro de lecciones aprendidas • Lista de hitos • Comunicaciones del proyecto. • Cronograma del proyecto, • Matriz de trazabilidad de requisitos • Registro de riesgos • Informe de riesgos .3 Solicitudes de cambio aprobadas .4 Factores ambientales de la empresa .5 Activos de los procesos de la organización	.1 Juicio de expertos .2 Sistema de información para la dirección de proyectos .3 Reuniones	.1 Entregables .2 Datos de desempeño del trabajo .3 Registro de incidentes .4 Solicitudes de cambio .5 Actualizaciones al plan para la dirección del proyecto • Cualquier componente .6 Actualizaciones a los documentos del proyecto • Lista de actividades • Registro de supuestos • Registro de lecciones aprendidas • Documentación de requisitos • Registro de riesgos • Registro de interesados .7 Actualizaciones a los activos de los procesos de la organización

Gráfico 4-6. Dirigir y Gestionar el Trabajo del Proyecto: Entradas, Herramientas y Técnicas, y Salidas

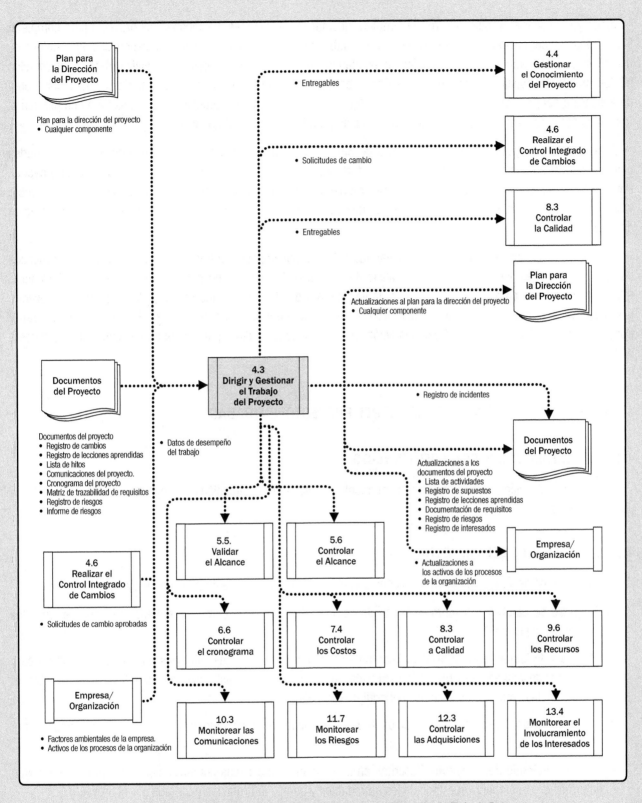

Plan para la Dirección del Proyecto

Plan para la dirección del proyecto
• Cualquier componente

Documentos del Proyecto

Documentos del proyecto
• Registro de cambios
• Registro de lecciones aprendidas
• Lista de hitos
• Comunicaciones del proyecto.
• Cronograma del proyecto
• Matriz de trazabilidad de requisitos
• Registro de riesgos
• Informe de riesgos

4.6 Realizar el Control Integrado de Cambios

• Solicitudes de cambio aprobadas

Empresa/ Organización

• Factores ambientales de la empresa.
• Activos de los procesos de la organización

4.4 Gestionar el Conocimiento del Proyecto

• Entregables

4.6 Realizar el Control Integrado de Cambios

• Solicitudes de cambio

8.3 Controlar la Calidad

• Entregables

Plan para la Dirección del Proyecto

Actualizaciones al plan para la dirección del proyecto
• Cualquier componente

4.3 Dirigir y Gestionar el Trabajo del Proyecto

• Registro de incidentes

Documentos del Proyecto

Actualizaciones a los documentos del proyecto
• Lista de actividades
• Registro de supuestos
• Registro de lecciones aprendidas
• Documentación de requisitos
• Registro de riesgos
• Registro de interesados

• Datos de desempeño del trabajo

5.5. Validar el Alcance

5.6 Controlar el Alcance

• Actualizaciones a los activos de los procesos de la organización

Empresa/ Organización

6.6 Controlar el cronograma

7.4 Controlar los Costos

8.3 Controlar a Calidad

9.6 Controlar los Recursos

10.3 Monitorear las Comunicaciones

11.7 Monitorear los Riesgos

12.3 Controlar las Adquisiciones

13.4 Monitorear el Involucramiento de los Interesados

Gráfico 4-7. Dirigir y Gestionar el Trabajo del Proyecto: Diagrama de Flujo de Datos

Dirigir y Gestionar el Trabajo del Proyecto implica ejecutar las actividades planificadas del proyecto para completar los entregables del mismo y alcanzar los objetivos establecidos. Se asignan los recursos disponibles, se gestiona su uso eficiente y se llevan a cabo los cambios en los planes del proyecto que provienen de analizar datos e información de desempeño del trabajo. El proceso Dirigir y Gestionar el Trabajo del Proyecto se ve directamente afectado por el área de aplicación del proyecto. Los entregables se producen como salidas de los procesos realizados para cumplir con el trabajo tal como fue planificado y programado en el plan para la dirección del proyecto.

El director del proyecto, junto con el equipo de dirección del proyecto, dirige el desempeño de las actividades planificadas del proyecto y gestiona las diversas interfaces técnicas y de la organización que existen en el proyecto. Dirigir y Gestionar el Trabajo del Proyecto también requiere la revisión del impacto de todos los cambios del proyecto y la implementación de los cambios aprobados, que abarcan: acción correctiva, acción preventiva y/o reparación de defectos.

Durante la ejecución del proyecto se recopilan los datos de desempeño del trabajo y se comunican a los procesos de control aplicables para su análisis. El análisis de los datos de desempeño del trabajo proporciona información relativa al estado de completitud de los entregables y otros detalles relevantes sobre el desempeño del proyecto. Los datos de desempeño del trabajo se utilizarán también como entrada para el Grupo de Procesos de Monitoreo y Control, y pueden utilizarse como retroalimentación a las lecciones aprendidas para mejorar el desempeño de paquetes de trabajo futuros.

4.3.1 DIRIGIR Y GESTIONAR EL TRABAJO DEL PROYECTO: ENTRADAS

4.3.1.1 PLAN PARA LA DIRECCIÓN DEL PROYECTO

Descrito en la Sección 4.2.3.1. Cualquier componente del plan para la dirección del proyecto puede ser una entrada de este proceso.

4.3.1.2 DOCUMENTOS DEL PROYECTO

Los documentos del proyecto que pueden considerarse como entradas de este proceso incluyen, entre otros:

◆ **Registro de cambios.** Descrito en la Sección 4.6.3.3. El registro de cambios contiene el estado de todas las solicitudes de cambio.

◆ **Registro de lecciones aprendidas.** Descrito en la Sección 4.4.3.1. Las lecciones aprendidas se utilizan para mejorar el desempeño del proyecto y para evitar repetir errores. El registro ayuda a identificar dónde establecer reglas o guías para que las acciones del equipo estén alineadas.

◆ **Lista de hitos.** Descrita en la Sección 6.2.3.3. La lista de hitos muestra las fechas programadas para hitos específicos.

◆ **Comunicaciones del proyecto.** Descritas en la Sección 10.2.3.1. Las comunicaciones del proyecto incluyen informes de desempeño, el estado de los entregables y demás información generada por el proyecto.

◆ **Cronograma del proyecto.** Descrito en la Sección 6.5.3.2. El cronograma incluye al menos la lista de actividades de trabajo, sus duraciones, recursos y fechas planificadas de inicio y finalización.

◆ **Matriz de trazabilidad de requisitos.** Descrita en la Sección 5.2.3.2. La matriz de trazabilidad de requisitos vincula los requisitos del producto con los entregables que los satisfacen y ayuda a centrarse en los resultados finales.

◆ **Registro de riesgos.** Descrito en la Sección 11.2.3.1. El registro de riesgos proporciona información sobre las amenazas y oportunidades que podrían tener impacto en la ejecución del proyecto.

◆ **Informe de riesgos.** Descrito en la Sección 11.2.3.2. El informe de riesgos proporciona información sobre las fuentes de riesgo general del proyecto, junto con información resumida sobre los riesgos individuales identificados en el proyecto.

4.3.1.3 SOLICITUDES DE CAMBIO APROBADAS

Descritas en la Sección 4.6.3.1. Las solicitudes de cambio aprobadas son una salida del proceso Realizar el Control Integrado de Cambios e incluyen las solicitudes revisadas y aprobadas para su implementación por el director del proyecto o por un comité de control de cambios (CCB), cuando corresponda. La solicitud de cambio aprobada puede consistir en una acción correctiva, una acción preventiva o una reparación de defectos. Las solicitudes de cambio aprobadas se planifican e implementan por parte del equipo del proyecto y pueden tener impacto sobre cualquier área del proyecto o del plan para la dirección del proyecto. Las solicitudes de cambio aprobadas pueden asimismo modificar los componentes del plan para la dirección del proyecto o los documentos del proyecto formalmente controlados.

4.3.1.4 FACTORES AMBIENTALES DE LA EMPRESA

Los factores ambientales de la empresa que pueden influir en el proceso Dirigir y Gestionar el Trabajo del Proyecto incluyen, entre otros:

◆ Estructura y cultura de la organización, prácticas de gestión y sostenibilidad;

◆ Infraestructura (p.ej., instalaciones existentes y bienes de capital), y

◆ Umbrales de riesgo de los interesados (p.ej., el porcentaje de sobrecostos permitido).

4.3.1.5 ACTIVOS DE LOS PROCESOS DE LA ORGANIZACIÓN

Los activos de los procesos de la organización que pueden influir en el proceso Dirigir y Gestionar el Trabajo del Proyecto incluyen, entre otros:

◆ Políticas, procesos y procedimientos estándares de la organización;

◆ Procedimientos para la gestión de incidentes y defectos que definen el control de incidentes y defectos, la identificación y resolución de los mismos, así como el seguimiento de los elementos de acción;

◆ Base(s) de datos sobre la gestión de incidentes y defectos, que contiene(n) el estado histórico de los mismos, resolución de los incidentes y defectos, así como los resultados de las acciones emprendidas;

◆ Base de datos para la medición del desempeño, que se utiliza para recopilar y tener disponibles los datos de mediciones de procesos y productos;

◆ Los procedimientos de control de cambios y de control de riesgos; e

◆ Información de proyectos anteriores (p.ej., líneas base del alcance, costo, cronograma, medición del desempeño, calendarios del proyecto, diagramas de red del cronograma del proyecto, registros de riesgos, informes de riesgos y repositorio de lecciones aprendidas).

4.3.2 DIRIGIR Y GESTIONAR EL TRABAJO DEL PROYECTO: HERRAMIENTAS Y TÉCNICAS

4.3.2.1 JUICIO DE EXPERTOS

Descrito en la Sección 4.1.2.1. Se debería considerar la pericia de individuos o grupos con capacitación o conocimientos especializados en los siguientes temas:

◆ Conocimientos técnicos sobre la industria y el área de especialización del proyecto,

◆ Gestión de costos y presupuestos,

◆ Asuntos legales y adquisiciones,

◆ Legislación y regulaciones, y

◆ Gobernanza organizacional.

4.3.2.2 SISTEMA DE INFORMACIÓN PARA LA DIRECCIÓN DE PROYECTOS (PMIS)

El PMIS proporciona acceso a herramientas de software informático (IT), como herramientas de software para programación, sistemas de autorización de trabajo, sistemas de gestión de la configuración, sistemas de recopilación y distribución de la información, así como interfaces a otros sistemas automáticos en línea como repositorios de bases de conocimiento corporativas. La automatización de la recopilación y el informe de los indicadores clave de desempeño (KPI) pueden formar parte de este sistema.

4.3.2.3 REUNIONES

Las reuniones se utilizan para discutir y abordar los asuntos pertinentes del proyecto durante la dirección y gestión del trabajo del proyecto. Los asistentes pueden incluir al director del proyecto, al equipo del proyecto y a los interesados adecuados, involucrados o afectados por los asuntos tratados. Cada asistente debería tener un rol establecido, de modo que se asegure la participación adecuada. Entre los tipos de reuniones se incluyen: lanzamiento, técnica, planificación de iteraciones o sprints, reuniones diarias de pie de Scrum, grupo de dirección, resolución de problemas, actualización del avance y reuniones retrospectivas.

4.3.3 DIRIGIR Y GESTIONAR EL TRABAJO DEL PROYECTO: SALIDAS

4.3.3.1 ENTREGABLES

Un entregable es cualquier producto, resultado o capacidad único y verificable para ejecutar un servicio que se produce para completar un proceso, una fase o un proyecto. Por lo general, los entregables son los resultados del proyecto y pueden incluir componentes del plan para la dirección del proyecto.

Una vez completada la primera versión de un entregable, debería aplicarse el control de cambios. El control de las múltiples versiones o ediciones de un entregable (p.ej., documentos, software y elementos constitutivos) es apoyado por herramientas y procedimientos de gestión de la configuración.

4.3.3.2 DATOS DE DESEMPEÑO DEL TRABAJO

Los datos de desempeño del trabajo son las observaciones y mediciones brutas identificadas durante las actividades ejecutadas para llevar a cabo el trabajo del proyecto. Los datos se consideran a menudo como el nivel más bajo de detalle del que pueden extraer información otros procesos. Los datos se recopilan a través de la ejecución de los trabajos y se pasan a los procesos de control para su posterior análisis.

Entre los ejemplos de datos de desempeño del trabajo se incluyen el trabajo completado, los indicadores clave de desempeño (KPIs), las medidas de desempeño técnico, las fechas reales de comienzo y finalización de las actividades planificadas, los puntos de historia completados, el estado de los entregables, el número de solicitudes de cambio de avance del cronograma, el número de defectos, los costos reales incurridos, las duraciones reales, etc.

4.3.3.3 REGISTRO DE INCIDENTES

A lo largo del ciclo de vida de un proyecto, el director del proyecto normalmente enfrentará problemas, brechas, inconsistencias o conflictos que ocurren de manera inesperada y que requieren alguna acción para que no impacten el desempeño del proyecto. El registro de incidentes es un documento del proyecto en el que se registra y da seguimiento a todos los incidentes. Los datos sobre los incidentes pueden incluir:

◆ Tipo de incidente,

◆ Quién planteó el incidente y cuándo,

◆ Descripción,

◆ Prioridad,

◆ Quién está asignado al incidente,

◆ Fecha límite de resolución,

◆ Estado, y

◆ Solución final.

El registro de incidentes ayudará al director del proyecto a realizar el seguimiento y la gestión de los incidentes de manera efectiva, asegurando que sean investigados y resueltos. El registro de incidentes se crea por primera vez como una salida de este proceso, aunque pueden ocurrir incidentes en cualquier momento del proyecto. El registro de incidentes se actualiza como resultado de las actividades de monitoreo y control a lo largo del ciclo de vida del proyecto.

4.3.3.4 SOLICITUDES DE CAMBIO

Una solicitud de cambio es una propuesta formal para modificar cualquier documento, entregable o línea base. Cuando se detectan problemas durante la ejecución del trabajo del proyecto, se pueden presentar solicitudes de cambio que pueden modificar las políticas o los procedimientos del proyecto, el alcance del proyecto o del producto, el costo o el presupuesto del proyecto, el cronograma del proyecto o la calidad del proyecto o los resultados del producto. Otras solicitudes de cambio incluyen las acciones preventivas o correctivas necesarias para impedir un impacto negativo posterior en el proyecto. Cualquier interesado del proyecto puede solicitar un cambio. Las solicitudes de cambio se procesan para su revisión y tratamiento por medio del proceso Realizar el Control Integrado de Cambios (Sección 4.6). Las solicitudes de cambio pueden iniciarse dentro o fuera del proyecto y pueden ser opcionales u obligatorias (ya sea por ley o por contrato). Las solicitudes de cambio pueden incluir:

◆ **Acción correctiva.** Actividad intencional que realinea el desempeño del trabajo del proyecto con el plan para la dirección del proyecto.

◆ **Acción preventiva.** Actividad intencional que asegura que el desempeño futuro del trabajo del proyecto esté alineado con el plan para la dirección del proyecto.

◆ **Reparación de defectos.** Actividad intencional para modificar una no conformidad de un producto o de alguno de sus componentes.

◆ **Actualizaciones.** Cambios en los elementos formalmente controlados del proyecto, como documentos, planes, etc., para reflejar ideas o contenidos que se han modificado o añadido.

4.3.3.5 ACTUALIZACIONES DEL PLAN PARA LA DIRECCIÓN DEL PROYECTO

Cualquier cambio en el plan para la dirección del proyecto pasa por el proceso de control de cambios de la organización mediante una solicitud de cambio. Cualquier componente del plan para la dirección del proyecto puede requerir una solicitud de cambio como resultado de este proceso.

4.3.3.6 ACTUALIZACIONES A LOS DOCUMENTOS DEL PROYECTO

Los documentos del proyecto que pueden actualizarse como resultado de llevar a cabo este proceso incluyen, entre otros:

◆ **Lista de actividades.** Descrita en la Sección 6.2.3.1. La lista de actividades puede actualizarse con actividades adicionales o modificadas a ser realizadas para completar el trabajo del proyecto.

◆ **Registro de supuestos.** Descrito en la Sección 4.1.3.2. Se pueden agregar nuevos supuestos y restricciones, y el estado de los supuestos y restricciones existentes se puede actualizar o cerrar.

◆ **Registro de lecciones aprendidas.** Descrito en la Sección 4.4.3.1. Las lecciones aprendidas que permiten mejorar el desempeño de proyectos actuales o futuros se registran a medida que se aprenden.

◆ **Documentación de requisitos.** Descrita en la Sección 5.2.3.1. Durante este proceso se pueden identificar nuevos requisitos. También se puede actualizar el avance en el cumplimiento de los requisitos.

◆ **Registro de riesgos.** Descrito en la Sección 11.2.3.1. Durante este proceso se pueden identificar nuevos riesgos y actualizar riesgos existentes. Los riesgos se registran en el registro de riesgos mediante los procesos de gestión de riesgos.

◆ **Registro de interesados.** Descrito en la Sección 13.1.3.1. La información adicional sobre interesados existentes o nuevos que se recopile como resultado de este proceso es ingresada en el registro de interesados.

4.3.3.7 ACTUALIZACIONES A LOS ACTIVOS DE LOS PROCESOS DE LA ORGANIZACIÓN

Cualquier activo de los procesos de la organización puede actualizarse como resultado de este proceso.

4.4 GESTIONAR EL CONOCIMIENTO DEL PROYECTO

Gestionar el Conocimiento del Proyecto es el proceso de utilizar el conocimiento existente y crear nuevo conocimiento para alcanzar los objetivos del proyecto y contribuir al aprendizaje organizacional. Los beneficios clave de este proceso son que el conocimiento organizacional previo se aprovecha para producir o mejorar los resultados del proyecto y que el conocimiento creado por el proyecto está disponible para apoyar las operaciones de la organización y los futuros proyectos o fases. Este proceso se lleva a cabo a lo largo de todo el proyecto. el Gráfico 4-8 muestra las entradas, herramientas y técnicas, y salidas del proceso. El Gráfico 4-9 ilustra el diagrama de flujo de datos para el proceso.

Gestionar el Conocimiento del Proyecto

Entradas	Herramientas y Técnicas	Salidas
.1 Plan para la dirección del proyecto 　• Todos los componentes .2 Documentos del proyecto 　• Registro de lecciones aprendidas 　• Asignaciones del equipo del proyecto 　• Estructura de desglose de recursos 　• Registro de interesados .3 Entregables .4 Factores ambientales de la empresa .5 Activos de los procesos de la organización	.1 Juicio de expertos .2 Gestión del conocimiento .3 Gestión de la información .4 Habilidades interpersonales y de equipo 　• Escuchar de forma activa 　• Facilitación 　• Liderazgo 　• Creación de relaciones de trabajo 　• Conciencia política	.1 Registro de lecciones aprendidas .2 Actualizaciones al plan para la dirección del proyecto 　• Cualquier componente .3 Actualizaciones a los activos de los procesos de la organización

Gráfico 4-8. Gestionar el Conocimiento del Proyecto: Entradas, Herramientas y Técnicas, y Salidas

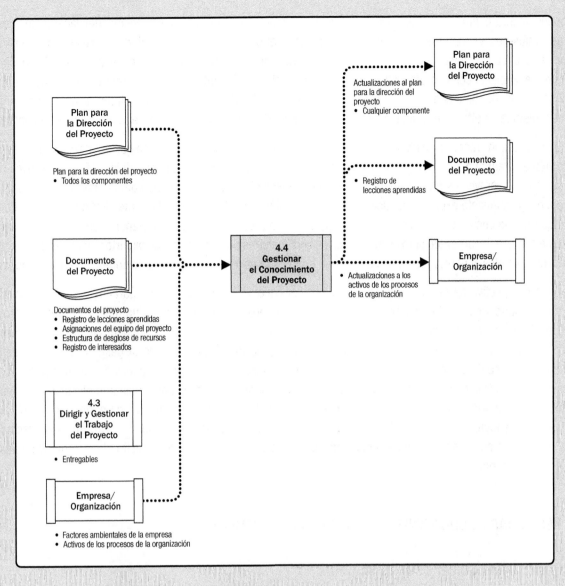

Gráfico 4-9. Gestionar el Conocimiento del Proyecto: Diagrama de Flujo de Datos

El conocimiento comúnmente se divide en "explícito" (conocimiento que puede codificarse fácilmente mediante palabras, imágenes y números) y "tácito" (conocimiento que es personal y difícil de expresar como creencias, percepciones, experiencia y el "saber hacer"). La gestión del conocimiento se ocupa de gestionar tanto el conocimiento tácito como el explícito con dos propósitos: volver a utilizar el conocimiento existente y crear nuevo conocimiento. Las actividades clave que sostienen ambos propósitos son el intercambio de conocimientos y la integración de conocimientos (de conocimientos de diferentes ámbitos, conocimiento contextual y conocimiento sobre la dirección de proyectos).

Es un error común creer que gestionar el conocimiento sólo implica documentarlo para que pueda ser compartido. Otro error común es creer que gestionar el conocimiento sólo implica obtener lecciones aprendidas al final del proyecto, a fin de utilizarlo en los proyectos futuros. Sólo el conocimiento explícito codificado puede compartirse de esta manera. Sin embargo, el conocimiento explícito codificado carece de contexto y está abierto a diferentes interpretaciones, de modo que aunque pueda compartirse fácilmente, no siempre se comprende o aplica de la manera correcta. El conocimiento tácito tiene contexto incorporado pero es muy difícil de codificar. Reside en la mente de expertos individuales o en grupos y situaciones sociales, y normalmente se comparte a través de conversaciones e interacciones entre las personas.

Desde la perspectiva de la organización, la gestión del conocimiento se ocupa de garantizar que las habilidades, experiencia y pericia del equipo del proyecto y otros interesados se utilicen antes, durante y después del proyecto. Dado que el conocimiento reside en la mente de las personas y las personas no pueden ser forzadas a compartir lo que saben (o a prestar atención al conocimiento de otros), lo más importante de la gestión del conocimiento es crear un clima de confianza para que las personas estén motivadas a compartir su conocimiento. Incluso las mejores herramientas y técnicas de gestión del conocimiento no funcionarán si las personas no están motivadas a compartir lo que saben o a prestar atención a lo que otros saben. En la práctica, el conocimiento se comparte usando una mezcla de herramientas y técnicas de gestión del conocimiento (interacciones entre las personas) y herramientas y técnicas de gestión de la información (en que las personas codifican parte de su conocimiento explícito, documentándolo para que pueda ser compartido).

4.4.1 GESTIONAR EL CONOCIMIENTO DEL PROYECTO: ENTRADAS

4.4.1.1 PLAN PARA LA DIRECCIÓN DEL PROYECTO

Descrito en la Sección 4.2.3.1. Todos los componentes del plan para la dirección del proyecto son entradas.

4.4.1.2 DOCUMENTOS DEL PROYECTO

Los documentos del proyecto que pueden considerarse como entradas de este proceso incluyen, entre otros:

◆ **Registro de lecciones aprendidas.** Descrito en la Sección 4.4.3.1. El registro de lecciones aprendidas proporciona información sobre prácticas efectivas en la gestión del conocimiento.

◆ **Asignaciones del equipo del proyecto.** Descritas en la Sección 9.3.3.2. Las asignaciones del equipo del proyecto proporcionan información sobre el tipo de competencias y experiencia disponibles en el proyecto y el conocimiento que puede llegar a faltar.

◆ **Estructura de desglose de recursos.** Descrita en la Sección 9.2.3.3. La estructura de desglose de recursos incluye información sobre la composición del equipo y puede ayudar a comprender qué conocimiento está disponible como grupo y qué conocimiento está faltando.

◆ **Registro de interesados.** Descrito en la Sección 13.1.3.1. El registro de interesados contiene detalles sobre los interesados identificados para ayudar a comprender el conocimiento que pueden tener.

4.4.1.3 ENTREGABLES

Un entregable es cualquier producto, resultado o capacidad único y verificable para ejecutar un servicio que se produce para completar un proceso, una fase o un proyecto. Los entregables son componentes típicamente tangibles completados para alcanzar los objetivos del proyecto y pueden incluir componentes del plan para la dirección del proyecto.

4.4.1.4 FACTORES AMBIENTALES DE LA EMPRESA

Los factores ambientales de la empresa que pueden influir en el proceso Gestionar el Conocimiento del Proyecto incluyen, entre otros:

◆ **Cultura organizacional, de los interesados y de los clientes.** La existencia de relaciones de trabajo basadas en la confianza y de una cultura de no culpar es particularmente importante para gestionar el conocimiento. Otros factores incluyen el valor atribuido al aprendizaje y las normas sociales de comportamiento.

◆ **Distribución geográfica de instalaciones y recursos.** La ubicación de los miembros del equipo ayuda a determinar métodos para adquirir y compartir conocimientos.

◆ **Expertos en conocimiento de la organización.** Algunas organizaciones cuentan con un equipo o individuo que se especializa en la gestión del conocimiento.

◆ **Requisitos y/o restricciones legales y regulatorios.** Incluyen la confidencialidad de la información del proyecto.

4.4.1.5 ACTIVOS DE LOS PROCESOS DE LA ORGANIZACIÓN

El conocimiento sobre la dirección de proyectos a menudo está incorporado en procesos y rutinas. Los activos de los procesos de la organización que pueden influir en el proceso Gestionar el Conocimiento del Proyecto incluyen, entre otros:

◆ **Políticas, procesos y procedimientos estándares de la organización.** Estos pueden incluir: confidencialidad y acceso a la información; seguridad y protección de datos; políticas de conservación de registros; uso de información protegida por derechos de autor; destrucción de información clasificada; formato y tamaño máximo de los archivos; datos de registro y metadatos; tecnología y medios sociales autorizados; etc.

◆ **La gestión de personal.** Estos incluyen, por ejemplo, registros de desarrollo y capacitación de empleados, y marcos de competencia que hacen referencia a comportamientos de intercambio de conocimientos.

◆ **Los requisitos de comunicación de la organización.** Los requisitos de comunicación formal y rigurosa son buenos para compartir información. La comunicación informal es más efectiva para crear conocimiento nuevo e integrar el conocimiento a través de diversos grupos de interesados.

◆ **Los procedimientos formales de intercambio de conocimiento e intercambio de información.** Estos incluyen revisiones del aprendizaje antes, durante y después de los proyectos y fases del proyecto; por ejemplo, identificar, capturar y compartir las lecciones aprendidas del proyecto actual y de otros proyectos.

4.4.2 GESTIONAR EL CONOCIMIENTO DEL PROYECTO: HERRAMIENTAS Y TÉCNICAS

4.4.2.1 JUICIO DE EXPERTOS

Descrito en la Sección 4.1.2.1. Se debería considerar la pericia de individuos o grupos con capacitación o conocimientos especializados en los siguientes temas:

◆ Gestión del conocimiento,

◆ Gestión de la información,

◆ Aprendizaje organizacional,

◆ Herramientas de gestión del conocimiento y la información, e

◆ Información relevante de otros proyectos.

4.4.2.2 GESTIÓN DEL CONOCIMIENTO

Las herramientas y técnicas de gestión del conocimiento conectan personas de modo que puedan trabajar juntas para crear nuevo conocimiento, compartir conocimiento tácito e integrar el conocimiento de diversos miembros del equipo. Las herramientas y técnicas adecuadas para un proyecto dependen de la naturaleza del proyecto, especialmente el grado de innovación involucrado, la complejidad del proyecto y el nivel de diversidad (incluida la diversidad de disciplinas) entre los miembros del equipo.

Las herramientas y técnicas incluyen, entre otras:

◆ La creación de relaciones de trabajo, incluidas la interacción social informal y las redes sociales en línea; Los foros en línea donde las personas pueden hacer preguntas abiertas ("¿Qué sabe alguien acerca de...?") son útiles para iniciar conversaciones de intercambio de conocimiento con especialistas;

◆ Comunidades de práctica (a veces llamadas comunidades de interés o simplemente comunidades) y grupos de interés especial;

◆ Reuniones, incluidas reuniones virtuales donde los participantes pueden interactuar mediante tecnología de comunicaciones;

◆ Aprendizaje por observación ("work shadowing") y observación invertida ("reverse shadowing");

◆ Foros de discusión, tales como los grupos focales;

◆ Eventos de intercambio de conocimiento, como seminarios y conferencias;

◆ Talleres, incluidas sesiones de resolución de problemas y revisiones del aprendizaje diseñadas para identificar las lecciones aprendidas;

◆ Narraciones;

◆ Técnicas de gestión de la creatividad y las ideas;

◆ Ferias y cafés del conocimiento; y

◆ Capacitación, que implica la interacción entre los aprendices.

Todas estas herramientas y técnicas pueden aplicarse cara a cara o virtualmente, o de ambas formas. La interacción cara a cara suele ser la manera más eficaz de construir las relaciones de confianza necesarias para gestionar el conocimiento. Una vez establecidas las relaciones, la interacción virtual puede utilizarse para mantener la relación.

4.4.2.3 GESTIÓN DE LA INFORMACIÓN

Las herramientas y técnicas de gestión de la información se utilizan para crear y conectar a las personas con la información. Son efectivas para compartir conocimiento explícito simple, inequívoco y codificado. Incluyen, entre otras:

◆ Métodos para codificar el conocimiento explícito; por ejemplo, para producir entradas de lecciones a aprender para el registro de lecciones aprendidas;

◆ Registro de lecciones aprendidas;

◆ Servicios de biblioteca;

◆ Recopilación de información, por ejemplo, búsquedas en la web y lectura de artículos publicados; y

◆ Sistema de información para la dirección de proyectos (PMIS) Descrito en la Sección 4.3.2.2. Los sistemas de información para la dirección de proyectos a menudo incluyen sistemas de gestión de documentos.

Las herramientas y técnicas que conectan a las personas con la información pueden mejorarse agregando un elemento de interacción, por ejemplo, incluir una función "contácteme" para que los usuarios puedan ponerse en contacto con los autores de las lecciones y pidan consejos específicos para su proyecto y contexto.

La interacción y el apoyo también ayudan a las personas a encontrar información relevante. Pedir ayuda generalmente es más fácil y rápido que intentar identificar términos de búsqueda. Los términos de búsqueda a menudo son difíciles de seleccionar, porque las personas pueden no saber qué palabras o frases clave emplear para acceder a la información que necesitan.

Las herramientas y técnicas de gestión del conocimiento y la información deberían conectarse a los procesos del proyecto y a los dueños de los procesos. Las comunidades de práctica y los expertos en la materia (SMEs), por ejemplo, pueden generar ideas que conduzcan a procesos de control mejorados; contar con un patrocinador interno puede asegurar que las mejoras sean implementadas. Las entradas al registro de lecciones aprendidas pueden analizarse para identificar incidentes comunes que pueden abordarse mediante cambios en los procedimientos del proyecto.

4.4.2.4 HABILIDADES INTERPERSONALES Y DE EQUIPO

Las habilidades interpersonales y de equipo utilizadas incluyen, entre otras:

◆ **Escucha activa.** Descrito en la Sección 10.2.2.6. La escucha activa ayuda a reducir los malentendidos y mejora la comunicación y el intercambio de conocimientos.

◆ **Facilitación.** Descrita en la Sección 4.1.2.3. La facilitación ayuda a guiar efectivamente a un grupo hacia una decisión, solución o conclusión exitosa.

◆ **Liderazgo.** Descrito en la Sección 3.4.4. El liderazgo se utiliza para comunicar la visión e inspirar al equipo del proyecto a centrarse en el conocimiento y los objetivos del conocimiento adecuados.

◆ **Creación de Relaciones de Trabajo.** Descrita en la Sección 10.2.2.6. La creación de relaciones de trabajo permite establecer conexiones informales y relaciones entre interesados del proyecto y crea las condiciones para compartir conocimiento tácito y explícito.

◆ **Conciencia política.** Descrita en la Sección 10.1.2.6. La conciencia política ayuda al director del proyecto a planificar las comunicaciones en base al entorno del proyecto y al entorno político de la organización.

4.4.3 GESTIONAR EL CONOCIMIENTO DEL PROYECTO: SALIDAS

4.4.3.1 REGISTRO DE LECCIONES APRENDIDAS

El registro de lecciones aprendidas puede incluir la categoría y la descripción de la situación. El registro de lecciones aprendidas puede también incluir el impacto, las recomendaciones y las acciones propuestas relacionadas con la situación. El registro de lecciones aprendidas puede registrar desafíos, problemas, riesgos y oportunidades realizados, u otro contenido según corresponda.

El registro de lecciones aprendidas se crea como una salida de este proceso tempranamente en el proyecto. A partir de ahí se usa como una entrada y se actualizará como una salida de muchos procesos a lo largo del proyecto. Las personas o los equipos involucrados en el trabajo también están involucrados en capturar las lecciones aprendidas. El conocimiento puede documentarse usando vídeos, imágenes, audios u otros medios adecuados que aseguren la eficiencia de las lecciones capturadas.

Al final de un proyecto o fase, la información se transfiere a un activo de los procesos de la organización llamado un repositorio de lecciones aprendidas.

4.4.3.2 ACTUALIZACIONES DEL PLAN PARA LA DIRECCIÓN DEL PROYECTO

Cualquier cambio en el plan para la dirección del proyecto pasa por el proceso de control de cambios de la organización mediante una solicitud de cambio. Cualquier componente del plan para la dirección del proyecto puede actualizarse como resultado de este proceso.

4.4.3.3 ACTUALIZACIONES A LOS ACTIVOS DE LOS PROCESOS DE LA ORGANIZACIÓN

Todos los proyectos crean nuevo conocimiento. Parte de este conocimiento es codificado, incorporado en los entregables o incorporado en mejoras de los procesos y procedimientos como resultado del proceso Gestionar el Conocimiento del Proyecto. El conocimiento existente también puede ser codificado o incorporado por primera vez como resultado de este proceso; por ejemplo, si una idea existente para un nuevo procedimiento es puesta a prueba en el proyecto y resulta ser exitosa.

Cualquier activo de los procesos de la organización puede actualizarse como resultado de este proceso.

4.5 MONITOREAR Y CONTROLAR EL TRABAJO DEL PROYECTO

Monitorear y Controlar el Trabajo del Proyecto es el proceso de hacer seguimiento, revisar e informar el avance general a fin de cumplir con los objetivos de desempeño definidos en el plan para la dirección del proyecto. Los beneficios clave de este proceso son que permite a los interesados comprender el estado actual del proyecto, reconocer las medidas adoptadas para abordar los problemas de desempeño y tener visibilidad del estado futuro del proyecto con los pronósticos del cronograma y de costos. Este proceso se lleva a cabo a lo largo de todo el proyecto. El Gráfico 4-10 muestra las entradas, herramientas y técnicas, y salidas del proceso. El Gráfico 4-11 ilustra el diagrama de flujo de datos para el proceso.

Monitorear y Controlar el Trabajo del Proyecto

Entradas	Herramientas y Técnicas	Salidas
.1 Plan para la dirección del proyecto • Cualquier componente .2 Documentos del proyecto • Registro de supuestos • Base de las estimaciones • Pronósticos de costos • Registro de incidentes • Registro de lecciones aprendidas • Lista de hitos • Informes de calidad • Registro de riesgos • Informe de riesgos • Pronósticos del cronograma .3 Información de desempeño del trabajo .4 Acuerdos .5 Factores ambientales de la empresa .6 Activos de los procesos de la organización	.1 Juicio de expertos .2 Análisis de datos • Análisis de alternativas • Análisis costo-beneficio • Análisis del valor ganado • Análisis de causa raíz • Análisis de tendencias • Análisis de variación .3 Toma de decisiones • Votación .4 Reuniones	.1 Informes de desempeño del trabajo .2 Solicitudes de cambio .3 Actualizaciones al plan para la dirección del proyecto • Cualquier componente .4 Actualizaciones a los documentos del proyecto • Pronósticos de costos • Registro de incidentes • Registro de lecciones aprendidas • Registro de riesgos • Pronósticos del cronograma

Gráfico 4-10. Monitorear y Controlar el Trabajo del Proyecto: Entradas, Herramientas y Técnicas, y Salidas

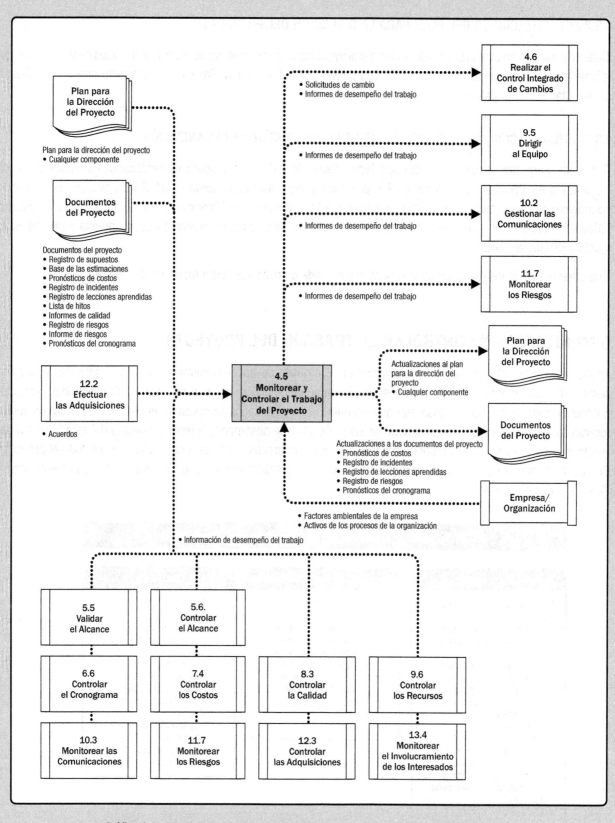

Gráfico 4-11. Monitorear y Controlar el Trabajo del Proyecto: Diagrama de Flujo de Datos

El monitoreo es un aspecto de la dirección del proyecto que se realiza a lo largo de todo el proyecto. Consiste en recopilar, medir y evaluar las medidas y las tendencias que van a permitir efectuar mejoras al proceso. El monitoreo continuo permite al equipo de dirección del proyecto conocer la salud del proyecto e identificar las áreas que puedan requerir una atención especial. El control incluye la determinación de acciones preventivas o correctivas, o la modificación de los planes de acción y el seguimiento de los mismos para determinar si las acciones emprendidas permitieron resolver el problema de desempeño. El proceso Monitorear y Controlar el Trabajo del Proyecto se ocupa de:

◆ Comparar el desempeño real del proyecto con respecto al plan para la dirección del proyecto;

◆ Evaluar periódicamente el desempeño para determinar la necesidad de una acción preventiva o correctiva y en su caso recomendar aquellas que se consideran pertinentes;

◆ Verificar el estado de los riesgos individuales del proyecto;

◆ Mantener, durante la ejecución del proyecto, una base de información precisa y oportuna relativa al producto o a los productos del proyecto y a su documentación relacionada;

◆ Proporcionar la información necesaria para sustentar el informe de estado, la medida del avance y los pronósticos;

◆ Proporcionar pronósticos que permitan actualizar la información relativa al costo y al cronograma actuales;

◆ Monitorear la implementación de los cambios aprobados cuando éstos se producen;

◆ Informar adecuadamente sobre el avance del proyecto y su estado a la dirección del programa, cuando el proyecto forma parte de un programa global; y

◆ Asegurar que el proyecto permanezca alineado con las necesidades de negocio.

4.5.1 MONITOREAR Y CONTROLAR EL TRABAJO DEL PROYECTO: ENTRADAS

4.5.1.1 PLAN PARA LA DIRECCIÓN DEL PROYECTO

Descrito en la Sección 4.2.3.1. Monitorear y controlar el trabajo del proyecto implica contemplar todos los aspectos del mismo. Cualquier componente del plan para la dirección del proyecto puede ser una entrada de este proceso.

4.5.1.2 DOCUMENTOS DEL PROYECTO

Los documentos del proyecto que pueden considerarse como entradas de este proceso incluyen, entre otros:

◆ **Registro de supuestos.** Descrito en la Sección 4.1.3.2. El registro de supuestos contiene información sobre supuestos y restricciones identificados que afectan al proyecto.

◆ **Base de las estimaciones.** Descrita en la Sección 6.4.3.2 y 7.2.3.2. La base de las estimaciones indica el modo en que las diversas estimaciones se obtuvieron y pueden utilizarse para tomar una decisión sobre cómo responder a las variaciones.

◆ **Pronósticos de costos.** Descritos en la Sección 7.4.3.2. Sobre la base del desempeño pasado del proyecto, los pronósticos de costos se utilizan para determinar si el proyecto se encuentra dentro de los rangos de tolerancia definidos para el presupuesto y para identificar si es necesaria alguna solicitud de cambio.

◆ **Registro de incidentes.** Descrito en la Sección 4.3.3.3. El registro de incidentes se utiliza para documentar y monitorear quién es responsable de la resolución de los incidentes específicos antes de una fecha límite.

◆ **Registro de lecciones aprendidas.** Descrito en la Sección 4.4.3.1. El registro de lecciones aprendidas puede tener información sobre respuestas efectivas para las variaciones y sobre acciones correctivas y preventivas.

◆ **Lista de hitos.** Descrita en la Sección 6.2.3.3. La lista de hitos muestra las fechas programadas para hitos específicos y se utiliza para verificar si los hitos planificados se han cumplido.

◆ **Informes de calidad.** Descritos en la Sección 8.2.3.1. El informe de calidad incluye incidentes relacionados con la gestión de la calidad; recomendaciones para mejoras en los procesos, proyectos y productos; recomendaciones de acciones correctivas (incluyen retrabajo, reparación de defectos/errores, inspección del 100% y más); y el resumen de las conclusiones del proceso Controlar la Calidad.

◆ **Registro de riesgos.** Descrito en la Sección 11.2.3.1. El registro de riesgos proporciona información sobre las amenazas y oportunidades que han ocurrido durante la ejecución del proyecto.

◆ **Informe de riesgos.** Descrito en la Sección 11.2.3.2. El informe de riesgos proporciona información sobre los riesgos generales del proyecto, así como información sobre riesgos individuales especificados.

◆ **Pronósticos del cronograma.** Descrito en la Sección 6.6.3.2. Sobre la base del desempeño pasado del proyecto, los pronósticos del cronograma se utilizan para determinar si el proyecto se encuentra dentro de los rangos de tolerancia definidos para el cronograma y para identificar si es necesaria alguna solicitud de cambio.

4.5.1.3 INFORMACIÓN DE DESEMPEÑO DEL TRABAJO

Los datos de desempeño del trabajo se recopilan a través de la ejecución de los trabajos y se pasan a los procesos de control. Para transformarse en información de desempeño del trabajo, los datos de desempeño del trabajo se comparan con los componentes del plan para la dirección del proyecto, los documentos del proyecto y otras variables del proyecto. Esta comparación da una indicación del desempeño del proyecto.

Las métricas específicas de desempeño del trabajo para el alcance, el cronograma, el presupuesto y la calidad se definen al comienzo del proyecto como parte del plan para la dirección del proyecto. Los datos de desempeño se recopilan durante el proyecto a través de los procesos de control y se comparan con el plan y otras variables para proporcionar un contexto para el desempeño del trabajo.

Por ejemplo, los datos de desempeño del trabajo relativos al costo pueden incluir fondos que se han gastado. Sin embargo, para ser útiles, los datos deben compararse con el presupuesto, el trabajo realizado, los recursos utilizados para llevar a cabo el trabajo y el cronograma de financiamiento. Esta información adicional proporciona el contexto para determinar si el proyecto está dentro del presupuesto o si existe una variación. También indica el grado de variación con respecto al plan, y al compararla con los umbrales de variación del plan para la dirección del proyecto, puede indicar si es necesaria una acción preventiva o correctiva. La interpretación de los datos de desempeño del trabajo y de la información adicional en su conjunto proporciona un contexto que brinda una base sólida para las decisiones del proyecto.

4.5.1.4 ACUERDOS

Descritos en la Sección 12.2.3.2. Un acuerdo de adquisición incluye términos y condiciones y puede incorporar otros aspectos especificados por el comprador para establecer lo que el vendedor debe realizar o proporcionar. Si el proyecto subcontrata parte del trabajo, el director del proyecto deberá supervisar el trabajo del contratista para asegurar que todos los acuerdos satisfagan las necesidades específicas del proyecto y que a la vez se adhieran a las políticas de la organización en materia de adquisiciones.

4.5.1.5 FACTORES AMBIENTALES DE LA EMPRESA

Los factores ambientales de la empresa que pueden influir en el proceso Monitorear y Controlar el Trabajo del Proyecto incluyen, entre otros:

◆ Sistemas de información para la dirección de proyectos, como las herramientas de programación, costos y recursos, indicadores de desempeño, bases de datos, registros de proyectos e información financiera;

◆ Infraestructura (p.ej., instalaciones y equipamiento existentes, canales de telecomunicaciones de la organización);

◆ Expectativas de los interesados y los umbrales de riesgo; y

◆ Estándares gubernamentales o de la industria (p.ej., regulaciones del organismo regulador, estándares del producto, estándares de calidad y estándares de fabricación).

4.5.1.6 ACTIVOS DE LOS PROCESOS DE LA ORGANIZACIÓN

Los activos de los procesos de la organización que pueden influir en el proceso Monitorear y Controlar el Trabajo del Proyecto incluyen, entre otros:

◆ Políticas, procesos y procedimientos estándares de la organización;

◆ Procedimientos de control financiero (p.ej., revisiones requeridas de gastos y desembolsos, códigos contables y disposiciones contractuales estándar);

◆ Métodos de monitoreo e información;

◆ Procedimientos para la gestión de incidentes que definen el control, la identificación y resolución de incidentes, así como el seguimiento de los elementos de acción;

◆ Procedimientos para la gestión de defectos que definen el control, la identificación y resolución de defectos, así como el seguimiento de los elementos de acción; y

◆ Base de conocimiento de la organización, en particular la medición de procesos y el repositorio de lecciones aprendidas.

4.5.2 MONITOREAR Y CONTROLAR EL TRABAJO DEL PROYECTO: HERRAMIENTAS Y TÉCNICAS

4.5.2.1 JUICIO DE EXPERTOS

Descrito en la Sección 4.1.2.1. Se debería considerar la pericia de individuos o grupos con capacitación o conocimientos especializados en los siguientes temas:

◆ Análisis del valor ganado,

◆ Interpretación y contextualización de datos,

◆ Técnicas para estimar la duración y los costos,

◆ Análisis de tendencias,

◆ Conocimientos técnicos sobre la industria y el área de especialización del proyecto,

◆ Gestión de riesgos, y

◆ Gestión de contratos.

4.5.2.2 ANÁLISIS DE DATOS

Las técnicas de análisis de datos que pueden utilizarse incluyen, entre otras:

◆ **Análisis de alternativas.** El análisis de alternativas se utiliza para seleccionar las acciones correctivas o una combinación de acciones correctivas y preventivas a implementar cuando ocurre una desviación.

◆ **Análisis costo-beneficio.** Descrito en la Sección 8.1.2.3. El análisis costo-beneficio ayuda a determinar la mejor acción correctiva en términos de costo en caso de desviaciones del proyecto.

◆ **Análisis del valor ganado.** Descrito en la Sección 7.4.2.2. El valor ganado proporciona una perspectiva integral del alcance, el cronograma y el desempeño del costo.

◆ **Análisis de causa raíz.** Descrito en la Sección 8.2.2.2. El análisis de causa raíz se centra en identificar las razones principales de un problema. Se puede utilizar para identificar las razones de una desviación y las áreas en las que el director del proyecto debería centrarse a fin de alcanzar los objetivos del proyecto.

◆ **Análisis de tendencias.** El análisis de tendencias se utiliza para pronosticar el desempeño futuro en función de los resultados pasados. El mismo examina el futuro del proyecto en busca de retrasos esperados y advierte con antelación al director del proyecto que si las tendencias establecidas persisten, podrían ocurrir problemas más tarde en el cronograma. Esta información se pone a disposición lo suficientemente temprano en la línea de tiempo del proyecto, para que el equipo del proyecto tenga tiempo de analizar y corregir cualquier anomalía. Los resultados del análisis de tendencias pueden utilizarse para recomendar acciones preventivas, en caso de ser necesario.

◆ **Análisis de variación.** El análisis de variación revisa las diferencias (o variación) entre el desempeño planificado y el real. Esto puede incluir estimaciones de la duración, estimaciones de costos, utilización de recursos, tarifas de recursos, desempeño técnico y otras métricas.

El análisis de variación puede llevarse a cabo en cada Área de Conocimiento de acuerdo con sus variables particulares. En el proceso Monitorear y Controlar el Trabajo del Proyecto, el análisis de variación revisa las variaciones desde una perspectiva integral considerando las variaciones de costo, tiempo, técnicas y de recursos relacionadas entre sí, para obtener una visión general de la variación del proyecto. Esto permite iniciar las acciones preventivas o correctivas adecuadas.

4.5.2.3 TOMA DE DECISIONES

Entre las técnicas de toma de decisiones que pueden utilizarse se incluye, entre otras, la votación. Descrita en la Sección 5.2.2.4, la votación puede incluir la toma de decisiones en base a unanimidad, mayoría o pluralidad.

4.5.2.4 REUNIONES

Las reuniones pueden ser cara a cara, virtuales, formales o informales. Pueden incluir a miembros del equipo del proyecto y otros interesados del proyecto, cuando corresponda. Los tipos de reuniones incluyen entre otros, grupos de usuarios y reuniones de seguimiento.

4.5.3 MONITOREAR Y CONTROLAR EL TRABAJO DEL PROYECTO: SALIDAS

4.5.3.1 INFORMES DE DESEMPEÑO DEL TRABAJO

La información de desempeño del trabajo se combina, registra y distribuye en forma física o electrónica a fin de crear conciencia y generar decisiones o acciones. Los informes de desempeño del trabajo constituyen la representación física o electrónica de la información sobre el desempeño del trabajo, destinada a generar decisiones, acciones o conciencia. Los mismos se circulan entre los interesados del proyecto a través de los procesos de comunicación, tal como se definen en el plan de gestión de las comunicaciones del proyecto.

Entre los ejemplos de informes de desempeño del trabajo se pueden citar los informes de estado y los informes de avance. Los informes de desempeño del trabajo pueden contener gráficos e información sobre el valor ganado, líneas de tendencia y pronósticos, gráficas de consumo de reservas, histogramas de defectos, información sobre la ejecución de los contratos y resúmenes de riesgos. Pueden presentarse como tableros, informes de calor ("heat reports"), cuadros de mandos tipo semáforo u otras representaciones útiles para crear conciencia y generar decisiones y acciones.

4.5.3.2 SOLICITUDES DE CAMBIO

Descrito en la Sección 4.3.3.4. Como consecuencia de la comparación entre los resultados planificados y los reales, pueden emitirse solicitudes de cambio para ampliar, ajustar o reducir el alcance del proyecto, del producto o de los requisitos de calidad y las líneas base del cronograma o de costos. Las solicitudes de cambio pueden requerir la recopilación y documentación de nuevos requisitos. Los cambios pueden impactar el plan para la dirección del proyecto, los documentos del proyecto o los entregables del producto. Las solicitudes de cambio se procesan para su revisión y tratamiento por medio del proceso Realizar el Control Integrado de Cambios (Sección 4.6). Los cambios pueden incluir, entre otros:

◆ **Acción correctiva.** Actividad intencional que realinea el desempeño del trabajo del proyecto con el plan para la dirección del proyecto.

◆ **Acción preventiva.** Actividad intencional que asegura que el desempeño futuro del trabajo del proyecto esté alineado con el plan para la dirección del proyecto.

◆ **Reparación de defectos.** Actividad intencional para modificar una no conformidad de un producto o de alguno de sus componentes.

4.5.3.3 ACTUALIZACIONES DEL PLAN PARA LA DIRECCIÓN DEL PROYECTO

Cualquier cambio en el plan para la dirección del proyecto pasa por el proceso de control de cambios de la organización mediante una solicitud de cambio. Los cambios identificados a lo largo del proceso Monitorear y Controlar el Trabajo del Proyecto pueden afectar al plan global para la dirección del proyecto.

4.5.3.4 ACTUALIZACIONES A LOS DOCUMENTOS DEL PROYECTO

Los documentos del proyecto que pueden actualizarse como resultado de llevar a cabo este proceso incluyen, entre otros:

◆ **Pronósticos de costos.** Descritos en la Sección 7.4.3.2. Los cambios en los pronósticos de costos que resultan de este proceso se registran utilizando los procesos de gestión de costos.

◆ **Registro de incidentes.** Descrito en la Sección 4.3.3.3. Los nuevos incidentes planteados como resultado de este proceso se registran en el registro de incidentes.

◆ **Registro de lecciones aprendidas.** Descrito en la Sección 4.4.3.1. El registro de lecciones aprendidas se actualiza con respuestas efectivas para las variaciones y con acciones correctivas y preventivas.

◆ **Registro de riesgos.** Descrito en la Sección 11.2.3.1. Los nuevos riesgos identificados durante este proceso se registran en el registro de riesgos y se gestionan mediante los procesos de gestión de riesgos.

◆ **Pronósticos del cronograma.** Descrito en la Sección 6.6.3.2. Los cambios en los pronósticos del cronograma que resultan de este proceso se registran utilizando los procesos de gestión del cronograma.

4.6 REALIZAR EL CONTROL INTEGRADO DE CAMBIOS

Realizar el Control Integrado de Cambios es el proceso de revisar todas las solicitudes de cambio; aprobar y gestionar cambios a entregables, documentos del proyecto y al plan para la dirección del proyecto; y comunicar las decisiones. Este proceso revisa todas las solicitudes de cambio a documentos del proyecto, entregables o plan para la dirección del proyecto y determina la resolución de las solicitudes de cambio. El beneficio clave de este proceso es que permite que los cambios documentados dentro del proyecto sean considerados de una manera integrada y simultáneamente aborda el riesgo general del proyecto, el cual a menudo surge de cambios realizados sin tener en cuenta los objetivos o planes generales del proyecto. Este proceso se lleva a cabo a lo largo de todo el proyecto. El Gráfico 4-12 ilustra las entradas, herramientas y técnicas, y salidas del proceso. El Gráfico 4-13 ilustra el diagrama de flujo de datos para el proceso.

Realizar el Control Integrado de Cambios

Entradas	Herramientas y Técnicas	Salidas
.1 Plan para la dirección del proyecto • Plan de gestión de cambios • Plan de gestión de la configuración • Línea base del alcance • Línea base del cronograma • Línea base de costos .2 Documentos del proyecto • Base de las estimaciones • Matriz de trazabilidad de requisitos • Informe de riesgos .3 Informes de desempeño del trabajo .4 Solicitudes de cambio .5 Factores ambientales de la empresa .6 Activos de los procesos de la organización	.1 Juicio de expertos .2 Herramientas de control de cambios .3 Análisis de datos • Análisis de alternativas • Análisis costo-beneficio .4 Toma de decisiones • Votación • Toma de decisiones autocrática • Análisis de decisiones con múltiples criterios .5 Reuniones	.1 Solicitudes de cambio aprobadas .2 Actualizaciones al plan para la dirección del proyecto • Cualquier componente .3 Actualizaciones a los documentos del proyecto • Registro de cambios

Gráfico 4-12. Realizar el Control Integrado de Cambios: Entradas, Herramientas y Técnicas, y Salidas

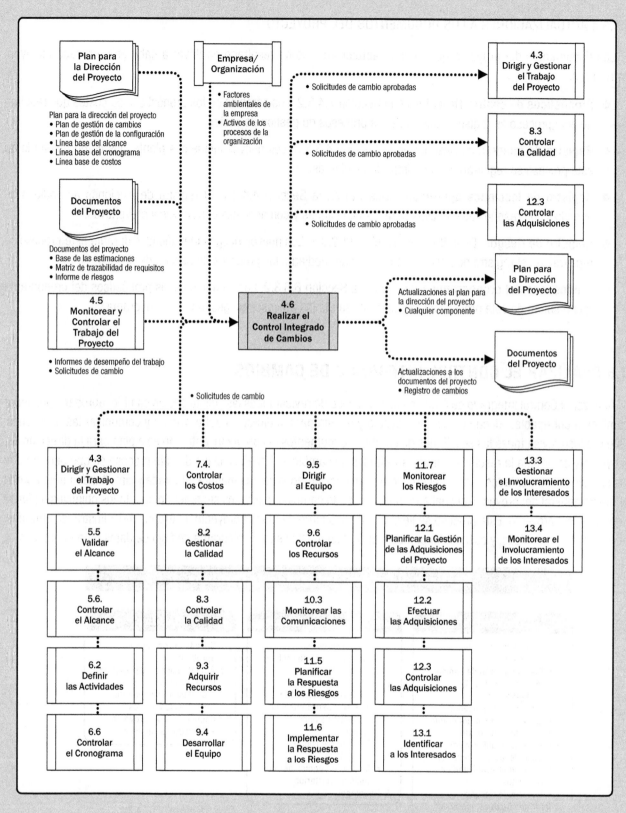

Gráfico 4-13. Realizar el Control Integrado de Cambios: Diagrama de Flujo de Datos

El proceso Realizar el Control Integrado de Cambios se lleva a cabo desde el inicio del proyecto hasta su finalización y es responsabilidad última del director del proyecto. Las solicitudes de cambio pueden impactar el alcance del proyecto y del producto, así como en cualquier componente del plan para la dirección del proyecto o cualquier documento del proyecto. Cualquier interesado involucrado en el proyecto puede solicitar cambios, los cuales pueden ocurrir en cualquier momento a lo largo del ciclo de vida del proyecto. El nivel de control de cambios utilizado depende del área de aplicación, de la complejidad del proyecto específico, de los requisitos del contrato, y del contexto y el entorno en el que se ejecuta el proyecto.

Antes de establecer las líneas base, los cambios no necesitan ser formalmente controlados por el proceso Realizar el Control Integrado de Cambios. Una vez que las líneas base del proyecto han sido definidas, las solicitudes de cambio se gestionan a través de este proceso. Como regla general, el plan de gestión de la configuración de cada proyecto debería definir qué objetos del proyecto deberían someterse al control de la configuración. Cualquier cambio en un elemento de configuración debería controlarse formalmente y requerirá una solicitud de cambio.

Aunque los cambios pueden iniciarse verbalmente, deberían registrarse por escrito e ingresarse al sistema de gestión de cambios y/o al sistema de gestión de la configuración. Las solicitudes de cambio pueden requerir información sobre los impactos estimados en el cronograma y en el costo antes de la aprobación. En el momento en que una solicitud de cambio pueda impactar cualquiera de las líneas base del proyecto, se requerirá siempre un proceso formal de control integrado de cambios. Cada una de las solicitudes de cambio documentadas debe ser aprobada, aplazada o rechazada por un responsable, generalmente el patrocinador o el director del proyecto. Dicho responsable estará identificado en el plan para la dirección del proyecto o en los procedimientos de la organización. Si fuera necesario, el proceso Realizar el Control Integrado de Cambios incorporará un comité de control de cambios (CCB), que es un grupo formalmente constituido responsable de revisar, evaluar, aprobar, aplazar o rechazar los cambios en el proyecto, así como de registrar y comunicar dichas decisiones.

Las solicitudes de cambio aprobadas pueden requerir la revisión o nuevas estimaciones de costos, secuencias de actividades, fechas programadas, necesidades de recursos y/o análisis de alternativas de respuesta a los riesgos. Estos cambios pueden requerir ajustes al plan para la dirección del proyecto y otros documentos del proyecto. Algunas solicitudes de cambio pueden requerir la aprobación del cliente o del patrocinador tras la aprobación por el CCB, a no ser que aquéllos formen parte del mismo.

4.6.1 REALIZAR EL CONTROL INTEGRADO DE CAMBIOS: ENTRADAS

4.6.1.1 PLAN PARA LA DIRECCIÓN DEL PROYECTO

Descrito en la Sección 4.2.3.1. Los componentes del plan para la dirección del proyecto incluyen, entre otros:

◆ **Plan de gestión de cambios.** Descrito en la Sección 4.2.3.1. El plan de gestión de cambios proporciona las indicaciones para gestionar el proceso de control de cambios y documenta los roles y responsabilidades del comité de control de cambios (CCB).

◆ **Plan de gestión de la configuración.** Descrito en la Sección 4.2.3.1. El plan de gestión de la configuración describe los elementos configurables del proyecto e identifica los elementos que serán registrados y actualizados de modo que el producto del proyecto se mantenga consistente y operable.

◆ **Línea base del alcance.** Descrita en la Sección 5.4.3.1. La línea base del alcance proporciona la definición del proyecto y del producto.

◆ **Línea base del cronograma.** Descrita en la Sección 6.5.3.1. La línea base del cronograma se utiliza para evaluar el impacto de los cambios del cronograma del proyecto.

◆ **Línea base de costos.** Descrita en la Sección 7.3.3.1. La línea base de costos se utiliza para evaluar el impacto de los cambios del costo del proyecto.

4.6.1.2 DOCUMENTOS DEL PROYECTO

Los documentos del proyecto que pueden considerarse como entradas de este proceso incluyen, entre otros:

◆ **Base de las estimaciones.** Descrita en la Sección 6.4.3.2. La base de las estimaciones indica el modo en que las estimaciones de la duración, del costo y de los recursos se obtuvieron y pueden utilizarse para calcular el impacto de cambios en el tiempo, el presupuesto y los recursos.

◆ **Matriz de trazabilidad de requisitos.** Descrita en la Sección 5.2.3.2. La matriz de trazabilidad de requisitos ayuda a evaluar el impacto del cambio sobre el alcance del proyecto.

◆ **Informe de riesgos.** Descrito en la Sección 11.2.3.2. El informe de riesgos presenta información sobre las fuentes de riesgos generales e individuales del proyecto involucrados en el cambio solicitado.

4.6.1.3 INFORMES DE DESEMPEÑO DEL TRABAJO

Descritos en la Sección 4.5.3.1. Los informes de desempeño del trabajo, de especial interés para el proceso Realizar el Control Integrado de Cambios, incluyen datos de disponibilidad de recursos, cronograma y costos, informes del valor ganado y gráficas de trabajo realizado o pendiente de realizar.

4.6.1.4 SOLICITUDES DE CAMBIO

Muchos procesos generan solicitudes de cambio como salidas. Las solicitudes de cambio (descritas en la Sección 4.3.3.4) pueden incluir acciones correctivas, acciones preventivas, reparaciones de defectos, así como actualizaciones a documentos o entregables formalmente controlados para reflejar ideas o contenido modificado o adicional. Los cambios pueden impactar o no las líneas base del proyecto—en ocasiones sólo se ve afectado el desempeño frente a la línea base. Las decisiones sobre dichos cambios normalmente son tomadas por el director del proyecto.

Las solicitudes de cambio que impactan las líneas base del proyecto normalmente deberían incluir información sobre el costo de implementar el cambio, las modificaciones de las fechas programadas, los requisitos de recursos y los riesgos. Estos cambios deberían ser aprobados por el CCB (si existe) y por el cliente o patrocinador, a menos que formen parte del CCB. Solamente los cambios aprobados deberían incorporarse a una línea base revisada.

4.6.1.5 FACTORES AMBIENTALES DE LA EMPRESA

Los factores ambientales de la empresa que pueden influir en el proceso Realizar el Control Integrado de Cambios incluyen, entre otros:

◆ Restricciones legales, tales como regulaciones locales o del país;

◆ Estándares gubernamentales o de la industria (p.ej., estándares del producto, estándares de calidad, estándares de seguridad y estándares de fabricación);

◆ Requisitos y/o restricciones legales y regulatorios;

◆ Marco de gobernanza organizacional (una forma estructurada de proporcionar control, dirección y coordinación a través de personas, políticas y procesos, para cumplir con las metas estratégicas y operacionales de la organización); y

◆ Restricciones contractuales y de compra.

4.6.1.6 ACTIVOS DE LOS PROCESOS DE LA ORGANIZACIÓN

Los activos de los procesos de la organización que pueden influir en el proceso Realizar el Control Integrado de Cambios incluyen, entre otros:

◆ Procedimientos de control de cambios, incluyendo los pasos para modificar los estándares, políticas, planes, procedimientos de la organización, o cualquier documento del proyecto, y la descripción de cómo se aprobará y validará cualquier cambio;

◆ Procedimientos para aprobar y emitir autorizaciones de cambio; y

◆ Base de conocimiento de gestión de la configuración, que contiene las versiones y líneas base de todos los estándares, políticas y procedimientos oficiales de la organización, y cualquier documento del proyecto.

4.6.2 REALIZAR EL CONTROL INTEGRADO DE CAMBIOS: HERRAMIENTAS Y TÉCNICAS

4.6.2.1 JUICIO DE EXPERTOS

Descrito en la Sección 4.1.2.1. Se debería considerar la pericia de individuos o grupos con capacitación o conocimientos especializados en los siguientes temas:

◆ Conocimientos técnicos sobre la industria y el área de especialización del proyecto,

◆ Legislación y regulaciones,

◆ Asuntos legales y adquisiciones,

◆ Gestión de la configuración, y

◆ Gestión de riesgos.

4.6.2.2 HERRAMIENTAS DE CONTROL DE CAMBIOS

Para facilitar la gestión de la configuración y la gestión de cambios se pueden utilizar herramientas manuales o automatizadas. El control de la configuración se centra en la especificación, tanto de los entregables como de los procesos, mientras que el control de cambios está orientado a identificar, documentar y aprobar o rechazar los cambios a los documentos, entregables o líneas base del proyecto.

La selección de las herramientas debería basarse en las necesidades de los interesados del proyecto, teniendo en cuenta las consideraciones y/o restricciones ambientales y de la organización. Las herramientas deberían apoyar las siguientes actividades de gestión de la configuración:

◆ **Verificar los elementos de configuración.** La identificación y selección de un elemento de configuración proporciona la base para la que se define y verifica la configuración del producto, con la que se etiquetan los productos y documentos, se gestionan los cambios y se establece la responsabilidad.

◆ **Registrar y comunicar el estado de los elementos de configuración.** Registro y comunicación de la información sobre cada elemento de configuración.

◆ **Llevar a cabo la verificación y auditoría de los elementos de configuración.** La verificación y las auditorías de la configuración aseguran que la composición de elementos de configuración de un proyecto es correcta y que los cambios correspondientes se registran, se evalúan, se aprueban, se monitorean y se implementan correctamente. Esto asegura el cumplimiento de los requisitos funcionales definidos en los documentos de configuración.

Las herramientas también deberían apoyar las siguientes actividades de gestión de cambios:

◆ **Identificar cambios.** Identificar y seleccionar un elemento de cambio para los procesos o documentos del proyecto.

◆ **Documentar cambios.** Documentar el cambio en una solicitud de cambio adecuada.

◆ **Decidir acerca de los cambios.** Revisar los cambios; aprobar, rechazar, aplazar o tomar cualquier otra decisión acerca de los cambios a los documentos, entregables o líneas base del proyecto.

◆ **Hacer seguimiento de los cambios.** Verificar que los cambios sean registrados, evaluados, aprobados y monitoreados y comunicar los resultados finales a los interesados.

Las herramientas también se utilizan para la gestión de las solicitudes de cambio y de las decisiones resultantes. Se deberían considerar además las comunicaciones, para dar el soporte adecuado a los miembros del comité de control de cambios (CCB) en sus tareas y para distribuir entre los interesados relevantes la información relativa a las decisiones adoptadas.

4.6.2.3 ANÁLISIS DE DATOS

Las técnicas de análisis de datos que pueden utilizarse para este proceso incluyen, entre otras:

◆ **Análisis de alternativas.** Descrito en la Sección 9.2.2.5. Esta técnica se utiliza para evaluar los cambios solicitados y decidir cuáles son aceptados, rechazados o necesitan ser modificados para ser finalmente aceptados.

◆ **Análisis costo-beneficio.** Descrito en la Sección 8.1.2.3. Este análisis ayuda a determinar si el cambio solicitado justifica su costo asociado

4.6.2.4 TOMA DE DECISIONES

Las técnicas de toma de decisiones que pueden utilizarse para este proceso incluyen, entre otras:

◆ **Votación.** Descrita en la Sección 5.2.2.4. La votación puede adoptar la forma de unanimidad, mayoría o pluralidad para decidir si las solicitudes de cambio son aceptadas, aplazadas o rechazadas.

◆ **Toma de decisiones autocrática.** Según esta técnica de toma de decisiones, una persona asume la responsabilidad de tomar la decisión en nombre de todo el grupo.

◆ **Análisis de decisiones con múltiples criterios.** Descrito en la Sección 8.1.2.4. Esta técnica utiliza una matriz de decisiones a fin de proporcionar un enfoque analítico sistemático para evaluar los cambios solicitados según un conjunto de criterios predefinidos.

4.6.2.5 REUNIONES

Las reuniones de control de cambios se llevan a cabo con un comité de control de cambios (CCB) que es responsable de reunirse y revisar las solicitudes de cambio, y de aprobar, rechazar o aplazar las mismas. La mayoría de los cambios tendrán algún tipo de impacto en el tiempo, el costo, los recursos o los riesgos. Evaluar el impacto de los cambios es parte fundamental de la reunión. También pueden analizarse y proponerse alternativas a los cambios solicitados. Finalmente, la decisión se comunica al grupo o dueño de la solicitud.

El CCB también puede revisar las actividades de gestión de la configuración. Los roles y responsabilidades de estos comités están claramente definidos y son acordados por los interesados adecuados, así como documentados en el plan de gestión de cambios. Las decisiones del CCB se documentan y se comunican a los interesados para su información y para la realización de acciones de seguimiento.

4.6.3 REALIZAR EL CONTROL INTEGRADO DE CAMBIOS: SALIDAS

4.6.3.1 SOLICITUDES DE CAMBIO APROBADAS

Las solicitudes de cambio (descritas en la Sección 4.3.3.4) son procesadas por el director del proyecto, el CCB o un miembro designado del equipo, de acuerdo con el plan de gestión cambios. Como resultado, los cambios pueden aprobarse, aplazarse o rechazarse. Las solicitudes de cambio aprobadas se implementarán mediante el proceso Dirigir y Gestionar el Trabajo del Proyecto. Las solicitudes de cambio aplazadas o rechazadas se comunican a la persona o grupo que solicita el cambio.

El estado de todas las solicitudes de cambio se registra en el registro de cambios como actualización a un documento del proyecto.

4.6.3.2 ACTUALIZACIONES DEL PLAN PARA LA DIRECCIÓN DEL PROYECTO

Cualquier componente formalmente controlado del plan para la dirección del proyecto puede cambiarse como resultado de este proceso. Los cambios a las líneas base únicamente se realizan desde la última línea base en adelante. El desempeño pasado no se modifica. Esto protege la integridad de las líneas base y de los datos históricos del desempeño pasado.

4.6.3.3 ACTUALIZACIONES A LOS DOCUMENTOS DEL PROYECTO

Cualquier documento del proyecto formalmente controlado puede cambiarse como resultado de este proceso. Un documento del proyecto que normalmente se actualiza como resultado de este proceso es el registro de cambios. El registro de cambios se utiliza para documentar los cambios que ocurren durante un proyecto.

4.7 CERRAR EL PROYECTO O FASE

Cerrar el Proyecto o Fase es el proceso de finalizar todas las actividades para el proyecto, fase o contrato. Los beneficios clave de este proceso son que la información del proyecto o fase se archiva, el trabajo planificado se completa y los recursos del equipo de la organización se liberan para emprender nuevos esfuerzos. Este proceso se lleva a cabo una única vez o en puntos predefinidos del proyecto. El Gráfico 4-14 muestra las entradas, herramientas y técnicas, y salidas del proceso. El Gráfico 4-15 ilustra el diagrama de flujo de datos para el proceso.

Cerrar el Proyecto o Fase

Entradas	Herramientas y Técnicas	Salidas
.1 Acta de constitución del proyecto .2 Plan para la dirección del proyecto • Todos los componentes .3 Documentos del proyecto • Registro de supuestos • Base de las estimaciones • Registro de cambios • Registro de incidentes • Registro de lecciones aprendidas • Lista de hitos • Comunicaciones del proyecto • Mediciones de control de calidad • Informes de calidad • Documentación de requisitos • Registro de riesgos • Informe de riesgos .4 Entregables aceptados .5 Documentos de negocio • Caso de negocio • Plan de gestión de beneficios .6 Acuerdos .7 Documentación de las adquisiciones .8 Activos de los procesos de la organización	.1 Juicio de expertos .2 Análisis de datos • Análisis de documentos • Análisis de regresión • Análisis de tendencias • Análisis de variación .3 Reuniones	.1 Actualizaciones a los documentos del proyecto • Registro de lecciones aprendidas .2 Transferencia del producto, servicio o resultado final .3 Informe final .4 Actualizaciones a los activos de los procesos de la organización

Gráfico 4-14. Cerrar el Proyecto o Fase: Entradas, Herramientas y Técnicas, y Salidas

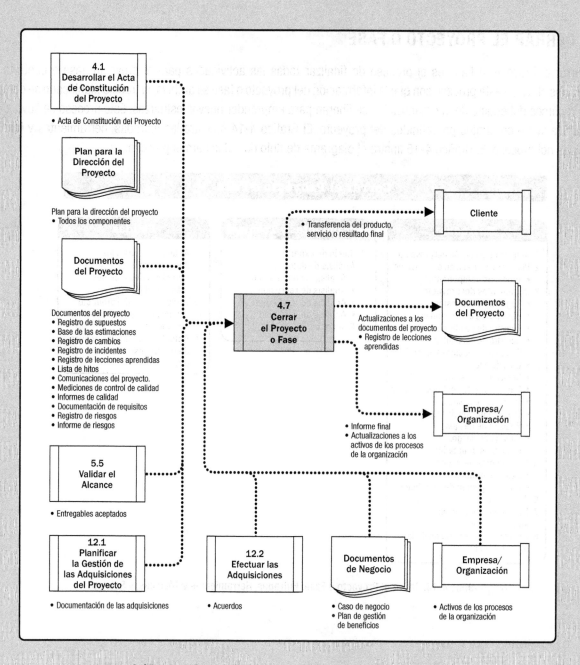

Gráfico 4-15. Cerrar el Proyecto o Fase: Diagrama de Flujo de Datos

Durante el cierre del proyecto, el director del proyecto revisará el plan para la dirección del proyecto para asegurarse de que todo el trabajo del proyecto está completo y de que el proyecto ha alcanzado sus objetivos. Las actividades necesarias para el cierre administrativo del proyecto o fase incluyen, entre otras:

◆ Las acciones y actividades necesarias para satisfacer los criterios de culminación o salida de la fase o del proyecto, tales como:

■ Asegurarse de que todos los documentos y entregables estén actualizados y de que todos los incidentes estén resueltos;

■ Confirmar la entrega y la aceptación formal de los entregables por parte del cliente;

■ Asegurar que todos los costos sean asignados al proyecto;

■ Cerrar las cuentas del proyecto;

■ Reasignar al personal;

■ Ocuparse del exceso de materiales del proyecto;

■ Reasignar las instalaciones, equipamiento y otros recursos del proyecto; y

■ Elaborar los informes finales del proyecto según lo requieran las políticas de la organización.

◆ Actividades relacionadas con la completitud de los acuerdos contractuales aplicables al proyecto o fase del proyecto, tales como:

■ Confirmar la aceptación formal del trabajo del vendedor,

■ Finalizar las reclamaciones abiertas,

■ Actualizar los registros para reflejar resultados finales, y

■ Archivar dicha información para su uso en el futuro.

◆ Actividades necesarias para:

■ Recopilar los registros del proyecto o fase,

■ Auditar el éxito o fracaso del proyecto,

■ Gestionar el intercambio y la transferencia de conocimiento,

■ Identificar las lecciones aprendidas, y

■ Archivar la información del proyecto para su uso futuro por parte de la organización.

◆ Las acciones y actividades necesarias para transferir los productos, servicios o resultados del proyecto a la siguiente fase o a producción y/u operaciones.

◆ Recolectar las sugerencias para mejorar o actualizar las políticas y procedimientos de la organización, y enviarlas a la unidad adecuada de la organización.

◆ Medir la satisfacción de los interesados.

El proceso Cerrar el Proyecto o Fase también establece los procedimientos para analizar y documentar las razones de las acciones emprendidas en caso de que un proyecto se dé por terminado antes de su culminación. Para conseguir hacer esto con éxito, el director del proyecto necesitará involucrar en el proceso a los interesados adecuados.

4.7.1 CERRAR EL PROYECTO O FASE: ENTRADAS

4.7.1.1 ACTA DE CONSTITUCIÓN DEL PROYECTO

Descrita en la Sección 4.1.3.1. El acta de constitución del proyecto documenta los criterios de éxito del proyecto, los requisitos de aprobación y quién firmará la aprobación del proyecto.

4.7.1.2 PLAN PARA LA DIRECCIÓN DEL PROYECTO

Descrito en la Sección 4.2.3.1. Todos los componentes del plan para la dirección del proyecto constituyen una entrada a este proceso.

4.7.1.3 DOCUMENTOS DEL PROYECTO

Los documentos del proyecto que pueden ser entradas de este proceso incluyen, entre otros:

◆ **Registro de supuestos.** Descrito en la Sección 4.1.3.2. El registro de supuestos tiene un registro de todos los supuestos y restricciones que guiaron las especificaciones técnicas, las estimaciones, el cronograma, los riesgos, etc.

◆ **Base de las estimaciones.** Descrita en la Sección 6.4.3.2 y 7.2.3.2. La base de las estimaciones se utiliza para evaluar la relación que guarda la estimación de las duraciones, el costo, los recursos y el control de costos con los resultados reales.

◆ **Registro de cambios.** Descrito en la Sección 4.6.3.3. El registro de cambios contiene el estado de todas las solicitudes de cambio a lo largo del proyecto o fase.

◆ **Registro de incidentes.** Descrito en la Sección 4.3.3.3. El registro de incidentes se utiliza para verificar que no haya ningún incidente abierto.

◆ **Registro de lecciones aprendidas.** Descrito en la Sección 4.4.3.1. Las lecciones aprendidas durante la fase o proyecto se finalizarán antes de ser ingresadas al repositorio de lecciones aprendidas.

◆ **Lista de hitos.** Descrita en la Sección 6.2.3.3. La lista de hitos muestra las fechas finales en que se han alcanzado los hitos del proyecto.

◆ **Comunicaciones del proyecto.** Descritas en la Sección 10.2.3.1. Las comunicaciones del proyecto incluyen todas y cada una de las comunicaciones que han sido creadas a lo largo del proyecto.

◆ **Mediciones de control de calidad.** Descritas en la Sección 8.3.3.1. Las mediciones de control de calidad documentan los resultados de las actividades de control de calidad y demuestran el cumplimiento de los requisitos de calidad.

◆ **Informes de calidad.** Descritos en la Sección 8.2.3.1. La información presentada en el informe de calidad puede incluir todos los incidentes sobre el aseguramiento de la calidad gestionados o escalados por el equipo, las recomendaciones de mejora y el resumen de las conclusiones del proceso Controlar la Calidad.

◆ **Documentación de requisitos.** Descrita en la Sección 5.2.3.1. La documentación de requisitos se utiliza para demostrar el cumplimiento del alcance del proyecto.

◆ **Registro de riesgos.** Descrito en la Sección 11.2.3.1. El registro de riesgos proporciona información sobre los riesgos que han ocurrido a lo largo del proyecto.

◆ **Informe de riesgos.** Descrito en la Sección 11.2.3.2. El informe de riesgos proporciona información sobre el estado de los riesgos y se utiliza para verificar que no haya riesgos abiertos al final del proyecto.

4.7.1.4 ENTREGABLES ACEPTADOS

Descritos en la Sección 5.5.3.1. Los entregables aceptados pueden incluir las especificaciones aprobadas del producto, los recibos de entrega y los documentos de desempeño del trabajo. Se pueden incluir también entregables intermedios o parciales en los casos de proyectos de varias fases o de proyectos cancelados.

4.7.1.5 DOCUMENTOS DE NEGOCIO

Descritos en la Sección 1.2.6. Los documentos de negocio incluyen, entre otros:

◆ **Caso de negocio.** El caso de negocio documenta la necesidad de negocio y el análisis costo-beneficio que justifican el proyecto.

◆ **Plan de gestión de beneficios.** El plan de gestión de beneficios describe los beneficios objetivo del proyecto.

El caso de negocio se utiliza para determinar si se han producido los resultados esperados del estudio de viabilidad económica utilizado para justificar el proyecto. El plan de gestión de beneficios se utiliza para medir si se han alcanzado los beneficios del proyecto tal como se planificó.

4.7.1.6 ACUERDOS

Descritos en la Sección 12.2.3.2. Por lo general, los requisitos para el cierre formal de la adquisición están definidos en los términos y condiciones del contrato, y están incluidos en el plan de gestión de las adquisiciones. Un proyecto complejo puede implicar la gestión simultánea o secuencial de múltiples contratos.

4.7.1.7 DOCUMENTACIÓN DE LAS ADQUISICIONES

Descrita en la Sección 12.3.1.4. Para cerrar el contrato, se recopila, clasifica y archiva toda la documentación de la adquisición. Se cataloga la información del contrato relativa al desempeño del cronograma, alcance, calidad y costo, junto con toda la documentación sobre cambios del contrato, registros de pago y resultados de las inspecciones. Los planes/planos "de obra terminada" (as-built) o los documentos, manuales, resolución de problemas y demás documentación técnica "conforme al desarrollo" (as-developed) también deberían considerarse parte de la documentación de las adquisiciones al cerrar un proyecto. Esta información se puede utilizar para las lecciones aprendidas y como base de evaluación de contratistas para contratos futuros.

4.7.1.8 ACTIVOS DE LOS PROCESOS DE LA ORGANIZACIÓN

Los activos de los procesos de la organización que pueden influir en el proceso Cerrar el Proyecto o Fase incluyen, entre otros:

◆ Guías o requisitos de cierre del proyecto o fase (p.ej., lecciones aprendidas, auditorías finales del proyecto, evaluaciones del proyecto, validaciones del producto, criterios de aceptación, cierre de contratos, reasignación de recursos, evaluaciones de desempeño del equipo y transferencia de conocimientos).

◆ Base de conocimiento de gestión de la configuración, que contiene las versiones y líneas base de todos los estándares, políticas y procedimientos oficiales de la organización, y cualquier otro documento del proyecto.

4.7.2 CERRAR EL PROYECTO O FASE: HERRAMIENTAS Y TÉCNICAS

4.7.2.1 JUICIO DE EXPERTOS

Descrito en la Sección 4.1.2.1. Se debería considerar la pericia de individuos o grupos con capacitación o conocimientos especializados en los siguientes temas:

◆ Control de gestión,

◆ Auditoría,

◆ Asuntos legales y adquisiciones, y

◆ Legislación y regulaciones.

4.7.2.2 ANÁLISIS DE DATOS

Las técnicas de análisis de datos que pueden utilizarse en el cierre de proyectos incluyen, entre otras:

◆ **Análisis de documentos.** Descrito en la Sección 5.2.2.3. Evaluar la documentación disponible permitirá identificar lecciones aprendidas y compartir conocimientos para futuros proyectos y para la mejora de los activos de la organización.

◆ **Análisis de regresión.** Esta técnica analiza las interrelaciones entre diferentes variables del proyecto que contribuyeron a los resultados del mismo, a fin de mejorar el desempeño en futuros proyectos.

◆ **Análisis de tendencias.** Descrito en la Sección 4.5.2.2. El análisis de tendencias puede emplearse para validar los modelos utilizados en la organización y para implementar ajustes para futuros proyectos.

◆ **Análisis de variación.** Descrito en la Sección 4.5.2.2. El análisis de variación puede utilizarse para mejorar las métricas de la organización, mediante la comparación de lo que se planificó inicialmente con el resultado final.

4.7.2.3 REUNIONES

Las reuniones se utilizan para confirmar que los entregables han sido aceptados, para validar que los criterios de salida se han cumplido, para formalizar el cumplimiento de los contratos, para evaluar la satisfacción de los interesados, para recopilar lecciones aprendidas, para transferir conocimientos e información del proyecto, y para celebrar el éxito. Los participantes pueden incluir miembros del equipo del proyecto y otros interesados implicados o afectados por el proyecto. Las reuniones pueden ser cara a cara, virtuales, formales o informales. Los tipos de reuniones incluyen, entre otros, reuniones para informar el cierre, reuniones de conclusión con el cliente, reuniones de lecciones aprendidas y reuniones de celebración.

4.7.3 CERRAR EL PROYECTO O FASE: SALIDAS

4.7.3.1 ACTUALIZACIONES A LOS DOCUMENTOS DEL PROYECTO

Todos los documentos del proyecto se pueden actualizar y marcar como versiones finales como resultado del cierre del proyecto. Resulta de particular interés el registro de lecciones aprendidas, el cual se finaliza para incluir la información final sobre el cierre del proyecto o fase. El registro final de lecciones aprendidas puede incluir información sobre gestión de beneficios, exactitud del caso de negocio, ciclos de vida del proyecto y del desarrollo, gestión de riesgos e incidentes, involucramiento de los interesados y otros procesos de la dirección de proyectos.

4.7.3.2 TRANSFERENCIA DEL PRODUCTO, SERVICIO O RESULTADO FINAL

Un producto, servicio o resultado, una vez entregado por el proyecto, puede transferirse a un grupo u organización diferente que lo operará, mantendrá y apoyará a lo largo de su ciclo de vida.

Esta salida se refiere a esta transferencia, de un equipo a otro, del producto, servicio o resultado final para el que se autorizó el proyecto (o, en el caso del cierre de una fase, el producto, servicio o resultado intermedio de esa fase).

4.7.3.3 INFORME FINAL

El informe final proporciona un resumen del desempeño del proyecto. Puede incluir información tal como:

◆ Una descripción en forma resumida del proyecto o fase.

◆ Los objetivos del alcance, los criterios usados para evaluar el alcance y evidencia de que se han cumplido los criterios de finalización.

◆ Los objetivos de calidad, los criterios usados para evaluar la calidad del proyecto y del producto, la verificación y las fechas de entrega de hitos reales y las razones de las variaciones.

◆ Los objetivos de costos, incluidos el rango aceptable de costos, los costos reales y las razones de cualquier variación.

◆ Resumen de la información de validación del producto, servicio o resultado final.

◆ Objetivos del cronograma, incluyendo si los resultados alcanzaron los beneficios que el proyecto se comprometió a abordar. Si los beneficios no se alcanzaran al cierre del proyecto, deberá indicarse el grado en que se alcanzaron y las estimaciones para la realización de beneficios en el futuro.

◆ Un resumen de cómo el producto, servicio o resultado final alcanzó las necesidades de negocio identificadas en el plan de negocio. Si las necesidades de negocio no se alcanzaran al cierre del proyecto, deberá indicarse el grado en que se alcanzaron y las estimaciones sobre cuándo se alcanzarán las necesidades de negocio en el futuro.

◆ Un resumen de los riesgos o incidentes encontrados en el proyecto y cómo fueron abordados.

4.7.3.4 ACTUALIZACIONES A LOS ACTIVOS DE LOS PROCESOS DE LA ORGANIZACIÓN

Los activos de los procesos de la organización que se actualizan incluyen, entre otros:

◆ **Documentos del proyecto.** Documentación resultante de las actividades del proyecto, por ejemplo, el plan para la dirección del proyecto, el alcance, el costo, el cronograma y el calendario del proyecto, y la documentación de la gestión de cambios.

◆ **Documentos operativos y de apoyo.** Documentos requeridos para que una organización mantenga, opere y apoye el producto o servicio entregado por el proyecto. Estos pueden ser documentos nuevos o actualizaciones de los documentos existentes.

◆ **Documentos de cierre del proyecto o fase.** Documentos de cierre del proyecto o fase, que consisten en la documentación formal que indica la terminación del proyecto o fase y la transferencia de los entregables completos del proyecto o fase a otros, como por ejemplo a un grupo de operaciones o a la siguiente fase. Durante el cierre del proyecto, el director del proyecto revisa la documentación de la fase anterior, la documentación de aceptación del cliente procedente del proceso Validar el Alcance (Sección 5.5) y el acuerdo (si corresponde) para asegurarse de que todos los requisitos del proyecto están completos antes de finalizar el cierre del proyecto. Si el proyecto se da por concluido antes de su terminación, la documentación formal indica por qué se concluyó el proyecto y formaliza los procedimientos para la transferencia a otros de los entregables terminados y sin terminar del proyecto cancelado.

◆ **Repositorio de lecciones aprendidas.** Las lecciones aprendidas y el conocimiento adquirido a lo largo del proyecto se transfieren al repositorio de lecciones aprendidas para su utilización en futuros proyectos.

5

GESTIÓN DEL ALCANCE DEL PROYECTO

La Gestión del Alcance del Proyecto incluye los procesos requeridos para garantizar que el proyecto incluya todo el trabajo requerido, y únicamente el trabajo requerido, para completar el proyecto con éxito. Gestionar el alcance del proyecto se enfoca primordialmente en definir y controlar qué se incluye y qué no se incluye en el proyecto.

Los procesos de Gestión del Alcance del Proyecto son:

5.1 Planificar la Gestión del Alcance—Es el proceso de crear un plan de gestión del alcance que documente cómo se va a definir, validar y controlar el alcance del proyecto y del producto.

5.2 Recopilar Requisitos—Es el proceso de determinar, documentar y gestionar las necesidades y los requisitos de los interesados para cumplir con los objetivos del proyecto.

5.3 Definir el Alcance—Es el proceso de desarrollar una descripción detallada del proyecto y del producto.

5.4 Crear la EDT/WBS—Es el proceso de subdividir los entregables y el trabajo del proyecto en componentes más pequeños y más fáciles de manejar.

5.5 Validar el Alcance—Es el proceso de formalizar la aceptación de los entregables del proyecto que se hayan completado.

5.6 Controlar el Alcance—Es el proceso de monitorear el estado del proyecto y del alcance del producto, y de gestionar cambios a la línea base del alcance.

El Gráfico 5-1 proporciona una descripción general de los procesos de Gestión del Alcance del Proyecto. Los procesos de Gestión del Alcance del Proyecto se presentan como procesos diferenciados con interfaces definidas, aunque en la práctica se superponen e interactúan entre ellos de formas que no pueden detallarse en su totalidad dentro de la *Guía del PMBOK®*.

Descripción General de la Gestión del Alcance del Proyecto

5.1 Planificar la Gestión del Alcance

.1 Entradas
  .1 Acta de constitución del proyecto
  .2 Plan para la dirección del proyecto
  .3 Factores ambientales de la empresa
  .4 Activos de los procesos de la organización

.2 Herramientas y Técnicas
  .1 Juicio de expertos
  .2 Análisis de datos
  .3 Reuniones

.3 Salidas
  .1 Plan para la gestión del alcance
  .2 Plan de gestión de los requisitos

5.4 Crear la EDT/WBS

.1 Entradas
  .1 Plan para la dirección del proyecto
  .2 Documentos del proyecto
  .3 Factores ambientales de la empresa
  .4 Activos de los procesos de la organización

.2 Herramientas y Técnicas
  .1 Juicio de expertos
  .2 Descomposición

.3 Salidas
  .1 Línea base del alcance
  .2 Actualizaciones a los documentos del proyecto

5.2 Recopilar Requisitos

.1 Entradas
  .1 Acta de constitución del proyecto
  .2 Plan para la dirección del proyecto
  .3 Documentos del proyecto
  .4 Documentos de negocio
  .5 Acuerdos
  .6 Factores ambientales de la empresa
  .7 Activos de los procesos de la organización

.2 Herramientas y Técnicas
  .1 Juicio de expertos
  .2 Recopilación de datos
  .3 Análisis de datos
  .4 Toma de decisiones
  .5 Representación de datos
  .6 Habilidades interpersonales y de equipo
  .7 Diagramas de contexto
  .8 Prototipos

.3 Salidas
  1. Documentación de requisitos
  .2 Matriz de trazabilidad de requisitos

5.5 Validar el Alcance

.1 Entradas
  .1 Plan para la dirección del proyecto
  .2 Documentos del proyecto
  .3 Entregables verificados
  .4 Datos de desempeño del trabajo

.2 Herramientas y Técnicas
  .1 Inspección
  .2 Toma de decisiones

.3 Salidas
  .1 Entregables aceptados
  .2 Información de desempeño del trabajo
  .3 Solicitudes de cambio
  .4 Actualizaciones a los documentos del proyecto

5.3 Definir el Alcance

.1 Entradas
  .1 Acta de constitución del proyecto
  .2 Plan para la dirección del proyecto
  .3 Documentos del proyecto
  .4 Factores ambientales de la empresa
  .5 Activos de los procesos de la organización

.2 Herramientas y Técnicas
  .1 Juicio de expertos
  .2 Análisis de datos
  .3 Toma de decisiones
  .4 Habilidades interpersonales y de equipo
  .5 Análisis del producto

.3 Salidas
  .1 Enunciado del alcance del proyecto
  .2 Actualizaciones a los documentos del proyecto

5.6 Controlar el Alcance

.1 Entradas
  .1 Plan para la dirección del proyecto
  .2 Documentos del proyecto
  .3 Datos de desempeño del trabajo
  .4 Activos de los procesos de la organización

.2 Herramientas y Técnicas
  .1 Análisis de datos

.3 Salidas
  .1 Información de desempeño del trabajo
  .2 Solicitudes de cambio
  .3 Actualizaciones al plan para la dirección del proyecto
  .4 Actualizaciones a los documentos del proyecto

Gráfico 5-1. Descripción General de la Gestión del Alcance del Proyecto

CONCEPTOS CLAVE PARA LA GESTIÓN DEL ALCANCE DEL PROYECTO

En el contexto del proyecto, el término "alcance" puede referirse a:

◆ **Alcance del producto.** Características y funciones de un producto, servicio o resultado.

◆ **Alcance del proyecto.** Trabajo realizado para entregar un producto, servicio o resultado con las funciones y características especificadas. En ocasiones se considera que el término "alcance del proyecto" incluye el alcance del producto.

Los enfoques de los ciclos de vida de los proyectos pueden variar continuamente desde enfoques predictivos hasta enfoques adaptativos o ágiles. En un ciclo de vida predictivo, los entregables del proyecto se definen al comienzo del proyecto y cualquier cambio en el alcance es gestionado en forma progresiva. En un ciclo de vida adaptativo o ágil, los entregables son desarrollados a través de múltiples iteraciones, donde se define y se aprueba un alcance detallado antes del comienzo de una iteración.

Los proyectos con ciclos de vida adaptativos están destinados a responder a niveles altos de cambio y requieren el involucramiento continuo de los interesados. El alcance global de un proyecto adaptativo será descompuesto en un conjunto de requisitos y trabajos a realizar, a veces denominado registro de trabajos pendientes asociado al producto. Al comienzo de una iteración, el equipo trabajará para determinar cuántos de los elementos de alta prioridad de la lista del registro de trabajos pendientes se pueden entregar dentro de la siguiente iteración. Se repiten tres procesos (Recopilar Requisitos, Definir el Alcance, Crear la EDT/WBS) para cada iteración. Por el contrario, en un proyecto predictivo estos procesos se llevan a cabo hacia el principio del proyecto y se actualizan según sea necesario, utilizando el proceso integrado de control de cambios.

En un ciclo de vida adaptativo o ágil, el patrocinador y los representantes del cliente deberían estar continuamente involucrados en el proyecto para proporcionar retroalimentación sobre los entregables a medida que son generados y para garantizar que el registro de trabajos pendientes asociado al producto refleje sus necesidades actuales. Para cada iteración se repiten dos procesos (Validar el Alcance y Controlar el Alcance). Por el contrario, en un proyecto predictivo, Validar el Alcance ocurre con cada entregable o revisión de fase y Controlar el Alcance es un proceso continuo.

En proyectos predictivos, la línea base del alcance del proyecto es la versión aprobada del enunciado del alcance del proyecto, la estructura de desglose del trabajo (EDT/WBS) y su diccionario de la EDT/WBS asociado. Una línea base puede cambiarse solo mediante procedimientos formales de control de cambios y se utiliza como base de comparación durante la realización de los procesos de Validar el Alcance y de Controlar el Alcance, así como de otros procesos de control. Los proyectos con ciclos de vida adaptativos utilizan registros de trabajos pendientes (incluidos los requisitos del producto y las historias de usuarios) para reflejar sus necesidades actuales.

La conclusión del alcance del proyecto se mide con relación al plan para la dirección del proyecto, mientras que la conclusión del alcance del producto se mide con relación a los requisitos del producto. El término "requisito" está definido como una condición o capacidad que debe estar presente en un producto, servicio o resultado a fin de satisfacer un acuerdo u otra especificación impuesta formalmente.

Validar el Alcance es el proceso de formalizar la aceptación de los entregables del proyecto que se hayan completado. Los entregables verificados obtenidos del proceso Controlar la Calidad constituyen una entrada para el proceso validar el Alcance. Una de las salidas de Validar el Alcance son los entregables aceptados que son formalmente firmados y aprobados por el interesado autorizado. Por lo tanto, el interesado debe involucrarse desde el principio durante la planificación (a veces también al inicio) y proporcionar entradas sobre la calidad de los entregables para que Controlar la Calidad pueda evaluar el desempeño y recomendar los cambios necesarios.

TENDENCIAS Y PRÁCTICAS EMERGENTES EN LA GESTIÓN DEL ALCANCE DEL PROYECTO

Los requisitos han sido siempre una preocupación en la dirección de proyectos y siguen ganando más atención en la profesión. A medida que el entorno mundial se vuelve más complejo, las organizaciones están empezando a reconocer cómo utilizar el análisis de negocios para obtener ventajas competitivas mediante la definición, gestión y control de las actividades de los requisitos. Las actividades de análisis de negocios pueden comenzar antes de que se inicie un proyecto y se asigne un director del proyecto. Según la *Requirements Management: A Practice Guide* (en inglés) [14], el proceso de gestión de los requisitos comienza con una evaluación de las necesidades, que puede comenzar en la planificación de los portafolios, en la planificación del programa, o dentro de un proyecto específico.

La obtención, la documentación y la gestión de los requisitos de los interesados se llevan a cabo dentro de los procesos de Gestión del Alcance del Proyecto. Las tendencias y prácticas emergentes para la Gestión del Alcance del Proyecto incluyen, entre otras, un enfoque en la colaboración con los profesionales de análisis de negocios para:

◆ Determinar los problemas e identificar las necesidades de negocio;

◆ Identificar y recomendar soluciones viables para satisfacer esas necesidades;

◆ Obtener, documentar y gestionar los requisitos de los interesados a fin de cumplir con los objetivos del negocio y del proyecto; y

◆ Facilitar la implementación exitosa del producto, servicio o resultado final del programa o proyecto [7].

El proceso termina con el cierre de los requisitos, el cual transfiere el producto, servicio o resultado al destinatario a fin de medir, monitorear, realizar y mantener los beneficios a largo plazo.

El rol con la responsabilidad de llevar a cabo análisis de negocios se debería asignar a recursos con suficientes habilidades de análisis de negocios y pericia. Si se asigna un analista de negocios a un proyecto, las actividades relacionadas con requisitos son responsabilidad de ese rol. El director del proyecto es responsable de garantizar que el trabajo relacionado con requisitos se tenga en cuenta en el plan para la dirección del proyecto y que las actividades relacionadas con requisitos se realicen en el plazo requerido y dentro del presupuesto y aporten valor.

La relación entre un director del proyecto y un analista de negocios debería ser una asociación de colaboración. Un proyecto tendrá una mayor probabilidad de tener éxito si los directores de proyecto y los analistas de negocios entienden plenamente los roles y responsabilidades de cada uno para alcanzar con éxito los objetivos del proyecto.

CONSIDERACIONES SOBRE ADAPTACIÓN

Debido a que cada proyecto es único, el director del proyecto tendrá que adaptar la forma en que se apliquen los procesos de Gestión del Alcance del Proyecto. Las consideraciones sobre adaptación incluyen, entre otras:

◆ **Gestión de conocimientos y requisitos.** ¿Dispone la organización de sistemas formales o informales de gestión de conocimientos y requisitos? ¿Qué guías debería establecer el director del proyecto para los requisitos a ser reutilizados en el futuro?

◆ **Validación y control.** ¿Tiene la organización políticas, procedimientos y guías existentes, formales o informales, relacionados con la validación y el control?

◆ **Enfoque de desarrollo.** ¿Utiliza la organización enfoques ágiles para la gestión de proyectos? ¿Es el enfoque de desarrollo iterativo o incremental? ¿Se utiliza un enfoque predictivo? ¿Será productivo un enfoque híbrido?

◆ **Estabilidad de los requisitos.** ¿Existen áreas del proyecto con requisitos inestables? ¿Los requisitos inestables hacen necesario el uso de técnicas de adaptación Lean, ágiles u otras hasta que se vuelvan estables y bien definidos?

◆ **Gobernanza.** ¿Tiene la organización políticas, procedimientos y guías, formales o informales, para auditoría y gobernanza?

CONSIDERACIONES PARA ENTORNOS ÁGILES/ADAPTATIVOS

En proyectos con requisitos cambiantes, de alto riesgo o incertidumbre significativa, a menudo no se entiende el alcance al comienzo del proyecto o éste evoluciona durante el mismo. Los métodos ágiles deliberadamente invierten menos tiempo tratando de definir y acordar el alcance en la etapa temprana del proyecto e invierten más tiempo estableciendo el proceso para su descubrimiento y perfeccionamiento constantes. Muchos entornos con requisitos emergentes descubren que a menudo existe una brecha entre las necesidades reales de negocios y los requisitos de negocio que fueron señalados en un principio. Por lo tanto, los métodos ágiles deliberadamente construyen y revisan prototipos y liberan versiones con el fin de perfeccionar los requisitos. Como resultado, el alcance es definido y redefinido a lo largo del proyecto. En los enfoques ágiles, los requisitos constituyen los registros de trabajos pendientes.

5.1 PLANIFICAR LA GESTIÓN DEL ALCANCE

Planificar la Gestión del Alcance es el proceso de crear un plan para la gestión del alcance que documente cómo serán definidos, validados y controlados el alcance del proyecto y del producto. El beneficio clave de este proceso es que proporciona guía y dirección sobre cómo se gestionará el alcance a lo largo del proyecto. Este proceso se lleva a cabo una única vez o en puntos predefinidos del proyecto. El Gráfico 5-2 muestra las entradas, herramientas y técnicas, y salidas de este proceso. El Gráfico 5-3 ilustra el diagrama de flujo de datos del proceso.

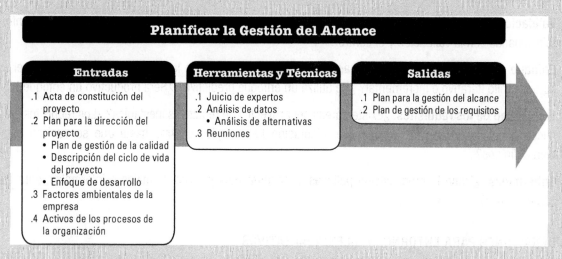

Gráfico 5-2. Planificar la Gestión del Alcance: Entradas, Herramientas y Técnicas, y Salidas

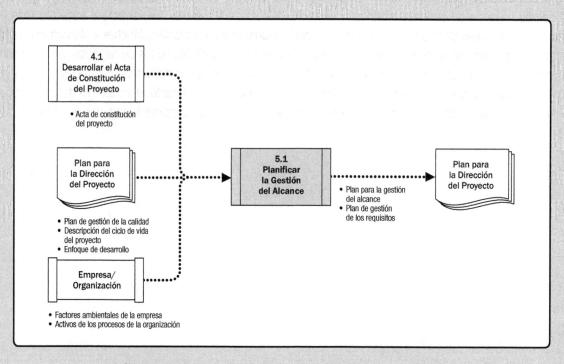

Gráfico 5-3. Planificar la Gestión del Alcance: Diagrama de Flujo de Datos

El plan de gestión del alcance es un componente del plan para la dirección del proyecto o programa que describe cómo será definido, desarrollado, monitoreado, controlado y validado el alcance. El desarrollo del plan de gestión del alcance y de los detalles del alcance del proyecto comienzan con el análisis de la información contenida en el acta de constitución del proyecto (Sección 4.1.3.1), en los últimos planes subsidiarios aprobados del plan para la dirección del proyecto (Sección 4.2.3.1), en la información histórica contenida en los activos de los procesos de la organización (Sección 2.3), y en cualquier otro factor ambiental relevante de la empresa (Sección 2.2).

5.1.1 PLANIFICAR LA GESTIÓN DEL ALCANCE: ENTRADAS

5.1.1.1 ACTA DE CONSTITUCIÓN DEL PROYECTO

Descrita en la Sección 4.1.3.1. El acta de constitución del proyecto documenta el propósito del proyecto, la descripción del proyecto de alto nivel, los supuestos, las restricciones y los requisitos de alto nivel que el proyecto está destinado a satisfacer.

5.1.1.2 PLAN PARA LA DIRECCIÓN DEL PROYECTO

Descrito en la Sección 4.2.3.1. Los componentes del plan para la dirección del proyecto incluyen, entre otros:

◆ **Plan de gestión de la calidad.** Descrito en la Sección 8.1.3.1. La forma en que serán gestionados el alcance del proyecto y del producto puede ser influenciada por la forma en que sean implementados en el proyecto la política de calidad, las metodologías y los estándares de la organización.

◆ **Descripción del ciclo de vida del proyecto.** El ciclo de vida del proyecto determina la serie de fases que atraviesa un proyecto desde su inicio hasta el final del proyecto.

◆ **Enfoque de desarrollo.** El enfoque de desarrollo define si se utilizará un enfoque de desarrollo en cascada, iterativo, adaptativo, ágil o híbrido.

5.1.1.3 FACTORES AMBIENTALES DE LA EMPRESA

Los factores ambientales de la empresa que pueden influir en el proceso Planificar la Gestión del Alcance incluyen, entre otros:

◆ Cultura de la organización,

◆ Infraestructura,

◆ Gestión de personal, y

◆ Condiciones del mercado.

5.1.1.4 ACTIVOS DE LOS PROCESOS DE LA ORGANIZACIÓN

Los activos de los procesos de la organización que pueden influir en el proceso Planificar la Gestión del Alcance incluyen, entre otros:

◆ Políticas y procedimientos, e

◆ Información histórica y repositorios de lecciones aprendidas.

5.1.2 PLANIFICAR LA GESTIÓN DEL ALCANCE: HERRAMIENTAS Y TÉCNICAS

5.1.2.1 JUICIO DE EXPERTOS

Descrito en la Sección 4.1.2.1. Se debería considerar la pericia de individuos o grupos con capacitación o conocimientos especializados en los siguientes temas:

◆ Proyectos similares anteriores, e

◆ Información de la industria, disciplina y área de aplicación.

5.1.2.2 ANÁLISIS DE DATOS

Entre las técnicas de análisis de datos que pueden utilizarse para este proceso se incluye, entre otras, el análisis de alternativas. Se evalúan diversas formas de recolección de requisitos, elaboración del alcance del proyecto y del producto, creación del producto, validación del alcance y control del alcance.

5.1.2.3 REUNIONES

Los equipos del proyecto pueden asistir a reuniones del proyecto a fin de desarrollar el plan para la gestión del alcance. Los participantes pueden incluir al director del proyecto, al patrocinador del proyecto, a determinados miembros del equipo del proyecto, a determinados interesados, cualquier persona responsable de cualquiera de los procesos de gestión del alcance y otras personas, según sea necesario.

5.1.3 PLANIFICAR LA GESTIÓN DEL ALCANCE: SALIDAS

5.1.3.1 PLAN DE GESTIÓN DEL ALCANCE DEL PROYECTO

El plan de gestión del alcance del proyecto es un componente del plan para la dirección del proyecto que describe cómo será definido, desarrollado, monitoreado, controlado y validado el alcance. Los componentes de un plan de gestión del alcance del proyecto incluyen:

◆ El proceso para elaborar un enunciado del alcance del proyecto;

◆ El proceso que permite la creación de la EDT/WBS a partir del enunciado detallado del alcance del proyecto;

◆ El proceso que establece cómo se aprobará y conservará la línea base del alcance; y

◆ El proceso que especifica cómo se obtendrá la aceptación formal de los entregables del proyecto que se hayan completado.

Dependiendo de las necesidades del proyecto, el plan de gestión del alcance del proyecto puede ser formal o informal, muy detallado o formulado de manera general.

5.1.3.2 PLAN DE GESTIÓN DE LOS REQUISITOS

El plan de gestión de los requisitos es un componente del plan para la dirección del proyecto que describe cómo se analizarán, documentarán y gestionarán los requisitos del proyecto y del producto. Según el *Business Analysis for Practitioners: A Practice Guide* (en inglés)[7], algunas organizaciones se refieren a él como un plan de análisis de negocios. Los componentes del plan de gestión de los requisitos incluyen, entre otros:

◆ Cómo serán planificadas, monitoreadas y reportadas las actividades asociadas a los requisitos y qué se informará sobre éstas;

◆ Las actividades de gestión de la configuración, tales como: cómo se iniciarán los cambios, cómo se analizará el impacto, cómo será el monitoreo, seguimiento y reporte, así como los niveles de autorización requeridos para aprobar dichos cambios;

◆ El proceso para priorizar los requisitos;

◆ Las métricas que se utilizarán y el fundamento de su uso; y

◆ La estructura de trazabilidad que refleja los atributos de requisitos capturados en la matriz de trazabilidad.

5.2 RECOPILAR REQUISITOS

Recopilar Requisitos es el proceso de determinar, documentar y gestionar las necesidades y los requisitos de los interesados para cumplir con los objetivos del proyecto. El beneficio clave de este proceso es que proporciona la base para definir el alcance del producto y el alcance del proyecto. Este proceso se lleva a cabo una única vez o en puntos predefinidos del proyecto. El Gráfico 5-4 muestra las entradas, herramientas y técnicas, y salidas de este proceso. El Gráfico 5-5 ilustra el diagrama de flujo de datos del proceso.

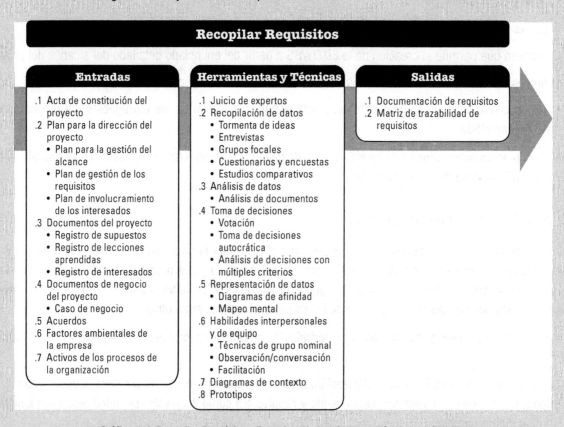

Recopilar Requisitos

Entradas	Herramientas y Técnicas	Salidas
.1 Acta de constitución del proyecto .2 Plan para la dirección del proyecto • Plan para la gestión del alcance • Plan de gestión de los requisitos • Plan de involucramiento de los interesados .3 Documentos del proyecto • Registro de supuestos • Registro de lecciones aprendidas • Registro de interesados .4 Documentos de negocio del proyecto • Caso de negocio .5 Acuerdos .6 Factores ambientales de la empresa .7 Activos de los procesos de la organización	.1 Juicio de expertos .2 Recopilación de datos • Tormenta de ideas • Entrevistas • Grupos focales • Cuestionarios y encuestas • Estudios comparativos .3 Análisis de datos • Análisis de documentos .4 Toma de decisiones • Votación • Toma de decisiones autocrática • Análisis de decisiones con múltiples criterios .5 Representación de datos • Diagramas de afinidad • Mapeo mental .6 Habilidades interpersonales y de equipo • Técnicas de grupo nominal • Observación/conversación • Facilitación .7 Diagramas de contexto .8 Prototipos	.1 Documentación de requisitos .2 Matriz de trazabilidad de requisitos

Gráfico 5-4. Recopilar Requisitos: Entradas, Herramientas y Técnicas, y Salidas

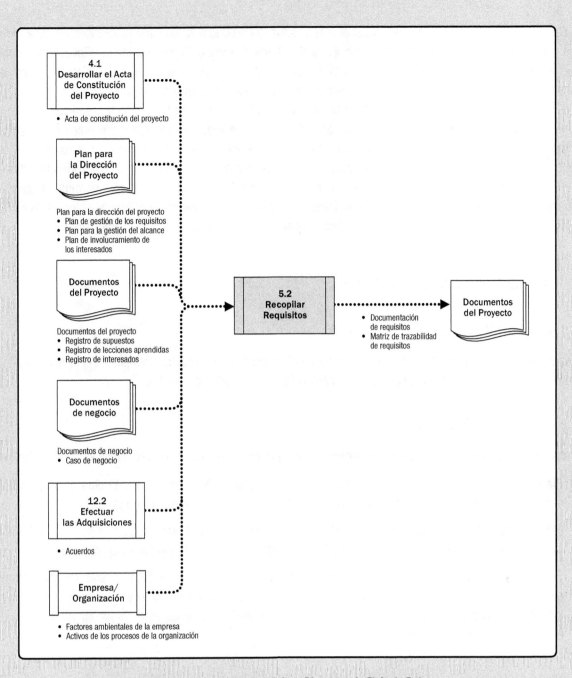

Gráfico 5-5. Recopilar Requisitos: Diagrama de Flujo de Datos

La *Guía del PMBOK®* no aborda específicamente requisitos del producto ya que son específicos de cada industria. Nótese que el *Business Analysis for Practitioners: A Practice Guide* (en inglés) [7] proporciona más información detallada acerca de los requisitos del producto. El éxito del proyecto depende directamente de la participación activa de los interesados en el descubrimiento y la descomposición de las necesidades en requisitos del proyecto y del producto, y del cuidado que se tenga al determinar, documentar y gestionar los requisitos del producto, servicio o resultado del proyecto. Los requisitos incluyen condiciones o capacidades que se requiere que estén presentes en un producto, servicio o resultado a fin de satisfacer un acuerdo u otra especificación impuesta formalmente. Los requisitos incluyen las necesidades y expectativas cuantificadas y documentadas del patrocinador, del cliente y de otros interesados. Estos requisitos deben recopilarse, analizarse y registrarse con un nivel de detalle suficiente que permita incluirlos en la línea base del alcance y medirlos una vez que se inicie el proyecto. Los requisitos constituyen la base de la EDT/WBS. La planificación del costo, del cronograma, de la calidad y en las adquisiciones se basa en estos requisitos.

5.2.1 RECOPILAR REQUISITOS: ENTRADAS

5.2.1.1 ACTA DE CONSTITUCIÓN DEL PROYECTO

Descrita en la Sección 4.1.3.1. El acta de constitución del proyecto documenta la descripción del proyecto a alto nivel y los requisitos de alto nivel que se utilizarán para desarrollar los requisitos detallados.

5.2.1.2 PLAN PARA LA DIRECCIÓN DEL PROYECTO

Descrito en la Sección 4.2.3.1. Los componentes del plan para la dirección del proyecto incluyen, entre otros:

◆ **Plan para la gestión del alcance del proyecto.** Descrito en la Sección 5.1.3.1. El plan para la gestión del alcance del proyecto contiene información sobre cómo se definirá y se desarrollará el alcance del proyecto.

◆ **Plan de gestión de los requisitos.** Descrito en la Sección 5.1.3.2. El plan de gestión de los requisitos tiene información sobre cómo se recolectarán, analizarán y documentarán los requisitos del proyecto.

◆ **Plan de involucramiento de los interesados.** Descrito en la Sección 13.2.3.1. El plan de involucramiento de los interesados se utiliza para comprender los requisitos de comunicación y el nivel de compromiso de los interesados a fin de evaluar y adaptarse al nivel de participación de los interesados en las actividades relacionadas con los requisitos.

5.2.1.3 DOCUMENTOS DEL PROYECTO

Los ejemplos de documentos del proyecto que pueden ser considerados como entradas para este proceso incluyen, entre otros:

◆ **Registro de Supuestos.** Descrito en la Sección 4.1.3.2. El registro de supuestos identificó supuestos sobre el producto, el proyecto, el entorno, los interesados, y otros factores que pueden influir en los requisitos.

◆ **Registro de lecciones aprendidas.** Descrito en la Sección 4.4.3.1. El registro de lecciones aprendidas se utiliza para proporcionar información sobre las técnicas efectivas de recolección de requisitos, sobre todo para los proyectos que estén utilizando una metodología de desarrollo de productos iterativa o adaptativa.

◆ **Registro de Interesados.** Descrito en la Sección 13.1.3.1. El registro de interesados se utiliza para identificar a los interesados capaces de proporcionar información acerca de los requisitos. También captura los requisitos y expectativas que tienen los interesados con relación al proyecto.

5.2.1.4 DOCUMENTOS DE NEGOCIO

Descritos en la Sección 1.2.6. Un documento de negocio que puede influir en el proceso Recopilar Requisitos es el caso de negocio, que puede describir los criterios necesarios, deseados y opcionales para satisfacer las necesidades del negocio.

5.2.1.5 ACUERDOS

Descritos en la Sección 12.2.3.2. Los acuerdos pueden contener requisitos del proyecto y del producto.

5.2.1.6 FACTORES AMBIENTALES DE LA EMPRESA

Los factores ambientales de la empresa que pueden influir en el proceso Recopilar Requisitos incluyen, entre otros:

◆ Cultura de la organización,

◆ Infraestructura,

◆ Gestión de personal, y

◆ Condiciones del mercado.

5.2.1.7 ACTIVOS DE LOS PROCESOS DE LA ORGANIZACIÓN

Los activos de los procesos de la organización que pueden influir en el proceso Recopilar Requisitos incluyen, entre otros:

◆ Políticas y procedimientos, e

◆ Información histórica y repositorio de lecciones aprendidas con información procedente de proyectos anteriores.

5.2.2 RECOPILAR REQUISITOS: HERRAMIENTAS Y TÉCNICAS

5.2.2.1 JUICIO DE EXPERTOS

Descrito en la Sección 4.1.2.1. Se debería considerar la pericia de los individuos o grupos que tengan conocimientos especializados o capacitación en los siguientes temas:

◆ Análisis de negocios,

◆ Recolección de requisitos,

◆ Análisis de requisitos,

◆ Documentación de requisitos,

◆ Requisitos del proyecto en proyectos similares anteriores,

◆ Técnicas de Diagramación,

◆ Facilitación, y

◆ Gestión de conflictos.

5.2.2.2 RECOPILACIÓN DE DATOS

La técnicas de recopilación de datos que pueden utilizarse para este proceso incluyen entre otras:

◆ **Tormenta de ideas.** Descrita en la Sección 4.1.2.2. La tormenta de ideas es una técnica que se utiliza para generar y recopilar múltiples ideas relacionadas con los requisitos del proyecto y del producto.

◆ **Entrevistas.** Una entrevista es una manera formal o informal de obtener información de los interesados, a través de un diálogo directo con ellos. Se lleva a cabo habitualmente realizando preguntas, preparadas o espontáneas y registrando las respuestas. Las entrevistas se realizan a menudo de manera individual entre un entrevistador y un entrevistado, pero también pueden implicar a varios entrevistadores y/o entrevistados. Entrevistar a participantes con experiencia en el proyecto, a patrocinadores y otros ejecutivos, así como a expertos en la materia, puede ayudar a identificar y definir las características y funciones esperadas de los entregables del producto. Las entrevistas también son útiles para obtener información confidencial.

◆ **Grupos focales.** Los grupos focales reúnen a interesados y expertos en la materia, previamente seleccionados, a fin de conocer sus expectativas y actitudes con respecto a un producto, servicio o resultado propuesto. Un moderador capacitado guía al grupo a través de una discusión interactiva diseñada para ser más conversacional que una entrevista individual.

◆ **Cuestionarios y encuestas.** Los cuestionarios y las encuestas son conjuntos de preguntas escritas, diseñadas para recoger información rápidamente de un gran número de encuestados. Los cuestionarios y/o las encuestas resultan especialmente adecuados en casos de público variado, cuando se requiere una respuesta rápida, cuando los encuestados están geográficamente dispersos y cuando podría ser conveniente realizar análisis estadísticos.

◆ **Estudios Comparativos.** Descritos en la Sección 8.1.2.2. Los estudios comparativos implican cotejar los productos, procesos y prácticas reales o planificados, con los de aquellas organizaciones comparables a fin de identificar las mejores prácticas, generar ideas de mejora y proporcionar una base para medir el desempeño. Las organizaciones que se comparan en el transcurso de los estudios comparativos pueden ser internas o externas.

5.2.2.3 ANÁLISIS DE DATOS

Descritos en la Sección 4.5.2.2. Entre las técnicas de análisis de datos que pueden utilizarse para este proceso se incluye, entre otras, el análisis de documentos. El análisis de documentos consiste en la revisión y evaluación de cualquier información documentada pertinente. En este proceso, el análisis de documentos se utiliza para obtener requisitos mediante el examen de la documentación existente y la identificación de la información relevante para los requisitos. Se puede analizar una amplia variedad de documentos, que podrían ayudar a obtener requisitos relevantes. Los ejemplos de documentos que pueden ser analizados incluyen, entre otros:

◆ Acuerdos;

◆ Planes de negocio;

◆ Proceso de negocio o documentación de la interfaz;

◆ Repositorios de reglas de negocio;

◆ Flujos de procesos en curso;

◆ Literatura de mercadeo;

◆ Registro de problemas/incidentes;

◆ Políticas y procedimientos;

◆ Documentación reguladora, tal como leyes, códigos u ordenanzas, etc.;

◆ Solicitudes de propuesta; y

◆ Casos de uso.

5.2.2.4 TOMA DE DECISIONES

Las técnicas para la toma de decisiones que pueden utilizarse en el proceso Recopilar Requisitos incluyen, entre otras:

◆ **Votación.** La votación es una técnica para la toma de decisiones colectiva y un proceso de evaluación que maneja múltiples alternativas, con un resultado esperado en forma de acciones futuras. Estas técnicas se pueden utilizar para generar, clasificar y asignar prioridades a los requisitos del producto. Ejemplos de técnicas de votación incluyen:

■ *Unanimidad.* Es una decisión a la que se llega cuando todos están de acuerdo en seguir una única línea de acción.

■ *Mayoría.* Es una decisión a la que se llega con el apoyo de más del 50% de los miembros de un grupo. Se puede asegurar que efectivamente se toma una decisión si se elige un tamaño de grupo con un número impar de participantes, de modo que se evita un empate.

■ *Pluralidad.* Es una decisión a la que se llega cuando el conjunto de personas más numeroso del grupo toma la decisión, aun cuando no se alcance la mayoría. Este método se utiliza, por lo general, cuando el número de opciones propuestas es superior a dos.

◆ **Toma de decisiones autocrática.** Según este método, una persona asume la responsabilidad de tomar la decisión en nombre del grupo.

◆ **Análisis de decisiones con múltiples criterios.** Técnica que utiliza una matriz de decisiones para proporcionar un enfoque analítico sistemático para establecer criterios, tales como niveles de riesgo, incertidumbre y valoración, a fin de evaluar y clasificar muchas ideas.

5.2.2.5 REPRESENTACIÓN DE DATOS

Las técnicas de representación de datos que pueden utilizarse para este proceso incluyen, entre otras:

◆ **Diagramas de Afinidad.** Los diagramas de afinidad permiten clasificar en grupos un gran número de ideas para su revisión y análisis.

◆ **Mapeo mental.** El mapeo mental consolida las ideas que surgen durante sesiones individuales de tormenta de ideas en un esquema único a fin de reflejar los puntos en común y las diferencias de entendimiento y así generar nuevas ideas.

5.2.2.6 HABILIDADES INTERPERSONALES Y DE EQUIPO

Descritas en la Sección 4.1.2.3. Las habilidades interpersonales y de equipo que pueden utilizarse en este procedimiento incluyen, entre otras:

◆ **Técnica de grupo nominal.** La técnica de grupo nominal mejora la tormenta de ideas, mediante un proceso de votación que se usa para jerarquizar las ideas más útiles, para realizar una tormenta de ideas adicional o para asignarles prioridades. La técnica de grupo nominal es una forma estructurada de tormenta de ideas que consta de cuatro pasos:

- Al grupo se le plantea una pregunta o problema. Cada persona genera y escribe sus ideas en silencio.

- El moderador escribe las ideas en un rotafolio hasta que todas las ideas queden registradas.

- Cada idea registrada se debate hasta que todos los miembros del grupo logran una comprensión clara.

- Los individuos votan en privado para priorizar las ideas, utilizando usualmente una escala del 1 al 5, siendo 1 el más bajo y 5 el más alto. La votación puede realizarse en muchas rondas a fin de reducir el número de ideas y poder centrarse en las mismas. Después de cada ronda, se cuentan los votos y se seleccionan las ideas con mayor puntuación.

◆ **Observación/conversación.** La observación y la conversación proporcionan una manera directa de ver a las personas en su ambiente, y el modo en que realizan sus trabajos o tareas y ejecutan los procesos. Son particularmente útiles para procesos detallados, cuando las personas que usan el producto tienen dificultades o se muestran renuentes para articular sus requisitos. La observación también es conocida por el término en inglés "job shadowing". Normalmente la realiza un observador externo, que mira a un experto en el negocio mientras éste ejecuta un trabajo. También puede hacerla un "observador participante", que de hecho lleva a cabo un proceso o procedimiento para experimentar cómo se hace y descubrir requisitos ocultos.

◆ **Facilitación.** Descrita en la Sección 4.1.2.3. La facilitación se utiliza con sesiones enfocadas que reúnen a los interesados clave a fin de definir los requisitos del producto. Los talleres pueden ser utilizados para definir rápidamente los requisitos inter-funcionales y reconciliar las diferencias entre los interesados. Debido a su naturaleza interactiva, las sesiones facilitadas bien dirigidas pueden desarrollar la confianza, fomentar las relaciones y mejorar la comunicación entre los participantes, lo que a su vez puede llevar a un mayor consenso entre los interesados. Además, los incidentes se pueden identificar y resolver antes y más rápido que en sesiones individuales.

Las habilidades de facilitación se utilizan en las situaciones siguientes, entre otras:

- *Desarrollo/diseño conjunto de aplicaciones (JAD).* Las sesiones JAD se utilizan en la industria de desarrollo de software. Estas sesiones dirigidas se enfocan en reunir a expertos en la materia del ámbito del negocio y al equipo de desarrollo, para recopilar requisitos y para mejorar el proceso de desarrollo de software.

- *Despliegue de función de calidad (QFD).* En el sector de fabricación, QFD es otra técnica de facilitación que ayuda a determinar las características críticas para el desarrollo de nuevos productos. El QFD comienza con la recopilación de las necesidades del cliente, lo que también se conoce como la voz del cliente (VOC). Estas necesidades se clasifican y se ordenan por prioridad de manera objetiva, y se establecen objetivos que permitan cumplir con ellas.

- *Historias de usuarios.* Durante los talleres de requisitos, a menudo se desarrollan historias de usuarios, que son breves descripciones textuales de la funcionalidad requerida. Las historias de usuarios describen el rol del interesado que se beneficia con la característica (rol), aquello que el interesado necesita lograr (objetivo) y el beneficio para el interesado (motivación).

5.2.2.7 DIAGRAMA DE CONTEXTO

El diagrama de contexto es un ejemplo de un modelo de alcance. Los diagramas de contexto representan visualmente el alcance del producto al mostrar un sistema de negocio (proceso, equipamiento, sistema de información, etc.), y sus interacciones con las personas y con otros sistemas (actores) (véase Gráfico 5-6). Los diagramas de contexto muestran las entradas al sistema empresarial, el(los) actor(es) que proporciona(n) la entrada, las salidas del sistema de negocio y el actor o los actores que reciben la salida.

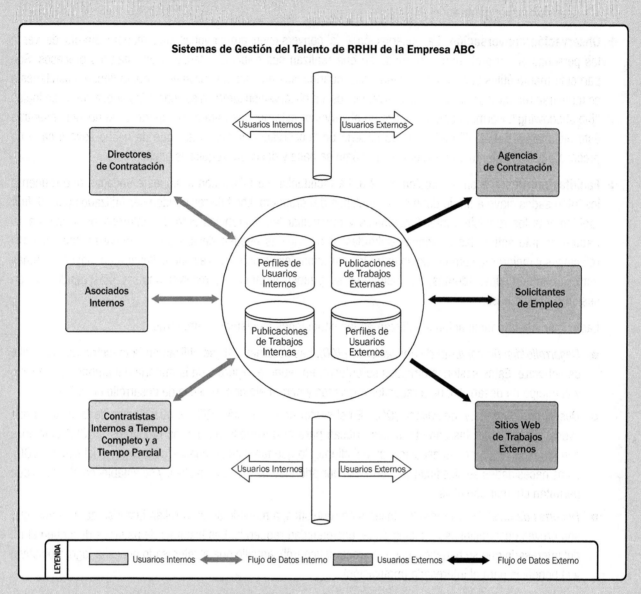

Gráfico 5-6. Diagramas de contexto

5.2.2.8 PROTOTIPOS

El desarrollo de prototipos es un método para obtener una realimentación rápida en relación con los requisitos, mientras proporciona un modelo del producto esperado antes de construirlo en realidad. Ejemplos de prototipos son los productos a pequeña escala, los modelos generados por computador en 2D y 3D, maquetas o simulaciones. Los prototipos permiten a los interesados el experimentar con un modelo del producto final en lugar de limitarse a debatir en forma abstracta sobre sus requisitos. Los prototipos sustentan el concepto de elaboración progresiva en ciclos iterativos para la creación de maquetas o modelos, la experimentación por parte del usuario, la generación de retroalimentación y la revisión del prototipo. Una vez que se han efectuado los ciclos de retroalimentación necesarios, los requisitos obtenidos a partir del prototipo están lo suficientemente completos como para pasar a la fase de diseño o construcción.

La creación de guiones gráficos es una técnica de desarrollo de prototipos que muestra una secuencia o navegación a través de una serie de imágenes o ilustraciones. Los guiones gráficos se utilizan en diversidad de proyectos y sectores, tales como el cine, la publicidad, el diseño educativo, en desarrollo ágil y otros proyectos de desarrollo de software. En el desarrollo de software, los guiones gráficos utilizan maquetas para mostrar rutas de navegación a través de páginas web, pantallas u otras interfaces de usuario.

5.2.3 RECOPILAR REQUISITOS: SALIDAS

5.2.3.1 DOCUMENTACIÓN DE REQUISITOS

La documentación de requisitos describe cómo los requisitos individuales cumplen con las necesidades de negocio del proyecto. Los requisitos pueden comenzar a un alto nivel e ir convirtiéndose gradualmente en requisitos más detallados, conforme se va conociendo más información acerca de ellos. Antes de ser incorporados a la línea base, los requisitos deben ser inequívocos (medibles y comprobables), trazables, completos, coherentes y aceptables para los interesados clave. El formato del documento de requisitos puede variar desde un documento sencillo en el que se enumeran todos los requisitos clasificados por interesado y por prioridad, hasta formas más elaboradas que contienen un resumen ejecutivo, descripciones detalladas y anexos.

Muchas organizaciones clasifican los requisitos en diferentes tipos, tales como soluciones de negocio y técnicas, las primeras referidas a las necesidades de los interesados y las segundas al modo en que se implementarán dichas necesidades. Los requisitos pueden agruparse en categorías para permitir un mayor refinamiento y nivel de detalle a medida que se elaboran los requisitos. Estas categorías incluyen:

◆ **Requisitos del negocio.** Éstos describen las necesidades de alto nivel de la organización en su conjunto, tales como los problemas u oportunidades de negocio y las razones por las que se ha emprendido un proyecto.

◆ **Requisitos de los interesados.** Éstos describen las necesidades de un interesado o de un grupo de interesados.

◆ **Requisitos de las soluciones.** Éstos describen las prestaciones, funciones y características del producto, servicio o resultado que cumplirán los requisitos de negocio y de los interesados. Los requisitos de las soluciones se agrupan asimismo en requisitos funcionales y no funcionales:

  ■ *Requisitos funcionales.* Los requisitos funcionales describen los comportamientos del producto. Entre los ejemplos se incluyen acciones, procesos, datos e interacciones que el producto debería ejecutar.

  ■ *Requisitos no funcionales.* Los requisitos no funcionales complementan a los funcionales y describen las condiciones ambientales o las cualidades necesarias para que el producto sea eficaz. Entre los ejemplos se pueden citar: confiabilidad, seguridad, desempeño, nivel de servicio, capacidad de soporte, retención/depuración, etc.

◆ **Requisitos de transición y preparación.** Éstos describen capacidades temporales, tales como la conversión de datos y los requisitos de capacitación, necesarias para pasar del estado actual "cómo es" al estado futuro deseado.

◆ **Requisitos del proyecto.** Éstos describen las acciones, los procesos u otras condiciones que el proyecto debe cumplir. Entre los ejemplos se incluyen las fechas de los hitos, las obligaciones contractuales, las restricciones, etc.

◆ **Requisitos de calidad.** Éstos recolectan las condiciones o criterios necesarios para validar la finalización exitosa de un entregable del proyecto o el cumplimiento de otros requisitos del proyecto. Entre los ejemplos se incluyen las pruebas, las certificaciones, las validaciones, etc.

5.2.3.2 MATRIZ DE TRAZABILIDAD DE REQUISITOS

La matriz de trazabilidad de requisitos es una cuadrícula que vincula los requisitos del producto desde su origen hasta los entregables que los satisfacen. La implementación de una matriz de trazabilidad de requisitos ayuda a asegurar que cada requisito agrega valor del negocio, al vincularlo con los objetivos del negocio y del proyecto. Proporciona un medio para realizar el seguimiento de los requisitos a lo largo del ciclo de vida del proyecto, lo cual contribuye a asegurar que al final del proyecto se entreguen efectivamente los requisitos aprobados en la documentación de requisitos. Por último, proporciona una estructura para gestionar los cambios relacionados con el alcance del producto.

Los requisitos de trazabilidad incluyen, entre otros:

◆ Necesidades, oportunidades, metas y objetivos del negocio;

◆ Objetivos del proyecto;

◆ Alcance del proyecto y entregables de la EDT/WBS;

◆ Diseño del producto;

◆ Desarrollo del producto;

◆ Estrategia y escenarios de prueba; y

◆ Requisitos de alto nivel con respecto a los requisitos más detallados.

En la matriz de trazabilidad de requisitos se pueden registrar los atributos asociados con cada requisito. Estos atributos ayudan a definir la información clave acerca de cada requisito. Los atributos típicos utilizados en la matriz de trazabilidad de requisitos pueden incluir: un identificador único, una descripción textual del requisito, el fundamento de su incorporación, el responsable, la fuente, la prioridad, la versión, el estado actual (tal como vigente, cancelado, aplazado, agregado, aprobado, asignado, completado) y la fecha del estado registrado. Además, para cerciorarse de que el requisito ha satisfecho a los interesados, pueden incluirse otros atributos, tales como: estabilidad, complejidad y criterios de aceptación. El Gráfico 5-7 proporciona un ejemplo de una matriz de trazabilidad de requisitos y sus atributos asociados.

Matriz de Trazabilidad de Requisitos								
Nombre del Proyecto:								
Centro de Costos:								
Descripción del Proyecto:								
ID	ID de Asociado	Descripción de los Requisitos	Necesidades, Oportunidades, Metas y Objetivos del Negocio	Objetivos del Proyecto	Entregables de la EDT/WBS	Diseño del Producto	Desarrollo del Producto	Casos de Prueba
001	1.0							
	1.1							
	1.2							
	1.2.1							
002	2.0							
	2.1							
	2.1.1							
003	3.0							
	3.1							
	3.2							
004	4.0							
005	5.0							

Gráfico 5-7. Ejemplo de una Matriz de Trazabilidad de Requisitos

5.3 DEFINIR EL ALCANCE

Definir el Alcance es el proceso que consiste en desarrollar una descripción detallada del proyecto y del producto. El beneficio clave de este proceso es que describe los límites del producto, servicio o resultado y los criterios de aceptación. El Gráfico 5-8 muestra las entradas, herramientas y técnicas, y salidas de este proceso. El Gráfico 5-9 representa el diagrama de flujo de datos del proceso.

Gráfico 5-8. Definir el Alcance: Entradas, Herramientas y Técnicas, y Salidas

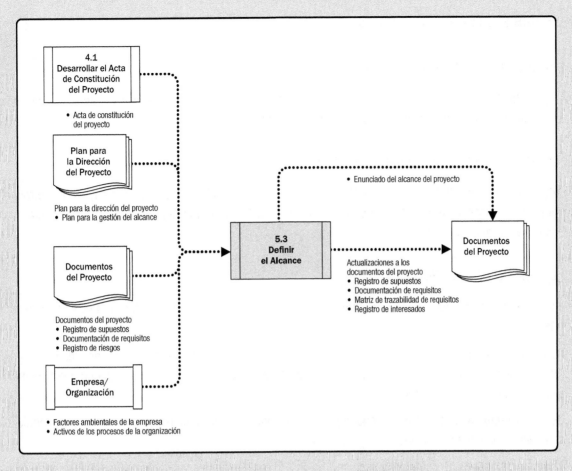

Gráfico 5-9. Definir el Alcance: Diagrama de Flujo de Datos

Dado que es posible que no todos los requisitos identificados en el proceso Recopilar Requisitos se puedan incluir en el proyecto, el proceso Definir el Alcance selecciona los requisitos definitivos del proyecto a partir de la documentación de requisitos desarrollada durante el proceso Recopilar Requisitos. A continuación, desarrolla una descripción detallada del proyecto y del producto, servicio o resultado.

La preparación de un enunciado detallado del alcance del proyecto se elabora a partir de la descripción de alto nivel del proyecto documentada durante la iniciación del proyecto. Durante la planificación del proyecto, el alcance del proyecto se define y se describe de manera más específica conforme se va recopilando mayor información acerca del proyecto. Los riesgos, los supuestos y las restricciones existentes se analizan para verificar que estén completos y se actualizan o se incorporan nuevos, según sea necesario. El proceso Definir el Alcance puede ser altamente iterativo. En el caso de proyectos de ciclo de vida iterativo, se desarrollará una visión de alto nivel para el proyecto global, pero el alcance detallado se determina para una iteración a la vez y la planificación detallada de la siguiente iteración se va realizando conforme avanza el trabajo en el alcance y los entregables actuales del proyecto.

5.3.1 DEFINIR EL ALCANCE: ENTRADAS

5.3.1.1 ACTA DE CONSTITUCIÓN DEL PROYECTO

Descrita en la Sección 4.1.3.1. El acta de constitución del proyecto proporciona la descripción de alto nivel del proyecto, las características del producto y los requisitos para aprobación.

5.3.1.2 PLAN PARA LA DIRECCIÓN DEL PROYECTO

Descrito en la Sección 4.2.3.1. Un componente del plan para la dirección del proyecto incluye, entre otros, el plan para la gestión del alcance del proyecto descrito en la Sección 5.1.3.1), que documenta cómo se definirá, validará y controlará el alcance del proyecto.

5.3.1.3 DOCUMENTOS DEL PROYECTO

Los ejemplos de documentos del proyecto que pueden ser considerados como entradas para este proceso incluyen, entre otros:

◆ **Registro de supuestos.** Descrito en la Sección 4.1.3.2. El registro de supuestos identifica los supuestos y las restricciones sobre el producto, el proyecto, el entorno, los interesados, y otros factores que pueden influir en el alcance del proyecto y del producto.

◆ **Documentación de requisitos.** Descrita en 5.2.3.1. La documentación de requisitos identifica los requisitos que serán incorporados en el alcance.

◆ **Registro de riesgos.** Descrito en la Sección 11.2.3.1. El registro de riesgos contiene las estrategias de respuesta que pueden afectar el alcance del proyecto, tales como la reducción o cambio del alcance del proyecto y del producto para evitar o mitigar un riesgo.

5.3.1.4 FACTORES AMBIENTALES DE LA EMPRESA

Los factores ambientales de la empresa que pueden influir en el proceso Definir el Alcance incluyen, entre otros:

◆ Cultura de la organización,

◆ Infraestructura,

◆ Gestión de personal, y

◆ Condiciones del mercado.

5.3.1.5 ACTIVOS DE LOS PROCESOS DE LA ORGANIZACIÓN

Los activos de los procesos de la organización que pueden influir en el proceso Definir el Alcance incluyen, entre otros:

◆ Políticas, procedimientos y plantillas para un enunciado del alcance del proyecto;

◆ Archivos de proyectos anteriores; y

◆ Lecciones aprendidas de fases o proyectos previos.

5.3.2 DEFINIR EL ALCANCE: HERRAMIENTAS Y TÉCNICAS

5.3.2.1 JUICIO DE EXPERTOS

Descrito en la Sección 4.1.2.1. Se debería considerar la pericia de los individuos o grupos que tengan conocimientos o experiencia con proyectos similares.

5.3.2.2 ANÁLISIS DE DATOS

Un ejemplo de una técnica de análisis de datos que puede utilizarse en este proceso incluye, entre otras, el análisis de alternativas. El análisis de alternativas se puede utilizar para evaluar formas de satisfacer las necesidades y los objetivos definidos en el acta de constitución.

5.3.2.3 TOMA DE DECISIONES

Descrita en la Sección 5.2.2.4. Una técnica para la toma de decisiones que puede utilizarse para este proceso incluye, entre otras, el análisis de decisiones con múltiples criterios. Descrito en la Sección 8.1.2.4, el análisis de decisiones con múltiples criterios es una técnica que utiliza una matriz de decisión para proporcionar un enfoque analítico sistemático para el establecimiento de criterios, tales como los requisitos, el cronograma, el presupuesto y los recursos, a fin de refinar el alcance del proyecto y del producto para el proyecto.

5.3.2.4 HABILIDADES INTERPERSONALES Y DE EQUIPO

Descritas en la Sección 4.1.2.3. Un ejemplo de una técnica de habilidades interpersonales y de equipo es la facilitación. La facilitación se utiliza en talleres y sesiones de trabajo con los interesados clave quienes tienen una variedad de expectativas o campos de especialización. El objetivo es llegar a un entendimiento inter-funcional y común de los entregables del proyecto y los límites del proyecto y del producto.

5.3.2.5 ANÁLISIS DEL PRODUCTO

El análisis del producto se puede utilizar para definir productos y servicios. Incluye hacer preguntas acerca de un producto o servicio y la formación de respuestas para describir el uso, las características y otros aspectos relevantes de lo que va a ser entregado.

Cada área de aplicación cuenta con uno o varios métodos generalmente aceptados para traducir las descripciones de alto nivel del producto o del servicio en entregables significativos. Los requisitos son recolectados a un alto nivel y se descomponen al nivel de detalle necesario para diseñar el producto final. Las siguientes son algunas de las técnicas de análisis del producto:

- ◆ Desglose del producto,
- ◆ Análisis de requisitos,
- ◆ Análisis de sistemas,
- ◆ Ingeniería de sistemas,
- ◆ Análisis del valor, e
- ◆ Ingeniería del valor.

5.3.3 DEFINIR EL ALCANCE: SALIDAS

5.3.3.1 ENUNCIADO DEL ALCANCE DEL PROYECTO

El enunciado del alcance del proyecto es la descripción del alcance, de los entregables principales, y las exclusiones del proyecto. El enunciado del alcance del proyecto documenta el alcance en su totalidad, incluyendo el alcance del proyecto y del producto. En él se describen en detalle los entregables del proyecto. También proporciona un entendimiento común del alcance del proyecto entre los interesados en el mismo. Puede contener exclusiones explícitas del alcance, que pueden ayudar a gestionar las expectativas de los interesados. Permite al equipo del proyecto realizar una planificación más detallada, sirve como guía del trabajo del equipo del proyecto durante la ejecución y proporciona la línea base para evaluar si las solicitudes de cambio o de trabajo adicional se encuentran dentro o fuera de los límites del proyecto.

El grado y nivel de detalle con que el enunciado del alcance del proyecto define el trabajo a realizar y el que queda excluido, pueden ayudar a determinar el grado de control que el equipo de dirección del proyecto podrá ejercer sobre el alcance global del mismo. El enunciado detallado del alcance del proyecto, ya sea directamente o por referencia a otros documentos, incluye los siguientes:

◆ **Descripción del alcance del producto.** Esta descripción elabora gradualmente las características del producto, servicio o resultado descrito en el acta de constitución del proyecto y en la documentación de requisitos.

◆ **Entregables.** Cualquier producto, resultado o capacidad único y verificable para ejecutar un servicio que se debe producir para completar un proceso, una fase o un proyecto. Los entregables también incluyen resultados complementarios, tales como los informes y la documentación de dirección del proyecto. Estos entregables se pueden describir de manera resumida o muy detallada.

◆ **Criterios de aceptación.** Conjunto de condiciones que debe cumplirse antes de que se acepten los entregables.

◆ **Exclusiones del proyecto.** Identifica lo que está excluido del proyecto. Establecer explícitamente lo que está fuera del alcance del proyecto ayuda a gestionar las expectativas de los interesados y puede reducir la corrupción o deslizamiento del alcance.

Aunque en ocasiones se percibe que el acta de constitución del proyecto y el enunciado del alcance del proyecto son redundantes en cierta medida, difieren en el nivel de detalle que contiene cada uno. El acta de constitución del proyecto contiene información de alto nivel, mientras que el enunciado del alcance del proyecto contiene una descripción detallada de los componentes del alcance. Estos componentes se elaboran progresivamente a lo largo del proyecto. La Tabla 5-1 describe algunos de los elementos clave de cada documento.

Tabla 5-1. Elementos del Acta de Constitución del Proyecto y del Enunciado del Alcance del Proyecto

Acta de Constitución del Proyecto	Enunciado del Alcance del Proyecto
Propósito del proyecto	Descripción del alcance del proyecto (elaborado progresivamente)
Los objetivos medibles del proyecto y los criterios de éxito asociados	Entregables del proyecto
Los requisitos de alto nivel	Criterios de aceptación
La descripción de alto nivel del proyecto, los límites y los entregables clave	Exclusiones del proyecto
El riesgo general del proyecto	
El resumen del cronograma de hitos	
Recursos financieros preaprobados	
La lista de interesados clave	
Los requisitos de aprobación del proyecto (es decir, en qué consiste el éxito del proyecto, quién decide si el proyecto tiene éxito y quién firma la aprobación del proyecto)	
Los criterios de salida del proyecto (es decir, qué condiciones deben cumplirse a fin de cerrar o cancelar el proyecto o fase)	
El director del proyecto asignado, su responsabilidad y su nivel de autoridad	
El nombre y el nivel de autoridad del patrocinador o de quienes autorizan el acta de constitución del proyecto	

5.3.3.2 ACTUALIZACIONES A LOS DOCUMENTOS DEL PROYECTO

Los documentos del proyecto que pueden actualizarse como resultado de llevar a cabo este proceso incluyen, entre otros:

◆ **Registro de supuestos.** Descrito en la Sección 4.1.3.2. El registro de supuestos es actualizado con supuestos o restricciones adicionales que fueron identificadas durante este proceso.

◆ **Documentación de requisitos.** Descrita en la Sección 5.2.3.1. La documentación de requisitos puede ser actualizada con requisitos adicionales y modificados.

◆ **Matriz de trazabilidad de requisitos.** Descrita en la Sección 5.2.3.2. La matriz de trazabilidad de requisitos puede ser actualizada para reflejar las actualizaciones en la documentación de requisitos.

◆ **Registro de interesados.** Descrito en la Sección 13.1.3.1. La información adicional sobre interesados existentes o nuevos que se recopile como resultado de este proceso es ingresada en el registro de interesados.

5.4 CREAR LA EDT/WBS

Crear la EDT/WBS es el proceso de subdividir los entregables del proyecto y el trabajo del proyecto en componentes más pequeños y más fáciles de manejar. El beneficio clave de este proceso es que proporciona un marco de referencia de lo que se debe entregar. Este proceso se lleva a cabo una única vez o en puntos predefinidos del proyecto. El Gráfico 5-10 muestra las entradas, herramientas y técnicas, y salidas de este proceso. El Gráfico 5-11 ilustra el diagrama de flujo de datos del proceso.

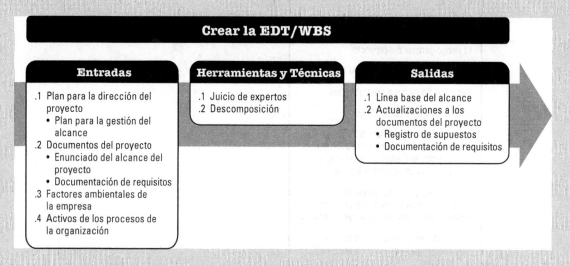

Crear la EDT/WBS

Entradas	Herramientas y Técnicas	Salidas
.1 Plan para la dirección del proyecto • Plan para la gestión del alcance .2 Documentos del proyecto • Enunciado del alcance del proyecto • Documentación de requisitos .3 Factores ambientales de la empresa .4 Activos de los procesos de la organización	.1 Juicio de expertos .2 Descomposición	.1 Línea base del alcance .2 Actualizaciones a los documentos del proyecto • Registro de supuestos • Documentación de requisitos

Gráfico 5-10. Crear la EDT/WBS: Entradas, Herramientas y Técnicas, y Salidas

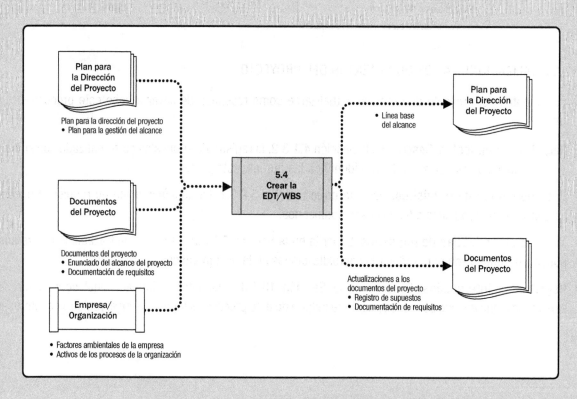

Gráfico 5-11. Crear la EDT/WBS: Diagrama de Flujo de Datos

La EDT/WBS es una descomposición jerárquica del alcance total del trabajo a realizar por el equipo del proyecto para cumplir con los objetivos del proyecto y crear los entregables requeridos. La EDT/WBS organiza y define el alcance total del proyecto y representa el trabajo especificado en el enunciado del alcance del proyecto aprobado y vigente.

El trabajo planificado está contenido en el nivel más bajo de los componentes de la EDT/WBS, denominados paquetes de trabajo. Un paquete de trabajo se puede utilizar para agrupar las actividades donde el trabajo es programado y estimado, seguido y controlado. En el contexto de la EDT/WBS, la palabra trabajo se refiere a los productos o entregables del trabajo que son el resultado de la actividad realizada, y no a la actividad en sí misma.

5.4.1 CREAR LA EDT/WBS: ENTRADAS

5.4.1.1 PLAN PARA LA DIRECCIÓN DEL PROYECTO

Los componentes del plan para la dirección del proyecto incluyen, entre otros, el plan para la gestión del alcance del proyecto. Descrito en la Sección 5.1.3.1, el plan para la gestión del alcance del proyecto documenta cómo será creada la EDT/WBS a partir del enunciado del alcance del proyecto.

5.4.1.2 DOCUMENTOS DEL PROYECTO

Los ejemplos de documentos del proyecto que pueden ser considerados como entradas para este proceso incluyen, entre otros:

◆ **Enunciado del Alcance del Proyecto.** Descrito en la Sección 5.3.3.1. El enunciado del alcance del proyecto describe el trabajo que se realizará y el trabajo excluido.

◆ **Documentación de requisitos.** Descrita en la Sección 5.2.3.1. Los requisitos detallados describen cómo los requisitos individuales cumplen con las necesidades de negocio del proyecto.

5.4.1.3 FACTORES AMBIENTALES DE LA EMPRESA

Los factores ambientales de la empresa que pueden influir en el proceso Crear la EDT/WBS incluyen, entre otras, los estándares EDT/WBS específicos de la industria que son relevantes para la naturaleza del proyecto. Estos estándares específicos de la industria pueden servir como fuentes de referencia externas para la creación de la EDT/WBS.

5.4.1.4 ACTIVOS DE LOS PROCESOS DE LA ORGANIZACIÓN

Los activos de los procesos de la organización que pueden influenciar el proceso Crear la EDT/WBS incluyen, entre otros:

◆ Políticas, procedimientos y plantillas de la EDT/WBS;

◆ Archivos de proyectos anteriores; y

◆ Lecciones aprendidas procedentes de proyectos anteriores.

5.4.2 CREAR LA EDT/WBS: HERRAMIENTAS Y TÉCNICAS

5.4.2.1 JUICIO DE EXPERTOS

Descrito en la Sección 4.1.2.1. Se debería considerar la pericia de los individuos o grupos que tengan conocimientos o experiencia con proyectos similares.

5.4.2.2 DESCOMPOSICIÓN

La descomposición es una técnica utilizada para dividir y subdividir el alcance del proyecto y los entregables del proyecto en partes más pequeñas y manejables. El paquete de trabajo es el trabajo definido en el nivel más bajo de la EDT/WBS para el cual se puede estimar y gestionar el costo y la duración. El nivel de descomposición es a menudo guiado por el grado de control necesario para dirigir el proyecto de manera efectiva. El nivel de detalle para los paquetes de trabajo varía en función del tamaño y la complejidad del proyecto. La descomposición de la totalidad del trabajo del proyecto en paquetes de trabajo generalmente implica las siguientes actividades:

◆ Identificar y analizar los entregables y el trabajo relacionado,

◆ Estructurar y organizar la EDT/WBS,

◆ Descomponer los niveles superiores de la EDT/WBS en componentes detallados de nivel inferior,

◆ Desarrollar y asignar códigos de identificación a los componentes de la EDT/WBS; y

◆ Verificar que el grado de descomposición de los entregables sea el adecuado.

El Gráfico 5-12 muestra una parte de una EDT/WBS con algunas ramas desglosadas hasta el nivel de los paquetes de trabajo.

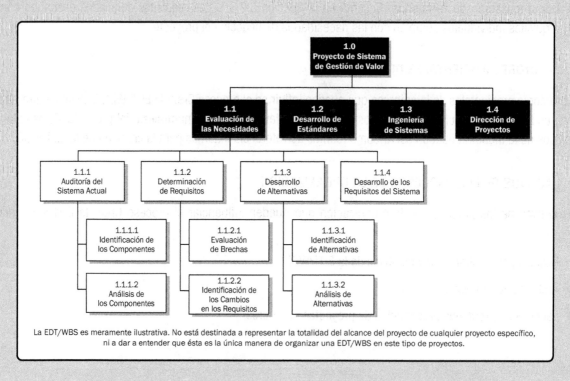

Gráfico 5-12. Ejemplo de una EDT/WBS desglosada hasta el nivel de Paquetes de Trabajo

La estructura de EDT/WBS se puede crear a través de varios enfoques. Entre los métodos más habituales se cuentan el enfoque descendente, el uso de guías específicas de la organización y el uso de plantillas de la EDT/WBS. Se puede utilizar un enfoque ascendente para subcomponentes del grupo. La estructura de la EDT/WBS se puede representar de diferentes maneras, tales como:

◆ Utilizando las fases del ciclo de vida del proyecto como segundo nivel de descomposición, con los entregables del producto y del proyecto insertados en el tercer nivel, como se ilustra en el Gráfico 5-13;

◆ Utilizando los entregables principales como segundo nivel de descomposición, como se muestra en el Gráfico 5-14 e

◆ Incorporando componentes de nivel inferior que pueden desarrollar organizaciones externas al equipo del proyecto, como por ejemplo trabajo contratado. Así, el vendedor desarrollará la EDT/WBS para el contrato como parte del trabajo contratado.

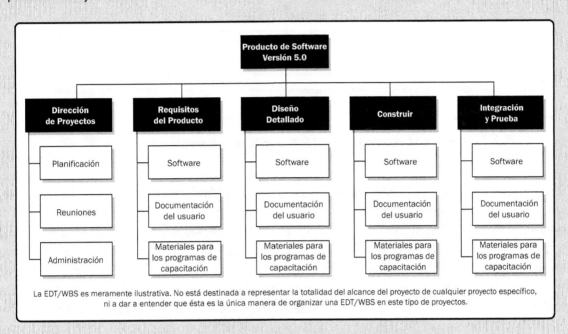

Gráfico 5-13. Ejemplo de una EDT/WBS organizada por Fases

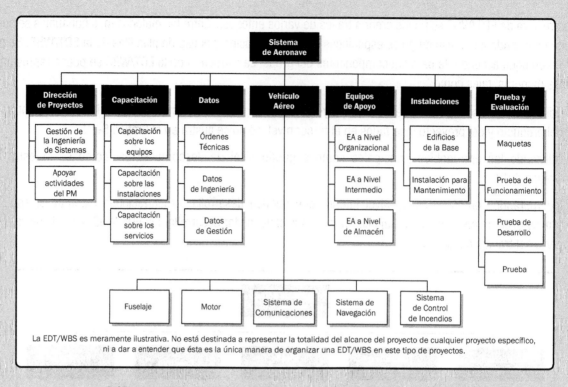

Gráfico 5-14. Ejemplo de una EDT/WBS basada en los Entregables Principales

La descomposición de los componentes del nivel superior de la EDT/WBS requiere subdividir el trabajo para cada uno de los entregables o componentes de nivel inferior en sus componentes más fundamentales, hasta el nivel en que los componentes de la EDT/WBS representen productos, servicios o resultados verificables. Si se utiliza un enfoque ágil, las épicas se pueden descomponer en historias de usuarios. La EDT/WBS se puede estructurar como un esquema, como un organigrama, o mediante otro método que represente un desglose jerárquico. La verificación de la exactitud de la descomposición requiere determinar que los componentes de nivel inferior de la EDT/WBS sean los necesarios y suficientes para completar los entregables de alto nivel correspondientes. Cada entregable específico puede tener diferentes niveles de descomposición. Para llegar al nivel del paquete de trabajo, en el caso de algunos entregables sólo se necesitará descomponer el trabajo hasta el siguiente nivel, mientras que en otros casos será necesario añadir niveles adicionales de descomposición. Conforme se descompone el trabajo en niveles de mayor detalle, mejora la capacidad de planificar, gestionar y controlar el trabajo. Sin embargo, una descomposición excesiva puede ocasionar un esfuerzo de gestión improductivo, un uso ineficiente de recursos, una disminución de la eficiencia en la realización del trabajo y una dificultad para agregar datos en diferentes niveles de la EDT/WBS.

En el caso de entregables o componentes cuya realización se sitúe en un futuro lejano, es posible que no pueda realizarse la descomposición. Por lo general el equipo de dirección del proyecto espera hasta alcanzar un acuerdo en relación con el entregable o componente, para poder desarrollar los detalles de la EDT/WBS. Esta técnica se denomina a veces planificación gradual.

La EDT/WBS representa todo el trabajo necesario para realizar el producto y el proyecto, e incluye el trabajo de dirección del proyecto. El total del trabajo correspondiente a los niveles inferiores debería corresponder al acumulado para los niveles superiores, de modo que no se omita nada y que no se efectúe trabajo extra. Esto se denomina en ocasiones la regla del 100%.

Para obtener información específica sobre la EDT/WBS, consulte la publicación titulada *Practice Standard for Work Breakdown Structures – Second Edition* [15] (en inglés). Este estándar contiene ejemplos de plantillas para la EDT/WBS, específicas por industria, que se pueden adaptar a proyectos específicos en una determinada área de aplicación.

5.4.3 CREAR LA EDT/WBS: SALIDAS

5.4.3.1 LÍNEA BASE DEL ALCANCE

La línea base del alcance es la versión aprobada de un enunciado del alcance, EDT/WBS y su diccionario de la EDT/WBS asociado, que sólo se puede modificar a través de procedimientos formales de control de cambios y que se utiliza como base de comparación. Es un componente del plan para la dirección del proyecto. Los componentes de la línea base del alcance incluyen:

◆ **Enunciado del Alcance del Proyecto.** El enunciado del alcance del proyecto incluye la descripción del alcance, los entregables principales y las exclusiones del proyecto (Sección 5.3.3.1).

◆ **EDT/WBS.** La EDT/WBS es una descomposición jerárquica del alcance total del trabajo a realizar por el equipo del proyecto para cumplir con los objetivos del proyecto y crear los entregables requeridos. Cada nivel descendente de la EDT/WBS representa una definición cada vez más detallada del trabajo del proyecto.

■ *Paquete de trabajo.* El nivel más bajo de la EDT/WBS es un paquete de trabajo con un identificador único. Estos identificadores proporcionan una estructura para la suma jerárquica de los costos, cronograma, e información de recursos y forman un código de cuentas. Cada paquete de trabajo forma parte de una cuenta de control. Una cuenta de control es un punto de control de gestión en que se integran el alcance, el presupuesto y el cronograma, y se comparan con el valor ganado para la medición del desempeño. Una cuenta de control tiene dos o más paquetes de trabajo, aunque cada paquete de trabajo esté asociado con una cuenta de control única.

■ *Paquete de planificación.* Una cuenta de control puede incluir uno o más paquetes de planificación. Un paquete de planificación es un componente de la estructura de desglose del trabajo por debajo de la cuenta de control y por encima del paquete de trabajo, con un contenido de trabajo conocido pero sin actividades detalladas en el cronograma.

◆ **Diccionario de la EDT/WBS.** El diccionario de la EDT/WBS es un documento que proporciona información detallada sobre los entregables, actividades y programación de cada uno de los componentes de la EDT/WBS. El diccionario de la EDT/WBS es un documento de apoyo a la EDT/WBS. La mayor parte de la información incluida en el diccionario de la EDT/WBS es creada por otros procesos y añadida a este documento en una etapa posterior. La información del diccionario de la EDT/WBS puede incluir, entre otros:

- El identificador del código de cuenta,
- La descripción del trabajo,
- Los supuestos y restricciones,
- La organización responsable,
- Los hitos del cronograma,
- Las actividades asociadas del cronograma,
- Los recursos necesarios,
- Estimaciones de costos,
- Los requisitos de calidad,
- Los criterios de aceptación,
- Las referencias técnicas, y
- La información sobre acuerdos.

5.4.3.2 ACTUALIZACIONES A LOS DOCUMENTOS DEL PROYECTO

Los documentos del proyecto que pueden actualizarse como resultado de llevar a cabo este proceso incluyen, entre otros:

- **Registro de supuestos.** Descrita en la Sección 4.1.3.2. El registro de supuestos es actualizado con supuestos o restricciones adicionales que fueron identificados durante el proceso Crear la EDT/WBS.

- **Documentación de requisitos.** Descrita en la Sección 5.2.3.1. La documentación de requisitos puede ser actualizada para incluir los cambios aprobados resultantes del proceso Crear la EDT/WBS.

5.5 VALIDAR EL ALCANCE

Validar el Alcance es el proceso de formalizar la aceptación de los entregables del proyecto que se hayan completado. El beneficio clave de este proceso es que aporta objetividad al proceso de aceptación y aumenta la probabilidad de que el producto, servicio o resultado final sea aceptado mediante la validación de cada entregable. Este proceso se lleva a cabo periódicamente a lo largo del proyecto, según sea necesario. El Gráfico 5-15 muestra las entradas, herramientas y técnicas, y salidas de este proceso. El Gráfico 5-16 ilustra el diagrama de flujo de datos del proceso.

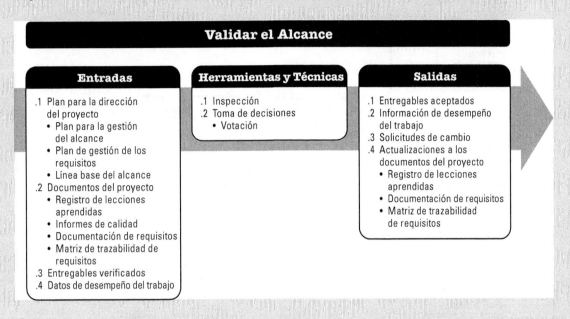

Validar el Alcance

Entradas	Herramientas y Técnicas	Salidas

.1 Plan para la dirección del proyecto
  • Plan para la gestión del alcance
  • Plan de gestión de los requisitos
  • Línea base del alcance
.2 Documentos del proyecto
  • Registro de lecciones aprendidas
  • Informes de calidad
  • Documentación de requisitos
  • Matriz de trazabilidad de requisitos
.3 Entregables verificados
.4 Datos de desempeño del trabajo
	.1 Inspección
	.2 Toma de decisiones
	  • Votación
		.1 Entregables aceptados
		.2 Información de desempeño del trabajo
		.3 Solicitudes de cambio
		.4 Actualizaciones a los documentos del proyecto
		  • Registro de lecciones aprendidas
		  • Documentación de requisitos
		  • Matriz de trazabilidad de requisitos

Gráfico 5-15. Validar el Alcance: Entradas, Herramientas y Técnicas, y Salidas

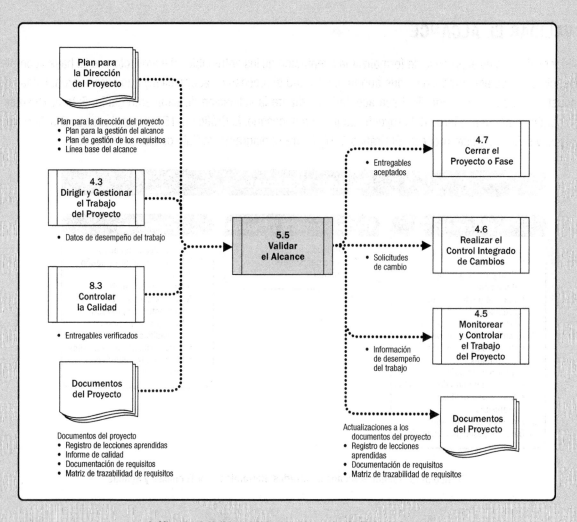

Gráfico 5-16. Validar el Alcance: Diagrama de Flujo de Datos

Los entregables verificados obtenidos del proceso Controlar la Calidad se revisan con el cliente o con el patrocinador para asegurarse que se han completado satisfactoriamente y que han recibido su aceptación formal por parte del cliente o el patrocinador. En este proceso, las salidas obtenidas como resultado de los procesos de Planificación en el Área de Conocimiento de Gestión del Alcance del Proyecto, tales como la documentación de requisitos o la línea base del alcance, así como los datos de desempeño del trabajo obtenidos de los procesos de Ejecución en otras Áreas de Conocimiento, constituyen la base para realizar la validación y la aceptación final.

El proceso Validar el Alcance difiere del proceso Controlar la Calidad en que el primero se ocupa principalmente de la aceptación de los entregables, mientras que el segundo se ocupa fundamentalmente de corroborar la corrección de los entregables y su cumplimiento con los requisitos de calidad especificados para los mismos. Por lo general, el proceso Controlar la Calidad se lleva a cabo antes del proceso Validar el Alcance, aunque ambos procesos pueden efectuarse en paralelo.

5.5.1 VALIDAR EL ALCANCE: ENTRADAS

5.5.1.1 PLAN PARA LA DIRECCIÓN DEL PROYECTO

Descrito en la Sección 4.2.3.1. Los componentes del plan para la dirección del proyecto incluyen, entre otros:

◆ **Plan para la gestión del alcance del proyecto.** Descrito en la Sección 5.1.3.1. El plan para la dirección del proyecto especifica cómo se obtendrá la aceptación formal de los entregables del proyecto que se hayan completado.

◆ **Plan de gestión de los requisitos.** Descrito en la Sección 5.1.3.2. El plan de gestión de los requisitos describe cómo se validan los requisitos del proyecto.

◆ **Línea base del alcance.** Descrita en la Sección 5.4.3.1. La línea base del alcance se compara con los resultados reales para determinar si es necesario implementar un cambio, una acción preventiva o una acción correctiva.

5.5.1.2 DOCUMENTOS DEL PROYECTO

Los documentos del proyecto que pueden ser considerados como entradas para este proceso incluyen, entre otros:

◆ **Registro de lecciones aprendidas.** Descrito en la Sección 4.4.3.1. Las lecciones aprendidas anteriormente en el proyecto pueden ser aplicadas a fases posteriores en el mismo para mejorar la eficiencia y la efectividad de la validación de entregables.

◆ **Informes de calidad.** Descritos en la Sección 8.2.3.1. La información presentada en el informe de calidad puede incluir todos los incidentes sobre el aseguramiento de la calidad gestionados o escalados por el equipo, las recomendaciones de mejora, y el resumen de las conclusiones del proceso Controlar la Calidad. Esta información es revisada antes de la aceptación del producto.

◆ **Documentación de requisitos.** Descrita en la Sección 5.2.3.1. Los requisitos se comparan con los resultados reales para determinar si es necesario implementar un cambio, una acción preventiva o una acción correctiva.

◆ **Matriz de trazabilidad de requisitos.** Descrita en la Sección 5.2.3.2. La matriz de trazabilidad de requisitos contiene información sobre los requisitos, incluyendo la forma en que serán validados.

5.5.1.3 ENTREGABLES VERIFICADOS

Los entregables verificados son entregables del proyecto que se han completado y verificado en términos de exactitud a través del proceso Controlar la Calidad.

5.5.1.4 DATOS DE DESEMPEÑO DEL TRABAJO

Descrita en la Sección 4.3.3.2. Los datos de desempeño del trabajo pueden incluir el grado de cumplimiento con los requisitos, el número de no conformidades, la gravedad de las no conformidades o el número de ciclos de validación realizados en un período de tiempo determinado.

5.5.2 VALIDAR EL ALCANCE: HERRAMIENTAS Y TÉCNICAS

5.5.2.1 INSPECCIÓN

Descrita en la Sección 8.3.2.3. La inspección incluye actividades tales como medir, examinar y validar para determinar si el trabajo y los entregables cumplen con los requisitos y los criterios de aceptación del producto. Las inspecciones se denominan también revisiones, revisiones del producto y revisiones generales. En algunas áreas de aplicación, estos diferentes términos tienen significados singulares y específicos.

5.5.2.2 TOMA DE DECISIONES

Descrita en la Sección 5.2.2.4. Un ejemplo de toma de decisiones que se puede utilizar en este proceso incluye, entre otras, la votación. La votación es utilizada para llegar a una conclusión cuando la validación es realizada por el equipo del proyecto y otros interesados.

5.5.3 VALIDAR EL ALCANCE: SALIDAS

5.5.3.1 ENTREGABLES ACEPTADOS

Los entregables que cumplen con los criterios de aceptación son formalmente firmados y aprobados por el cliente o el patrocinador. La documentación formal recibida del cliente o del patrocinador que reconoce la aceptación formal de los entregables del proyecto por parte de los interesados es transferida al proceso Cerrar el Proyecto o Fase (Sección 4.7).

5.5.3.2 INFORMACIÓN DE DESEMPEÑO DEL TRABAJO

La información de desempeño del trabajo incluye información sobre el avance del proyecto, tal como cuáles entregables han sido aceptados y cuáles no han sido aceptados y las razones para ello. Esta información se documenta tal como se describe en la Sección 10.3.3.1 y se comunica a los interesados.

5.5.3.3 SOLICITUDES DE CAMBIO

Los entregables completados que no han sido aceptados formalmente se documentan junto con las razones por las cuales no fueron aceptados. Esos entregables podrían requerir una solicitud de cambio para la reparación de defectos. Las solicitudes de cambio (descritas en la Sección 4.3.3.4) se procesan para su revisión y tratamiento por medio del proceso Realizar el Control Integrado de Cambios (Sección 4.6).

5.5.3.4 ACTUALIZACIONES A LOS DOCUMENTOS DEL PROYECTO

Los documentos del proyecto que pueden actualizarse como resultado de llevar a cabo este proceso incluyen, entre otros:

◆ **Registro de lecciones aprendidas.** Descrito en la Sección 4.4.3.1. El registro de lecciones aprendidas se actualiza con información sobre las dificultades encontradas y cómo podrían haberse evitado, así como los enfoques que han funcionado bien para la validación de los entregables.

◆ **Documentación de requisitos.** Descrita en la Sección 5.2.3.1. La documentación de requisitos puede ser actualizada con los resultados reales de la actividad de validación. Es de particular interés cuando los resultados reales son mejores que el requisito o cuando se renunció a un requisito.

◆ **Matriz de trazabilidad de requisitos.** Descrita en la Sección 5.2.3.2. La matriz de trazabilidad de requisitos es actualizada con los resultados de la validación, incluyendo el método utilizado y el resultado.

5.6 CONTROLAR EL ALCANCE

Controlar el Alcance es el proceso en el cual se monitorea el estado del alcance del proyecto y del producto, y se gestionan cambios a la línea base del alcance. El beneficio clave de este proceso es que la línea base del alcance es mantenida a lo largo del proyecto. Este proceso se lleva a cabo a lo largo de todo el proyecto. El Gráfico 5-17 muestra las entradas, herramientas y técnicas, y salidas de este proceso. El Gráfico 5-18 ilustra el diagrama de flujo de datos del proceso.

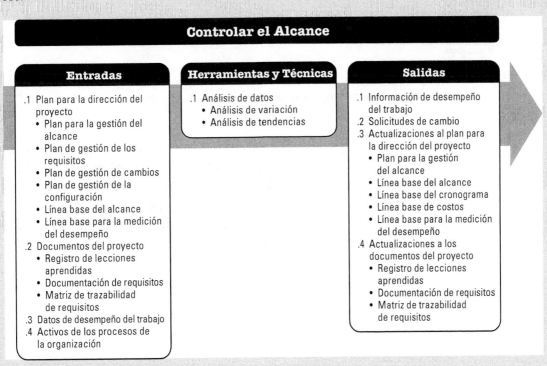

Gráfico 5-17. Controlar el Alcance: Entradas, Herramientas y Técnicas, y Salidas

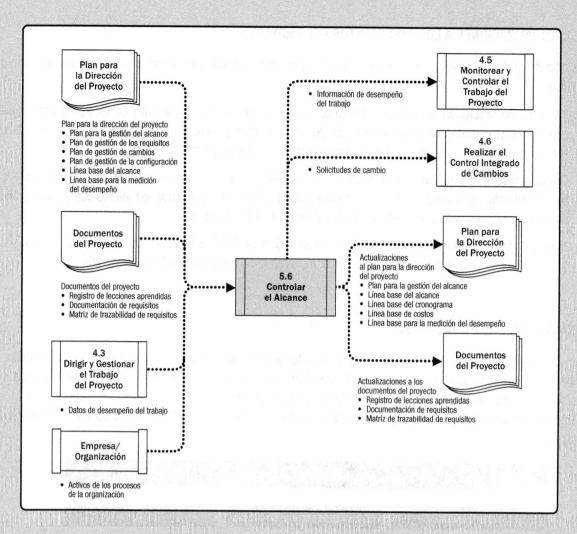

Gráfico 5-18. Controlar el Alcance: Diagrama de Flujo de Datos

El control del alcance del proyecto asegura que todos los cambios solicitados o las acciones preventivas o correctivas recomendadas se procesen a través del proceso Realizar el Control Integrado de Cambios (véase la Sección 4.6). El proceso Controlar el Alcance también se utiliza para gestionar los cambios reales cuando suceden y se integra con los otros procesos de control. La expansión incontrolada del alcance del producto o del proyecto sin ajustes de tiempo, costo y recursos se denomina corrupción o deslizamiento del alcance. Los cambios son inevitables; por lo tanto, es obligatorio para todo proyecto contar con algún tipo de proceso de control de cambios.

5.6.1 CONTROLAR EL ALCANCE: ENTRADAS

5.6.1.1 PLAN PARA LA DIRECCIÓN DEL PROYECTO

Descrito en la Sección 4.2.3.1. Los componentes del plan para la dirección del proyecto incluyen, entre otros:

◆ **Plan para la gestión del alcance del proyecto.** Descrita en la Sección 5.1.3.1. El plan para la gestión del alcance del proyecto documenta cómo se controlarán el alcance del proyecto y del producto.

◆ **Plan de gestión de los requisitos.** Descrita en la Sección 5.1.3.2. El plan de gestión de los requisitos describe cómo serán gestionados los requisitos del proyecto.

◆ **Plan de gestión de cambios.** Descrita en la Sección 4.2.3.1. El plan de gestión de cambios define el proceso para gestionar los cambios en el proyecto.

◆ **Plan de gestión de la configuración.** Descrito en la Sección 4.2.3.1. El plan de gestión de la configuración define los elementos que son configurables, los que requieren un control formal de cambios, y el proceso para controlar los cambios de estos elementos.

◆ **Línea base del alcance.** Descrita en la Sección 5.4.3.1. La línea base del alcance se compara con los resultados reales para determinar si es necesario implementar un cambio, una acción preventiva o una acción correctiva.

◆ **Línea base para la medición del desempeño.** Descrita en la Sección 4.2.3.1. Al utilizar el análisis del valor ganado, la línea base para la medición del desempeño se compara con los resultados reales para determinar si es necesario implementar un cambio, una acción preventiva o una acción correctiva.

5.6.1.2 DOCUMENTOS DEL PROYECTO

Los documentos del proyecto que pueden ser considerados como entradas para este proceso incluyen, entre otros:

◆ **Registro de lecciones aprendidas.** Descrita en la Sección 4.4.3.1. Las lecciones aprendidas tempranamente en el proyecto pueden aplicarse a fases más tardías del proyecto para mejorar el control de su alcance.

◆ **Documentación de requisitos.** Descrita en la Sección 5.2.3.1. La documentación de requisitos se utiliza para detectar cualquier desviación en el alcance acordado para el proyecto o producto.

◆ **Matriz de trazabilidad de requisitos.** Descrita en la Sección 5.2.3.2. La matriz de trazabilidad de requisitos ayuda a detectar el impacto de cualquier cambio o desviación de la línea base del alcance sobre los objetivos del proyecto. También puede proporcionar el estado de los requisitos bajo control.

5.6.1.3 DATOS DE DESEMPEÑO DEL TRABAJO

Los datos de desempeño del trabajo pueden incluir el número de solicitudes de cambio recibidas, el número de solicitudes aceptadas o el número de entregables que se han verificado, validado y completado.

5.6.1.4 ACTIVOS DE LOS PROCESOS DE LA ORGANIZACIÓN

Los activos de los procesos de la organización que pueden influir en el proceso Controlar el Alcance incluyen, entre otros:

◆ Políticas, procedimientos y guías existentes, formales e informales, relacionados con el control del alcance; y

◆ Métodos de monitoreo y comunicación y las plantillas que se utilizarán.

5.6.2 CONTROLAR EL ALCANCE: HERRAMIENTAS Y TÉCNICAS

5.6.2.1 ANÁLISIS DE DATOS

Las técnicas de análisis de datos que pueden utilizarse en el proceso Controlar el alcance incluyen, entre otras:

◆ **Análisis de variación.** Descrita en la Sección 4.5.2.2. El análisis de variación es utilizado para comparar la línea base con los resultados reales y determinar si la variación está dentro del monto de umbral o si la acción correctiva o preventiva es apropiada.

◆ **Análisis de tendencias.** Descrito en la Sección 4.5.2.2. El análisis de tendencias examina el desempeño del proyecto a lo largo del tiempo para determinar si está mejorando o si se está deteriorando.

Los aspectos importantes del control del alcance del proyecto consisten en determinar la causa y el grado de la desviación con relación a la línea base del alcance (Sección 5.4.3.1) y decidir si son necesarias acciones correctivas o preventivas.

5.6.3 CONTROLAR EL ALCANCE: SALIDAS

5.6.3.1 INFORMACIÓN DE DESEMPEÑO DEL TRABAJO

La información de desempeño del trabajo producida incluye correlaciones y contexto sobre el desempeño del alcance del proyecto y del producto en comparación con la línea base del alcance. Puede incluir las categorías de los cambios recibidos, las variaciones del alcance identificadas y sus causas, el impacto de éstas en el cronograma o en el costo, y el pronóstico del desempeño futuro del alcance.

5.6.3.2 SOLICITUDES DE CAMBIO

Descrito en la Sección 4.3.3.4. El análisis del desempeño del proyecto puede dar lugar a una solicitud de cambio de las líneas base del alcance y del cronograma o de otros componentes del plan para la dirección del proyecto. Las solicitudes de cambio se procesan para su revisión y tratamiento por medio del proceso Realizar el Control Integrado de Cambios (Sección 4.6).

5.6.3.3 ACTUALIZACIONES DEL PLAN PARA LA DIRECCIÓN DEL PROYECTO

Cualquier cambio en el plan para la dirección del proyecto pasa por el proceso de control de cambios de la organización mediante una solicitud de cambio. Los componentes que pueden requerir una solicitud de cambio para el plan para la dirección del proyecto incluyen, entre otros:

◆ **Plan para la gestión del alcance del proyecto.** Descrita en la Sección 5.1.3.1. El plan para la gestión del alcance del proyecto puede ser actualizado para reflejar un cambio en la forma de gestionar el alcance.

◆ **Línea base del alcance.** Descrita en la Sección 5.4.3.1. Los cambios en la línea base del alcance son incorporados en respuesta a los cambios aprobados en alcance, enunciado del alcance, la EDT/WBS, o el diccionario de la EDT/WBS. En algunos casos las variaciones del alcance pueden ser tan importantes que se torna necesario revisar la línea base del alcance para proporcionar una base realista para la medición del desempeño.

◆ **Línea base del cronograma.** Descrita en la Sección 6.5.3.1. Los cambios de la línea base del cronograma se incorporan en respuesta a los cambios aprobados en el alcance del proyecto, los recursos o las estimaciones del cronograma. En algunos casos las variaciones del cronograma pueden ser tan importantes que se torna necesario revisar la línea base del cronograma a fin de proporcionar una base realista para la medición del desempeño.

◆ **Línea base de costos.** Descrita en la Sección 7.3.3.1. Los cambios de la línea base de costos se incorporan en respuesta a los cambios aprobados en el alcance del proyecto, los recursos o las estimaciones de costos. En algunos casos las variaciones del costo pueden ser tan importantes que se torna necesario revisar la línea base de costos para proporcionar una base realista para la medición del desempeño.

◆ **Línea base para la medición del desempeño**. Descrita en la Sección 4.2.3.1. Los cambios de la línea base para la medición del desempeño se incorporan en respuesta los cambios aprobados en el alcance del proyecto, el desempeño del cronograma o las estimaciones de costos. En algunos casos las variaciones de desempeño pueden ser tan importantes que se plantea una solicitud de cambio para revisar la línea base para la medición del desempeño, a fin de proporcionar una base realista para la medición del desempeño.

5.6.3.4 ACTUALIZACIONES A LOS DOCUMENTOS DEL PROYECTO

Los documentos del proyecto que pueden actualizarse como resultado de llevar a cabo este proceso incluyen, entre otros:

◆ **Registro de lecciones aprendidas.** Descrita en la Sección 4.4.3.1. El registro de lecciones aprendidas puede actualizarse con técnicas que son eficientes y efectivas para controlar el alcance, incluyendo las causas de las variaciones y las acciones correctivas elegidas.

◆ **Documentación de requisitos.** Descrita en la Sección 5.2.3.1. La documentación de requisitos puede ser actualizada con requisitos adicionales o modificados.

◆ **Matriz de trazabilidad de requisitos.** Descrita en la Sección 5.2.3.2. La matriz de trazabilidad de requisitos puede ser actualizada para reflejar las actualizaciones en la documentación de requisitos.

6

GESTIÓN DEL CRONOGRAMA DEL PROYECTO

La Gestión del Cronograma del Proyecto incluye los procesos requeridos para administrar la finalización del proyecto a tiempo. Los procesos de Gestión del Cronograma del Proyecto son:

6.1 Planificar la Gestión del Cronograma—Es el proceso de establecer las políticas, los procedimientos y la documentación para planificar, desarrollar, gestionar, ejecutar y controlar el cronograma del proyecto.

6.2 Definir las Actividades—Es el proceso de identificar y documentar las acciones específicas que se deben realizar para elaborar los entregables del proyecto.

6.3 Secuenciar las Actividades—Es el proceso de identificar y documentar las relaciones entre las actividades del proyecto.

6.4 Estimar la Duración de las Actividades—Es el proceso de realizar una estimación de la cantidad de períodos de trabajo necesarios para finalizar las actividades individuales con los recursos estimados.

6.5 Desarrollar el Cronograma—Es el proceso de analizar secuencias de actividades, duraciones, requisitos de recursos y restricciones del cronograma para crear el modelo del cronograma del proyecto para la ejecución, el monitoreo y el control del proyecto.

6.6 Controlar el Cronograma—Es el proceso de monitorear el estado del proyecto para actualizar el cronograma del proyecto y gestionar cambios a la línea base del cronograma.

El Gráfico 6-1 brinda una descripción general de los procesos de Gestión del Cronograma del Proyecto. Los procesos de la Gestión del Cronograma del Proyecto se presentan como procesos diferenciados con interfaces definidas, aunque en la práctica se superponen e interactúan entre ellos de formas que no pueden detallarse en su totalidad dentro de la *Guía del PMBOK®*.

Descripción General de la Gestión del Cronograma del Proyecto

6.1 Planificar la Gestión del Cronograma

.1 Entradas
 .1 Acta de constitución del proyecto
 .2 Plan para la dirección del proyecto
 .3 Factores ambientales de la empresa
 .4 Activos de los procesos de la organización

.2 Herramientas y Técnicas
 .1 Juicio de expertos
 .2 Análisis de datos
 .3 Reuniones

.3 Salidas
 .1 Plan de gestión del cronograma

6.2 Definir las Actividades

.1 Entradas
 .1 Plan para la dirección del proyecto
 .2 Factores ambientales de la empresa
 .3 Activos de los procesos de la organización

.2 Herramientas y Técnicas
 .1 Juicio de expertos
 .2 Descomposición
 .3 Planificación gradual
 .4 Reuniones

.3 Salidas
 .1 Lista de actividades
 .2 Atributos de la actividad
 .3 Lista de hitos
 .4 Solicitudes de cambio
 .5 Actualizaciones al plan para la dirección del proyecto

6.3 Secuenciar las Actividades

.1 Entradas
 .1 Plan para la dirección del proyecto
 .2 Documentos del proyecto
 .3 Factores ambientales de la empresa
 .4 Activos de los procesos de la organización

.2 Herramientas y Técnicas
 .1 Método de diagramación por precedencia
 .2 Determinación e integración de las dependencias
 .3 Adelantos y retrasos
 .4 Sistema de información para la dirección de proyectos

.3 Salidas
 .1 Diagrama de red del cronograma del proyecto
 .2 Actualizaciones a los documentos del proyecto

6.4 Estimar la Duración de las Actividades

.1 Entradas
 .1 Plan para la dirección del proyecto
 .2 Documentos del proyecto
 .3 Factores ambientales de la empresa
 .4 Activos de los procesos de la organización

.2 Herramientas y Técnicas
 .1 Juicio de expertos
 .2 Estimación análoga
 .3 Estimación paramétrica
 .4 Estimaciones basadas en tres valores
 .5 Estimaciones ascendentes
 .6 Análisis de datos
 .7 Toma de decisiones
 .8 Reuniones

.3 Salidas
 .1 Estimaciones de la duración
 .2 Base de las estimaciones
 .3 Actualizaciones a los documentos del proyecto

6.5 Desarrollar el Cronograma

.1 Entradas
 .1 Plan para la dirección del proyecto
 .2 Documentos del proyecto
 .3 Acuerdos
 .4 Factores ambientales de la empresa
 .5 Activos de los procesos de la organización

.2 Herramientas y Técnicas
 .1 Análisis de la red del cronograma
 .2 Método de la ruta crítica
 .3 Optimización de recursos
 .4 Análisis de datos
 .5 Adelantos y retrasos
 .6 Compresión del cronograma
 .7 Sistema de información para la dirección de proyectos
 .8 Planificación ágil de liberaciones

.3 Salidas
 .1 Línea base del cronograma
 .2 Cronograma del proyecto
 .3 Datos del cronograma
 .4 Calendarios del proyecto
 .5 Solicitudes de cambio
 .6 Actualizaciones al plan para la dirección del proyecto
 .7 Actualizaciones a los documentos del proyecto

6.6 Controlar el Cronograma

.1 Entradas
 .1 Plan para la dirección del proyecto
 .2 Documentos del proyecto
 .3 Datos de desempeño del trabajo
 .4 Activos de los procesos de la organización

.2 Herramientas y Técnicas
 .1 Análisis de datos
 .2 Método de la ruta crítica
 .3 Sistema de información para la dirección de proyectos
 .4 Optimización de recursos
 .5 Adelantos y retrasos
 .6 Compresión del cronograma

.3 Salidas
 .1 Información de desempeño del trabajo
 .2 Pronósticos del cronograma
 .3 Solicitudes de cambio
 .4 Actualizaciones al plan para la dirección del proyecto
 .5 Actualizaciones a los documentos del proyecto

Gráfico 6-1. Descripción General de la Gestión del Cronograma del Proyecto

CONCEPTOS CLAVE PARA LA GESTIÓN DEL CRONOGRAMA DEL PROYECTO

La programación del proyecto proporciona un plan detallado que representa el modo y el momento en que el proyecto entregará los productos, servicios y resultados definidos en el alcance del proyecto y sirve como herramienta para la comunicación, la gestión de las expectativas de los interesados y como base para informar el desempeño.

El equipo de dirección del proyecto selecciona un método de planificación, tal como la ruta crítica o un enfoque ágil. Luego, los datos específicos del proyecto, como las actividades, fechas planificadas, duraciones, recursos, dependencias y restricciones, se ingresan a una herramienta de planificación para crear un modelo de programación para el proyecto. El resultado es un cronograma del proyecto. El Gráfico 6-2 proporciona una descripción general de la programación, que muestra las interacciones que se dan entre método de planificación, herramienta de planificación y salidas de los procesos de Gestión del Cronograma del Proyecto para crear un modelo de programación.

Para proyectos más pequeños, la definición y secuenciación de las actividades, y la estimación de su duración, así como el desarrollo del modelo de programación, son procesos tan estrechamente vinculados que se ven como un único proceso susceptible de ser realizado por una sola persona en un período de tiempo relativamente corto. Estos procesos se presentan aquí como elementos diferenciados porque las herramientas y técnicas requeridas para cada uno de ellos son diferentes. Algunos de estos procesos se presentan en mayor detalle en el *Practice Standard for Scheduling* [16] (en inglés).

Cuando sea posible, el cronograma detallado del proyecto debería permanecer flexible a lo largo del proyecto para adaptarse al conocimiento adquirido, la mayor comprensión del riesgo y las actividades de valor agregado.

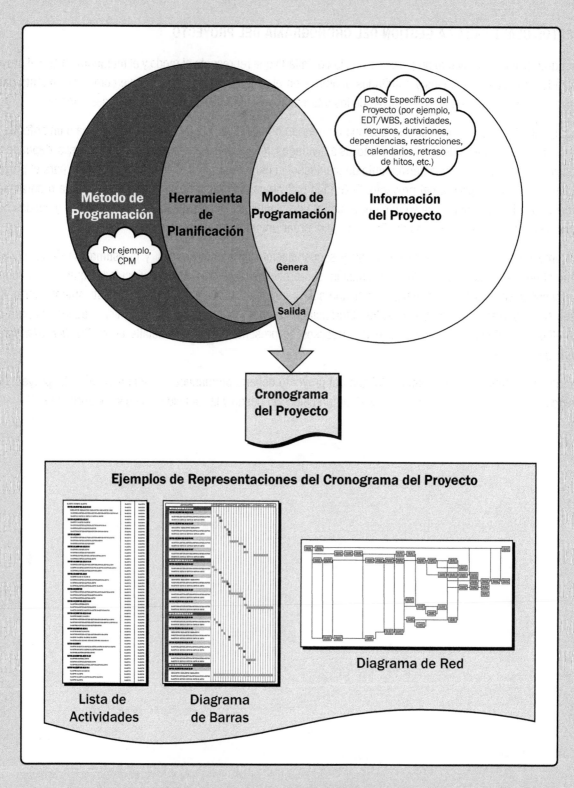

Gráfico 6-2. Descripción General de la Programación

TENDENCIAS Y PRÁCTICAS EMERGENTES EN LA GESTIÓN DEL CRONOGRAMA DEL PROYECTO

Dados los altos niveles de incertidumbre e imprevisibilidad en un mercado global acelerado y altamente competitivo donde el alcance a largo plazo es difícil de definir, se está volviendo aún más importante contar con un marco contextual para la adopción y la adaptación eficaces de prácticas de desarrollo a fin de responder a las necesidades cambiantes del entorno. La planificación adaptativa define un plan pero reconoce que una vez que comienza el trabajo, las prioridades pueden cambiar y el plan necesita reflejar este nuevo conocimiento.

Algunas de las prácticas emergentes para los métodos de programación del proyecto incluyen, entre otras:

◆ **Programación iterativa con trabajo pendiente.** Esta es una forma de planificación gradual basada en ciclos de vida adaptativos, como el enfoque ágil para el desarrollo de productos. Los requisitos se documentan en historias de usuarios que luego son priorizadas y refinadas justo antes de la construcción, y las características del producto se desarrollan usando períodos de trabajo preestablecidos. Este enfoque a menudo se usa para entregar valor incremental al cliente o cuando múltiples equipos pueden desarrollar simultáneamente un gran número de características que tienen pocas dependencias interconectadas. Este método de programación es adecuado para muchos proyectos, como lo indica el uso generalizado y creciente de ciclos de vida adaptativos para el desarrollo de productos. El beneficio de este enfoque es que acoge los cambios a lo largo del ciclo de vida del desarrollo.

◆ **Programación a demanda.** Este enfoque, generalmente usado en un sistema Kanban, se basa en la teoría de las restricciones y en conceptos de programación de tipo pull (tirar) de la Manufactura Lean, para limitar el trabajo en curso de un equipo a fin de equilibrar la demanda con la capacidad de entrega del equipo. La programación a demanda no depende de un cronograma elaborado previamente para el desarrollo del producto o incrementos del producto, sino que más bien demanda trabajo pendiente o de una cola de trabajo intermedia a realizarse apenas se disponga de los recursos. La programación a demanda a menudo se usa en proyectos que desarrollan el producto de manera incremental en entornos operativos o de mantenimiento, y donde las tareas pueden hacerse relativamente similares en tamaño y alcance o pueden agruparse por tamaño y alcance.

CONSIDERACIONES DE ADAPTACIÓN

Debido a que cada proyecto es único, el director del proyecto puede necesitar adaptar la forma en que se aplican los procesos de Gestión del Cronograma del Proyecto. Las consideraciones para la adaptación incluyen, entre otras:

◆ **El enfoque del ciclo de vida.** ¿Cuál es el enfoque del ciclo de vida más adecuado que permite un cronograma más detallado?

◆ **Disponibilidad de recursos.** ¿Cuáles son los factores que influyen en la duración (como la correlación entre recursos disponibles y su productividad)?

◆ **Dimensiones del proyecto.** ¿Cómo se verá afectado el nivel de control deseado por la presencia de complejidad del proyecto, la incertidumbre tecnológica, los nuevos productos, el seguimiento del ritmo o progreso, (como el valor ganado, el porcentaje completado, los indicadores rojo-amarillo-verde (semáforo))?

◆ **Apoyo tecnológico.** ¿Se usa tecnología para desarrollar, registrar, transmitir, recibir y almacenar información del modelo del cronograma del proyecto y es ésta de fácil acceso?

Véase el *Practice Standard for Scheduling* [16] (en inglés) para obtener información más detallada sobre el desarrollo del cronograma.

CONSIDERACIONES PARA ENTORNOS ÁGILES/ADAPTATIVOS

Los enfoques adaptativos utilizan ciclos cortos para llevar a cabo el trabajo, revisar los resultados y adaptarse, según sea necesario. Estos ciclos proporcionan retroalimentación rápida sobre los enfoques y la idoneidad de los entregables, y generalmente se manifiestan como programación iterativa y programación a demanda de tipo pull, tal como se discute en la sección sobre Tendencias Clave y Prácticas Emergentes en la Gestión del Cronograma del Proyecto.

En organizaciones grandes, puede haber una mezcla de pequeños proyectos y grandes iniciativas que requieran hojas de ruta a largo plazo para gestionar el desarrollo de estos programas usando factores de escala (p.ej., tamaño del equipo, distribución geográfica, cumplimiento normativo, complejidad de la organización y complejidad técnica). A fin de abordar el ciclo de vida de entrega completo para sistemas mayores en toda la empresa, podría ser necesario adoptar una serie de técnicas que utilicen un enfoque predictivo, un enfoque adaptativo o un híbrido entre ambos. La organización podría necesitar combinar prácticas de varios métodos básicos, o adoptar un método que ya lo haya hecho, y adoptar algunos principios y prácticas de técnicas más tradicionales.

El rol del director del proyecto no cambia en base a la dirección de proyectos mediante el uso de un ciclo de vida predictivo del desarrollo o la dirección de proyectos en entornos adaptativos. Sin embargo, para tener éxito en el uso de enfoques adaptativos, el director del proyecto deberá familiarizarse con las herramientas y técnicas para comprender cómo aplicarlas de manera efectiva.

6.1 PLANIFICAR LA GESTIÓN DEL CRONOGRAMA

Planificar la Gestión del Cronograma es el proceso de establecer las políticas, los procedimientos y la documentación para planificar, desarrollar, gestionar, ejecutar y controlar el cronograma del proyecto. El beneficio clave de este proceso es que proporciona guía y dirección sobre cómo se gestionará el cronograma del proyecto a lo largo del mismo. Este proceso se lleva a cabo una única vez o en puntos predefinidos del proyecto. El Gráfico 6-3 muestra las entradas, herramientas y técnicas, y salidas del proceso. El Gráfico 6-4 ilustra el diagrama de flujo de datos para el proceso.

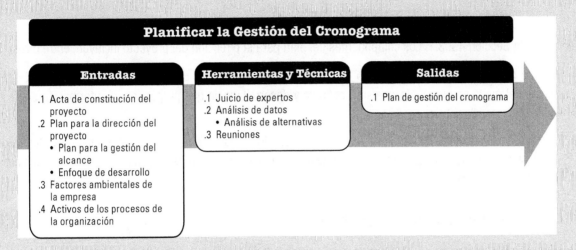

Gráfico 6-3. Planificar la Gestión del Cronograma: Entradas, Herramientas y Técnicas, y Salidas

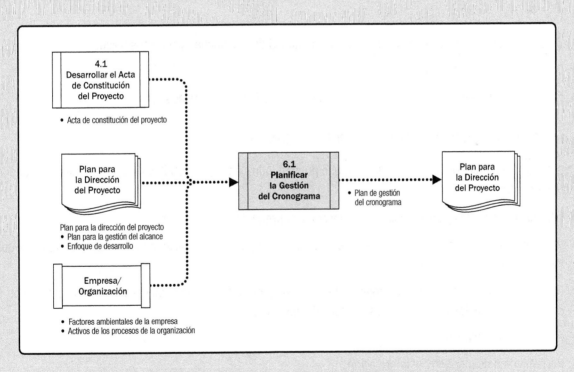

Gráfico 6-4. Planificar la Gestión del Cronograma: Diagrama de Flujo de Datos

6.1.1 PLANIFICAR LA GESTIÓN DEL CRONOGRAMA: ENTRADAS

6.1.1.1 ACTA DE CONSTITUCIÓN DEL PROYECTO

Descrita en la Sección 4.1.3.1. El acta de constitución del proyecto define el resumen del cronograma de hitos que influirá en la gestión del cronograma del mismo.

6.1.1.2 PLAN PARA LA DIRECCIÓN DEL PROYECTO

Descrito en la Sección 4.2.3.1. Los componentes del plan para la dirección del proyecto incluyen, entre otros:

◆ **Plan de gestión del alcance.** Descrito en la Sección 5.1.3.1. El plan para la gestión del alcance del proyecto describe el modo en que el alcance será definido y desarrollado, lo que proporcionará información sobre cómo se ha de desarrollar el cronograma.

◆ **Enfoque de desarrollo.** Descrito en la Sección 4.2.3.1. El enfoque de desarrollo del producto ayudará a definir el enfoque de programación, las técnicas de estimación, las herramientas de programación y las técnicas para controlar el cronograma.

6.1.1.3 FACTORES AMBIENTALES DE LA EMPRESA

Los factores ambientales de la empresa que pueden influir en el proceso Planificar la Gestión del Cronograma incluyen, entre otros:

◆ Cultura y la estructura de la organización,

◆ Disponibilidad de recursos del equipo y la disponibilidad de habilidades y recursos físicos,

◆ Software de programación,

◆ Bases de datos comerciales, como los datos para estimación estandarizada.

6.1.1.4 ACTIVOS DE LOS PROCESOS DE LA ORGANIZACIÓN

Los activos de los procesos de la organización que pueden influir en el proceso Planificar la Gestión del Cronograma incluyen, entre otros:

◆ Información histórica y los repositorios de lecciones aprendidas;

◆ Políticas, procedimientos y guías existentes, formales e informales, relacionados con el desarrollo, la gestión y el control del cronograma;

◆ Guías y criterios para adaptar el conjunto de procesos y procedimientos estándar de la organización con el fin de que satisfagan las necesidades específicas del proyecto;

◆ Plantillas y formularios; y

◆ Herramientas de monitoreo e información.

6.1.2 PLANIFICAR LA GESTIÓN DEL CRONOGRAMA: HERRAMIENTAS Y TÉCNICAS

6.1.2.1 JUICIO DE EXPERTOS

Descrito en la Sección 4.1.2.1. Se debería considerar la pericia de individuos o grupos con capacitación o conocimientos especializados en proyectos similares anteriores:

◆ Desarrollo, gestión y control del cronograma;

◆ Metodologías de programación (p.ej., ciclo de vida predictivo o adaptativo);

◆ Software de programación; y

◆ La industria específica para la cual se desarrolla el proyecto.

6.1.2.2 ANÁLISIS DE DATOS

Entre las técnicas de análisis de datos que pueden utilizarse para este proceso se incluye, entre otras, el análisis de alternativas. El análisis de alternativas puede incluir determinar qué metodología de programación usar, o cómo combinar diversos métodos en el proyecto. También puede incluir determinar el grado de detalle que requiere el cronograma, la duración de las olas para la planificación gradual y la frecuencia con que debería revisarse y actualizarse. Para cada proyecto debe alcanzarse un equilibrio adecuado entre el nivel de detalle necesario para gestionar el cronograma y el tiempo que lleva mantenerlo actualizado.

6.1.2.3 REUNIONES

Los equipos de proyecto pueden celebrar reuniones de planificación para desarrollar el plan de gestión del cronograma. Entre los participantes en estas reuniones se puede incluir al director del proyecto, al patrocinador del proyecto, determinados miembros del equipo del proyecto, determinados interesados, cualquier persona que tenga responsabilidades relativas a la planificación o ejecución del cronograma, así como otras personas, según sea necesario.

6.1.3 PLANIFICAR LA GESTIÓN DEL CRONOGRAMA: SALIDAS

6.1.3.1 PLAN DE GESTIÓN DEL CRONOGRAMA

El plan de gestión del cronograma es un componente del plan para la dirección del proyecto que establece los criterios y las actividades para desarrollar, monitorear y controlar el cronograma. Según las necesidades del proyecto, el plan de gestión del cronograma puede ser formal o informal, de carácter detallado o más general, e incluye los umbrales de control apropiados.

El plan de gestión del cronograma puede establecer lo siguiente:

◆ **Desarrollo del modelo de programación del proyecto.** Se especifican la metodología y la herramienta de programación a utilizar en el desarrollo del modelo de programación.

◆ **Duración de las liberaciones y las iteraciones.** Cuando se usa un ciclo de vida adaptativo, los períodos preestablecidos para liberaciones, olas e iteraciones están especificados. Los períodos preestablecidos son duraciones a lo largo de las cuales el equipo trabaja de manera continua hacia la realización de una meta. Los períodos preestablecidos (time-boxing) ayudan a minimizar la corrupción o deslizamiento del alcance, ya que fuerza a los equipos a procesar primero las características esenciales y luego otras características, cuando lo permita el tiempo.

◆ **Nivel de exactitud.** El nivel de exactitud especifica el rango aceptable utilizado para hacer estimaciones realistas sobre la duración de las actividades y puede contemplar una cantidad para contingencias.

◆ **Unidades de medida.** Se definen, para cada uno de los recursos, las unidades que se utilizarán en las mediciones (tales como las horas, los días o las semanas de trabajo del personal para medidas de tiempo, o metros, litros, toneladas, kilómetros o yardas cúbicas para medidas de cantidades).

◆ **Enlaces con los procedimientos de la organización.** La estructura de desglose del trabajo (EDT/WBS) (Sección 5.4) establece el marco general para el plan de gestión del cronograma y permite que haya coherencia con las estimaciones y los cronogramas resultantes.

◆ **Mantenimiento del modelo de programación del proyecto.** Se define el proceso que se utilizará para actualizar el estado y registrar el avance del proyecto en el modelo de programación a lo largo de la ejecución del mismo.

◆ **Umbrales de control.** Para monitorear el desempeño del cronograma, pueden definirse umbrales de variación, que establecen un valor acordado para la variación permitida antes de que sea necesario tomar medidas. Los umbrales se expresan habitualmente como un porcentaje de desviación con respecto a los parámetros establecidos en la línea base del plan.

◆ **Reglas para la medición del desempeño.** Se establecen reglas para la medición del desempeño, tales como la gestión del valor ganado (EVM) u otras reglas de mediciones físicas. El plan de gestión del cronograma podría especificar por ejemplo:

■ Reglas para establecer el porcentaje completado,

■ Técnicas de EVM (p.ej., líneas base, fórmula fija, porcentaje completado, etc.) que se utilizarán. (Véase el *Practice Standard for Earned Value Management* [17] (en inglés) para más información) y

■ Medidas del desempeño del cronograma, tales como la variación del cronograma (SV) y el índice de desempeño del cronograma (SPI), que se utilizan para evaluar la magnitud de la variación con respecto a la línea base original del cronograma.

◆ **Formatos de los informes.** Se definen los formatos y la frecuencia de presentación de los diferentes informes relativos al cronograma.

6.2 DEFINIR LAS ACTIVIDADES

Definir las Actividades es el proceso de identificar y documentar las acciones específicas que se deben realizar para elaborar los entregables del proyecto. El beneficio clave de este proceso es que descompone los paquetes de trabajo en actividades del cronograma que proporcionan una base para la estimación, programación, ejecución, monitoreo y control del trabajo del proyecto. Este proceso se lleva a cabo a lo largo de todo el proyecto. El Gráfico 6-5 muestra las entradas, herramientas y técnicas, y salidas de este proceso. El Gráfico 6-6 ilustra el diagrama de flujo de datos del proceso.

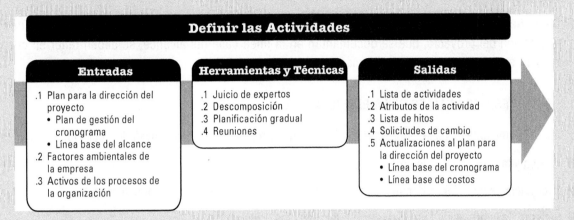

Gráfico 6-5. Definir las Actividades: Entradas, Herramientas y Técnicas, y Salidas

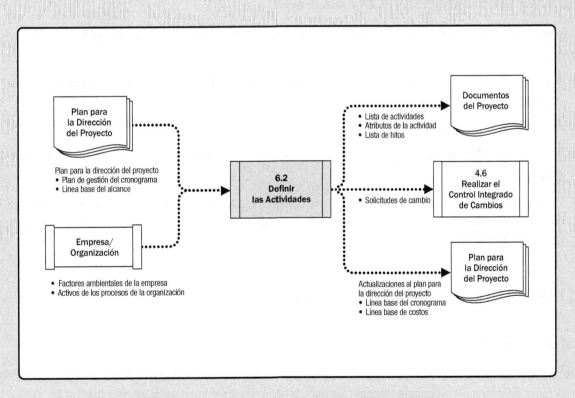

Gráfico 6-6. Definir las Actividades: Diagrama de Flujo de Datos

6.2.1 DEFINIR LAS ACTIVIDADES: ENTRADAS

6.2.1.1 PLAN PARA LA DIRECCIÓN DEL PROYECTO

Descrito en la Sección 4.2.3.1. Los componentes del plan para la dirección del proyecto incluyen, entre otros:

◆ **Plan de gestión del cronograma.** Descrito en la Sección 6.1.3.1. El plan de gestión del cronograma define la metodología de programación, la duración de las olas para la planificación gradual y el nivel de detalle que es necesario para gestionar el trabajo.

◆ **Línea base del alcance.** Descrita en la Sección 5.4.3.1. La EDT/WBS, los entregables y los criterios de aceptación del proyecto, que se documentan en la línea base del alcance, se deben tener en cuenta de manera explícita a la hora de definir las actividades.

6.2.1.2 FACTORES AMBIENTALES DE LA EMPRESA

Los factores ambientales de la empresa que influyen en el proceso Definir las Actividades incluyen, entre otros:

◆ Cultura y la estructura de la organización,

◆ Información comercial de dominio público almacenada en bases de datos comerciales, y

◆ Sistema de información para la dirección de proyectos (PMIS).

6.2.1.3 ACTIVOS DE LOS PROCESOS DE LA ORGANIZACIÓN

Los activos de los procesos de la organización que pueden influir en el proceso Definir las Actividades incluyen, entre otros:

◆ Repositorio de lecciones aprendidas, que contiene información histórica relativa a las listas de actividades utilizadas en proyectos anteriores de similares características,

◆ Procesos estandarizados,

◆ Plantillas que contengan una lista de actividades estándar o una parte de una lista de actividades de un proyecto previo, y

◆ Políticas, procedimientos y guías existentes relacionados con la planificación de las actividades, ya sean formales o informales, tales como la metodología de programación, que se han de tener en cuenta a la hora de definir las actividades.

6.2.2 DEFINIR LAS ACTIVIDADES: HERRAMIENTAS Y TÉCNICAS

6.2.2.1 JUICIO DE EXPERTOS

Descrito en la Sección 4.1.2.1. Se debería considerar la pericia de individuos o grupos con conocimientos especializados en proyectos anteriores de similares características y en el trabajo que se está realizando.

6.2.2.2 DESCOMPOSICIÓN

Descrito en la Sección 5.4.2.2. La descomposición es una técnica utilizada para dividir y subdividir el alcance del proyecto y los entregables del proyecto en partes más pequeñas y manejables. Las actividades representan el esfuerzo necesario para completar un paquete de trabajo. El proceso Definir las Actividades establece las salidas finales como actividades y no como entregables, que es lo que se hace en el proceso Crear la EDT/WBS (Sección 5.4).

La lista de actividades, la EDT/WBS y el diccionario de la EDT/WBS pueden elaborarse tanto de manera secuencial como de manera simultánea, usando la EDT/WBS y el diccionario de la EDT/WBS como base para el desarrollo de la lista final de actividades. Cada uno de los paquetes de trabajo incluidos en la EDT/WBS se descompone en las actividades necesarias para producir los entregables del paquete de trabajo. La participación de los miembros del equipo en la descomposición puede contribuir a obtener resultados mejores y más precisos.

6.2.2.3 PLANIFICACIÓN GRADUAL

La planificación gradual es una técnica de planificación iterativa en la cual el trabajo a realizar a corto plazo se planifica en detalle, mientras que el trabajo futuro se planifica a un nivel superior. Es una forma de elaboración progresiva aplicable a paquetes de trabajo, paquetes de planificación y planificación de liberaciones, cuando se usa un enfoque ágil o en cascada. Por lo tanto, en función de su ubicación en el ciclo de vida del proyecto, el trabajo puede estar descrito con diferentes niveles de detalle. Durante la planificación estratégica temprana, en que la información está menos definida, los paquetes de trabajo pueden descomponerse hasta el nivel de detalle que se conozca. Conforme se vaya conociendo más acerca de los próximos eventos en el corto plazo, los paquetes de trabajo se podrán ir descomponiendo en actividades.

6.2.2.4 REUNIONES

Las reuniones pueden ser cara a cara, virtuales, formales o informales. Se pueden mantener reuniones con miembros del equipo o expertos en la materia a fin de definir las actividades necesarias para completar el trabajo.

6.2.3 DEFINIR LAS ACTIVIDADES: SALIDAS

6.2.3.1 LISTA DE ACTIVIDADES

La lista de actividades incluye las actividades del cronograma necesarias para llevar a cabo el proyecto. Para proyectos que utilizan planificación gradual o técnicas ágiles, la lista de actividades será actualizada periódicamente conforme avanza el proyecto. La lista de actividades incluye, para cada actividad, un identificador de la misma y una descripción del alcance del trabajo, con el nivel de detalle suficiente para asegurar que los miembros del equipo del proyecto comprendan el trabajo que deben realizar.

6.2.3.2 ATRIBUTOS DE LAS ACTIVIDADES

Los atributos de las actividades amplían la descripción de la actividad, al identificar múltiples componentes relacionados con cada una de ellas. Los componentes de cada actividad evolucionan a lo largo del tiempo. Durante las etapas iniciales del proyecto, estos atributos incluyen el identificador único de la actividad (ID), el identificador de la EDT/WBS y la etiqueta o el nombre de la actividad. Una vez terminadas, pueden incluir descripciones de la actividad, actividades predecesoras, actividades sucesoras, relaciones lógicas, adelantos y retrasos (Sección 6.3.2.3), requisitos de recursos, fechas impuestas, restricciones y supuestos. Los atributos de las actividades se pueden utilizar para identificar el lugar donde debe realizarse el trabajo, el calendario del proyecto al que se asigna la actividad y el tipo de esfuerzo involucrado. Los atributos de las actividades se utilizan para el desarrollo del cronograma y para seleccionar, ordenar y clasificar las actividades planificadas en el cronograma según diferentes criterios en los informes.

6.2.3.3 LISTA DE HITOS

Un hito es un punto o evento significativo dentro del proyecto. Una lista de hitos identifica todos los hitos del proyecto e indica si éstos son obligatorios, como los exigidos por contrato, u opcionales, como los basados en información histórica. Los hitos tienen una duración nula, ya que representan un punto o evento significativo.

6.2.3.4 SOLICITUDES DE CAMBIO

Descritas en la Sección 4.3.3.4. Una vez que las líneas base del proyecto han sido definidas, la elaboración progresiva de los entregables en actividades puede revelar trabajo que inicialmente no formaba parte de las líneas base del proyecto. Esto puede generar una solicitud de cambio. Las solicitudes de cambio se procesan para su revisión y tratamiento por medio del proceso Realizar el Control Integrado de Cambios (Sección 4.6).

6.2.3.5 ACTUALIZACIONES DEL PLAN PARA LA DIRECCIÓN DEL PROYECTO

Cualquier cambio en el plan para la dirección del proyecto pasa por el proceso de control de cambios de la organización mediante una solicitud de cambio. Los componentes que pueden requerir una solicitud de cambio para el plan para la dirección del proyecto incluyen, entre otros:

◆ **Línea base del cronograma.** Descrita en la Sección 6.5.3.1. A lo largo del proyecto, los paquetes de trabajo se elaboran progresivamente para dar lugar a las actividades. Este proceso puede revelar trabajo que no era parte de la línea base del cronograma inicial, requiriéndose un cambio en las fechas de entrega u otros hitos significativos del cronograma que forman parte de la línea base del mismo.

◆ **Línea base de costos.** Descrita en la Sección 7.3.3.1. Los cambios de la línea base de costos se incorporan en respuesta a los cambios aprobados en las actividades del cronograma.

6.3 SECUENCIAR LAS ACTIVIDADES

Secuenciar las Actividades es el proceso que consiste en identificar y documentar las relaciones entre las actividades del proyecto. El beneficio clave de este proceso es la definición de la secuencia lógica de trabajo para obtener la máxima eficiencia teniendo en cuenta todas las restricciones del proyecto. Este proceso se lleva a cabo a lo largo de todo el proyecto. El Gráfico 6-7 muestra las entradas, herramientas y técnicas, y salidas de este proceso. El Gráfico 6-8 ilustra el diagrama de flujo de datos del proceso.

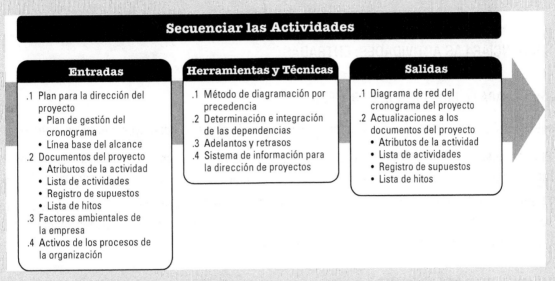

Gráfico 6-7. Secuenciar las Actividades: Entradas, Herramientas y Técnicas, y Salidas

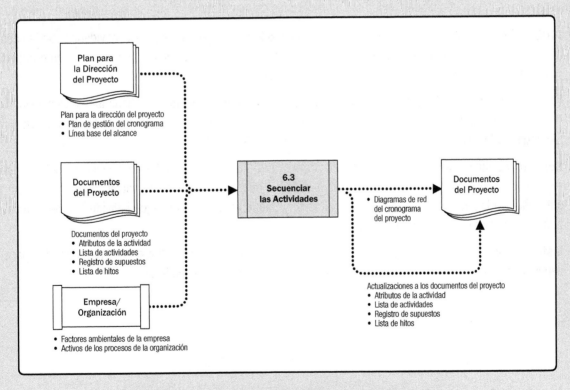

Gráfico 6-8. Secuenciar las Actividades: Diagrama de Flujo de Datos

Cada actividad, a excepción de la primera y la última, se debería conectar con al menos una actividad predecesora y con al menos una actividad sucesora, con una adecuada relación lógica. Se deberían diseñar las relaciones lógicas de manera que se genere un cronograma del proyecto realista. Podría ser necesario incluir adelantos o retrasos entre las actividades para poder sustentar un cronograma del proyecto realista y viable. La secuenciación puede llevarse a cabo mediante la utilización de un software de gestión de proyectos o mediante técnicas manuales o automatizadas. El proceso Secuenciar las Actividades se concentra en convertir las actividades del proyecto de una lista a un diagrama, para actuar como primer paso en la publicación de la línea base del cronograma.

6.3.1 SECUENCIAR LAS ACTIVIDADES: ENTRADAS

6.3.1.1 PLAN PARA LA DIRECCIÓN DEL PROYECTO

Descrito en la Sección 4.2.3.1. Los componentes del plan para la dirección del proyecto incluyen, entre otros:

◆ **Plan de gestión del cronograma.** Descrito en la Sección 6.1.3.1. El plan de gestión del cronograma define el método utilizado y el nivel de exactitud junto con otros criterios necesarios para secuenciar las actividades.

◆ **Línea base del alcance.** Descrita en la Sección 5.4.3.1. La EDT/WBS, los entregables y los criterios de aceptación del proyecto, que se documentan en la línea base del alcance, se deben tener en cuenta de manera explícita a la hora de secuenciar las actividades.

6.3.1.2 DOCUMENTOS DEL PROYECTO

Los documentos del proyecto que pueden ser considerados como entradas de este proceso incluyen, entre otros:

◆ **Atributos de las actividades.** Descritos en la Sección 6.2.3.2. Los atributos de las actividades pueden describir una secuencia necesaria de eventos o definir relaciones de tipo predecesor o sucesor, así como adelantos y retrasos, y relaciones lógicas definidas entre las actividades.

◆ **Lista de actividades.** Descrita en la Sección 6.2.3.1. La lista de actividades contiene todas las actividades del cronograma requeridas en el proyecto, que deberán ser secuenciadas. La secuenciación de las actividades se ve afectada por las dependencias entre actividades y otras restricciones.

◆ **Registro de supuestos.** Descrito en la Sección 4.1.3.2. Los supuestos y las restricciones registrados en el registro de supuestos pueden influir en la manera en que se secuencian las actividades, la relación entre actividades y la necesidad de adelantos y retrasos, y pueden dar lugar a riesgos individuales del proyecto que pueden impactar el cronograma del proyecto.

◆ **Lista de hitos.** Descrita en la Sección 6.2.3.3. La lista de hitos puede incluir fechas programadas para hitos específicos, lo que puede influir en la manera en que se secuencien las actividades.

6.3.1.3 FACTORES AMBIENTALES DE LA EMPRESA

Los factores ambientales de la empresa que pueden influir en el proceso Secuenciar las Actividades incluyen, entre otros:

◆ Estándares gubernamentales o de la industria,

◆ Sistema de información para la dirección de proyectos (PMIS),

◆ Herramienta de programación, y

◆ Sistemas de autorización de trabajos de la organización.

6.3.1.4 ACTIVOS DE LOS PROCESOS DE LA ORGANIZACIÓN

Los activos de los procesos de la organización que pueden influir en el proceso Secuenciar las Actividades incluyen, entre otros:

◆ Planes del portafolio y del programa y dependencias y relaciones del proyecto;

◆ Políticas, procedimientos y guías existentes relacionados con la planificación de las actividades, ya sean formales o informales, tales como la metodología de programación, que se ha de tener en cuenta a la hora de desarrollar las relaciones lógicas;

◆ Plantillas que pueden utilizarse para acelerar la preparación de redes para las actividades del proyecto. Información relacionada con los atributos de las actividades de las plantillas también puede incluir otra información descriptiva útil para la secuenciación de las actividades; y

◆ Repositorio de lecciones aprendidas que contiene información histórica que puede ayudar a optimizar el proceso de secuenciación.

6.3.2 SECUENCIAR LAS ACTIVIDADES: HERRAMIENTAS Y TÉCNICAS

6.3.2.1 MÉTODO DE DIAGRAMACIÓN POR PRECEDENCIA

El método de diagramación por precedencia (PDM) es una técnica utilizada para construir un modelo de programación en el cual las actividades se representan mediante nodos y se vinculan gráficamente mediante una o más relaciones lógicas para indicar la secuencia en que deben ser ejecutadas.

El PDM incluye cuatro tipos de dependencias o relaciones lógicas. Una actividad predecesora es una actividad que precede desde el punto de vista lógico a una actividad dependiente en un cronograma. Una actividad sucesora es una actividad dependiente que ocurre de manera lógica después de otra actividad en un cronograma. El Gráfico 6-9 ilustra estas relaciones, que se definen a continuación:

◆ **Final a Inicio (FS).** Relación lógica en la cual una actividad sucesora no puede comenzar hasta que haya concluido una actividad predecesora. Por ejemplo, la instalación del sistema operativo en una PC (sucesora) no puede comenzar hasta que el hardware de la PC sea ensamblado (predecesora).

◆ **Final a Final (FF).** Relación lógica en la cual una actividad sucesora no puede finalizar hasta que haya concluido una actividad predecesora. Por ejemplo, es necesario terminar de redactar un documento (predecesora) antes de que pueda finalizar su edición (sucesora).

◆ **Inicio a Inicio (SS).** Relación lógica en la cual una actividad sucesora no puede comenzar hasta que haya comenzado una actividad predecesora. Por ejemplo, nivelar el cemento (sucesora) no puede comenzar antes de comenzar a verter los cimientos (predecesora).

◆ **Inicio a Final (SF).** Relación lógica en la cual una actividad sucesora no puede finalizar hasta que haya comenzado una actividad predecesora. Por ejemplo, un nuevo sistema de cuentas a pagar (sucesora) tiene que comenzar antes de que el antiguo sistema de cuentas a pagar pueda ser anulado (predecesora).

El tipo de relación de precedencia FS es el que se utiliza más a menudo en el PDM. La relación SF se usa esporádicamente, pero se incluye aquí para proporcionar una lista completa de los tipos de relaciones del método PDM.

Dos actividades pueden tener dos relaciones lógicas al mismo tiempo (por ejemplo, SS y FF). Las relaciones múltiples entre las mismas actividades no se recomiendan, por lo que se deberá tomar una decisión para seleccionar la relación con el mayor impacto. Los circuitos cerrados tampoco se recomiendan en las relaciones lógicas.

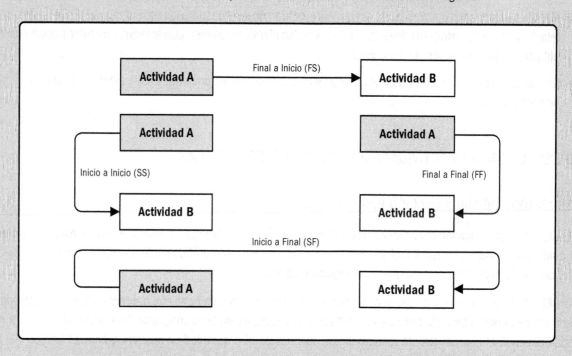

Gráfico 6-9. Tipos de Relaciones del Método de Diagramación por Precedencia (PDM)

6.3.2.2 DETERMINACIÓN E INTEGRACIÓN DE LAS DEPENDENCIAS

Se pueden caracterizar las dependencias a través de los siguientes atributos: obligatoria o discrecional, interna o externa, como se describe a continuación. La dependencia tiene cuatro atributos, pero sólo se pueden aplicar dos simultáneamente, de la siguiente forma: dependencias obligatorias externas, dependencias obligatorias internas, dependencias discrecionales externas o dependencias discrecionales internas.

◆ **Dependencias obligatorias.** Las dependencias obligatorias son las requeridas legalmente o por contrato o las inherentes a la naturaleza del trabajo. Las dependencias obligatorias a menudo implican limitaciones físicas, como en un proyecto de construcción, en que es imposible erigir la superestructura hasta que no se hayan construido los cimientos; o en un proyecto de electrónica, en que es necesario haber construido el prototipo para poder probarlo. En ocasiones se utilizan las expresiones "lógica dura" o "dependencias duras" para referirse a las dependencias obligatorias. Las dependencias de tipo técnico no son necesariamente obligatorias. El equipo del proyecto, durante el proceso de secuenciación de las actividades, determina qué dependencias son obligatorias. No se deben confundir las dependencias obligatorias con la asignación de restricciones de cronograma en la herramienta de programación.

◆ **Dependencias discrecionales.** Las dependencias discrecionales se denominan en ocasiones "lógica preferida", "lógica preferencial" o "lógica blanda". Las dependencias discrecionales se establecen con base en el conocimiento de las mejores prácticas dentro de un área de aplicación particular o a algún aspecto poco común del proyecto, donde se requiere una secuencia específica, aunque existan otras secuencias aceptables. Por ejemplo, las mejores prácticas generalmente aceptadas recomiendan que durante la construcción, el trabajo eléctrico debería comenzar luego de terminar el trabajo de plomería. Este orden no es obligatorio y ambas actividades pueden ocurrir al mismo tiempo (en paralelo), pero realizar las actividades en orden secuencial reduce el riesgo general del proyecto. Las dependencias discrecionales deberían documentarse exhaustivamente, ya que pueden dar lugar a valores arbitrarios de la holgura total y pueden limitar las opciones posteriores de programación. Cuando se emplean técnicas de ejecución rápida, se debería revisar estas dependencias discrecionales y tener en cuenta su posible modificación o eliminación. El equipo del proyecto, durante el proceso de secuenciación de las actividades, determina qué dependencias son discrecionales.

◆ **Dependencias externas.** Las dependencias externas implican una relación entre las actividades del proyecto y aquéllas que no pertenecen al proyecto. Por regla general estas dependencias están fuera del control del equipo del proyecto. Por ejemplo, la actividad de prueba en un proyecto de software puede depender de la entrega del hardware por parte de una fuente externa, o en el caso de un proyecto de construcción, pueden ser necesarias evaluaciones gubernamentales de impacto ambiental antes de iniciar la preparación del emplazamiento. El equipo de dirección del proyecto, durante el proceso de secuenciación de las actividades, determina qué dependencias son externas.

◆ **Dependencias internas.** Las dependencias internas implican una relación de precedencia entre actividades del proyecto y por regla general están bajo el control del equipo del proyecto. Por ejemplo, si el equipo no puede probar una máquina mientras no la haya ensamblado, existe una dependencia interna obligatoria. El equipo de dirección del proyecto, durante el proceso de secuenciación de las actividades, determina qué dependencias son internas.

6.3.2.3 ADELANTOS Y RETRASOS

Un adelanto es la cantidad de tiempo en que una actividad sucesora se puede anticipar con respecto a una actividad predecesora. Por ejemplo, en un proyecto para la construcción de un nuevo edificio de oficinas, puede programarse el comienzo de la preparación del jardín 2 semanas antes de la fecha programada para completar la lista de tareas pendientes. Esto se representaría como una relación lógica final a inicio, con un adelanto de 2 semanas, tal y como se muestra en el Gráfico 6-10. El adelanto se representa a menudo como un valor negativo de un retraso en el software de programación.

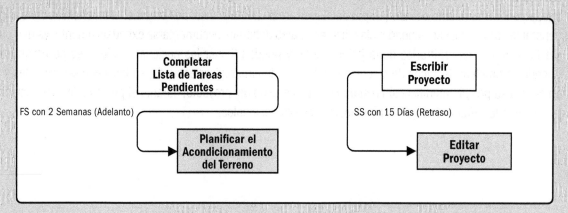

Gráfico 6-10. Ejemplos de Adelantos y Retrasos

Un retraso es la cantidad de tiempo en que una actividad sucesora se retrasa con respecto a una actividad predecesora. Por ejemplo, un equipo de redacción técnica puede comenzar a editar el borrador de un documento extenso 15 días después de haber comenzado a escribirlo. Esto se puede representar como una relación inicio a inicio con un retraso de 15 días, tal y como se muestra en el Gráfico 6-10. Como se muestra en el Gráfico 6-11, el retraso se puede representar en un diagrama de red del cronograma del proyecto; tal es el caso de la relación entre las actividades *H* e *I* (como indica la nomenclatura SS+10 (inicio a inicio más 10 días de retraso) aunque no se muestra la desviación en relación con una escala de tiempo).

El equipo de dirección del proyecto determina las dependencias que podrían requerir un adelanto o un retraso para definir con exactitud la relación lógica. No deberían utilizarse adelantos y retrasos para sustituir la lógica de la programación. Además, las estimaciones de duración no incluyen adelantos ni retrasos. Deberían documentarse tanto las actividades como los supuestos relacionados con las mismas.

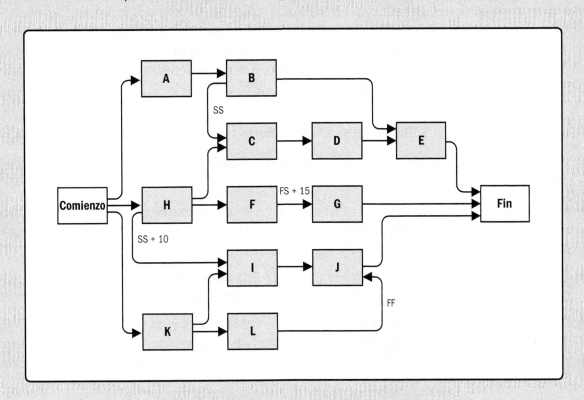

Gráfico 6-11. Diagrama de Red del Cronograma del Proyecto

6.3.2.4 SISTEMA DE INFORMACIÓN PARA LA DIRECCIÓN DE PROYECTOS (PMIS)

Descrito en la Sección 4.3.2.2. Los sistemas de información para la dirección de proyectos incluyen software de programación que ayuda a planificar, organizar y ajustar la secuencia de actividades; insertar las relaciones lógicas, valores de adelanto y retraso; y diferenciar los distintos tipos de dependencias.

6.3.3 SECUENCIAR LAS ACTIVIDADES: SALIDAS

6.3.3.1 DIAGRAMAS DE RED DEL CRONOGRAMA DEL PROYECTO

Un diagrama de red del cronograma del proyecto es una representación gráfica de las relaciones lógicas, también denominadas dependencias, entre las actividades del cronograma del proyecto. El Gráfico 6-11 muestra un diagrama de red de un cronograma de proyecto. La elaboración de un diagrama de red del cronograma del proyecto se puede llevar a cabo de forma manual o mediante la utilización de un software de gestión de proyectos. Puede incluir todos los detalles del proyecto o contener una o más actividades resumen. Se puede adjuntar al diagrama un resumen escrito con la descripción de la metodología básica que se ha utilizado para secuenciar las actividades. Cualquier secuencia inusual de actividades en la red debería describirse íntegramente por escrito.

Las actividades que tienen múltiples actividades predecesoras indican una convergencia de rutas. Las actividades que tienen múltiples actividades sucesoras indican una divergencia de rutas. Las actividades con divergencia y convergencia corren mayor riesgo, ya que son afectadas por múltiples actividades o pueden afectar a múltiples actividades. La actividad *I* se denomina convergencia de rutas, ya que tiene más de una predecesora, mientras que la actividad *K* se denomina divergencia de rutas, ya que tiene más de una sucesora.

6.3.3.2 ACTUALIZACIONES A LOS DOCUMENTOS DEL PROYECTO

Los documentos del proyecto que pueden actualizarse como resultado de llevar a cabo este proceso incluyen, entre otros:

◆ **Atributos de las actividades.** Descritos en la Sección 6.2.3.2. Los atributos de las actividades pueden describir una secuencia necesaria de eventos o definir relaciones de tipo predecesor o sucesor, así como también adelantos y retrasos, y relaciones lógicas definidas entre las actividades.

◆ **Lista de actividades.** Descrita en la Sección 6.2.3.1. La lista de actividades puede verse impactada por los cambios en las relaciones entre las actividades del proyecto durante la secuenciación de actividades.

◆ **Registro de supuestos.** Descrito en la Sección 4.1.3.2. Los supuestos y las restricciones registrados en el registro de supuestos pueden requerir actualización en base a la secuenciación, la determinación de relaciones, y los adelantos y retrasos, y pueden dar lugar a riesgos individuales del proyecto que pueden impactar el cronograma del proyecto.

◆ **Lista de hitos.** Descrita en la Sección 6.2.3.3. Las fechas programadas para hitos específicos pueden verse impactadas por los cambios en las relaciones entre las actividades del proyecto durante la secuenciación de actividades.

6.4 ESTIMAR LA DURACIÓN DE LAS ACTIVIDADES

Estimar la Duración de las Actividades es el proceso de realizar una estimación de la cantidad de períodos de trabajo necesarios para finalizar las actividades individuales con los recursos estimados. El beneficio clave de este proceso es que establece la cantidad de tiempo necesario para finalizar cada una de las actividades. Este proceso se lleva a cabo a lo largo de todo el proyecto. El Gráfico 6-12 muestra las entradas, herramientas y técnicas, y salidas de este proceso. El Gráfico 6-13 ilustra el diagrama de flujo de datos del proceso.

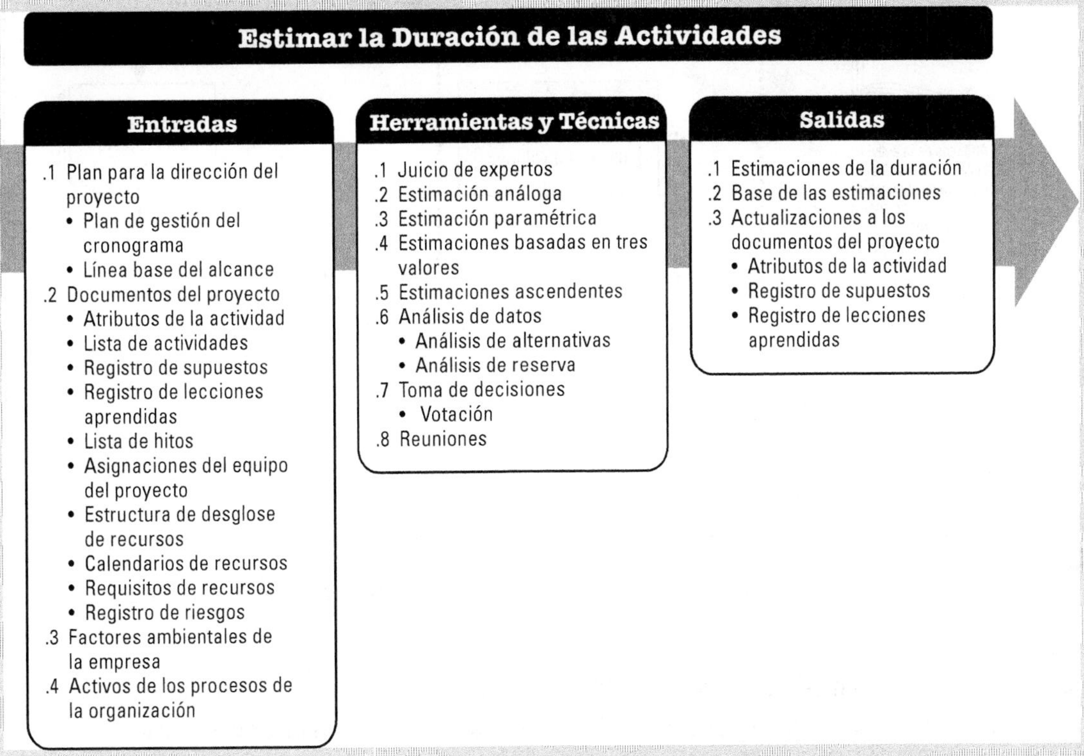

Estimar la Duración de las Actividades

Entradas

.1 Plan para la dirección del proyecto
  • Plan de gestión del cronograma
  • Línea base del alcance
.2 Documentos del proyecto
  • Atributos de la actividad
  • Lista de actividades
  • Registro de supuestos
  • Registro de lecciones aprendidas
  • Lista de hitos
  • Asignaciones del equipo del proyecto
  • Estructura de desglose de recursos
  • Calendarios de recursos
  • Requisitos de recursos
  • Registro de riesgos
.3 Factores ambientales de la empresa
.4 Activos de los procesos de la organización

Herramientas y Técnicas

.1 Juicio de expertos
.2 Estimación análoga
.3 Estimación paramétrica
.4 Estimaciones basadas en tres valores
.5 Estimaciones ascendentes
.6 Análisis de datos
  • Análisis de alternativas
  • Análisis de reserva
.7 Toma de decisiones
  • Votación
.8 Reuniones

Salidas

.1 Estimaciones de la duración
.2 Base de las estimaciones
.3 Actualizaciones a los documentos del proyecto
  • Atributos de la actividad
  • Registro de supuestos
  • Registro de lecciones aprendidas

Gráfico 6-12. Estimar la Duración de las Actividades: Entradas, Herramientas y Técnicas, y Salidas

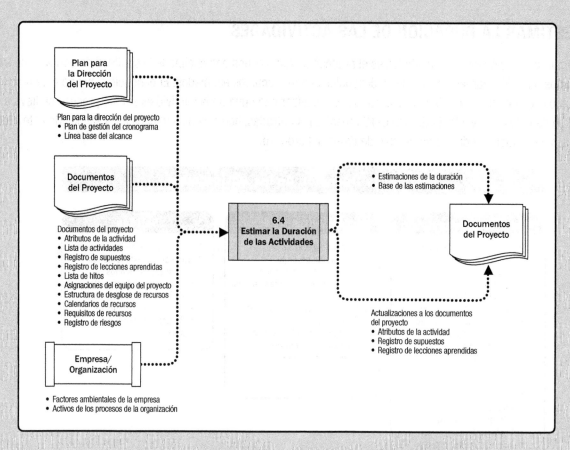

Gráfico 6-13. Estimar la Duración de las Actividades: Diagrama de Flujo de Datos

La estimación de la duración de las actividades utiliza información del alcance del trabajo, los tipos de recursos o niveles de habilidad necesarios, las cantidades estimadas de recursos y sus calendarios de utilización. Otros factores que pueden influir en las estimaciones de la duración incluyen restricciones impuestas a la duración, esfuerzo involucrado, o tipo de recursos (p.ej., duración fija, esfuerzo o trabajo fijo, número de recursos fijo), así como la técnica de análisis de la red del cronograma utilizada. Las entradas para las estimaciones de la duración provienen de la persona o grupo del equipo del proyecto que esté más familiarizado con la naturaleza del trabajo en la actividad específica. La estimación de la duración se elabora de manera progresiva, y el proceso tiene en cuenta la calidad y la disponibilidad de los datos de entrada. Por ejemplo, conforme van estando disponibles datos más detallados y precisos sobre el trabajo de ingeniería y de diseño del proyecto, van aumentando la exactitud y la calidad de las estimaciones de la duración.

El proceso Estimar la Duración de las Actividades requiere que se realice una estimación del esfuerzo requerido y de la cantidad de recursos disponibles estimados para completar la actividad. Estas estimaciones se utilizan para deducir de manera aproximada la cantidad de períodos de trabajo (duración de la actividad) necesarios para completar la actividad, mediante la utilización de los calendarios adecuados de proyecto y de recursos. En muchos casos, el número de recursos que se espera estén disponibles para llevar a cabo una actividad, junto con el dominio de las habilidades de esos recursos, pueden determinar la duración de la actividad. Normalmente, un cambio en un recurso impulsor asignado a la actividad tendrá un efecto en la duración, pero no se trata de una relación simple en "línea recta" o lineal. En ocasiones, dada la naturaleza intrínseca del trabajo (a saber, restricciones impuestas a la duración, esfuerzo involucrado o número de recursos) tardará un tiempo predeterminado en completarse, independientemente de la adjudicación de recursos (p.ej., una prueba de tensión de 24 horas). Otros factores a considerar al estimar la duración incluyen:

◆ **Ley de los rendimientos decrecientes.** Cuando un factor (p.ej., recurso) usado para determinar el esfuerzo requerido para producir una unidad de trabajo se incrementa mientras todos los demás factores permanecen fijos, eventualmente se alcanzará un punto en que las adiciones de ese factor comenzarán a generar gradualmente incrementos menores o decrecientes de la producción.

◆ **Número de recursos.** Incrementar el número de recursos al doble del número original no siempre reduce el tiempo a la mitad, ya que puede aumentar adicionalmente la duración debido al riesgo, y, en algún punto, añadir demasiados recursos a la actividad puede aumentar la duración debido a la transferencia de conocimiento, la curva de aprendizaje, la coordinación adicional y otros factores involucrados.

◆ **Avances tecnológicos.** Esto también puede desempeñar un papel importante para determinar las estimaciones de la duración. Por ejemplo, un aumento de la producción de una fábrica puede lograrse adquiriendo los últimos avances tecnológicos, lo que puede impactar la duración y las necesidades de recursos.

◆ **Motivación del personal.** El director del proyecto también debe ser consciente del Síndrome del Estudiante—o procrastinación—en que las personas sólo se ponen a trabajar en el último momento posible antes del plazo y la Ley de Parkinson según la cual el trabajo se expande para ocupar todo el tiempo disponible para su realización.

Para cada estimación de duración de una actividad se documentan todos los datos y supuestos que la sustentan.

6.4.1 ESTIMAR LA DURACIÓN DE LAS ACTIVIDADES: ENTRADAS

6.4.1.1 PLAN PARA LA DIRECCIÓN DEL PROYECTO

Descrito en la Sección 4.2.3.1. Los componentes del plan para la dirección del proyecto incluyen, entre otros:

◆ **Plan de gestión del cronograma.** Descrito en la Sección 6.1.3.1. El plan de gestión del cronograma define el método utilizado, así como el nivel de exactitud y otros criterios necesarios para estimar la duración de las actividades.

◆ **Línea base del alcance.** Descrita en la Sección 5.4.3.1. La línea base del alcance incluye el diccionario de la EDT/WBS, el cual contiene detalles técnicos que pueden influir en las estimaciones de la duración y el esfuerzo.

6.4.1.2 DOCUMENTOS DEL PROYECTO

Los documentos del proyecto que pueden considerarse como entradas de este proceso incluyen, entre otros:

◆ **Atributos de las actividades.** Descritos en la Sección 6.2.3.2. Los atributos de las actividades pueden definir relaciones de tipo predecesor o sucesor, así como también definir adelantos y retrasos y relaciones lógicas entre las actividades que pueden influir en las estimaciones de la duración.

◆ **Lista de actividades.** Descrita en la Sección 6.2.3.1. La lista de actividades contiene todas las actividades del cronograma necesarias para llevar a cabo el proyecto, que deben ser estimadas. Las estimaciones de la duración se ven afectadas por las dependencias entre actividades y otras restricciones.

◆ **Registro de supuestos.** Descrito en la Sección 4.1.3.2. Los supuestos y las restricciones registrados en el registro de supuestos pueden dar lugar a riesgos individuales del proyecto que pueden influir en el cronograma del proyecto.

◆ **Registro de lecciones aprendidas.** Descrito en la Sección 4.4.3.1. Las lecciones aprendidas tempranamente en el proyecto con respecto a la estimación de la duración y el esfuerzo pueden aplicarse a fases más tardías del proyecto para mejorar la exactitud y la precisión de las estimaciones de la duración y el esfuerzo.

◆ **Lista de hitos.** Descrita en la Sección 6.2.3.3. La lista de hitos puede incluir fechas programadas para hitos específicos, que pueden impactar las estimaciones de la duración.

◆ **Asignaciones del equipo del proyecto.** Descritas en la Sección 9.3.3.2. Se considera que el proyecto está dotado de personal cuando se han asignado al equipo las personas adecuadas.

◆ **Estructura de desglose de recursos.** Descrita en la Sección 9.2.3.3. La estructura de desglose de recursos es una estructura jerárquica de los recursos identificados, por categoría y tipo de recurso.

◆ **Calendarios de recursos.** Descritos en la Sección 9.2.1.2. Los calendarios de recursos influyen sobre la duración de las actividades del cronograma en términos de la disponibilidad de recursos específicos, el tipo de los recursos y los recursos con atributos específicos. Los calendarios de recursos especifican cuándo y por cuánto tiempo estarán disponibles los recursos identificados del proyecto durante la ejecución del mismo.

◆ **Requisitos de recursos.** Descritos en la Sección 9.2 3.1. Los recursos requeridos para las actividades que se han estimado tendrán un efecto sobre la duración de las actividades, puesto que el grado con el que los recursos asignados a cada actividad cumplen con los requisitos tendrá una influencia significativa sobre la duración de la mayoría de las actividades. Por ejemplo, si se asignan recursos adicionales o con menos habilidades a una actividad, puede producirse una disminución del desempeño o de la productividad debido a que se incrementarán las necesidades de comunicación, de formación y de coordinación, lo que redundará en una duración estimada mayor.

◆ **Registro de riesgos.** Descrito en la Sección 11.2.3.1. Los riesgos individuales del proyecto pueden influir en la selección y disponibilidad de los recursos. Las actualizaciones al registro de riesgos se incluyen entre las actualizaciones de los documentos del proyecto, que se describen en la Sección 11.5.3.2, de Planificar la Respuesta a los Riesgos.

6.4.1.3 FACTORES AMBIENTALES DE LA EMPRESA

Los factores ambientales de la empresa que pueden influir en el proceso Estimar la Duración de las Actividades incluyen, entre otros:

◆ Bases de datos de estimaciones de duración y otros datos de referencia,

◆ Métricas de productividad,

◆ Información comercial publicada, y

◆ Ubicación de los miembros del equipo.

6.4.1.4 ACTIVOS DE LOS PROCESOS DE LA ORGANIZACIÓN

Los activos de los procesos de la organización que pueden influir en el proceso Estimar la Duración de las Actividades incluyen, entre otros:

◆ Información histórica relativa a la duración,

◆ Calendarios del proyecto,

◆ Políticas de estimación,

◆ Metodología de programación, y

◆ Repositorio de lecciones aprendidas.

6.4.2 ESTIMAR LA DURACIÓN DE LAS ACTIVIDADES: HERRAMIENTAS Y TÉCNICAS

6.4.2.1 JUICIO DE EXPERTOS

Descrito en la Sección 4.1.2.1. Se debería considerar la pericia de los individuos o grupos que tengan conocimientos especializados o capacitación en los siguientes temas:

◆ Desarrollo, gestión y control del cronograma;

◆ Experiencia en estimaciones; y

◆ Disciplina o conocimiento de aplicaciones.

6.4.2.2 ESTIMACIÓN ANÁLOGA

La estimación análoga es una técnica para estimar la duración o el costo de una actividad o de un proyecto utilizando datos históricos de una actividad o proyecto similar. La estimación análoga utiliza parámetros de un proyecto anterior similar, tales como duración, presupuesto, tamaño, peso y complejidad, como base para estimar los mismos parámetros o medidas para un proyecto futuro. Cuando se trata de estimar duraciones, esta técnica utiliza la duración real de proyectos similares anteriores como base para estimar la duración del proyecto actual. Es un método de estimación del valor bruto, que en ocasiones se ajusta en función de las diferencias conocidas en cuanto a la complejidad del proyecto. La estimación análoga de la duración se emplea a menudo para estimar la duración de un proyecto cuando se dispone de escasa información de detalle sobre el mismo.

Por regla general, la estimación análoga es menos costosa y requiere menos tiempo que otras técnicas, pero también es menos exacta. La estimación análoga de duraciones se puede aplicar a un proyecto en su totalidad o a partes del mismo, y puede utilizarse en combinación con otros métodos de estimación. La estimación análoga es más fiable cuando las actividades anteriores son de hecho similares, no sólo en apariencia, y cuando los miembros del equipo del proyecto responsables de efectuar las estimaciones poseen la pericia necesaria.

6.4.2.3 ESTIMACIÓN PARAMÉTRICA

La estimación paramétrica es una técnica de estimación en la que se utiliza un algoritmo para calcular el costo o la duración con base en datos históricos y parámetros del proyecto. La estimación paramétrica utiliza una relación estadística entre los datos históricos y otras variables (p.ej., metros cuadrados de construcción) para calcular una estimación de los parámetros de una actividad tales como costo, presupuesto y duración.

Las duraciones pueden determinarse cuantitativamente multiplicando la cantidad de trabajo a realizar por el número de horas laborales por unidad de trabajo. Por ejemplo, la duración de un proyecto de diseño puede estimarse multiplicando el número de planos por la cantidad de horas laborales necesarias para cada plano; o para una instalación de cable, multiplicando los metros de cable por la cantidad de horas laborales por metro. Si el recurso asignado es capaz de instalar 25 metros de cable por hora, la duración requerida para instalar 1.000 metros sería de 40 horas (1.000 metros dividido entre 25 metros por hora).

Con esta técnica se pueden lograr niveles superiores de exactitud, en función de la sofisticación y de los datos subyacentes que utilice el modelo. La estimación paramétrica del cronograma se puede aplicar a un proyecto en su totalidad o a partes del mismo, y se puede utilizar en conjunto con otros métodos de estimación.

6.4.2.4 ESTIMACIÓN BASADA EN TRES VALORES

La exactitud de las estimaciones de la duración por un único valor puede mejorarse si se tienen en cuenta la incertidumbre y el riesgo. El uso de estimaciones basadas en tres valores ayuda a definir un rango aproximado de duración de una actividad:

◆ **Más probable (*tM*).** Esta estimación se basa en la duración de la actividad, en función de los recursos que probablemente le sean asignados, de su productividad, de las expectativas realistas de disponibilidad para la actividad, de las dependencias de otros participantes y de las interrupciones.

◆ **Optimista (*tO*).** Estima la duración de la actividad sobre la base del análisis del mejor escenario para esa actividad.

◆ **Pesimista (*tP*).** Estima la duración sobre la base del análisis del peor escenario para esa actividad.

Se puede calcular la duración esperada, *tE*, en función de la distribución asumida de los valores dentro del rango de las tres estimaciones. Una de las fórmulas más utilizadas es la distribución triangular:

$tE = (tO + tM + tP) / 3.$

La distribución triangular se utiliza cuando existen datos históricos insuficientes o cuando se usan datos subjetivos. Las estimaciones de duración basadas en tres valores con una distribución determinada proporcionan una duración esperada y despejan el grado de incertidumbre sobre la duración esperada.

6.4.2.5 ESTIMACIÓN ASCENDENTE

La estimación ascendente es un método de estimación de la duración o el costo del proyecto mediante la suma de las estimaciones de los componentes de nivel inferior en la EDT/WBS. Cuando no se puede estimar la duración de una actividad con un grado razonable de confianza, el trabajo que conlleva esa actividad se descompone en un nivel mayor de detalle. Se estiman las duraciones de los detalles. Posteriormente se suman estas estimaciones y se genera una cantidad total para cada una de las duraciones de la actividad. Las actividades pueden o no tener dependencias entre sí, y esto puede afectar a la asignación y al uso de los recursos. Si existen dependencias, este patrón de uso de recursos se refleja y se documenta en los requisitos estimados para la actividad.

6.4.2.6 ANÁLISIS DE DATOS

Las técnicas de análisis de datos que pueden utilizarse para este proceso incluyen, entre otras:

◆ **Análisis de alternativas.** El análisis de alternativas se utiliza para comparar distintos niveles de capacidad o habilidades de los recursos; técnicas de compresión de la programación (descritas en la Sección 6.5.2.6); diferentes herramientas (manuales vs. automatizadas); y decisiones de construir, alquilar o comprar relativas a los recursos. Esto permite al equipo evaluar las variables de recursos, costos y duración, a fin de determinar un enfoque óptimo para llevar a cabo el trabajo del proyecto.

◆ **Análisis de reserva.** El análisis de reserva se utiliza para determinar la cantidad de reservas para contingencias y de gestión necesarias para el proyecto. Las estimaciones de la duración pueden incluir reservas para contingencias, denominadas en ocasiones reservas de cronograma, para tener en cuenta la incertidumbre del cronograma. Las reservas para contingencias consisten en la duración estimada dentro de la línea base del cronograma que se asigna por los riesgos identificados y aceptados por la organización. Las reservas para contingencias se asocian a los "conocidos-desconocidos", que se pueden estimar de manera que cubran esa cantidad desconocida de retrabajo. La reserva para contingencias puede ser un porcentaje de la duración estimada de la actividad o una cantidad fija de períodos de trabajo. Las reservas para contingencias pueden separarse de las actividades individuales y sumarse. A medida que se dispone de información más precisa sobre el proyecto, la reserva para contingencias puede utilizarse, reducirse o eliminarse. La contingencia debería identificarse claramente en la documentación del cronograma.

También se pueden realizar estimaciones sobre la cantidad de reservas de gestión del cronograma para el proyecto. Las reservas de gestión son cantidades específicas del presupuesto del proyecto que se retienen por razones de control de gestión y que se reservan para cubrir trabajo no previsto dentro del alcance del proyecto. El objetivo de las reservas de gestión es contemplar las variables "desconocidas desconocidas" que pueden afectar a un proyecto. La reserva de gestión no se incluye en la línea base del cronograma, pero forma parte de los requisitos generales de duración del proyecto. Dependiendo de los términos del contrato las reservas de gestión pueden requerir un cambio en la línea base del proyecto.

6.4.2.7 TOMA DE DECISIONES

Descrita en la Sección 5.2.2.4. Las técnicas de toma de decisiones que pueden utilizarse para este proceso incluyen, entre otras, la votación. Una variación del método de votación que se usa a menudo en proyectos ágiles es el puño de cinco (también llamado puño al cinco). En esta técnica, el director del proyecto pide al equipo que muestre su nivel de apoyo a una decisión manteniendo en alto un puño cerrado (que indica apoyo nulo) hasta un máximo de cinco dedos (que indica pleno apoyo). Si un miembro del equipo levanta menos de tres dedos, se le da la oportunidad de discutir cualquier objeción con el equipo. El director del proyecto continúa con el proceso del puño de cinco hasta que el equipo logre el consenso (que todos levanten tres o más dedos) o acepta pasar a la siguiente decisión.

6.4.2.8 REUNIONES

El equipo del proyecto puede mantener reuniones para estimar la duración de las actividades. Cuando se usa un enfoque ágil, es necesario realizar reuniones de planificación de iteraciones o sprints para discutir elementos prioritarios de trabajo pendiente asociado al producto (historias de usuarios) y decidir con cuáles de estos elementos el equipo se comprometerá a trabajar en la siguiente iteración. El equipo desglosa las historias de usuarios en tareas de bajo nivel, con estimaciones en horas, y luego valida que las estimaciones sean realizables en base a la capacidad del equipo a lo largo de la duración (iteración). Esta reunión generalmente se realiza el primer día de la iteración con la presencia del responsable del producto, el equipo scrum y el director del proyecto. El resultado de la reunión incluye el registro de trabajos pendientes de iteraciones, así como también supuestos, inquietudes, riesgos, dependencias, decisiones y acciones.

6.4.3 ESTIMAR LA DURACIÓN DE LAS ACTIVIDADES: SALIDAS

6.4.3.1 ESTIMACIÓN DE LA DURACIÓN

Las estimaciones de la duración son evaluaciones cuantitativas del número probable de períodos de tiempo requeridos para completar una actividad, una fase o un proyecto. Las estimaciones de duración no incluyen retrasos tal y como se describe en la Sección 6.3.2.3. Las estimaciones de la duración pueden incluir alguna indicación del rango de resultados posibles. Por ejemplo:

◆ Un rango de 2 semanas ± 2 días, para indicar que la actividad durará al menos 8 días y no más de 12 (asumiendo una semana laboral de 5 días); o

◆ Un 15% de probabilidad de exceder las 3 semanas, para indicar una alta probabilidad—85%—de que la actividad dure 3 semanas o menos.

6.4.3.2 BASE DE LAS ESTIMACIONES

La cantidad y el tipo de detalles adicionales que respaldan la estimación de la duración varían en función del área de aplicación. Independientemente del nivel de detalle, la documentación de apoyo debería proporcionar una comprensión clara y completa de la forma en que se obtuvo la estimación de la duración.

Los detalles de apoyo para las estimaciones de la duración pueden incluir:

◆ La documentación de las bases de las estimaciones (es decir, cómo fueron desarrolladas),

◆ La documentación de todos los supuestos realizados,

◆ La documentación de todas las restricciones conocidas,

◆ Una indicación del rango de las estimaciones posibles (p.ej., ±10%) para indicar que la duración se estima dentro de un rango de valores),

◆ Una indicación del nivel de confianza de la estimación final, y

◆ La documentación de los riesgos individuales del proyecto que influyen en esta estimación.

6.4.3.3 ACTUALIZACIONES A LOS DOCUMENTOS DEL PROYECTO

Los documentos del proyecto que pueden actualizarse como resultado de llevar a cabo este proceso incluyen, entre otros:

◆ **Atributos de las actividades.** Descritos en la Sección 6.2.3.2. Las estimaciones de la duración de las actividades producidas durante este proceso se documentan como parte de los atributos de las actividades.

◆ **Registro de supuestos.** Descrito en la Sección 4.1.3.2. Incluye los supuestos adoptados durante el desarrollo de la estimación de la duración, tales como los niveles de habilidad y disponibilidad de los recursos, así como una base de estimaciones para las duraciones. Adicionalmente, también se documentan las restricciones que surgen de la metodología de programación y la herramienta de planificación.

◆ **Registro de lecciones aprendidas.** Descrito en la Sección 4.4.3.1. El registro de lecciones aprendidas puede actualizarse con técnicas que fueron eficientes y efectivas para desarrollar las estimaciones del esfuerzo y la duración.

6.5 DESARROLLAR EL CRONOGRAMA

Desarrollar el Cronograma es el proceso de analizar secuencias de actividades, duraciones, requisitos de recursos y restricciones del cronograma para crear un modelo de programación para la ejecución, el monitoreo y el control del proyecto. El beneficio clave de este proceso es que genera un modelo de programación con fechas planificadas para completar las actividades del proyecto. Este proceso se lleva a cabo a lo largo de todo el proyecto. El Gráfico 6-14 muestra las entradas, herramientas y técnicas, y salidas de este proceso. El Gráfico 6-15 ilustra el diagrama de flujo de datos del proceso.

Desarrollar el Cronograma

Entradas

.1 Plan para la dirección del proyecto
 • Plan de gestión del cronograma
 • Línea base del alcance
.2 Documentos del proyecto
 • Atributos de la actividad
 • Lista de actividades
 • Registro de supuestos
 • Base de las estimaciones
 • Estimaciones de la duración
 • Registro de lecciones aprendidas
 • Lista de hitos
 • Diagramas de red del cronograma del proyecto
 • Asignaciones del equipo del proyecto
 • Calendarios de recursos
 • Requisitos de recursos
 • Registro de riesgos
.3 Acuerdos
.4 Factores ambientales de la empresa
.5 Activos de los procesos de la organización

Herramientas y Técnicas

.1 Análisis de la red del cronograma
.2 Método de la ruta crítica
.3 Optimización de recursos
.4 Análisis de datos
 • Análisis de escenarios "¿Qué pasa si...?"
 • Simulación
.5 Adelantos y retrasos
.6 Compresión del cronograma
.7 Sistema de información para la dirección de proyectos
.8 Planificación ágil de liberaciones

Salidas

.1 Línea base del cronograma
.2 Cronograma del proyecto
.3 Datos del cronograma
.4 Calendarios del proyecto
.5 Solicitudes de cambio
.6 Actualizaciones al plan para la dirección del proyecto
 • Plan de gestión del cronograma
 • Línea base de costos
.7 Actualizaciones a los documentos del proyecto
 • Atributos de la actividad
 • Registro de supuestos
 • Estimaciones de la duración
 • Registro de lecciones aprendidas
 • Requisitos de recursos
 • Registro de riesgos

Gráfico 6-14. Desarrollar el Cronograma: Entradas, Herramientas y Técnicas, y Salidas

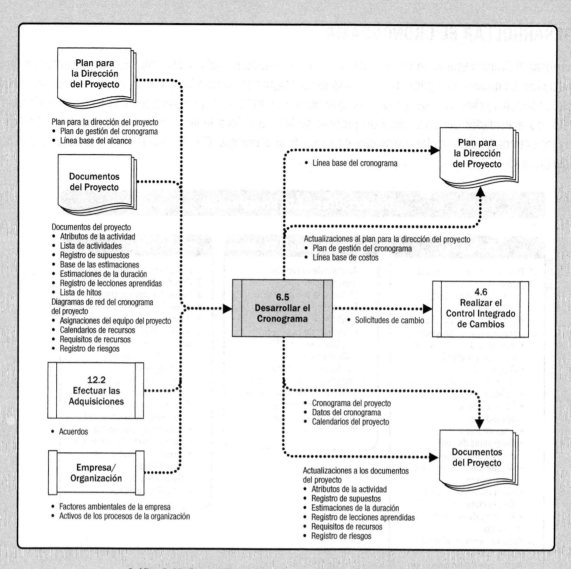

Gráfico 6-15. Desarrollar el Cronograma: Diagrama de Flujo de Datos

El desarrollo de un cronograma aceptable del proyecto es un proceso iterativo. Se utiliza el modelo de programación para determinar las fechas planificadas de inicio y fin de las actividades del proyecto, así como los hitos del mismo, sobre la base de la mejor información disponible. El desarrollo del cronograma puede requerir el repaso y la revisión de las estimaciones de duración, estimaciones de recursos y reservas de cronograma para establecer un cronograma aprobado del proyecto, que pueda a su vez servir como línea base con respecto a la cual se pueda medir el avance. Los pasos clave incluyen la definición de los hitos del proyecto, la identificación y secuenciación de actividades, y la estimación de las duraciones. Por regla general, una vez determinadas las fechas de inicio y finalización de una actividad, se encomienda al personal asignado a las tareas la revisión de sus actividades asignadas. El personal confirma que las fechas de inicio y finalización no entran en conflicto con los calendarios de recursos o con las actividades asignadas en otros proyectos o tareas, y de este modo siguen siendo válidas. Luego, se analiza el cronograma para determinar si existen conflictos con las relaciones lógicas y si es necesaria la nivelación de recursos antes de aprobar el cronograma y definir la línea base. La revisión y el mantenimiento del modelo de programación del proyecto continúan a lo largo del mismo para mantener un cronograma realista.

Véase el *Practice Standard for Scheduling* (en inglés) para obtener información más detallada sobre el desarrollo del cronograma.

6.5.1 DESARROLLAR EL CRONOGRAMA: ENTRADAS

6.5.1.1 PLAN PARA LA DIRECCIÓN DEL PROYECTO

Descrito en la Sección 4.2.3.1. Los componentes del plan para la dirección del proyecto incluyen, entre otros:

◆ **Plan de gestión del cronograma.** Descrito en la Sección 6.1.3.1. El plan de gestión del cronograma identifica la metodología y la herramienta de programación a utilizar en el proyecto para el desarrollo del cronograma y la manera en que se debe calcular el mismo.

◆ **Línea base del alcance.** Descrita en la Sección 5.4.3.1. El enunciado del alcance, la EDT/WBS y el diccionario de la EDT/WBS contienen detalles sobre los entregables del proyecto que se tienen en cuenta al construir el modelo de programación.

6.5.1.2 DOCUMENTOS DEL PROYECTO

Los documentos del proyecto que pueden considerarse como entradas de este proceso incluyen, entre otros:

◆ **Atributos de las actividades.** Descritos en la Sección 6.2.3.2. Los atributos de las actividades proporcionan los detalles para la construcción del modelo de programación.

◆ **Lista de actividades.** Descrita en la Sección 6.2.3.1. La lista de actividades identifica las actividades a incluir en el modelo de programación.

◆ **Registro de supuestos.** Descrito en la Sección 4.1.3.2. Los supuestos y las restricciones registrados en el registro de supuestos pueden dar lugar a riesgos individuales del proyecto que pueden impactar el cronograma del proyecto.

◆ **Base de las estimaciones.** Descrita en la Sección 6.4.3.2. La cantidad y el tipo de detalles adicionales que respaldan la estimación de la duración varían en función del área de aplicación. Independientemente del nivel de detalle, la documentación de apoyo debería proporcionar una comprensión clara y completa de la forma en que se obtuvo la estimación de la duración.

◆ **Estimaciones de la duración.** Descritas en la Sección 6.4.3.1. Las estimaciones de duración son valoraciones cuantitativas de la cantidad probable de períodos de trabajo que se necesitarán para completar una actividad. Esto se utilizará para calcular el cronograma.

◆ **Lecciones aprendidas.** Descritas en la Sección 4.4.3.1. Las lecciones aprendidas tempranamente en el proyecto con respecto al desarrollo del modelo de programación pueden aplicarse a fases más tardías del proyecto para mejorar la validez del modelo de programación.

◆ **Lista de hitos.** Descrita en la Sección 6.2.3.3. La lista de hitos incluye fechas programadas para hitos específicos.

◆ **Diagrama de red del cronograma del proyecto.** Descrito en la Sección 6.3.3.1. Los diagramas de red del cronograma del proyecto contienen las relaciones lógicas de predecesoras y sucesoras que se utilizarán para calcular el cronograma.

◆ **Asignaciones del equipo del proyecto.** Descritas en la Sección 9.3.3.2. Las asignaciones del equipo del proyecto especifican qué recursos se asignan a cada una de las actividades.

◆ **Calendarios de recursos.** Descritos en la Sección 9.2.1.2. Los calendarios de recursos contienen información sobre la disponibilidad de los recursos a lo largo del proyecto.

◆ **Requisitos de recursos.** Descritos en la Sección 9.2 3.1. Los recursos requeridos para las actividades consisten en los tipos y las cantidades de recursos identificados que necesita cada actividad y se utilizan para generar el modelo de programación.

◆ **Registro de riesgos.** Descrito en la Sección 11.2.3.1. El registro de riesgos proporciona los detalles relativos a todos los riesgos identificados y sus características, que pueden afectar al modelo de programación. La información sobre los riesgos relevantes para el cronograma se refleja en reservas de cronograma usando el impacto del riesgo medio o esperado.

6.5.1.3 ACUERDOS

Descritos en la Sección 12.2.3.2. Los proveedores pueden proveer información para el cronograma del proyecto, conforme desarrollan los detalles sobre cómo realizarán el trabajo del proyecto para cumplir con los compromisos contractuales.

6.5.1.4 FACTORES AMBIENTALES DE LA EMPRESA

Los factores ambientales de la empresa que pueden influir en el proceso Desarrollar el Cronograma incluyen, entre otros:

◆ Estándares gubernamentales o de la industria, y

◆ Canales de comunicación.

6.5.1.5 ACTIVOS DE LOS PROCESOS DE LA ORGANIZACIÓN

Los activos de los procesos de la organización que pueden influir en el proceso Desarrollar el Cronograma incluyen, entre otros:

◆ Metodología de programación que contiene las políticas que rigen el desarrollo y mantenimiento del modelo de programación, y

◆ Calendario(s) del proyecto.

6.5.2 DESARROLLAR EL CRONOGRAMA: HERRAMIENTAS Y TÉCNICAS

6.5.2.1 ANÁLISIS DE LA RED DEL CRONOGRAMA

El análisis de la red del cronograma es la técnica global que se utiliza para generar el modelo de programación del proyecto. Emplea varias otras técnicas como el método de la ruta crítica (descrito en la Sección 6.5.2.2), técnicas de optimización de recursos (descritas en la Sección 6.5.2.3) y técnicas de modelado (descritas en la Sección 6.5.2.4). El análisis adicional incluye, entre otras cosas:

◆ Evaluar la necesidad de sumar reservas de cronograma para reducir la probabilidad de un retraso en el cronograma cuando múltiples rutas convergen en un momento determinado o cuando múltiples rutas divergen a partir de un momento determinado, a fin de reducir la probabilidad de un retraso en el cronograma.

◆ Revisar la red para determinar si la ruta crítica presenta actividades de alto riesgo o elementos con adelantos extensos que puedan requerir el uso de reservas de cronograma o la implementación de respuestas a los riesgos para reducir el riesgo en la ruta crítica.

El análisis de la red del cronograma es un proceso iterativo que se emplea hasta que se desarrolle un modelo viable de programación.

6.5.2.2 MÉTODO DE LA RUTA CRÍTICA

El método de la ruta crítica se utiliza para estimar la mínima duración del proyecto y determinar el nivel de flexibilidad en la programación de los caminos de red lógicos dentro del modelo de programación. Esta técnica de análisis de la red del cronograma calcula las fechas de inicio y finalización, tempranas y tardías, para todas las actividades, sin tener en cuenta las limitaciones de recursos, y realiza un análisis que recorre hacia adelante y hacia atrás toda la red del cronograma como muestra el Gráfico 6-16. En este ejemplo el camino más largo incluye las actividades A, C y D, y por lo tanto la secuencia A-C-D constituye la ruta crítica. La ruta crítica es la secuencia de actividades que representa el camino más largo a través de un proyecto, lo cual determina la menor duración posible del mismo. La ruta más larga tiene la menor holgura total—generalmente cero. Las fechas de inicio y finalización tempranas y tardías resultantes no constituyen necesariamente el cronograma del proyecto, sino que más bien indican los períodos dentro de los cuales se podrían llevar a cabo las actividades, teniendo en cuenta los parámetros introducidos en el modelo de programación para duraciones de las actividades, relaciones lógicas, adelantos, retrasos y otras restricciones conocidas. El método de la ruta crítica se utiliza para calcular la(s) ruta(s) crítica(s) y el nivel de holgura total y libre o flexibilidad de la programación en los caminos de red lógicos dentro del modelo de programación.

Para cualquiera de las rutas del cronograma, la holgura total o flexibilidad se mide por la cantidad de tiempo que una actividad del cronograma puede demorarse o extenderse respecto de su fecha de inicio temprana sin retrasar la fecha de finalización del proyecto ni violar ninguna restricción del cronograma. Una ruta crítica se caracteriza normalmente por el hecho de que su holgura total es igual a cero. Tal y como se implementa en la secuenciación del método de diagramación por precedencia, los caminos críticos o rutas críticas pueden tener holgura total positiva, nula o negativa, según las restricciones aplicadas. Se produce una holgura total positiva cuando el recorrido hacia atrás se calcula a partir de una restricción del cronograma posterior a la fecha de finalización temprana calculada durante el recorrido hacia adelante. Se produce una holgura total negativa cuando se viola, por duración y por lógica, una restricción relativa a las fechas tardías. El análisis de holgura negativa es una técnica que ayuda a encontrar posibles formas aceleradas de hacer que un cronograma retrasado vuelva a la normalidad. Las redes de cronograma pueden tener varias rutas casi críticas. Numerosos paquetes de software permiten al usuario definir los parámetros utilizados para calcular la(s) ruta(s) crítica(s). Puede ser necesario realizar ajustes a las duraciones de las actividades (cuando se pueden conseguir más recursos o menor alcance), a sus relaciones lógicas (cuando de entrada las relaciones son discrecionales), a los adelantos y retrasos o a otras restricciones del cronograma para lograr caminos o rutas de red con una holgura total positiva o igual a cero. Una vez calculadas la holgura total y la holgura libre, la holgura libre es la cantidad de tiempo que una actividad del cronograma puede demorarse sin retrasar la fecha de inicio temprana de ningún sucesor ni violar ninguna restricción del cronograma. Por ejemplo, la holgura libre para la Actividad B del Gráfico 6-16, es de 5 días.

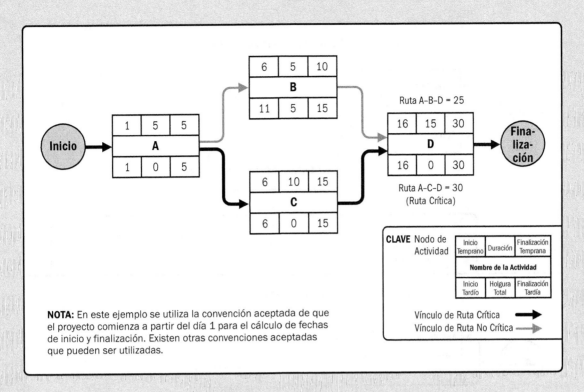

Gráfico 6-16. Ejemplo de Método de la Ruta Crítica

6.5.2.3 OPTIMIZACIÓN DE RECURSOS

La optimización de recursos se utiliza para ajustar las fechas de inicio y finalización de las actividades, a fin de ajustar el uso planificado de recursos para que sea igual o menor que la disponibilidad de los mismos. Los ejemplos de técnicas de optimización de recursos que se pueden utilizar para ajustar el modelo de programación en función de la demanda y de la provisión de recursos incluyen, entre otros:

◆ **Nivelación de Recursos.** Es una técnica en la cual las fechas de inicio y finalización se ajustan sobre la base de las restricciones de los recursos, con el objetivo de equilibrar la demanda de recursos con la oferta disponible. La nivelación de recursos se puede utilizar cuando los recursos compartidos o críticos necesarios se encuentran disponibles únicamente en determinados momentos o en cantidades limitadas, cuando han sido sobrecargados (como cuando un recurso se ha asignado a dos o más actividades durante el mismo período como muestra el Gráfico 6-17), o cuando se necesita mantener la utilización de recursos en un nivel constante. La nivelación de recursos a menudo provoca cambios en la ruta crítica original. La holgura disponible se utiliza para nivelar recursos. En consecuencia, la ruta crítica a través del cronograma del proyecto puede cambiar.

◆ **Estabilización de recursos.** Es una técnica que ajusta las actividades de un modelo de programación, de modo que las necesidades de recursos del proyecto no excedan ciertos límites de recursos predefinidos. A diferencia de la nivelación de recursos, en la estabilización de recursos la ruta crítica del proyecto no se modifica, y la fecha de finalización no se puede retrasar. En otras palabras, las actividades sólo se pueden retrasar dentro del margen de su holgura libre y de la holgura total. La estabilización de recursos puede no servir para optimizar la totalidad de los recursos.

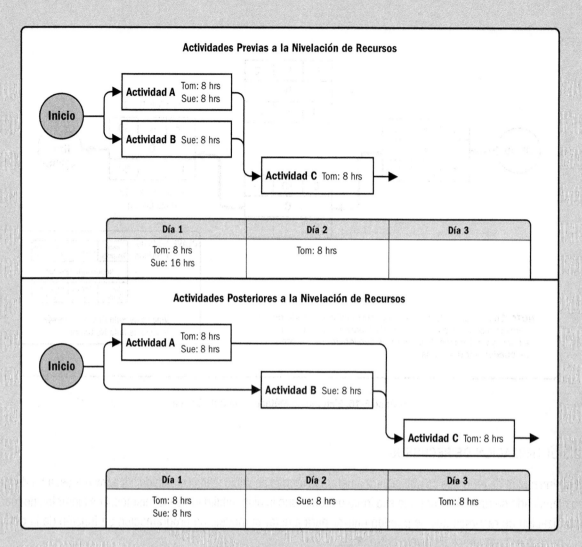

Gráfico 6-17. Nivelación de Recursos

6.5.2.4 ANÁLISIS DE DATOS

Las técnicas de análisis de datos que pueden utilizarse para este proceso incluyen, entre otras:

◆ **Análisis de escenarios "¿Qué pasa si...?".** El análisis de escenarios "¿Qué pasa si...?" es un proceso que consiste en evaluar escenarios a fin de predecir su efecto, positivo o negativo, sobre los objetivos del proyecto. Consiste en realizar un análisis de la pregunta "¿Qué pasa si se produce la situación representada por el escenario 'X'?" Se realiza un análisis de la red del cronograma, usando el cronograma para calcular los diferentes escenarios, tales como un retraso en la entrega de un componente principal, la prolongación de la duración de un diseño específico o la introducción de factores externos, como una huelga o un cambio en el procedimiento de permisos. Los resultados del análisis de escenarios "¿Qué pasa si...?" pueden usarse para evaluar la viabilidad del cronograma del proyecto bajo condiciones diferentes, y para preparar reservas de cronograma y planes de respuesta para abordar el impacto de situaciones inesperadas.

◆ **Simulación.** La simulación modela los efectos combinados de los riesgos individuales del proyecto y otras fuentes de incertidumbre para evaluar su posible impacto en el logro de los objetivos del proyecto. La técnica de simulación más utilizada es el análisis Monte Carlo (véase la Sección 11.4.2.5), en el cual los riesgos y otras fuentes de incertidumbre se utilizan para calcular posibles resultados del cronograma para el proyecto global. La simulación implica calcular múltiples duraciones de paquetes de trabajo a partir de diferentes conjuntos de supuestos, restricciones, riesgos, incidentes o escenarios sobre las actividades, mediante el uso de distribuciones de probabilidad y otras representaciones de la incertidumbre (véase la Sección 11.4.2.4). El Gráfico 6-18 muestra una distribución de probabilidad para un proyecto con la probabilidad de alcanzar una cierta fecha objetivo (es decir, fecha de finalización del proyecto). En este ejemplo, existe un 10% de probabilidad de que el proyecto termine en la fecha objetivo del 13 de mayo o antes, mientras que existe un 90% de probabilidad de completar el proyecto para el 28 de mayo.

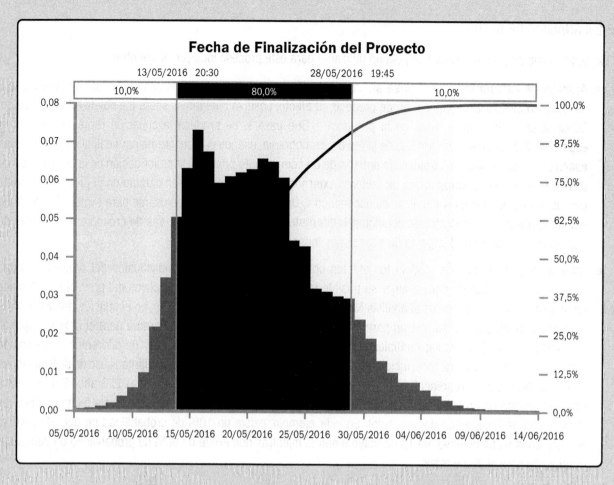

Gráfico 6-18. Ejemplo de Distribución de Probabilidad para un Hito Objetivo

Para más información sobre cómo se utiliza la simulación Monte Carlo para modelos de programación, véase el *Practice Standard for Scheduling* (en inglés).

6.5.2.5 ADELANTOS Y RETRASOS

Descritos en la Sección 6.3.2.3. Los adelantos y retrasos son refinamientos que se aplican durante el análisis de la red con objeto de desarrollar un cronograma viable a través del ajuste del momento de comienzo de las actividades sucesoras. Los adelantos se utilizan sólo en determinadas circunstancias para adelantar una actividad sucesora con respecto a una actividad predecesora, y los retrasos se utilizan sólo en determinadas circunstancias cuando los procesos necesitan que transcurra un determinado lapso de tiempo entre predecesoras y sucesoras sin que esto afecte al trabajo o a los recursos.

6.5.2.6 COMPRESIÓN DEL CRONOGRAMA

Las técnicas de compresión del cronograma se utilizan para acortar o acelerar la duración del cronograma sin reducir el alcance del proyecto, con el objetivo de cumplir con las restricciones del cronograma, las fechas impuestas u otros objetivos del cronograma. Una técnica útil es el análisis de holgura negativa. La ruta crítica es la que tiene la menor holgura. Debido a la violación de una restricción o una fecha impuesta, la holgura total puede volverse negativa. Las técnicas de compresión del cronograma se comparan en el Gráfico 6-19 e incluyen:

◆ **Intensificación.** Técnica utilizada para acortar la duración del cronograma con el menor incremento de costo mediante la adición de recursos. Entre los ejemplos de intensificación se incluyen la aprobación de horas suplementarias, la aportación de recursos adicionales o un pago adicional para acelerar la entrega de las actividades que se encuentran en la ruta crítica. La intensificación sólo funciona para actividades que se encuentran en el camino o ruta crítica, en las que los recursos adicionales permiten acortar la duración. La intensificación no siempre resulta una alternativa viable y puede ocasionar un incremento del riesgo y/o del costo.

◆ **Ejecución rápida.** Técnica de compresión del cronograma en la que actividades o fases que normalmente se realizan en secuencia se llevan a cabo en paralelo al menos durante una parte de su duración. Un ejemplo de esto sería la construcción de los cimientos de un edificio antes de finalizar todos los planos arquitectónicos. La ejecución rápida puede derivar en la necesidad de retrabajo y en un aumento del riesgo. La ejecución rápida sólo funciona cuando las actividades pueden solaparse para acortar la duración del proyecto en la ruta crítica. El uso de adelantos en caso de aceleración del cronograma generalmente incrementa los esfuerzos de coordinación entre las actividades en cuestión y aumenta el riesgo de calidad. La ejecución rápida también puede aumentar los costos del proyecto.

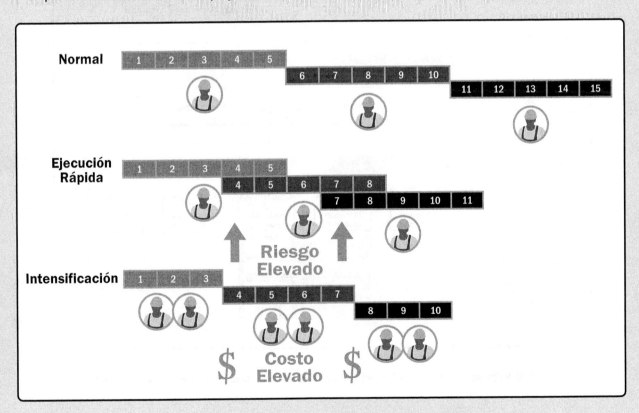

Gráfico 6-19. Comparación de la Compresión del Cronograma

6.5.2.7 SISTEMA DE INFORMACIÓN PARA LA DIRECCIÓN DE PROYECTOS (PMIS)

Descrito en la Sección 4.3.2.2. Los sistemas de información para la dirección de proyectos incluyen software de programación que acelera el proceso de construir un modelo de programación mediante la generación de fechas de inicio y finalización basadas en las entradas de actividades, los diagramas de red, los recursos y las duraciones de las actividades.

6.5.2.8 PLANIFICACIÓN ÁGIL DE LIBERACIONES

La planificación ágil de liberaciones proporciona una línea de tiempo resumida de alto nivel del cronograma de liberación (normalmente 3 a 6 meses) en base a la hoja de ruta del producto y la visión de producto para su evolución. La planificación ágil de liberaciones también determina la cantidad de iteraciones o sprints de la liberación, y permite al responsable del producto y al equipo decidir cuánto es necesario desarrollar y cuánto tiempo insumirá tener un producto liberable sobre la base de las metas, dependencias e impedimentos del negocio.

Dado que las características representan valor para el cliente, la línea de tiempo proporciona un cronograma del proyecto más fácil de comprender, ya que define qué característica estará disponible al final de cada iteración, que es exactamente la profundidad de información que busca el cliente.

El Gráfico 6-20 muestra la relación entre visión de producto, hoja de ruta del producto, planificación de liberaciones y planificación de iteraciones.

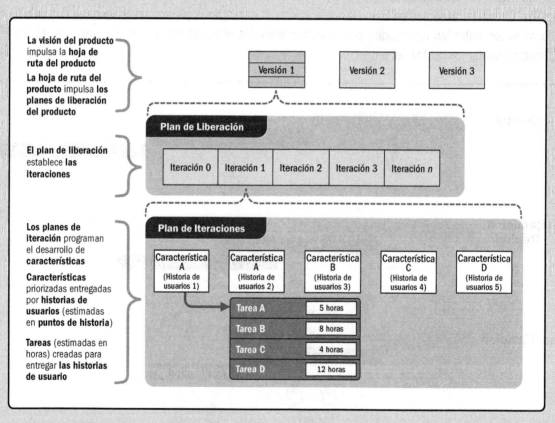

Gráfico 6-20. Relación Entre Visión de Producto, Planificación de Liberaciones y Planificación de Iteraciones

6.5.3 DESARROLLAR EL CRONOGRAMA: SALIDAS

6.5.3.1 LÍNEA BASE DEL CRONOGRAMA

Una línea base del cronograma consiste en la versión aprobada de un modelo de programación que sólo puede cambiarse mediante procedimientos formales de control de cambios y que se utiliza como base de comparación con los resultados reales. Es aceptada y aprobada por los interesados adecuados como la línea base del cronograma, con fechas de inicio de la línea base y fechas de finalización de la línea base. Durante el monitoreo y control, las fechas aprobadas de la línea base se comparan con las fechas reales de inicio y finalización para determinar si se han producido desviaciones. La línea base del cronograma es un componente del plan para la dirección del proyecto.

6.5.3.2 CRONOGRAMA DEL PROYECTO

El cronograma del proyecto es una salida de un modelo de programación que presenta actividades vinculadas con fechas planificadas, duraciones, hitos y recursos. El cronograma del proyecto debe contener, como mínimo, una fecha de inicio y una fecha de finalización planificadas para cada actividad. Si la planificación de recursos se realiza en una etapa temprana, el cronograma mantendrá su carácter preliminar hasta que se hayan confirmado las asignaciones de recursos y se hayan establecido las fechas de inicio y finalización programadas. Por lo general, este proceso se lleva a cabo antes de la conclusión del plan para la dirección del proyecto (Sección 4.2.3.1). También puede desarrollarse un modelo de programación objetivo del proyecto con fechas de inicio y finalización objetivo definidas para cada actividad. El cronograma del proyecto se puede representar en forma de resumen, denominado a veces cronograma maestro o cronograma de hitos, o bien en forma detallada. Aunque el modelo de programación del proyecto puede presentarse en forma de tabla, es más frecuente representarlo en forma gráfica, mediante la utilización de uno o más de los siguientes formatos:

◆ **Diagramas de barras.** También conocidos como diagramas de Gantt, los diagramas de barras presentan la información del cronograma donde las actividades se enumeran en el eje vertical, las fechas se muestran en el eje horizontal y las duraciones de las actividades se muestran como barras horizontales colocadas según las fechas de inicio y finalización. Los diagramas de barras, comúnmente utilizados, son relativamente fáciles de leer. Dependiendo de la audiencia, la holgura puede representarse o no. Para las comunicaciones de control y dirección, se utiliza una actividad resumen más amplia y completa entre hitos o a través de múltiples paquetes de trabajo dependientes entre sí y se representa en reportes de diagrama de barras. Un ejemplo de esto es la parte del cronograma resumen del Gráfico 6-21, que se presenta en un formato estructurado de EDT/WBS.

◆ **Diagramas de hitos.** Estos diagramas son similares a los diagramas de barras, pero sólo identifican el inicio o la finalización programada de los principales entregables y las interfaces externas clave. Un ejemplo es la parte del cronograma de hitos del Gráfico 6-21.

◆ **Diagramas de red del cronograma del proyecto.** Estos diagramas por regla general se presentan con el formato de diagrama de actividad en el nodo, que muestra actividades y relaciones sin escala de tiempo, que en ocasiones denominados diagramas de lógica pura, como muestra el Gráfico 6-11, o con el formato de diagrama de red del cronograma que incluye una escala temporal, y que en ocasiones se denomina diagrama lógico de barras, como se muestra para el cronograma detallado en el Gráfico 6-21. Estos diagramas, con la información de la fecha de las actividades, normalmente muestran la lógica de la red del proyecto y las actividades del cronograma que se encuentran dentro de la ruta crítica del proyecto. Este ejemplo muestra también cómo se puede planificar cada paquete de trabajo como una serie de actividades relacionadas entre sí. Otra representación del diagrama de red del cronograma del proyecto es un diagrama lógico basado en una escala de tiempos. Estos diagramas incorporan una escala de tiempos y unas barras que representan la duración de las actividades con las relaciones lógicas. Están optimizados para mostrar las relaciones entre actividades, y puede aparecer cualquier número de actividades en secuencia en una misma línea del diagrama.

El Gráfico 6-21 muestra diferentes representaciones del cronograma de un ejemplo de proyecto en ejecución, con el progreso de trabajo reportado hasta la fecha de estado o "a la fecha". El Gráfico 6-21 refleja, para un modelo sencillo de programación de proyecto, diferentes representaciones del cronograma en las formas de (1) un cronograma de hitos como un diagrama de hitos, (2) un cronograma resumen como un diagrama de barras, y (3) un cronograma detallado del proyecto como un diagrama de barras vinculadas. El Gráfico 6-21 también muestra visualmente las relaciones entre los diferentes niveles de detalle del cronograma del proyecto.

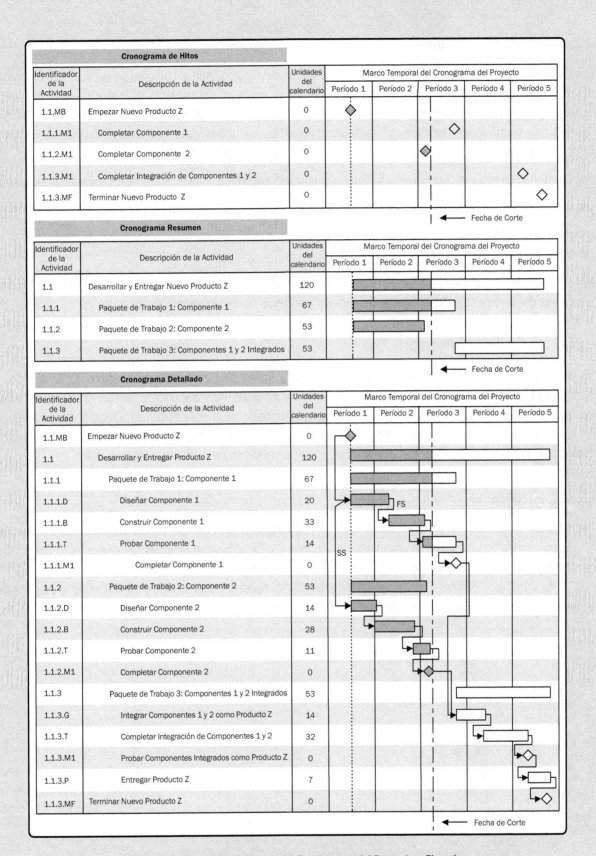

Gráfico 6-21. Representaciones del Cronograma del Proyecto—Ejemplos

6.5.3.3 DATOS DEL CRONOGRAMA

Los datos del cronograma para el modelo de programación del proyecto son el conjunto de la información necesaria para describir y controlar el cronograma. Entre los datos del cronograma del proyecto se incluirán, como mínimo, los hitos del cronograma, las actividades del cronograma, los atributos de las actividades y la documentación de todos los supuestos y restricciones identificados. La cantidad de datos adicionales variará en función del área de aplicación. La información suministrada a menudo como información detallada de apoyo incluye, entre otra:

◆ Requisitos de recursos por período de tiempo, a menudo presentados en formato de histograma de recursos;

◆ Cronogramas alternativos, tales como el mejor o el peor escenario, con o sin nivelación de recursos, o con o sin fechas obligatorias; y

◆ Reservas de cronograma aplicadas.

Entre los datos del cronograma se podrían incluir asimismo elementos tales como histogramas de recursos, proyecciones del flujo de caja, cronogramas de pedidos y entregas, u otra información relevante.

6.5.3.4 CALENDARIOS DEL PROYECTO

Un calendario del proyecto identifica los días laborables y turnos de trabajo disponibles para las actividades del cronograma. Distingue entre los períodos de tiempo, en días o fracciones de días, disponibles para completar las actividades programadas y los períodos de tiempo no disponibles para el trabajo. Un modelo de programación podría requerir más de un calendario del proyecto para permitir considerar diferentes períodos de trabajo para algunas actividades a la hora de calcular el cronograma del proyecto. Los calendarios del proyecto son susceptibles de actualización.

6.5.3.5 SOLICITUDES DE CAMBIO

Descritas en la Sección 4.3.3.4. Las modificaciones del alcance o del cronograma del proyecto pueden dar como resultado solicitudes de cambio de la línea base del alcance y/o de otros componentes del plan para la dirección del proyecto. Las solicitudes de cambio se procesan para su revisión y tratamiento por medio del proceso Realizar el Control Integrado de Cambios (Sección 4.6). Las acciones preventivas pueden incluir cambios recomendados para eliminar o reducir la probabilidad de variaciones negativas del cronograma.

6.5.3.6 ACTUALIZACIONES DEL PLAN PARA LA DIRECCIÓN DEL PROYECTO

Cualquier cambio en el plan para la dirección del proyecto pasa por el proceso de control de cambios de la organización mediante una solicitud de cambio. Los componentes que pueden requerir una solicitud de cambio para el plan para la dirección del proyecto incluyen, entre otros:

◆ **Plan de gestión del cronograma.** Descrito en la Sección 6.1.3.1. El plan de gestión del cronograma se puede actualizar para reflejar cualquier cambio en la manera en que el cronograma fue desarrollado y será gestionado.

◆ **Línea base de costos.** Descrita en la Sección 7.3.3.1. Los cambios de la línea base de costos se incorporan en respuesta a los cambios aprobados en el alcance del proyecto, los recursos o las estimaciones de costos. En algunos casos las variaciones del costo pueden ser tan importantes que se torna necesario revisar la línea base de costos para proporcionar una base realista para la medición del desempeño.

6.5.3.7 ACTUALIZACIONES A LOS DOCUMENTOS DEL PROYECTO

Los documentos del proyecto que podrían actualizarse como resultado de llevar a cabo este proceso incluyen, entre otros:

◆ **Atributos de las actividades.** Descritos en la Sección 6.2.3.2. Los atributos de las actividades se actualizan para incluir todos los requisitos de recursos revisados y cualquier otra revisión surgida del proceso Desarrollar el Cronograma.

◆ **Registro de supuestos.** Descrito en la Sección 4.1.3.2. El registro de supuestos puede actualizarse con cambios a los supuestos en relación a la duración, utilización de recursos, secuenciación, u otra información que se revele como resultado de desarrollar el modelo de programación.

◆ **Estimaciones de la duración.** Descritas en la Sección 6.4.3.1. La cantidad y disponibilidad de recursos, junto con las dependencias de las actividades, pueden dar lugar a un cambio en las estimaciones de la duración. Si el análisis de nivelación de recursos modifica los requisitos de recursos, es probable que las estimaciones de la duración también tengan que ser actualizadas.

◆ **Registro de lecciones aprendidas.** Descrito en la Sección 4.4.3.1. El registro de lecciones aprendidas puede actualizarse con técnicas que fueron eficientes y efectivas para desarrollar el modelo de programación.

◆ **Requisitos de recursos.** Descritos en la Sección 9.2 3.1. La nivelación de recursos puede tener un efecto significativo en las estimaciones preliminares de los tipos y cantidades de recursos necesarios. Si el análisis de nivelación de recursos modifica los requisitos de recursos, estos últimos son actualizados.

◆ **Registro de riesgos.** Descrito en la Sección 11.2.3.1. Puede surgir la necesidad de actualizar el registro de riesgos para reflejar las oportunidades o las amenazas identificadas al establecer los supuestos de la programación.

6.6 CONTROLAR EL CRONOGRAMA

Controlar el Cronograma es el proceso de monitorear el estado del proyecto para actualizar el cronograma del proyecto y gestionar cambios a la línea base del cronograma. El beneficio clave de este proceso es que la línea base del cronograma es mantenida a lo largo del proyecto. Este proceso se lleva a cabo a lo largo de todo el proyecto. El Gráfico 6-22 muestra las entradas, herramientas y técnicas, y salidas de este proceso. El Gráfico 6-23 ilustra el diagrama de flujo de datos del proceso.

Controlar el Cronograma

Entradas	Herramientas y Técnicas	Salidas
.1 Plan para la dirección del proyecto • Plan de gestión del cronograma • Línea base del cronograma • Línea base del alcance • Línea base para la medición del desempeño .2 Documentos del proyecto • Registro de lecciones aprendidas • Calendarios del proyecto • Cronograma del proyecto • Calendarios de recursos • Datos del cronograma .3 Datos de desempeño del trabajo .4 Activos de los procesos de la organización	.1 Análisis de datos • Análisis del valor ganado • Gráfica de trabajo pendiente de iteración • Revisiones del desempeño • Análisis de tendencias • Análisis de variación • Análisis de escenarios "¿Qué pasa si...?" .2 Método de la ruta crítica .3 Sistema de información para la dirección de proyectos .4 Optimización de recursos .5 Adelantos y retrasos .6 Compresión del cronograma	.1 Información de desempeño del trabajo .2 Pronósticos del cronograma .3 Solicitudes de cambio .4 Actualizaciones al plan para la dirección del proyecto • Plan de gestión del cronograma • Línea base del cronograma • Línea base de costos • Línea base para la medición del desempeño .5 Actualizaciones a los documentos del proyecto • Registro de supuestos • Base de las estimaciones • Registro de lecciones aprendidas • Cronograma del proyecto • Calendarios de recursos • Registro de riesgos • Datos del cronograma

Gráfico 6-22. Controlar el Cronograma: Entradas, Herramientas y Técnicas, y Salidas

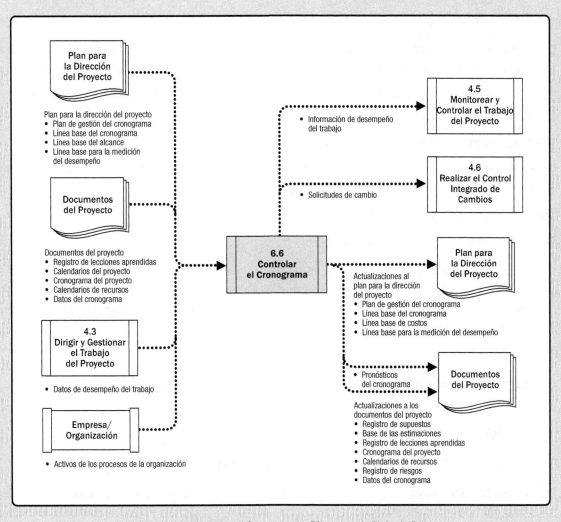

Gráfico 6-23. Controlar el Cronograma: Diagrama de Flujo de Datos

La actualización del modelo de programación requiere conocer el desempeño real a la fecha. Cualquier cambio con respecto a la línea base del cronograma sólo se puede aprobar a través del proceso Realizar el Control Integrado de Cambios (Sección 4.6). Controlar el Cronograma, como componente del proceso Realizar el Control Integrado de Cambios, se ocupa de:

◆ Determinar el estado actual del cronograma del proyecto,

◆ Influir en los factores que generan cambios en el cronograma,

◆ Reconsiderar las reservas de cronograma necesarias,

◆ Determinar si el cronograma del proyecto ha cambiado, y

◆ Gestionar los cambios reales conforme suceden.

Cuando se utiliza un enfoque ágil, el proceso Controlar el Cronograma se ocupa de:

◆ Determinar el estado actual del cronograma del proyecto mediante la comparación de la cantidad total de trabajo entregado y aceptado con respecto a las estimaciones de trabajo completado para el ciclo de tiempo transcurrido;

◆ Llevar a cabo revisiones retrospectivas (revisiones programadas para registrar las lecciones aprendidas) a fin de corregir y mejorar procesos si fuera necesario;

◆ Volver a priorizar el plan de trabajo pendiente;

◆ Determinar el ritmo al que se generan, validan y aceptan los entregables (velocidad) en el tiempo por iteración (duración acordada del ciclo de trabajo, normalmente 2 semanas o 1 mes);

◆ Determinar si el cronograma del proyecto ha cambiado, y

◆ Gestionar los cambios reales conforme suceden.

Al contratar el trabajo, las actualizaciones de estado regulares y de hitos de los contratistas y proveedores son un medio para asegurar que el trabajo esté progresando según lo acordado y así garantizar que el cronograma esté bajo control. Deberían realizarse revisiones de estado y paso a paso ("walkthroughs") para asegurar que los informes del contratista sean precisos y completos.

6.6.1 CONTROLAR EL CRONOGRAMA: ENTRADAS

6.6.1.1 PLAN PARA LA DIRECCIÓN DEL PROYECTO

Descrito en la Sección 4.2.3.1. Los componentes del plan para la dirección del proyecto incluyen, entre otros:

◆ **Plan de gestión del cronograma.** Descrito en la Sección 6.1.3.1. El plan de gestión del cronograma describe la frecuencia con que se actualizará el cronograma, cómo se utilizará la reserva y cómo se controlará el cronograma.

◆ **Línea base del cronograma.** Descrita en la Sección 6.5.3.1. La línea base del cronograma se compara con los resultados reales para determinar si es necesario implementar un cambio, una acción correctiva o una acción preventiva.

◆ **Línea base del alcance.** Descrita en la Sección 5.4.3.1. La EDT/WBS, los entregables y los criterios de aceptación del proyecto, que se documentan en la línea base del alcance, son tenidos en cuenta de manera explícita a la hora de monitorear y controlar la línea base del cronograma.

◆ **Línea base para la medición del desempeño.** Descrita en la Sección 4.2.3.1. Al utilizar el análisis del valor ganado, la línea base para la medición del desempeño se compara con los resultados reales para determinar si es necesario implementar un cambio, una acción preventiva o una acción correctiva.

6.6.1.2 DOCUMENTOS DEL PROYECTO

Los documentos del proyecto que pueden considerarse como entradas de este proceso incluyen, entre otros:

◆ **Registro de lecciones aprendidas.** Descrito en la Sección 4.4.3.1. Las lecciones aprendidas tempranamente en el proyecto pueden aplicarse a fases más tardías del proyecto para mejorar el control del cronograma.

◆ **Calendarios del proyecto.** Descritos en la Sección 6.5.3.4. Un modelo de programación podría requerir más de un calendario del proyecto para permitir considerar diferentes períodos de trabajo para algunas actividades a la hora de calcular los pronósticos del cronograma.

◆ **Cronograma del proyecto.** Descrito en la Sección 6.5.3.2. El cronograma del proyecto se refiere a la versión más reciente del cronograma, con anotaciones para indicar las actualizaciones, las actividades completadas y las actividades comenzadas a la fecha indicada.

◆ **Calendarios de recursos.** Descritos en la Sección 9.2.1.2. Los calendarios de recursos muestran la disponibilidad de los recursos físicos y del equipo.

◆ **Datos del cronograma.** Descritos en la Sección 6.5.3.3. Los datos del cronograma se revisarán y actualizarán en el proceso Controlar el Cronograma.

6.6.1.3 DATOS DE DESEMPEÑO DEL TRABAJO

Descritos en la Sección 4.3.3.2. Los datos de desempeño del trabajo contienen datos sobre el estado del proyecto, tales como las actividades que se han iniciado, su avance (p.ej., duración real, duración pendiente y porcentaje físicamente completado), y qué actividades se han completado.

6.6.1.4 ACTIVOS DE LOS PROCESOS DE LA ORGANIZACIÓN

Los activos de los procesos de la organización que pueden influir en el proceso Controlar el Cronograma incluyen, entre otros:

◆ Políticas, procedimientos y guías existentes, formales e informales, relacionados con el control del cronograma;

◆ Herramientas de control del cronograma, y

◆ Métodos de monitoreo y preparación de informes a utilizar.

6.6.2 CONTROLAR EL CRONOGRAMA: HERRAMIENTAS Y TÉCNICAS

6.6.2.1 ANÁLISIS DE DATOS

Las técnicas de análisis de datos que pueden utilizarse para este proceso incluyen, entre otras:

◆ **Análisis del valor ganado.** Descrito en la Sección 7.4.2.2. Las medidas de desempeño del cronograma, tales como la variación del cronograma (SV) y el índice de desempeño del cronograma (SPI), se utilizan para evaluar la magnitud de la desviación con respecto a la línea base original del cronograma.

◆ **Gráfica de trabajo pendiente en la iteración.** Esta gráfica realiza el seguimiento del trabajo que queda por completar en las iteraciones. Se utiliza para analizar la variación con respecto al trabajo pendiente ideal basado en el trabajo comprometido en la planificación de las iteraciones (véase la Sección 6.4.2.8). Se puede utilizar una línea de tendencia de pronósticos para predecir la variación probable al concluir la iteración y tomar medidas adecuadas en el transcurso de la iteración. Luego se traza una línea diagonal que representa el trabajo pendiente ideal y el trabajo diario restante real. Posteriormente se calcula una línea de tendencia para pronosticar la finalización en base al trabajo restante. El Gráfico 6-24 es un ejemplo de una gráfica de trabajo pendiente de iteración.

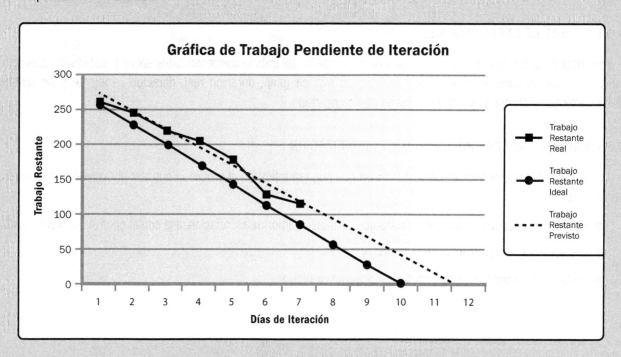

Gráfico 6-24. Gráfica de Trabajo Pendiente de la Iteración

◆ **Revisiones del desempeño.** Las revisiones del desempeño permiten medir, comparar y analizar el desempeño del cronograma con relación a la línea base del cronograma, en aspectos como las fechas reales de inicio y finalización, el porcentaje completado y la duración restante para completar el trabajo en ejecución.

◆ **Análisis de tendencias.** Descrito en la Sección 4.5.2.2. El análisis de tendencias analiza el desempeño del proyecto a lo largo del tiempo para determinar si el desempeño está mejorando o se está deteriorando. Las técnicas de análisis gráfico son valiosas para comprender el desempeño a la fecha y compararlo con los objetivos de desempeño futuros, en términos de fechas de finalización.

◆ **Análisis de variación.** El análisis de variación examina las variaciones en las fechas de inicio y finalización planificadas frente a las reales, duraciones planificadas frente a las reales y variaciones en la holgura. Una parte del análisis de variación consiste en la determinación de la causa y del grado de desviación con relación a la línea base del cronograma (véase la Sección 6.5.3.1), la estimación de las implicaciones de esas desviaciones para completar el trabajo futuro y la decisión con respecto a la necesidad de emprender acciones correctivas o preventivas. Por ejemplo, un retraso importante en una actividad que está fuera de la ruta crítica puede tener un efecto mínimo en el cronograma del proyecto global, mientras que un retraso menor en una actividad crítica o casi crítica puede requerir una acción inmediata.

◆ **Análisis de escenarios "¿Qué pasa si...?".** Descrito en la Sección 6.5.2.4. El análisis de escenarios "¿Qué pasa si...?" se utiliza para evaluar los diferentes escenarios, sobre la base de la salida de los procesos de Gestión de los Riesgos del Proyecto, con objeto de alinear el modelo de programación con el plan para la dirección del proyecto y la línea base aprobada.

6.6.2.2 MÉTODO DE LA RUTA CRÍTICA

Descrito en la Sección 6.5.2.2. Comparar el avance a lo largo de la ruta crítica puede ayudar a determinar el estado del cronograma. La variación en la ruta crítica tendrá un impacto directo en la fecha de finalización del proyecto. La evaluación del avance en las actividades de rutas casi críticas podría identificar riesgos del cronograma.

6.6.2.3 SISTEMA DE INFORMACIÓN PARA LA DIRECCIÓN DE PROYECTOS (PMIS)

Descrito en la Sección 4.3.2.2. Los sistemas de información para la dirección de proyectos incluyen software de programación que permite hacer un seguimiento de las fechas planificadas en comparación con las fechas reales, informar sobre las desviaciones en el avance con respecto a la línea base y pronosticar los efectos de los cambios en el modelo de programación del proyecto.

6.6.2.4 OPTIMIZACIÓN DE RECURSOS

Descrita en la Sección 6.5.2.3. Las técnicas de optimización de recursos implican la programación de las actividades y los recursos requeridos por las actividades teniendo en cuenta tanto la disponibilidad de los recursos como el tiempo.

6.6.2.5 ADELANTOS Y RETRASOS

El ajuste de adelantos y retrasos se utiliza durante el análisis de la red para encontrar maneras de volver a alinear con el plan las actividades retrasadas del proyecto. Por ejemplo, en un proyecto de construcción de un nuevo edificio de oficinas, se puede planificar el acondicionamiento del terreno para que comience antes de que finalice el trabajo en el exterior del edificio mediante la introducción de un adelanto en esa relación, o bien, un equipo de redactores técnicos puede ajustar el momento de editar el borrador de un documento grande inmediatamente después de que el documento esté escrito, mediante la eliminación o la disminución del tiempo de retraso.

6.6.2.6 COMPRESIÓN DEL CRONOGRAMA

Las técnicas de compresión del cronograma (véase la Sección 6.5.2.6) se utilizan para encontrar maneras de volver a alinear las actividades retrasadas del proyecto con el plan mediante la ejecución rápida o la intensificación del cronograma para el trabajo restante.

6.6.3 CONTROLAR EL CRONOGRAMA: SALIDAS

6.6.3.1 INFORMACIÓN DE DESEMPEÑO DEL TRABAJO

Descrita en la Sección 4.5.1.3. La información de desempeño del trabajo incluye información sobre el desempeño del trabajo del proyecto en comparación con la línea base del cronograma. Las variaciones en las fechas de inicio y finalización y en las duraciones se pueden calcular a nivel de los paquetes de trabajo y a nivel de la cuenta de control. Para proyectos que utilizan el análisis del valor ganado, la SV y el SPI se documentan para su inclusión en informes de desempeño del trabajo (véase la Sección 4.5.3.1).

6.6.3.2 PRONÓSTICOS DEL CRONOGRAMA

Las actualizaciones del cronograma son pronósticos de estimaciones o predicciones de condiciones y eventos futuros para el proyecto, basados en la información y el conocimiento disponibles en el momento de realizar el pronóstico. Los pronósticos se actualizan y emiten nuevamente sobre la base de la información de desempeño del trabajo suministrada a medida que se ejecuta el proyecto. La información se basa en el desempeño pasado del proyecto y en el desempeño previsto para el futuro en base a acciones correctivas o preventivas. Esto puede incluir indicadores de valor ganado, así como información sobre la reserva de cronograma que podrían tener impacto sobre el proyecto en el futuro.

6.6.3.3 SOLICITUDES DE CAMBIO

Descritas en la Sección 4.3.3.4. El análisis de la variación del cronograma, así como las revisiones de los informes de avance, los resultados de las medidas de desempeño y las modificaciones del alcance o del cronograma del proyecto, pueden dar como resultado solicitudes de cambio de la línea base del cronograma, la línea base del alcance y/o de otros componentes del plan para la dirección del proyecto. Las solicitudes de cambio se procesan para su revisión y tratamiento por medio del proceso Realizar el Control Integrado de Cambios (Sección 4.6). Las acciones preventivas pueden incluir cambios recomendados para eliminar o reducir la probabilidad de variaciones negativas del cronograma.

6.6.3.4 ACTUALIZACIONES DEL PLAN PARA LA DIRECCIÓN DEL PROYECTO

Cualquier cambio en el plan para la dirección del proyecto pasa por el proceso de control de cambios de la organización mediante una solicitud de cambio. Los componentes que pueden requerir una solicitud de cambio para el plan para la dirección del proyecto incluyen, entre otros:

◆ **Plan de gestión del cronograma.** Descrito en la Sección 6.1.3.1. El plan de gestión del cronograma se puede actualizar para reflejar cualquier cambio en la manera de gestionar el cronograma.

◆ **Línea base del cronograma.** Descrita en la Sección 6.5.3.1. Los cambios de la línea base del cronograma se incorporan como respuesta a las solicitudes de cambio aprobadas relacionadas con cambios en el alcance del proyecto, en los recursos de las actividades o en las estimaciones de la duración de las actividades. La línea base del cronograma se puede actualizar para reflejar los cambios originados por las técnicas de compresión del cronograma o por problemas de desempeño.

◆ **Línea base de costos.** Descrita en la Sección 7.3.3.1. Los cambios de la línea base de costos se incorporan en respuesta a los cambios aprobados en el alcance del proyecto, los recursos o las estimaciones de costos.

◆ **Línea base para la medición del desempeño.** Descrita en la Sección 4.2.3.1. Los cambios de la línea base para la medición del desempeño se incorporan en respuesta a los cambios aprobados relacionados con cambios en el alcance del proyecto, en el desempeño del cronograma o en las estimaciones de costos. En algunos casos, las variaciones del desempeño pueden ser tan importantes que se plantea una solicitud de cambio para revisar la línea base para la medición del desempeño, a fin de proporcionar una base realista para la medición del desempeño.

6.6.3.5 ACTUALIZACIONES A LOS DOCUMENTOS DEL PRO

Los documentos del proyecto que pueden actualizarse como resultado de llevar a cabo este proceso incluyen, entre otros:

◆ **Registro de supuestos.** Descrito en la Sección 4.1.3.2. El desempeño del cronograma puede indicar la necesidad de revisar los supuestos sobre la secuenciación, las duraciones y la productividad de las actividades.

◆ **Base de las estimaciones.** Descrita en la Sección 6.4.3.2. El desempeño del cronograma puede indicar la necesidad de revisar la forma en que se desarrollaron las estimaciones de la duración.

◆ **Registro de lecciones aprendidas.** Descrito en la Sección 4.4.3.1. El registro de lecciones aprendidas puede actualizarse con técnicas que fueron efectivas para mantener el cronograma, las causas de las variaciones y las acciones correctivas utilizadas para responder a las variaciones del cronograma.

◆ **Cronograma del proyecto.** Se generará un cronograma actualizado del proyecto (véase la Sección 6.5.3.2) a partir del modelo de programación completado con los datos actualizados del cronograma para reflejar los cambios del mismo y gestionar el proyecto.

◆ **Calendarios de recursos.** Descritos en la Sección 9.2.1.2. Los calendarios de recursos se actualizan para reflejar los cambios en la utilización de los calendarios de recursos que resultaron de la optimización de recursos, la compresión del cronograma y las acciones correctivas o preventivas.

◆ **Registro de riesgos.** Descrito en la Sección 11.2.3.1. El registro de riesgos y los planes de respuesta a los riesgos que contiene son susceptibles de ser actualizados sobre la base de los riesgos que pueden surgir como consecuencia de la aplicación de técnicas de compresión del cronograma.

◆ **Datos del cronograma.** Descritos en la Sección 6.5.3.3. Pueden desarrollarse nuevos diagramas de red del cronograma del proyecto para reflejar las duraciones restantes aprobadas y las modificaciones aprobadas del cronograma. En algunos casos, los retrasos en el cronograma del proyecto pueden ser tan graves que se necesitará un nuevo cronograma objetivo, con fechas de inicio y finalización previstas, para proporcionar datos realistas a fin de dirigir el trabajo y medir el desempeño y el avance.

7

GESTIÓN DE LOS COSTOS DEL PROYECTO

La Gestión de los Costos del Proyecto incluye los procesos involucrados en planificar, estimar, presupuestar, financiar, obtener financiamiento, gestionar y controlar los costos de modo que se complete el proyecto dentro del presupuesto aprobado. Los procesos de Gestión de los Costos del Proyecto son:

7.1 Planificar la Gestión de los Costos—Es el proceso de definir cómo se han de estimar, presupuestar, gestionar, monitorear y controlar los costos del proyecto.

7.2 Estimar los Costos—Es el proceso de desarrollar una aproximación de los recursos monetarios necesarios para completar el trabajo del proyecto.

7.3 Determinar el Presupuesto—Es el proceso que consiste en sumar los costos estimados de las actividades individuales o paquetes de trabajo para establecer una línea base de costos autorizada.

7.4 Controlar los Costos—Es el proceso de monitorear el estado del proyecto para actualizar los costos del proyecto y gestionar cambios a la línea base de costos.

El Gráfico 7-1 brinda una descripción general de los procesos de Gestión de los Costos del Proyecto. Los procesos de la Gestión de los Costos del Proyecto se presentan como procesos diferenciados con interfaces definidas, aunque en la práctica se superponen e interactúan entre ellos de formas que no pueden detallarse en su totalidad dentro de la *Guía del PMBOK®*. Estos procesos interactúan entre sí y con procesos de otras Áreas de Conocimiento.

En algunos proyectos, especialmente en aquellos de alcance más reducido, la estimación de costos y la preparación del presupuesto en términos de costos están tan estrechamente ligadas que se consideran un solo proceso, que puede realizar una única persona en un período de tiempo relativamente corto. Aquí se presentan como procesos distintos debido a que las herramientas y técnicas requeridas para cada uno de ellos son diferentes. Debido a que la capacidad de influir en los costos es mucho mayor en las primeras etapas del proyecto, la definición temprana del alcance del proyecto se revela como una tarea crítica (véase la Sección 5.3).

Descripción General de la Gestión de los Costos del Proyecto

7.1 Planificar la Gestión de los Costos

.1 Entradas
   .1 Acta de constitución del proyecto
   .2 Plan para la dirección del proyecto
   .3 Factores ambientales de la empresa
   .4 Activos de los procesos de la organización

.2 Herramientas y Técnicas
   .1 Juicio de expertos
   .2 Análisis de datos
   .3 Reuniones

.3 Salidas
   .1 Plan de gestión de los costos

7.2 Estimar los Costos

.1 Entradas
   .1 Plan para la dirección del proyecto
   .2 Documentos del proyecto
   .3 Factores ambientales de la empresa
   .4 Activos de los procesos de la organización

.2 Herramientas y Técnicas
   .1 Juicio de expertos
   .2 Estimación análoga
   .3 Estimación paramétrica
   .4 Estimaciones ascendentes
   .5 Estimaciones basadas en tres valores
   .6 Análisis de datos
   .7 Sistema de información para la dirección de proyectos
   .8 Toma de decisiones

.3 Salidas
   .1 Estimaciones de costos
   .2 Base de las estimaciones
   .3 Actualizaciones a los documentos del proyecto

7.3 Determinar el Presupuesto

.1 Entradas
   .1 Plan para la dirección del proyecto
   .2 Documentos del proyecto
   .3 Documentos de negocio
   .4 Acuerdos
   .5 Factores ambientales de la empresa
   .6 Activos de los procesos de la organización

.2 Herramientas y Técnicas
   .1 Juicio de expertos
   .2 Costos agregados
   .3 Análisis de datos
   .4 Revisar la información histórica
   .5 Conciliación del límite de financiamiento
   .6 Financiamiento

.3 Salidas
   .1 Línea base de costos
   .2 Requisitos de financiamiento del proyecto
   .3 Actualizaciones a los documentos del proyecto

7.4 Controlar los Costos

.1 Entradas
   .1 Plan para la dirección del proyecto
   .2 Documentos del proyecto
   .3 Requisitos de financiamiento del proyecto
   .4 Datos de desempeño del trabajo
   .5 Activos de los procesos de la organización

.2 Herramientas y Técnicas
   .1 Juicio de expertos
   .2 Análisis de datos
   .3 Índice de desempeño del trabajo por completar
   .4 Sistema de información para la dirección de proyectos

.3 Salidas
   .1 Información de desempeño del trabajo
   .2 Pronósticos de costos
   .3 Solicitudes de cambio
   .4 Actualizaciones al plan para la dirección del proyecto
   .5 Actualizaciones a los documentos del proyecto

Gráfico 7-1. Descripción General de la Gestión de los Costos del Proyecto

CONCEPTOS CLAVE PARA LA GESTIÓN DE LOS COSTOS DEL PROYECTO

La Gestión de los Costos del Proyecto se ocupa principalmente del costo de los recursos necesarios para completar las actividades del proyecto. La Gestión de los Costos del Proyecto debería tener en cuenta el efecto de las decisiones tomadas en el proyecto sobre los costos recurrentes posteriores de utilizar, mantener y dar soporte al producto, servicio o resultado del proyecto. Por ejemplo, el hecho de limitar el número de revisiones de un diseño podría reducir el costo del proyecto, pero podría asimismo resultar en un incremento de los costos operativos del producto.

Otro aspecto de la gestión de los costos es reconocer que los diversos interesados miden los costos del proyecto de diferentes maneras y en momentos diferentes. El costo de adquisición de un artículo, por ejemplo, puede medirse en el momento en que se toma la decisión o se hace el compromiso de adquirir el artículo en cuestión, cuando se realiza su pedido o se hace entrega del mismo, o cuando se incurre en el costo real o éste se registra en el ámbito de la contabilidad del proyecto. En numerosas organizaciones, la predicción y el análisis del rendimiento financiero esperado del producto del proyecto se llevan a cabo fuera del ámbito del proyecto. En otros, como por ejemplo en un proyecto de obras de infraestructura, la Gestión de los Costos del Proyecto puede incluir este trabajo. Cuando tales proyecciones y análisis forman parte del proyecto, la Gestión de los Costos del Proyecto puede recurrir a procesos adicionales y a numerosas técnicas de gestión financiera, como el retorno de la inversión, el flujo de caja descontado y el análisis del plazo de recuperación de la inversión.

TENDENCIAS Y PRÁCTICAS EMERGENTES EN LA GESTIÓN DE LOS COSTOS DEL PROYECTO

En la práctica de la Gestión de los Costos del Proyecto, las tendencias incluyen la expansión de la gestión del valor ganado (EVM) para incluir el concepto de cronograma ganado (ES).

El ES es una extensión de la teoría y práctica del EVM. La teoría del cronograma ganado reemplaza las medidas de variación del cronograma utilizadas en el EVM tradicional (valor ganado – valor planificado) por ES y tiempo real (AT). Utilizando la fórmula alternativa para calcular las variaciones del cronograma, ES – AT, si la cantidad de cronograma ganado es mayor que 0, entonces el proyecto se considera adelantado en el cronograma. En otras palabras, el proyecto ganó más que lo planificado en un momento dado. El índice de desempeño del cronograma (SPI), usando métricas de cronograma ganado, es ES/AT. Esto indica la eficiencia con la que se está realizando el trabajo. La teoría del cronograma ganado también proporciona fórmulas para pronosticar la fecha de conclusión del proyecto, utilizando el cronograma ganado, el tiempo real y la duración estimada.

CONSIDERACIONES DE ADAPTACIÓN

Debido a que cada proyecto es único, el director del proyecto puede necesitar adaptar la forma en que se aplican los procesos de Gestión de los Costos del Proyecto. Las consideraciones para la adaptación incluyen, entre otras:

◆ **Gestión del conocimiento.** ¿La organización cuenta con un repositorio formal de gestión del conocimiento y de bases de datos financieras que el director del proyecto deba usar y que sea de fácil acceso?

◆ **Estimar y presupuestar.** ¿La organización cuenta con políticas, procedimientos y guías existentes, tanto formales como informales, relacionados con la estimación de costos y la elaboración de presupuestos?

◆ **Gestión del valor ganado.** ¿La organización utiliza la gestión del valor ganado para dirigir proyectos?

◆ **Uso del enfoque ágil.** ¿La organización utiliza metodologías ágiles para dirigir proyectos? ¿Cómo afecta esto a la estimación de costos?

◆ **Gobernanza.** ¿La organización cuenta con políticas, procedimientos y guías formales o informales de auditoría y gobernanza?

CONSIDERACIONES PARA ENTORNOS ÁGILES/ADAPTATIVOS

Los proyectos con altos grados de incertidumbre o aquellos proyectos en los que el alcance no está completamente definido pueden no beneficiarse de los cálculos de costos detallados debido a los cambios frecuentes. En su lugar, pueden utilizarse métodos de estimación simple ("lightweight estimation") para generar un pronóstico rápido de alto nivel de los costos laborales del proyecto, que luego puede ajustarse fácilmente al surgir los cambios. Las estimaciones detalladas se reservan para horizontes de planificación a corto plazo en una modalidad justo a tiempo.

En casos en que los proyectos de alta variabilidad también están sujetos a presupuestos estrictos, el alcance y el cronograma se ajustan con mayor frecuencia para permanecer dentro de las restricciones de costos.

7.1 PLANIFICAR LA GESTIÓN DE LOS COSTOS

Planificar la Gestión de los Costos es el proceso de definir cómo se han de estimar, presupuestar, gestionar, monitorear y controlar los costos del proyecto. El beneficio clave de este proceso es que proporciona guía y dirección sobre cómo se gestionarán los costos del proyecto a lo largo del mismo. Este proceso se lleva a cabo una única vez o en puntos predefinidos del proyecto. El Gráfico 7-2 muestra las entradas, herramientas y técnicas, y salidas de este proceso. El Gráfico 7-3 representa el diagrama de flujo de datos del proceso.

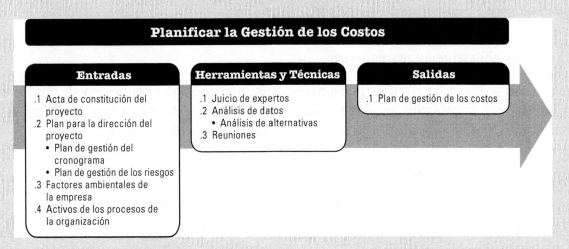

Gráfico 7-2. Planificar la Gestión de los Costos: Entradas, Herramientas y Técnicas, y Salidas

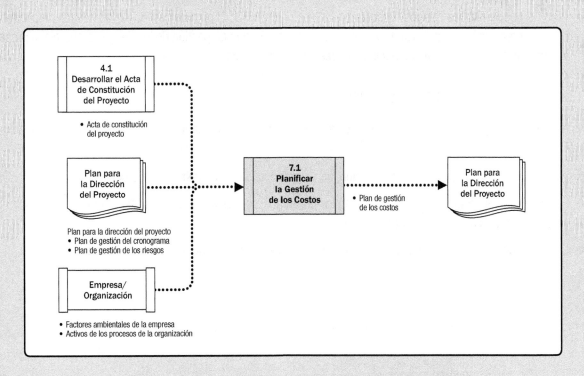

Gráfico 7-3. Planificar la Gestión de los Costos: Diagrama de Flujo de Datos

El trabajo de planificación de la gestión de los costos tiene lugar en las etapas iniciales de la planificación del proyecto y establece el marco de referencia para cada uno de los procesos de gestión de los costos, de modo que el desempeño de los procesos sea eficiente y coordinado. Los procesos de gestión de los costos, así como sus herramientas y técnicas asociadas, se documentan en el plan de gestión de los costos. El plan de gestión de los costos es un componente del plan para la dirección del proyecto.

7.1.1 PLANIFICAR LA GESTIÓN DE LOS COSTOS: ENTRADAS

7.1.1.1 ACTA DE CONSTITUCIÓN DEL PROYECTO

Descrita en la Sección 4.1.3.1. El acta de constitución del proyecto proporciona los recursos financieros preaprobados a partir de los cuales se desarrollan los costos detallados del proyecto. El acta de constitución del proyecto define asimismo los requisitos para la aprobación del proyecto, que influirán en la gestión de los costos del mismo.

7.1.1.2 PLAN PARA LA DIRECCIÓN DEL PROYECTO

Descrito en la Sección 4.2.3.1. Los componentes del plan para la dirección del proyecto incluyen, entre otros:

◆ **Plan de gestión del cronograma.** Descrito en la Sección 6.1.3.1. El plan de gestión del cronograma establece los criterios y las actividades para desarrollar, monitorear y controlar el cronograma. El plan de gestión del cronograma proporciona procesos y controles que afectarán la estimación y la gestión de los costos.

◆ **Plan de gestión de los riesgos.** Descrito en la Sección 11.1.3.1. El plan de gestión de los riesgos proporciona el enfoque para identificar, analizar y monitorear los riesgos. El plan de gestión de los riesgos proporciona procesos y controles que afectarán la estimación y la gestión de los costos.

7.1.1.3 FACTORES AMBIENTALES DE LA EMPRESA

Los factores ambientales de la empresa que pueden influir en el proceso Planificar la Gestión de los Costos incluyen, entre otros:

◆ La cultura y la estructura de la organización, que pueden influir en la gestión de los costos.

◆ Las condiciones del mercado, que describen los productos, servicios y resultados que se encuentran disponibles en el mercado local y en el mercado global.

◆ Las tasas de cambio de divisas, para los proyectos cuyos costos se originan en más de un país.

◆ La información comercial publicada, tal como los ratios de costos de recursos, que a menudo se encuentra disponible en bases de datos comerciales que realizan el seguimiento de las habilidades y los costos de los recursos humanos, y que proporcionan costos estándar para materiales y equipos. Otra fuente de información la constituyen las listas de precios publicadas por los proveedores.

◆ El sistema de información para la dirección de proyectos, que proporciona diferentes posibilidades para la gestión de los costos.

◆ Las diferencias de productividad en diferentes partes del mundo, que pueden tener gran influencia en el costo de los proyectos.

7.1.1.4 ACTIVOS DE LOS PROCESOS DE LA ORGANIZACIÓN

Los activos de los procesos de la organización que pueden influir en el proceso Planificar la Gestión de los Costos incluyen, entre otros:

◆ Procedimientos de control financiero (p.ej., informes de tiempos, revisiones requeridas de gastos y desembolsos, códigos contables y disposiciones contractuales estándar);

◆ Información histórica y repositorio de lecciones aprendidas;

◆ Bases de Datos financieras, y

◆ Las políticas, procedimientos y guías existentes, formales e informales, relacionados con la gestión de costos y el presupuesto.

7.1.2 PLANIFICAR LA GESTIÓN DE LOS COSTOS: HERRAMIENTAS Y TÉCNICAS

7.1.2.1 JUICIO DE EXPERTOS

Descrito en la Sección 4.1.2.1. Se debería considerar la pericia de individuos o grupos con capacitación o conocimientos especializados en los siguientes temas:

◆ Proyectos anteriores similares;

◆ Información de la industria, disciplina y área de aplicación;

◆ Estimación de costos y elaboración de presupuestos; y

◆ Gestión del valor ganado.

7.1.2.2 ANÁLISIS DE DATOS

Entre las técnicas de análisis de datos que pueden utilizarse para este proceso se incluye, entre otras, el análisis de alternativas. El análisis de alternativas puede incluir la revisión de opciones estratégicas de financiación, tales como auto-financiación, financiación a través de acciones, o financiación mediante deuda. También puede incluir la consideración de las formas de adquirir los recursos del proyecto, tales como construir, comprar, alquilar o arrendar ("leasing").

7.1.2.3 REUNIONES

Los equipos de proyecto pueden celebrar reuniones de planificación para desarrollar el plan de gestión de los costos. Los participantes de estas reuniones pueden incluir al director del proyecto, al patrocinador del proyecto, determinados miembros del equipo del proyecto, determinados interesados, cualquier persona que tenga responsabilidades relativas a los costos del proyecto, así como otras personas, según sea necesario.

7.1.3 PLANIFICAR LA GESTIÓN DE LOS COSTOS: SALIDAS

7.1.3.1 PLAN DE GESTIÓN DE LOS COSTOS

El plan de gestión de los costos es un componente del plan para la dirección del proyecto y describe la forma en que se planificarán, estructurarán y controlarán los costos del proyecto. Los procesos de gestión de los costos, así como sus herramientas y técnicas asociadas, se documentan en el plan de gestión de los costos.

El plan de gestión de los costos podría, por ejemplo, establecer lo siguiente:

◆ **Unidades de medida.** Se definen, para cada uno de los recursos, las unidades que se utilizarán en las mediciones (tales como horas, días o semanas de trabajo del personal para medidas de tiempo, o metros, litros, toneladas, kilómetros o yardas cúbicas para medidas de cantidades, o pago único en dinero).

◆ **Nivel de precisión.** Consiste en el grado de redondeo, hacia arriba o hacia abajo, que se aplicará a las estimaciones del costo (p.ej., US$ 995.59 a US$ 1,000), en función del alcance de las actividades y de la magnitud del proyecto.

◆ **Nivel de exactitud.** Se especifica el rango aceptable (p.ej., ±10%) que se utilizará para hacer estimaciones realistas sobre el costo y que puede contemplar un determinado monto para contingencias.

◆ **Enlaces con los procedimientos de la organización.** La estructura de desglose del trabajo (EDT/WBS) (Sección 5.4) establece el marco general para el plan de gestión de los costos y permite que haya coherencia con las estimaciones, los presupuestos y el control de los costos. El componente de la EDT/WBS que se utiliza para la contabilidad de los costos del proyecto se denomina cuenta de control. A cada cuenta de control se le asigna un código único o un número o números de cuenta vinculados directamente con el sistema de contabilidad de la organización ejecutora.

◆ **Umbrales de control.** Para monitorear el desempeño del costo, pueden definirse umbrales de variación, que establecen un valor acordado para la variación permitida antes de que sea necesario tomar medidas. Los umbrales se expresan habitualmente como un porcentaje de desviación con respecto a la línea base del plan.

◆ **Reglas para la medición del desempeño.** Se establecen reglas para la medición del desempeño mediante la gestión del valor ganado (EVM). El plan de gestión de los costos podría, por ejemplo:

   ■ Definir los puntos en los que se realizará la medición de las cuentas de control en el ámbito de la EDT/WBS;

   ■ Establecer las técnicas de EVM que se emplearán (p.ej., hitos ponderados, fórmula fija, porcentaje completado, etc.); y

   ■ Especificar las metodologías de seguimiento y las fórmulas de cómputo del EVM para determinar la estimación a la conclusión (EAC) proyectada de modo que proporcione una prueba de validación de la EAC ascendente.

◆ **Formatos de los informes.** Se definen los formatos y la frecuencia de presentación de los diferentes informes de costos.

◆ **Detalles adicionales.** Estos detalles adicionales sobre la gestión de costos incluyen, entre otros:

   ■ Descripción de la selección estratégica del financiamiento,

   ■ Procedimiento empleado para tener en cuenta las fluctuaciones en los tipos de cambio, y

   ■ Procedimiento para el registro de los costos del proyecto.

Para ampliar información sobre la gestión del valor ganado véase *Practice Standard for Earned Value Management – Second Edition* (en inglés) [17].

7.2 ESTIMAR LOS COSTOS

Estimar los Costos es el proceso de desarrollar una aproximación del costo de los recursos necesarios para completar el trabajo del proyecto. El beneficio clave de este proceso es que determina los recursos monetarios requeridos para el proyecto. Este proceso se lleva a cabo periódicamente a lo largo del proyecto, según sea necesario. El Gráfico 7-4 muestra las entradas, herramientas y técnicas, y salidas de este proceso. El Gráfico 7-5 representa el diagrama de flujo de datos del proceso.

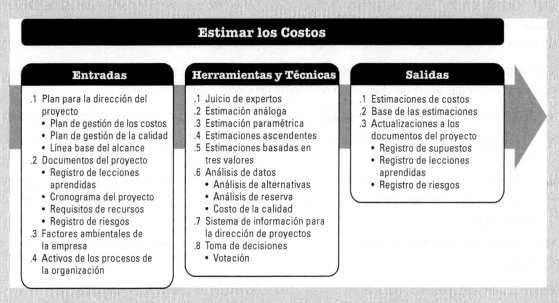

Estimar los Costos

Entradas	Herramientas y Técnicas	Salidas
.1 Plan para la dirección del proyecto • Plan de gestión de los costos • Plan de gestión de la calidad • Línea base del alcance .2 Documentos del proyecto • Registro de lecciones aprendidas • Cronograma del proyecto • Requisitos de recursos • Registro de riesgos .3 Factores ambientales de la empresa .4 Activos de los procesos de la organización	.1 Juicio de expertos .2 Estimación análoga .3 Estimación paramétrica .4 Estimaciones ascendentes .5 Estimaciones basadas en tres valores .6 Análisis de datos • Análisis de alternativas • Análisis de reserva • Costo de la calidad .7 Sistema de información para la dirección de proyectos .8 Toma de decisiones • Votación	.1 Estimaciones de costos .2 Base de las estimaciones .3 Actualizaciones a los documentos del proyecto • Registro de supuestos • Registro de lecciones aprendidas • Registro de riesgos

Gráfico 7-4. Estimar los Costos: Entradas, Herramientas y Técnicas, y Salidas

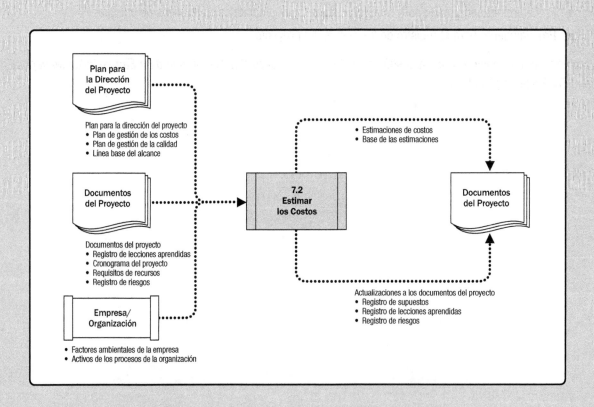

Gráfico 7-5. Estimar los Costos: Diagrama de Flujo de Datos

Una estimación de costos consiste en una evaluación cuantitativa de los costos probables de los recursos necesarios para completar la actividad. Es una predicción basada sobre la información disponible en un momento determinado. Las estimaciones de costos incluyen la identificación y consideración de diversas alternativas de cálculo de costos para iniciar y completar el proyecto. Para lograr un costo óptimo para el proyecto, se debería tener en cuenta el balance entre costos y riesgos, tal como hacer versus comprar, comprar versus alquilar y el uso de recursos compartidos.

Las estimaciones de costos se expresan normalmente en unidades de alguna moneda (p.ej., dólares, euros, yenes, etc.), aunque en algunos casos pueden emplearse otras unidades de medida, como las horas o los días de trabajo del personal para facilitar las comparaciones, al eliminar el efecto de las fluctuaciones de las divisas.

Se deberían revisar y refinar las estimaciones de costos a lo largo del proyecto para ir reflejando los detalles adicionales a medida que éstos se van conociendo y que se van probando los supuestos de partida. La exactitud de la estimación del costo de un proyecto aumenta conforme el proyecto avanza a través de su ciclo de vida. Un proyecto en su fase de inicio, por ejemplo, puede tener una estimación aproximada por orden de magnitud (ROM) en el rango de −25% a +75%. En una etapa posterior del proyecto, conforme se va contando con más información, el rango de exactitud de las estimaciones puede reducirse a -5% a +10%. En algunas organizaciones existen pautas sobre cuándo pueden efectuarse esos refinamientos y cuál es el grado de confianza o exactitud esperado.

Se estiman los costos para todos los recursos que se van a asignar al proyecto. Estos incluyen, entre otros, el personal, los materiales, el equipamiento, los servicios y las instalaciones, así como otras categorías especiales, tales como el factor de inflación, el costo de financiación o el costo de contingencia. Las estimaciones de costos se pueden presentar a nivel de actividad o en forma resumida.

7.2.1 ESTIMAR LOS COSTOS: ENTRADAS

7.2.1.1 PLAN PARA LA DIRECCIÓN DEL PROYECTO

Descrito en la Sección 4.2.3.1. Los componentes del plan para la dirección del proyecto incluyen, entre otros:

◆ **Plan de gestión de los costos.** Descrito en la Sección 7.1.3.1. El plan de gestión de los costos describe métodos de estimación que pueden utilizarse y el nivel de precisión y exactitud requerido para la estimación de costos.

◆ **Plan de gestión de la calidad.** Descrito en la Sección 8.1.3.1. El plan de gestión de la calidad describe las actividades y los recursos necesarios para que el equipo de dirección del proyecto alcance los objetivos de calidad establecidos para el proyecto.

◆ **Línea base del alcance.** Descrita en la Sección 5.4.3.1. La línea base del alcance contiene el enunciado del alcance del proyecto, la EDT/WBS y el diccionario de la EDT/WBS:

■ *Enunciado del Alcance del Proyecto.* El enunciado del alcance (Sección 5.3.3.1) incluye entregables y criterios de aceptación.

■ *Estructura de desglose del trabajo.* La EDT/WBS del proyecto (Sección 5.4.3.1) establece las relaciones entre todos los entregables del proyecto y sus diversos componentes.

■ *Diccionario de la EDT/WBS.* El diccionario de la EDT/WBS (Sección 5.4.3) y los enunciados detallados del trabajo relacionados proporcionan una identificación de los entregables y una descripción del trabajo en cada componente de la EDT/WBS requerido para producir cada entregable.

7.2.1.2 DOCUMENTOS DEL PROYECTO

Los documentos del proyecto que pueden considerarse como entradas de este proceso incluyen, entre otros:

■ **Registro de lecciones aprendidas.** Descrito en la Sección 4.4.3.1. Las lecciones aprendidas tempranamente en el proyecto con respecto al desarrollo de estimaciones de costos pueden aplicarse a fases más tardías del proyecto para mejorar la exactitud y la precisión de las estimaciones de costos.

■ **Cronograma del proyecto.** Descrita en la Sección 6.5.3.2. El cronograma incluye el tipo, cantidad y lapso de tiempo que los recursos físicos y del equipo estarán activos en el proyecto. Las estimaciones de la duración (Sección 6.4.3.1) afectarán las estimaciones de costos cuando los recursos son asignados por unidad de tiempo y cuando existen fluctuaciones estacionales de los costos. El cronograma también proporciona información útil para proyectos que incorporan el costo de financiamiento (incluidos los cargos por intereses).

■ **Requisitos de recursos.** Descritos en la Sección 9.2.3.1. Los recursos requeridos consisten en los tipos y las cantidades de recursos identificados que necesita cada paquete de trabajo o actividad.

■ **Registro de riesgos.** Descrito en la Sección 11.2.3.1. El registro de riesgos contiene detalles de los riesgos individuales del proyecto que han sido identificados y priorizados, y para los cuales se requieren respuestas a los riesgos. El registro de riesgos proporciona información detallada que puede utilizarse para estimar los costos.

7.2.1.3 FACTORES AMBIENTALES DE LA EMPRESA

Los factores ambientales de la empresa que pueden influir en el proceso Estimar los Costos incluyen, entre otros:

◆ **Condiciones del mercado.** Dichas condiciones describen los productos, servicios y resultados que están disponibles en el mercado, sus proveedores y los términos y condiciones que los rigen. Las condiciones locales y/o globales de la oferta y la demanda influyen considerablemente en el costo de los recursos.

◆ **Información comercial de dominio público.** A menudo, la información sobre las tarifas de los recursos está disponible en bases de datos comerciales que realizan el seguimiento de las habilidades y los costos de los recursos humanos, y que proporcionan costos estándar para materiales y equipos. Otra fuente de información la constituyen las listas de precios publicadas por los proveedores.

◆ **Tasas de cambio e inflación.** Para proyectos a gran escala que se extienden por varios años con múltiples divisas, las fluctuaciones de las divisas y la inflación deben comprenderse e incorporarse al proceso Estimar los Costos.

7.2.1.4 ACTIVOS DE LOS PROCESOS DE LA ORGANIZACIÓN

Los activos de los procesos de la organización que pueden influir en el proceso Estimar los Costos incluyen, entre otros:

◆ Políticas de estimación de costos,

◆ Plantillas de estimación de costos,

◆ Información histórica y el repositorio de lecciones aprendidas.

7.2.2 ESTIMAR LOS COSTOS: HERRAMIENTAS Y TÉCNICAS

7.2.2.1 JUICIO DE EXPERTOS

Descrito en la Sección 4.1.2.1. Se debería considerar la pericia de individuos o grupos con capacitación o conocimientos especializados en los siguientes temas:

◆ Proyectos anteriores similares;

◆ Información de la industria, disciplina y área de aplicación; y

◆ Métodos de estimación de costos.

7.2.2.2 ESTIMACIÓN ANÁLOGA

Descrita en la Sección 6.4.2.2. La estimación análoga de costos utiliza valores o atributos de un proyecto anterior que son similares al proyecto actual. Los valores y atributos de los proyectos pueden incluir, entre otros: el alcance, el costo, el presupuesto, la duración y las medidas de escala (p.ej., tamaño, peso). La comparación de estos valores o atributos del proyecto se vuelve la base para estimar el mismo parámetro o medida para el proyecto actual.

7.2.2.3 ESTIMACIÓN PARAMÉTRICA

Descrita en la Sección 6.4.2.3. La estimación paramétrica utiliza una relación estadística entre los datos históricos relevantes y otras variables (p.ej., metros cuadrados en construcción) para calcular una estimación del costo del trabajo del proyecto. Con esta técnica se pueden lograr niveles superiores de exactitud, en función de la sofisticación y de los datos subyacentes que utilice el modelo. La estimación paramétrica de costos se puede aplicar a un proyecto en su totalidad o a partes del mismo, en combinación con otros métodos de estimación.

7.2.2.4 ESTIMACIÓN ASCENDENTE

Descrita en la Sección 6.4.2.5. La estimación ascendente es un método que sirve para estimar un componente del trabajo. El costo de cada paquete de trabajo o actividad se calcula con el mayor nivel posible de detalle. El costo detallado se resume posteriormente o se "acumula" en niveles superiores para fines de reporte y seguimiento. En general, la magnitud u otros atributos de la actividad o del paquete de trabajo individuales influyen en el costo y la exactitud de la estimación ascendente de costos.

7.2.2.5 ESTIMACIÓN POR TRES VALORES

Descrita en la Sección 6.4.2.4. Se puede mejorar la exactitud de las estimaciones de costos por un único valor si se tienen en cuenta la incertidumbre y el riesgo y se utilizan estimaciones por tres valores para definir un rango aproximado del costo de la actividad:

◆ **Más probable (cM).** El costo de la actividad se estima sobre la base de una evaluación realista del esfuerzo necesario para el trabajo requerido y de cualquier gasto previsto.

◆ **Optimista (cO).** El costo se estima sobre la base del análisis del mejor escenario para esa actividad.

◆ **Pesimista (cP).** El costo se estima sobre la base del análisis del peor escenario para esa actividad.

Se puede calcular el costo esperado, cE, mediante el uso de una fórmula, en función de la distribución asumida de los valores dentro del rango de las tres estimaciones. Dos de las fórmulas más utilizadas son las distribuciones triangular y beta. Las fórmulas son las siguientes:

◆ **Distribución triangular.** $cE = (cO + cM + cP) / 3$

◆ **Distribución beta.** $cE = (cO + 4cM + cP) / 6$

Las estimaciones de costos basadas en tres valores con una distribución determinada proporcionan un costo esperado y despejan el grado de incertidumbre sobre el costo esperado.

7.2.2.6 ANÁLISIS DE DATOS

Las técnicas de análisis de datos que pueden utilizarse en el proceso Estimar los Costos incluyen, entre otras:

◆ **Análisis de alternativas.** El análisis de alternativas es una técnica utilizada para evaluar las opciones identificadas a fin de seleccionar qué opciones o enfoques utilizar para ejecutar y llevar a cabo el trabajo del proyecto. Un ejemplo sería evaluar los impactos en el costo, el cronograma, los recursos y la calidad, de comprar un entregable frente a la opción de producirlo.

◆ **Análisis de reserva.** Las estimaciones de costos pueden incluir reservas para contingencias (denominadas a veces provisiones para contingencias) para tener en cuenta la incertidumbre sobre el costo. Las reservas para contingencias consisten en el presupuesto, dentro de la línea base de costos, que se destina a los riesgos identificados. Las reservas para contingencias se contemplan a menudo como la parte del presupuesto destinada a cubrir los "conocidos-desconocidos" susceptibles de afectar al proyecto. Por ejemplo, se podría anticipar la necesidad de reelaborar algunos de los entregables del proyecto y al mismo tiempo desconocer el impacto de esa reelaboración. Se pueden estimar las reservas para contingencias de manera que cubran esa cantidad desconocida de retrabajo. Las reservas para contingencias pueden proporcionarse a cualquier nivel, desde la actividad específica hasta el proyecto en su totalidad. La reserva para contingencias puede definirse como un porcentaje del costo estimado, como un monto fijo, o bien puede calcularse utilizando métodos de análisis cuantitativos.

A medida que se dispone de información más precisa sobre el proyecto, la reserva para contingencias puede utilizarse, reducirse o eliminarse. La contingencia debería identificarse claramente en la documentación de costos. Las reservas para contingencias forman parte de la línea base de costos y de los requisitos generales de financiamiento del proyecto.

◆ **Costo de la calidad.** Los supuestos relativos a los costos de la calidad (Sección 8.1.2.3) se pueden utilizar para preparar las estimaciones. Esto incluye evaluar el impacto en el costo de la inversión adicional de conformidad, frente al costo de la no conformidad. También puede incluir la evaluación de reducciones de costos a corto plazo frente a la implicación de problemas más frecuentes, más tarde en el ciclo de vida del producto.

7.2.2.7 SISTEMA DE INFORMACIÓN PARA LA DIRECCIÓN DE PROYECTOS (PMIS)

Descrito en la Sección 4.3.2.2. El sistema de información para la dirección de proyectos puede incluir hojas de cálculo, software de simulación y herramientas de análisis estadístico para apoyar la estimación de costos. Dichas herramientas simplifican el uso de algunas de las técnicas de estimación de costos y, de esta manera, facilitan el estudio rápido de las alternativas para la estimación de costos.

7.2.2.8 TOMA DE DECISIONES

Las técnicas para la toma de decisiones que pueden utilizarse en el proceso Estimar los Costos incluyen, entre otras, la votación. Descrita en la Sección 5.2.2.4, la votación es un proceso de evaluación que maneja múltiples alternativas, con un resultado esperado en forma de acciones futuras. Estas técnicas son útiles para involucrar a los miembros del equipo en la mejora de la exactitud de la estimación y de su nivel de compromiso con los resultados de las estimaciones resultantes.

7.2.3 ESTIMAR LOS COSTOS: SALIDAS

7.2.3.1 ESTIMACIONES DE COSTOS

Las estimaciones de costos incluyen evaluaciones cuantitativas de los costos probables que se requieren para completar el trabajo del proyecto, así como los montos de contingencia para tener en cuenta los riesgos identificados y una reserva de gestión para cubrir trabajo no planificado. Las estimaciones de costos pueden presentarse de manera resumida o detallada. Se estiman los costos para todos los recursos aplicados a la estimación de costos. Esto incluye, entre otros, el trabajo directo, los materiales, el equipamiento, los servicios, las instalaciones, la tecnología de la información y determinadas categorías especiales, tales como el costo de la financiación (incluidos los cargos de intereses), una provisión para inflación, las tasas de cambio de divisas, o una reserva para contingencias de costo. Si se incluyen los costos indirectos en el proyecto, éstos se pueden incluir en el nivel de actividad o en niveles superiores.

7.2.3.2 BASE DE LAS ESTIMACIONES

La cantidad y el tipo de detalles adicionales que respaldan la estimación de costos varían en función del área de aplicación. Independientemente del nivel de detalle, la documentación de apoyo debería proporcionar una comprensión clara y completa de la forma en que se obtuvo la estimación de costos.

Los detalles de apoyo para las estimaciones de costos pueden incluir:

◆ Documentación de los fundamentos de las estimaciones (es decir, cómo fueron desarrolladas),

◆ Documentación de todos los supuestos realizados,

◆ Documentación de todas las restricciones conocidas,

◆ Documentación de los riesgos identificados incluidos al estimar los costos,

◆ Indicación del rango de las estimaciones posibles (p.ej., US$ 10,000 (±10%) para indicar que se espera que el costo del elemento se encuentre dentro de este rango de valores), y

◆ Indicación del nivel de confianza de la estimación final.

7.2.3.3 ACTUALIZACIONES A LOS DOCUMENTOS DEL PROYECTO

Los documentos del proyecto que pueden actualizarse como resultado de llevar a cabo este proceso incluyen, entre otros:

◆ **Registro de supuestos.** Descrito en la Sección 4.1.3.2. Durante el proceso Estimar los Costos, pueden establecerse nuevos supuestos, identificarse nuevas restricciones, y los supuestos o restricciones existentes pueden revisarse y cambiarse. El registro de supuestos debería actualizarse con esta nueva información.

◆ **Registro de lecciones aprendidas.** Descrito en la Sección 4.4.3.1. El registro de lecciones aprendidas puede actualizarse con técnicas que fueron eficaces y eficientes para desarrollar las estimaciones de costos.

◆ **Registro de riesgos.** Descrito en la Sección 11.2.3.1. El registro de riesgos puede actualizarse cuando se seleccionan y se acuerdan respuestas adecuadas a los riesgos durante el proceso Estimar los Costos.

7.3 DETERMINAR EL PRESUPUESTO

Determinar el Presupuesto es el proceso que consiste en sumar los costos estimados de las actividades individuales o paquetes de trabajo para establecer una línea base de costos autorizada. El beneficio clave de este proceso es que determina la línea base de costos con respecto a la cual se puede monitorear y controlar el desempeño del proyecto. Este proceso se lleva a cabo una única vez o en puntos predefinidos del proyecto. El Gráfico 7-6 muestra las entradas, herramientas y técnicas, y salidas de este proceso. El Gráfico 7-7 representa el diagrama de flujo de datos del proceso.

El presupuesto de un proyecto contempla todos los fondos autorizados para ejecutar el proyecto. La línea base de costos es la versión aprobada del presupuesto del proyecto en sus diferentes fases temporales, que incluye las reservas para contingencias, pero no incluye las reservas de gestión.

Determinar el Presupuesto

Entradas

.1 Plan para la dirección del proyecto
  - Plan de gestión de los costos
  - Plan de gestión de los recursos
  - Línea base del alcance
.2 Documentos del proyecto
  - Base de las estimaciones
  - Estimaciones de costos
  - Cronograma del proyecto
  - Registro de riesgos
.3 Documentos de negocio
  - Caso de negocio
  - Plan de gestión de beneficios
.4 Acuerdos
.5 Factores ambientales de la empresa
.6 Activos de los procesos de la organización

Herramientas y Técnicas

.1 Juicio de expertos
.2 Costos agregados
.3 Análisis de datos
  - Análisis de reserva
.4 Revisar la información histórica
.5 Conciliación del límite de financiamiento
.6 Financiamiento

Salidas

.1 Línea base de costos
.2 Requisitos de financiamiento del proyecto
.3 Actualizaciones a los documentos del proyecto
  - Estimaciones de costos
  - Cronograma del proyecto
  - Registro de riesgos

Gráfico 7-6. Determinar el Presupuesto: Entradas, Herramientas y Técnicas, y Salidas

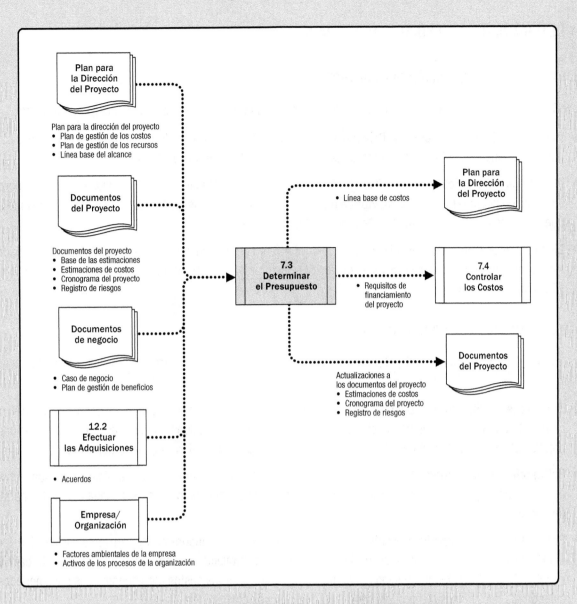

Gráfico 7-7. Diagrama de flujo de datos de Determinar el Presupuesto

7.3.1 DETERMINAR EL PRESUPUESTO: ENTRADAS

7.3.1.1 PLAN PARA LA DIRECCIÓN DEL PROYECTO

Descrito en la Sección 4.2.3.1. Los componentes del plan para la dirección del proyecto incluyen, entre otros:

◆ **Plan de gestión de los costos.** Descrito en la Sección 7.1.3.1. El plan de gestión de los costos describe la manera en que los costos del proyecto se estructurarán en el presupuesto del proyecto.

◆ **Plan de gestión de los recursos.** Descrito en la Sección 9.1.3.1. El plan de gestión de los recursos proporciona información sobre tarifas (personal y otros recursos), estimación de los gastos de viaje y otros costos previstos que son necesarios para estimar el presupuesto total del proyecto.

◆ **Línea base del alcance.** Descrita en la Sección 5.4.3.1. La línea base del alcance contiene el enunciado del alcance del proyecto, la EDT/WBS y los detalles del diccionario de la EDT/WBS, que se utilizan para la estimación y la gestión de los costos.

7.3.1.2 DOCUMENTOS DEL PROYECTO

Los ejemplos de documentos del proyecto que pueden considerarse como entradas de este proceso incluyen, entre otros:

◆ **Base de las estimaciones.** Descrita en la Sección 7.2.3.2. El detalle que sustenta las estimaciones de costos contenido en la base de las estimaciones debería especificar los supuestos básicos adoptados relacionados con la inclusión o exclusión de los costos indirectos y otros costos del presupuesto del proyecto.

◆ **Estimaciones de costos.** Descritas en la Sección 7.2.3.1. Las estimaciones del costo de cada actividad dentro de un paquete de trabajo se suman para obtener una estimación de costos de cada uno de los paquetes de trabajo.

◆ **Cronograma del proyecto.** Descrito en la Sección 6.5.3.2. El cronograma del proyecto incluye las fechas planificadas de inicio y finalización de las actividades del proyecto, los hitos, los paquetes de trabajo y las cuentas de control. Esta información puede utilizarse para sumar los costos correspondientes a los períodos del calendario en los cuales se ha planificado incurrir en dichos costos.

◆ **Registro de riesgos.** Descrito en la Sección 11.2.3.1. Se debería revisar el registro de riesgos para tener en cuenta los costos correspondientes a las respuestas frente a riesgos. Las actualizaciones del registro de riesgos se incluyen entre las actualizaciones de los documentos del proyecto, que se describen en la Sección 11.5.3.3.

7.3.1.3 DOCUMENTOS DE NEGOCIO

Descritos en la Sección 1.2.6. Los documentos de negocio que pueden considerarse como entradas de este proceso incluyen, entre otros:

◆ **Caso de negocio.** El caso de negocio identifica los factores críticos del éxito del proyecto, incluidos los factores de éxito financiero.

◆ **Plan de gestión de beneficios.** El plan de gestión de beneficios incluye los beneficios esperados, tales como cálculos del valor actual neto, el plazo para obtener los beneficios y las métricas asociadas a los beneficios.

7.3.1.4 ACUERDOS

Descritos en la Sección 12.2.3.2. La información aplicable relativa al contrato y los costos asociados a los productos, servicios o resultados que han sido o serán adquiridos, se incluyen durante la elaboración del presupuesto.

7.3.1.5 FACTORES AMBIENTALES DE LA EMPRESA

Los factores ambientales de la empresa que pueden influir en el proceso Determinar el Presupuesto incluyen, entre otros, las tasas de cambio. Para proyectos a gran escala que se extienden por varios años con múltiples divisas, las fluctuaciones de las divisas deben comprenderse e incorporarse al proceso Determinar el Presupuesto.

7.3.1.6 ACTIVOS DE LOS PROCESOS DE LA ORGANIZACIÓN

Los activos de los procesos de la organización que pueden influir en el proceso Determinar el Presupuesto incluyen, entre otros:

◆ Políticas, procedimientos y guías existentes, tanto formales como informales, relacionadas con la elaboración de presupuestos de costos;

◆ Información histórica y el repositorio de lecciones aprendidas.

◆ Herramientas para la elaboración de presupuestos de costos, y

◆ Métodos para la preparación de informes.

7.3.2 DETERMINAR EL PRESUPUESTO: HERRAMIENTAS Y TÉCNICAS

7.3.2.1 JUICIO DE EXPERTOS

Descrito en la Sección 4.1.2.1. Se debería tomar en cuenta la pericia de los individuos o grupos que tengan conocimientos especializados o capacitación en los siguientes temas:

◆ Proyectos anteriores similares;

◆ Información de la industria, disciplina y área de aplicación;

◆ Principios financieros; y

◆ Requisitos y fuentes de financiamiento.

7.3.2.2 AGREGACIÓN DE COSTOS

Las estimaciones de costos se suman por paquetes de trabajo, de acuerdo con la EDT/WBS. Las estimaciones de costos de los paquetes de trabajo se agregan posteriormente para los niveles superiores de componentes de la EDT/WBS (tales como las cuentas de control) y finalmente para todo el proyecto.

7.3.2.3 ANÁLISIS DE DATOS

Entre las técnicas de análisis de datos que pueden utilizarse en el proceso Determinar el Presupuesto se incluye, entre otras, el análisis de reserva, el cual puede establecer las reservas de gestión para el proyecto. Las reservas de gestión son cantidades específicas del presupuesto del proyecto que se retienen por razones de control de gestión y que se reservan para cubrir trabajo no previsto dentro del alcance del proyecto. El objetivo de las reservas de gestión es contemplar los desconocidos-desconocidos que pueden afectar a un proyecto. La reserva de gestión no se incluye en la línea base de costos, pero forma parte del presupuesto total y de los requisitos de financiamiento del proyecto. Cuando se utiliza una cantidad determinada de reservas de gestión para financiar un trabajo no previsto, la cantidad de la reserva de gestión utilizada se suma a la línea base de costos, dando lugar a la necesidad de aprobar un cambio de la línea base de costos.

7.3.2.4 ANÁLISIS DE LA INFORMACIÓN HISTÓRICA

Revisar la información histórica puede ayudar a desarrollar estimaciones paramétricas o estimaciones análogas. La información histórica puede incluir características del proyecto (parámetros) para desarrollar modelos matemáticos a fin de predecir los costos totales del proyecto. Estos modelos pueden ser sencillos (p.ej., la construcción de una vivienda residencial se basará en un costo determinado por metro cuadrado) o complejos (p.ej., un modelo de costo de desarrollo de software utiliza varios factores de ajuste diferenciados, en que cada uno de estos factores conlleva numerosos criterios).

Tanto el costo como la exactitud de los modelos análogos y paramétricos pueden variar ampliamente. Es más probable que estos modelos sean fiables cuando:

◆ La información histórica utilizada para desarrollar el modelo es exacta,

◆ Los parámetros utilizados en el modelo son fácilmente cuantificables, y

◆ Los modelos son escalables, de modo que funcionan tanto para un proyecto grande como para uno pequeño, así como para las fases de un proyecto.

7.3.2.5 CONCILIACIÓN DEL LÍMITE DE FINANCIAMIENTO

El gasto de fondos debería conciliarse con los límites de financiamiento comprometidos en relación con la financiación del proyecto. Una variación entre los límites de financiamiento y los gastos planificados requerirá en algunos casos volver a programar el trabajo para equilibrar la tasa de gastos. Esto se consigue mediante la aplicación de restricciones de fechas impuestas para el trabajo incluido en el cronograma del proyecto.

7.3.2.6 FINANCIAMIENTO

El financiamiento implica la adquisición de fondos para los proyectos. Es común que los proyectos de infraestructura, industriales y de servicios públicos a largo plazo procuren fondos de fuentes externas. Si un proyecto es financiado externamente, la entidad financiera puede tener ciertos requisitos que deben cumplirse.

7.3.3 DETERMINAR EL PRESUPUESTO: SALIDAS

7.3.3.1 LÍNEA BASE DE COSTOS

La línea base de costos es la versión aprobada del presupuesto del proyecto con fases de tiempo, excluida cualquier reserva de gestión, la cual sólo puede cambiarse a través de procedimientos formales de control de cambios. Se utiliza como base de comparación con los resultados reales. La línea base de costos se desarrolla como la suma de los presupuestos aprobados para las diferentes actividades del cronograma.

El Gráfico 7-8 muestra los diferentes componentes del presupuesto del proyecto y la línea base de costos. Las estimaciones de costos para las diversas actividades del proyecto, junto con cualquier reserva para contingencias (véase la Sección 7.2.2.6) para dichas actividades, se agregan en los costos de sus paquetes de trabajo asociados. Las estimaciones de costos de los paquetes de trabajo, junto con cualquier reserva para contingencias de los mismos, se agregan en cuentas de control. La suma de las cuentas de control proporciona la línea base de costos. Dado que las estimaciones de costos que dan lugar a la línea base de costos están directamente ligadas a las actividades del cronograma, esto permite disponer de una visión por fases temporales de la línea base de costos, que se representa típicamente como una curva en S, tal y como ilustra la Gráfico 7-9. Para proyectos que utilizan la gestión del valor ganado, la línea base de costos se denomina línea base para la medición del desempeño.

Las reservas de gestión se suman (Sección 7.3.2.3) a la línea base de costos para obtener el presupuesto del proyecto. A medida que van surgiendo cambios para garantizar el uso de las reservas de gestión, se utiliza el proceso de control de cambios para obtener la aprobación para pasar los fondos de la reserva de gestión aplicables a la línea base de costos.

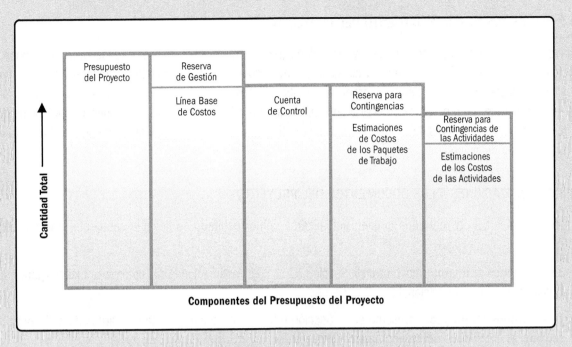

Gráfico 7-8. Componentes del Presupuesto del Proyecto

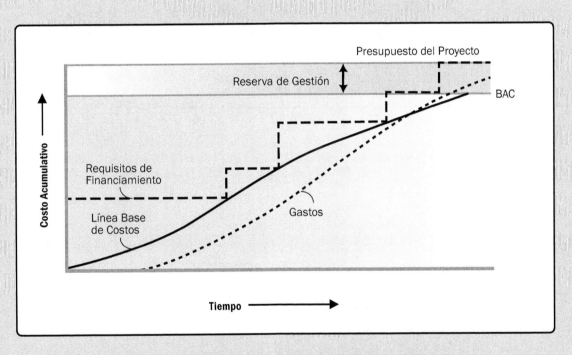

Gráfico 7-9. Línea Base de Costo, Gastos y Requisitos de Financiamiento

7.3.3.2 REQUISITOS DE FINANCIAMIENTO DEL PROYECTO

Los requisitos de financiamiento totales y periódicos (p.ej., trimestrales, anuales) se derivan de la línea base de costos. La línea base de costos incluirá los gastos proyectados más las obligaciones anticipadas. A menudo, el financiamiento tiene lugar en cantidades incrementales que pueden no estar distribuidas de manera homogénea, por lo que se representan como peldaños en el Gráfico 7-9. Los fondos totales necesarios son aquellos incluidos en la línea base de costos más las reservas de gestión, en caso de existir. Los requisitos de financiamiento pueden incluir la fuente o fuentes de dicha financiamiento.

7.3.3.3 ACTUALIZACIONES A LOS DOCUMENTOS DEL PROYECTO

Los documentos del proyecto que pueden actualizarse como resultado de llevar a cabo este proceso incluyen, entre otros:

◆ **Estimaciones de costos.** Descritos en la Sección 7.2.3.1. Las estimaciones de costos se actualizan para registrar cualquier información adicional.

◆ **Cronograma del proyecto.** Descrito en la Sección 6.5.3.2. Los costos estimados para cada actividad pueden registrarse como parte del cronograma del proyecto.

◆ **Registro de riesgos.** Descrito en la Sección 11.2.3.1. Los nuevos riesgos identificados durante este proceso se registran en el registro de riesgos y se gestionan mediante los procesos de gestión de riesgos.

7.4 CONTROLAR LOS COSTOS

Controlar los Costos es el proceso de monitorear el estado del proyecto para actualizar los costos del proyecto y gestionar cambios a la línea base de costos. El beneficio clave de este proceso es que la línea base de costos es mantenida a lo largo del proyecto. Este proceso se lleva a cabo a lo largo de todo el proyecto. El Gráfico 7-10 muestra las entradas, herramientas y técnicas, y salidas de este proceso. El Gráfico 7-11 representa el diagrama de flujo de datos del proceso.

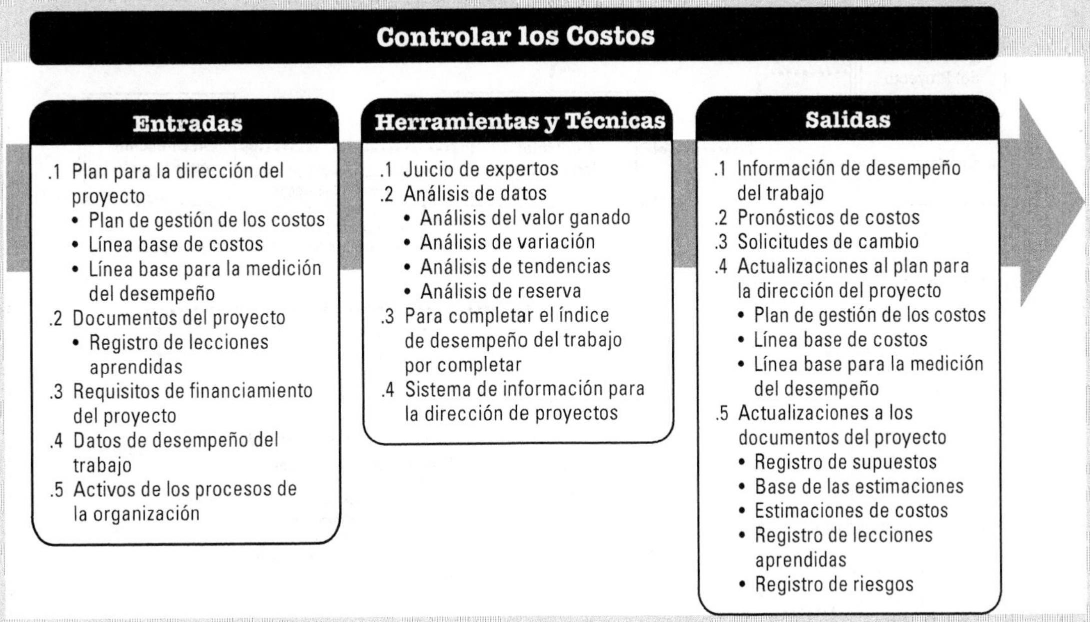

Controlar los Costos

Entradas

.1 Plan para la dirección del proyecto
  • Plan de gestión de los costos
  • Línea base de costos
  • Línea base para la medición del desempeño
.2 Documentos del proyecto
  • Registro de lecciones aprendidas
.3 Requisitos de financiamiento del proyecto
.4 Datos de desempeño del trabajo
.5 Activos de los procesos de la organización

Herramientas y Técnicas

.1 Juicio de expertos
.2 Análisis de datos
  • Análisis del valor ganado
  • Análisis de variación
  • Análisis de tendencias
  • Análisis de reserva
.3 Para completar el índice de desempeño del trabajo por completar
.4 Sistema de información para la dirección de proyectos

Salidas

.1 Información de desempeño del trabajo
.2 Pronósticos de costos
.3 Solicitudes de cambio
.4 Actualizaciones al plan para la dirección del proyecto
  • Plan de gestión de los costos
  • Línea base de costos
  • Línea base para la medición del desempeño
.5 Actualizaciones a los documentos del proyecto
  • Registro de supuestos
  • Base de las estimaciones
  • Estimaciones de costos
  • Registro de lecciones aprendidas
  • Registro de riesgos

Gráfico 7-10. Controlar los Costos: Entradas, Herramientas y Técnicas, y Salidas

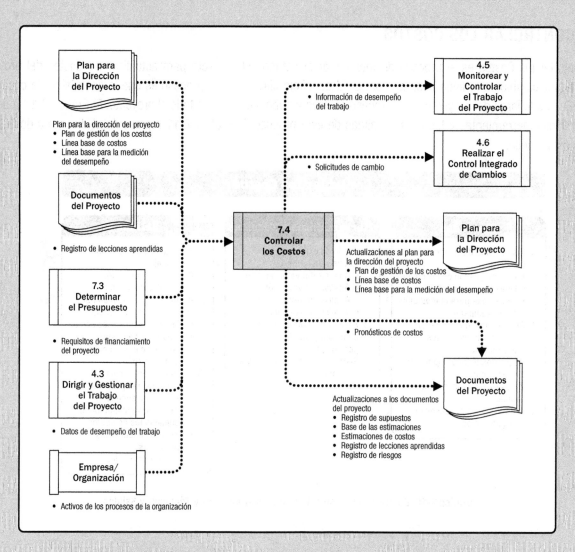

Gráfico 7-11. Controlar los Costos: Diagrama de Flujo de Datos

Para actualizar el presupuesto es necesario conocer los costos reales en los que se ha incurrido hasta la fecha. Cualquier incremento con respecto al presupuesto autorizado sólo se puede aprobar a través del proceso Realizar el Control Integrado de Cambios (Sección 4.6). Monitorear el gasto de fondos sin tener en cuenta el valor del trabajo que se está realizando y que corresponde a ese gasto tiene poco valor para el proyecto, más allá de dar seguimiento a la salida de fondos. Gran parte del esfuerzo de control de costos se dedica a analizar la relación entre los fondos del proyecto consumidos y el trabajo efectuado correspondiente a dichos gastos. La clave para un control de costos eficaz es la gestión de la línea base de costos aprobada.

El control de costos del proyecto incluye:

◆ Influir sobre los factores que producen cambios a la línea base de costos autorizada;

◆ Asegurar que todas las solicitudes de cambio se lleven a cabo de manera oportuna;

◆ Gestionar los cambios reales cuando y conforme suceden;

◆ Asegurar que los gastos no excedan los fondos autorizados por período, por componente de la EDT/WBS, por actividad y para el proyecto en su totalidad;

◆ Monitorear el desempeño del costo para detectar y comprender las variaciones con respecto a la línea base de costos aprobada;

◆ Monitorear el desempeño del trabajo con relación a los gastos en los que se ha incurrido;

◆ Evitar que se incluyan cambios no aprobados en los informes sobre utilización de costos o de recursos;

◆ Informar a los interesados pertinentes acerca de todos los cambios aprobados y costos asociados; y

◆ Realizar las acciones necesarias para mantener los excesos de costos previstos dentro de límites aceptables.

7.4.1 CONTROLAR LOS COSTOS: ENTRADAS

7.4.1.1 PLAN PARA LA DIRECCIÓN DEL PROYECTO

Descrito en la Sección 4.2.3.1. Los componentes del plan para la dirección del proyecto incluyen, entre otros:

◆ **Plan de gestión de los costos.** Descrito en la Sección 7.1.3.1. El plan para la gestión de los costos describe la manera en que se gestionarán y controlarán los costos del proyecto.

◆ **Línea base de costos.** Descrita en la Sección 7.3.3.1. La línea base de costos se compara con los resultados reales para determinar si es necesario implementar un cambio, una acción correctiva o una acción preventiva.

◆ **Línea base para la medición del desempeño.** Descrita en la Sección 4.2.3.1. Al utilizar el análisis del valor ganado, la línea base para la medición del desempeño se compara con los resultados reales para determinar si es necesario implementar un cambio, una acción preventiva o una acción correctiva.

7.4.1.2. DOCUMENTOS DEL PROYECTO

Los ejemplos de documentos del proyecto que pueden considerarse como entradas de este proceso incluyen, entre otros, el registro de lecciones aprendidas. Descrita en la Sección 4.4.3.1. Las lecciones aprendidas tempranamente en el proyecto pueden aplicarse a fases más tardías del proyecto para mejorar el control de costos.

7.4.1.3 REQUISITOS DE FINANCIAMIENTO DEL PROYECTO

Descrita en la Sección 7.3.3.2. Los requisitos de financiamiento del proyecto incluyen gastos proyectados y obligaciones anticipadas.

7.4.1.4 DATOS DE DESEMPEÑO DEL TRABAJO

Descritos en la Sección 4.3.3.2. Los datos de desempeño del trabajo contienen datos sobre el estado del proyecto, como por ejemplo qué costos han sido autorizados, incurridos, facturados y pagados.

7.4.1.5 ACTIVOS DE LOS PROCESOS DE LA ORGANIZACIÓN

Los activos de los procesos de la organización que pueden influir en el proceso Controlar los Costos incluyen, entre otros:

◆ Políticas, procedimientos y guías existentes, formales e informales, relacionados con el control de los costos;

◆ Herramientas para el control de los costos; y

◆ Métodos de monitoreo y preparación de informes a utilizar.

7.4.2 CONTROLAR LOS COSTOS: HERRAMIENTAS Y TÉCNICAS

7.4.2.1 JUICIO DE EXPERTOS

Descrito en la Sección 4.1.2.1. Los ejemplos del juicio de expertos durante el proceso Controlar los Costos incluyen, entre otros:

◆ Análisis de variación,

◆ Análisis del valor ganado,

◆ Pronósticos, y

◆ Análisis financiero.

7.4.2.2 ANÁLISIS DE DATOS

Las técnicas de análisis de datos que pueden utilizarse para controlar los costos incluyen, entre otras:

◆ **Análisis del valor ganado (EVA).** El análisis del valor ganado compara la línea base para la medición del desempeño con respecto al desempeño real del cronograma y del costo. El EVM integra la línea base del alcance con la línea base de costos y la línea base del cronograma para generar la línea base para la medición del desempeño. El EVM establece y monitorea tres dimensiones clave para cada paquete de trabajo y cada cuenta de control:

  ■ *Valor planificado.* El valor planificado (PV) es el presupuesto autorizado que se ha asignado al trabajo programado. Es el presupuesto autorizado asignado al trabajo que debe ejecutarse para completar una actividad o un componente de la estructura de desglose del trabajo (EDT/WBS), sin contar con la reserva de gestión. Este presupuesto se adjudica por fase a lo largo del proyecto, pero para un punto dado en el tiempo, el valor planificado establece el trabajo físico que se debería haber llevado a cabo hasta ese momento. El PV total se conoce en ocasiones como la línea base para la medición del desempeño (PMB). El valor planificado total para el proyecto también se conoce como presupuesto hasta la conclusión (BAC).

  ■ *Valor ganado.* El valor ganado (EV) es la medida del trabajo realizado expresado en términos de presupuesto autorizado para dicho trabajo. Es el presupuesto asociado con el trabajo autorizado que se ha completado. El EV medido debe corresponderse con la PMB y no puede ser mayor que el presupuesto aprobado del PV para un componente. El EV se utiliza a menudo para calcular el porcentaje completado de un proyecto. Deberían establecerse criterios de medición del avance para cada componente de la EDT/WBS, con objeto de medir el trabajo en curso. Los directores de proyecto monitorean el EV, tanto sus incrementos para determinar el estado actual, como el total acumulado, para establecer las tendencias de desempeño a largo plazo.

  ■ *Costo real.* El costo real (AC) es el costo incurrido por el trabajo llevado a cabo en una actividad durante un período de tiempo específico. Es el costo total en el que se ha incurrido para llevar a cabo el trabajo medido por el EV. El AC debe corresponderse, en cuanto a definición, con lo que haya sido presupuestado para el PV y medido por el EV (p.ej., sólo horas directas, sólo costos directos o todos los costos, incluidos los costos indirectos). El AC no tiene límite superior; se medirán todos los costos en los que se incurra para obtener el EV.

◆ **Análisis de variación.** Descrito en la Sección 4.5.2.2. El análisis de variación utilizado en el EVM constituye la explicación (causa, impacto y acciones correctivas) de las variaciones de costo (CV = EV – AC), cronograma (SV = EV – PV), y de la variación a la conclusión (VAC = BAC – EAC). Las variaciones que se analizan más a menudo son las relativas al costo y al cronograma. Para proyectos que no realizan un análisis del valor ganado, se pueden realizar análisis de variaciones similares mediante la comparación entre el costo planificado y el costo real para detectar las desviaciones entre la línea base de costos y el desempeño real del proyecto. Se puede realizar un análisis más detallado para determinar la causa y el grado de desviación con respecto a la línea base del cronograma así como la necesidad de acciones correctivas o preventivas. Las mediciones del desempeño del costo se utilizan para evaluar la magnitud de la desviación con respecto a la línea base original de costo. Un aspecto importante del control de los costos del proyecto consiste en la determinación de la causa y del grado de la desviación con relación a la línea base de costos (véase la Sección 7.3.3.1) y decidir si son necesarias acciones correctivas o preventivas. El rango de porcentajes de desviaciones aceptables tenderá a disminuir conforme el trabajo realizado aumente. Los ejemplos de análisis de variación incluyen, entre otros:

- *Variación del cronograma.* La variación del cronograma (SV) es una medida de desempeño del cronograma que se expresa como la diferencia entre el valor ganado y el valor planificado. Determina en qué medida el proyecto está adelantado o retrasado en relación con la fecha de entrega, en un momento determinado. Es una medida del desempeño del cronograma en un proyecto. Es igual al valor ganado (EV) menos el valor planificado (PV). En el EVA, la variación del cronograma es una métrica útil, ya que puede indicar un retraso o adelanto del proyecto con respecto a la línea base del cronograma. La variación del cronograma en el EVA en última instancia será igual a cero cuando se complete el proyecto, porque ya habrán ocurrido todos los valores planificados. Es recomendable utilizar la variación del cronograma en conjunto con el método de programación de la ruta crítica (CPM) y la gestión de riesgos. Fórmula: SV = EV – PV.

- *Variación del costo.* La variación del costo (CV) es el monto del déficit o superávit presupuestario en un momento dado, expresado como la diferencia entre el valor ganado y el costo real. Es una medida del desempeño del costo en un proyecto. Es igual al valor ganado (EV) menos el costo real (AC). La variación del costo al final del proyecto será la diferencia entre el presupuesto hasta la conclusión (BAC) y la cantidad realmente gastada. La CV es particularmente crítica porque indica la relación entre el desempeño real y los costos incurridos. Una CV negativa es a menudo difícil de recuperar para el proyecto. Fórmula: CV = EV – AC.

- *Índice de desempeño del cronograma.* El índice de desempeño del cronograma (SPI) es una medida de eficiencia del cronograma que se expresa como la razón entre el valor ganado y el valor planificado. Refleja la medida de la eficiencia con que el equipo del proyecto está llevando a cabo el trabajo. En ocasiones se utiliza en combinación con el índice de desempeño del costo (CPI) para proyectar las estimaciones finales a la conclusión del proyecto. Un valor de SPI inferior a 1,0 indica que la cantidad de trabajo llevada a cabo es menor que la prevista. Un valor de SPI superior a 1,0 indica que la cantidad de trabajo efectuada es mayor a la prevista. Puesto que el SPI mide todo el trabajo del proyecto, se debe analizar asimismo el desempeño en la ruta crítica, para así determinar si el proyecto terminará antes o después de la fecha de finalización programada. El SPI es igual a la razón entre el EV y el PV. Fórmula: $SPI = EV/PV$.

- *Índice de desempeño del costo.* El índice de desempeño del costo (CPI) es una medida de eficiencia del costo de los recursos presupuestados, expresado como la razón entre el valor ganado y el costo real. Se considera la métrica más crítica del EVA y mide la eficiencia del costo para el trabajo completado. Un valor de CPI inferior a 1,0 indica un costo superior al planificado con respecto al trabajo completado. Un valor de CPI superior a 1,0 indica un costo inferior con respecto al desempeño hasta la fecha. El CPI es igual a la razón entre el EV y el AC. Fórmula: $CPI = EV/AC$.

◆ **Análisis de tendencias.** Descrita en la Sección 4.5.2.2. El análisis de tendencias examina el desempeño del proyecto a lo largo del tiempo para determinar si está mejorando o si se está deteriorando. Las técnicas de análisis gráfico son valiosas, pues permiten comprender el desempeño a la fecha y compararlo con los objetivos de desempeño futuros, en términos del BAC con respecto a la estimación a la conclusión (EAC) y las fechas de conclusión. Las siguientes son algunas de las técnicas de análisis de tendencias:

- *Diagramas.* En el análisis del valor ganado, se puede monitorear e informar sobre tres parámetros (valor planificado, valor ganado y costo real), por períodos (normalmente semanal o mensualmente) y de forma acumulativa. El Gráfico 7-12 emplea Curvas S para representar los datos del EV para un proyecto cuyo costo excede el presupuesto y cuyo plan de trabajo está retrasado.

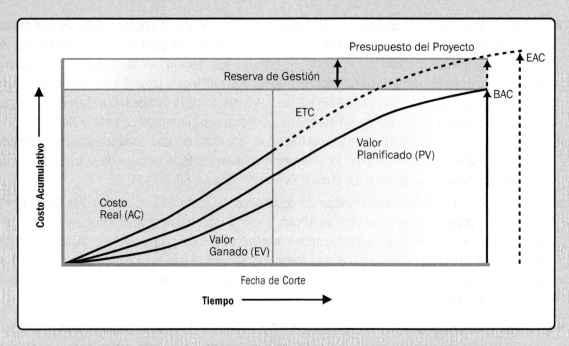

Gráfico 7-12. Valor Ganado, Valor Planificado y Costos Reales

- *Pronósticos.* Conforme avanza el proyecto, el equipo del proyecto puede desarrollar un pronóstico de la estimación a la conclusión (EAC) que puede diferir del presupuesto hasta la conclusión (BAC), sobre la base del desempeño del proyecto. Si se torna evidente que el BAC deja de ser viable, el director del proyecto debería tener en cuenta la EAC pronosticada. Pronosticar una EAC implica realizar proyecciones de condiciones y eventos futuros para el proyecto, basándose en la información de desempeño y el conocimiento disponibles en el momento de realizar el pronóstico. Los pronósticos se generan, se actualizan y se emiten nuevamente sobre la base de los datos de desempeño del trabajo (Sección 4.3.3.2) proporcionada conforme se ejecuta el proyecto. La información de desempeño del trabajo cubre el desempeño anterior del proyecto y cualquier información que pudiera causar un impacto sobre el proyecto en el futuro.

Las EAC se basan normalmente en los costos reales en los que se ha incurrido para completar el trabajo, más una estimación hasta la conclusión (ETC) para el trabajo restante. Es responsabilidad del equipo del proyecto predecir las situaciones que pueden presentarse al realizar la ETC, en función de su experiencia a la fecha. El análisis del valor ganado funciona bien en combinación con los pronósticos manuales de los costos requeridos según la EAC. El método más común de pronóstico de la EAC es una suma ascendente manual, efectuada por el director del proyecto y el equipo del proyecto.

El método ascendente de EAC utilizado por el director del proyecto se basa en los costos reales y en la experiencia adquirida a partir del trabajo completado y requiere que se realice una nueva estimación para el trabajo restante del proyecto. Fórmula: EAC = AC + ETC ascendente.

La EAC realizada manualmente por el director del proyecto puede compararse rápidamente con un rango de EACs calculadas y que representan diferentes escenarios de riesgo. Normalmente se utilizan los valores acumulados de CPI y SPI a la hora de calcular los valores de la EAC. Mientras que los datos del EVM pueden proporcionar rápidamente numerosas EACs estadísticas, a continuación se describen únicamente tres de las más comunes:

○ *Pronóstico de la EAC para trabajo de ETC a la tasa presupuestada.* Este método de EAC tiene en cuenta el desempeño real del proyecto a la fecha (ya sea favorable o desfavorable), como lo representan los costos reales, y prevé que todo el trabajo futuro de la ETC se llevará a cabo de acuerdo con la tasa presupuestada. Cuando el desempeño real es desfavorable, el supuesto de que el desempeño futuro mejorará debería aceptarse únicamente cuando está avalado por un análisis de riesgos del proyecto. Fórmula: EAC = AC + (BAC – EV).

○ *Pronóstico de la EAC para trabajo de la ETC con el CPI actual.* Este método asume que lo que el proyecto ha experimentado hasta la fecha puede seguir siendo esperado en el futuro. Se asume que el trabajo correspondiente a la ETC se realizará según el mismo índice de desempeño del costo (CPI) acumulativo en el que el proyecto ha incurrido hasta la fecha. Fórmula: EAC = BAC / CPI.

○ *Pronóstico de la EAC para trabajo de la ETC considerando ambos factores, SPI y CPI.* En este pronóstico, el trabajo correspondiente a la ETC se realizará según una tasa de eficiencia que toma en cuenta tanto el índice de desempeño del costo como el índice de desempeño del cronograma. Este método es más útil cuando el cronograma del proyecto es un factor que afecta el trabajo de la ETC. Las variaciones de este método consideran el CPI y el SPI asignándoles diferentes pesos (p.ej., 80/20, 50/50 o alguna otra proporción), de acuerdo con el juicio del director del proyecto. Fórmula: EAC = AC + [(BAC – EV) / (CPI × SPI)].

◆ **Análisis de reserva.** Descrito en la Sección 7.2.2.6. Durante el control de los costos se utiliza el análisis de reservas para monitorear el estado de las reservas para contingencias y de gestión, a fin de determinar si el proyecto todavía necesita de estas reservas o si se han de solicitar reservas adicionales. Conforme avanza el trabajo del proyecto, estas reservas se podrían utilizar tal y como se planificaron para cubrir el costo de respuesta a los riesgos u otras contingencias. En cambio, cuando se aprovechan oportunidades que generan ahorros de costos, los fondos pueden sumarse al monto de contingencia o tomarse del proyecto como margen/ganancias.

Si los riesgos identificados no se producen, las reservas para las contingencias no utilizadas se podrían retirar del presupuesto del proyecto a fin de liberar recursos para otros proyectos u operaciones. Los análisis de riesgo adicionales que se llevan a cabo a lo largo del proyecto podrían revelar una necesidad de solicitar reservas adicionales a añadir al presupuesto del proyecto.

7.4.2.3 ÍNDICE DE DESEMPEÑO DEL TRABAJO POR COMPLETAR

El índice de desempeño del trabajo por completar (TCPI) es una medida del desempeño del costo que se debe alcanzar con los recursos restantes a fin de cumplir con un determinado objetivo de gestión; se expresa como la tasa entre el costo para culminar el trabajo pendiente y el presupuesto restante. El TCPI es la proyección calculada del desempeño del costo que debe lograrse para el trabajo restante con el propósito de cumplir con una meta de gestión especificada, tal y como sucede con el BAC o la EAC. Si se torna evidente que el BAC deja de ser viable, el director del proyecto debería tener en cuenta la EAC pronosticada. Una vez aprobada, la EAC puede sustituir al BAC en el cálculo del TCPI. La fórmula para el TCPI basada en el BAC es la siguiente: (BAC – EV) / (BAC – AC).

El Gráfico 7-13 muestra el concepto del TCPI. La fórmula para el TCPI aparece en la parte inferior izquierda como el trabajo restante (definido como el BAC menos el EV) dividido por los fondos restantes (que pueden ser el BAC menos el AC, o bien la EAC menos el AC).

Si el CPI acumulativo cae por debajo de la línea base (como muestra el Gráfico 7-13), todo el trabajo futuro del proyecto se tendrá que realizar inmediatamente en el rango del TCPI (BAC) (como se muestra en la línea superior del Gráfico 7-13) para mantenerse dentro del rango del BAC autorizado. El hecho de que este nivel de desempeño sea realizable o no es una decisión subjetiva basada en diversas consideraciones, entre las que se encuentran los riesgos, el tiempo restante del proyecto y el desempeño técnico. Este nivel de desempeño se representa como la línea TCPI (EAC). La fórmula para el TCPI está basada en el BAC: (BAC – EV) / (EAC – AC). La Tabla 7-1 muestra las fórmulas del EVM.

Tabla 7-1. Tabla Resumen de los Cálculos del Valor Ganado

Análisis del Valor Ganado					
Abreviatura	**Nombre**	**Definición de Léxico**	**Cómo se Usa**	**Fórmula**	**Interpretación del resultado**
PV	Valor Planificado	Presupuesto autorizado que ha sido asignado al trabajo planificado.	El valor del trabajo que se planea cumplir hasta un punto en el tiempo, generalmente la fecha de corte o terminación del proyecto.		
EV	Valor Ganado	Cantidad de trabajo ejecutado a la fecha, expresado en términos del presupuesto autorizado para ese trabajo.	El valor planificado de todos los trabajos terminados (ganados) en un punto en el tiempo, generalmente la fecha de corte, sin hacer referencia a los costos reales.	EV = sum of the planned value of completed work	
AC	Costo Real	Costo real incurrido por el trabajo llevado a cabo en una actividad durante un período de tiempo específico.	El costo real de todos los trabajos terminados en un punto en el tiempo, generalmente la fecha de corte.		
BAC	Presupuesto hasta la Conclusión	Suma de todos los presupuestos establecidos para el trabajo a ser realizado.	El valor del trabajo planificado total, la línea base de costos del proyecto.		
CV	Variación del Costo	Monto del déficit o superávit presupuestario en un momento dado, expresado como la diferencia entre el valor ganado y el costo real.	La diferencia entre el valor del trabajo completado hasta un punto en el tiempo, normalmente la fecha de corte y los costos reales en el mismo punto en el tiempo.	CV = EV – AC	Positiva = Por debajo del costo planificado Neutra = En el costo planificado Negativa = Por encima del costo planificado
SV	Variación del Cronograma	El monto por el cual el proyecto está adelantado o atrasado según la fecha de entrega planificada, en un momento dado, expresado como la diferencia entre el valor ganado y el valor planificado.	La diferencia entre el trabajo completado hasta un punto en el tiempo, normalmente la fecha de corte y el trabajo que se planifica completar en el mismo punto en el tiempo.	SV = EV – PV	Positiva = Antes de lo previsto Neutra = A tiempo Negativa = Retrasado
VAC	Variación a la Conclusión	Proyección del monto del déficit o superávit presupuestario, expresada como la diferencia entre el presupuesto al concluir y estimación al concluir.	La diferencia en costos estimada al finalizar el proyecto.	VAC = BAC – EAC	Mayor de 1,0 = Por debajo del costo planificado Exactamente 1,0 = Al costo planificado Menos de 1,0 = Por encima del costo planificado
CPI	Índice de Desempeño del Costo	Medida de eficiencia en función de los costos de los recursos presupuestados expresada como la razón entre el valor ganado y el costo real.	Un CPI de 1,0 significa que el proyecto va exactamente de acuerdo con el presupuesto, que el trabajo hecho hasta la fecha representa exactamente lo mismo que el costo hasta la fecha. Otros valores muestran el porcentaje de qué tanto están los costos por encima o por debajo de la cantidad presupuesta-da para el trabajo realizado.	CPI = EV/AC	Mayor de 1,0 = Antes de lo previsto Exactamente 1,0 = A tiempo Menos de 1,0 = Retrasado
SPI	Índice de desempeño del Cronograma	Medida de eficiencia del cronograma que se expresa como la razón entre el valor ganado y el valor planificado.	Un SPI de 1,0 significa que el proyecto va exactamente de acuerdo con el cronograma, que el trabajo hecho hasta la fecha representa exactamente lo mismo que el trabajo planificado a ser realizado hasta la fecha. Otros valores muestran el porcentaje de qué tanto están los costos por encima o por debajo de la cantidad presupuesta-da para el trabajo planificado.	SPI = EV/PV	Mayor de 1,0 = Más difícil de completar Exactamente 1,0 = Lo mismo para completar Menos de 1,0 = Más fácil de completar
EAC	Estimación a la Conclusión	Costo total previsto para completar todo el trabajo, expresado como la suma del costo real a la fecha y la estimación hasta la conclusión.	Si se espera que el CPI sea el mismo para el resto del proyecto, la EAC puede ser calculada usando: Si el trabajo futuro será realizado al ritmo previsto, utilice: Si el plan inicial ya no es válido, utilice: Si tanto el CPI como el SPI influyen en el trabajo restante, utilice:	EAC = BAC/CPI EAC = AC + BAC – EV EAC = AC + ETC ascendente EAC = AC + [(BAC – EV)/ (CPI x SPI)]	
ETC	Estimación hasta la Conclusión	Costo previsto para terminar todo el trabajo restante del proyecto.	Suponiendo que el trabajo está progresando de acuerdo con el plan, el costo de completar el trabajo autorizado restante puede ser calculado usando: Vuelva a estimar el trabajo restante desde abajo hacia arriba.	ETC = EAC – AC ETC = Volver a estimar	
TCPI	Índice de Desempeño del Trabajo por Completar	Medida del desempeño del costo que se debe alcanzar con los recursos restantes a fin de cumplir con un objetivo de gestión especificado. Se expresa como la tasa entre el costo para culminar el trabajo pendiente y el presupuesto disponible.	La eficiencia que debe ser mantenida a fin de finalizar de acuerdo con lo planificado. La eficiencia que debe ser mantenida a fin de completar la EAC actual.	TCPI = (BAC–EV)/(BAC–AC) TCPI = (BAC – EV)/(EAC–AC)	Mayor de 1,0 = Más difícil de completar Exactamente 1,0 = Lo mismo para completar Menos de 1,0 = Más fácil de completar Mayor de 1,0 = Más difícil de completar Exactamente 1,0 = Lo mismo para completar Menos de 1,0 = Más fácil de completar

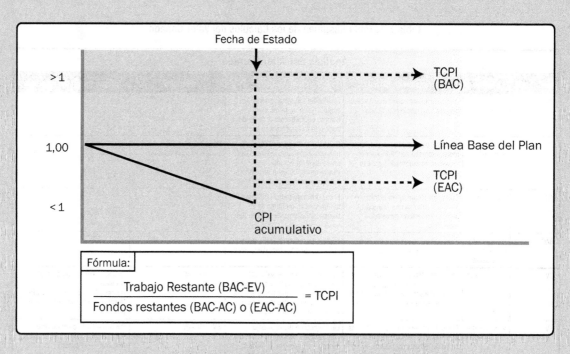

Gráfico 7-13. Índice de Desempeño del Trabajo por Completar (TCPI)

7.4.2.4 SISTEMA DE INFORMACIÓN PARA LA DIRECCIÓN DE PROYECTOS (PMIS)

Descrito en la Sección 4.3.2.2. A menudo se utilizan los sistemas de información para la dirección de proyectos a fin de monitorear las tres dimensiones de la gestión del valor ganado, EVM (PV, EV y AC) para representar gráficamente tendencias y proyectar un rango de resultados finales posibles para el proyecto.

7.4.3 CONTROLAR LOS COSTOS: SALIDAS

7.4.3.1 INFORMACIÓN DE DESEMPEÑO DEL TRABAJO

Descrita en la Sección 4.5.1.3. La información de desempeño del trabajo incluye información sobre el desempeño del trabajo del proyecto en comparación con la línea base de costos. Las variaciones del trabajo realizado y del costo del trabajo se evalúan a nivel de los paquetes de trabajo y a nivel de la cuenta de control. Para proyectos que utilizan el análisis del valor ganado, CV, CPI, EAC, VAC y TCPI se documentan para su inclusión en informes de desempeño del trabajo (Sección 4.5.3.1).

7.4.3.2 PRONÓSTICOS DE COSTOS

El valor EAC calculado o ascendente debe documentarse y comunicarse a los interesados.

7.4.3.3 SOLICITUDES DE CAMBIO

Descritas en la Sección 4.3.3.4. El análisis del desempeño del proyecto puede dar lugar a una solicitud de cambio de las líneas base de costos y del cronograma o de otros componentes del plan para la dirección del proyecto. Las solicitudes de cambio se procesan para su revisión y tratamiento por medio del proceso Realizar el Control Integrado de Cambios (Sección 4.6).

7.4.3.4 ACTUALIZACIONES DEL PLAN PARA LA DIRECCIÓN DEL PROYECTO

Cualquier cambio en el plan para la dirección del proyecto pasa por el proceso de control de cambios de la organización mediante una solicitud de cambio. Los componentes que pueden requerir una solicitud de cambio para el plan para la dirección del proyecto incluyen, entre otros:

◆ **Plan de gestión de los costos.** Descrito en la Sección 7.1.3.1. Los cambios del plan de gestión de los costos, tales como cambios de los umbrales de control o de los niveles especificados de exactitud, necesarios para gestionar los costos del proyecto, se incorporan como respuesta a la retroalimentación de los interesados relevantes.

◆ **Línea base de costos.** Descrita en la Sección 7.3.3.1. Los cambios de la línea base de costos se incorporan en respuesta a las solicitudes de cambio aprobadas relacionadas con cambios en el alcance del proyecto, en los recursos o en las estimaciones de costos. En algunos casos las variaciones del costo pueden ser tan importantes que se torna necesario revisar la línea base de costos para proporcionar una base realista para la medición del desempeño.

◆ **Línea base para la medición del desempeño.** Descrita en la Sección 4.2.3.1. Los cambios de la línea base para la medición del desempeño se incorporan en respuesta a las solicitudes de cambio aprobadas relacionadas con cambios en el alcance del proyecto, en el desempeño del cronograma o en las estimaciones de costos. En algunos casos, las variaciones del desempeño pueden ser tan importantes que se plantea una solicitud de cambio para revisar la línea base para la medición del desempeño, a fin de proporcionar una base realista para la medición del desempeño.

7.4.3.5 ACTUALIZACIONES A LOS DOCUMENTOS DEL PROYECTO

Los documentos del proyecto que pueden actualizarse como resultado de llevar a cabo este proceso incluyen, entre otros:

◆ **Registro de supuestos.** Descrito en la Sección 4.1.3.2. El desempeño del costo puede indicar la necesidad de revisar los supuestos sobre la productividad de los recursos y otros factores que influyen en el desempeño del costo.

◆ **La base de las estimaciones.** Descrita en la Sección 6.4.3.2. El desempeño del costo puede indicar la necesidad de revisar la base original de las estimaciones.

◆ **Estimaciones de costos.** Descrita en la Sección 7.2.3.1. Las estimaciones de costos pueden requerir actualización para reflejar la eficiencia real del costo para el proyecto.

◆ **Registro de lecciones aprendidas.** Descrito en la Sección 4.4.3.1. El registro de lecciones aprendidas puede actualizarse con técnicas que fueron eficaces para mantener el presupuesto, el análisis de variación, el análisis del valor ganado, los pronósticos y las acciones correctivas utilizadas para responder a las variaciones del costo.

◆ **Registro de riesgos.** Descrito en la Sección 11.2.3.1. El registro de riesgos puede actualizarse si las variaciones del costo han cruzado o es probable que crucen el umbral de costo.

8

GESTIÓN DE LA CALIDAD DEL PROYECTO

La Gestión de la Calidad del Proyecto incluye los procesos para incorporar la política de calidad de la organización en cuanto a la planificación, gestión y control de los requisitos de calidad del proyecto y el producto, a fin de satisfacer los objetivos de los interesados. La Gestión de la Calidad del Proyecto también es compatible con actividades de mejora de procesos continuos tal y como las lleva a cabo la organización ejecutora.

Los procesos de Gestión de la Calidad del Proyecto son:

8.1 Planificar la Gestión de la Calidad—Es el proceso de identificar los requisitos y/o estándares de calidad para el proyecto y sus entregables, así como de documentar cómo el proyecto demostrará el cumplimiento con los mismos.

8.2 Gestionar la Calidad—Es el proceso de convertir el plan de gestión de la calidad en actividades ejecutables de calidad que incorporen al proyecto las políticas de calidad de la organización.

8.3 Controlar la Calidad—Es el proceso de monitorear y registrar los resultados de la ejecución de las actividades de gestión de calidad, para evaluar el desempeño y asegurar que las salidas del proyecto sean completas, correctas y satisfagan las expectativas del cliente.

El Gráfico 8-1 brinda una descripción general de los procesos de Gestión de la Calidad del Proyecto. Los procesos de Gestión de la Calidad del Proyecto se presentan como procesos diferenciados con interfaces definidas, aunque en la práctica se superponen e interactúan entre ellos de formas que no pueden detallarse en su totalidad dentro de la *Guía del PMBOK®*. Además, estos procesos de calidad pueden variar dentro de las industrias y las empresas.

8.1 Planificar la Gestión de la Calidad

.1 Entradas
  .1 Acta de constitución del proyecto
  .2 Plan para la dirección del proyecto
  .3 Documentos del proyecto
  .4 Factores ambientales de la empresa
  .5 Activos de los procesos de la organización

.2 Herramientas y Técnicas
  .1 Juicio de expertos
  .2 Recopilación de datos
  .3 Análisis de datos
  .4 Toma de decisiones
  .5 Representación de datos
  .6 Planificación de pruebas e inspección
  .7 Reuniones

.3 Salidas
  1 Plan de gestión de la calidad
  .2 Métricas de calidad
  .3 Actualizaciones al plan para la dirección del proyecto
  .4 Actualizaciones a los documentos del proyecto

8.2 Gestionar la Calidad

.1 Entradas
  .1 Plan para la dirección del proyecto
  .2 Documentos del proyecto
  .3 Activos de los procesos de la organización

.2 Herramientas y Técnicas
  .1 Recopilación de datos
  .2 Análisis de datos
  .3 Toma de decisiones
  .4 Representación de datos
  .5 Auditorías
  .6 Diseñar para X
  .7 Resolución de problemas
  .8 Métodos de mejora de la calidad

.3 Salidas
  .1 Informes de calidad
  .2 Documentos de prueba y evaluación
  .3 Solicitudes de cambio
  .4 Actualizaciones al plan para la dirección del proyecto
  .5 Actualizaciones a los documentos del proyecto

8.3 Controlar la Calidad

.1 Entradas
  .1 Plan para la dirección del proyecto
  .2 Documentos del proyecto
  .3 Solicitudes de cambio aprobadas
  .4 Entregables
  .5 Datos de desempeño del trabajo
  .6 Factores ambientales de la empresa
  .7 Activos de los procesos de la organización

.2 Herramientas y Técnicas
  .1 Recopilación de datos
  .2 Análisis de datos
  .3 Inspección
  .4 Pruebas/evaluaciones de productos
  .5 Representación de datos
  .6 Reuniones

.3 Salidas
  .1 Mediciones de control de calidad
  .2 Entregables verificados
  .3 Información de desempeño del trabajo
  .4 Solicitudes de cambio
  .5 Actualizaciones al plan para la dirección del proyecto
  .6 Actualizaciones a los documentos del proyecto

Gráfico 8-1. Descripción General de la Gestión de la Calidad del Proyecto

El Gráfico 8-2 proporciona una visión general de las principales entradas y salidas de los procesos de Gestión de la Calidad del Proyecto y las interrelaciones de estos procesos en el Área de Conocimiento de Gestión de la Calidad del Proyecto. El proceso de Planificar la Gestión de la Calidad se ocupa dela calidad que el trabajo debe tener. Gestionar la calidad se ocupa de la gestión de los procesos de calidad durante todo el proyecto. Durante el proceso Gestionar la Calidad, los requisitos de calidad identificados durante el proceso Planificar la Gestión de la Calidad se convierten en instrumentos de prueba y evaluación, que se aplican posteriormente durante el proceso Controlar la Calidad para verificar que el proyecto cumpla con estos requisitos de calidad. Controlar la Calidad se ocupa de la comparación de los resultados del trabajo con los requisitos de calidad a fin de garantizar que el resultado sea aceptable. Hay dos salidas específicas del Área de Conocimiento de la Gestión de la Calidad del Proyecto que son utilizadas por otras Áreas de Conocimiento: entregables verificados e informes de calidad.

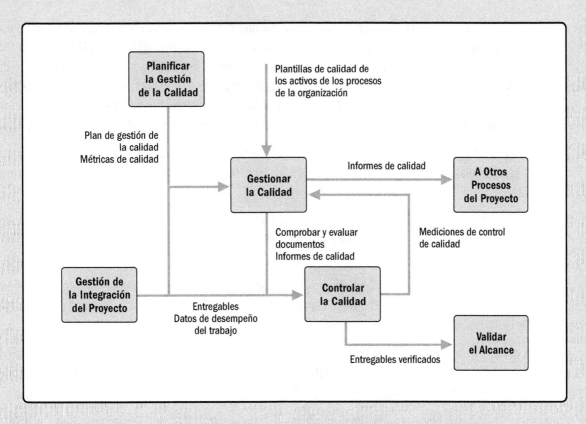

Gráfico 8-2. Principales Interrelaciones del Proceso de Gestión de la Calidad del Proyecto

CONCEPTOS CLAVE PARA LA GESTIÓN DE LA CALIDAD DEL PROYECTO

La Gestión de la Calidad del Proyecto aborda la calidad tanto de la gestión del proyecto como la de sus entregables. Se aplica a todos los proyectos, independientemente de la naturaleza de sus entregables. Las medidas y técnicas de calidad son específicas para el tipo de entregables que genera el proyecto. Por ejemplo, la gestión de la calidad del proyecto de los entregables de software puede emplear enfoques y medidas diferentes de aquellos que se utilizan para la construcción de una central nuclear. En ambos casos el incumplimiento de los requisitos de calidad puede tener consecuencias negativas graves para algunos o para todos los interesados del proyecto. Por ejemplo:

◆ Hacer que el equipo del proyecto trabaje horas extras para cumplir con los requisitos del cliente puede ocasionar disminución de las ganancias, incremento de los niveles de riesgos generales del proyecto, renuncia de los empleados, errores o retrabajos.

◆ Realizar apresuradamente las inspecciones de calidad planificadas para cumplir con los objetivos del cronograma del proyecto puede dar lugar a errores no detectados, menores ganancias e incremento en los riesgos post-implementación.

Los conceptos de *calidad* y *grado* no son equivalentes. La calidad entregada como rendimiento o resultado es "el grado en que un conjunto de características inherentes cumple con los requisitos" (ISO 9000)[18]. El grado, como meta de diseño, es una categoría que se asigna a entregables que tienen el mismo uso funcional pero características técnicas diferentes. El director del proyecto y el equipo de dirección del proyecto son los responsables de gestionar los compromisos para entregar los niveles requeridos de calidad y grado. Mientras que un nivel de calidad que no cumple con los requisitos de calidad siempre constituye un problema, un producto de bajo grado puede no serlo. Por ejemplo:

◆ Si un producto adecuado de bajo grado (con un número limitado de funcionalidades) es de alta calidad (sin defectos apreciables) puede no constituir un problema. En este ejemplo, el producto sería adecuado para un uso general.

◆ Si un producto de alto grado (con numerosas funcionalidades) es de baja calidad (numerosos defectos) puede constituir un problema. En esencia, un conjunto de funcionalidades de alto grado probaría ser ineficaz y/o ineficiente debido a su baja calidad.

Se prefiere la prevención a la inspección. Es mejor incorporar calidad en los entregables, en lugar de encontrar problemas de calidad durante la inspección. El costo de prevenir errores es en general mucho menor que el de corregirlos cuando son detectados por una inspección o durante el uso.

Dependiendo del proyecto y el área industrial, el equipo del proyecto puede necesitar un conocimiento práctico de los procesos de control estadístico para evaluar los datos contenidos en las salidas de Controlar la Calidad. El equipo debería conocer las diferencias entre los siguientes pares de términos:

◆ *Prevención* (evitar que haya errores en el proceso) e inspección (evitar que los errores lleguen a manos del cliente);

◆ *Muestreo por atributos* (el resultado es conforme o no conforme) y muestreo por variable (el resultado se mide según una escala continua que refleja el grado de conformidad; y

◆ *Tolerancias* (rango establecido para los resultados aceptables) y límites de control (que identifican las fronteras de la variación normal para un proceso o rendimiento del proceso estadísticamente estables).

El costo de la calidad (COQ) incluye todos los costos durante la vida del producto por inversión en la prevención de no conformidad con los requisitos, evaluación del producto o servicio en cuanto a su conformidad con los requisitos, e incumplimiento de los requisitos (retrabajo). Los costos por fallas se clasifican a menudo en internos (constatados por el equipo del proyecto) y externos (constatados por el cliente). Los costos por fallas también se denominan costos por calidad deficiente. La Sección 8.1.2.3 muestra algunos ejemplos a tener en cuenta en cada área. Las organizaciones optan por invertir en la prevención de defectos debido a los beneficios obtenidos durante la vida útil del producto. Dado que los proyectos son temporales, las decisiones sobre el COQ durante el ciclo de vida de un producto constituyen a menudo la preocupación de la dirección del programa, la dirección de portafolios, la PMO o las operaciones.

Hay cinco niveles de gestión de la calidad cada vez más eficaz, como se describe a continuación:

◆ Por lo general, el enfoque más caro es dejar que el cliente encuentre los defectos. Este enfoque puede llevar a problemas de garantía, retiro de productos, pérdida de reputación y costos de retrabajo.

◆ Detectar y corregir los defectos antes de que los entregables sean enviados al cliente como parte del proceso de control de calidad. El proceso de control de calidad tiene costos relacionados, que son principalmente los costos de evaluación y los costos de fallas internas.

◆ Utilizar el aseguramiento de calidad para examinar y corregir el proceso en sí mismo y no sólo los defectos especiales.

◆ Incorporar la calidad en la planificación y el diseño del proyecto y del producto.

◆ Crear una cultura en toda la organización que esté consciente y comprometida con la calidad en los procesos y productos.

TENDENCIAS Y PRÁCTICAS EMERGENTES EN LA GESTIÓN DE LA CALIDAD DEL PROYECTO

Los enfoques modernos de gestión de la calidad tratan de minimizar las variaciones y de obtener resultados que cumplan con determinados requisitos de los interesados. La tendencias en Gestión de la Calidad del Proyecto incluyen, entre otras:

◆ **La satisfacción del cliente.** Comprender, evaluar, definir y gestionar los requisitos de tal modo que se cumplan las expectativas del cliente. Esto requiere una combinación de conformidad con los requisitos (para asegurar que el proyecto produzca aquello para lo cual fue emprendido) y adecuación para su uso (el producto o servicio debe satisfacer necesidades reales). En entornos ágiles, el involucramiento de los interesados con el equipo garantiza que la satisfacción del cliente se mantenga durante todo el proyecto.

◆ **Mejora continua.** El ciclo planificar-hacer-verificar-actuar (PDCA) es la base para la mejora de la calidad, según la definición de Shewhart, modificada por Deming. Además, las iniciativas de mejora de la calidad, tales como la gestión de la calidad total (TQM), Six Sigma y Lean Six Sigma, pueden mejorar tanto la calidad de la dirección del proyecto como la del producto, servicio o resultado final.

◆ **Responsabilidad de la dirección.** El éxito requiere la participación de todos los miembros del equipo del proyecto. Sigue siendo responsabilidad de la dirección, en lo que respecta a la calidad, el proporcionar los recursos adecuados con las capacidades apropiadas.

◆ **Asociación mutuamente beneficiosa con los proveedores.** Una organización y sus proveedores son interdependientes. Las relaciones basadas en la asociación y la cooperación con el proveedor son más beneficiosas para la organización y para los proveedores que la gestión tradicional de los proveedores. La organización debería preferir las relaciones a largo plazo a las ganancias a corto plazo. Una relación mutuamente beneficiosa aumenta la capacidad de la organización y de los proveedores para crear valor para cada uno, mejora las respuestas conjuntas a las necesidades y expectativas de los clientes, y optimiza los costos y recursos.

CONSIDERACIONES SOBRE ADAPTACIÓN

Cada proyecto es único; por lo tanto, el director del proyecto tendrá que adaptar la forma en que se apliquen los procesos de Gestión de la Calidad del Proyecto. Las consideraciones sobre adaptación incluyen, entre otras:

◆ **Cumplimiento de políticas y auditoría.** ¿Qué políticas y procedimientos de calidad existen en la organización? ¿Qué herramientas, técnicas y plantillas relacionadas con la calidad se utilizan en la organización?

◆ **Estándares y cumplimiento normativo.** ¿Existen estándares específicos de calidad en la industria que deban ser aplicados? ¿Existen restricciones gubernamentales, legales o regulatorias específicas que deben tenerse en cuenta?

◆ **Mejora continua.** ¿Cómo va a ser gestionada la mejora de la calidad en el proyecto? ¿Es manejada a nivel de organización o al nivel de cada proyecto?

◆ **Involucramiento de los interesados.** ¿Existe un entorno de colaboración entre interesados y proveedores?

CONSIDERACIONES PARA ENTORNOS ÁGILES/ADAPTATIVOS

Para manejar cambios, los métodos ágiles requieren que pasos frecuentes de calidad y revisión sean incorporados a lo largo del proyecto en lugar de hacia el final del mismo.

Las retrospectivas recurrentes controlan periódicamente la eficacia de los procesos de calidad. Buscan la causa raíz de los incidentes, y a continuación sugieren ensayos de nuevos enfoques para mejorar la calidad. Las retrospectivas posteriores evalúan los procesos de prueba para determinar si están funcionando y se debería continuar con los mismos, si son necesarios nuevos ajustes, o si se deberían dejar de utilizar.

A fin de facilitar las entregas frecuentes e incrementales, los métodos ágiles se concentran en pequeños lotes de trabajo, incorporando el mayor número de elementos de los entregables del proyecto como sea posible. Los sistemas de lotes pequeños tienen como objetivo descubrir inconsistencias y problemas de calidad tempranamente en el ciclo de vida del proyecto, cuando los costos globales del cambio son más bajos.

8.1 PLANIFICAR LA GESTIÓN DE LA CALIDAD

Planificar la Gestión de la Calidad es el proceso de identificar los requisitos y/o estándares de calidad para el proyecto y sus entregables, así como de documentar cómo el proyecto demostrará el cumplimiento de los mismos. El beneficio clave de este proceso es que proporciona guía y dirección sobre cómo se gestionará y verificará la calidad a lo largo del proyecto. Este proceso se lleva a cabo una única vez o en puntos predefinidos del proyecto. Las entradas y salidas de este proceso se presentan en el Gráfico 8.3. El Gráfico 8.4 representa el diagrama de flujo de datos del proceso.

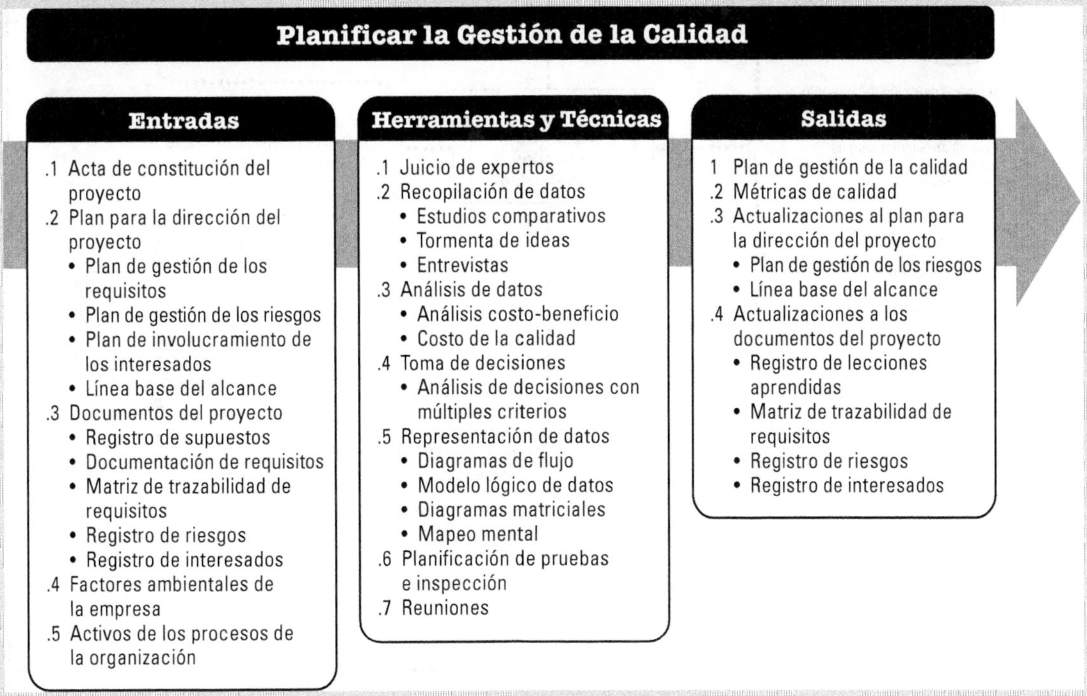

Planificar la Gestión de la Calidad

Entradas

.1 Acta de constitución del proyecto
.2 Plan para la dirección del proyecto
  • Plan de gestión de los requisitos
  • Plan de gestión de los riesgos
  • Plan de involucramiento de los interesados
  • Línea base del alcance
.3 Documentos del proyecto
  • Registro de supuestos
  • Documentación de requisitos
  • Matriz de trazabilidad de requisitos
  • Registro de riesgos
  • Registro de interesados
.4 Factores ambientales de la empresa
.5 Activos de los procesos de la organización

Herramientas y Técnicas

.1 Juicio de expertos
.2 Recopilación de datos
  • Estudios comparativos
  • Tormenta de ideas
  • Entrevistas
.3 Análisis de datos
  • Análisis costo-beneficio
  • Costo de la calidad
.4 Toma de decisiones
  • Análisis de decisiones con múltiples criterios
.5 Representación de datos
  • Diagramas de flujo
  • Modelo lógico de datos
  • Diagramas matriciales
  • Mapeo mental
.6 Planificación de pruebas e inspección
.7 Reuniones

Salidas

1 Plan de gestión de la calidad
.2 Métricas de calidad
.3 Actualizaciones al plan para la dirección del proyecto
  • Plan de gestión de los riesgos
  • Línea base del alcance
.4 Actualizaciones a los documentos del proyecto
  • Registro de lecciones aprendidas
  • Matriz de trazabilidad de requisitos
  • Registro de riesgos
  • Registro de interesados

Gráfico 8-3. Planificar la Gestión de la Calidad: Entradas, Herramientas y Técnicas, y Salidas

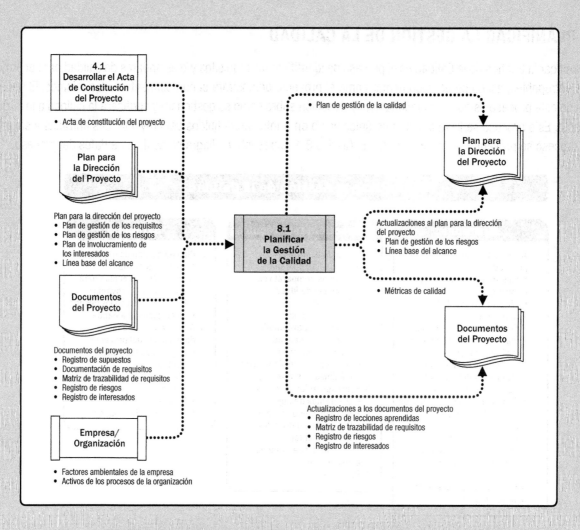

Gráfico 8-4. Planificar la Gestión de la Calidad: Diagrama de Flujo de Datos

La planificación de la calidad debería llevarse a cabo paralelamente a los demás procesos de planificación. Por ejemplo, los cambios propuestos en los entregables a fin de cumplir con los estándares de calidad identificados pueden requerir ajustes en el costo o en el cronograma, así como un análisis de riesgo detallado del impacto en los planes.

Las técnicas de planificación de calidad que se describen en esta sección son las que se emplean con más frecuencia en los proyectos. Existen muchas otras que pueden ser útiles para cierto tipo de proyectos o en áreas de aplicación específicas.

8.1.1 PLANIFICAR LA GESTIÓN DE LA CALIDAD: ENTRADAS

8.1.1.1 ACTA DE CONSTITUCIÓN DEL PROYECTO

Descrita en la Sección 4.1.3.1. El acta de constitución del proyecto proporciona una descripción de alto nivel del proyecto y de las características del producto. También contiene los requisitos para aprobación del proyecto, los objetivos medibles del proyecto y los criterios de éxito relacionados que van a influir en la gestión de la calidad del proyecto.

8.1.1.2 PLAN PARA LA DIRECCIÓN DEL PROYECTO

Descrito en la Sección 4.2.3.1. Los componentes del plan para la dirección del proyecto incluyen, entre otros:

◆ **Plan de gestión de los requisitos.** Descrito en la Sección 5.1.3.2. El plan de gestión de los requisitos proporciona el enfoque para identificar, analizar y gestionar los requisitos a los que harán referencia el plan de gestión de la calidad y las métricas de calidad.

◆ **Plan de gestión de los riesgos.** Descrito en la Sección 11.1.3.1. El plan de gestión de los riesgos proporciona el enfoque para identificar, analizar y monitorear los riesgos. La información contenida en el plan de gestión de los riesgos y en el plan de gestión de la calidad trabaja en conjunto para lograr el éxito en la entrega del producto y del proyecto.

◆ **Plan de involucramiento de los interesados.** Descrito en la Sección 13.2.3.1. El plan de involucramiento de los interesados proporciona el método para documentar las necesidades y expectativas de los interesados que proporcionan la base para la gestión de la calidad.

◆ **Línea base del alcance.** Descrita en la Sección 5.4.3.1. La EDT/WBS, junto con los entregables documentados en el enunciado del alcance del proyecto se toman en cuenta al determinar qué estándares y objetivos de calidad son adecuados para el proyecto, y cuáles entregables y procesos del proyecto serán sometidos a revisión de calidad. El enunciado del alcance incluye los criterios de aceptación para los entregables. La definición de los criterios de aceptación puede incrementar o disminuir significativamente los costos de calidad del proyecto, y como consecuencia, los costos del proyecto. La satisfacción de todos los criterios de aceptación implica que se han cumplido las necesidades de los interesados.

8.1.1.3 DOCUMENTOS DEL PROYECTO

Los documentos del proyecto que pueden ser considerados como entradas para este proceso incluyen, entre otros:

◆ **Registro de supuestos.** Descrito en la Sección 4.1.3.2. El registro de supuestos contiene todos los supuestos y restricciones en cuanto a los requisitos de calidad y el cumplimiento de estándares.

◆ **Documentación de requisitos.** Descrita en la Sección 5.2.3.1. La documentación de requisitos recoge los requisitos que el proyecto y el producto deberían cumplir para satisfacer las expectativas de los interesados. Los componentes de la documentación de requisitos incluyen, entre otros, los requisitos de calidad del proyecto y del producto. El equipo del proyecto utiliza requisitos para planificar la manera en que se llevará a cabo el control de calidad en el proyecto.

◆ **Matriz de trazabilidad de requisitos.** Descrita en la Sección 5.2.3.2. La matriz de trazabilidad de requisitos vincula los requisitos del producto con los entregables y ayuda a garantizar que cada requisito en la documentación de requisitos sea probado. La matriz proporciona una visión general de las pruebas necesarias para verificar los requisitos.

◆ **Registro de riesgos.** Descrito en la Sección 11.2.3.1. El registro de riesgos contiene información sobre las amenazas y oportunidades que podrían tener impacto en los requisitos de calidad.

◆ **Registro de interesados.** Descrito en la Sección 13.1.3.1. El registro de interesados ayuda a identificar a los interesados que tengan un particular interés o impacto en la calidad, con el énfasis en las necesidades y expectativas del cliente y del patrocinador del proyecto.

8.1.1.4 FACTORES AMBIENTALES DE LA EMPRESA

Los factores ambientales de la empresa que pueden influir en el proceso Planificar la Gestión de la Calidad incluyen, entre otros:

◆ Regulaciones de las agencias gubernamentales;

◆ Reglas, estándares y guías específicas para el área de aplicación;

◆ Distribución geográfica;

◆ Estructura organizacional;

◆ Condiciones del mercado;

◆ Condiciones de trabajo u operativas del proyecto o de sus entregables; y

◆ Percepciones culturales.

8.1.1.5 ACTIVOS DE LOS PROCESOS DE LA ORGANIZACIÓN

Los activos de los procesos de la organización que pueden influir en el proceso Planificar la Gestión de la Calidad incluyen, entre otros:

◆ Sistema de gestión de calidad de la organización, incluidas las políticas, procedimientos y guías;

◆ Plantillas de calidad, tales como hojas de verificación, matriz de trazabilidad y otros; y

◆ Bases de datos históricas y repositorio de lecciones aprendidas.

8.1.2 PLANIFICAR LA GESTIÓN DE LA CALIDAD: HERRAMIENTAS Y TÉCNICAS

8.1.2.1 JUICIO DE EXPERTOS

Descrito en la Sección 4.1.2.1. Se debería considerar la pericia de los individuos o grupos que tengan conocimientos especializados o capacitación en los siguientes temas:

◆ Aseguramiento de calidad,

◆ Control de calidad,

◆ Mediciones de calidad,

◆ Mejoras de la calidad, y

◆ Sistemas de calidad.

8.1.2.2 RECOPILACIÓN DE DATOS

La técnicas de recopilación de datos que pueden utilizarse para este proceso incluyen entre otras:

◆ **Estudios Comparativos.** Los estudios comparativos implican comparar prácticas reales o planificadas del proyecto o los estándares de calidad del proyecto con las de proyectos comparables para identificar las mejores prácticas, generar ideas de mejora y proporcionar una base para medir el desempeño. Los proyectos objeto de estudios comparativos pueden existir en el seno de la organización o fuera de ella, o pueden pertenecer a una misma área de aplicación o a un área de aplicación diferente. Los estudios comparativos permiten encontrar analogías entre proyectos de diferentes áreas de aplicación o de diferentes industrias.

◆ **Tormenta de ideas.** Descrita en la Sección 4.1.2.2. La tormenta de ideas puede ser utilizada para recoger datos en forma creativa de un grupo de miembros del equipo o expertos en la materia para desarrollar el plan de gestión de la calidad que mejor se ajuste al proyecto.

◆ **Entrevistas.** Descritas en la Sección 5.2.2.2. Las necesidades y expectativas de la calidad del proyecto y del producto, implícitas y explícitas, formales e informales, pueden ser identificadas mediante entrevistas a los participantes experimentados del proyecto, a los interesados y a los expertos en la materia. Las entrevistas deberían llevarse a cabo en un ambiente de confianza y confidencialidad a fin de fomentar las contribuciones honestas e imparciales.

8.1.2.3 ANÁLISIS DE DATOS

Las técnicas de análisis de datos que pueden utilizarse para este proceso incluyen, entre otras:

◆ **Análisis Costo-Beneficio.** Un análisis costo-beneficio es una herramienta de análisis financiero utilizada para estimar las fortalezas y debilidades de las alternativas, a fin de determinar la mejor alternativa en términos de los beneficios que ofrecen. Un análisis costo-beneficio ayudará al director del proyecto a determinar si las actividades de calidad previstas resultan eficientes en materia de costos. Los principales beneficios de cumplir con los requisitos de calidad incluyen menos retrabajo, mayor productividad, costos menores, mayor satisfacción de los interesados y mayor rentabilidad. La realización de un análisis costo-beneficio para cada actividad de calidad permite comparar el costo del nivel de calidad con el beneficio esperado.

◆ **Costo de la calidad.** El costo de la calidad (COQ) asociado a un proyecto consiste en uno o más de los siguientes costos (el Gráfico 8-5 muestra ejemplos para cada grupo de costos):

■ *Costos de prevención.* Los costos relacionados con la prevención de calidad deficiente en los productos, entregables o servicios del proyecto específico.

■ *Costos de evaluación.* Los costos relacionados con la evaluación, medición, auditoría y prueba de los productos, entregables o servicios del proyecto específico.

■ *Costos por fallas (internas/externas).* Los costos relacionados con la no conformidad de los productos, entregables o servicios con las necesidades o expectativas de los interesados.

El COQ óptimo es el que refleja el equilibrio adecuado para invertir en el costo de la prevención y la evaluación a fin de evitar los costos por fallas. Los modelos muestran que hay un costo óptimo de calidad para los proyectos, cuando invertir en costos adicionales de prevención/evaluación no resulta ni beneficioso ni eficiente en materia de costos.

Costos de Conformidad	Costos de No Conformidad
Costos de Prevención (Construir un producto de calidad) • Capacitación • Documentar procesos • Equipos • Tiempo para hacerlo correctamente **Costos de Evaluación** (Evaluar la calidad) • Pruebas • Pérdida en pruebas destructivas • Inspecciones	**Costos de Fallas Internas** (Fallas reveladas por el proyecto) • Retrabajo • Desecho **Costos de Fallas Externas** (Fallas encontradas por el cliente) • Obligaciones • Trabajos en garantía • Pérdida de negocio
Dinero gastado durante el proyecto **para evitar fallas**	Dinero gastado durante y después del proyecto **debido a fallas**

Gráfico 8-5. Costo de la Calidad

8.1.2.4 TOMA DE DECISIONES

Una técnica para la toma de decisiones que puede utilizarse para este proceso incluye, entre otros, el análisis de decisiones con múltiples criterios. Las herramientas de análisis de decisiones con múltiples criterios (por ejemplo, la matriz de priorización) se pueden utilizar para identificar los principales incidentes y las alternativas adecuadas a fin de ser priorizados como un conjunto de decisiones para implementación. Los criterios se priorizan y se les asigna un peso antes de aplicarlos a todas las alternativas disponibles, para obtener una puntuación para cada alternativa. A continuación las alternativas se clasifican según puntuación. Tal como se utiliza en este proceso, esto puede ayudar a priorizar las métricas de calidad.

8.1.2.5 REPRESENTACIÓN DE DATOS

Las técnicas de representación de datos que pueden utilizarse para este proceso incluyen, entre otras:

◆ **Diagramas de flujo.** Los diagramas de flujo también son denominados mapas de procesos, porque muestran la secuencia de pasos y las posibilidades de ramificaciones que existen en un proceso que transforma una o más entradas en una o más salidas. Los diagramas de flujo muestran las actividades, los puntos de decisión, las ramificaciones, las rutas paralelas y el orden general de proceso, al mapear los detalles operativos de los procedimientos existentes dentro de la cadena horizontal de valor. El Gráfico 8-6 muestra una versión de una cadena de valor, conocida como un modelo SIPOC (proveedores, entradas, procesos, salidas y clientes). Los diagramas de flujo pueden resultar útiles para entender y estimar el costo de la calidad para un proceso. La información se consigue mediante la aplicación de la lógica de ramificaciones del diagrama de flujo y sus frecuencias relativas, a fin de estimar el valor monetario esperado para el trabajo conforme y no conforme requerido para entregar la salida conforme esperada. Cuando se utilizan diagramas de flujo para representar los pasos de un proceso, a veces son denominados flujos de proceso o diagramas de flujo de proceso, y pueden ser utilizados para la mejora de procesos, así como para la identificación de dónde pueden ocurrir defectos de calidad o dónde incorporar verificaciones de calidad.

◆ **Modelo lógico de datos.** Los modelos lógicos de datos son una representación visual de los datos de una organización, descritos en el lenguaje de los negocios e independientes de cualquier tecnología específica. El modelo lógico de datos se puede utilizar para identificar dónde pueden surgir incidentes sobre integridad de los datos u otros problemas de calidad.

◆ **Diagramas Matriciales.** Los diagramas matriciales ayudan a determinar la solidez de las relaciones entre diferentes factores, causas y objetivos que existen entre las filas y columnas que conforman la matriz. Dependiendo del número de factores que puedan ser comparados, el director del proyecto puede utilizar diferentes formas de diagramas matriciales; por ejemplo, L, T, Y, X, C, y en forma de techo ("roof–shaped"). En este proceso facilitan la identificación de las métricas de calidad clave que son importantes para el éxito del proyecto.

◆ **Mapeo mental.** Descrito en la Sección 5.2.2.3. El mapeo mental es un método diagramático utilizado para organizar visualmente la información. A menudo se crea un mapa mental de la calidad en torno a un concepto único de calidad, dibujado como una imagen en el centro de una página apaisada en blanco, a la que se añaden representaciones asociadas de ideas tales como imágenes, palabras y partes de palabras. La técnica de mapeo mental puede ayudar a recolectar rápidamente los requisitos de calidad, las restricciones, dependencias y relaciones del proyecto.

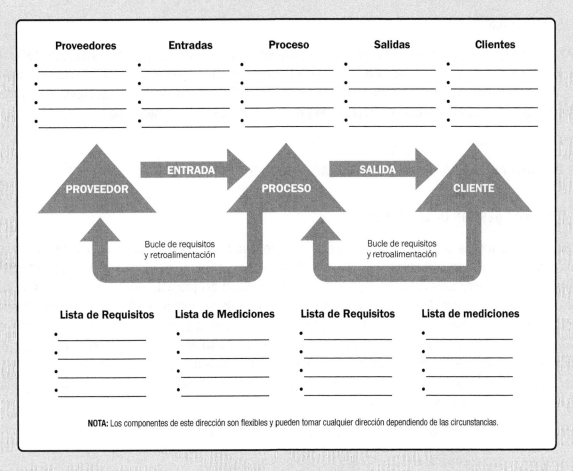

Gráfico 8-6. El Modelo SIPOC

8.1.2.6 PLANIFICACIÓN DE PRUEBAS E INSPECCIÓN

Durante la fase de planificación, el director del proyecto y el equipo del proyecto determinan cómo probar o inspeccionar el producto, entregable o servicio para satisfacer las necesidades y expectativas de los interesados, así como la forma de cumplir con el objetivo para el desempeño y la fiabilidad del producto. Las pruebas e inspecciones dependen de la industria y pueden incluir, por ejemplo, pruebas alfa y beta en proyectos de software, pruebas de resistencia en proyectos de construcción, inspección en fabricación y pruebas de campo y pruebas no destructivas en ingeniería.

8.1.2.7 REUNIONES

Los equipos del proyecto pueden celebrar reuniones de planificación para desarrollar el plan para la gestión de la calidad. Los participantes de estas reuniones pueden incluir el director del proyecto, el patrocinador del proyecto, determinados miembros del equipo del proyecto, determinados interesados, cualquier persona que tenga responsabilidades relativas a las actividades de gestión de la calidad del proyecto y otras personas, según sea necesario.

8.1.3 PLANIFICAR LA GESTIÓN DE LA CALIDAD: SALIDAS

8.1.3.1 PLAN DE GESTIÓN DE LA CALIDAD

El plan de gestión de la calidad es un componente del plan para la dirección del proyecto que describe cómo se implementarán las políticas, procedimientos y pautas aplicables para alcanzar los objetivos de calidad. Describe las actividades y los recursos necesarios para que el equipo de dirección del proyecto alcance los objetivos de calidad establecidos para el proyecto. El plan de gestión de la calidad puede ser formal o informal, detallado o formulado de manera general. El estilo y el grado de detalle del plan de gestión de la calidad se determinan en función de los requisitos del proyecto. Se debería revisar el plan de gestión de la calidad en una etapa temprana del proyecto para asegurar que las decisiones estén basadas en información exacta. Los beneficios de esta revisión pueden incluir el obtener un enfoque más claro sobre la propuesta de valor del proyecto, reducciones de costos y menor frecuencia de retrasos en el cronograma debidos a retrabajo.

El plan de gestión de la calidad puede incluir, entre otros, los siguientes componentes:

◆ Estándares de calidad que serán utilizados por el proyecto;

◆ Objetivos de calidad del proyecto;

◆ Roles y responsabilidades en cuanto a calidad;

◆ Entregables y procesos del proyecto sujetos a revisión de la calidad;

◆ Actividades de control de calidad y de gestión de calidad previstas en el proyecto;

◆ Herramientas de calidad que se utilizarán para el proyecto; y

◆ Principales procedimientos pertinentes para el proyecto, tales como abordar la no conformidad, procedimientos de acciones correctivas y procedimientos de mejora continua.

8.1.3.2 MÉTRICAS DE CALIDAD

Una métrica de calidad describe de manera específica un atributo del producto o del proyecto, y la manera en que el proceso de Controlar la Calidad verificará su cumplimiento. Algunos ejemplos de métricas de calidad incluyen porcentaje de tareas completadas a tiempo, desempeño del costo medido por CPI, tasa de fallas, número de defectos identificados por día, tiempo de inactividad total por mes, errores encontrados por línea de código, puntuaciones de satisfacción de los clientes y porcentaje de requisitos cubiertos por el plan de pruebas como medida de la cobertura de la prueba.

8.1.3.3 ACTUALIZACIONES DEL PLAN PARA LA DIRECCIÓN DEL PROYECTO

Cualquier cambio en el plan para la dirección del proyecto pasa por el proceso de control de cambios de la organización mediante una solicitud de cambio. Los componentes que pueden requerir una solicitud de cambio para el plan para la dirección del proyecto incluyen, entre otros:

◆ **Plan de gestión de los riesgos.** Descrito en la Sección 11.1.3.1. Las decisiones sobre el enfoque de gestión de la calidad pueden requerir cambios en el enfoque acordado para gestionar el riesgo en el proyecto, y éstos serán registrados en el plan de gestión de los riesgos.

◆ **Línea base del alcance.** Descrita en la Sección 5.4.3.1. La línea base del alcance puede cambiar como resultado de este proceso si es necesario añadir actividades de gestión de calidad específicas. El diccionario de la EDT (WBS) también registra los requisitos de calidad, los cuales pueden necesitar actualización.

8.1.3.4 ACTUALIZACIONES A LOS DOCUMENTOS DEL PROYECTO

Los documentos del proyecto que pueden actualizarse como resultado de llevar a cabo este proceso incluyen, entre otros:

◆ **Registro de lecciones aprendidas.** Descrito en la Sección 4.4.3.1. El registro de lecciones aprendidas se actualiza con información sobre las dificultades encontradas en el proceso de planificación de la calidad.

◆ **Matriz de trazabilidad de requisitos.** Descrita en la Sección 5.2.3.2. Los requisitos de calidad especificados por este proceso son registrados en la matriz de trazabilidad de requisitos.

◆ **Registro de riesgos.** Descrito en la Sección 11.2.3.1. Los nuevos riesgos identificados durante este proceso son registrados en el registro de riesgos y gestionados mediante los procesos de gestión de riesgos.

◆ **Registro de interesados.** Descrito en la Sección 13.1.3.1. La información adicional sobre interesados existentes o nuevos que se recopile como resultado de este proceso es ingresada en el registro de interesados.

8.2 GESTIONAR LA CALIDAD

Gestionar la Calidad es el proceso de convertir el plan de gestión de la calidad en actividades ejecutables de calidad que incorporen al proyecto las políticas de calidad de la organización. Los beneficios clave de este proceso son el incremento de la probabilidad de cumplir con los objetivos de calidad, así como la identificación de los procesos ineficaces y las causas de la calidad deficiente. Gestionar la Calidad utiliza los datos y resultados del proceso de control de calidad para reflejar el estado global de la calidad del proyecto a los interesados. Este proceso se lleva a cabo a lo largo de todo el proyecto.

El Gráfico 8-7 muestra las entradas, herramientas y técnicas, y salidas de este proceso. El Gráfico 8-8 representa el diagrama de flujo de datos del proceso.

Gestionar la Calidad

Entradas	Herramientas y Técnicas	Salidas

.1 Plan para la dirección del proyecto
  • Plan de gestión de la calidad
.2 Documentos del proyecto
  • Registro de lecciones aprendidas
  • Mediciones de control de calidad
  • Métricas de calidad
  • Informe de riesgos
.3 Activos de los procesos de la organización
	.1 Recopilación de datos
	.2 Análisis de datos
	  • Análisis de alternativas
	  • Análisis de documentos
	  • Análisis de procesos
	  • Análisis de causa raíz
	.3 Toma de decisiones
	  • Análisis de decisiones con múltiples criterios
	.4 Representación de datos
	  • Diagramas de afinidad
	  • Diagramas de causa y efecto
	  • Diagramas de flujo
	  • Histogramas
	  • Diagramas matriciales
	  • Diagramas de dispersión
	.5 Auditorías
	.6 Diseñar para X
	.7 Resolución de problemas
	.8 Métodos de mejora de la calidad
		.1 Informes de calidad
		.2 Documentos de prueba y evaluación
		.3 Solicitudes de cambio
		.4 Actualizaciones al plan para la dirección del proyecto
		  • Plan de gestión de la calidad
		  • Línea base del alcance
		  • Línea base del cronograma
		  • Línea base de costos
		.5 Actualizaciones a los documentos del proyecto
		  • Registro de incidentes
		  • Registro de lecciones aprendidas
		  • Registro de riesgos

Gráfico 8-7. Gestionar la Calidad: Entradas, Herramientas y Técnicas, y Salidas

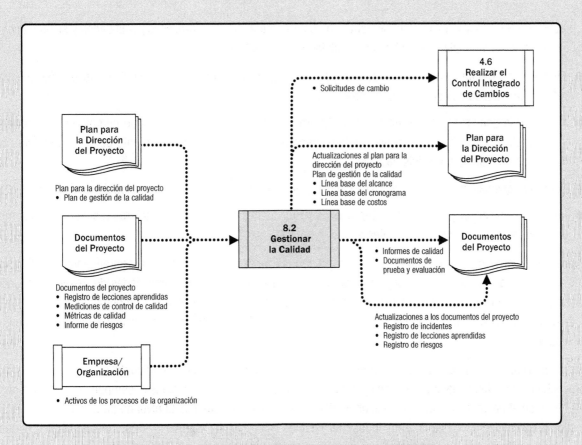

Gráfico 8-8. Gestionar la Calidad: Diagrama de Flujo de Datos

Gestionar la Calidad se denomina a veces aseguramiento de calidad, aunque Gestionar la Calidad tiene una definición más amplia que aseguramiento de calidad, ya que se utiliza en el trabajo no relacionado con proyectos. En la dirección de proyectos, el enfoque de aseguramiento de la calidad reside en los procesos utilizados en el proyecto. El aseguramiento de calidad trata del uso eficaz de los procesos del proyecto. Se trata de seguir y cumplir con los estándares a fin de asegurar a los interesados que el producto final satisfará sus necesidades, expectativas y requisitos. Gestionar la Calidad incluye todas las actividades de aseguramiento de calidad, y también se ocupa de los aspectos de diseño de productos y mejoras de procesos. El trabajo de Gestionar la Calidad estará bajo la categoría de trabajo de conformidad en el marco del costo de la calidad.

El proceso de Gestionar la Calidad implementa un conjunto de acciones y procesos planificados y sistemáticos que se definen en el ámbito del plan de gestión de la calidad del proyecto, que ayuda a:

◆ Diseñar un producto óptimo y maduro mediante la aplicación de guías específicas de diseño que hacen referencia a aspectos específicos del producto,

◆ Fomentar la confianza de que un producto futuro será terminado de manera que cumpla con los requisitos y expectativas especificadas a través de herramientas y técnicas de aseguramiento de la calidad, tales como auditorías de calidad y análisis de fallas,

◆ Confirmar que se utilicen los procesos de calidad y que su uso cumpla con los objetivos de calidad del proyecto, y

◆ Mejorar la eficiencia y eficacia de los procesos y actividades a fin de lograr mejores resultados y desempeño y aumentar la satisfacción de los interesados.

El director del proyecto y el equipo del proyecto pueden utilizar el departamento de aseguramiento de calidad de la organización, u otras funciones de la organización, para ejecutar algunas de las actividades de Gestionar la Calidad, tales como análisis de fallas, diseño de experimentos y mejora de la calidad. Los departamentos de control de calidad por lo general tienen experiencia de toda la organización en el uso de herramientas y técnicas de calidad y son un buen recurso para el proyecto.

Gestionar la calidad es considerado el trabajo de todos: el director del proyecto, el equipo del proyecto, el patrocinador del proyecto, la dirección de la organización ejecutante e incluso el cliente. Todos estos desempeñan roles en la gestión de la calidad en el proyecto, aunque las funciones difieren en tamaño y esfuerzo. El nivel de participación en el trabajo en gestión de la calidad puede variar entre industrias y estilos de dirección de proyectos. En proyectos ágiles, la gestión de la calidad es llevada a cabo por todos los miembros del equipo durante todo el proyecto, pero en los proyectos tradicionales, la gestión de la calidad es a menudo la responsabilidad de miembros específicos del equipo.

8.2.1 GESTIONAR LA CALIDAD: ENTRADAS

8.2.1.1 PLAN PARA LA DIRECCIÓN DEL PROYECTO

Descrito en la Sección 4.2.3.1. Los componentes del plan para la dirección del proyecto incluyen, entre otros, el plan de gestión de la calidad. Descrito en la Sección 8.1.3.1, el plan de gestión de la calidad define el nivel aceptable de la calidad del proyecto y del producto, y describe la forma de garantizar este nivel de calidad en sus entregables y procesos. El plan de gestión de la calidad también describe qué hacer con los productos no conformes y qué acción correctiva poner en práctica.

8.2.1.2 DOCUMENTOS DEL PROYECTO

Los documentos del proyecto que pueden ser considerados como entradas para este proceso incluyen, entre otros:

◆ **Registro de lecciones aprendidas.** Descrito en la Sección 4.4.3.1. Las lecciones aprendidas anteriormente en el proyecto con respecto a la gestión de la calidad pueden ser aplicadas a fases posteriores en el mismo para mejorar la eficiencia y la eficacia al gestionar la calidad.

◆ **Mediciones de Control de Calidad.** Descritas en la Sección 8.3.3.1. Las mediciones de control de calidad se emplean para analizar y evaluar la calidad de los procesos y entregables del proyecto respecto a los estándares de la organización ejecutora o a los requisitos especificados. Las mediciones de control de calidad pueden asimismo comparar los procesos utilizados para la creación de las medidas y validar las medidas reales para determinar hasta qué punto son correctas.

◆ **Métricas de Calidad.** Descritas en la Sección 8.1.3.2. Las métricas de calidad son verificadas como parte del proceso Controlar la Calidad. El proceso Gestionar la Calidad utiliza estas métricas de calidad como base para el desarrollo de escenarios de prueba para el proyecto y sus entregables, y como base para las iniciativas de mejora.

◆ **Informe de riesgos.** Descrito en la Sección 11.2.3.2. El informe de riesgos se utiliza en el proceso Gestionar la Calidad para identificar las fuentes de riesgo general del proyecto y las fuerzas impulsoras más importantes de la exposición global al riesgo que pueden afectar a los objetivos de calidad del proyecto.

8.2.1.3 ACTIVOS DE LOS PROCESOS DE LA ORGANIZACIÓN

Los activos de los procesos de la organización que pueden influir en el proceso Gestionar la Calidad incluyen, entre otros:

◆ Sistema de gestión de calidad de la organización, incluidas las políticas, procedimientos y guías;

◆ Plantillas de calidad, tales como hojas de verificación, matriz de trazabilidad, planes de prueba, documentos de prueba y otros;

◆ Resultados de auditorías anteriores; y

◆ Repositorio de lecciones aprendidas con información de proyectos similares.

8.2.2 GESTIONAR LA CALIDAD: HERRAMIENTAS Y TÉCNICAS

8.2.2.1 RECOPILACIÓN DE DATOS

Una técnica para la recopilación de datos que puede utilizarse para este proceso incluye, entre otras, las listas de verificación (véase la Sección 11.2.2.2). Una lista de verificación es una herramienta estructurada, por lo general específica por componente, que se utiliza para verificar que se ha llevado a cabo una serie de pasos necesarios o para comprobar si se ha cumplido una lista de requisitos. Las listas de verificación pueden ser sencillas o complejas, en función de los requisitos y prácticas del proyecto. Muchas organizaciones disponen de listas de verificación estandarizadas para asegurar la consistencia en tareas que se realizan con frecuencia. En algunas áreas de aplicación se dispone asimismo de listas de verificación desarrolladas por asociaciones profesionales o por proveedores de servicios comerciales. Las listas de verificación de calidad deberían incorporar los criterios de aceptación incluidos en la línea base del alcance.

8.2.2.2 ANÁLISIS DE DATOS

Las técnicas de análisis de datos que pueden utilizarse para este proceso incluyen, entre otras:

◆ **Análisis de alternativas.** Descrito en la Sección 9.2.2.5. Esta técnica se utiliza para evaluar las opciones identificadas, a fin de seleccionar cuáles diferentes opciones o enfoques de calidad son los más adecuados.

◆ **Análisis de documentos.** Descrito en 5.2.2.3. El análisis de los diferentes documentos producidos como parte de la salida de los procesos de control de proyectos, tales como los informes de calidad, informes de pruebas, informes de desempeño y análisis de variación, puede señalar y centrarse en los procesos que pueden estar fuera de control y poner en peligro el cumplimiento de los requisitos especificados o las expectativas de los interesados.

◆ **Análisis de procesos.** El análisis de procesos identifica oportunidades para mejoras en los procesos. Este análisis también examina los problemas, restricciones y actividades que no son de valor añadido que se producen durante un proceso.

◆ **Análisis de causa raíz (RCA).** El análisis de causa raíz es una técnica analítica utilizada para determinar el motivo subyacente básico que causa una variación, un defecto o un riesgo. Más de una variación, defecto o riesgo pueden deberse a una causa raíz. También puede ser utilizado como una técnica para identificar las causas raíz de un problema y solucionarlas. Cuando se eliminan todas las causas raíz de un problema, el problema no se repite.

8.2.2.3 TOMA DE DECISIONES

Una técnica para la toma de decisiones que puede utilizarse para este proceso incluye, entre otros, el análisis de decisiones con múltiples criterios. Descrita en la Sección 8.1.2.4. La toma de decisiones con múltiples criterios se utiliza para evaluar varios criterios a la hora de discutir alternativas que afecten la calidad del proyecto o del producto. Las decisiones del *proyecto* pueden incluir la elección entre los diferentes escenarios o proveedores para la implementación. Las decisiones del *producto* pueden incluir la evaluación del costo del ciclo de vida, el cronograma, la satisfacción de los interesados y los riesgos asociados con la resolución de los defectos del producto.

8.2.2.4 REPRESENTACIÓN DE DATOS

Las técnicas de representación de datos que pueden utilizarse para este proceso incluyen, entre otras:

◆ **Diagramas de Afinidad.** Descrito en la Sección 5.2.2.5. Los diagramas de afinidad pueden organizar las potenciales causas de defectos en grupos que muestran las áreas que necesitan mayor atención.

◆ **Diagramas de causa y efecto.** Los diagramas de causa y efecto son también conocidos como diagramas de espina de pescado, diagramas por qué-por qué o diagramas de Ishikawa. Este tipo de diagrama desglosa las causas del enunciado del problema identificado en ramas separadas, que ayudan a identificar la causa principal o raíz del problema. El Gráfico 8-9 es un ejemplo de diagrama de causa y efecto.

◆ **Diagramas de flujo.** Descrito en la Sección 8.1.2.5. Los diagramas de flujo exhiben una serie de pasos que conducen a un defecto.

◆ **Histogramas.** Los histogramas muestran una representación gráfica de datos numéricos. Los histogramas pueden mostrar el número de defectos por cada entregable, una clasificación de la causa de los defectos, el número de veces que cada proceso no cumple, u otras representaciones de defectos de proyecto o producto.

◆ **Diagramas Matriciales.** Descritos en 8.1.2.5. El diagrama matricial procura mostrar la solidez de las relaciones entre factores, causas y objetivos que existen entre las filas y columnas que conforman la matriz.

◆ **Diagramas de dispersión.** Un diagrama de dispersión es un gráfico que muestra la relación entre dos variables. Los diagramas de dispersión pueden demostrar una relación entre cualquier elemento de un proceso, entorno o actividad en un eje y un defecto de calidad en el otro eje.

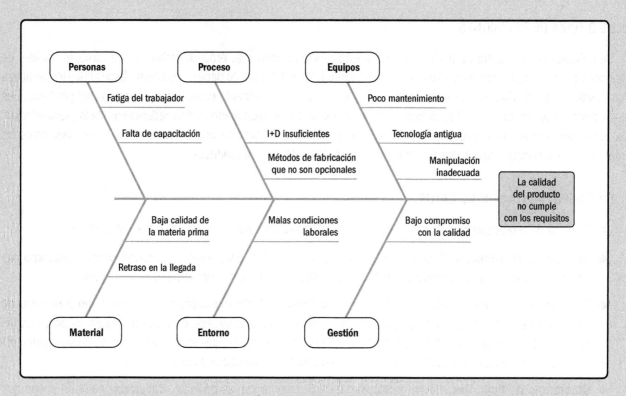

Gráfico 8-9. Diagrama de Causa y Efecto

8.2.2.5 AUDITORÍAS

Una auditoría es un proceso estructurado e independiente utilizado para determinar si las actividades del proyecto cumplen con las políticas, los procesos y los procedimientos del proyecto y de la organización. Una auditoría de calidad por lo general se lleva a cabo por un equipo externo al proyecto, tales como la PMO, el departamento de auditoría interna de la organización, o por un auditor externo a la organización. Los objetivos de la auditoría de calidad pueden incluir, entre otros:

◆ Identificar todas las buenas y mejores prácticas implementadas;

◆ Identificar todas las no conformidades, las brechas y los defectos;

◆ Compartir las buenas prácticas introducidas o implementadas en proyectos similares de la organización y/o del sector;

◆ Ofrecer asistencia proactivamente y de una manera positiva para mejorar la implementación de procesos a fin de ayudar a elevar la productividad del equipo; y

◆ Destacar las contribuciones de cada auditoría en el repositorio de lecciones aprendidas de la organización.

El esfuerzo posterior para corregir cualquier deficiencia debería dar como resultado una reducción del costo de la calidad y una mayor aceptación del producto del proyecto por parte del patrocinador o del cliente. Las auditorías de calidad pueden ser programadas o aleatorias, y pueden ser realizadas por auditores internos o externos.

Las auditorías de calidad pueden confirmar la implementación de solicitudes de cambio aprobadas, incluidas acciones correctivas, reparaciones de defectos y acciones preventivas.

8.2.2.6 DISEÑO PARA X

Diseño para X (DfX) es un conjunto de guías técnicas que se pueden aplicar durante el diseño de un producto con miras a la optimización de un aspecto específico del diseño. DfX puede controlar o incluso mejorar las características finales del producto. La X en DfX puede constituir diferentes aspectos del desarrollo de productos, tales como la fiabilidad, el despliegue, el ensamblado, la fabricación, el costo, el servicio, la facilidad de uso, la seguridad y la calidad. Utilizar el DfX puede tener como resultado reducción de costos, mejora de la calidad, mejor rendimiento y satisfacción del cliente.

8.2.2.7 RESOLUCIÓN DE PROBLEMAS

La resolución de problemas implica encontrar soluciones para los incidentes o desafíos. Puede incluir la recopilación de información adicional, pensamiento crítico, enfoques creativos, cuantitativos y/o lógicos. La resolución efectiva y sistemática de los problemas es un elemento fundamental en el aseguramiento de la calidad y la mejora de la calidad. Los problemas pueden surgir como resultado del proceso Controlar la Calidad o de auditorías de calidad, y pueden ser asociados con un proceso o entregable. Utilizar un método estructurado para resolución de problemas ayudará a eliminar el problema y a desarrollar una solución duradera. En general, los métodos para resolución de problemas incluyen los siguientes elementos:

◆ Definición del problema,

◆ Identificación de la causa raíz,

◆ Generación de posibles soluciones,

◆ Elección de la mejor solución,

◆ implementación de la solución, y

◆ Verificación de la efectividad de la solución.

8.2.2.8 MÉTODOS DE MEJORA DE LA CALIDAD

Las mejoras de calidad se pueden producir en base a los hallazgos y recomendaciones de los procesos de control de calidad, los resultados de las auditorías de calidad o la resolución de problemas en el proceso Gestionar la Calidad. Planificar-hacer-verificar-actuar y Six Sigma son dos de las herramientas de mejora de calidad más comunes utilizadas para analizar y evaluar las oportunidades de mejora.

8.2.3 GESTIONAR LA CALIDAD: SALIDAS

8.2.3.1 INFORMES DE CALIDAD

Los informes de calidad pueden ser gráficos, numéricos o cualitativos. La información proporcionada puede ser utilizada por otros procesos y departamentos para tomar medidas correctivas a fin de lograr las expectativas de calidad del proyecto. La información presentada en los informes de calidad puede incluir todos los incidentes de gestión de la calidad escalados por el equipo, las recomendaciones para mejoras en los procesos, proyectos y productos, las recomendaciones de acciones correctivas (incluyen retrabajo, reparación de defectos/errores, inspección del 100% y más), y el resumen de conclusiones del proceso Controlar la Calidad.

8.2.3.2 DOCUMENTOS DE PRUEBA Y EVALUACIÓN

Los documentos de prueba y evaluación pueden ser creados sobre la base de las necesidades de la industria y las plantillas de la organización. Constituyen entradas para el proceso Controlar la Calidad y se utilizan para evaluar el logro de los objetivos de calidad. Estos documentos pueden incluir listas de verificación dedicadas y matrices detalladas de trazabilidad de requisitos.

8.2.3.3 SOLICITUDES DE CAMBIO

Descrito en la Sección 4.3.3.4. Si se producen cambios durante el proceso Gestionar la Calidad que impacten a cualquiera de los componentes del plan de dirección del proyecto, los documentos del proyecto o los procesos de gestión de proyectos o productos, el director del proyecto debe presentar una solicitud de cambio y seguir el proceso Realizar el Control Integrado de Cambios definido en la Sección 4.6.

8.2.3.4 ACTUALIZACIONES DEL PLAN PARA LA DIRECCIÓN DEL PROYECTO

Cualquier cambio en el plan para la dirección del proyecto pasa por el proceso de control de cambios de la organización mediante una solicitud de cambio. Los componentes que pueden requerir una solicitud de cambio para el plan para la dirección del proyecto incluyen, entre otros:

◆ **Plan de gestión de la calidad.** Descrito en la Sección 8.1.3.1. El enfoque acordado para la gestión de la calidad puede necesitar ser modificado debido a los resultados reales.

◆ **Línea base del alcance.** Descrita en la Sección 5.4.3.1. La línea base del alcance puede cambiar como resultado de las actividades de gestión de la calidad específicas.

◆ **Línea base del cronograma.** Descrita en la Sección 6.5.3.1. La línea base del cronograma puede cambiar como resultado de las actividades de gestión de la calidad específicas.

◆ **Línea base de costos.** Descrita en la Sección 7.3.3.1. La línea base de costos puede cambiar como resultado de las actividades de gestión de la calidad específicas.

8.2.3.5 ACTUALIZACIONES A LOS DOCUMENTOS DEL PROYECTO

Los documentos del proyecto que pueden actualizarse como resultado de llevar a cabo este proceso incluyen, entre otros:

◆ **Registro de incidentes.** Descrito en la Sección 4.3.3.3. Los nuevos incidentes que se presenten como resultado de este proceso son registrados en el registro de incidentes.

◆ **Registro de lecciones aprendidas.** Descrito en la Sección 4.4.3.1. El registro de lecciones aprendidas se actualiza con información sobre las dificultades encontradas y cómo podrían haberse evitado, así como los enfoques que han funcionado bien para gestionar la calidad.

◆ **Registro de riesgos.** Descrito en la Sección 11.2.3.1. Los nuevos riesgos identificados durante este proceso son registrados en el registro de riesgos y gestionados mediante los procesos de gestión de riesgos.

8.3 CONTROLAR LA CALIDAD

Controlar la Calidad es el proceso de monitorear y registrar los resultados de la ejecución de las actividades de gestión de calidad para evaluar el desempeño y asegurar que las salidas del proyecto sean completas, correctas y satisfagan las expectativas del cliente. El beneficio clave de este proceso es verificar que los entregables y el trabajo del proyecto cumplen con los requisitos especificados por los interesados clave para la aceptación final. El proceso Controlar la calidad determina si las salidas del proyecto hacen lo que estaban destinadas a hacer. Esas salidas deben cumplir con todas los estándares, requisitos, regulaciones y especificaciones aplicables. Este proceso se lleva a cabo a lo largo de todo el proyecto.

El Gráfico 8-10 muestra las entradas, herramientas y técnicas, y salidas de este proceso. El Gráfico 8-11 representa el diagrama de flujo de datos del proceso.

Controlar la Calidad

Entradas	Herramientas y Técnicas	Salidas

.1 Plan para la dirección del proyecto
  • Plan de gestión de la calidad
.2 Documentos del proyecto
  • Registro de lecciones aprendidas
  • Métricas de calidad
  • Documentos de prueba y evaluación
.3 Solicitudes de cambio aprobadas
.4 Entregables
.5 Datos de desempeño del trabajo
.6 Factores ambientales de la empresa
.7 Activos de los procesos de la organización
	.1 Recopilación de datos
	  • Listas de verificación
	  • Hojas de verificación
	  • Muestreo estadístico
	  • Cuestionarios y encuestas
	.2 Análisis de datos
	  • Revisiones del desempeño
	  • Análisis de causa raíz
	.3 Inspección
	.4 Pruebas/evaluaciones de productos
	.5 Representación de datos
	  • Diagramas de causa y efecto
	  • Diagramas de control
	  • Histograma
	  • Diagramas de dispersión
	.6 Reuniones
		.1 Mediciones de control de calidad
		.2 Entregables verificados
		.3 Información de desempeño del trabajo
		.4 Solicitudes de cambio
		.5 Actualizaciones al plan para la dirección del proyecto
		  • Plan de gestión de la calidad
		.6 Actualizaciones a los documentos del proyecto
		  • Registro de incidentes
		  • Registro de lecciones aprendidas
		  • Registro de riesgos
		  • Documentos de prueba y evaluación

Gráfico 8-10. Controlar la Calidad: Entradas, Herramientas y Técnicas, y Salidas

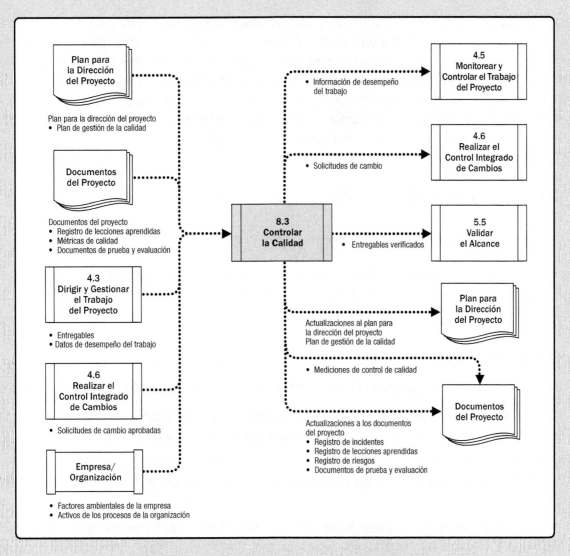

Gráfico 8-11. Controlar la Calidad: Diagrama de Flujo de Datos

El proceso Controlar la Calidad se realiza para medir la integridad, el cumplimiento y la adecuación para el uso de un producto o servicio antes de la aceptación de los usuarios y la entrega final. Esto se realiza mediante la medición de todos los pasos, atributos y variables que se utilizan para verificar la conformidad o el cumplimiento de las especificaciones establecidas durante la etapa de planificación.

Debería realizarse un control de calidad durante todo el proyecto a fin de demostrar formalmente, con datos fiables, que se han cumplido los criterios de aceptación del patrocinador y/o del cliente.

El nivel de esfuerzo para controlar la calidad y el grado de implementación pueden diferir entre industrias y los estilos de dirección de proyectos; en la industria farmacéutica, de la salud, del transporte y nuclear, por ejemplo, puede haber procedimientos de control de calidad más estrictos en comparación con otras industrias, y el trabajo necesario para cumplir con los estándares puede ser extenso. Por ejemplo, en proyectos ágiles, las actividades de Controlar la Calidad pueden ser realizadas por todos los miembros del equipo durante todo el ciclo de vida del proyecto. En los proyectos basados en el modelo de cascada, las actividades de control de calidad se realizan en momentos específicos, hacia el final del proyecto o fase, por parte de miembros específicos del equipo.

8.3.1 CONTROLAR LA CALIDAD: ENTRADAS

8.3.1.1 PLAN PARA LA DIRECCIÓN DEL PROYECTO

Descrito en la Sección 4.2.3.1. Los componentes del plan para la dirección del proyecto incluyen, entre otros, el plan de gestión de la calidad. Descrito en la Sección 8.1.3.1, el plan de gestión de la calidad define la manera en que se realizará el control de calidad en el ámbito del proyecto.

8.3.1.2 DOCUMENTOS DEL PROYECTO

Los documentos del proyecto que pueden ser considerados como entradas para este proceso incluyen, entre otros:

◆ **Registro de lecciones aprendidas.** Descrito en la Sección 4.4.3.1. Las lecciones aprendidas tempranamente en el proyecto pueden aplicarse a fases más tardías del proyecto para mejorar el control de la calidad.

◆ **Métricas de Calidad.** Descritas en la Sección 8.1.3.2. Una métrica de calidad describe de manera específica un atributo del producto o del proyecto y la manera en que el proceso de Controlar la Calidad verificará su cumplimiento.

◆ **Documentos de prueba y evaluación.** Descritos en la Sección 8.2.3.2. Los documentos de prueba y evaluación se utilizan para evaluar el logro de los objetivos de calidad.

8.3.1.3 SOLICITUDES DE CAMBIO APROBADAS

Descritas en la Sección 4.6.3.1. Como parte del proceso Realizar el Control Integrado de Cambios, la actualización del registro de cambios indicará que algunos cambios se han aprobado, mientras que otros no lo han sido. Las solicitudes de cambio aprobadas pueden incluir modificaciones tales como la reparación de defectos, la revisión de métodos de trabajo y la revisión de los cronogramas. La ejecución parcial de los cambios puede dar lugar a incoherencias y retrasos posteriores debido a medidas o correcciones incompletas. La implementación de los cambios aprobados debería ser verificada, confirmada en cuanto a integridad, vuelta a probar y certificada como correcta.

8.3.1.4 ENTREGABLES

Un entregable es cualquier producto, resultado o capacidad único y verificable para ejecutar un servicio que se produce para completar un proceso, una fase o un proyecto. Los entregables que son salidas del proceso Dirigir y Gestionar el Trabajo del Proyecto son inspeccionados y se comparan con los criterios de aceptación definidos en el enunciado del alcance del proyecto.

8.3.1.5 DATOS DE DESEMPEÑO DEL TRABAJO

Descritos en la Sección 4.3.3.2. Los datos de desempeño del trabajo contienen datos sobre el estado del producto, tales como observaciones, métricas de calidad y mediciones para el desempeño técnico, así como información de calidad del proyecto sobre desempeño del cronograma y desempeño de costos.

8.3.1.6 FACTORES AMBIENTALES DE LA EMPRESA

Los factores ambientales de la empresa que pueden influir en el proceso Controlar la Calidad incluyen, entre otros:

◆ Sistema de información para la dirección de proyectos; el software de gestión de la calidad se puede utilizar para realizar un seguimiento de los errores y las variaciones en los procesos o entregables;

◆ Regulaciones de las agencias gubernamentales; y

◆ Reglas, estándares y guías específicas para el área de aplicación.

8.3.1.7 ACTIVOS DE LOS PROCESOS DE LA ORGANIZACIÓN

Los activos de los procesos de la organización que pueden influir en el proceso Controlar la Calidad incluyen, entre otros:

◆ Estándares y políticas de calidad;

◆ Plantillas de calidad, por ejemplo, hojas de verificación, listas de verificación, etc., y;

◆ Procedimientos de generación de informes relativos a los incidentes y defectos, y las políticas de comunicación.

8.3.2 CONTROLAR LA CALIDAD: HERRAMIENTAS Y TÉCNICAS

8.3.2.1 RECOPILACIÓN DE DATOS

La técnicas de recopilación de datos que pueden utilizarse para este proceso incluyen, entre otras:

◆ **Listas de verificación.** Descritas en la Sección 11.2.2.2. Las listas de verificación ayudan a gestionar las actividades de control de calidad de una manera estructurada.

◆ **Hojas de verificación.** Las hojas de verificación son también conocidas como hojas de anotaciones, y se utilizan para organizar los hechos de manera que se facilite la recolección eficiente de datos útiles sobre un posible problema de calidad. Son especialmente útiles a la hora de recoger datos de los atributos mientras se realizan inspecciones para identificar defectos; por ejemplo, datos acerca de las frecuencias o consecuencias de defectos recopilados. Véase Gráfico 8-12.

Defectos/Fecha	Fecha 1	Fecha 2	Fecha 3	Fecha 4	Total
Pequeño arañazo	1	2	2	2	7
Gran arañazo	0	1	0	0	1
Doblado	3	3	1	2	9
Falta componente	5	0	2	1	8
Color equivocado	2	0	1	3	6
Error de rotulación	1	2	1	2	6

Gráfico 8-12. Hojas de Verificación

- **Muestreo Estadístico.** El muestreo estadístico consiste en seleccionar una parte de la población de interés para su inspección (por ejemplo, una selección al azar de 10 planos de ingeniería entre una lista de 75 planos). Se toma la muestra para medir los controles y verificar la calidad. La frecuencia y los tamaños de las muestras deberían determinarse durante el proceso Planificar la Gestión de la Calidad.

- **Cuestionarios y encuestas.** Las encuestas pueden ser usadas para obtener datos sobre la satisfacción del cliente después del despliegue del producto o servicio. Los costos con respecto a defectos identificados en las encuestas se pueden considerar como costos de fallas externas en el modelo COQ, y pueden tener costos adicionales para la organización.

8.3.2.2 ANÁLISIS DE DATOS

Las técnicas de análisis de datos que pueden utilizarse para este proceso incluyen, entre otras:

- **Revisiones del desempeño.** Las revisiones del desempeño miden, comparan y analizan las métricas de calidad definidas por el proceso Planificar la Gestión de la Calidad contra los resultados reales.

- **Análisis de causa raíz (RCA).** Descrito en la Sección 8.2.2.2. Se utiliza el análisis de causa raíz para identificar el origen de los defectos.

8.3.2.3 INSPECCIÓN

Una inspección consiste en el examen del producto de un trabajo para determinar si cumple con los estándares documentados. Por lo general, los resultados de las inspecciones incluyen mediciones y pueden llevarse a cabo en cualquier nivel. Se pueden inspeccionar los resultados de una sola actividad o el producto final del proyecto. Las inspecciones se pueden denominar también revisiones, revisiones entre pares o colegas, auditorías o ensayos. En algunas áreas de aplicación, estos diferentes términos tienen significados concretos y específicos. Las inspecciones también se utilizan para verificar las reparaciones de defectos.

8.3.2.4 PRUEBAS/EVALUACIONES DE PRODUCTOS

La prueba es una investigación organizada y construida, llevada a cabo para proporcionar información objetiva sobre la calidad del producto o servicio que se está probando, de acuerdo con los requisitos del proyecto. La intención de la prueba es encontrar errores, defectos u otros problemas de no conformidad en el producto o servicio. El tipo, la cantidad y el alcance de las pruebas necesarias para evaluar cada requisito son parte del plan de calidad del proyecto, y dependen de la naturaleza del proyecto, el tiempo, el presupuesto y otras restricciones. Las pruebas se pueden realizar durante todo el proyecto, a medida que estén disponibles los diferentes componentes del mismo, y al final del proyecto sobre los entregables finales. Las pruebas tempranas ayudan a identificar problemas de no conformidad y a reducir el costo de la reparación de los componentes no conformes.

Diferentes áreas de aplicación requieren diferentes pruebas. Por ejemplo, las pruebas de software pueden incluir pruebas de unidades, pruebas de integración, caja negra, caja blanca, pruebas de interfaz, pruebas de regresión, pruebas alfa, etc. En los proyectos de construcción, las pruebas pueden incluir resistencia del cemento, prueba de la trabajabilidad del concreto, pruebas no destructivas en los sitios de construcción para probar la calidad de las estructuras de concreto endurecido, y análisis de suelos. En el desarrollo de hardware, las pruebas pueden incluir la realización de pruebas estrés, pruebas de larga duración, pruebas del sistema, y otras.

8.3.2.5 REPRESENTACIÓN DE DATOS

Las técnicas de representación de datos que pueden utilizarse para este proceso incluyen, entre otras:

◆ **Diagramas de causa y efecto.** Descritos en la Sección 8.2.2.4. Los diagramas de causa y efecto son usados para identificar los posibles efectos de los defectos y errores en la calidad.

◆ **Diagramas de control.** Los diagramas de control se utilizan para determinar si un proceso es estable o tiene un comportamiento predecible. Los límites de las especificaciones superior e inferior se basan en los requisitos, y reflejan los valores máximos y mínimos permitidos. Los límites de control superior e inferior son diferentes de los límites de las especificaciones. Los límites de control se determinan mediante la utilización de cálculos y principios estadísticos estándar para establecer la capacidad natural de obtener un proceso estable. El director del proyecto, junto con los interesados adecuados, puede utilizar los límites de control calculados estadísticamente para identificar los puntos en que se aplicarán medidas correctivas para prevenir un desempeño que quede por fuera de los límites de control. Se puede utilizar los diagramas de control para monitorear diferentes tipos de variables de salida. Aunque se utilizan con mayor frecuencia para realizar el seguimiento de actividades repetitivas relativas a la fabricación de lotes, los diagramas de control también se pueden utilizar para monitorear las variaciones del costo y del cronograma, el volumen, la frecuencia de los cambios en el alcance u otros resultados de gestión, a fin de ayudar a determinar si los procesos de dirección del proyecto se encuentran bajo control.

◆ **Histogramas.** Descritos en la Sección 8.2.2.4. Los histogramas pueden demostrar el número de defectos por origen o por componente.

◆ **Diagramas de dispersión.** Descritos en la Sección 8.2.2.4. Los diagramas de dispersión pueden mostrar el desempeño previsto en un eje y el desempeño real en el segundo eje.

8.3.2.6 REUNIONES

Las siguientes reuniones pueden utilizarse como parte del proceso Controlar la Calidad:

◆ **Revisión de solicitudes de cambio aprobadas.** Todas las solicitudes de cambio aprobadas deberían ser revisadas a fin de verificar que fueron implementadas según lo aprobado. Esta revisión también debería comprobar que se hayan completado los cambios parciales y que todas las partes hayan sido debidamente implementadas, probadas, completadas y certificadas.

◆ **Retrospectivas/lecciones aprendidas.** Una reunión llevada a cabo por un equipo del proyecto para discutir:

  ■ Elementos exitosos en el proyecto/fase,

  ■ Lo que podría mejorarse,

  ■ Lo que hay que incorporar en el proyecto en curso y en proyectos futuros, y

  ■ Lo que hay que agregar a los activos de los procesos de la organización.

8.3.3 CONTROLAR LA CALIDAD: SALIDAS

8.3.3.1 MEDICIONES DE CONTROL DE CALIDAD

Las mediciones de control de calidad son los resultados documentados de las actividades de Controlar la Calidad. Deberían recolectarse en el formato que fue especificado en el Plan de Gestión de la Calidad.

8.3.3.2 ENTREGABLES VERIFICADOS

Uno de los objetivos del proceso Controlar la Calidad es determinar la conformidad de los entregables. Los resultados de realizar el proceso Controlar la Calidad son entregables verificados que se convierten en una entrada para el proceso Validar el Alcance (Sección 5.5) con miras a su aceptación formal. Si se presentaran solicitudes de cambio o mejoras relacionadas con los entregables, éstos pueden ser cambiados, inspeccionados y vueltos a verificar.

8.3.3.3 INFORMACIÓN DE DESEMPEÑO DEL TRABAJO

Descrita en la Sección 4.5.1.3. La información de desempeño del trabajo incluye información sobre el cumplimiento de los requisitos del proyecto, las causas de los rechazos, el retrabajo requerido, las recomendaciones para acciones correctivas, las listas de entregables verificados, el estado de las métricas de calidad y la necesidad de ajustes en el proceso.

8.3.3.4 SOLICITUDES DE CAMBIO

Descrito en la Sección 4.3.3.4. Si se producen cambios durante el proceso Controlar la Calidad que puedan afectar a cualquiera de los componentes del plan para la dirección del proyecto o los documentos del proyecto, el director del proyecto debería presentar una solicitud de cambio. Las solicitudes de cambio se procesan para su revisión y tratamiento por medio del proceso Realizar el Control Integrado de Cambios (Sección 4.6).

8.3.3.5 ACTUALIZACIONES DEL PLAN PARA LA DIRECCIÓN DEL PROYECTO

Cualquier cambio en el plan para la dirección del proyecto pasa por el proceso de control de cambios de la organización mediante una solicitud de cambio. Los componentes que pueden requerir una solicitud de cambio para el plan para la dirección del proyecto incluyen, entre otros, el plan de gestión de la calidad, como se describe en la Sección 8.1.3.1.

8.3.3.6 ACTUALIZACIONES A LOS DOCUMENTOS DEL PROYECTO

Los documentos del proyecto que pueden actualizarse como resultado de llevar a cabo este proceso incluyen, entre otros:

◆ **Registro de incidentes.** Descrito en la Sección 4.3.3.3. Muchas veces un entregable que no cumple con los requisitos de calidad es documentado como un incidente.

◆ **Registro de lecciones aprendidas.** Descrito en la Sección 4.4.3.1. El registro de lecciones aprendidas se actualiza con información sobre el origen de los defectos de la calidad y cómo podrían haberse evitado, así como los enfoques que funcionaron bien.

◆ **Registro de riesgos.** Descrito en la Sección 11.2.3.1. Los nuevos riesgos identificados durante este proceso son registrados en el registro de riesgos y gestionados mediante los procesos de gestión de riesgos.

◆ **Documentos de prueba y evaluación.** Descritos en la Sección 8.2.3.2. Los documentos de prueba y evaluación pueden ser modificados como resultado de este proceso a fin de que las pruebas futuras resulten más eficaces.

9

GESTIÓN DE LOS RECURSOS DEL PROYECTO

La Gestión de los Recursos del Proyecto incluye los procesos para identificar, adquirir y gestionar los recursos necesarios para la conclusión exitosa del proyecto. Estos procesos ayudan a garantizar que los recursos adecuados estarán disponibles para el director del proyecto y el equipo del proyecto en el momento y lugar adecuados.

Los procesos de Gestión de los Recursos del Proyecto son:

9.1 Planificar la Gestión de Recursos—Es el proceso de definir cómo estimar, adquirir, gestionar y utilizar los recursos físicos y los recursos del equipo del proyecto.

9.2 Estimar los Recursos de las Actividades—Es el proceso de estimar los recursos del equipo y el tipo y las cantidades de materiales, equipamiento y suministros necesarios para ejecutar el trabajo del proyecto.

9.3 Adquirir Recursos—Es el proceso de obtener miembros del equipo, instalaciones, equipamiento, materiales, suministros y otros recursos necesarios para completar el trabajo del proyecto.

9.4 Desarrollar el Equipo—Es el proceso de mejorar las competencias, la interacción entre los miembros del equipo y el ambiente general del equipo para lograr un mejor desempeño del proyecto.

9.5 Dirigir al Equipo—Es el proceso que consiste en hacer seguimiento del desempeño de los miembros del equipo, proporcionar retroalimentación, resolver problemas y gestionar cambios en el equipo a fin de optimizar el desempeño del proyecto.

9.6 Controlar los Recursos—Es el proceso de asegurar que los recursos asignados y adjudicados al proyecto están disponibles tal como se planificó, así como de monitorear la utilización de recursos planificada frente a la real y realizar acciones correctivas según sea necesario.

El Gráfico 9-1 brinda una descripción general de los procesos de Gestión de los Recursos del Proyecto. Los procesos de la Gestión de los Recursos del Proyecto se presentan como procesos diferenciados con interfaces definidas, aunque en la práctica se superponen e interactúan entre ellos de formas que no pueden detallarse en su totalidad dentro de la *Guía del PMBOK®*.

Descripción General de la Gestión de los Recursos del Proyecto

9.1 Planificar la Gestión de Recursos

.1 Entradas
  .1 Acta de constitución del proyecto
  .2 Plan para la dirección del proyecto
  .3 Documentos del proyecto
  .4 Factores ambientales de la empresa
  .5 Activos de los procesos de la organización

.2 Herramientas y Técnicas
  .1 Juicio de expertos
  .2 Representación de datos
  .3 Teoría organizacional
  .4 Reuniones

.3 Salidas
  .1 Plan de gestión de los recursos
  .2 Acta de constitución del equipo
  .3 Actualizaciones a los documentos del proyecto

9.2 Estimar los Recursos de las Actividades

.1 Entradas
  .1 Plan para la dirección del proyecto
  .2 Documentos del proyecto
  .3 Factores ambientales de la empresa
  .4 Activos de los procesos de la organización

.2 Herramientas y Técnicas
  .1 Juicio de expertos
  .2 Estimación ascendente
  .3 Estimación análoga
  .4 Estimación paramétrica
  .5 Análisis de datos
  .6 Sistema de información para la dirección de proyectos
  .7 Reuniones

.3 Salidas
  .1 Requisitos de recursos
  .2 Base de las estimaciones
  .3 Estructura de desglose de recursos
  .4 Actualizaciones a los documentos del proyecto

9.3 Adquirir Recursos

.1 Entradas
  .1 Plan para la dirección del proyecto
  .2 Documentos del proyecto
  .3 Factores ambientales de la empresa
  .4 Activos de los procesos de la organización

.2 Herramientas y Técnicas
  .1 Toma de decisiones
  .2 Habilidades interpersonales y de equipo
  .3 Asignación Previa
  .4 Equipos virtuales

.3 Salidas
  .1 Asignaciones de recursos físicos
  .2 Asignaciones del equipo del proyecto
  .3 Calendarios de recursos
  .4 Solicitudes de cambio
  .5 Actualizaciones al plan para la dirección del proyecto
  .6 Actualizaciones a los documentos del proyecto
  .7 Actualizaciones a los factores ambientales de la empresa
  .8 Actualizaciones a los activos de los procesos de la organización

9.4 Desarrollar el Equipo

.1 Entradas
  .1 Plan para la dirección del proyecto
  .2 Documentos del proyecto
  .3 Factores ambientales de la empresa
  .4 Activos de los procesos de la organización

.2 Herramientas y Técnicas
  .1 Coubicación
  .2 Equipos virtuales
  .3 Tecnología de la comunicación
  .4 Habilidades interpersonales y de equipo
  .5 Reconocimiento y recompensas
  .6 Capacitación
  .7 Evaluaciones individuales y de equipo
  .8 Reuniones

.3 Salidas
  .1 Evaluaciones de desempeño del equipo
  .2 Solicitudes de cambio
  .3 Actualizaciones al plan para la dirección del proyecto
  .4 Actualizaciones a los documentos del proyecto
  .5 Actualizaciones a los factores ambientales de la empresa
  .6 Actualizaciones a los activos de los procesos de la organización

9.5 Dirigir al Equipo

.1 Entradas
  .1 Plan para la dirección del proyecto
  .2 Documentos del proyecto
  .3 Informes de desempeño del trabajo
  .4 Evaluaciones de desempeño del equipo
  .5 Factores ambientales de la empresa
  .6 Activos de los procesos de la organización

.2 Herramientas y Técnicas
  .1 Habilidades interpersonales y de equipo
  .2 Sistema de información para la dirección de proyectos

.3 Salidas
  .1 Solicitudes de cambio
  .2 Actualizaciones al plan para la dirección del proyecto
  .3 Actualizaciones a los documentos del proyecto
  .4 Actualizaciones a los factores ambientales de la empresa

9.6 Controlar los Recursos

.1 Entradas
  .1 Plan para la dirección del proyecto
  .2 Documentos del proyecto
  .3 Datos de desempeño del trabajo
  .4 Acuerdos
  .5 Activos de los procesos de la organización

.2 Herramientas y Técnicas
  .1 Análisis de datos
  .2 Resolución de problemas
  .3 Habilidades interpersonales y de equipo
  .4 Sistema de información para la dirección de proyectos

.3 Salidas
  .1 Información de desempeño del trabajo
  .2 Solicitudes de cambio
  .3 Actualizaciones al plan para la dirección del proyecto
  .4 Actualizaciones a los documentos del proyecto

Gráfico 9-1. Descripción General de la Gestión de los Recursos del Proyecto

Existe una distinción entre las habilidades y competencias necesarias para que el director del proyecto gestione los recursos del equipo en comparación con los recursos físicos. Los recursos físicos incluyen el equipamiento, los materiales, las instalaciones y la infraestructura. Los recursos del equipo o de personal se refieren a los recursos humanos. El personal puede tener diferentes conjuntos de habilidades, pueden estar asignados a tiempo completo o a tiempo parcial y se pueden incorporar o retirar del equipo del proyecto conforme avanza el mismo. Existe una cierta superposición entre la Gestión de los Recursos del Proyecto y la Gestión de los Interesados del Proyecto (Sección 13). Esta sección (Sección 9) se centra en el subconjunto de los interesados que forman el equipo del proyecto.

CONCEPTOS CLAVE PARA LA GESTIÓN DE LOS RECURSOS DEL PROYECTO

El equipo del proyecto consiste en individuos que tienen asignados roles y responsabilidades, quienes trabajan en conjunto para lograr un objetivo común del proyecto. El director del proyecto debería invertir esfuerzos adecuados en la adquisición, gestión, motivación y empoderamiento del equipo del proyecto. Si bien se asignan roles y responsabilidades específicos a cada miembro del equipo del proyecto, la participación de todos los miembros en la toma de decisiones y en la planificación del proyecto es beneficiosa. La participación de los miembros del equipo en la planificación aporta su experiencia al proceso y fortalece su compromiso con el proyecto.

El director del proyecto debería ser a la vez líder y gestor del equipo del proyecto. Además de las actividades de dirección de proyectos, como la iniciación, planificación, ejecución, seguimiento y control, y el cierre de las diversas fases del proyecto, el director del proyecto es responsable de la formación del equipo como un grupo eficaz. El director del proyecto debería ser consciente de los diferentes aspectos que influyen sobre el equipo, como por ejemplo:

◆ El entorno del equipo,

◆ La ubicación geográfica de los miembros del equipo,

◆ Las comunicaciones entre los interesados,

◆ La gestión de cambios en la organización,

◆ Las políticas internas y externas,

◆ Las cuestiones culturales y la singularidad de la organización, y

◆ Otros factores que pueden alterar el desempeño del proyecto.

Siendo líder, el director del proyecto también es responsable del desarrollo proactivo de las aptitudes y las competencias del equipo, conservando y mejorando al mismo tiempo la satisfacción y la motivación del equipo. El director del proyecto debería estar atento a un comportamiento profesional y ético, comprometerse a ello y asegurarse de que todos los miembros del equipo adopten el mismo comportamiento.

La gestión de los recursos físicos se concentra en la asignación y utilización de los recursos físicos (por ejemplo: materiales, equipos y suministros) necesarios para la exitosa finalización del proyecto de una manera eficiente y eficaz. Con este fin, las organizaciones deberían disponer de datos sobre la demanda de recursos (ahora y en el futuro razonable), sobre las configuraciones de recursos que serán necesarios para satisfacer esas demandas, y sobre el suministro de recursos. El no poder gestionar y controlar los recursos de manera eficiente es una fuente de riesgo para la exitosa finalización del proyecto. Por ejemplo:

◆ No poder asegurar los equipos críticos o la infraestructura a tiempo puede dar lugar a retrasos en la fabricación del producto final,

◆ Ordenar material de baja calidad puede deteriorar la calidad del producto causando una alta tasa de retiros o retrabajo, y

◆ Mantener demasiado inventario puede tener como resultado altos costos en las operaciones y reducir el beneficio de la organización. Un nivel de inventario inaceptablemente bajo, por el contrario, puede dar lugar a la insatisfacción de la demanda del cliente y, de nuevo, a reducir el beneficio de la organización.

TENDENCIAS Y PRÁCTICAS EMERGENTES EN LA GESTIÓN DE LOS RECURSOS DEL PROYECTO

Los estilos de dirección de proyectos están cambiando de una estructura de mando y control para la dirección de proyectos hacia un enfoque de dirección de mayor colaboración y apoyo que empodera a los equipos delegando la toma de decisiones a los miembros del equipo. Además, los enfoques modernos para la gestión de los recursos del proyecto procura la optimización de los mismos. Las tendencias y prácticas emergentes para la Gestión de los Recursos del Proyecto incluyen, entre otras:

◆ **Métodos para la gestión de los recursos.** Debido a la naturaleza de escasez de recursos críticos en algunas industrias, se han vuelto populares varias tendencias en los últimos años. Existe una amplia literatura sobre gestión lean , fabricación justo a tiempo (JIT), Kaizen, mantenimiento productivo total (TPM), teoría de restricciones (TOC), y otros métodos. Un director de proyecto debería determinar si la organización ejecutante ha adoptado una o más herramientas de gestión de recursos y adaptar el proyecto en forma correspondiente.

◆ **Inteligencia emocional (IE).** El director del proyecto debería invertir en la IE del personal mediante la mejora de las competencias entrantes (por ejemplo, auto-gestión y auto-conciencia) y salientes (por ejemplo, manejo de las relaciones). Las investigaciones sugieren que los equipos de proyecto que tienen éxito en el desarrollo de la IE del equipo o que se convierten en un grupo emocionalmente competente resultan más eficaces. Además, se presenta una reducción en la rotación de personal.

◆ **Equipos Auto-organizados.** El aumento en el uso de enfoques ágiles, principalmente para la ejecución de proyectos de TI, ha dado lugar al equipo auto-organizado, donde el mismo funciona con ausencia de control centralizado. En los proyectos que tienen equipos auto-organizados, el rol de director del proyecto (que no es propiamente un director del proyecto) proporciona al equipo el entorno y el apoyo necesarios e impulsa al equipo para hacer el trabajo. Los equipos auto-organizados exitosos por lo general consisten en especialistas en temas generales en lugar de expertos en la materia, quienes continuamente se adaptan a los cambios del entorno y aprecian la retroalimentación constructiva.

◆ **Equipos virtuales/equipos distribuidos.** La globalización de los proyectos ha fomentado la necesidad de equipos virtuales que trabajen en el mismo proyecto, pero que no comparten el mismo sitio de trabajo. La disponibilidad de tecnologías de comunicación tales como correo electrónico, teleconferencias, medios sociales de comunicación, reuniones basadas en plataformas web y videoconferencias, ha hecho posible la existencia de los equipos virtuales. La gestión de equipos virtuales presenta ventajas únicas, tales como ser capaz de utilizar conocimientos especiales en un equipo del proyecto incluso cuando el experto no está en la misma zona geográfica, la incorporación de los empleados que trabajen desde oficinas en casa, y la inclusión de personas con limitaciones de movilidad o discapacidades. Los desafíos en la gestión de equipos virtuales residen principalmente en el dominio de la comunicación, incluyendo una posible sensación de aislamiento, lagunas en el intercambio de conocimientos y experiencias entre los miembros del equipo, y dificultades en el seguimiento del progreso y la productividad, en la posible diferencia de zona horaria y en las diferencias culturales.

CONSIDERACIONES SOBRE ADAPTACIÓN

Debido a que cada proyecto es único, el director del proyecto tendrá que adaptar la forma en que se apliquen los procesos de Gestión de los Recursos del Proyecto. Las consideraciones sobre adaptación incluyen, entre otras:

◆ **Diversidad.** ¿Cuáles son los antecedentes de la diversidad del equipo?

◆ **Ubicación física.** ¿Cuál es la ubicación física de los miembros del equipo y de los recursos físicos?

◆ **Recursos específicos de la industria.** ¿Qué recursos especiales se necesitan en la industria?

◆ **Adquisición de miembros del equipo.** ¿Cómo serán adquiridos los miembros del equipo para el proyecto? ¿Los recursos del equipo están dedicados al proyecto a tiempo completo o a tiempo parcial?

◆ **Gestión del equipo.** ¿Cómo se maneja el desarrollo del equipo para el proyecto? ¿Existen herramientas de la organización para gestionar el desarrollo del equipo o tendrán que ser establecidas nuevas herramientas? ¿Hay miembros del equipo que tengan necesidades especiales? ¿Necesitará el equipo capacitación especial para manejar la diversidad?

◆ **Enfoques del ciclo de vida.** ¿Qué enfoque del ciclo de vida se utilizará en el proyecto?

CONSIDERACIONES PARA ENTORNOS ÁGILES/ADAPTATIVOS

Los proyectos con alta variabilidad se benefician de estructuras de equipo que maximizan el enfoque y la colaboración, tales como equipos auto-organizados con especialistas en temas generales.

La colaboración es necesaria para aumentar la productividad y facilitar la resolución innovadora de problemas. Los equipos colaborativos pueden facilitar la integración acelerada de diversas actividades laborales, mejorar la comunicación, aumentar el intercambio de conocimientos y proporcionar flexibilidad en las asignaciones de trabajo, además de otras ventajas.

Aunque los beneficios de la colaboración también se aplican a otros entornos de proyectos, los equipos colaborativos a menudo son críticos para el éxito de los proyectos con un alto grado de variabilidad y cambios rápidos, porque existe menos tiempo para la asignación de tareas y la toma de decisiones centralizadas.

La planificación de los recursos físicos y humanos es mucho menos predecible en los proyectos con alta variabilidad. En estos entornos, los acuerdos para suministro rápido y métodos lean son críticos para controlar los costos y cumplir con el cronograma.

9.1 PLANIFICAR LA GESTIÓN DE RECURSOS

Planificar la Gestión de Recursos es el proceso de definir cómo estimar, adquirir, gestionar y utilizar los recursos físicos y del equipo. El beneficio clave de este proceso es que establece el enfoque y el nivel del trabajo de gestión necesarios para gestionar los recursos del proyecto en base al tipo y complejidad del proyecto. Este proceso se lleva a cabo una única vez o en puntos predefinidos del proyecto. El Gráfico 9-2 muestra las entradas, herramientas, técnicas y salidas del proceso. El Gráfico 9-3 representa el diagrama de flujo de datos para el proceso.

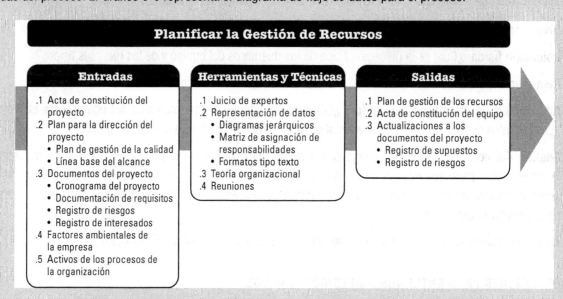

Gráfico 9-2. Planificar la Gestión de Recursos: Entradas, Herramientas y Técnicas, y Salidas

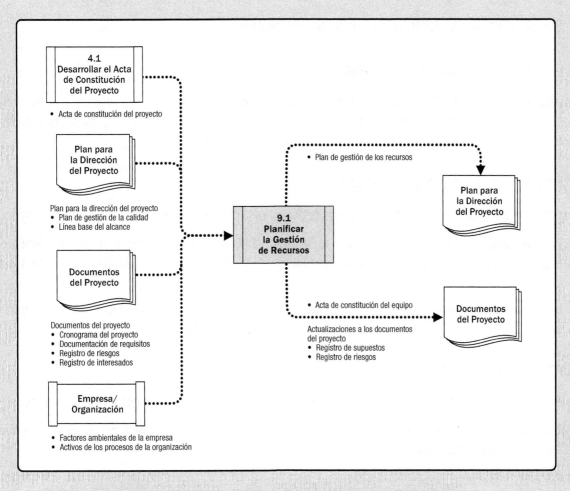

Gráfico 9-3. Planificar la Gestión de Recursos: Diagrama de Flujo de Datos

La planificación de recursos se utiliza para determinar e identificar un enfoque a fin de asegurar que haya suficientes recursos disponibles para la exitosa finalización del proyecto. Los recursos del proyecto pueden incluir miembros del equipo, suministros, materiales, equipos, servicios e instalaciones. Una planificación eficaz de los recursos debería tener en cuenta y planificar la disponibilidad o la competencia por los recursos escasos.

Esos recursos se pueden obtener de los activos internos de la organización o desde fuera de la organización, por medio de un proceso de adquisición. Otros proyectos pueden estar compitiendo por los mismos recursos necesarios para el proyecto en cuestión, en el mismo tiempo y lugar. Esto puede afectar significativamente los costos, los cronogramas, los riesgos, la calidad y otras áreas del proyecto.

9.1.1 PLANIFICAR LA GESTIÓN DE RECURSOS: ENTRADAS

9.1.1.1 ACTA DE CONSTITUCIÓN DEL PROYECTO

Descrita en la Sección 4.1.3.1. El acta de constitución del proyecto proporciona la descripción de alto nivel y los requisitos del proyecto. También contiene la lista de interesados clave, el resumen de hitos y los recursos financieros preaprobados que pueden influir en la gestión de los recursos del proyecto.

9.1.1.2 PLAN PARA LA DIRECCIÓN DEL PROYECTO

Descrito en la Sección 4.2.3.1. Los componentes del plan para la dirección del proyecto incluyen, entre otros:

◆ **Plan de gestión de la calidad.** Descrito en la Sección 8.1.3.1. El plan de gestión de la calidad ayuda a definir el nivel de los recursos que será necesario para alcanzar y mantener el nivel definido de calidad y lograr las métricas para el proyecto.

◆ **Línea base del alcance.** Descrita en la Sección 5.4.3.1. La línea base del alcance identifica los entregables que indican los tipos y cantidades de recursos que necesitarán ser gestionados.

9.1.1.3 DOCUMENTOS DEL PROYECTO

Los documentos del proyecto que pueden considerarse como entradas de este proceso incluyen, entre otros:

◆ **Cronograma del proyecto.** Descrito en la Sección 6.5.3.2. El cronograma del proyecto muestra la línea de tiempo para los recursos necesarios.

◆ **Documentación de requisitos.** Descrita en la Sección 5.2.3.1. Los requisitos dictarán el tipo y la cantidad de recursos necesarios para el proyecto, y pueden influir en la forma en que se gestionen.

◆ **Registro de riesgos.** Descrito en la Sección 11.2.3.1. El registro de riesgos contiene información sobre las amenazas y oportunidades que podrían tener impacto en la planificación de los recursos.

◆ **Registro de interesados.** Descrito en la Sección 13.1.3.1. El registro de interesados contribuye a la identificación de aquellos interesados que tengan un interés específico o un impacto sobre los recursos necesarios para el proyecto. También ayuda a identificar a los interesados que puedan influir en el uso de un tipo de recurso en lugar de otro.

9.1.1.4 FACTORES AMBIENTALES DE LA EMPRESA

Los factores ambientales de la empresa que pueden influir en el proceso Planificar la Gestión de Recursos incluyen, entre otros:

◆ La cultura y la estructura de la organización,

◆ La distribución geográfica de instalaciones y recursos,

◆ Las competencias y la disponibilidad de los recursos existentes, y

◆ Las condiciones del mercado.

9.1.1.5 ACTIVOS DE LOS PROCESOS DE LA ORGANIZACIÓN

Los activos de los procesos de la organización que pueden influir en el proceso Planificar la Gestión de Recursos incluyen, entre otros:

◆ Políticas y procedimientos sobre recursos humanos,

◆ Políticas y procedimientos sobre gestión de los recursos físicos,

◆ Políticas sobre seguridad de los recursos humanos,

◆ Políticas sobre seguridad de los activos de la empresa,

◆ Plantillas para el plan de gestión de los recursos, e

◆ Información histórica para proyectos similares.

9.1.2 PLANIFICAR LA GESTIÓN DE RECURSOS: HERRAMIENTAS Y TÉCNICAS

9.1.2.1 JUICIO DE EXPERTOS

Descrito en la Sección 4.1.2.1. Se debería considerar la pericia de los individuos o grupos que tengan conocimientos especializados o capacitación en los siguientes temas:

◆ Negociación de los mejores recursos dentro de la organización;

◆ Gestión del talento y desarrollo del personal;

◆ Determinación del nivel de esfuerzo preliminar necesario para cumplir con los objetivos del proyecto;

◆ Determinación de los requisitos de generación de informes basados en la cultura de la organización;

◆ Estimación de los plazos de entrega requeridos para la adquisición, basadas en las lecciones aprendidas y en las condiciones del mercado;

◆ Identificación de riesgos asociados con los planes para la adquisición, la retención y la liberación de recursos;

◆ Cumplimiento de las regulaciones gubernamentales y sindicales aplicables; y

◆ Gestión de los proveedores y los esfuerzos logísticos a fin de asegurar que los materiales y suministros estén disponibles cuando sean necesarios.

9.1.2.2 REPRESENTACIÓN DE DATOS

Las técnicas de representación de datos que pueden utilizarse para este proceso incluyen los gráficos, entre otros. Existen diversos formatos para documentar y comunicar los roles y las responsabilidades de los miembros del equipo. La mayoría se encuadra en los formatos jerárquico, matricial o tipo texto. Algunas asignaciones del proyecto se enumeran en planes secundarios, tales como los planes de gestión de los riesgos, de la calidad o de las comunicaciones. Independientemente del método utilizado para documentar los roles de los miembros del equipo, el objetivo es asegurar que cada paquete de trabajo tenga un dueño inequívoco y que todos los miembros del equipo posean un claro entendimiento de sus roles y responsabilidades. Se puede utilizar un formato jerárquico para representar los roles a alto nivel, mientras que un formato tipo texto puede ser más adecuado para documentar las responsabilidades detalladas.

◆ **Diagramas jerárquicos.** La estructura tradicional de organigrama puede utilizarse para representar los cargos y relaciones en un formato gráfico descendente.

- *Estructuras de desglose del trabajo (EDT/WBS).* Las EDT (WBS) están diseñadas para mostrar cómo se descomponen los entregables del proyecto en paquetes de trabajo, y proporcionan una manera de mostrar áreas de responsabilidad de alto nivel.

- *Estructura de desglose de la organización (OBS).* Mientras que la EDT/WBS muestra un desglose de los entregables del proyecto, una OBS está ordenada según los departamentos, unidades o equipos existentes en una organización, con la enumeración de las actividades del proyecto o los paquetes de trabajo debajo de cada departamento. Un departamento operativo, como el de tecnología de la información o el de compras, puede ver todas sus responsabilidades dentro del proyecto consultando la parte que le corresponde en la OBS.

- *Estructura de desglose de recursos.* La estructura de desglose de recursos es una lista jerárquica de los recursos físicos, relacionados por categoría y tipo de recurso, que se utiliza para la planificación, gestión y control del trabajo del proyecto. Cada uno de los niveles anidados (inferiores) representa una descripción más detallada del recurso, hasta llegar a una información con el suficiente nivel de detalle para que se pueda utilizar en conjunto con la estructura de desglose del trabajo (EDT/WBS) de modo que permita planificar, monitorear y controlar el trabajo.

◆ **Matriz de Asignación de Responsabilidades.** La RAM muestra los recursos del proyecto asignados a cada paquete de trabajo. Un ejemplo de un diagrama basado en una matriz es una matriz de asignación de responsabilidades (RAM) que muestra los recursos del proyecto asignados a cada paquete de trabajo. Se utiliza para ilustrar las relaciones entre los paquetes de trabajo o las actividades y los miembros del equipo del proyecto. En proyectos grandes, las RAMs se pueden desarrollar en varios niveles. Por ejemplo, una RAM de alto nivel puede definir las responsabilidades de un equipo, grupo o unidad del proyecto dentro de cada componente de la EDT/WBS. Las RAM de bajo nivel se utilizan dentro del grupo para designar los roles, responsabilidades y niveles de autoridad para actividades específicas. El formato matricial muestra todas las actividades asociadas con una persona y todas las personas asociadas con una actividad. Esto también asegura que exista una única persona responsable de cada tarea concreta para evitar confusiones acerca de quién está a cargo o tiene autoridad sobre el trabajo. Un ejemplo de RAM es un diagrama RACI, que en inglés significa "Responsible (R), Accountable (A), Consulted (C), Informed (I)" (persona responsable de ejecutar la tarea, persona con responsabilidad última sobre la tarea, persona a la que se consulta sobre la tarea, persona a la que se debe informar sobre la tarea), como se muestra en el Gráfico 9-4. El diagrama de ejemplo muestra el trabajo a realizar en la columna izquierda como "actividades". Los recursos asignados se pueden representar como individuos o como grupos. El director del proyecto puede elegir otras opciones, tales como las designaciones "líder" o "recurso", que resulten adecuadas para el proyecto. Un diagrama RACI es una herramienta útil a usar para garantizar una asignación clara de funciones y responsabilidades cuando el equipo está compuesto de recursos internos y externos.

◆ **Formatos tipo texto.** Las responsabilidades de los miembros del equipo que requieran descripciones detalladas se pueden especificar mediante formatos tipo texto. Estos documentos, generalmente en forma de resumen, suministran información sobre aspectos tales como responsabilidades, autoridad, competencias y calificaciones. Los documentos se conocen por nombres diversos, entre ellos descripciones de puestos de trabajo y formularios de rol-responsabilidad-autoridad. Estos documentos se pueden usar como plantillas para proyectos futuros, en particular cuando la información es actualizada durante el proyecto mediante la aplicación de las lecciones aprendidas.

Diagrama RACI	Persona				
Actividad	Ann	Ben	Carlos	Dina	Ed
Crear acta de constitución	A	R	I	I	I
Recopilar requisitos	I	A	R	C	C
Presentar solicitud de cambio	I	A	R	R	C
Desarrollar plan de pruebas	A	C	I	I	R
	R = Responsible (persona responsable de ejecutar la tarea)	A = Accountable (persona con responsabilidad última sobre la tarea)	C = Consult (persona a la que se consulta sobre la tarea)	I = Inform (persona a la que se debe informar sobre la tarea)	

Gráfico 9-4. Ejemplo de diagrama RACI

9.1.2.3 TEORÍA ORGANIZACIONAL

La teoría organizacional suministra información relativa a la manera en que se comportan las personas, los equipos y las unidades de la organización. El uso eficaz de técnicas identificadas en la teoría organizacional puede reducir la cantidad de tiempo, costo y esfuerzo necesarios para crear las salidas del proceso Planificar la Gestión de los Recursos, así como para mejorar la eficiencia de la planificación. Las teorías de la organización aplicables pueden recomendar ejercer un estilo de liderazgo flexible que se adapte a los cambios en el nivel de madurez de un equipo a lo largo del ciclo de vida del proyecto. Es importante reconocer que la estructura y la cultura de la organización afectan la estructura organizativa del proyecto.

9.1.2.4 REUNIONES

El equipo del proyecto podrá celebrar reuniones a fin de planificar la gestión de recursos para el proyecto.

9.1.3 PLANIFICAR LA GESTIÓN DE RECURSOS: SALIDAS

9.1.3.1 PLAN DE GESTIÓN DE LOS RECURSOS

El plan de gestión de los recursos es el componente del plan para la dirección del proyecto que proporciona una guía sobre cómo se deberían categorizar, asignar, gestionar y liberar los recursos del proyecto. Se puede dividir entre el plan para la dirección del equipo y el plan de gestión de los recursos físicos, según las características específicas del proyecto. El plan de gestión de los recursos puede incluir, entre otros:

◆ **Identificación de recursos.** Métodos para la identificación y cuantificación de los recursos del equipo y los recursos físicos necesarios.

◆ **Adquisición de recursos.** Orientación sobre cómo adquirir los recursos del equipo y los recursos para el proyecto.

◆ **Roles y responsabilidades:**

■ *Rol.* La función asumida por o asignada a una persona en el ámbito del proyecto. Ejemplos de roles en un proyecto son el de ingeniero civil, analista de negocio y coordinador de pruebas.

■ *Autoridad.* Los derechos de asignar los recursos del proyecto, tomar decisiones, firmar aprobaciones, aceptar entregables e influir sobre otras personas para llevar a cabo el trabajo del proyecto. Ejemplos de decisiones que requieren una autoridad clara incluyen la selección de un método para completar una actividad, los criterios de aceptación de la calidad y la manera de responder ante las variaciones del proyecto. Los miembros del equipo funcionan mejor cuando sus niveles individuales de autoridad concuerdan con sus responsabilidades individuales.

- *Responsabilidad.* Las tareas asignadas y el trabajo que se espera que realice un miembro del equipo del proyecto a fin de completar las actividades del mismo.

- *Competencia.* La habilidad y la capacidad requeridas para completar las actividades asignadas dentro de las restricciones del proyecto. Si los miembros del equipo del proyecto no poseen las competencias necesarias, el desempeño puede verse amenazado. Cuando se identifican tales desequilibrios, se originan respuestas proactivas, tales como capacitación, contratación, cambios en el cronograma o en el alcance.

◆ **Organigramas del proyecto.** Un organigrama del proyecto es una representación gráfica de los miembros del equipo del proyecto y de sus relaciones de comunicación. Dependiendo de las necesidades del proyecto, puede ser formal o informal, muy detallado o formulado de manera general. Por ejemplo, el organigrama del proyecto para un equipo de respuesta a catástrofes conformado por 3.000 personas tendrá un mayor nivel de detalle que el organigrama de un proyecto interno conformado por 20 personas.

◆ **Gestión de los recursos del equipo del proyecto.** Orientación sobre cómo se deberían definir, adquirir, gestionar y finalmente liberar los recursos del equipo del proyecto.

◆ **Capacitación.** Estrategias de capacitación para los miembros del equipo.

◆ **Desarrollo del equipo.** Métodos para desarrollar el equipo del proyecto.

◆ **Control de recursos.** Métodos para garantizar que los recursos físicos adecuados estén disponibles según sea necesario y que la adquisición de los recursos físicos esté optimizada para las necesidades del proyecto. Incluye información sobre la gestión de inventario, equipos y suministros durante todo el ciclo de vida del proyecto.

◆ **Plan de reconocimiento.** Qué tipo de reconocimientos y recompensas se darán a los miembros del equipo y cuando se darán.

9.1.3.2 ACTA DE CONSTITUCIÓN DEL EQUIPO

El acta de constitución del equipo es un documento que establece los valores, acuerdos y pautas operativas del equipo. El acta de constitución del equipo puede incluir, entre otros:

◆ Valores de equipo,

◆ Pautas de comunicación,

◆ Criterios y procesos para la toma de decisiones,

◆ Proceso para resolución de conflictos,

◆ Pautas para reuniones, y

◆ Acuerdos del equipo.

El acta de constitución del equipo establece expectativas claras acerca del comportamiento aceptable por parte de los miembros del equipo del proyecto. El compromiso con pautas claras desde el comienzo reduce los malentendidos y aumenta la productividad. Discutir áreas tales como códigos de conducta, comunicación, toma de decisiones o etiqueta de reuniones permite a los miembros del equipo descubrir valores que son importantes para todos. El acta de constitución del equipo funciona mejor cuando el equipo la desarrolla, o al menos tiene la oportunidad de contribuir a la misma. Todos los miembros del equipo del proyecto tienen la responsabilidad de garantizar que se sigan las reglas documentadas en el acta de constitución del equipo. El acta de constitución del equipo puede ser revisada y actualizada periódicamente para asegurar una continua comprensión de las reglas básicas del equipo y para orientar e integrar a nuevos miembros del equipo.

9.1.3.3 ACTUALIZACIONES A LOS DOCUMENTOS DEL PROYECTO

Los documentos del proyecto que pueden actualizarse como resultado de llevar a cabo este proceso incluyen, entre otros:

◆ **Registro de supuestos.** Descrito en la Sección 4.1.3.2. El registro de supuestos es actualizado con suposiciones con respecto a la disponibilidad, las necesidades logísticas y la ubicación de los recursos físicos, así como el conjunto de habilidades y la disponibilidad de los recursos del equipo.

◆ **Registro de riesgos.** Descrito en la Sección 11.2.3.1. El registro de riesgos es actualizado con los riesgos asociados a la disponibilidad de recursos físicos y del equipo u otros riesgos conocidos relacionados con los recursos.

9.2 ESTIMAR LOS RECURSOS DE LAS ACTIVIDADES

Estimar los Recursos de las Actividades es el proceso de estimar los recursos del equipo y el tipo y las cantidades de materiales, equipamiento y suministros necesarios para ejecutar el trabajo del proyecto. El beneficio clave de este proceso es que identifica el tipo, cantidad y características de los recursos necesarios para completar el proyecto. Este proceso se lleva a cabo periódicamente a lo largo del proyecto, según sea necesario. El Gráfico 9-5 muestra las entradas, herramientas y técnicas, y salidas de este proceso. El Gráfico 9-6 representa el diagrama de flujo de datos del proceso.

Estimar los Recursos de las Actividades

Entradas	Herramientas y Técnicas	Salidas
.1 Plan para la dirección del proyecto • Plan de gestión de los recursos • Línea base del alcance .2 Documentos del proyecto • Atributos de la actividad • Lista de actividades • Registro de supuestos • Estimaciones de costos • Calendarios de recursos • Registro de riesgos .3 Factores ambientales de la empresa .4 Activos de los procesos de la organización	.1 Juicio de expertos .2 Estimaciones ascendentes .3 Estimación análoga .4 Estimación paramétrica .5 Análisis de datos • Análisis de alternativas .6 Sistema de información para la dirección de proyectos .7 Reuniones	.1 Requisitos de recursos .2 Base de las estimaciones .3 Estructura de desglose de recursos .4 Actualizaciones a los documentos del proyecto • Atributos de la actividad • Registro de supuestos • Registro de lecciones aprendidas

Gráfico 9-5. Estimar los Recursos de las Actividades: Entradas, Herramientas y Técnicas, y Salidas

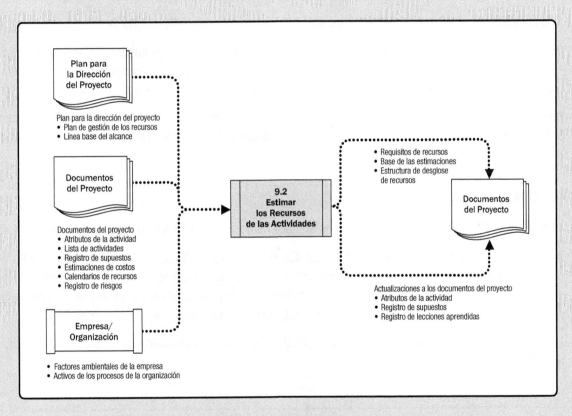

Gráfico 9-6. Estimar los Recursos de las Actividades: Diagrama de Flujo de Datos

El proceso Estimar los Recursos de las Actividades es estrechamente coordinado con otros procesos, tales como el proceso Estimar los Costos. Por ejemplo:

◆ El equipo de un proyecto de construcción deberá estar familiarizado con los códigos de edificación locales. A menudo, es posible acceder fácilmente a este conocimiento a través de los vendedores locales. Si la mano de obra interna carece de experiencia en el uso de técnicas de construcción inusuales o especializadas, el costo adicional de la contratación de un consultor puede resultar la manera más eficaz de asegurar el conocimiento de los códigos de edificación locales.

◆ Un equipo de diseño de un automóvil deberá estar familiarizado con lo más reciente en técnicas de ensamblado automatizado. El conocimiento requerido podría obtenerse mediante la contratación de un consultor, el envío de un diseñador a un seminario de robótica o la incorporación en el equipo del proyecto de alguna persona del departamento de producción.

9.2.1 ESTIMAR LOS RECURSOS DE LAS ACTIVIDADES: ENTRADAS

9.2.1.1 PLAN PARA LA DIRECCIÓN DEL PROYECTO

Descrito en la Sección 4.2.3.1. Los componentes del plan para la dirección del proyecto incluyen, entre otros:

◆ **Plan de Gestión de los Recursos.** Descrito en la Sección 9.1.3.1. El plan de gestión de los recursos define el enfoque para identificar los diferentes recursos necesarios para el proyecto. También define los métodos para cuantificar los recursos necesarios para cada actividad y acumula esta información.

◆ **Línea base del alcance.** Descrita en la Sección 5.4.3.1. La línea base del alcance identifica el alcance del proyecto y del producto necesarios para cumplir con los objetivos del proyecto. El alcance impulsa las necesidades de recursos tanto físicos como del equipo.

9.2.1.2 DOCUMENTOS DEL PROYECTO

Los documentos del proyecto que pueden ser considerados como entradas para este proceso incluyen, entre otros:

◆ **Atributos de la actividad.** Descritos en la Sección 6.2.3.2. Los atributos de las actividades constituyen la principal fuente de datos que se utilizará para estimar los recursos de equipo y los recursos físicos necesarios para cada una de las actividades de la lista de actividades. Los ejemplos de atributos incluyen los requisitos de recursos, las fechas impuestas, la ubicación de la actividad, los supuestos y las restricciones.

◆ **Lista de actividades.** Descrita en la Sección 6.2.3.1. La lista de actividades identifica las actividades que necesitarán recursos.

◆ **Registro de supuestos.** Descrito en la Sección 4.1.3.2. El registro de supuestos puede contener información sobre los factores de productividad, la disponibilidad, las estimaciones de costos y los enfoques sobre el trabajo que influirán en la naturaleza y las cantidades de recursos del equipo y físicos.

◆ **Estimaciones de costos.** Descritas en la Sección 7.2.3.1. El costo de los recursos puede influir en la selección de los mismos, desde el punto de vista de cantidad y nivel de habilidad.

◆ **Calendarios de recursos.** Un calendario de recursos identifica los días hábiles, turnos, inicio y fin del horario normal de negocios, fines de semana y días festivos cuando cada recurso específico esté disponible. La información sobre los recursos (como recursos del equipo, equipamiento y materiales) potencialmente disponibles durante un período planificado de actividad se usa para estimar la utilización de los recursos. Los calendarios de recursos también especifican cuándo y por cuánto tiempo durante el proyecto estarán disponibles los recursos del equipo y los recursos físicos identificados. Esta información puede proporcionarse a nivel de actividad o a nivel de proyecto. Esto incluye el considerar atributos tales como la experiencia y el nivel de habilidad de los recursos, así como diversas ubicaciones geográficas.

◆ **Registro de riesgos.** Descrito en la Sección 11.2.3.1. El registro de riesgos describe los riesgos individuales que pueden afectar la selección y disponibilidad de los recursos.

9.2.1.3 FACTORES AMBIENTALES DE LA EMPRESA

Los factores ambientales de la empresa que pueden influir en el proceso Estimar los Recursos de las Actividades incluyen, entre otros:

◆ Ubicación de los recursos,

◆ Disponibilidad de los recursos,

◆ Habilidades de los recursos del equipo,

◆ Cultura de la organización,

◆ Datos para estimación publicados, y

◆ Condiciones del mercado.

9.2.1.4 ACTIVOS DE LOS PROCESOS DE LA ORGANIZACIÓN

Los activos de los procesos de la organización que pueden influir en el proceso Estimar los Recursos de las Actividades incluyen, entre otros:

◆ Políticas y procedimientos relativos a los recursos humanos,

◆ Políticas y procedimientos relacionados con suministros y equipamiento, e

◆ Información histórica acerca de los tipos de recursos utilizados para trabajos similares en proyectos anteriores.

9.2.2 ESTIMAR LOS RECURSOS DE LAS ACTIVIDADES: HERRAMIENTAS Y TÉCNICAS

9.2.2.1 JUICIO DE EXPERTOS

Descrito en la Sección 4.1.2.1. Se debería considerar la pericia de los individuos o grupos que tengan conocimientos especializados o capacitación en planificación y estimación de recursos físicos.

9.2.2.2 ESTIMACIÓN ASCENDENTE

Descrita en la Sección 6.4.2.5. Los recursos del equipo y los recursos físicos se estiman al nivel de actividad, y luego se suman para desarrollar las estimaciones de los paquetes de trabajo, las cuentas de control y el resumen de los niveles del proyecto.

9.2.2.3 ESTIMACIÓN ANÁLOGA

Descrita en la Sección 6.4.2.2. La estimación análoga utiliza información con respecto a los recursos de un proyecto similar previo como base para la estimación de un proyecto futuro. Se utiliza como un método rápido de estimación y se puede usar cuando el director del proyecto sólo puede identificar unos cuantos niveles superiores de la EDT/WBS.

9.2.2.4 ESTIMACIÓN PARAMÉTRICA

Descrita en la Sección 6.4.2.3. La estimación paramétrica utiliza un algoritmo o una relación estadística entre los datos históricos y otras variables para el cálculo de las cantidades de recursos necesarias para una actividad, en base a los datos históricos y a los parámetros del proyecto. Por ejemplo, si una actividad necesita 4.000 horas de codificación y es necesario terminarla en 1 año, se requerirá de dos personas para codificar (cada una haciéndolo 2.000 horas al año). Con esta técnica se pueden lograr niveles superiores de exactitud, en función de la sofisticación y de los datos subyacentes que utilice el modelo.

9.2.2.5 ANÁLISIS DE DATOS

Una técnica de análisis de datos utilizada en este proceso incluye, entre otros, el análisis de alternativas. El análisis de alternativas es utilizado para evaluar las opciones identificadas a fin de seleccionar las opciones o enfoques a utilizar para ejecutar y llevar a cabo el trabajo del proyecto. Muchas actividades presentan múltiples opciones para su cumplimiento. Estos métodos incluyen el uso de distintos niveles de competencia o habilidades de los recursos, diferentes tamaños y tipos de máquinas, diferentes herramientas (manuales vs. automáticas) y las decisiones sobre fabricar, alquilar o comprar los recursos. El análisis de alternativas ayuda a proporcionar la mejor solución para llevar a cabo las actividades del proyecto, dentro de las restricciones definidas.

9.2.2.6 SISTEMA DE INFORMACIÓN PARA LA DIRECCIÓN DE PROYECTOS (PMIS)

Descrito en la Sección 4.3.2.2. Los sistemas de información para la dirección de proyectos pueden incluir software de gestión de recursos que puede ayudar a planificar, organizar y gestionar grupos de recursos y desarrollar las estimaciones de los mismos. Dependiendo de lo sofisticado que sea el software, se podrán definir las estructuras de desglose de recursos, su disponibilidad y sus tarifas, así como diversos calendarios para ayudar en la tarea de optimización del uso de recursos.

9.2.2.7 REUNIONES

El director del proyecto puede celebrar reuniones de planificación con los gerentes funcionales a fin de estimar los recursos necesarios por actividad, nivel de esfuerzo (LoE), nivel de habilidad de los recursos del equipo, y la cantidad de los materiales necesarios. Entre los participantes en estas reuniones se puede incluir al director del proyecto, patrocinador del proyecto, determinados miembros del equipo del proyecto, determinados interesados, así como otras personas, según sea necesario.

9.2.3 ESTIMAR LOS RECURSOS DE LAS ACTIVIDADES: SALIDAS

9.2.3.1 REQUISITOS DE RECURSOS

Los requisitos de recursos identifican los tipos y cantidades de recursos necesarios para cada paquete de trabajo o actividad dentro de un paquete de trabajo y se pueden agregar para determinar los recursos estimados para cada paquete de trabajo, cada ramificación de la EDT/WBS, y el proyecto en su totalidad. La cantidad de detalle y el nivel de especificidad de las descripciones de los requisitos de recursos pueden variar en función del área de aplicación. La documentación de los requisitos de recursos puede incluir suposiciones que se hicieron al determinar los tipos de recursos aplicados, su disponibilidad, y las cantidades necesarias.

9.2.3.2 BASE DE LAS ESTIMACIONES

Descrita en la Sección 6.4.3.2 La cantidad y el tipo de detalles adicionales que respaldan la estimación de recursos varían en función del área de aplicación. Independientemente del nivel de detalle, la documentación de apoyo debería proporcionar una comprensión clara y completa de la forma en que se obtuvo la estimación de recursos.

Los detalles de apoyo para las estimaciones de recursos pueden incluir:

◆ El método utilizado para desarrollar la estimación,

◆ Los recursos utilizados para desarrollar la estimación (tal como la información de proyectos similares anteriores),

◆ Los supuestos asociados con la estimación,

◆ Las restricciones conocidas,

◆ El rango de las estimaciones,

◆ El nivel de confianza de la estimación, y

◆ La documentación de los riesgos identificados que influyen en la estimación.

9.2.3.3 ESTRUCTURA DE DESGLOSE DE RECURSOS

La estructura de desglose de recursos es una representación jerárquica de los recursos por categoría y tipo (como ejemplo véase el Gráfico 9-7). Los ejemplos de categorías de recursos incluyen, entre otros, la mano de obra, los materiales, los equipos y los suministros. Los tipos de recursos pueden incluir el nivel de habilidad, el nivel de formación, las certificaciones requeridas u otra información relevante para el proyecto. En el proceso Planificar la Gestión de Recursos, la estructura de desglose de recursos se usa para guiar la categorización para el proyecto. En este proceso, es un documento terminado que se utilizará para adquirir y monitorear los recursos.

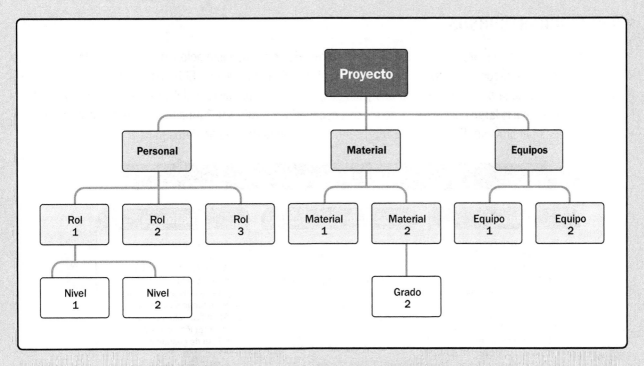

Gráfico 9-7. Ejemplo de Estructura de Desglose de Recursos

9.2.3.4 ACTUALIZACIONES A LOS DOCUMENTOS DEL PROYECTO

Los documentos del proyecto que pueden actualizarse como resultado de llevar a cabo este proceso incluyen, entre otros:

◆ **Atributos de la actividad.** Descritos en la Sección 6.2.3.2. Los atributos de la actividad son actualizados con los requisitos de recursos.

◆ **Registro de supuestos.** Descrito en la Sección 4.1.3.2. El registro de supuestos es actualizado con los supuestos relativos a los tipos y cantidades de recursos necesarios. Además, son introducidas las restricciones de recursos, incluidos los acuerdos colectivos de trabajo, las horas de funcionamiento continuo, las licencias previstas, etc.

◆ **Registro de lecciones aprendidas.** Descrito en la Sección 4.4.3.1. El registro de lecciones aprendidas puede ser actualizado con las técnicas que resultaron eficientes y eficaces en el desarrollo de estimaciones de recursos, e información sobre aquellas técnicas que no fueron eficientes o eficaces.

9.3 ADQUIRIR RECURSOS

Adquirir Recursos es el proceso de obtener miembros del equipo, instalaciones, equipamiento, materiales, suministros y otros recursos necesarios para completar el trabajo del proyecto. El beneficio clave de este proceso es que describe y guía la selección de recursos y los asigna a sus respectivas actividades. Este proceso se lleva a cabo periódicamente a lo largo del proyecto, según sea necesario. El Gráfico 9-8 muestra las entradas, herramientas, técnicas y salidas del proceso. El Gráfico 9-9 representa el diagrama de flujo de datos para el proceso.

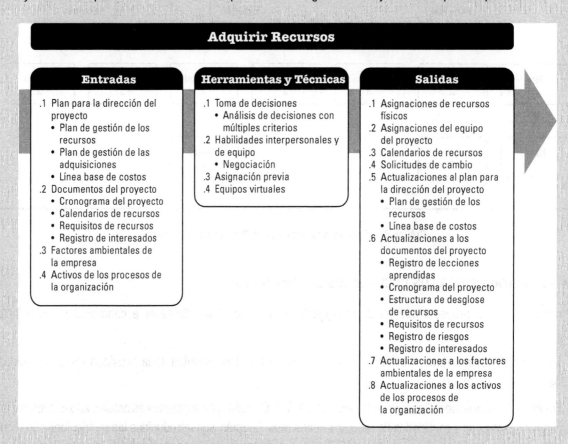

Gráfico 9-8. Adquirir Recursos: Entradas, Herramientas y Técnicas, y Salidas

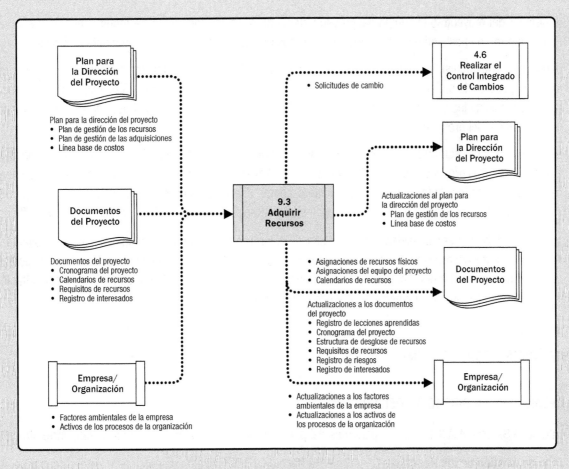

Gráfico 9-9. Adquirir Recursos: Diagrama de Flujo de Datos

Los recursos necesarios para el proyecto pueden ser internos o externos a la organización ejecutante del proyecto. Los recursos internos son adquiridos (asignados) de gerentes funcionales o de recursos. Los recursos externos son adquiridos a través de los procesos de adquisición.

El equipo de dirección del proyecto puede o no tener control directo sobre la selección de los recursos, debido a convenios colectivos de trabajo, al uso de personal subcontratado, a un entorno de proyecto de tipo matricial, a las relaciones de comunicación interna o externa, entre otros motivos. Es importante tener en cuenta los siguientes factores a lo largo del proceso de adquisición de los recursos del proyecto:

- El director del proyecto o el equipo del proyecto deberían negociar con eficacia e influir sobre las personas que se encuentran en posición de suministrar los recursos del equipo y físicos requeridos para el proyecto.

- Si no se logra la adquisición de los recursos necesarios para el proyecto podrían verse afectados los cronogramas, los presupuestos, la satisfacción del cliente, la calidad y los riesgos del proyecto. El no disponer de los recursos o de las capacidades suficientes podría disminuir la probabilidad de éxito y, en el peor de los casos, dar lugar a la cancelación del proyecto.

- Si los recursos del equipo no estuvieran disponibles debido a restricciones, tales como factores económicos o asignación a otros proyectos, podría ser necesario que el director del proyecto o el equipo del proyecto asignasen recursos alternativos, quizás con competencias o costos diferentes. Los recursos alternativos son permitidos siempre que no haya violación de criterios legales, reglamentarios, obligatorios u otros criterios específicos.

Estos factores deberían ser considerados y tenidos en cuenta en las etapas de planificación del proyecto. Será necesario que el director del proyecto o el equipo de dirección del proyecto documenten el impacto de la no disponibilidad de los recursos necesarios en el cronograma, el presupuesto, los riesgos, la calidad y los planes de capacitación del proyecto, así como en los demás planes para la dirección del proyecto.

9.3.1 ADQUIRIR RECURSOS: ENTRADAS

9.3.1.1 PLAN PARA LA DIRECCIÓN DEL PROYECTO

Descrito en la Sección 4.2.3.1. Los componentes del plan para la dirección del proyecto incluyen, entre otros:

- **Plan de Gestión de los Recursos.** Descrito en la Sección 9.1.3.1. El plan de gestión de los recursos proporciona orientación sobre cómo adquirir recursos para el proyecto.

- **Plan de gestión de las adquisiciones.** Descrito en la Sección 12.1.3.1 El plan de gestión de las adquisiciones contiene información sobre los recursos que serán adquiridos desde fuera del proyecto. Esto incluye información sobre cómo las adquisiciones se integrarán con otros trabajos del proyecto y sobre los interesados involucrados en la obtención de recursos.

- **Línea base de costos.** Descrita en la Sección 7.3.3.1. La línea base de costos proporciona el presupuesto total para las actividades del proyecto.

9.3.1.2 DOCUMENTOS DEL PROYECTO

Los documentos del proyecto que pueden ser considerados como entradas para este proceso incluyen, entre otros:

◆ **Cronograma del proyecto.** Descrito en la Sección 6.5.3.2. El cronograma del proyecto muestra las actividades y sus fechas de inicio y finalización planificadas, para ayudar a determinar cuándo los recursos deben estar disponibles y adquiridos.

◆ **Calendarios de recursos.** Descritos en la Sección 9.3.3.3. Los calendarios de recursos documentan los períodos en los que cada uno de los recursos necesarios para el proyecto se encuentra disponible para el mismo. La creación de un cronograma fiable depende de la adecuada comprensión de la disponibilidad y de las restricciones del cronograma de cada recurso, incluidas las zonas horarias, los horarios de trabajo, el período de vacaciones, los feriados o festivos locales, el cronograma de mantenimiento y los compromisos con otros proyectos. Los calendarios de recursos son elaborados y actualizados en forma progresiva a lo largo del proyecto. Una vez creados como salidas de este proceso, se utilizan según sea necesario cada vez que se repita este proceso.

◆ **Requisitos de recursos.** Descritos en la Sección 9.2.3.1. Los requisitos de recursos identifican qué recursos es necesario adquirir.

◆ **Registro de interesados.** Descrito en la Sección 13.1.3.1. El registro de interesados puede revelar las necesidades o expectativas de los interesados en cuanto a recursos específicos que serán utilizados en el proyecto y que deben tenerse en cuenta en el proceso Adquirir Recursos.

9.3.1.3 FACTORES AMBIENTALES DE LA EMPRESA

Los factores ambientales de la empresa que pueden influir en el proceso Adquirir Recursos incluyen, entre otros:

◆ La información existente sobre los recursos de la organización, incluidos la disponibilidad, los niveles de competencia y la experiencia previa para los recursos del equipo y los costos de los recursos;

◆ Las condiciones del mercado;

◆ La estructura organizacional; y

◆ Las ubicaciones geográficas.

9.3.1.4 ACTIVOS DE LOS PROCESOS DE LA ORGANIZACIÓN

Los activos de los procesos de la organización que pueden influir en el proceso Adquirir Recursos incluyen, entre otros:

◆ Políticas y procedimientos para la adquisición, la distribución y la asignación de recursos para el proyecto; y

◆ Información histórica y el repositorio de lecciones aprendidas.

9.3.2 ADQUIRIR RECURSOS: HERRAMIENTAS Y TÉCNICAS

9.3.2.1 TOMA DE DECISIONES

Descrita en la Sección 5.2.2.4. Las técnicas para la toma de decisiones que pueden utilizarse en el proceso Adquirir Recursos incluyen, entre otras, el análisis de decisiones con múltiples criterios, tal como se describe en la Sección 8.1.2.4. A menudo se utilizan criterios de selección para seleccionar los recursos físicos del proyecto, o el equipo del proyecto. Al utilizar una herramienta de análisis de decisiones con múltiples criterios, se desarrollan y utilizan criterios para calificar o puntuar recursos potenciales (por ejemplo, escogiendo entre los recursos internos y externos del equipo). Los criterios son ponderados según su importancia relativa, y los valores pueden modificarse para diferentes tipos de recursos. Algunos ejemplos de los criterios de selección que pueden utilizarse son:

◆ **Disponibilidad.** Verificar que el recurso esté disponible para trabajar en el proyecto dentro del marco temporal necesario.

◆ **Costo.** Verificar si el costo de añadir el recurso tiene cabida dentro del presupuesto establecido.

◆ **Capacidad.** Verificar si el miembro del equipo proporciona la capacidad necesaria para el proyecto.

Algunos criterios de selección que son únicos para recursos del equipo son:

◆ **Experiencia.** Verifica si el miembro del equipo posee la experiencia pertinente para contribuir al éxito del proyecto.

◆ **Conocimiento.** Considera si el miembro del equipo posee conocimientos relevantes sobre el cliente, la implementación de proyectos similares y los matices del entorno del proyecto.

◆ **Habilidades.** Determina si el miembro del equipo posee las habilidades necesarias para utilizar una herramienta del proyecto.

◆ **Actitud.** Determina si el miembro del equipo tiene la capacidad de trabajar con otras personas como un equipo cohesionado.

◆ **Factores internacionales.** Considera la ubicación geográfica del miembro del equipo, su zona horaria y sus capacidades de comunicación.

9.3.2.2 HABILIDADES INTERPERSONALES Y DE EQUIPO

Las habilidades interpersonales y de equipo que pueden utilizarse en este proceso incluyen, entre otras, la negociación. Descritas en la Sección 12.2.2.5. Muchos proyectos requieren la negociación de los recursos necesarios. El equipo de dirección del proyecto podría necesitar negociar con:

◆ **Gerentes funcionales.** Garantizan que el proyecto cuente con los mejores recursos posibles en el marco de tiempo requerido, y hasta que sus responsabilidades estén finalizadas.

◆ **Otros equipos de dirección de proyectos dentro de la organización ejecutante.** Ceden o comparten apropiadamente recursos escasos o especializados.

◆ **Organizaciones y proveedores externos.** Proporcionan recursos adecuados, escasos, especializados, calificados, certificados u otros recursos específicos para el equipo o físicos. Debería prestarse especial atención a las políticas externas de negociación, prácticas, procesos, guías, disposiciones legales y otros criterios similares.

La capacidad del equipo de dirección del proyecto para influir en otras personas desempeña un rol importante en la negociación de las asignaciones de recursos, al igual que las políticas de las organizaciones implicadas. Por ejemplo, el convencer a un gerente funcional de la alta visibilidad del proyecto puede influirlo a fin de asignar los mejores recursos para este proyecto en lugar de a los competidores.

9.3.2.3 PREASIGNACIÓN

Cuando los recursos físicos o del equipo para un proyecto están determinados de antemano, se consideran preasignados. Esta situación se puede dar si el proyecto resulta de la identificación de recursos específicos en el marco de una propuesta competitiva o si el proyecto depende de la pericia de determinadas personas. La preasignación podría incluir también a miembros del equipo que ya han sido asignados en el proceso Desarrollar el Acta de Constitución del Proyecto u otros procesos, antes de que el Plan de Gestión de los Recursos inicial se haya completado.

9.3.2.4 EQUIPOS VIRTUALES

El uso de equipos virtuales crea nuevas posibilidades a la hora de adquirir a los miembros del equipo del proyecto. Los equipos virtuales se pueden definir como grupos de personas con un objetivo común, que cumplen con sus respectivos roles dedicando poco o nada de su tiempo para reunirse cara a cara. La disponibilidad de tecnologías de comunicación tales como correo electrónico, teleconferencias, medios sociales de comunicación, reuniones basadas en plataformas web y videoconferencias, ha hecho posible la existencia de los equipos virtuales. El modelo de equipo virtual permite:

◆ Formar equipos de personas de la misma organización que viven en áreas geográficas dispersas;

◆ Aportar una experiencia especial a un equipo del proyecto, incluso si el experto no se encuentra en la misma área geográfica;

◆ Incorporar empleados que trabajan desde oficinas instaladas en sus domicilios;

◆ Formar equipos de personas que trabajan en diferentes turnos, horarios o días;

◆ Incluir personas con limitaciones de movilidad o discapacidades;

◆ Avanzar en proyectos que habrían sido suspendidos o cancelados debido a los gastos de desplazamiento; y

◆ Ahorrar en el gasto de oficinas y todo el equipo físico necesario para los empleados.

La planificación de las comunicaciones adquiere una importancia cada vez mayor en el entorno de un equipo virtual. Puede ser necesario dedicar tiempo adicional para establecer expectativas claras, facilitar las comunicaciones, desarrollar protocolos para la resolución de conflictos, incluir personas en la toma de decisiones, comprender las diferencias culturales y compartir los méritos de los éxitos.

9.3.3 ADQUIRIR RECURSOS: SALIDAS

9.3.3.1 ASIGNACIONES DE RECURSOS FÍSICOS

La documentación de las asignaciones de recursos físicos registra los materiales, equipos, suministros, ubicaciones y otros recursos físicos que se utilizarán durante el proyecto.

9.3.3.2 ASIGNACIONES DEL EQUIPO DEL PROYECTO

La documentación de las asignaciones del equipo registra los miembros del equipo y sus roles y responsabilidades para el proyecto. La documentación puede incluir un directorio del equipo del proyecto y los nombres indicados en el plan para la dirección del proyecto, tales como los organigramas y cronogramas del proyecto.

9.3.3.3 CALENDARIOS DE RECURSOS

Un calendario de recursos identifica los días hábiles, turnos, inicio y fin del horario normal de negocios, fines de semana y días festivos cuando cada recurso específico esté disponible. La información sobre los recursos (como recursos del equipo, equipamiento y material) potencialmente disponibles durante un período planificado de actividad se usa para estimar la utilización de los recursos. Los calendarios de recursos también especifican cuándo y por cuánto tiempo durante el proyecto estarán disponibles los recursos del equipo y los recursos físicos identificados. Esta información puede proporcionarse a nivel de actividad o a nivel de proyecto. Esto incluye el considerar atributos tales como la experiencia y el nivel de habilidad de los recursos, así como diversas ubicaciones geográficas.

9.3.3.4 SOLICITUDES DE CAMBIO

Descritas en la Sección 4.3.3.4. Cuando se producen cambios como resultado de llevar a cabo el proceso Adquirir Recursos (por ejemplo, los impactos en el cronograma), o cuando las acciones correctivas o preventivas recomendadas impactan en cualquiera de los componentes del plan para la dirección del proyecto o en los documentos del proyecto, el director del proyecto debe presentar una solicitud de cambio. Las solicitudes de cambio se procesan para su revisión y tratamiento por medio del proceso Realizar el Control Integrado de Cambios (Sección 4.6).

9.3.3.5 ACTUALIZACIONES DEL PLAN PARA LA DIRECCIÓN DEL PROYECTO

Cualquier cambio en el plan para la dirección del proyecto pasa por el proceso de control de cambios de la organización mediante una solicitud de cambio. Los componentes del plan para la dirección del proyecto que pueden actualizarse como resultado de llevar a cabo este proceso incluyen, entre otros:

◆ **Plan de Gestión de los Recursos.** Descrito en la Sección 9.1.3.1. El plan de gestión de los recursos puede ser actualizado para reflejar la experiencia real en la adquisición de recursos para el proyecto, incluidas las lecciones aprendidas al comienzo del proyecto sobre la adquisición de recursos, las que influirán en la manera en que se adquieren los recursos posteriormente en el proyecto.

◆ **Línea base de costos.** Descrita en la Sección 7.3.3.1. La línea base de costos puede cambiar como resultado de la adquisición de los recursos para el proyecto.

9.3.3.6 ACTUALIZACIONES A LOS DOCUMENTOS DEL PROYECTO

Los documentos del proyecto que pueden actualizarse como resultado de llevar a cabo este proceso incluyen, entre otros:

◆ **Registro de lecciones aprendidas.** Descrito en la Sección 4.4.3.1. El registro de lecciones aprendidas se actualiza con información sobre las dificultades encontradas y cómo podrían haberse evitado, así como los enfoques que han funcionado bien para adquirir los recursos.

◆ **Cronograma del proyecto.** Descrito en la Sección 6.5.3.2. La disponibilidad de los recursos necesarios puede modificar el cronograma del proyecto.

◆ **Estructura de desglose de recursos.** Descrita en la Sección 9.2.3.3. Los recursos adquiridos durante este proceso se registran en la estructura de desglose de recursos.

◆ **Requisitos de recursos.** Descritos en la Sección 9.2.3.1. La documentación de requisitos de recursos es actualizada para reflejar los recursos adquiridos para el proyecto.

◆ **Registro de riesgos.** Descrito en la Sección 11.2.3.1. Los nuevos riesgos identificados durante este proceso son registrados en el registro de riesgos y gestionados mediante los procesos de gestión de riesgos.

◆ **Registro de interesados.** Descrito en la Sección 13.1.3.1. El registro de interesados es actualizado con nuevos interesados y nueva información sobre los interesados existentes que se haya obtenido como resultado de este proceso.

9.3.3.7 ACTUALIZACIONES A LOS FACTORES AMBIENTALES DE LA EMPRESA

Los factores ambientales de la empresa que son actualizados incluyen, entre otros:

◆ La disponibilidad de recursos dentro de la organización, y

◆ La cantidad de recursos consumibles de la organización que se han utilizado.

9.3.3.8 ACTUALIZACIONES A LOS ACTIVOS DE LOS PROCESOS DE LA ORGANIZACIÓN

Los activos de los procesos de la organización que son actualizados como resultado del proceso Adquirir Recursos incluyen, entre otros, la documentación relacionada con la adquisición, asignación y distribución de recursos.

9.4 DESARROLLAR EL EQUIPO

Desarrollar el Equipo es el proceso de mejorar las competencias, la interacción de los miembros del equipo y el ambiente general del equipo para lograr un mejor desempeño del proyecto. El beneficio clave de este proceso es que produce como resultado una mejora del trabajo en equipo, mejoras de las habilidades interpersonales y competencias, empleados motivados, reducción de la deserción y mejora el desempeño del proyecto en general. Este proceso se lleva a cabo a lo largo de todo el proyecto.

El Gráfico 9-10 muestra las entradas, herramientas, técnicas y salidas del proceso. El Gráfico 9-11 representa el diagrama de flujo de datos para el proceso.

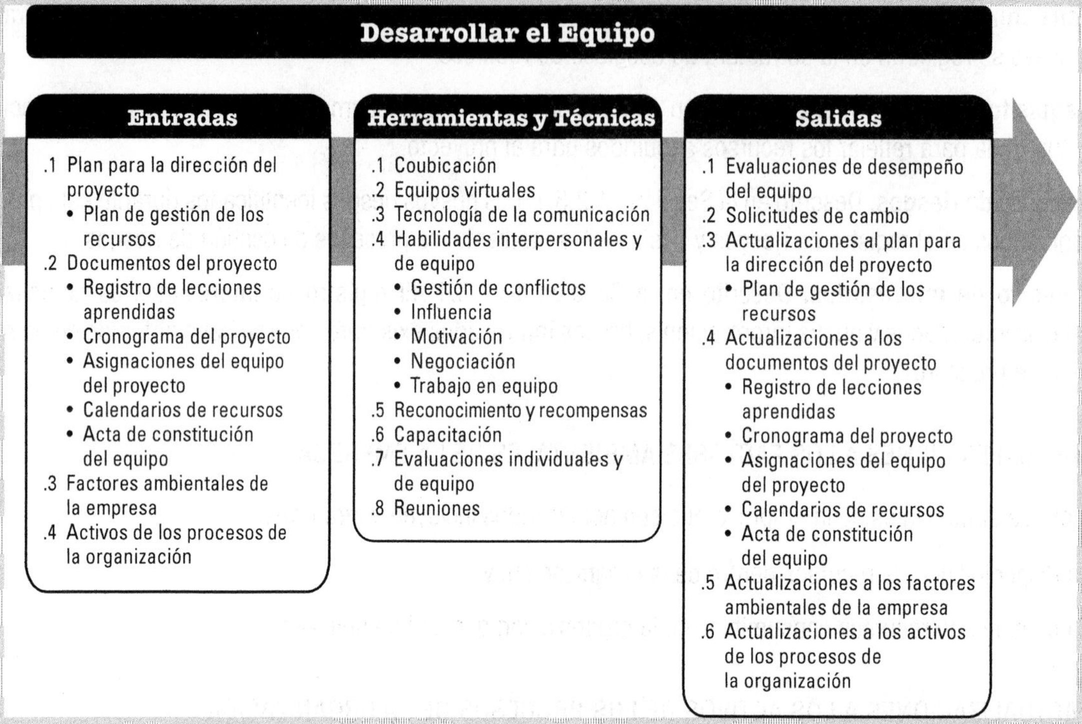

Desarrollar el Equipo

Entradas

.1 Plan para la dirección del proyecto
  • Plan de gestión de los recursos
.2 Documentos del proyecto
  • Registro de lecciones aprendidas
  • Cronograma del proyecto
  • Asignaciones del equipo del proyecto
  • Calendarios de recursos
  • Acta de constitución del equipo
.3 Factores ambientales de la empresa
.4 Activos de los procesos de la organización

Herramientas y Técnicas

.1 Coubicación
.2 Equipos virtuales
.3 Tecnología de la comunicación
.4 Habilidades interpersonales y de equipo
  • Gestión de conflictos
  • Influencia
  • Motivación
  • Negociación
  • Trabajo en equipo
.5 Reconocimiento y recompensas
.6 Capacitación
.7 Evaluaciones individuales y de equipo
.8 Reuniones

Salidas

.1 Evaluaciones de desempeño del equipo
.2 Solicitudes de cambio
.3 Actualizaciones al plan para la dirección del proyecto
  • Plan de gestión de los recursos
.4 Actualizaciones a los documentos del proyecto
  • Registro de lecciones aprendidas
  • Cronograma del proyecto
  • Asignaciones del equipo del proyecto
  • Calendarios de recursos
  • Acta de constitución del equipo
.5 Actualizaciones a los factores ambientales de la empresa
.6 Actualizaciones a los activos de los procesos de la organización

Gráfico 9-10. Desarrollar el Equipo: Entradas, Herramientas y Técnicas, y Salidas

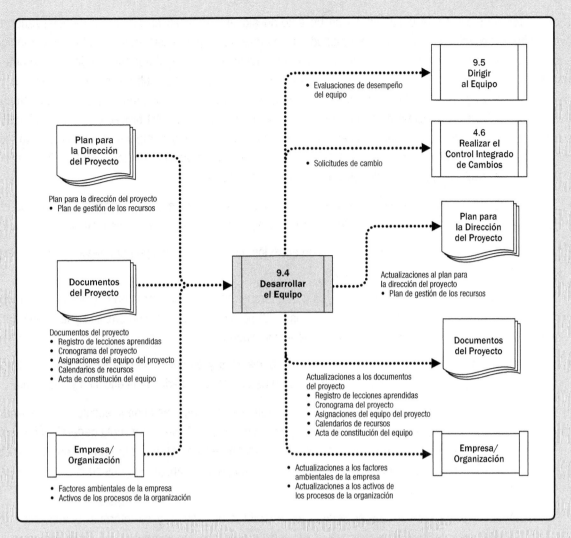

Gráfico 9-11. Desarrollar el Equipo: Diagrama de Flujo de Datos

Los directores de proyecto requieren las habilidades para identificar, conformar, mantener, motivar, liderar e inspirar a los equipos de proyecto para que logren un alto desempeño y alcancen los objetivos del proyecto. El trabajo en equipo es un factor crítico para el éxito del proyecto, y el desarrollo de equipos de proyecto eficaces es una de las responsabilidades fundamentales del director de proyecto. Los directores de proyecto deberían crear un ambiente que facilite el trabajo en equipo, y motivar continuamente al equipo proporcionando desafíos y oportunidades, suministrando información oportuna y apoyo según sea necesario, y reconociendo y recompensando el buen desempeño. Un rendimiento elevado del equipo se puede lograr mediante el empleo de estos comportamientos:

◆ Uso de una comunicación abierta y eficaz,

◆ Creación de oportunidades de trabajo en equipo,

◆ Desarrollo de confianza entre los miembros del equipo,

◆ Gestión de los conflictos de manera constructiva,

◆ Fomento de la resolución colaborativa de problemas, y

◆ Fomento de la toma de decisiones de modo colaborativo.

Los directores de proyecto se desempeñan en un entorno global y trabajan en proyectos caracterizados por la diversidad cultural. Los miembros del equipo a menudo tienen diversas experiencias en la industria, se comunican en varios idiomas, y en ocasiones trabajan con un "lenguaje de equipo" o norma cultural que puede ser diferente de la de cada uno. El equipo de dirección del proyecto debería capitalizar las diferencias culturales, centrarse en desarrollar y apoyar al equipo del proyecto a lo largo del ciclo de vida del mismo, así como promover el trabajo conjunto de manera interdependiente en un clima de confianza mutua. Desarrollar el equipo del proyecto mejora las habilidades de las personas, sus competencias técnicas, el entorno general del equipo y el desempeño del proyecto. Esto requiere una comunicación clara, oportuna, eficaz y eficiente entre los miembros del equipo a lo largo de la vida del proyecto. Los objetivos del desarrollo de un equipo de proyecto incluyen, entre otros:

◆ Mejorar el conocimiento y las habilidades de los miembros del equipo a fin de aumentar su capacidad para completar los entregables del proyecto, disminuir los costos, acortar los cronogramas y mejorar la calidad;

◆ Mejorar los sentimientos de confianza y cohesión entre los miembros del equipo para elevar la moral, disminuir los conflictos y fomentar el trabajo en equipo;

◆ Crear una cultura de equipo dinámica, cohesiva y colaborativa para: (1) mejorar la productividad tanto individual como grupal, el espíritu de equipo y la cooperación, y (2) permitir la capacitación cruzada y la tutoría entre los miembros del equipo para intercambiar conocimientos y experiencia; y

◆ Empoderar al equipo para participar en la toma de decisiones y asumir responsabilidad por las soluciones previstas para mejorar la productividad del equipo a fin de obtener resultados más eficaces y eficientes.

Uno de los modelos que se utilizan para describir el desarrollo de un equipo es el de la escalera de Tuckman que establece cinco etapas de desarrollo por las que pueden pasar los equipos. Aunque por regla general dichos estados se suceden por orden, no es raro que un equipo se quede estancado en una etapa determinada o que retroceda a una etapa anterior. En el caso de proyectos cuyos miembros del equipo han trabajado juntos en el pasado, es posible que se saltee alguna de las etapas.

◆ **Formación.** Esta es la fase en que se reúnen los miembros del equipo y se informan acerca del proyecto y de cuáles son sus roles y responsabilidades formales. En esta fase, los miembros del equipo tienden a actuar de manera independiente y no demasiado abierta.

◆ **Turbulencia.** Durante esta fase, el equipo comienza a abordar el trabajo del proyecto, las decisiones técnicas y el enfoque de dirección del proyecto. Si los miembros del equipo no colaboran o no se muestran abiertos a ideas y perspectivas diferentes, el ambiente puede tornarse contraproducente.

◆ **Normalización.** En esta fase los miembros del equipo comienzan a trabajar conjuntamente y a ajustar sus hábitos y comportamientos para apoyar al equipo. Los miembros del equipo aprenden a confiar unos en otros.

◆ **Desempeño.** Los equipos que alcanzan la etapa de desempeño funcionan como una unidad bien organizada. Son interdependientes y afrontan los problemas con eficacia y sin complicaciones.

◆ **Disolución.** En esta fase el equipo completa el trabajo y se desliga del proyecto. Esto sucede normalmente cuando se libera al personal del proyecto, al completar los entregables o como parte del proceso Cerrar el Proyecto o Fase.

La duración de una etapa en concreto depende de la dinámica, el tamaño y el liderazgo del equipo. Los directores de proyecto deberían tener una buena comprensión de la dinámica de equipo a fin de lograr que los miembros de su equipo pasen por todas las etapas de manera eficaz.

9.4.1 DESARROLLAR EL EQUIPO: ENTRADAS

9.4.1.1 PLAN PARA LA DIRECCIÓN DEL PROYECTO

Descrito en la Sección 4.2.3.1. Los componentes del plan para la dirección del proyecto incluyen, entre otros, el plan de gestión de los recursos. Descrito en la Sección 9.1.3.1, el plan de gestión de los recursos proporciona orientación sobre el otorgamiento de recompensas, retroalimentación, capacitación adicional y acciones disciplinarias a los miembros del equipo del proyecto, como resultado de las evaluaciones de desempeño del equipo y otras formas de gestión del equipo del proyecto. El plan de gestión de los recursos puede incluir también los criterios de evaluación del desempeño del equipo.

9.4.1.2 DOCUMENTOS DEL PROYECTO

Los documentos del proyecto que pueden considerarse como entradas de este proceso incluyen, entre otros:

◆ **Registro de lecciones aprendidas.** Descrito en la Sección 4.4.3.1. Las lecciones aprendidas tempranamente en el proyecto respecto al desarrollo del equipo pueden aplicarse a fases posteriores del proyecto para mejorar el desempeño del equipo.

◆ **Cronograma del proyecto.** Descrito en la Sección 6.5.3.2. El cronograma del proyecto define cómo y cuándo se debe proporcionar capacitación para el equipo del proyecto y desarrollar las competencias requeridas en las diferentes fases. Identifica la necesidad de estrategias de desarrollo del equipo en base a las variaciones, en caso de haberlas, durante la ejecución del proyecto.

◆ **Asignaciones del equipo del proyecto.** Descritas en la Sección 9.3.3.2. Las asignaciones del equipo del proyecto identifican los roles y las responsabilidades del equipo y de sus miembros.

◆ **Calendarios de recursos.** Descritos en la Sección 9.2.1.2. Los calendarios de recursos identifican los momentos en que los miembros del equipo del proyecto pueden participar en las actividades de desarrollo del equipo. También ayuda a ilustrar la disponibilidad del equipo durante todo el proyecto.

◆ **Acta de constitución del equipo.** Descrita en la Sección 9.1.3.2. Los lineamientos de funcionamiento del equipo se documentan en el acta de constitución del equipo. Los valores de equipo y las pautas operativas proporcionan la estructura que describe cómo va a funcionar el equipo en conjunto.

9.4.1.3 FACTORES AMBIENTALES DE LA EMPRESA

Los factores ambientales de la empresa que pueden influir en el proceso Desarrollar el Equipo incluyen, entre otros:

◆ Políticas de gestión de recursos humanos respecto a la contratación y el despido, revisiones del desempeño de los empleados, desarrollo y registros de capacitación de los empleados, y reconocimientos y recompensas;

◆ Habilidades, competencias y conocimientos especializados de los miembros del equipo; y

◆ Distribución geográfica de los miembros del equipo.

9.4.1.4 ACTIVOS DE LOS PROCESOS DE LA ORGANIZACIÓN

Los activos de los procesos de la organización que pueden influir en el proceso Desarrollar el Equipo incluyen, entre otros, la información histórica y el repositorio de lecciones aprendidas.

9.4.2 DESARROLLAR EL EQUIPO: HERRAMIENTAS Y TÉCNICAS

9.4.2.1 COUBICACIÓN

La coubicación implica colocar a varios o a todos los miembros más activos del equipo del proyecto en la misma ubicación física para mejorar su capacidad de desempeñarse en equipo. La coubicación puede ser temporal, como por ejemplo en ocasiones de importancia estratégica durante el proyecto, o puede continuar durante todo el proyecto. Las estrategias de coubicación pueden incluir una sala de reuniones para el equipo, espacios comunitarios para publicar cronogramas y otras facilidades que contribuyan a mejorar la comunicación y el sentido de comunidad.

9.4.2.2 EQUIPOS VIRTUALES

El uso de equipos virtuales puede aportar beneficios tales como la utilización de recursos más expertos, costos reducidos, menor número de viajes y gastos de reubicación, así como la proximidad de los miembros del equipo a proveedores, clientes u otros interesados clave. Los equipos virtuales pueden utilizar la tecnología para crear un entorno del equipo en línea donde el equipo puede almacenar archivos, utilizar cadenas sobre asuntos específicos para discutir problemas, y mantener un calendario del equipo.

9.4.2.3 TECNOLOGÍA DE LA COMUNICACIÓN

Descrita en la Sección 10.1.2.3. La tecnología de la comunicación resulta importante para abordar los incidentes de desarrollo del equipo para aquellos ubicados en el mismo lugar y para equipos virtuales. Ayuda a crear un ambiente armonioso para el equipo ubicado en el mismo lugar y una mejor comprensión para el equipo virtual, especialmente los que trabajan en diferentes zonas horarias. Los ejemplos de tecnología de la comunicación que se pueden utilizar son:

◆ **Portal compartido.** Un repositorio común para el intercambio de información (por ejemplo, sitio web, software de colaboración o intranet) resulta efectivo para equipos de proyecto virtuales.

◆ **Videoconferencia.** La videoconferencia es una técnica importante para la comunicación eficaz con equipos virtuales.

◆ **Conferencias de audio.** La comunicación dentro de un equipo mediante conferencias de audio es otra técnica a fin de establecer una buena comunicación y confianza en equipos virtuales.

◆ **Correo electrónico/chat.** Otra técnica eficaz son las comunicaciones regulares a través de correo electrónico y chat.

9.4.2.4 HABILIDADES INTERPERSONALES Y DE EQUIPO

Las habilidades interpersonales y de equipo que pueden utilizarse en este proceso incluyen, entre otras:

◆ **Gestión de conflictos.** Descrita en la Sección 9.5.2.1. El director del proyecto tiene que resolver los conflictos de una manera oportuna y constructiva con el fin de lograr un equipo de alto desempeño.

◆ **Influencia.** Descrita en la Sección 9.5.2.1. Una habilidad de influencia utilizada en este proceso es la recopilación de información relevante y esencial para abordar las cuestiones importantes y llegar a acuerdos, al mismo tiempo que se mantiene la confianza mutua.

◆ **Motivación.** La motivación consiste en proporcionar una razón para que alguien actúe. La motivación de los equipos se logra empoderándolos para participar en la toma de decisiones y animándolos a trabajar de forma independiente.

◆ **Negociación.** Descrita en la Sección 12.2.2.5. La negociación entre los miembros del equipo se utiliza para llegar a un consenso sobre las necesidades del proyecto. La negociación puede crear confianza y armonía entre los miembros del equipo.

◆ **Desarrollo del espíritu de equipo.** El desarrollo del espíritu de equipo consiste en la realización de actividades que mejoren las relaciones sociales del equipo y establezcan un ambiente de trabajo colaborativo y cooperativo. Las actividades de desarrollo del espíritu de equipo pueden variar desde un asunto tratado en 5 minutos durante una reunión de seguimiento, hasta un evento facilitado por profesionales para la mejora de las relaciones interpersonales impartido fuera de la organización. El objetivo de las actividades de desarrollo del espíritu de equipo es ayudar a cada uno de los miembros del equipo a trabajar conjuntamente de manera eficaz. Las estrategias de desarrollo del espíritu de equipo resultan especialmente valiosas cuando los miembros del equipo trabajan desde ubicaciones distantes, sin el beneficio del contacto cara a cara. La comunicación y las actividades informales pueden ayudar a generar un clima de confianza y a establecer buenas relaciones laborales. Si bien el desarrollo del espíritu de equipo resulta esencial durante las fases iniciales de un proyecto, el proceso debería hacerse de manera continua. Los cambios en el entorno de un proyecto son inevitables; para gestionarlos de manera eficaz, se puede aplicar un esfuerzo sostenido o renovado que promueva el desarrollo del espíritu de equipo. El director del proyecto debería monitorear continuamente el funcionamiento y el desempeño del equipo a fin de establecer si es necesario implementar acciones para prevenir o corregir diversos problemas del equipo.

9.4.2.5 RECONOCIMIENTO Y RECOMPENSAS

Parte del proceso de desarrollo del equipo implica reconocer y recompensar el comportamiento deseable. El plan original para recompensar a las personas es desarrollado durante el proceso Planificar la Gestión de Recursos. Las recompensas serán eficaces sólo si satisfacen una necesidad que sea valorada por ese individuo. Las decisiones sobre recompensa se hacen, formal o informalmente, durante el proceso de la gestión del equipo del proyecto. Se deberían tener en cuenta las diferencias culturales a la hora de determinar el reconocimiento y las recompensas.

Las personas son motivadas cuando se sienten valoradas dentro de la organización, y esta valoración se demuestra mediante las recompensas que reciben. En general, el dinero se ve como un aspecto tangible dentro de cualquier sistema de recompensas, pero las recompensas intangibles pueden ser tanto o más eficaces. A la mayoría de los miembros del equipo del proyecto les motiva la oportunidad de progresar, lograr, ser apreciados y aplicar sus habilidades profesionales para hacer frente a nuevos desafíos. Una buena estrategia para los directores de proyecto consiste en otorgar al equipo todo el reconocimiento posible durante el ciclo de vida del proyecto, en lugar de esperar a la finalización del mismo para hacerlo.

9.4.2.6 CAPACITACIÓN

La capacitación incluye todas las actividades diseñadas para mejorar las competencias de los miembros del equipo del proyecto. La capacitación puede ser formal o informal. Algunos ejemplos de métodos de capacitación son la capacitación en el aula, la capacitación por Internet, la capacitación basada en computadoras, la capacitación en el puesto de trabajo a cargo de otro miembro del equipo del proyecto, a través de mentores y coaches. Si los miembros del equipo del proyecto no cuentan con las habilidades de gestión o habilidades técnicas necesarias, dichas habilidades se pueden desarrollar como parte del trabajo del proyecto. La capacitación programada se realiza según lo establecido en el plan de gestión de los recursos. La capacitación no programada se realiza como resultado de la observación, la conversación y las evaluaciones del desempeño del proyecto, realizadas durante el proceso de dirigir el equipo del proyecto. Los costos asociados a la capacitación se podrían incluir en el presupuesto del proyecto, o bien ser asumidos por la organización ejecutora en caso de que las habilidades adquiridas pudieran ser útiles para futuros proyectos. Se puede impartir por parte de instructores internos o externos.

9.4.2.7 EVALUACIONES INDIVIDUALES Y DE EQUIPO

Las herramientas para la evaluación individual y del equipo proporcionan al director y al equipo del proyecto un conocimiento sobre las áreas de fortalezas y debilidades. Estas herramientas ayudan al director del proyecto a evaluar las preferencias y las aspiraciones de los miembros del equipo, cómo procesan y organizan la información, cómo toman decisiones y cómo se relacionan con otras personas. Existen diversas herramientas disponibles, tales como las encuestas de actitud, las evaluaciones específicas, las entrevistas estructuradas, las pruebas de habilidad y los grupos focales. Estas herramientas pueden proporcionar una mejor comprensión, confianza, compromiso y comunicación entre los miembros del equipo y fomentar unos equipos más productivos a lo largo del desarrollo del proyecto.

9.4.2.8 REUNIONES

Las reuniones se utilizan para discutir y abordar temas pertinentes para el desarrollo del equipo. Entre los asistentes figuran el director del proyecto y el equipo del proyecto. Los tipos de reuniones incluyen, entre otros, las reuniones de orientación del proyecto, las reuniones de desarrollo del espíritu de equipo y las reuniones de desarrollo del equipo.

9.4.3 DESARROLLAR EL EQUIPO: SALIDAS

9.4.3.1 EVALUACIONES DE DESEMPEÑO DEL EQUIPO

A medida que se implementan esfuerzos de desarrollo del equipo del proyecto, tales como la capacitación, el desarrollo del espíritu de equipo y la coubicación, el equipo de dirección del proyecto realiza evaluaciones, formales o informales, de la eficacia del equipo. Es de esperar que las estrategias y actividades eficaces de desarrollo del equipo mejoren su desempeño, lo cual incrementa la probabilidad de cumplir con los objetivos del proyecto.

La evaluación de la eficacia de un equipo puede incluir indicadores tales como:

◆ Mejoras en las habilidades que permiten a las personas realizar las tareas de manera más eficaz,

◆ Mejoras en las competencias que ayudan a los miembros del equipo a funcionar mejor como equipo,

◆ Reducción del índice de rotación del personal, y

◆ Mayor cohesión del equipo, cuando los miembros del mismo comparten abiertamente información y experiencias y se ayudan mutuamente para mejorar el desempeño general del proyecto.

Como resultado de la realización de una evaluación de desempeño general del equipo, el equipo de dirección del proyecto puede identificar la capacitación, el entrenamiento, la utilización de coaches y mentores o los cambios requeridos para mejorar el desempeño del equipo. Esto debería incluir también la identificación de los recursos adecuados o requeridos para alcanzar e implementar las mejoras identificadas en la evaluación.

9.4.3.2 SOLICITUDES DE CAMBIO

Descritas en la Sección 4.3.3.4. Si se producen solicitudes de cambio como resultado de llevar a cabo el proceso Desarrollar el Equipo, o cuando las acciones correctivas o preventivas recomendadas impacten sobre cualquiera de los componentes del plan para la dirección del proyecto o los documentos del proyecto, el director del proyecto debe presentar una solicitud de cambio y seguir el proceso Realizar el Control Integrado de Cambios, según lo definido en la Sección 4.6.

9.4.3.3 ACTUALIZACIONES DEL PLAN PARA LA DIRECCIÓN DEL PROYECTO

Cualquier cambio en el plan para la dirección del proyecto pasa por el proceso de control de cambios de la organización mediante una solicitud de cambio. Los componentes que pueden requerir una solicitud de cambio para el plan para la dirección del proyecto incluyen, entre otros, el plan de gestión de los recursos, como se describe en la Sección 9.1.3.1.

9.4.3.4 ACTUALIZACIONES A LOS DOCUMENTOS DEL PROYECTO

Los documentos del proyecto que pueden actualizarse como resultado de llevar a cabo este proceso incluyen, entre otros:

◆ **Registro de lecciones aprendidas.** Descrito en la Sección 4.4.3.1. El registro de lecciones aprendidas se actualiza con información sobre las dificultades encontradas y cómo podrían haberse evitado, así como los enfoques que han funcionado bien para el desarrollo del equipo.

◆ **Cronograma del proyecto.** Descrito en la Sección 6.5.3.2. Las actividades orientadas a desarrollar el equipo del proyecto pueden dar lugar a cambios en el cronograma del proyecto.

◆ **Asignaciones del equipo del proyecto.** Descritas en la Sección 9.3.3.2. Cuando el desarrollo del equipo tiene como resultado cambios en las asignaciones acordadas, estos cambios son registrados en la documentación de las asignaciones del equipo del proyecto.

◆ **Calendarios de recursos.** Descritos en la Sección 9.2.1.2. Los calendarios de recursos son actualizados para reflejar la disponibilidad de recursos para el proyecto.

◆ **Acta de constitución del equipo.** Descrita en la Sección 9.1.3.2. El acta de constitución del equipo puede ser actualizada para reflejar los cambios a las pautas operativas del equipo acordadas que resulten del desarrollo del equipo.

9.4.3.5 ACTUALIZACIONES A LOS FACTORES AMBIENTALES DE LA EMPRESA

Los factores ambientales de la empresa que son actualizados como resultado del proceso Desarrollar el Equipo del Proyecto incluyen, entre otros:

◆ Los registros del plan de desarrollo de los empleados, y

◆ Las evaluaciones de las habilidades.

9.4.3.6 ACTUALIZACIONES A LOS ACTIVOS DE LOS PROCESOS DE LA ORGANIZACIÓN

Los activos de los procesos de la organización que son actualizados como resultado del proceso Desarrollar el Equipo incluyen, entre otros:

◆ Los requisitos de capacitación, y

◆ La evaluación del personal.

9.5 DIRIGIR AL EQUIPO

Dirigir al Equipo es el proceso que consiste en hacer seguimiento del desempeño de los miembros del equipo, proporcionar retroalimentación, resolver problemas y gestionar cambios en el equipo a fin de optimizar el desempeño del proyecto. El beneficio clave de este proceso es que influye en el comportamiento del equipo, gestiona los conflictos y resuelve los problemas. Este proceso se lleva a cabo a lo largo de todo el proyecto.

El Gráfico 9-12 muestra las entradas, herramientas, técnicas y salidas del proceso. El Gráfico 9-13 representa el diagrama de flujo de datos para el proceso.

Dirigir al Equipo

Entradas	Herramientas y Técnicas	Salidas

.1 Plan para la dirección del proyecto
  • Plan de gestión de los recursos
.2 Documentos del proyecto
  • Registro de incidentes
  • Registro de lecciones aprendidas
  • Asignaciones del equipo del proyecto
  • Acta de constitución del equipo
.3 Informes de desempeño del trabajo
.4 Evaluaciones de desempeño del equipo
.5 Factores ambientales de la empresa
.6 Activos de los procesos de la organización
	.1 Habilidades interpersonales y de equipo
	  • Gestión de conflictos
	  • Toma de decisiones
	  • Inteligencia emocional
	  • Influencia
	  • Liderazgo
	.2 Sistema de información para la dirección de proyectos
		.1 Solicitudes de cambio
		.2 Actualizaciones al plan para la dirección del proyecto
		  • Plan de gestión de los recursos
		  • Línea base del cronograma
		  • Línea base de costos
		.3 Actualizaciones a los documentos del proyecto
		  • Registro de incidentes
		  • Registro de lecciones aprendidas
		  • Asignaciones del equipo del proyecto
		.4 Actualizaciones a los factores ambientales de la empresa

Gráfico 9-12. Dirigir al Equipo: Entradas, Herramientas y Técnicas, y Salidas

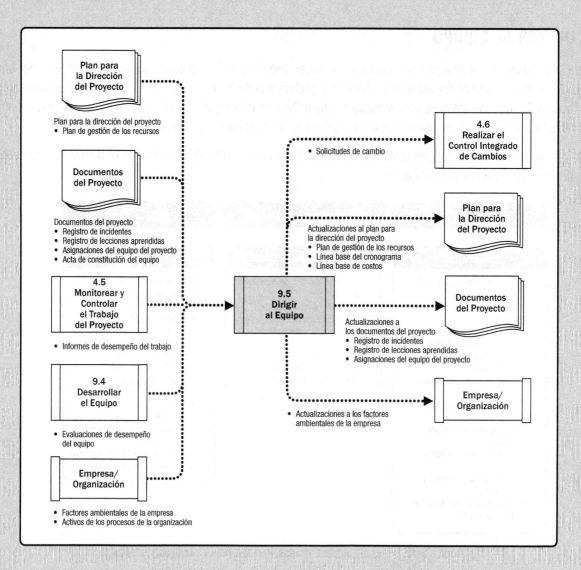

Gráfico 9-13. Dirigir al Equipo: Diagrama de Flujo de Datos

Dirigir el equipo del proyecto requiere una variedad de habilidades de gestión y de liderazgo para fomentar el trabajo en equipo e integrar los esfuerzos de los miembros del equipo, a fin de crear equipos de alto desempeño. La dirección del equipo implica una combinación de habilidades con especial énfasis en la comunicación, la gestión de conflictos, la negociación y el liderazgo. Los directores de proyecto deberían asignar tareas desafiantes a los miembros del equipo y otorgar reconocimiento por el alto desempeño.

El director del proyecto tiene que ser sensible tanto a la voluntad como a la capacidad de los miembros del equipo para llevar a cabo su trabajo, y ajustar en consecuencia sus estilos de dirección y liderazgo. Los miembros del equipo con habilidades de poca calificación requerirán una mayor supervisión que los que han demostrado capacidad y experiencia.

9.5.1 DIRIGIR AL EQUIPO: ENTRADAS

9.5.1.1 PLAN PARA LA DIRECCIÓN DEL PROYECTO

Descrito en la Sección 4.2.3.1. Los componentes del plan para la dirección del proyecto incluyen, entre otros, el plan de gestión de los recursos. Descrito en la Sección 9.1.3.1, el plan de gestión de los recursos proporciona una guía sobre el modo en que se deberían gestionar y eventualmente liberar los recursos del equipo del proyecto.

9.5.1.2 DOCUMENTOS DEL PROYECTO

Los documentos del proyecto que pueden ser considerados como entradas para este proceso incluyen, entre otros:

◆ **Registro de incidentes.** Descrito en la Sección 4.3.3.3. Los incidentes surgen durante la dirección del equipo del proyecto. Se puede utilizar un registro de incidentes para documentar y monitorear quién es responsable de la resolución de los incidentes específicos antes de una fecha límite.

◆ **Registro de lecciones aprendidas.** Descrito en la Sección 4.4.3.1. Las lecciones aprendidas anteriormente en el proyecto pueden ser aplicadas a fases posteriores en el mismo para mejorar la eficiencia y la eficacia de la gestión del equipo.

◆ **Asignaciones del equipo del proyecto.** Descritas en la Sección 9.3.3.2. Las asignaciones del equipo del proyecto identifican los roles y las responsabilidades de los miembros del equipo.

◆ **Acta de constitución del equipo.** Descrita en la Sección 9.1.3.2. El acta de constitución del equipo proporciona una guía para la forma en que el equipo tomará decisiones, llevará a cabo reuniones y resolverá los conflictos.

9.5.1.3 INFORMES DE DESEMPEÑO DEL TRABAJO

Descritos en la Sección 4.5.3.1. Los informes de desempeño del trabajo constituyen la representación física o electrónica de la información del desempeño del trabajo destinada a generar decisiones, acciones o conocimiento. Los informes de desempeño que pueden ayudar en la gestión del equipo del proyecto incluyen los resultados provenientes del control del cronograma, del control de costos, del control de calidad y de la validación del alcance. La información de los informes de desempeño y las proyecciones relacionadas ayudan a determinar los requisitos, reconocimientos y recompensas futuros de los recursos del equipo, y las actualizaciones al plan para la gestión de los recursos.

9.5.1.4 EVALUACIONES DE DESEMPEÑO DEL EQUIPO

Descritas en la Sección 9.4.3.1. El equipo de dirección del proyecto realiza continuamente evaluaciones formales o informales del desempeño del equipo del proyecto. Al realizar continuamente estas evaluaciones de desempeño del equipo del proyecto, pueden llevarse a cabo acciones para resolver los incidentes, hacer ajustes en la comunicación, abordar los conflictos y mejorar la interacción del equipo.

9.5.1.5 FACTORES AMBIENTALES DE LA EMPRESA

Los factores ambientales de la empresa que pueden influir en el proceso Dirigir al Equipo incluyen, entre otros, las políticas de gestión de los recursos humanos.

9.5.1.6 ACTIVOS DE LOS PROCESOS DE LA ORGANIZACIÓN

Los activos de los procesos de la organización que pueden influir en el proceso Dirigir al Equipo incluyen, entre otros:

◆ Certificados de reconocimiento,

◆ Código corporativo de vestimenta, y

◆ Otros beneficios adicionales de la organización.

9.5.2 DIRIGIR AL EQUIPO: HERRAMIENTAS Y TÉCNICAS

9.5.2.1 HABILIDADES INTERPERSONALES Y DE EQUIPO

Las habilidades interpersonales y de equipo que pueden utilizarse en este proceso incluyen, entre otras:

◆ **Gestión de conflictos.** Los conflictos resultan inevitables en el entorno de un proyecto. Las fuentes de conflicto incluyen la escasez de recursos, las prioridades de la programación y los estilos personales de trabajo. Las reglas básicas del equipo, las normas del grupo y las prácticas sólidas de dirección de proyectos, tales como la planificación de las comunicaciones y la definición de roles, reducen la cantidad de conflictos.

La gestión exitosa de conflictos se traduce en una mayor productividad y en relaciones de trabajo positivas. Cuando se gestionan adecuadamente, las diferencias de opinión pueden conducir a una mayor creatividad y una mejor toma de decisiones. Si las diferencias se convierten en un factor negativo, los miembros del equipo del proyecto son los responsables iniciales de resolverlas. Si el conflicto se intensifica, el director del proyecto debería ayudar a facilitar una resolución satisfactoria. El conflicto debería abordarse cuanto antes y generalmente en privado, mediante un enfoque directo y constructivo. Si el conflicto disruptivo continúa, se puede recurrir a procedimientos formales, incluyendo acciones disciplinarias.

A menudo, el éxito de los directores de proyecto en la dirección de sus equipos depende de su capacidad para resolver conflictos. Diferentes directores de proyecto pueden utilizar diferentes métodos de resolución de conflictos. Los factores que influyen en los métodos de resolución de conflictos incluyen:

■ La importancia y la intensidad del conflicto,

■ La premura que exista para la resolución del conflicto,

■ El poder relativo de las personas involucradas en el conflicto,

■ La importancia de mantener una buena relación, y

■ La motivación para resolver el conflicto en el largo o en el corto plazo.

Existen cinco técnicas generales de resolución de conflictos. Cada técnica tiene su lugar y aplicación:

○ *Retirarse/eludir.* Retirarse de una situación de conflicto real o potencial, posponer el incidente para estar mejor preparado o para que lo resuelvan otros.

○ *Suavizar/adaptarse.* Hacer énfasis en los puntos de acuerdo en lugar de las diferencias; ceder en la postura propia frente a las necesidades de otros para mantener la armonía y las relaciones.

○ *Consensuar/conciliar.* Buscar soluciones que aporten cierto grado de satisfacción a todas las partes a fin de resolver el conflicto de manera temporal o parcial. Este enfoque en ocasiones da lugar a una situación perder-perder.

○ *Forzar/dirigir.* Imponer el punto de vista propio a costa de los demás, ofreciendo únicamente soluciones de tipo ganar-perder, y generalmente hacerlas cumplir mediante uso de una posición de poder para resolver una emergencia. Este enfoque a menudo da lugar a una situación ganar-perder.

○ *Colaborar/resolver el problema.* Incorporar múltiples puntos de vista y visiones desde diferentes perspectivas; requiere una actitud colaboradora y un diálogo abierto que normalmente conduce al consenso y al compromiso. Este enfoque puede dar lugar a una situación ganar-ganar.

◆ **Toma de decisiones.** La toma de decisiones, en este contexto, implica la capacidad de negociar e influir en la organización y el equipo de dirección del proyecto, más que el conjunto de herramientas que se describen en el conjunto de herramientas para la toma de decisiones. Algunas pautas para la toma de decisiones incluyen:

- Enfocarse en los objetivos perseguidos,
- Seguir un proceso de toma de decisiones,
- Estudiar los factores ambientales,
- Analizar la información disponible,
- Fomentar la creatividad del equipo, y
- Tener en cuenta el riesgo.

◆ **Inteligencia emocional.** La inteligencia emocional es la capacidad para identificar, evaluar y manejar las emociones personales y las de otras personas, así como las emociones colectivas de grupos de personas. El equipo puede utilizar la inteligencia emocional para reducir la tensión y aumentar la cooperación mediante la identificación, la evaluación y el control de los sentimientos de los miembros del equipo del proyecto, anticipando sus acciones, reconociendo sus inquietudes y haciendo un seguimiento de sus problemas.

◆ **Influencia.** Dado que en un entorno matricial los directores de proyecto a menudo tienen poca o ninguna autoridad directa sobre los miembros del equipo, su capacidad para influir oportunamente en los interesados resulta vital para el éxito del proyecto. Las habilidades clave para la influencia incluyen:

- Capacidad de persuasión;
- Articulación clara de puntos y posiciones;
- Altos niveles de habilidades de escucha activa y eficaz;
- Ser consciente de y tener en cuenta las diversas perspectivas en cualquier situación; y
- Recopilar información relevante para abordar los problemas y lograr acuerdos, mientras se mantiene la confianza mutua.

◆ **Liderazgo.** Los proyectos exitosos requieren líderes con fuertes habilidades de liderazgo. El liderazgo es la capacidad de encabezar un equipo e inspirarlos a hacer bien su trabajo. Abarca una amplia gama de destrezas, habilidades y acciones. El liderazgo es importante en todas las fases del ciclo de vida del proyecto. Existen múltiples teorías del liderazgo que definen los estilos de liderazgo que se deberían utilizar según las necesidades de cada situación o equipo. Es especialmente importante comunicar la visión e inspirar al equipo del proyecto a fin de lograr un alto desempeño.

9.5.2.2 SISTEMA DE INFORMACIÓN PARA LA DIRECCIÓN DE PROYECTOS (PMIS)

Descrito en la Sección 4.3.2.2. Los sistemas de información para la dirección de proyectos pueden incluir software para la gestión o la programación de recursos que puede ser utilizado para la gestión y coordinación de los miembros del equipo en las actividades del proyecto.

9.5.3 DIRIGIR AL EQUIPO: SALIDAS

9.5.3.1 SOLICITUDES DE CAMBIO

Descritas en la Sección 4.3.3.4. Cuando se producen solicitudes de cambio como resultado de llevar a cabo el proceso Dirigir al Equipo, o cuando las acciones correctivas o preventivas recomendadas impactan en cualquiera de los componentes del plan para la dirección del proyecto o en los documentos del proyecto, el director del proyecto debe presentar una solicitud de cambio. Las solicitudes de cambio se procesan para su revisión y tratamiento por medio del proceso Realizar el Control Integrado de Cambios (Sección 4.6).

Por ejemplo, los cambios de personal, ya sea por elección o causados por eventos incontrolables, pueden producir disrupciones en el equipo del proyecto. Esta disrupción puede causar que el cronograma se deslice o que el presupuesto sea superado. Los cambios en el personal incluyen asignar a las personas actividades diferentes, subcontratar parte del trabajo o reemplazar a los miembros del equipo que dejan la organización.

9.5.3.2 ACTUALIZACIONES DEL PLAN PARA LA DIRECCIÓN DEL PROYECTO

Cualquier cambio en el plan para la dirección del proyecto pasa por el proceso de control de cambios de la organización mediante una solicitud de cambio. Los componentes del plan para la dirección del proyecto que pueden requerir una solicitud de cambio para el plan para la dirección del proyecto incluyen, entre otros:

◆ **Plan de Gestión de los Recursos.** Descrito en la Sección 9.1.3.1. El plan de gestión de los recursos se actualiza a fin de reflejar la experiencia real en la dirección del equipo del proyecto.

◆ **Línea base del cronograma.** Descrita en la Sección 6.5.3.1. Pueden ser necesarios cambios en el cronograma del proyecto a fin de reflejar la forma en que el equipo se está desempeñando.

◆ **Línea base de costos.** Descrita en la Sección 7.3.3.1. Pueden ser necesarios cambios en la línea base de costos del proyecto a fin de reflejar la forma en que el equipo se está desempeñando.

9.5.3.3 ACTUALIZACIONES A LOS DOCUMENTOS DEL PROYECTO

Los documentos del proyecto que pueden actualizarse como resultado de llevar a cabo este proceso incluyen, entre otros:

◆ **Registro de incidentes.** Descrito en la Sección 4.3.3.3. Los nuevos incidentes que se presenten como resultado de este proceso son registrados en el registro de incidentes.

◆ **Registro de lecciones aprendidas.** Descrito en la Sección 4.4.3.1. El registro de lecciones aprendidas se actualiza con información sobre las dificultades encontradas y cómo podrían haberse evitado, así como los enfoques que han funcionado bien para dirigir al equipo.

◆ **Asignaciones del equipo del proyecto.** Descritas en la Sección 9.3.3.2. Si se requieren cambios en el equipo, esos cambios son registrados en la documentación de las asignaciones del equipo del proyecto.

9.5.3.4 ACTUALIZACIONES A LOS FACTORES AMBIENTALES DE LA EMPRESA

Los factores ambientales de la empresa que son actualizados como resultado del proceso Dirigir al Equipo incluyen, entre otros:

◆ Las entradas para las evaluaciones de desempeño de la organización, y

◆ La destreza del personal.

9.6 CONTROLAR LOS RECURSOS

Controlar los Recursos es el proceso de asegurar que los recursos físicos asignados y adjudicados al proyecto están disponibles tal como se planificó, así como de monitorear la utilización de recursos planificada frente a la real y tomar acciones correctivas según sea necesario. El beneficio clave de este proceso es asegurar que los recursos asignados están disponibles para el proyecto en el momento adecuado y en el lugar adecuado y son liberados cuando ya no se necesitan. Este proceso se lleva a cabo a lo largo de todo el proyecto. Las entradas y salidas de este proceso se presentan en el Gráfico 9-14. El Gráfico 9-15 representa el diagrama de flujo de datos para el proceso.

Controlar los Recursos

Entradas	Herramientas y Técnicas	Salidas
.1 Plan para la dirección del proyecto • Plan de gestión de los recursos .2 Documentos del proyecto • Registro de incidentes • Registro de lecciones aprendidas • Asignaciones de recursos físicos • Cronograma del proyecto • Estructura de desglose de recursos • Requisitos de recursos • Registro de riesgos .3 Datos de desempeño del trabajo .4 Acuerdos .5 Activos de los procesos de la organización	.1 Análisis de datos • Análisis de alternativas • Análisis costo-beneficio • Revisiones del desempeño • Análisis de tendencias .2 Resolución de problemas .3 Habilidades interpersonales y de equipo • Negociación • Influencia .4 Sistema de información para la dirección de proyectos	.1 Información de desempeño del trabajo .2 Solicitudes de cambio .3 Actualizaciones al plan para la dirección del proyecto • Plan de gestión de los recursos • Línea base del cronograma • Línea base de costos .4 Actualizaciones a los documentos del proyecto • Registro de supuestos • Registro de incidentes • Registro de lecciones aprendidas • Asignaciones de recursos físicos • Estructura de desglose de recursos • Registro de riesgos

Gráfico 9-14. Controlar los Recursos: Entradas, Herramientas y Técnicas, y Salidas

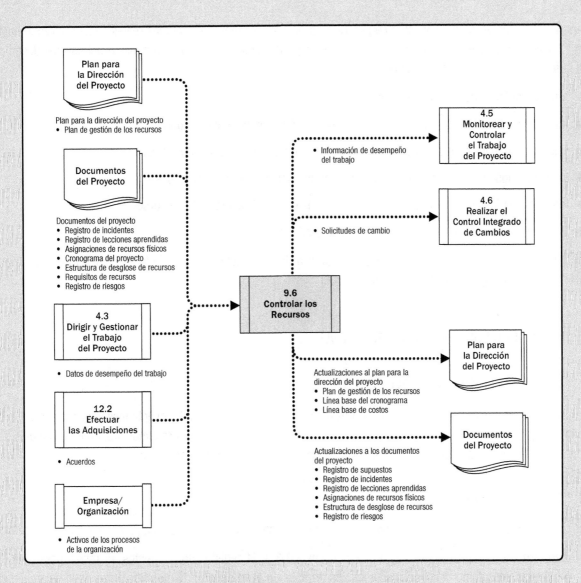

Gráfico 9-15. Controlar los Recursos: Diagrama de Flujo de Datos

El proceso Controlar los Recursos debería realizarse de forma continua en todas las fases del proyecto, y durante todo el ciclo de vida del mismo. Los recursos necesarios para el proyecto deberían ser asignados y liberados en el momento correcto, en el lugar correcto y en la cantidad justa para que el proyecto continúe sin retrasos. El proceso Controlar los Recursos se ocupa de los recursos físicos tales como equipos, materiales, instalaciones e infraestructura. El proceso Dirigir al Equipo trata de los miembros del equipo.

Las técnicas de Controlar los Recursos que se describen en esta sección son las que se emplean con más frecuencia en los proyectos. Existen muchas otras que pueden ser útiles para cierto tipo de proyectos o en algunas áreas de aplicación.

Para la actualización de la asignación de recursos es necesario saber qué recursos reales se han utilizado hasta la fecha y cuáles siguen siendo necesarios. Esto es hecho principalmente mediante la revisión del uso del desempeño hasta la fecha. Controlar los Recursos tiene que ver con:

◆ Monitorear los consumos de recursos,

◆ Identificar y hacer frente a la escasez/superávit de recursos de manera oportuna,

◆ Garantizar que los recursos sean utilizados y liberados de acuerdo al plan y a las necesidades del proyecto,

◆ Informar a los interesados pertinentes si surgen problemas con los recursos relevantes,

◆ Influir en los factores que pueden originar cambios en la utilización de los recursos, y

◆ Gestionar los cambios aprobados conforme se producen.

Cualquier cambio en las líneas base del cronograma o de los costos sólo se puede aprobar a través del proceso Realizar el Control Integrado de Cambios (Sección 4.6).

9.6.1 CONTROLAR LOS RECURSOS: ENTRADAS

9.6.1.1 PLAN PARA LA DIRECCIÓN DEL PROYECTO

Descrito en la Sección 4.2.3.1. Los componentes del plan para la dirección del proyecto incluyen, entre otros, el plan de gestión de los recursos. Descrito en la Sección 9.1.3.1, el plan de gestión de los recursos proporciona una guía sobre el modo en que se deberían utilizar, controlar y eventualmente liberar los recursos físicos.

9.6.1.2 DOCUMENTOS DEL PROYECTO

Los documentos del proyecto que pueden ser considerados como entradas para este proceso incluyen, entre otros:

◆ **Registro de incidentes.** Descrito en la Sección 4.3.3.3. El registro de incidentes se utiliza para identificar incidentes tales como la falta de recursos, los retrasos en el suministro de materias primas o la baja calidad de las mismas.

◆ **Registro de lecciones aprendidas.** Descrito en la Sección 4.4.3.1. Las lecciones aprendidas tempranamente en el proyecto pueden aplicarse a fases más tardías del proyecto para mejorar el control de los recursos físicos.

◆ **Asignaciones de recursos físicos.** Descritas en la Sección 9.3.3.2. Las asignaciones de recursos físicos describen la utilización prevista de los recursos, junto con detalles tales como el tipo, cantidad, ubicación y si el recurso es interno a la organización o subcontratado.

◆ **Cronograma del proyecto.** Descrito en la Sección 6.5.3.2. El cronograma del proyecto muestra los recursos que se necesitan, cuándo son necesarios y la ubicación donde se necesitan.

◆ **Estructura de desglose de recursos.** Descrita en la Sección 9.2.3.3. La estructura de desglose de recursos proporciona una referencia en caso de que cualquier recurso necesite ser reemplazado o readquirido durante el transcurso del proyecto.

◆ **Requisitos de recursos.** Descritos en la Sección 9.2.3.1. Los requisitos de recursos identifican los materiales, equipos, suministros y otros recursos necesarios.

◆ **Registro de riesgos.** Descrito en la Sección 11.2.3.1. El registro de riesgos identifica los riesgos individuales que pueden afectar a los equipos, materiales o suministros.

9.6.1.3 DATOS DE DESEMPEÑO DEL TRABAJO

Descritos en la Sección 4.3.3.2. Los datos de desempeño del trabajo contienen datos sobre el estado del proyecto, tales como el número y el tipo de recursos que hayan sido utilizados.

9.6.1.4 ACUERDOS

Descritos en la Sección 12.2.3.2. Los acuerdos realizados en el marco del proyecto son la base para todos los recursos externos a la organización y deberían definir los procedimientos a aplicar cuando se hagan necesarios recursos nuevos y no planificados, o cuando surjan problemas con los recursos actuales.

9.6.1.5 ACTIVOS DE LOS PROCESOS DE LA ORGANIZACIÓN

Los activos de los procesos de la organización que pueden influir en el proceso Controlar los Recursos incluyen, entre otros:

◆ Políticas en materia de control y asignación de recursos,

◆ Procedimientos de escalamiento para el manejo de incidentes dentro de la organización ejecutante, y

◆ Repositorio de lecciones aprendidas procedentes de proyectos anteriores y similares.

9.6.2 CONTROLAR LOS RECURSOS: HERRAMIENTAS Y TÉCNICAS

9.6.2.1 ANÁLISIS DE DATOS

Las técnicas de análisis de datos que pueden ser usadas en este proceso incluyen, entre otras:

◆ **Análisis de alternativas.** Descrito en la Sección 9.2.2.5. Se pueden analizar alternativas para seleccionar la mejor resolución para la corrección de las variaciones en la utilización de recursos. Alternativas tales como el pago adicional por horas extras o por recursos adicionales del equipo pueden ser ponderadas contra una entrega con retraso o entregas graduales.

◆ **Análisis Costo-Beneficio.** Descrito en la Sección 8.1.2.3. Este análisis ayuda a determinar la mejor acción correctiva en términos de costo, en el caso de desviaciones del proyecto.

◆ **Revisiones del desempeño.** Las revisiones del desempeño miden, comparan y analizan la utilización planificada de los recursos con la utilización real de los mismos. La información de desempeño del trabajo en cuanto a costos y cronograma también puede ser analizada para ayudar a identificar incidentes que puedan influir en la utilización de los recursos.

◆ **Análisis de tendencias.** Descrito en la Sección 4.5.2.2. A medida que avanza el proyecto, el equipo del proyecto puede utilizar el análisis de tendencias, basado en la información de desempeño actual, a fin de determinar los recursos necesarios en las próximas etapas del proyecto. El análisis de tendencias analiza el desempeño del proyecto a lo largo del tiempo, y puede ser usado para determinar si el desempeño está mejorando o se está deteriorando.

9.6.2.2 RESOLUCIÓN DE PROBLEMAS

Descrita en la Sección 8.2.2.7. La resolución de problemas puede utilizar un conjunto de herramientas que ayuda al director del proyecto a resolver los problemas que surjan durante el proceso de controlar los recursos. El problema puede surgir desde dentro de la organización (máquinas o infraestructura utilizadas por otro departamento de la organización y no liberadas a tiempo, materiales que han resultado dañados debido a condiciones de almacenamiento inadecuadas, etc.), o desde fuera de la organización (proveedor importante que ha entrado en quiebra o condiciones climáticas desfavorables que han deteriorado los recursos). El director del proyecto debería utilizar pasos metódicos para hacer frente a la resolución de problemas, los que pueden incluir:

◆ **Identificar el problema.** Especificar el problema.

◆ **Definir el problema.** Dividirlo en problemas más pequeños y manejables.

◆ **Investigar.** Recolectar datos.

◆ **Analizar.** Determinar la causa raíz del problema.

◆ **Resolver.** Elegir la solución adecuada entre varias disponibles.

◆ **Comprobar la solución.** Determinar si el problema ha sido solucionado.

9.6.2.3 HABILIDADES INTERPERSONALES Y DE EQUIPO

Las habilidades interpersonales y de equipo, a veces conocidas como "habilidades blandas", son competencias personales. Las habilidades interpersonales y de equipo utilizadas en este proceso incluyen:

◆ **Negociación.** Descrita en la Sección 12.2.2.5. El director del proyecto puede necesitar emprender negociaciones para obtener recursos físicos adicionales, cambios en los recursos físicos, o costos asociados con los recursos.

◆ **Influencia.** Descrita en la Sección 9.5.2.1. La influencia puede ayudar al director del proyecto a resolver problemas y a obtener los recursos necesarios en el momento oportuno.

9.6.2.4 SISTEMA DE INFORMACIÓN PARA LA DIRECCIÓN DE PROYECTOS (PMIS)

Descrito en la Sección 4.3.2.2. Los sistemas de información para la dirección de proyectos pueden incluir software para la gestión o la programación de recursos de que puede utilizarse para monitorear la utilización de recursos, lo que ayuda a garantizar que los recursos adecuados estén trabajando en las actividades adecuadas, en el momento y lugar adecuados.

9.6.3 CONTROLAR LOS RECURSOS: SALIDAS

9.6.3.1 INFORMACIÓN DE DESEMPEÑO DEL TRABAJO

Descrita en la Sección 4.5.1.3. La información de desempeño del trabajo incluye información sobre cómo está progresando el trabajo del proyecto mediante la comparación de los requisitos de recursos y la asignación de recursos con la utilización de recursos a través de las actividades del proyecto. Esta comparación puede mostrar brechas en la disponibilidad de recursos que deben ser abordadas.

9.6.3.2 SOLICITUDES DE CAMBIO

Descritas en la Sección 4.3.3.4. Cuando se producen solicitudes de cambio como resultado de llevar a cabo el proceso Controlar los Recursos, o cuando las acciones correctivas o preventivas recomendadas impactan en cualquiera de los componentes del plan para la dirección del proyecto o en los documentos del proyecto, el director del proyecto debe presentar una solicitud de cambio. Las solicitudes de cambio se procesan para su revisión y tratamiento por medio del proceso Realizar el Control Integrado de Cambios (Sección 4.6).

9.6.3.3 ACTUALIZACIONES DEL PLAN PARA LA DIRECCIÓN DEL PROYECTO

Cualquier cambio en el plan para la dirección del proyecto pasa por el proceso de control de cambios de la organización mediante una solicitud de cambio. Los componentes que pueden requerir una solicitud de cambio para el plan para la dirección del proyecto incluyen, entre otros:

◆ **Plan de Gestión de los Recursos.** Descrito en la Sección 9.1.3.1. El plan de gestión de los recursos se actualiza a fin de reflejar la experiencia real para gestionar los recursos del proyecto.

◆ **Línea base del cronograma.** Descrita en la Sección 6.5.3.1. Pueden ser necesarios cambios en el cronograma del proyecto a fin de reflejar la forma en que se están manejando los recursos del mismo.

◆ **Línea base de costos.** Descrita en la Sección 7.3.3.1. Pueden ser necesarios cambios en la línea base de costos del proyecto a fin de reflejar la forma en que se están manejando los recursos del mismo.

9.6.3.4 ACTUALIZACIONES A LOS DOCUMENTOS DEL PROYECTO

Los documentos del proyecto que pueden actualizarse como resultado de llevar a cabo este proceso incluyen, entre otros:

◆ **Registro de supuestos.** Descrito en la Sección 4.1.3.2. El registro de supuestos puede actualizarse con nuevos supuestos con respecto a los equipos, materiales, suministros y otros recursos físicos.

◆ **Registro de incidentes.** Descrito en la Sección 4.3.3.3. Los nuevos incidentes que se presenten como resultado de este proceso son registrados en el registro de incidentes.

◆ **Registro de lecciones aprendidas.** Descrito en la Sección 4.4.3.1. El registro de lecciones aprendidas puede actualizarse con las técnicas que fueron eficaces en la gestión de la logística de recursos, los desechos, las variaciones en la utilización y las acciones correctivas que se utilizaron para responder a las variaciones de recursos.

◆ **Asignaciones de recursos físicos.** Descritas en la Sección 9.3.3.2. Las asignaciones de recursos físicos son dinámicas y están sujetas a cambios debido a la disponibilidad, el proyecto, la organización, el entorno u otros factores.

◆ **Estructura de desglose de recursos.** Descrita en la Sección 9.2.3.3. Pueden ser necesarios cambios en la estructura de desglose de recursos a fin de reflejar la forma en que se están utilizando los recursos del proyecto.

◆ **Registro de riesgos.** Descrito en la Sección 11.2.3.1. El registro de riesgos es actualizado con nuevos riesgos asociados a la disponibilidad de recursos, la utilización u otros riesgos de los recursos físicos.

10

GESTIÓN DE LAS COMUNICACIONES DEL PROYECTO

La Gestión de las Comunicaciones del Proyecto incluye los procesos necesarios para asegurar que las necesidades de información del proyecto y de sus interesados se satisfagan a través del desarrollo de objetos y de la implementación de actividades diseñadas para lograr un intercambio eficaz de información. La Gestión de las Comunicaciones del Proyecto consta de dos partes. La primera parte consiste en desarrollar una estrategia para asegurar que la comunicación sea eficaz para los interesados. La segunda parte consiste en llevar a cabo las actividades necesarias para implementar la estrategia de comunicación.

Los procesos de Gestión de las Comunicaciones del Proyecto son:

10.1 Planificar la Gestión de las Comunicaciones—Es el proceso de desarrollar un enfoque y un plan apropiados para las actividades de comunicación del proyecto basados en las necesidades de información de cada interesado o grupo, en los activos de la organización disponibles y en las necesidades del proyecto.

10.2 Gestionar las Comunicaciones—Es el proceso de garantizar que la recopilación, creación, distribución, almacenamiento, recuperación, gestión, monitoreo y disposición final de la información del proyecto sean oportunos y adecuados.

10.3 Monitorear las Comunicaciones—Es el proceso de asegurar que se satisfagan las necesidades de información del proyecto y de sus interesados.

El Gráfico 10-1 muestra una descripción general de los procesos de Gestión de las Comunicaciones del Proyecto. Los procesos de la Gestión de las Comunicaciones del Proyecto se presentan como procesos diferenciados con interfaces definidas, aunque en la práctica se superponen e interactúan entre ellos de formas que no pueden detallarse en su totalidad dentro de la *Guía del PMBOK®*.

Descripción General de la
Gestión de las Comunicaciones

10.1 Planificar la Gestión de las Comunicaciones

.1 Entradas
 .1 Acta de constitución del proyecto
 .2 Plan para la dirección del proyecto
 .3 Documentos del proyecto
 .4 Factores ambientales de la empresa
 .5 Activos de los procesos de la organización

.2 Herramientas y Técnicas
 .1 Juicio de expertos
 .2 Análisis de requisitos de comunicación
 .3 Tecnología de la comunicación
 .4 Modelos de comunicación
 .5 Métodos de comunicación
 .6 Habilidades interpersonales y de equipo
 .7 Representación de datos
 .8 Reuniones

.3 Salidas
 1. Plan de gestión de las comunicaciones
 .2 Actualizaciones al plan para la dirección del proyecto
 .3 Actualizaciones a los documentos del proyecto

10.2 Gestionar las Comunicaciones

.1 Entradas
 .1 Plan para la dirección del proyecto
 .2 Documentos del proyecto
 .3 Informes de desempeño del trabajo
 .4 Factores ambientales de la empresa
 .5 Activos de los procesos de la organización

.2 Herramientas y Técnicas
 .1 Tecnología de la comunicación
 .2 Métodos de comunicación
 .3 Habilidades de comunicación
 .4 Sistema de información para la dirección de proyectos
 .5 Presentación de informes del proyecto
 .6 Habilidades interpersonales y de equipo
 .7 Reuniones

.3 Salidas
 .1 Project communications
 .2 Actualizaciones al plan para la dirección del proyecto
 .3 Actualizaciones a los documentos del proyecto
 .4 Actualizaciones a los activos de los procesos de la organización

10.3 Monitorear las Comunicaciones

.1 Entradas
 .1 Plan para la dirección del proyecto
 .2 Documentos del proyecto
 .3 Datos de desempeño del trabajo
 .4 Factores ambientales de la empresa
 .5 Activos de los procesos de la organización

.2 Herramientas y Técnicas
 .1 Juicio de expertos
 .2 Sistema de información para la dirección de proyectos
 .3 Representación de datos
 .4 Habilidades interpersonales y de equipo
 .5 Reuniones

.3 Salidas
 .1 Información de desempeño del trabajo
 .2 Solicitudes de cambio
 .3 Actualizaciones al plan para la dirección del proyecto
 .4 Actualizaciones a los documentos del proyecto

Gráfico 10-1. Descripción General de las Comunicaciones del Proyecto

CONCEPTOS CLAVE PARA LA GESTIÓN DE LAS COMUNICACIONES DEL PROYECTO

La comunicación es el intercambio intencionado o involuntario de información. La información intercambiada puede ser en forma de ideas, instrucciones o emociones. Los mecanismos mediante los cuales se intercambia información pueden ser:

◆ **En forma escrita.** Físicos o electrónicos.

◆ **Hablados.** Cara a cara o remotos.

◆ **Formales o informales** (como en documentos formales o medios sociales de comunicación).

◆ **A través de gestos.** Tono de voz y expresiones faciales.

◆ **A través de los medios.** Imágenes, acciones o incluso sólo la elección de palabras.

◆ **Elección de palabras.** A menudo existe más de una palabra para expresar una idea; puede haber diferencias sutiles en el significado de cada una de estas palabras y frases.

Las comunicaciones describen los medios posibles mediante los cuales puede enviarse o recibirse la información, ya sea a través de actividades de comunicación, como reuniones y presentaciones, o bien objetos, como correos electrónicos, medios sociales, informes del proyecto o documentación del proyecto.

Los directores de proyecto emplean la mayor parte de su tiempo comunicándose con los miembros del equipo y otros interesados del proyecto, tanto internos (en todos los niveles de la organización) como externos. Una comunicación eficaz tiende un puente entre diversos interesados que pueden tener diferentes antecedentes culturales y organizacionales, así como diferentes niveles de pericia, perspectivas e intereses.

Las actividades de comunicación tienen muchas dimensiones que incluyen, entre otras:

◆ **Interna.** Se centra en los interesados dentro del proyecto y dentro de la organización.

◆ **Externa.** Se centra en los interesados externos tales como clientes, proveedores, otros proyectos, organizaciones, el gobierno, el público y los defensores ambientales.

◆ **Formal.** Informes, reuniones formales (periódicas y ad hoc), agendas y actas de reunión, sesiones informativas para los interesados y presentaciones.

◆ **Informal.** Actividades de comunicación generales mediante correo electrónico, medios sociales, sitios web y discusiones informales ad hoc.

◆ **Enfoque jerárquico.** La posición del interesado o grupo con respecto al equipo del proyecto afectará el formato y el contenido del mensaje, de las siguientes formas:

  ■ *Ascendente.* Interesados de la alta dirección.

  ■ *Descendente.* El equipo y demás personas que contribuirán al trabajo del proyecto.

  ■ *Horizontal.* Pares del equipo o director del proyecto.

◆ **Oficial.** Informes anuales; informes para reguladores u organismos de gobierno.

◆ **No oficial.** Comunicaciones que se centran en establecer y mantener el perfil y el reconocimiento del proyecto y en construir relaciones fuertes entre el equipo del proyecto y sus interesados utilizando medios flexibles y a menudo informales.

◆ **Escrita y oral.** Verbal (palabras e inflexiones de voz) y no verbal (acciones y lenguaje corporal), medios sociales y sitios web, comunicados en los medios.

La comunicación desarrolla las relaciones necesarias para que los resultados del proyecto y el programa sean exitosos. Las actividades de comunicación y los objetos para apoyar la comunicación varían ampliamente, desde correos electrónicos y conversaciones informales hasta reuniones formales e informes periódicos del proyecto. El acto de enviar y recibir información ocurre consciente o inconscientemente a través de palabras, expresiones faciales, gestos y otras acciones. En el contexto de gestionar exitosamente las relaciones del proyecto con los interesados, la comunicación incluye el desarrollo de estrategias y planes para los objetos y actividades de comunicación adecuados con la comunidad de interesados y la aplicación de habilidades para mejorar la eficacia de las comunicaciones planificadas y otras comunicaciones ad hoc.

La comunicación exitosa consta de dos partes. La primera parte implica desarrollar una estrategia de comunicación adecuada en base a las necesidades del proyecto y los interesados del proyecto. A partir de esa estrategia, se desarrolla un plan de gestión de las comunicaciones para asegurar que los mensajes adecuados se comuniquen a los interesados en diversos formatos y diversos medios, como se definen en la estrategia de comunicación. Estos mensajes constituyen las comunicaciones del proyecto—la segunda parte de una comunicación exitosa. Las comunicaciones del proyecto son los productos del proceso de planificación, abordados por el plan de gestión de las comunicaciones que define la recopilación, creación, difusión, almacenamiento, recuperación, gestión, seguimiento y disposición de estos objetos de comunicación. Finalmente, la estrategia de comunicación y el plan de gestión de las comunicaciones constituirán la base para monitorear el efecto de la comunicación.

Las comunicaciones del proyecto se apoyan en esfuerzos para evitar malentendidos y mala comunicación, y en la selección cuidadosa de los métodos, mensajeros y mensajes desarrollados a partir del proceso de planificación.

Los malentendidos se pueden reducir, pero no eliminar, con el uso de las 5Cs de las comunicaciones escritas al redactar un mensaje escrito o hablado tradicional (no en medios sociales):

◆ **Correcto (gramática y ortografía correctas).** El mal uso de la gramática o la ortografía incorrecta pueden generar distracción y también pueden introducir distorsiones en el mensaje, disminuyendo la credibilidad.

◆ **Conciso (expresión concisa y eliminación del exceso de palabras).** Un mensaje conciso, bien elaborado, reduce las oportunidades de malinterpretar la intención del mensaje.

◆ **Claro (propósito y expresión claros dirigidos a las necesidades del lector).** Garantiza que las necesidades y los intereses de la audiencia se tengan en cuenta en el mensaje.

◆ **Coherente (flujo de ideas coherente, lógico).** Un flujo de ideas coherente y lógico con el uso de "marcadores" como una introducción y resúmenes de las ideas a lo largo de la redacción.

◆ **Controlado (flujo controlado de palabras e ideas).** El flujo controlado de palabras e ideas puede involucrar gráficos o sólo resúmenes.

Las 5Cs de las comunicaciones escritas se apoyan en habilidades de comunicación, tales como:

◆ **Escuchar de forma activa.** Mantener el compromiso con el interlocutor y resumir las conversaciones para asegurar un intercambio eficaz de información.

◆ **Conciencia de las diferencias culturales y personales.** Desarrollar la conciencia del equipo acerca de las diferencias culturales y personales para reducir los malentendidos y mejorar la capacidad de comunicación.

◆ **Identificar, establecer y gestionar las expectativas de los interesados.** La negociación con los interesados reduce la existencia de expectativas conflictivas dentro de la comunidad de interesados.

◆ **Mejora de las habilidades.** Mejorar las habilidades de todos los miembros del equipo en las siguientes actividades:

■ Persuadir a una persona, a un equipo o a una organización para llevar a cabo una acción;

■ Motivar a las personas y proporcionar estímulo o confianza;

■ Coaching para mejorar el desempeño y alcanzar los resultados deseados;

■ Negociar para lograr acuerdos mutuamente aceptables entre las partes y reducir retrasos en las aprobaciones o decisiones; y

■ Resolver conflictos para prevenir impactos negativos.

Los atributos fundamentales de las actividades de comunicación eficaces y el desarrollo de objetos de comunicación eficaces son:

■ Claridad en el propósito de la comunicación—definir su propósito;

■ Comprender tanto como sea posible al receptor de las comunicaciones, las necesidades de reunión y las preferencias; y

■ Monitorear y medir la eficacia de las comunicaciones.

TENDENCIAS Y PRÁCTICAS EMERGENTES EN LA GESTIÓN DE LAS COMUNICACIONES DEL PROYECTO

El enfoque en los interesados y el reconocimiento del valor del involucramiento eficaz de los mismos para los proyectos y las organizaciones trae aparejado el reconocimiento de que el desarrollo e implementación de estrategias de comunicación adecuadas es vital para mantener relaciones eficaces con los interesados. Las tendencias y prácticas emergentes para la Gestión de las Comunicaciones del Proyecto incluyen, entre otras:

◆ **Inclusión de interesados en las revisiones del proyecto.** La comunidad de interesados de cada proyecto incluye individuos, grupos y organizaciones que el equipo del proyecto ha identificado como fundamentales para la entrega exitosa de objetivos del proyecto y resultados organizacionales. Una estrategia de comunicación eficaz requiere revisiones periódicas y oportunas de la comunidad de interesados y actualizaciones para gestionar cambios en sus miembros y actitudes.

◆ **Inclusión de interesados en las reuniones del proyecto.** Las reuniones del proyecto deberían incluir interesados externos al proyecto e incluso la organización, cuando sea pertinente. Las prácticas inherentes a los enfoques ágiles pueden aplicarse a todos los tipos de proyectos. Las prácticas a menudo incluyen breves reuniones diarias de pie, en las que los logros e incidentes del día anterior, así como los planes para el actual día de trabajo, se discuten con el equipo del proyecto y los interesados clave.

◆ **Mayor uso de la computación social.** La computación social en forma de infraestructura, servicios de medios sociales y dispositivos personales ha cambiado el modo en que las organizaciones y sus personas se comunican y hacen negocios. La computación social incorpora diferentes enfoques de colaboración apoyados por la infraestructura informática pública. Las redes sociales hacen referencia a la manera en que los usuarios establecen redes de relaciones para explorar sus intereses y actividades con otras personas. Las herramientas de medios sociales no sólo pueden apoyar el intercambio de información, sino también establecer relaciones acompañadas de niveles más profundos de confianza y comunidad.

◆ **Enfoques multifacéticos de la comunicación.** La estrategia de comunicación estándar para las comunicaciones con los interesados del proyecto adopta y selecciona elementos de todas las tecnologías y respeta las preferencias culturales, prácticas y personales en materia de idioma, medios, contenido y entrega. Cuando sea pertinente, pueden incluirse medios sociales y otras tecnologías informáticas avanzadas. Los enfoques multifacéticos como estos son más eficaces para comunicarse con interesados de diferentes generaciones y culturas.

CONSIDERACIONES SOBRE ADAPTACIÓN

Debido a que cada proyecto es único, el equipo del proyecto necesitará adaptar la forma en que se aplican los procesos de Gestión de las Comunicaciones del Proyecto. Las consideraciones sobre adaptación incluyen, entre otras:

◆ **Interesados.** ¿Los interesados son internos o externos a la organización, o ambas cosas?

◆ **Ubicación física.** ¿Cuál es la ubicación física de los miembros del equipo? ¿El equipo está ubicado en un mismo lugar? ¿Está el equipo en la misma zona geográfica? ¿Está el equipo distribuido en múltiples zonas horarias?

◆ **Tecnología de comunicaciones.** ¿De qué tecnología se dispone para desarrollar, registrar, transmitir, recuperar, hacer seguimiento y almacenar objetos de comunicación? ¿Qué tecnologías son las más adecuadas y eficientes en materia de costos para comunicarse con los interesados?

◆ **Idioma. El idioma es un factor primordial a considerar en las actividades de comunicación.** ¿Se utiliza un solo idioma o se utilizan varios idiomas? ¿Se han efectuado provisiones para ajustarse a la complejidad de los miembros del equipo de diferentes grupos lingüísticos?

◆ **Gestión del conocimiento.** ¿La organización cuenta con un repositorio formal de gestión del conocimiento? ¿Se utiliza el repositorio?

CONSIDERACIONES PARA ENTORNOS ÁGILES/ADAPTATIVOS

Los entornos de proyectos sujetos a diversos elementos de ambigüedad y cambio tienen una necesidad inherente de comunicar detalles cambiantes y emergentes con mayor frecuencia y rapidez. Esto motiva la racionalización del acceso de los miembros del equipo a la información, frecuentes controles del equipo, y la ubicación de los miembros del equipo en el mismo lugar tanto como sea posible.

Además, la publicación de los objetos del proyecto de manera transparente y la realización de revisiones periódicas de los interesados están destinadas a promover la comunicación con la dirección y los interesados.

10.1 PLANIFICAR LA GESTIÓN DE LAS COMUNICACIONES

Planificar la Gestión de las Comunicaciones es el proceso de desarrollar un enfoque y un plan apropiados para las actividades de comunicación del proyecto con base en las necesidades de información de cada interesado o grupo, en los activos de la organización disponibles y en las necesidades del proyecto. El beneficio clave de este proceso es un enfoque documentado para involucrar a los interesados de manera eficaz y eficiente mediante la presentación oportuna de información relevante. Este proceso se lleva a cabo periódicamente a lo largo del proyecto, según sea necesario. El Gráfico 10-2 ilustra las entradas, herramientas y técnicas, y salidas del proceso. El Gráfico 10-3 ilustra el diagrama de flujo de datos para el proceso.

Gráfico 10-2. Planificar la Gestión de las Comunicaciones: Entradas, Herramientas y Técnicas, y Salidas

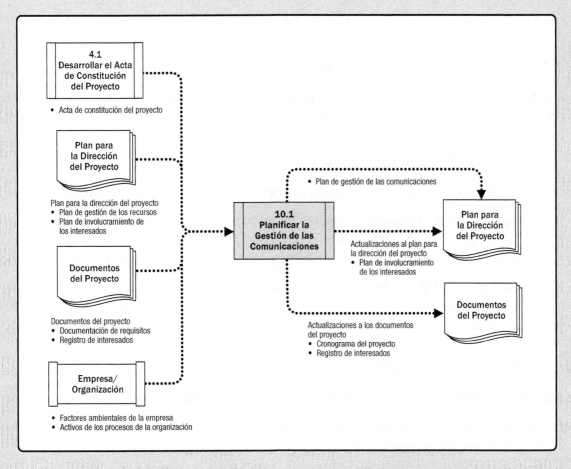

Gráfico 10-3. Planificar la Gestión de las Comunicaciones: Diagrama de Flujo de Datos

Tempranamente en el ciclo de vida del proyecto se desarrolla un plan eficaz de gestión de las comunicaciones que reconoce las diversas necesidades de información de los interesados del proyecto. El mismo debe revisarse periódicamente y modificarse cuando sea necesario, cuando cambia la comunidad de interesados o al inicio de cada nueva fase del proyecto.

En la mayoría de los proyectos, la planificación de las comunicaciones se realiza muy tempranamente, durante la identificación de los interesados y el desarrollo del plan para la dirección del proyecto.

Si bien todos los proyectos comparten la necesidad de comunicar información sobre el proyecto, las necesidades de información y los métodos de distribución pueden variar ampliamente. Además, durante este proceso se han de tener en cuenta y documentar los métodos de almacenamiento, recuperación y disposición final de la información del proyecto. Los resultados del proceso Planificar la Gestión de las Comunicaciones deben revisarse con regularidad a lo largo del proyecto y modificarse según sea necesario para asegurar la continuidad de su aplicabilidad.

10.1.1 PLANIFICAR LA GESTIÓN DE LAS COMUNICACIONES: ENTRADAS

10.1.1.1 ACTA DE CONSTITUCIÓN DEL PROYECTO

Descrita en la Sección 4.1.3.1. El acta de constitución del proyecto identifica la lista de interesados clave. También puede contener información sobre los roles y responsabilidades de los interesados.

10.1.1.2 PLAN PARA LA DIRECCIÓN DEL PROYECTO

Descrito en la Sección 4.2.3.1. Los componentes del plan para la dirección del proyecto incluyen, entre otros:

◆ **Plan de gestión de los recursos.** Descrito en la Sección 9.1.3.1. Proporciona una guía sobre cómo se categorizarán, asignarán, gestionarán y liberarán los recursos del equipo. Los miembros del equipo y los grupos pueden tener requisitos de comunicación que deben identificarse en el plan de gestión de las comunicaciones.

◆ **Plan de involucramiento de los interesados.** Descrito en la Sección 13.2.3.1. El plan de involucramiento de los interesados identifica las estrategias de gestión necesarias para involucrar a los interesados de manera eficaz. Estas estrategias a menudo se llevan a cabo a través de las comunicaciones.

10.1.1.3 DOCUMENTOS DEL PROYECTO

Los documentos del proyecto que pueden considerarse como entradas para este proceso incluyen, entre otros:

◆ **Documentación de requisitos.** Descrita en la Sección 5.2.3.1. La documentación de requisitos puede incluir comunicaciones con los interesados del proyecto.

◆ **Registro de interesados.** Descrito en la Sección 13.1.3.1. El registro de interesados se utiliza para planificar actividades de comunicación con los interesados.

10.1.1.4 FACTORES AMBIENTALES DE LA EMPRESA

Los factores ambientales de la empresa que pueden influir en el proceso Planificar la Gestión de las Comunicaciones incluyen, entre otros:

◆ Cultura, clima político y marco de gobernanza de la organización;

◆ Políticas de gestión de personal;

◆ Umbrales de riesgo de los interesados;

◆ Canales, herramientas y sistemas de comunicación establecidos;

◆ Tendencias, prácticas o hábitos globales, regionales o locales; y

◆ Distribución geográfica de instalaciones y recursos.

10.1.1.5 ACTIVOS DE LOS PROCESOS DE LA ORGANIZACIÓN

Los activos de los procesos de la organización que pueden influir en el proceso Planificar la Gestión de las Comunicaciones incluyen, entre otros:

◆ Políticas y procedimientos de la organización relativos a medios sociales, ética y seguridad;

◆ Políticas y procedimientos de la organización para la gestión de incidentes, riesgos, cambios y datos;

◆ Requisitos de comunicación de la organización;

◆ Guías estandarizadas para el desarrollo, intercambio, almacenamiento y recuperación de información;

◆ Información histórica y el repositorio de lecciones aprendidas; y

◆ Datos e información de proyectos anteriores acerca de los interesados y las comunicaciones.

10.1.2 PLANIFICAR LA GESTIÓN DE LAS COMUNICACIONES: HERRAMIENTAS Y TÉCNICAS

10.1.2.1 JUICIO DE EXPERTOS

Descrito en la Sección 4.1.2.1. Se debe tomar en cuenta la pericia de los individuos o grupos que tengan conocimientos especializados o capacitación en los siguientes temas:

◆ Política y estructuras de poder de la organización;

◆ Entorno y cultura de la organización y otras organizaciones de clientes;

◆ Enfoque y prácticas de gestión de cambios en la organización;

◆ Industria o tipo de entregables del proyecto;

◆ Tecnologías de comunicación de la organización;

◆ Políticas y procedimientos corporativos relativos a los requisitos legales de las comunicaciones de la organización;

◆ Políticas y procedimientos de la organización relativos a la seguridad; y

◆ Interesados, incluidos clientes o patrocinadores.

10.1.2.2 ANÁLISIS DE REQUISITOS DE COMUNICACIÓN

El análisis de los requisitos de comunicación determina las necesidades de información de los interesados del proyecto. Estos requisitos se definen combinando el tipo y el formato de la información necesaria con un análisis del valor de dicha información.

Las fuentes de información normalmente utilizadas para identificar y definir los requisitos de comunicación del proyecto incluyen, entre otras:

◆ Requisitos de información y comunicación de los interesados provenientes del registro de interesados y el plan de involucramiento de los interesados;

◆ Cantidad de canales o vías de comunicación potenciales, incluidas las comunicaciones uno a uno, uno a muchos, y muchos a muchos;

◆ Organigramas;

◆ Organización del proyecto y responsabilidad, relaciones e interdependencias de los interesados;

◆ Enfoque de desarrollo;

◆ Disciplinas, departamentos y especialidades involucrados en el proyecto;

◆ Logística del número de personas que estarán involucradas en el proyecto y en qué ubicaciones;

◆ Necesidades de información interna (p.ej., comunicaciones dentro del ámbito de las organizaciones);

◆ Necesidades de información externa (p.ej., comunicaciones con los medios, el público o los contratistas); y

◆ Requisitos legales.

10.1.2.3 TECNOLOGÍA DE LA COMUNICACIÓN

Los métodos utilizados para transferir información entre los interesados del proyecto pueden variar considerablemente. Los métodos comunes utilizados para el intercambio de información y la colaboración incluyen conversaciones, reuniones, documentos escritos, bases de datos, medios sociales y sitios web.

Los factores que pueden influir en la selección de la tecnología de la comunicación incluyen:

◆ **Urgencia de la necesidad de información.** La urgencia, la frecuencia y el formato de la información a comunicar pueden variar de un proyecto a otro y también entre las diferentes fases de un proyecto.

◆ **Disponibilidad y confiabilidad de la tecnología.** La tecnología requerida para la distribución de los objetos de comunicación del proyecto debe estar disponible y ser compatible y accesible para todos los interesados a lo largo del proyecto.

◆ **Facilidad de uso.** La selección de las tecnologías de comunicación debe ser adecuada para los participantes del proyecto y deben planificarse eventos de capacitación apropiados, cuando sea pertinente.

◆ **Entorno del proyecto.** El hecho de si el equipo se va a reunir y operar cara a cara o en un entorno virtual, si van a estar ubicados en una o varias zonas horarias, si van a utilizar varios idiomas para la comunicación, y finalmente, la posible existencia de cualquier otro factor ambiental del proyecto, como diversos aspectos de la cultura, pueden limitar la eficiencia de la comunicación.

◆ **Sensibilidad y confidencialidad de la información.** Algunos aspectos a considerar son:

■ Si la información a comunicar es sensible o confidencial. En caso afirmativo, pueden ser necesarias medidas de seguridad adicionales.

■ Políticas de medios sociales para los empleados, a fin de garantizar el comportamiento adecuado, la seguridad y la protección de información privilegiada.

10.1.2.4 MODELOS DE COMUNICACIÓN

Los modelos de comunicación pueden representar el proceso de comunicación en su forma lineal más básica (emisor y receptor), en una forma más interactiva que abarque el elemento adicional de la retroalimentación (emisor, receptor y retroalimentación), o mediante un modelo más complejo que incorpore los elementos humanos del (de los) emisor(es) o receptor(es) e intente reflejar la complejidad de cualquier comunicación que involucra personas.

◆ **Muestra de modelo básico de comunicación emisor/receptor.** Este modelo describe la comunicación como un proceso y consta de dos partes, denominadas emisor y receptor. Se ocupa de asegurar que el mensaje sea entregado, más que comprendido. La secuencia de pasos de un modelo básico de comunicación es la siguiente:

■ *Codificar.* El mensaje se codifica en símbolos, tales como texto, sonido o algún otro medio para la transmisión (emisión).

■ *Transmitir el mensaje.* El mensaje es enviado a través de un canal de comunicación. La transmisión de este mensaje se puede ver comprometida por diversos factores físicos como la falta de familiaridad con la tecnología o una infraestructura inadecuada. El ruido y otros factores pueden estar presentes y contribuir a la pérdida de información en la transmisión y/o recepción del mensaje.

■ *Descodificar.* Los datos recibidos son traducidos de nuevo por el receptor en una forma útil para el receptor.

◆ **Muestra de modelo de comunicación interactiva.** Este modelo también describe la comunicación como un proceso que consta de dos partes, el emisor y el receptor, pero reconoce la necesidad de asegurar que el mensaje haya sido comprendido. En este modelo, el ruido incluye cualquier interferencia o barrera que pueda comprometer la comprensión del mensaje, como la distracción del receptor, variaciones en las percepciones de los receptores, o la falta de interés o conocimientos adecuados. Los pasos adicionales de un modelo de comunicación interactiva son:

■ *Confirmar.* Una vez recibido un mensaje, el receptor puede indicar (confirmar) la recepción del mismo, lo que no significa necesariamente que esté de acuerdo con él o que lo comprenda—simplemente que se ha recibido.

■ *Retroalimentación/respuesta.* Una vez descodificado y comprendido el mensaje recibido, el receptor codifica pensamientos e ideas en un mensaje y posteriormente lo transmite al emisor original. Si el emisor percibe que la retroalimentación coincide con el mensaje original, la comunicación ha sido exitosa. En la comunicación entre personas, la retroalimentación puede lograrse escuchando de forma activa, como se describe en la Sección 10.2.2.6.

Como parte del proceso de comunicación, el emisor es responsable de la transmisión del mensaje, asegurando que la información que está comunicando es clara y completa y confirmando que el mensaje es interpretado correctamente. El receptor es responsable de cerciorarse de que la información sea recibida en su totalidad, interpretada correctamente y confirmada o respondida adecuadamente. Estos componentes tienen lugar en un entorno donde probablemente habrá ruido y otras barreras para una comunicación eficaz.

La comunicación intercultural presenta desafíos para asegurar que el significado del mensaje se haya comprendido. Las diferencias en los estilos de comunicación pueden surgir a partir de diferencias en los métodos de trabajo, edad, nacionalidad, disciplina profesional, etnia, raza o género. Las personas de diferentes culturas se comunican utilizando diferentes lenguajes (p.ej., documentos de diseño técnico, diferentes estilos) y esperan diferentes procesos y protocolos.

El modelo de comunicación que muestra el Gráfico 10-4 incorpora la idea de que el mensaje en sí mismo y la forma en que se transmite dependen del estado emocional actual, el conocimiento, los antecedentes, la personalidad, la cultura y las predisposiciones del emisor. De modo similar, el estado emocional, el conocimiento, los antecedentes, la personalidad, la cultura y las predisposiciones del receptor influirán en la forma en que se recibe e interpreta el mensaje, y contribuirán a las barreras o al ruido.

Este modelo de comunicación y sus mejoras pueden ayudar a desarrollar estrategias y planes de comunicación para las comunicaciones persona a persona o incluso de un grupo pequeño a otro grupo pequeño. No es de utilidad para otros objetos de comunicación como correos electrónicos, mensajes de difusión o medios sociales.

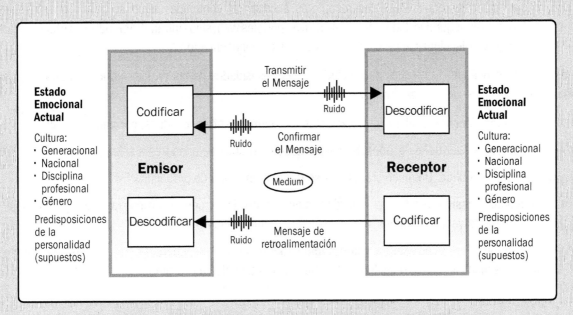

Gráfico 10-4. Modelo de Comunicación para la Comunicación Intercultural

10.1.2.5 MÉTODOS DE COMUNICACIÓN

Existen varios métodos de comunicación que se emplean para compartir la información entre los interesados del proyecto. De manera general, estos métodos pueden clasificarse en:

◆ **Comunicación interactiva.** Entre dos o más partes que realizan un intercambio de información de tipo multidireccional en tiempo real. Emplea objetos de comunicación tales como reuniones, llamadas telefónicas, mensajería instantánea, algunas formas de medios sociales y videoconferencias.

◆ **Comunicación de tipo push (empujar).** Enviada o distribuida directamente a receptores específicos que necesitan recibir la información. Esto asegura la distribución de la información, pero no garantiza que efectivamente haya llegado ni sea comprendida por la audiencia prevista. Los objetos de comunicación de tipo push incluyen cartas, memorandos, informes, correos electrónicos, faxes, correos de voz, blogs y comunicados de prensa.

◆ **Comunicación de tipo pull (tirar).** Utilizada para conjuntos de información complejos y voluminosos, o para audiencias grandes; requiere que los receptores accedan al contenido según su propio criterio sujetos a procedimientos de seguridad. Estos métodos incluyen portales web, sitios intranet, aprendizaje virtual (e-learning), bases de datos de lecciones aprendidas o repositorios de conocimiento.

Se deben aplicar diferentes enfoques para satisfacer las necesidades de las principales formas de comunicación definidas en el plan de gestión de las comunicaciones:

◆ **Comunicación interpersonal.** La información se intercambia entre individuos, normalmente cara a cara.

◆ **Comunicación en pequeños grupos.** Se lleva a cabo en grupos de unas tres a seis personas.

◆ **Comunicación pública.** Un único orador que se dirige a un grupo de personas.

◆ **Comunicación masiva.** Existe una conexión mínima entre la persona o grupo que envía el mensaje y los grupos grandes, a veces anónimos, a quienes está dirigida la información.

◆ **Comunicación a través de redes y computación social.** Apoya las tendencias emergentes en comunicación de muchos a muchos, con el respaldo de los medios y la tecnología de computación social.

Los objetos y métodos de comunicación posibles incluyen, entre otros:

◆ Paneles informativos,

◆ Boletines informativos/revistas internas/revistas electrónicas,

◆ Cartas al personal/voluntarios,

◆ Comunicados de prensa,

◆ Informes anuales,

◆ Correos electrónicos e intranets,

◆ Portales web y otros repositorios de información (para comunicación de tipo pull),

◆ Conversaciones telefónicas,

◆ Presentaciones,

◆ Sesiones informativas de equipo/reuniones grupales,

◆ Grupos focales,

◆ Reuniones cara a cara formales o informales entre diferentes interesados,

◆ Grupos de consulta o foros de personal, y

◆ Medios y tecnología de computación social.

10.1.2.6 HABILIDADES INTERPERSONALES Y DE EQUIPO

Las habilidades interpersonales y de equipo que pueden utilizarse en este proceso incluyen, entre otras:

◆ **Evaluación de estilos de comunicación.** Técnica utilizada para evaluar los estilos de comunicación e identificar el método, formato y contenido preferidos de la comunicación durante las actividades de comunicación planificadas. A menudo usada con interesados poco colaboradores, esta evaluación puede suceder a una evaluación del involucramiento de los interesados (descrita en la Sección 13.2.2.5), a fin de identificar brechas en el involucramiento de los mismos que requieran otras actividades y objetos de comunicación adaptados.

◆ **Conciencia política.** La conciencia política ayuda al director del proyecto a planificar las comunicaciones en base al entorno del proyecto y al entorno político de la organización. La conciencia política tiene que ver con el reconocimiento de las relaciones de poder, tanto formales como informales, y también con la voluntad de operar en el marco de estas estructuras. Comprender las estrategias de la organización, saber quién ejerce poder e influencia en este ámbito, y desarrollar la capacidad de comunicarse con estos interesados, son todos aspectos que hacen a la conciencia política.

◆ **Conciencia cultural.** La conciencia cultural hace referencia a la comprensión de las diferencias entre individuos, grupos y organizaciones y a la adaptación de la estrategia de comunicación del proyecto en el contexto de estas diferencias. Esta conciencia y cualquier acción consecuente minimiza los malentendidos y la mala comunicación que pueden resultar de las diferencias culturales dentro de la comunidad de interesados del proyecto. La conciencia cultural y la sensibilidad cultural ayudan al director del proyecto a planificar las comunicaciones en base a los requisitos y las diferencias culturales de los interesados y los miembros del equipo.

10.1.2.7 REPRESENTACIÓN DE DATOS

Entre las técnicas de representación de datos que pueden utilizarse para este proceso se incluye, entre otras, la matriz de evaluación del involucramiento de los interesados. Descrita en la Sección 13.2.2.5. La matriz de evaluación del involucramiento de los interesados, como se muestra en el Gráfico 13-6, presenta las brechas entre los niveles de participación actual y deseado de los interesados individuales; la misma puede continuar analizándose en este proceso para identificar requisitos de comunicación adicionales (más allá de los informes periódicos) como método para cerrar las brechas en el nivel de participación.

10.1.2.8 REUNIONES

Las reuniones del proyecto pueden incluir reuniones virtuales (reuniones electrónicas) o cara a cara, y pueden apoyarse con tecnologías de colaboración en documentos, incluidos mensajes de correo electrónico y sitios web del proyecto. El proceso Planificar la Gestión de las Comunicaciones necesita de la discusión con el equipo del proyecto a fin de determinar la manera más adecuada de actualizar y comunicar la información del proyecto, y de responder a las solicitudes de información por parte de los diferentes interesados.

10.1.3 PLANIFICAR LA GESTIÓN DE LAS COMUNICACIONES: SALIDAS

10.1.3.1 PLAN DE GESTIÓN DE LAS COMUNICACIONES

El plan de gestión de las comunicaciones es un componente del plan para la dirección del proyecto que describe la forma en que se planificarán, estructurarán, implementarán y monitorearán las comunicaciones del proyecto para lograr la eficacia. El plan contiene la siguiente información:

◆ Requisitos de comunicación de los interesados;

◆ Información a comunicar, incluidos el idioma, formato, contenido y nivel de detalle;

◆ Procesos de escalamiento;

◆ Motivo de la distribución de dicha información;

◆ Plazo y frecuencia para la distribución de la información requerida y para la recepción de la confirmación o respuesta, si corresponde;

◆ Persona responsable de comunicar la información;

◆ Persona responsable de autorizar la divulgación de información confidencial;

◆ Persona o grupos que recibirán la información, incluida información sobre sus necesidades, requisitos y expectativas;

◆ Métodos o tecnologías utilizados para transmitir la información, tales como memorandos, correo electrónico, comunicados de prensa o medios sociales;

◆ Recursos asignados a las actividades de comunicación, incluidos el tiempo y el presupuesto;

◆ Método para actualizar y refinar el plan de gestión de las comunicaciones conforme el proyecto avanza y se desarrolla, como cuando la comunidad de interesados cambia a medida que el proyecto atraviesa diferentes fases;

◆ Glosario de la terminología común;

◆ Diagramas de flujo de la información que circula dentro del proyecto, flujos de trabajo con la posible secuencia de autorizaciones, lista de informes, planes de reuniones, etc.; y

◆ Restricciones derivadas de la legislación o normativa específica, de la tecnología, de las políticas de la organización, etc.

El plan de gestión de las comunicaciones puede incluir guías y plantillas para las reuniones sobre el estado del proyecto, las reuniones del equipo del proyecto, las reuniones electrónicas y los mensajes de correo electrónico. Se puede incluir el uso de un sitio web y de software de gestión de proyectos si se han de utilizar en el marco del proyecto.

10.1.3.2 ACTUALIZACIONES DEL PLAN PARA LA DIRECCIÓN DEL PROYECTO

Cualquier cambio en el plan para la dirección del proyecto pasa por el proceso de control de cambios de la organización mediante una solicitud de cambio. Los componentes que pueden requerir una solicitud de cambio para el plan para la dirección del proyecto incluyen, entre otros, el plan de involucramiento de los interesados, el cual se describe en la Sección 13.2.3.1. El plan de involucramiento de los interesados se actualiza para reflejar cualquier proceso, procedimiento, herramienta o técnica que afecte el involucramiento de los interesados en las decisiones y en la ejecución del proyecto.

10.1.3.3 ACTUALIZACIONES A LOS DOCUMENTOS DEL PROYECTO

Los documentos del proyecto que pueden actualizarse como resultado de llevar a cabo este proceso incluyen, entre otros:

◆ **Cronograma del proyecto.** Descrito en la Sección 6.5.3.2. El cronograma del proyecto puede actualizarse para reflejar las actividades de comunicación.

◆ **Registro de interesados.** Descrito en la Sección 13.1.3.1. El registro de interesados puede actualizarse para reflejar las comunicaciones planificadas.

10.2 GESTIONAR LAS COMUNICACIONES

Gestionar las Comunicaciones es el proceso de garantizar que la recopilación, creación, distribución, almacenamiento, recuperación, gestión, monitoreo y disposición final de la información del proyecto sean oportunos y adecuados. El beneficio clave de este proceso es que permite un flujo de información eficaz y eficiente entre el equipo del proyecto y los interesados. Este proceso se lleva a cabo a lo largo de todo el proyecto.

El proceso Gestionar las Comunicaciones identifica todos los aspectos de una comunicación eficaz, incluida la selección de tecnologías, métodos y técnicas adecuados. Además, debería permitir que haya flexibilidad en las actividades de comunicación, permitiendo ajustes de los métodos y técnicas para dar cabida a las necesidades cambiantes de los interesados y del proyecto. El Gráfico 10-5 muestra las entradas, herramientas, técnicas y salidas de este proceso. El Gráfico 10-6 muestra el diagrama de flujo de datos del proceso Gestionar las Comunicaciones.

Gestionar las Comunicaciones

Entradas

.1 Plan para la dirección del proyecto
- Plan de gestión de los recursos
- Plan de gestión de las comunicaciones
- Plan de involucramiento de los interesados

.2 Documentos del proyecto
- Registro de cambios
- Registro de incidentes
- Registro de lecciones aprendidas
- Informe de calidad
- Informe de riesgos
- Registro de interesados

.3 Informes de desempeño del trabajo

.4 Factores ambientales de la empresa

.5 Activos de los procesos de la organización

Herramientas y Técnicas

.1 Tecnología de la comunicación

.2 Métodos de comunicación

.3 Habilidades de comunicación
- Competencia comunicativa
- Retroalimentación
- No verbal
- Presentaciones

.4 Sistema de información para la dirección de proyectos

.5 Presentación de informes del proyecto

.6 Habilidades interpersonales y de equipo
- Escuchar de forma activa
- Gestión de conflictos
- Conciencia cultural
- Gestión de reuniones
- Creación de relaciones de trabajo
- Conciencia política

.7 Reuniones

Salidas

.1 Comunicaciones del proyecto

.2 Actualizaciones al plan para la dirección del proyecto
- Plan de gestión de las comunicaciones
- Plan de involucramiento de los interesados

.3 Actualizaciones a los documentos del proyecto
- Registro de incidentes
- Registro de lecciones aprendidas
- Cronograma del proyecto
- Registro de riesgos
- Registro de interesados

.4 Actualizaciones a los activos de los procesos de la organización

Gráfico 10-5. Gestionar las Comunicaciones: Entradas, Herramientas y Técnicas, y Salidas

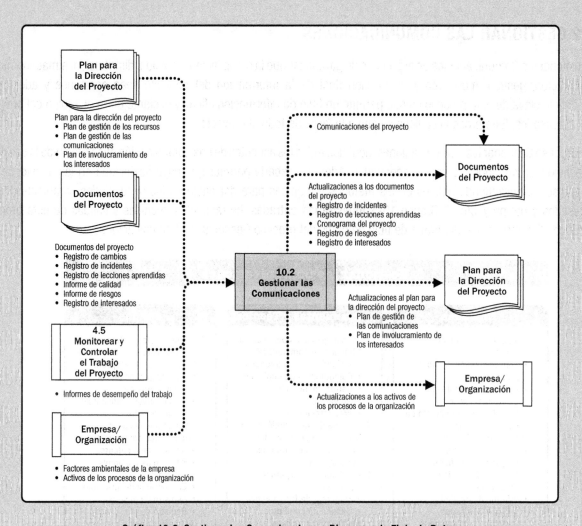

Gráfico 10-6. Gestionar las Comunicaciones: Diagrama de Flujo de Datos

Este proceso va más allá de la distribución de información relevante y procura asegurar que la información que se comunica a los interesados del proyecto haya sido generada y formateada adecuadamente, y recibida por la audiencia prevista. También proporciona oportunidades para que los interesados realicen solicitudes de información adicional, de aclaración y de discusión. Las técnicas y consideraciones para lograr una gestión eficaz de las comunicaciones incluyen, entre otras:

◆ **Modelos emisor-receptor.** Incorporar ciclos de retroalimentación para proporcionar oportunidades de interacción/participación y eliminar las barreras para una comunicación eficaz.

◆ **Elección de los medios.** Decisiones sobre la aplicación de objetos de comunicación para satisfacer necesidades específicas del proyecto, tales como cuándo es preferible una comunicación escrita u oral, cuándo preparar un memorando informal o un informe formal, y cuándo utilizar opciones de tipo push/pull y la elección de la tecnología adecuada.

◆ **Estilo de redacción.** Uso apropiado de la voz activa frente a la voz pasiva, estructura de las oraciones y selección de palabras.

◆ **Gestión de reuniones.** Descrita en la Sección 10.2.2.6. Preparar una agenda, invitar a los participantes esenciales y garantizar su asistencia. Abordar los conflictos propios de la reunión o los que resultan de un seguimiento inadecuado del acta y las acciones, o de la asistencia de personas equivocadas.

◆ **Presentaciones.** Conciencia del impacto del lenguaje corporal y el diseño de ayudas visuales.

◆ **Facilitación.** Descrita en la Sección 4.1.2.3. Construir el consenso y superar los obstáculos, como dinámicas de grupos difíciles, y mantener el interés y el entusiasmo entre los miembros del grupo.

◆ **Escuchar de forma activa.** Descrito en la Sección 10.2.2.6. Escuchar de forma activa implica captar, aclarar y confirmar, comprender y eliminar las barreras que afectan negativamente a la comprensión.

10.2.1 GESTIONAR LAS COMUNICACIONES: ENTRADAS

10.2.1.1 PLAN PARA LA DIRECCIÓN DEL PROYECTO

Descrito en la Sección 4.2.3.1. Los componentes del plan para la dirección del proyecto incluyen, entre otros:

◆ **Plan de gestión de los recursos.** Descrito en la Sección 9.1.3.1. El plan de gestión de los recursos describe las comunicaciones necesarias para la gestión de los recursos físicos o del equipo.

◆ **Plan de gestión de las comunicaciones.** Descrito en la Sección 10.1.3.1. El plan de gestión de las comunicaciones describe la forma en que se planificarán, estructurarán, monitorearán y controlarán las comunicaciones del proyecto.

◆ **Plan de involucramiento de los interesados.** Descrito en detalle en la Sección 13.2.3.1. El plan de involucramiento de los interesados describe cómo se involucrará a los interesados a través de estrategias de comunicación adecuadas.

10.2.1.2 DOCUMENTOS DEL PROYECTO

Los documentos del proyecto que pueden ser considerados como entradas para este proceso incluyen, entre otros:

◆ **Registro de cambios.** Descrito en la Sección 4.6.3.3. El registro de cambios se utiliza para comunicar cambios y solicitudes de cambio aprobadas, aplazadas y rechazadas a los interesados afectados.

◆ **Registro de incidentes.** Descrito en la Sección 4.6.3.3. La información sobre los incidentes se comunica a los interesados afectados.

◆ **Registro de lecciones aprendidas.** Descrito en la Sección 4.4.3.1. Las lecciones aprendidas tempranamente en el proyecto con respecto a la gestión de las comunicaciones pueden aplicarse a fases más tardías del proyecto para mejorar la eficiencia y la eficacia de las comunicaciones y el proceso de comunicación.

◆ **Informe de calidad.** Descrito en la Sección 8.2.3.1. La información del informe de calidad incluye problemas de calidad, mejoras en los proyectos y productos, y mejoras en los procesos. Esta información se transfiere a aquellos que pueden tomar acciones correctivas a fin de lograr las expectativas de calidad del proyecto.

◆ **Informe de riesgos.** Descrito en la Sección 11.2.3.2. El informe de riesgos presenta información sobre las fuentes de riesgo general del proyecto, junto con información resumida sobre los riesgos individuales del proyecto identificados. Esta información se comunica a los dueños del riesgo y a otros interesados afectados.

◆ **Registro de interesados.** Descrito en la Sección 13.1.3.1. El registro de interesados identifica a los individuos, grupos u organizaciones que necesitarán diversos tipos de información.

10.2.1.3 INFORMES DE DESEMPEÑO DEL TRABAJO

Descritos en la Sección 4.5.3.1. Los informes de desempeño del trabajo son distribuidos entre los interesados del proyecto a través de este proceso, tal como se define en el plan de gestión de las comunicaciones. Entre los ejemplos de informes de desempeño del trabajo se pueden citar los informes de estado y los informes de avance. Los informes de desempeño del trabajo pueden contener gráficos e información sobre el valor ganado, líneas de tendencia y pronósticos, gráficas de consumo de reservas, histogramas de defectos, información sobre la ejecución de los contratos y resúmenes de riesgos. Pueden presentarse como tableros, informes de calor ("heat reports"), cuadros de mandos tipo semáforo u otras representaciones útiles para crear conciencia y generar decisiones y acciones.

10.2.1.4 FACTORES AMBIENTALES DE LA EMPRESA

Los factores ambientales de la empresa que pueden influir en este proceso incluyen, entre otros:

◆ Cultura, clima político y marco de gobernanza de la organización;

◆ Políticas de gestión de personal;

◆ Umbrales de riesgo de los interesados;

◆ Canales, herramientas y sistemas de comunicación establecidos;

◆ Tendencias globales, regionales o locales y prácticas o hábitos; y

◆ Distribución geográfica de instalaciones y recursos.

10.2.1.5 ACTIVOS DE LOS PROCESOS DE LA ORGANIZACIÓN

Los activos de los procesos de la organización que pueden influir en este proceso incluyen, entre otros:

◆ Políticas y procedimientos corporativos relativos a medios sociales, ética y seguridad;

◆ Políticas y procedimientos corporativos para la gestión de incidentes, riesgos, cambios y datos;

◆ Requisitos de comunicación de la organización;

◆ Guías estandarizadas para el desarrollo, intercambio, almacenamiento y recuperación de información; e

◆ Información histórica procedente de proyectos anteriores, incluido el repositorio de lecciones aprendidas.

10.2.2 GESTIONAR LAS COMUNICACIONES: HERRAMIENTAS Y TÉCNICAS

10.2.2.1 TECNOLOGÍA DE LA COMUNICACIÓN

Descrita en la Sección 10.1.2.3. Los factores que influyen en la tecnología incluyen si el equipo está ubicado en un mismo lugar, la confidencialidad de cualquier información que necesite ser compartida, los recursos disponibles para los miembros del equipo y cómo la cultura de la organización influye en la manera en que las reuniones y discusiones suelen llevarse a cabo.

10.2.2.2 MÉTODOS DE COMUNICACIÓN

Descritos en la Sección 10.1.2.5. La selección de los métodos de comunicación debería permitir flexibilidad en caso de que los miembros de la comunidad de interesados o sus necesidades y expectativas cambien.

10.2.2.3 HABILIDADES DE COMUNICACIÓN

Las técnicas de comunicación que pueden utilizarse para este proceso incluyen, entre otras:

◆ **Competencia en comunicación.** Una combinación de habilidades de comunicación adaptadas que considera factores como la claridad del propósito en los mensajes clave, las relaciones y el intercambio de información eficaces, y los comportamientos de liderazgo.

◆ **Retroalimentación.** La retroalimentación consiste en información sobre las reacciones a las comunicaciones, a un entregable o a una situación. La retroalimentación apoya la comunicación interactiva entre el director del proyecto, el equipo y todos los demás interesados del proyecto. Entre los ejemplos se incluyen coaching, tutoría y negociación.

◆ **No verbal.** Entre los ejemplos de comunicación no verbal se incluye el lenguaje corporal adecuado para transmitir significado a través de gestos, tono de voz y expresiones faciales. La imitación (mirroring) y el contacto visual también son técnicas importantes. Los miembros del equipo deben ser conscientes del modo en que se están expresando, tanto a través de lo que dicen como de lo que no dicen.

◆ **Presentaciones.** Una presentación es la entrega formal de información y/o documentación. Las presentaciones claras y efectivas de la información del proyecto a los interesados relevantes pueden incluir, entre otros:

- Informes de avance y actualizaciones de información para los interesados;
- Antecedentes para apoyar la toma de decisiones;
- Información general acerca del proyecto y sus objetivos, con el fin de elevar el perfil del trabajo del proyecto y el equipo; e
- Información específica destinada a aumentar la comprensión y el apoyo del trabajo y los objetivos del proyecto.

Las presentaciones serán exitosas cuando el contenido y la forma de hablar tengan en cuenta lo siguiente:

- La audiencia, sus expectativas y necesidades; y
- Las necesidades y objetivos del proyecto y el equipo del proyecto.

10.2.2.4 SISTEMA DE INFORMACIÓN PARA LA DIRECCIÓN DE PROYECTOS (PMIS)

Descrito en la Sección 4.3.2.2. Los sistemas de información para la dirección de proyectos pueden asegurar que los interesados puedan recuperar fácilmente la información que necesitan de manera oportuna. La información del proyecto se gestiona y distribuye mediante la utilización de diferentes herramientas, entre las que se cuentan:

◆ **Herramientas electrónicas para la dirección de proyectos.** Software de gestión de proyectos, software de soporte para reuniones y oficinas virtuales, interfaces de red, portales y tableros especializados para proyectos y herramientas de gestión del trabajo colaborativo.

◆ **Gestión de comunicaciones electrónicas.** Correo electrónico, fax y correo de voz; audio conferencias, videoconferencias y conferencias web; y sitios y publicaciones web.

◆ **Gestión de medios sociales.** Sitios y publicaciones web; y blogs y aplicaciones que ofrecen la oportunidad de interactuar con los interesados y formar comunidades en línea.

10.2.2.5 GENERACIÓN DE INFORMES DEL PROYECTO

La generación de informes del proyecto es el acto de recopilar y distribuir información del proyecto. La información del proyecto se distribuye entre muchos grupos de interesados y debe adaptarse para proporcionar información a un nivel y con un formato y grado de detalle adecuados para cada tipo de interesado. El formato puede variar desde una comunicación sencilla hasta informes y presentaciones a la medida, más elaborados. La información puede prepararse periódicamente o de manera excepcional. Si bien los informes de desempeño del trabajo son la salida del proceso Monitorear y Controlar el Trabajo del Proyecto, este proceso desarrolla informes ad hoc, presentaciones del proyecto, blogs y otros tipos de comunicación acerca del proyecto.

10.2.2.6 HABILIDADES INTERPERSONALES Y DE EQUIPO

Las habilidades interpersonales y de equipo que pueden utilizarse en este proceso incluyen, entre otras:

◆ **Escuchar de forma activa.** Las técnicas que implican escuchar de forma activa implican captar, aclarar y confirmar, comprender y eliminar las barreras que afectan negativamente a la comprensión.

◆ **Gestión de conflictos.** Descrita en la Sección 9.5.2.1.

◆ **Conciencia cultural.** Descrita en la Sección 10.1.2.6.

◆ **Gestión de reuniones.** La gestión de reuniones consiste en tomar medidas para asegurar que las reuniones cumplan con sus objetivos previstos de manera eficaz y eficiente. Para la planificación de reuniones deben emplearse los siguientes pasos:

■ Preparar y distribuir la agenda, estableciendo los objetivos de la reunión.

■ Asegurar que las reuniones comiencen y finalicen a la hora publicada.

■ Cerciorarse de que los participantes adecuados estén invitados y asistan a la reunión.

■ Permanecer centrados en el tema.

■ Gestionar las expectativas, los incidentes y los conflictos durante la reunión.

■ Registrar todas las acciones, así como las personas a quienes se ha asignado la responsabilidad de completar la acción.

◆ **Creación de Relaciones de Trabajo.** La creación de relaciones de trabajo consiste en interactuar con otros para intercambiar información y desarrollar contactos. Las relaciones de trabajo (networking) proporcionan a los directores de proyecto y sus equipos el acceso a organizaciones informales para resolver problemas, influyen en las acciones de sus interesados e incrementan el apoyo por parte de los interesados al trabajo y los resultados del proyecto, mejorando así el desempeño.

◆ **Conciencia política.** Descrita en la Sección 10.1.2.6. La conciencia política ayuda al director del proyecto a involucrar adecuadamente a los interesados para conservar su apoyo a lo largo del proyecto.

10.2.2.7 REUNIONES

Las reuniones apoyan las acciones definidas en la estrategia de comunicación y el plan de comunicaciones.

10.2.3 GESTIONAR LAS COMUNICACIONES: SALIDAS

10.2.3.1 COMUNICACIONES DEL PROYECTO

Los objetos de comunicación del proyecto pueden incluir, entre otros: los informes de desempeño, el estado de los entregables, el avance del cronograma, los costos incurridos, las presentaciones y demás información requerida por los interesados.

10.2.3.2 ACTUALIZACIONES DEL PLAN PARA LA DIRECCIÓN DEL PROYECTO

Cualquier cambio en el plan para la dirección del proyecto pasa por el proceso de control de cambios de la organización mediante una solicitud de cambio. Los componentes del plan para la dirección del proyecto que pueden actualizarse como resultado de llevar a cabo este proceso incluyen, entre otros:

◆ **Plan de gestión de las comunicaciones.** Descrito en la Sección 10.1.3.1. Cuando como resultado de este proceso se realizan cambios en el enfoque de las comunicaciones del proyecto, estos cambios se reflejan en el plan de las comunicaciones del proyecto.

◆ **Plan de involucramiento de los interesados.** Descrito en la Sección 13.2.3.1. Los requisitos de comunicación de los interesados y las estrategias de comunicación acordadas se actualizan como resultado de este proceso.

10.2.3.3 ACTUALIZACIONES A LOS DOCUMENTOS DEL PROYECTO

Los documentos del proyecto que pueden actualizarse como resultado de llevar a cabo este proceso incluyen, entre otros:

◆ **Registro de incidentes.** Descrito en la Sección 4.3.3.3. El registro de incidentes se actualiza para reflejar cualquier incidente en la comunicación del proyecto, o el modo en que se han usado las comunicaciones para influir en los incidentes activos.

◆ **Registro de lecciones aprendidas.** Descrito en la Sección 4.4.3.1. El registro de lecciones aprendidas se actualiza con información sobre las dificultades encontradas y cómo podrían haberse evitado, así como los enfoques que han funcionado bien y lo que no ha funcionado bien para gestionar las comunicaciones.

◆ **Cronograma del proyecto.** Descrito en la Sección 6.5.3.2. El cronograma del proyecto se puede actualizar para reflejar el estado de las actividades de comunicación.

◆ **Registro de riesgos.** Descrito en la Sección 11.2.3.1. El registro de riesgos se actualiza para recolectar los riesgos asociados a la gestión de las comunicaciones.

◆ **Registro de interesados.** Descrito en la Sección 13.1.3.1. El registro de interesados se puede actualizar para incluir información sobre las actividades de comunicación con los interesados del proyecto.

10.2.3.4 ACTUALIZACIONES A LOS ACTIVOS DE LOS PROCESOS DE LA ORGANIZACIÓN

Los activos de los procesos de la organización que pueden actualizarse como resultado de este proceso incluyen, entre otros:

◆ Registros del proyecto tales como correspondencia, memorandos, actas de reuniones y otros documentos utilizados en el proyecto; e

◆ Informes y presentaciones del proyecto, tanto planificados como ad hoc.

10.3 MONITOREAR LAS COMUNICACIONES

Monitorear las Comunicaciones es el proceso de asegurar que se satisfagan las necesidades de información del proyecto y de sus interesados. El beneficio clave de este proceso es el flujo óptimo de información tal como se define en el plan de gestión de las comunicaciones y el plan de involucramiento de los interesados. Este proceso se lleva a cabo a lo largo de todo el proyecto. El Gráfico 10-7 muestra las entradas, herramientas y técnicas, y salidas del proceso. El Gráfico 10-8 representa el diagrama de flujo de datos para el proceso.

Monitorear las Comunicaciones

Entradas	Herramientas y Técnicas	Salidas
.1 Plan para la dirección del proyecto • Plan de gestión de los recursos • Plan de gestión de las comunicaciones • Plan de involucramiento de los interesados .2 Documentos del proyecto • Registro de incidentes • Registro de lecciones aprendidas • Comunicaciones del proyecto .3 Datos de desempeño del trabajo .4 Factores ambientales de la empresa .5 Activos de los procesos de la organización	.1 Juicio de expertos .2 Sistema de información para la dirección de proyectos .3 Representación de datos • Matriz de evaluación del involucramiento de los interesados .4 Habilidades interpersonales y de equipo • Observación/conversación .5 Reuniones	.1 Información de desempeño del trabajo .2 Solicitudes de cambio .3 Actualizaciones al plan para la dirección del proyecto • Plan de gestión de las comunicaciones • Plan de involucramiento de los interesados .4 Actualizaciones a los documentos del proyecto • Registro de incidentes • Registro de lecciones aprendidas • Registro de interesados

Gráfico 10-7. Monitorear las Comunicaciones: Entradas, Herramientas y Técnicas, y Salidas

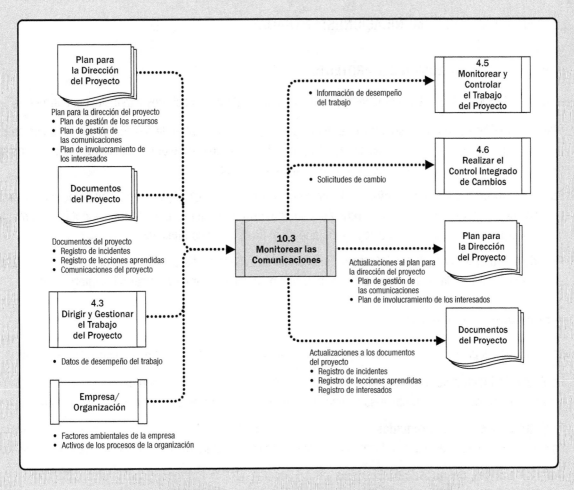

Gráfico 10-8. Monitorear las Comunicaciones: Diagrama de Flujo de Datos

Monitorear las Comunicaciones determina si los objetos y actividades de comunicación planificados han tenido el efecto deseado de aumentar o mantener el apoyo de los interesados a los entregables y los resultados esperados del proyecto. El impacto y las consecuencias de las comunicaciones del proyecto deben evaluarse y monitorearse cuidadosamente para asegurar que se entregue el mensaje adecuado con el contenido adecuado (igual significado para emisor y receptor) a la audiencia adecuada, a través del canal adecuado y en el momento adecuado. Monitorear las Comunicaciones puede requerir diversos métodos, tales como encuestas de satisfacción del cliente, recopilación de lecciones aprendidas, observaciones del equipo, revisión de los datos del registro de incidentes, o evaluación de los cambios en la matriz de evaluación del involucramiento de los interesados descrita en la Sección 13.2.2.5.

El proceso Monitorear las Comunicaciones puede desencadenar una iteración de los procesos Planificar la Gestión de las Comunicaciones y/o Gestionar las Comunicaciones a fin de mejorar la eficacia de la comunicación a través de planes y actividades de comunicación adicionales y posiblemente modificados. Dichas iteraciones ilustran la naturaleza continua de los procesos de Gestión de las Comunicaciones del Proyecto. Los incidentes o indicadores clave de desempeño, riesgos o conflictos pueden desencadenar una revisión inmediata.

10.3.1 MONITOREAR LAS COMUNICACIONES: ENTRADAS

10.3.1.1 PLAN PARA LA DIRECCIÓN DEL PROYECTO

Descrito en la Sección 4.2.3.1. Los componentes del plan para la dirección del proyecto incluyen, entre otros:

◆ **Plan de gestión de los recursos.** Descrito en la Sección 9.1.3.1. El plan de gestión de los recursos se puede utilizar para comprender la organización real del proyecto así como cualquier cambio a través de la compresión de los roles y responsabilidades y de los organigramas del proyecto.

◆ **Plan de gestión de las comunicaciones.** Descrito en la Sección 10.1.3.1. El plan de gestión de las comunicaciones contiene el plan actual para recopilar, crear y distribuir información de manera oportuna. Identifica los miembros del equipo, los interesados y el trabajo involucrado en el proceso de comunicación.

◆ **Plan de involucramiento de los interesados.** Descrito en la Sección 13.2.3.1. El plan de involucramiento de los interesados identifica las estrategias de comunicación planificadas para involucrar a los interesados.

10.3.1.2 DOCUMENTOS DEL PROYECTO

Los documentos del proyecto que pueden considerarse como entradas para este proceso incluyen, entre otros:

◆ **Registro de incidentes.** Descrito en la Sección 4.3.3.3. El registro de incidentes proporciona la historia del proyecto, un registro de los problemas de Involucramiento de los interesados y cómo se resolvieron.

◆ **Registro de lecciones aprendidas.** Descrito en la Sección 4.4.3.1. Las lecciones aprendidas tempranamente en el proyecto pueden aplicarse a fases más tardías del proyecto para mejorar la eficacia de la comunicación.

◆ **Comunicaciones del proyecto.** Descritas en la Sección 10.2.3.1. Proporciona información acerca de las comunicaciones que se han distribuido.

10.3.1.3 DATOS DE DESEMPEÑO DEL TRABAJO

Descritos en la Sección 4.3.3.2. Los datos de desempeño del trabajo contienen datos sobre los tipos y cantidades de comunicaciones que efectivamente se han distribuido.

10.3.1.4 FACTORES AMBIENTALES DE LA EMPRESA

Los factores ambientales de la empresa que pueden influir en el proceso Monitorear las Comunicaciones incluyen, entre otros:

◆ Cultura, clima político y marco de gobernanza de la organización;

◆ Canales, herramientas y sistemas de comunicación establecidos;

◆ Tendencias, prácticas o hábitos globales, regionales o locales; y

◆ Distribución geográfica de instalaciones y recursos..

10.3.1.5 ACTIVOS DE LOS PROCESOS DE LA ORGANIZACIÓN

Los activos de los procesos de la organización que pueden influir en el proceso Monitorear las Comunicaciones incluyen, entre otros:

◆ Políticas y procedimientos corporativos relativos a medios sociales, ética y seguridad;

◆ Requisitos de comunicación de la organización;

◆ Guías estandarizadas para el desarrollo, intercambio, almacenamiento y recuperación de información;

◆ Información histórica y repositorio de lecciones aprendidas de proyectos anteriores; y

◆ Datos e información de proyectos anteriores acerca de los interesados y las comunicaciones.

10.3.2 MONITOREAR LAS COMUNICACIONES: HERRAMIENTAS Y TÉCNICAS

10.3.2.1 JUICIO DE EXPERTOS

Descrito en la Sección 4.1.2.1. Se debe tomar en cuenta la pericia de los individuos o grupos que tengan conocimientos especializados o capacitación en los siguientes temas:

◆ Comunicaciones con el público, la comunidad, los medios, y en un entorno internacional, entre grupos virtuales; y

◆ Comunicaciones y sistemas de dirección de proyectos.

10.3.2.2 SISTEMA DE INFORMACIÓN PARA LA DIRECCIÓN DE PROYECTOS (PMIS)

Descrito en la Sección 4.3.2.2. Los sistemas de información para la dirección de proyectos proporcionan un conjunto de herramientas estándar para que el director del proyecto recolecte, almacene y distribuya a los interesados internos y externos la información que necesitan de acuerdo al plan de comunicaciones. La información contenida en el sistema se monitorea para evaluar su validez y eficacia.

10.3.2.3 REPRESENTACIÓN DE DATOS

Entre las técnicas de representación de datos que pueden utilizarse se incluye, entre otras, la matriz de evaluación del involucramiento de los interesados (Sección 13.2.2.5), que puede proporcionar información sobre la eficacia de las actividades de comunicación. Esto se logra revisando los cambios entre la participación deseada y la actual y ajustando las comunicaciones según sea necesario.

10.3.2.4 HABILIDADES INTERPERSONALES Y DE EQUIPO

Las habilidades interpersonales y de equipo que pueden utilizarse en este proceso incluyen, entre otras, la observación/conversación tal como se describe en la Sección 5.2.2.6. La discusión y el diálogo con el equipo del proyecto ayudan a determinar la manera más adecuada de actualizar y comunicar el desempeño del proyecto, y de responder a las solicitudes de información por parte de los interesados. La observación y la conversación permiten al director del proyecto identificar incidentes en el equipo, conflictos entre personas o problemas de desempeño individual.

10.3.2.5 REUNIONES

Las reuniones cara a cara o virtuales se utilizan para tomar decisiones, responder a las solicitudes de los interesados y mantener discusiones con proveedores, vendedores y otros interesados del proyecto.

10.3.3 MONITOREAR LAS COMUNICACIONES: SALIDAS

10.3.3.1 INFORMACIÓN DE DESEMPEÑO DEL TRABAJO

Descrita en la Sección 4.5.1.3. La información de desempeño del trabajo incluye información sobre el desempeño de la comunicación del proyecto, mediante la comparación de las comunicaciones implementadas con las planificadas. Asimismo considera la retroalimentación en las comunicaciones, como los resultados de encuestas de eficacia de la comunicación.

10.3.3.2 SOLICITUDES DE CAMBIO

Descritas en la Sección 4.3.3.4. El proceso Monitorear las Comunicaciones a menudo conduce a la necesidad de ajuste, acción e intervención en las actividades de comunicación definidas en el plan de gestión de las comunicaciones. Las solicitudes de cambio se procesan a través del proceso Realizar el Control Integrado de Cambios (Sección 4.6).

Estas solicitudes de cambio pueden conducir a:

◆ Revisión de los requisitos de comunicación de los interesados, incluidos la distribución, contenido o formato de la información de los interesados y el método de distribución; y

◆ Nuevos procedimientos para eliminar cuellos de botella.

10.3.3.3 ACTUALIZACIONES DEL PLAN PARA LA DIRECCIÓN DEL PROYECTO

Cualquier cambio en el plan para la dirección del proyecto pasa por el proceso de control de cambios de la organización mediante una solicitud de cambio. Los componentes que pueden requerir una solicitud de cambio para el plan para la dirección del proyecto incluyen, entre otros:

◆ **Plan de gestión de las comunicaciones.** Descrito en la Sección 10.1.3.1. El plan de gestión de las comunicaciones se actualiza con nueva información para que la comunicación se vuelva más eficaz.

◆ **Plan de involucramiento de los interesados.** Descrito en la Sección 13.2.3.1. El plan de involucramiento de los interesados se actualiza para reflejar la situación real de los interesados, sus necesidades de comunicación y su importancia.

10.3.3.4 ACTUALIZACIONES A LOS DOCUMENTOS DEL PROYECTO

Los documentos del proyecto que pueden actualizarse como resultado de llevar a cabo este proceso incluyen, entre otros:

◆ **Registro de incidentes.** Descrito en la Sección 4.3.3.3. El registro de incidentes se puede actualizar con nueva información sobre los incidentes que se presenten, su avance y resolución.

◆ **Registro de lecciones aprendidas.** Descrito en la Sección 4.4.3.1. El registro de lecciones aprendidas se puede actualizar con las causas de los incidentes, las razones detrás de las acciones correctivas elegidas y otras lecciones aprendidas sobre comunicación, según corresponda.

◆ **Registro de interesados.** Descrito en la Sección 13.1.3.1. El registro de interesados se puede actualizar con la revisión de los requisitos de comunicación de los interesados.

11

GESTIÓN DE LOS RIESGOS DEL PROYECTO

La Gestión de los Riesgos del Proyecto incluye los procesos para llevar a cabo la planificación de la gestión, identificación, análisis, planificación de respuesta, implementación de respuesta y monitoreo de los riesgos de un proyecto. Los objetivos de la gestión de los riesgos del proyecto son aumentar la probabilidad y/o el impacto de los riesgos positivos y disminuir la probabilidad y/o el impacto de los riesgos negativos, a fin de optimizar las posibilidades de éxito del proyecto.

Los procesos de Gestión de los Riesgos del Proyecto son:

11.1 Planificar la Gestión de los Riesgos—El proceso de definir cómo realizar las actividades de gestión de riesgos de un proyecto.

11.2 Identificar los Riesgos—El proceso de identificar los riesgos individuales del proyecto, así como las fuentes de riesgo general del proyecto y documentar sus características.

11.3 Realizar el Análisis Cualitativo de Riesgos—El proceso de priorizar los riesgos individuales del proyecto para análisis o acción posterior, evaluando la probabilidad de ocurrencia e impacto de dichos riesgos, así como otras características.

11.4 Realizar el Análisis Cuantitativo de Riesgos—El proceso de analizar numéricamente el efecto combinado de los riesgos individuales del proyecto identificados y otras fuentes de incertidumbre sobre los objetivos generales del proyecto.

11.5 Planificar la Respuesta a los Riesgos—El proceso de desarrollar opciones, seleccionar estrategias y acordar acciones para abordar la exposición al riesgo del proyecto en general, así como para tratar los riesgos individuales del proyecto.

11.6 Implementar la Respuesta a los Riesgos—El proceso de implementar planes acordados de respuesta a los riesgos.

11.7 Monitorear los Riesgos—El proceso de monitorear la implementación de los planes acordados de respuesta a los riesgos, hacer seguimiento a los riesgos identificados, identificar y analizar nuevos riesgos y evaluar la efectividad del proceso de gestión de los riesgos a lo largo del proyecto.

El Gráfico 11-1 muestra una descripción general de los procesos de Gestión de los Riesgos del Proyecto. Los procesos de Gestión de los Riesgos del Proyecto se presentan como procesos diferenciados con interfaces definidas, aunque en la práctica se superponen e interactúan entre ellos de formas que no pueden detallarse en su totalidad dentro de la *Guía del PMBOK®*.

Descripción General de la Gestión de los Riesgos del Proyecto

11.1 Planificar la Gestión de los Riesgos

.1 Entradas
  .1 Acta de constitución del proyecto
  .2 Plan para la dirección del proyecto
  .3 Documentos del proyecto
  .4 Factores ambientales de la empresa
  .5 Activos de los procesos de la organización

.2 Herramientas y Técnicas
  .1 Juicio de expertos
  .2 Análisis de datos
  .3 Reuniones

.3 Salidas
  .1 Plan de gestión de los riesgos

11.5 Planificar la Respuesta a los Riesgos

1 Entradas
  .1 Plan para la dirección del proyecto
  .2 Documentos del proyecto
  .3 Factores ambientales de la empresa
  .4 Activos de los procesos de la organización

.2 Herramientas y Técnicas
  .1 Juicio de expertos
  .2 Recopilación de datos
  .3 Habilidades interpersonales y de equipo
  .4 Estrategias para amenazas
  .5 Estrategias para oportunidades
  .6 Estrategias de respuesta a contingencias
  .7 Estrategias para el riesgo general del proyecto
  .8 Análisis de datos
  .9 Toma de decisiones

.3 Salidas
  .1 Solicitudes de cambio
  .2 Actualizaciones al plan para la dirección del proyecto
  .3 Actualizaciones a los documentos del proyecto

11.2 Identificar los Riesgos

.1 Entradas
  .1 Plan para la dirección del proyecto
  .2 Documentos del proyecto
  .3 Acuerdos
  .4 Documentación de las adquisiciones
  .5 Factores ambientales de la empresa
  .6 Activos de los procesos de la organización

.2 Herramientas y Técnicas
  .1 Juicio de expertos
  .2 Recopilación de datos
  .3 Análisis de datos
  .4 Habilidades interpersonales y de equipo
  .5 Listas rápidas
  .6 Reuniones

. 3 Salidas
  .1 Registro de riesgos
  .2 Informe de riesgos
  .3 Actualizaciones a los documentos del proyecto

11.6 Implementar la Respuesta a los Riesgos

.1 Entradas
  .1 Plan para la dirección del proyecto
  .2 Documentos del proyecto
  .3 Activos de los procesos de la organización

.2 Herramientas y Técnicas
  .1 Juicio de expertos
  .2 Habilidades interpersonales y de equipo
  .3 Sistema de información para la dirección de proyectos

.3 Salidas
  .1 Solicitudes de cambio
  .2 Actualizaciones a los documentos del proyecto

11.3 Realizar el Análisis Cualitativo de Riesgos

.1 Entradas
  .1 Plan para la dirección del proyecto
  .2 Documentos del proyecto
  .3 Factores ambientales de la empresa
  .4 Activos de los procesos de la organización

.2 Herramientas y Técnicas
  .1 Juicio de expertos
  .2 Recopilación de datos
  .3 Análisis de datos
  .4 Habilidades interpersonales y de equipo
  .5 Categorización de riesgos
  .6 Representación de datos
  .7 Reuniones

.3 Salidas
  .1 Actualizaciones a los documentos del proyecto

11.7 Monitorear los Riesgos

.1 Entradas
  .1 Plan para la dirección del proyecto
  .2 Documentos del proyecto
  .3 Datos de desempeño del trabajo
  .4 Informes de desempeño del trabajo

.2 Herramientas y Técnicas
  .1 Análisis de datos
  .2 Auditorías
  .3 Reuniones

.3 Salidas
  .1 Información de desempeño del trabajo
  .2 Solicitudes de cambio
  .3 Actualizaciones al plan para la dirección del proyecto
  .4 Actualizaciones a los documentos del proyecto
  .5 Actualizaciones a los activos de los procesos de la organización

11.4 Realizar el Análisis Cuantitativo de Riesgos

.1 Entradas
  .1 Plan para la dirección del proyecto
  .2 Documentos del proyecto
  .3 Factores ambientales de la empresa
  .4 Activos de los procesos de la organización

.2 Herramientas y Técnicas
  .1 Juicio de expertos
  .2 Recopilación de datos
  .3 Habilidades interpersonales y de equipo
  .4 Representaciones de la incertidumbre
  .5 Análisis de datos

.3 Salidas
  .1 Actualizaciones a los documentos del proyecto

Gráfico 11-1. Descripción General de la Gestión de los Riesgos del Proyecto

CONCEPTOS CLAVE PARA LA GESTIÓN DE LOS RIESGOS DEL PROYECTO

Todos los proyectos son riesgosos, ya que son emprendimientos únicos con diferentes grados de complejidad que tienen como objetivo ofrecer beneficios. Se dedican a esto dentro de un contexto de restricciones y suposiciones al tiempo que responden a las expectativas de los interesados, las que pueden ser contradictorias y cambiantes. Las organizaciones deben elegir enfrentar el riesgo del proyecto de una manera controlada e intencional para crear valor equilibrando al mismo tiempo el riesgo y la recompensa.

La Gestión de los Riesgos del Proyecto tiene como objetivo identificar y gestionar los riesgos que no estén contemplados en los demás procesos de la dirección de proyectos. Cuando no se manejan, estos riesgos tienen el potencial de hacer que el proyecto se desvíe del plan y no logre los objetivos definidos para el mismo. En consecuencia, la efectividad de la Gestión de los Riesgos del Proyecto está directamente relacionada con el éxito del mismo.

El riesgo existe en dos niveles dentro de cada proyecto. Cada proyecto presenta riesgos individuales que pueden afectar la consecución de los objetivos del mismo. También es importante tener en cuenta el grado de riesgo de la totalidad del proyecto, el que surge de la combinación de los riesgos individuales del proyecto y otras fuentes de incertidumbre. Los procesos de Gestión de los Riesgos del Proyecto abordan ambos niveles de riesgo en los proyectos, y estos se definen de la siguiente manera:

◆ **Riesgo individual del proyecto** es un evento o condición incierta que, si se produce, tiene un efecto positivo o negativo en uno o más de los objetivos del proyecto.

◆ **Riesgo general del proyecto** es el efecto de la incertidumbre sobre el proyecto en su conjunto, proveniente de todas las fuentes de incertidumbre incluidos riesgos individuales, que representa la exposición de los interesados a las implicancias de las variaciones en el resultado del proyecto, tanto positivas como negativas.

Los riesgos individuales del proyecto pueden tener un efecto positivo o negativo sobre los objetivos del proyecto, si se presentan. La Gestión de los Riesgos del Proyecto tiene como objetivo explotar o mejorar los riesgos positivos (oportunidades), evitando o mitigando al mismo tiempo los riesgos negativos (amenazas). Las amenazas no gestionadas pueden dar lugar a cuestiones o problemas tales como retrasos, sobrecostos, déficit en el desempeño o pérdida de reputación. Las oportunidades aprovechadas pueden conducir a beneficios tales como la reducción de tiempo y costo, mejora en el desempeño o buena reputación.

El Riesgo General del Proyecto también puede ser positivo o negativo. La gestión del riesgo general del proyecto tiene como objetivo mantener la exposición al riesgo del proyecto dentro de un rango aceptable, mediante la reducción de los impulsores de variación negativa, la promoción de los impulsores de variación positiva y la maximización de la probabilidad de lograr los objetivos generales del proyecto.

Los riesgos seguirán surgiendo durante la vida del proyecto, por lo que los procesos de Gestión de los Riesgos del Proyecto deben llevarse a cabo de manera iterativa. El riesgo es abordado inicialmente durante la planificación del proyecto mediante la configuración de la estrategia del proyecto. El riesgo también debe ser controlado y gestionado a medida que avanza el proyecto a fin de asegurar que el proyecto vaya por buen camino y se atiendan los riesgos emergentes.

Con el fin de gestionar el riesgo de manera efectiva en un proyecto en particular, el equipo del proyecto debe saber qué nivel de exposición al riesgo es aceptable para lograr los objetivos del proyecto. Esto es definido mediante umbrales de riesgo mensurables que reflejan el apetito al riesgo de la organización y de los interesados en el proyecto. Los umbrales de riesgo expresan el grado de variación aceptable en torno a un objetivo del proyecto. Son establecidos explícitamente, comunicados al equipo del proyecto y reflejados en las definiciones de los niveles de impacto de riesgo para el proyecto.

TENDENCIAS Y PRÁCTICAS EMERGENTES EN LA GESTIÓN DE LOS RIESGOS DEL PROYECTO

El enfoque de la gestión de los riesgos del proyecto se está ampliando a fin de asegurar que se consideren todos los tipos de riesgo, y que los riesgos del proyecto sean entendidos en un contexto más amplio. Las tendencias y prácticas emergentes para la Gestión de los Riesgos del Proyecto incluyen, entre otras:

◆ **Riesgos no relacionados con eventos.** La mayoría de los proyectos se centran sólo en riesgos que sean eventos futuros inciertos, que pueden o no ocurrir. Los ejemplos de riesgos basados en eventos incluyen: un vendedor clave podría cerrar su negocio durante el proyecto, el cliente cambiar los requisitos después de que el diseño esté completo, o un subcontratista podría proponer mejoras a los procesos operativos estándar.

Hay un creciente reconocimiento de que los riesgos no relacionados con eventos necesitan ser identificados y gestionados. Hay dos tipos principales de riesgos no relacionados con eventos:

■ *Riesgo de variabilidad.* Existe incertidumbre acerca de algunas características clave de un evento planificado, una actividad o una decisión. Los ejemplos de riesgos de variabilidad incluyen: la productividad puede estar por encima o por debajo del objetivo, el número de errores encontrados durante las pruebas puede ser mayor o menor de lo esperado, o se pueden producir condiciones climáticas no estacionales durante la fase de construcción.

■ *Riesgo de ambigüedad.* Existe incertidumbre acerca de lo que podría suceder en el futuro. Las áreas del proyecto donde el conocimiento imperfecto podría afectar la capacidad del proyecto para alcanzar sus objetivos incluyen: elementos de los requisitos o solución técnica, evolución futura de los marcos regulatorios o complejidad sistémica inherente en el proyecto.

Los riesgos de variabilidad pueden ser abordados mediante el análisis de Monte Carlo, con el rango de variación reflejado en distribuciones de probabilidad , seguido de acciones a fin de reducir la propagación de posibles resultados. Los riesgos de ambigüedad son gestionados mediante la definición de aquellas áreas donde existe un déficit de conocimiento o comprensión, llenando luego la brecha mediante la obtención de aportes por parte de expertos externos o mediante estudios comparativos con mejores prácticas. La ambigüedad también es abordada a través de desarrollo incremental, desarrollo de prototipos o simulación.

◆ **Capacidad de recuperación del proyecto.** La existencia de un riesgo emergente es cada vez más clara, con una conciencia cada vez mayor de las variables desconocidas-desconocidas. Estos son los riesgos que sólo pueden ser reconocidos después de que hayan ocurrido. Los riesgos emergentes pueden afrontarse mediante el desarrollo de la capacidad de recuperación del proyecto. Esto requiere que cada proyecto tenga:

- El nivel correcto de contingencia del presupuesto y del cronograma para riesgos emergentes, además de un presupuesto de riesgo específico para los riesgos conocidos;

- Procesos de proyecto flexibles que puedan hacer frente a los riesgos emergentes, manteniendo la orientación general hacia las metas del proyecto, incluyendo una robusta gestión del cambio;

- Un equipo de proyecto empoderado que tenga objetivos claros y que sea de confianza para ejecutar el trabajo dentro de los límites acordados;

- Revisión frecuente de los signos de alerta temprana a fin de identificar los riesgos emergentes lo más pronto posible; y

- Aportes claros por parte de los interesados a fin de aclarar las zonas donde el alcance o la estrategia del proyecto puedan ser ajustados en respuesta a los riesgos emergentes.

◆ **Gestión integrada de los riesgos.** Los proyectos existen en un contexto organizacional y pueden formar parte de un programa o de un portafolio. El riesgo existe en cada uno de estos niveles, y los riesgos deben ser asignados y gestionados en el nivel apropiado. Algunos de los riesgos identificados en los niveles superiores serán delegados al equipo del proyecto para su gestión, y algunos riesgos del proyecto pueden ser elevados a niveles superiores si se administran mejor fuera del proyecto. Un enfoque coordinado para la gestión de riesgos en toda la empresa garantiza la alineación y la coherencia en el modo en que el riesgo es gestionado a través de todos los niveles. Esto incorpora eficiencia ante los riesgos en la estructura de los programas y portafolios, proporcionando el mayor valor general para un determinado nivel de exposición al riesgo.

CONSIDERACIONES SOBRE ADAPTACIÓN

Debido a que cada proyecto es único, es necesario adaptar la forma en que se apliquen los procesos de Gestión de los Riesgos del Proyecto. Las consideraciones sobre adaptación incluyen, entre otras:

◆ **Tamaño del proyecto.** ¿El tamaño del proyecto en términos de presupuesto, duración, alcance o tamaño del equipo requiere un enfoque más detallado sobre la gestión del riesgo? ¿O es lo suficientemente pequeño como para justificar un proceso simplificado de riesgo?

◆ **Complejidad del proyecto.** ¿Los altos niveles de innovación, las nuevas tecnologías, los acuerdos comerciales, las interfaces o las dependencias externas que aumentan la complejidad del proyecto exigen un sólido enfoque sobre los riesgos? ¿O el proyecto es lo bastante sencillo para que sea suficiente un proceso de riesgo reducido?

◆ **Importancia del proyecto.** ¿Qué tan importante es el proyecto desde el punto de vista estratégico? ¿Aumenta el nivel de riesgo para este proyecto debido que tiene como objetivo producir oportunidades importantes, aborda bloqueos significativos del desempeño organizacional o involucra importantes innovaciones de productos?

◆ **Enfoque de desarrollo.** ¿Es este un proyecto en cascada donde los procesos de riesgo pueden ser seguidos secuencialmente y en forma iterativa?, ¿o sigue el proyecto un enfoque ágil, donde el riesgo es abordado al comienzo de cada iteración, así como durante la ejecución?

La adaptación de los procesos de Gestión de los Riesgos del Proyecto a fin de cumplir con estas consideraciones es parte del proceso Planificar la Gestión de los Riesgos, y los resultados de las decisiones sobre adaptación se registran en el plan de gestión de los riesgos.

CONSIDERACIONES PARA ENTORNOS ÁGILES/ADAPTATIVOS

Los entornos de alta variabilidad, por definición, incurren en mayores incertidumbre y riesgo. Para hacer frente a esto, los proyectos gestionados mediante enfoques adaptativos hacen uso de frecuentes revisiones de los productos de trabajo incrementales y de los equipos de proyecto multi-funcionales, a fin de acelerar el intercambio de conocimientos y garantizar que el riesgo sea comprendido y controlado. El riesgo se considera a la hora de seleccionar el contenido de cada iteración, y los riesgos también serán identificados, analizados y gestionados durante cada iteración.

Además, los requisitos se mantienen como un documento vigente que se actualiza regularmente, y las prioridades del trabajo se pueden cambiar conforme avanza el proyecto, basándose en una mejor comprensión de la exposición al riesgo actual.

11.1 PLANIFICAR LA GESTIÓN DE LOS RIESGOS

Planificar la Gestión de los Riesgos es el proceso de definir cómo realizar las actividades de gestión de riesgos de un proyecto. El beneficio clave de este proceso es que asegura que el nivel, el tipo y la visibilidad de gestión de riesgos son proporcionales tanto a los riesgos como a la importancia del proyecto para la organización y otros interesados. Este proceso se lleva a cabo una única vez o en puntos predefinidos del proyecto. El Gráfico 11-2 muestra las entradas, herramientas, técnicas y salidas del proceso. El Gráfico 11-3 representa el diagrama de flujo de datos para el proceso.

Gráfico 11-2. Planificar la Gestión de los Riesgos: Entradas, Herramientas y Técnicas, y Salidas

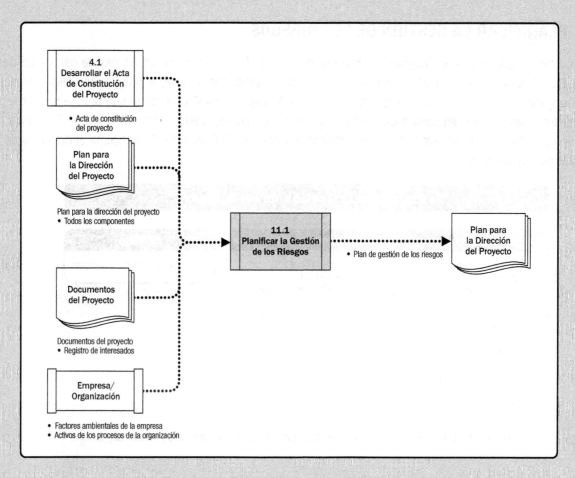

Gráfico 11-3. Planificar la Gestión de los Riesgos: Diagrama de Flujo de Datos

El proceso Planificar la Gestión de los Riesgos debe iniciarse tan pronto como se conciba el proyecto y debe completarse tempranamente durante el mismo. Puede que sea necesario volver a examinar este proceso posteriormente en el ciclo de vida del proyecto, por ejemplo, en un cambio de fase principal, o si el alcance del proyecto cambia significativamente, o si un examen posterior de la efectividad de la gestión de los riesgos determina que el proceso de Gestión de los Riesgos del Proyecto requiere modificación.

11.1.1 PLANIFICAR LA GESTIÓN DE LOS RIESGOS: ENTRADAS

11.1.1.1 ACTA DE CONSTITUCIÓN DEL PROYECTO

Descrito en la Sección 4.1.3.1. El acta de constitución del proyecto documenta la descripción de alto nivel del proyecto y sus límites, los requisitos de alto nivel y los riesgos.

11.1.1.2 PLAN PARA LA DIRECCIÓN DEL PROYECTO

Descrito en la Sección 4.2.3.1. Al planificar la Gestión de los Riesgos del Proyecto se deben tener en cuenta todos los planes secundarios de gestión aprobados, de manera que el plan de gestión de los riesgos resulte consistente con ellos. La metodología descrita en otros componentes del plan para la dirección del proyecto podría influir en el proceso Planificar la Gestión de los Riesgos.

11.1.1.3 DOCUMENTOS DEL PROYECTO

Los documentos del proyecto que pueden considerarse como entradas para este proceso incluyen, entre otros, el registro de interesados descrito en la Sección 13.1.3.1. El registro de interesados contiene detalles de los interesados en el proyecto y proporciona una visión general de sus roles en el proyecto y su actitud hacia el riesgo en este proyecto. Esto resulta útil en la determinación de roles y responsabilidades para la gestión de riesgos en el proyecto, así como el establecimiento de umbrales de riesgo para el proyecto.

11.1.1.4 FACTORES AMBIENTALES DE LA EMPRESA

Los factores ambientales de la empresa que pueden influir en el proceso Planificar la Gestión de los Riesgos incluyen, entre otros, los umbrales generales de riesgo establecidos por la organización o los interesados clave.

11.1.1.5 ACTIVOS DE LOS PROCESOS DE LA ORGANIZACIÓN

Los activos de los procesos de la organización que pueden influir en el proceso Planificar la Gestión de los Riesgos incluyen, entre otros:

◆ Política de riesgos de la organización;

◆ Categorías de riesgo, posiblemente organizadas en una estructura de desglose de riesgos;

◆ Las definiciones comunes de conceptos y términos del riesgo;

◆ Los formatos de declaración de riesgos;

◆ Las plantillas para el plan de gestión de los riesgos, registro de riesgos e informe de riesgos;

◆ Roles y responsabilidades:

◆ Niveles de autoridad para la toma de decisiones; y

◆ Repositorio de lecciones aprendidas procedentes de proyectos anteriores y similares.

11.1.2 PLANIFICAR LA GESTIÓN DE LOS RIESGOS: HERRAMIENTAS Y TÉCNICAS

11.1.2.1 JUICIO DE EXPERTOS

Descrito en la Sección 4.1.2.1. Se debe tomar en cuenta la pericia de los individuos o grupos que tengan conocimientos especializados o capacitación en los siguientes temas:

◆ Familiaridad con el enfoque de la organización para el manejo del riesgo, incluyendo la gestión de los riesgos a nivel de la empresa, donde éste se lleva a cabo;

◆ Adaptación de la gestión de riesgos a las necesidades específicas de un proyecto; y

◆ Tipos de riesgo que probablemente pueden ser encontrados en proyectos en la misma área.

11.1.2.2 ANÁLISIS DE DATOS

Las técnicas de análisis de datos que pueden utilizarse para este proceso incluyen, entre otros, un análisis de los interesados (Sección 13.1.2.3) para determinar el apetito al riesgo de los interesados en el proyecto.

11.1.2.3 REUNIONES

El plan de gestión de los riesgos puede ser desarrollado como parte de la reunión de lanzamiento del proyecto o se puede celebrar una reunión específica de planificación. Los asistentes pueden incluir el director del proyecto, determinados miembros del equipo de proyecto, interesados clave o miembros del equipo responsables del proceso de gestión de riesgos del proyecto. También pueden ser invitados otros fuera de la organización, según sea necesario, incluyendo clientes, vendedores y reguladores. Un facilitador experto puede ayudar a los participantes a mantenerse centrados en la tarea, ponerse de acuerdo sobre los aspectos clave del enfoque de riesgo, identificar y superar las fuentes del sesgo, y resolver los desacuerdos que puedan surgir.

Los planes para realizar las actividades de gestión de riesgos son definidos en estas reuniones y documentados en el plan de gestión de los riesgos (véase la Sección 11.1.3.1).

11.1.3 PLANIFICAR LA GESTIÓN DE LOS RIESGOS: SALIDAS

11.1.3.1 PLAN DE GESTIÓN DE LOS RIESGOS

El plan de gestión de los riesgos es un componente del plan para la dirección del proyecto que describe el modo en que se estructurarán y se llevarán a cabo las actividades de gestión de riesgos. El plan de gestión de los riesgos puede incluir algunos o todos de los siguientes elementos:

◆ **Estrategia de riesgos.** Describe el enfoque general para la gestión de riesgos en este proyecto.

◆ **Metodología.** Define los enfoques, las herramientas y las fuentes de datos específicos que se utilizarán para llevar a cabo la gestión de riesgos en el proyecto.

◆ **Roles y responsabilidades.** Define el líder, el apoyo y los miembros del equipo de gestión de riesgos para cada tipo de actividad descrita en el plan de gestión de los riesgos, y explica sus responsabilidades.

◆ **Financiamiento.** Identifica los fondos necesarios para realizar actividades relacionadas con la Gestión de los Riesgos del Proyecto. Establece protocolos para la aplicación de las reservas de contingencia y de gestión.

◆ **Calendario.** Define cuándo y con qué frecuencia se llevarán a cabo los procesos de Gestión de los Riesgos del Proyecto a lo largo del ciclo de vida del proyecto, y establece las actividades de gestión de riesgos a incluir en el cronograma del proyecto.

◆ **Categorías de riesgo.** Proporciona un medio para agrupar los riesgos individuales de cada proyecto. Una forma común de estructurar las categorías de riesgo es por medio de una estructura de desglose de los riesgos (RBS), que es una representación jerárquica de las posibles fuentes de riesgos (véase el ejemplo en el Gráfico 11-4). Una RBS ayuda al equipo del proyecto a tener en cuenta toda la gama de fuentes a partir de las cuales pueden derivarse los riesgos individuales del proyecto. Esto puede ser útil en la identificación de riesgos o al categorizar riesgos identificados. La organización puede tener una RBS genérica que se utilice para todos los proyectos, o puede haber varios marcos de RBS para diferentes tipos de proyectos, o el proyecto puede desarrollar una RBS a la medida. Cuando no se utiliza una RBS, una organización puede utilizar un marco personalizado de categorización de riesgos, que puede adoptar la forma de una simple lista de categorías o de una estructura basada en los objetivos del proyecto.

NIVEL 0 de RBS	NIVEL 1 de RBS	NIVEL 2 de RBS
0. TODAS TODAS LAS FUENTES DE RIESGO DEL PROYECTO	1. RIESGO TÉCNICO	1.1 Definición del alcance
		1.2 Definición de los requisitos
		1.3 Estimaciones, supuestos y restricciones
		1.4 Procesos técnicos
		1.5 Tecnología
		1.6 Interfaces técnicas
		Etc.
	2. RIESGO DE GESTIÓN	2.1 Dirección de proyectos
		2.2 Dirección del programa/portafolio
		2.3 Gestión de las operaciones
		2.4 Organización
		2.5 Dotación de recursos
		2.6 Comunicación
		Etc.
	3. RIESGO COMERCIAL	3.1 Términos y condiciones contractuales
		3.2 Contratación interna
		3.3 Proveedores y vendedores
		3.4 Subcontratos
		3.5 Estabilidad de los clientes
		3.6 Asociaciones y empresas conjuntas
		Etc.
	4. RIESGO EXTERNO	4.1 Legislación
		4.2 Tasas de cambio
		4.3 Sitios/Instalaciones
		4.4 Ambiental/clima
		4.5 Competencia
		4.6 Normativo
		Etc.

Gráfico 11-4. Extracto de una Estructura de Desglose de los Riesgos (RBS) de Muestra

◆ **Apetito al riesgo del interesado.** Los apetitos al riesgo de los interesados clave en el proyecto se registran en el plan de gestión de los riesgos, ya que informan los detalles del proceso Planificar la Gestión de los Riesgos. En particular, el apetito al riesgo de los interesados debería ser expresado como umbrales de riesgo medibles en el entorno de cada objetivo del proyecto. Estos umbrales determinarán el nivel aceptable de exposición al riesgo general del proyecto, y también se utilizan para informar las definiciones de probabilidad e impactos que se utilizarán al evaluar y priorizar los riesgos individuales de cada proyecto.

◆ **Definiciones de la probabilidad e impactos de los riesgos.** Las definiciones de la probabilidad e impacto de los riesgos son específicas al contexto del proyecto y reflejan el apetito al riesgo y los umbrales de la organización y los interesados clave. El proyecto puede generar definiciones específicas de los niveles de probabilidad e impacto, o puede comenzar con definiciones generales proporcionadas por la organización. El número de niveles refleja el grado de detalle requerido para el proceso Gestión de los Riesgos del Proyecto, utilizando más niveles para un enfoque más detallado del riesgo (típicamente cinco niveles), y menos para un proceso sencillo (normalmente tres). La Tabla 11-1 proporciona un ejemplo de las definiciones de probabilidad e impactos contra tres objetivos del proyecto. Estas escalas se pueden utilizar para evaluar las amenazas y las oportunidades mediante la interpretación de las definiciones de impacto como negativo para las amenazas (retardo, costo adicional y déficit de desempeño) y positivo para las oportunidades (reducción del tiempo o del costo y mejora del desempeño).

Tabla 11-1. Ejemplo de Definiciones para Probabilidad e Impactos

ESCALA	PROBABILIDAD	+/− IMPACTO SOBRE LOS OBJETIVOS DEL PROYECTO		
		TIEMPO	**COSTO**	**CALIDAD**
Muy alto	>70%	>6 meses	>$5M	Impacto muy significativo sobre la funcionalidad general
Alto	51-70%	3-6 meses	$1M-$5M	Impacto significativo sobre la funcionalidad general
Mediano	31-50%	1-3 meses	$501K-$1M	Algún impacto sobre áreas funcionales clave
Bajo	11-30%	1-4 semanas	$100K-$500K	Impacto menor sobre la funcionalidad general
Muy bajo	1-10%	1 semana	<$100K	Impacto menor sobre las funciones secundarias
Nulo	<1%	Sin cambio	Sin cambio	Ningún cambio en la funcionalidad

◆ **Matriz de probabilidad e impacto.** Descrito en la Sección 11.3.2.6. Las reglas de priorización pueden ser especificadas por la organización con anterioridad al proyecto y ser incluidas en los activos de los procesos de la organización, o pueden ser adaptadas para el proyecto específico. Las oportunidades y las amenazas están representadas en una matriz común de probabilidad e impacto utilizando definiciones de impacto positivo para las oportunidades y definiciones de impacto negativo para las amenazas. Se pueden utilizar para la probabilidad y el impacto términos descriptivos (como muy alto, alto, medio, bajo y muy bajo) o valores numéricos. Cuando se utilizan valores numéricos, estos pueden ser multiplicados para dar una puntuación de probabilidad de impacto para cada riesgo, lo que permite que la prioridad relativa de los riesgos individuales sea evaluada dentro de cada nivel de prioridad. Un ejemplo de matriz de probabilidad e impacto se presenta en el Gráfico 11-5, que también muestra un posible esquema de puntuación numérica del riesgo.

		Amenazas					Oportunidades				
Muy alta 0,90		0,05	0,09	0,18	0,36	0,72	0,72	0,36	0,18	0,09	0,05	Muy alta 0,90
Alta 0,70		0,04	0,07	0,14	0,28	0,56	0,56	0,28	0,14	0,07	0,04	Alta 0,70
Mediana 0,50		0,03	0,05	0,10	0,20	0,40	0,40	0,20	0,10	0,05	0,03	Mediana 0,50
Baja 0,30		0,02	0,03	0,06	0,12	0,24	0,24	0,12	0,06	0,03	0,02	Baja 0,30
Muy baja 0,10		0,01	0,01	0,02	0,04	0,08	0,08	0,04	0,02	0,01	0,01	Muy baja 0,10
		Muy bajo 0,05	Bajo 0,10	Moderado 0,20	Alto 0,40	Muy alto 0,80	Muy alto 0,80	Alto 0,40	Moderado 0,20	Bajo 0,10	Muy bajo 0,05	
				Impacto negativo					Impacto positivo			

Gráfico 11-5. Ejemplo de Matriz de Probabilidad e Impacto con Esquema de Puntuación

◆ **Formatos de los informes.** Los formatos de los informes definen cómo se documentarán, analizarán y comunicarán los resultados del proceso de Gestión de los Riesgos del Proyecto. Esta sección del plan de gestión de los riesgos describe el contenido y el formato del registro de riesgos y el informe de riesgos, así como cualquier otra salida requerida de los procesos de Gestión de los Riesgos del Proyecto.

◆ **Seguimiento.** El seguimiento documenta cómo se registran las actividades de riesgo y cómo serán auditados los procesos de gestión de riesgos.

11.2 IDENTIFICAR LOS RIESGOS

Identificar los Riesgos es el proceso de identificar los riesgos individuales del proyecto, así como las fuentes de riesgo general del proyecto y documentar sus características. El beneficio clave de este proceso es la documentación de los riesgos individuales existentes del proyecto y las fuentes de riesgo general del mismo. También reúne información para que el equipo del proyecto pueda responder adecuadamente a los riesgos identificados. Este proceso se lleva a cabo a lo largo de todo el proyecto. El Gráfico 11-6 muestra las entradas, herramientas, técnicas y salidas del proceso. El Gráfico 11-7 representa el diagrama de flujo de datos para el proceso.

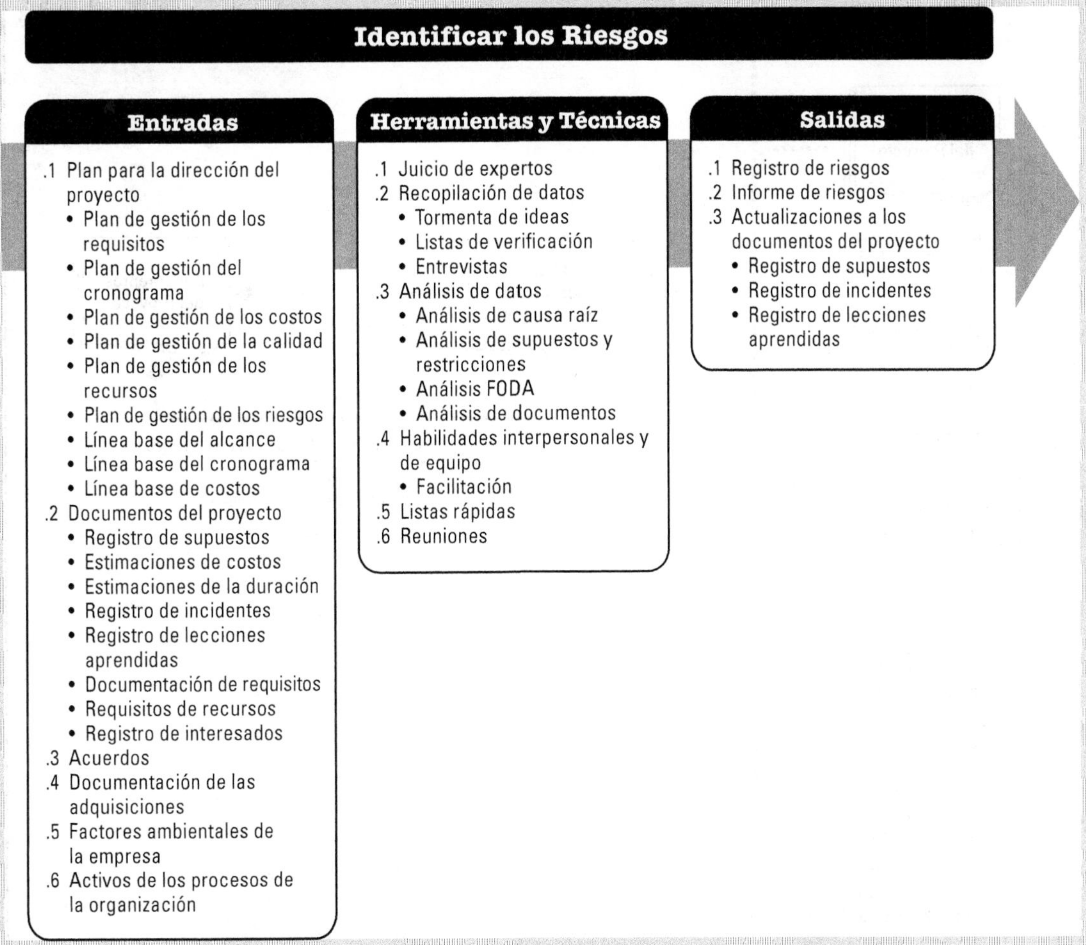

Identificar los Riesgos

Entradas

.1 Plan para la dirección del proyecto
 • Plan de gestión de los requisitos
 • Plan de gestión del cronograma
 • Plan de gestión de los costos
 • Plan de gestión de la calidad
 • Plan de gestión de los recursos
 • Plan de gestión de los riesgos
 • Línea base del alcance
 • Línea base del cronograma
 • Línea base de costos
.2 Documentos del proyecto
 • Registro de supuestos
 • Estimaciones de costos
 • Estimaciones de la duración
 • Registro de incidentes
 • Registro de lecciones aprendidas
 • Documentación de requisitos
 • Requisitos de recursos
 • Registro de interesados
.3 Acuerdos
.4 Documentación de las adquisiciones
.5 Factores ambientales de la empresa
.6 Activos de los procesos de la organización

Herramientas y Técnicas

.1 Juicio de expertos
.2 Recopilación de datos
 • Tormenta de ideas
 • Listas de verificación
 • Entrevistas
.3 Análisis de datos
 • Análisis de causa raíz
 • Análisis de supuestos y restricciones
 • Análisis FODA
 • Análisis de documentos
.4 Habilidades interpersonales y de equipo
 • Facilitación
.5 Listas rápidas
.6 Reuniones

Salidas

.1 Registro de riesgos
.2 Informe de riesgos
.3 Actualizaciones a los documentos del proyecto
 • Registro de supuestos
 • Registro de incidentes
 • Registro de lecciones aprendidas

Gráfico 11-6. Identificar los Riesgos: Entradas, Herramientas y Técnicas, y Salidas

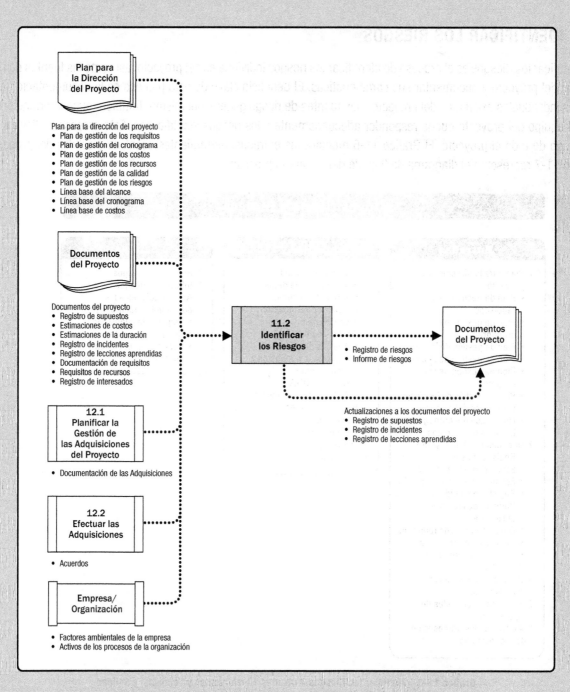

Plan para la Dirección del Proyecto

Plan para la dirección del proyecto
- Plan de gestión de los requisitos
- Plan de gestión del cronograma
- Plan de gestión de los costos
- Plan de gestión de los recursos
- Plan de gestión de la calidad
- Plan de gestión de los riesgos
- Línea base del alcance
- Línea base del cronograma
- Línea base de costos

Documentos del Proyecto

Documentos del proyecto
- Registro de supuestos
- Estimaciones de costos
- Estimaciones de la duración
- Registro de incidentes
- Registro de lecciones aprendidas
- Documentación de requisitos
- Requisitos de recursos
- Registro de interesados

12.1 Planificar la Gestión de las Adquisiciones del Proyecto

- Documentación de las Adquisiciones

12.2 Efectuar las Adquisiciones

- Acuerdos

Empresa/ Organización

- Factores ambientales de la empresa
- Activos de los procesos de la organización

11.2 Identificar los Riesgos

- Registro de riesgos
- Informe de riesgos

Documentos del Proyecto

Actualizaciones a los documentos del proyecto
- Registro de supuestos
- Registro de incidentes
- Registro de lecciones aprendidas

Gráfico 11-7. Identificar los Riesgos: Diagrama de Flujo de Datos

Identificar los Riesgos toma en cuenta tanto los riesgos individuales del proyecto como las fuentes de riesgo general del proyecto. Los participantes en las actividades de identificación de riesgos pueden incluir los siguientes: director del proyecto, miembros del equipo del proyecto, especialista en gestión de riesgos del proyecto (si está asignado), clientes, expertos en la materia externos al equipo del proyecto, usuarios finales, otros directores de proyecto, gerentes de operaciones, interesados y expertos en gestión de riesgos dentro de la organización. Si bien estas personas son a menudo participantes clave en la identificación de riesgos, se debería fomentar la identificación de riesgos individuales del proyecto por parte de todos los interesados del proyecto. Es particularmente importante el lograr la participación del equipo de proyecto para que puedan desarrollar y mantener un sentido de propiedad y responsabilidad de los riesgos de proyectos individuales identificados, el nivel de riesgo general del proyecto, y las acciones de respuesta a los riesgos asociadas.

Al describir y registrar los riesgos individuales del proyecto, se debe utilizar un formato coherente para los enunciados de riesgo a fin de asegurar que cada riesgo se entienda claramente y sin ambigüedad, a fin de apoyar el desarrollo eficaz del análisis y de la respuesta al riesgo. Los dueños de los riesgos para los riesgos individuales del proyecto pueden ser nominados como parte del proceso Identificar los Riesgos, y serán confirmados durante el proceso Realizar el Análisis Cualitativo de Riesgos. Las respuestas preliminares a los riesgos también pueden ser identificadas y registradas, y serán revisadas y confirmadas como parte del proceso Planificar la Respuesta a los Riesgos.

Identificar los Riesgos es un proceso iterativo, ya que pueden surgir nuevos riesgos individuales del proyecto a medida que el proyecto avanza a través de su ciclo de vida, y el nivel de riesgo general del proyecto también cambiará. La frecuencia de iteración y participación en cada ciclo de identificación del riesgo varía según la situación, y esto será definido en el plan de gestión de los riesgos.

11.2.1 IDENTIFICAR LOS RIESGOS: ENTRADAS

11.2.1.1 PLAN PARA LA DIRECCIÓN DEL PROYECTO

Descrito en la Sección 4.2.3.1. Los componentes del plan para la dirección del proyecto incluyen, entre otros:

◆ **Plan de gestión de los requisitos.** Descrito en la Sección 5.1.3.2. El plan de gestión de los requisitos puede indicar los objetivos del proyecto que están particularmente en riesgo.

◆ **Plan de gestión del cronograma.** Descrito en la Sección 6.1.3.1. El plan de gestión del cronograma puede identificar las áreas que están sujetas a incertidumbre o ambigüedad.

◆ **Plan de gestión de los costos.** Descrito en la Sección 7.1.3.1. El plan de gestión de los costos puede identificar las áreas que están sujetas a incertidumbre o ambigüedad.

◆ **Plan de gestión de la calidad.** Descrito en la Sección 8.1.3.1. El plan de gestión de la calidad puede identificar las áreas que están sujetas a incertidumbre o ambigüedad, o donde se han hecho suposiciones clave que podrían dar lugar a un riesgo.

◆ **Plan de Gestión de los Recursos.** Descrito en la Sección 9.1.3.1. El plan de gestión de los recursos puede identificar las áreas que están sujetas a incertidumbre o ambigüedad, o donde se han hecho suposiciones clave que podrían originar un riesgo.

◆ **Plan de gestión de los riesgos.** Descrito en la Sección 11.1.3.1. El plan de gestión de los riesgos proporciona información sobre las funciones y responsabilidades relacionadas con el riesgo, indica cómo se incluyen las actividades de gestión de riesgos en el presupuesto y el cronograma, y describe las categorías de riesgo, que pueden ser expresadas como una estructura de desglose de los riesgos (Gráfico 11-4).

◆ **Línea base del alcance.** Descrito en la Sección 5.4.3.1. La línea base del alcance incluye entregables y criterios para su aceptación, algunos de los cuales podrían dar lugar a riesgos. También contiene la EDT/WBS, que puede ser utilizada como un marco para estructurar las técnicas de identificación de riesgos.

◆ **Línea base del cronograma.** Descrito en la Sección 6.5.3.1. La línea base del cronograma puede ser revisada para identificar hitos y fechas de vencimiento de entregables que están sujetos a incertidumbre o ambigüedad, o donde se han hecho suposiciones clave que podrían originar un riesgo.

◆ **Línea base de costos.** Descrito en la Sección 7.3.3.1. La línea base de costos puede ser revisada para identificar costos y requerimientos de financiamiento que estén sujetos a incertidumbre o ambigüedad, o donde se hayan hecho suposiciones clave que podrían originar un riesgo.

11.2.1.2 DOCUMENTOS DEL PROYECTO

Los documentos del proyecto que pueden ser considerados como entradas para este proceso incluyen, entre otros:

◆ **Registro de supuestos.** Descrito en la Sección 4.1.3.2. Los supuestos y las restricciones registrados en el registro de supuestos pueden dar lugar a riesgos individuales del proyecto, y también pueden influir en el nivel de riesgo general del proyecto.

◆ **Estimaciones de costos.** Descritas en la Sección 7.2.3.1. Las estimaciones de costos proporcionan evaluaciones cuantitativas de los costos del proyecto, que idealmente se expresan como un rango, indicando el grado de riesgo, donde una revisión estructurada de los documentos puede indicar que la estimación actual es insuficiente y supone un riesgo para el proyecto.

◆ **Estimaciones de la duración.** Descritas en la Sección 6.4.3.1. Las estimaciones de duración proporcionan evaluaciones cuantitativas de las duraciones del proyecto, que idealmente se expresan como un rango, indicando el grado de riesgo, donde una revisión estructurada de los documentos puede indicar que la estimación actual es insuficiente y supone un riesgo para el proyecto.

◆ **Registro de incidentes.** Descrito en la Sección 4.3.3.3. Los incidentes registrados en el registro de incidentes pueden dar lugar a riesgos individuales del proyecto, y también pueden influir en el nivel de riesgo general del proyecto.

◆ **Registro de lecciones aprendidas.** Descrito en la Sección 4.4.3.1. Las lecciones aprendidas acerca de los riesgos identificados a partir de las fases tempranas del proyecto son examinadas para determinar si riesgos similares podrían repetirse durante el resto del proyecto.

◆ **Documentación de requisitos.** Descrita en la Sección 5.2.3.1. La documentación de requisitos enumera los requisitos del proyecto y permite al equipo identificar aquellos que podrían estar en riesgo.

◆ **Requisitos de recursos.** Descritos en la Sección 9.2.3.1. Las estimaciones de recursos proporcionan evaluaciones cuantitativas de los requisitos de recursos del proyecto, que idealmente se expresan como un rango, indicando el grado de riesgo, donde una revisión estructurada de los documentos puede indicar que la estimación actual es insuficiente y supone un riesgo para el proyecto.

◆ **Registro de interesados.** Descrito en la Sección 13.1.3.1. El registro de interesados indica cuales individuos o grupos podrían participar en la identificación de riesgos para el proyecto. También detalla aquellos individuos que están disponibles para actuar como dueños de los riesgos.

11.2.1.3 ACUERDOS

Descritos en la Sección 12.2.3.2. Si el proyecto requiere la contratación externa de recursos, los acuerdos podrían tener información tal como fechas de hitos, tipo de contrato, criterios de aceptación, premios y sanciones que pueden representar amenazas u oportunidades.

11.2.1.4 DOCUMENTACIÓN DE LAS ADQUISICIONES

Descrita en la Sección 12.3.1.4. Si el proyecto requiere la contratación externa de recursos, la documentación inicial de las adquisiciones debe ser revisada, ya que la adquisición de bienes y servicios fuera de la organización puede aumentar o disminuir el riesgo global del proyecto, y puede presentar riesgos individuales adicionales en el proyecto. Puesto que la documentación de las adquisiciones es actualizada durante todo el proyecto, la documentación más actualizada puede ser revisada con respecto a riesgos. Por ejemplo, informes de desempeño del vendedor, solicitudes de cambio aprobadas e información sobre las inspecciones.

11.2.1.5 FACTORES AMBIENTALES DE LA EMPRESA

Los factores ambientales de la empresa que pueden influir en el proceso Identificar los Riesgos incluyen, entre otros:

◆ Material publicado, incluyendo bases de datos de riesgos comerciales o listas de verificación,

◆ Investigaciones académicas,

◆ Resultados de estudios comparativos, y

◆ Estudios de la industria sobre proyectos similares.

11.2.1.6 ACTIVOS DE LOS PROCESOS DE LA ORGANIZACIÓN

Los activos de los procesos de la organización que pueden influir en el proceso Identificar los Riesgos incluyen, entre otros:

◆ Archivos del proyecto, incluidos los datos reales,

◆ Controles de los procesos de la organización y del proyecto,

◆ Formatos de declaración de riesgos, y

◆ Listas de verificación de proyectos similares anteriores.

11.2.2 IDENTIFICAR LOS RIESGOS: HERRAMIENTAS Y TÉCNICAS

11.2.2.1 JUICIO DE EXPERTOS

Descrito en la Sección 4.1.2.1. Se debe tomar en cuenta la pericia de individuos o grupos con conocimiento especializado de proyectos o áreas de negocio similares. El director del proyecto debe identificar a dichos expertos e invitarlos a considerar todos los aspectos de los riesgos individuales del proyecto, así como las fuentes de riesgos generales del proyecto, basándose en sus experiencias previas y en sus áreas de especialización. En este proceso se deben tener en cuenta los sesgos de los expertos.

11.2.2.2 RECOPILACIÓN DE DATOS

Las técnicas de recopilación de datos que pueden utilizarse para este proceso incluyen, entre otras:

◆ **Tormenta de ideas.** El objetivo de la tormenta de ideas (véase la Sección 4.1.2.2) es obtener una lista completa de los riesgos individuales del proyecto y las fuentes de riesgo general del proyecto. Por lo general, el equipo del proyecto efectúa tormentas de ideas, a menudo con un grupo multidisciplinario de expertos que no forman parte del equipo. Las ideas son generadas bajo la guía de un facilitador, ya sea en una sesión abierta de tormenta de ideas o de una que utilice técnicas más estructuradas. Como marco de referencia pueden utilizarse categorías de riesgo, como en una estructura de desglose de riesgos. Se debe prestar particular atención para garantizar que los riesgos identificados a través de tormentas de ideas se describan con claridad, ya que la técnica puede dar lugar a ideas que no estén completamente formadas.

◆ **Listas de verificación.** Una lista de verificación es una lista de elementos, acciones o puntos a ser considerados. A menudo se utiliza como recordatorio. Las listas de verificación de los riesgos se desarrollan sobre la base de la información histórica y del conocimiento acumulado a partir de proyectos similares y de otras fuentes de información. Ellas constituyen una manera eficaz de capturar las lecciones aprendidas de proyectos similares completados, enumerando específicos riesgos individuales del proyecto que han ocurrido previamente y que pudieran ser relevantes para este proyecto. La organización puede mantener una lista de verificación de riesgos basada en sus propios proyectos completados, o puede usar listas de verificación de riesgos genéricas de la industria. Si bien una lista de verificación puede ser rápida y sencilla de usar, es imposible elaborar una lista exhaustiva, y se debe tener cuidado para asegurar que la lista de verificación no sea utilizada para evitar el esfuerzo de una adecuada identificación de riesgos. El equipo del proyecto también debe explorar elementos que no aparecen en la lista de verificación. Además, la lista de verificación debe ser revisada de vez en cuando para actualizar nueva información, así como para eliminar o archivar información obsoleta.

◆ **Entrevistas.** Los riesgos individuales del proyecto y las fuentes de riesgo general del proyecto pueden ser identificados a través de entrevistas a participantes experimentados del proyecto, interesados y expertos en la materia. Las entrevistas (véase Sección 5.2.2.2) deberían llevarse a cabo en un ambiente de confianza y confidencialidad a fin de fomentar las contribuciones honestas e imparciales.

11.2.2.3 ANÁLISIS DE DATOS

Las técnicas de análisis de datos que pueden utilizarse para este proceso incluyen, entre otras:

◆ **Análisis de causa raíz.** Por lo general se utiliza el análisis de causa raíz (véase la Sección 8.2.2.2) para descubrir las causas subyacentes que ocasionan un problema, y para desarrollar acciones preventivas. Se puede utilizar para identificar las amenazas, comenzando con un enunciado del problema (por ejemplo, el proyecto podría retrasarse o estar por encima del presupuesto) y explorar qué amenazas podrían dar lugar a que se produzca ese problema. La misma técnica se puede utilizar para encontrar oportunidades, comenzando con un enunciado de beneficios (por ejemplo, entrega temprana o por debajo del presupuesto) y para explorar que oportunidades pueden resultar de que ese beneficio se materialice.

◆ **Análisis de supuestos y restricciones.** Cada proyecto y su plan para la dirección del proyecto son concebidos y desarrollados en base a un conjunto de supuestos y dentro de una serie de restricciones. Estos a menudo ya están incorporados en la línea base del alcance y las estimaciones del proyecto. El análisis de supuestos y restricciones explora la validez de los supuestos y las restricciones para determinar cuáles suponen un riesgo para el proyecto. Las amenazas pueden ser identificadas a partir de la inexactitud, la inestabilidad, la incoherencia o lo incompleto de los supuestos. Las restricciones pueden dar lugar a oportunidades a través de la eliminación o relajación de un factor limitante que afecta la ejecución de un proyecto o proceso.

◆ **Análisis FODA.** Esta técnica examina el proyecto desde cada una de las perspectivas de fortalezas, debilidades, oportunidades y amenazas (FODA). En la identificación de riesgos, se utiliza para aumentar la amplitud de los riesgos identificados mediante la inclusión de los riesgos generados internamente. La técnica comienza con la identificación de las fortalezas y debilidades de la organización, centrándose ya sea en el proyecto, en la organización o en el negocio en general. El análisis FODA identifica luego cualquier oportunidad para el proyecto con origen en las fortalezas, y cualquier amenaza que resulte de las debilidades. El análisis también examina el grado en que las fortalezas de la organización podrían contrarrestar las amenazas, y determina si las debilidades podrían obstaculizar las oportunidades.

◆ **Análisis de documentos.** Descrito en la Sección 5.2.2.3. Los riesgos pueden ser identificados a partir de una revisión estructurada de documentos del proyecto, entre otros, planes, supuestos, restricciones, archivos de proyecto anteriores, contratos, acuerdos y documentación técnica. La incertidumbre o ambigüedad en los documentos del proyecto, así como las inconsistencias dentro de un documento o entre diferentes documentos, pueden ser indicadoras de riesgo en el proyecto.

11.2.2.4 HABILIDADES INTERPERSONALES Y DE EQUIPO

Las habilidades interpersonales y de equipo que pueden utilizarse en este proceso incluyen, entre otras, la facilitación (véase la Sección 4.1.2.3). La facilitación mejora la efectividad de muchas de las técnicas utilizadas para identificar riesgos individuales del proyecto y las fuentes de riesgo general del proyecto. Un facilitador experto puede ayudar a los participantes a mantenerse centrados en la tarea de identificación de riesgos, seguir con precisión el método asociado con la técnica, garantizar descripciones claras del riesgo, identificar y superar las fuentes del sesgo, y resolver cualquier desacuerdo que pueda surgir.

11.2.2.5 LISTAS DE IDEAS RÁPIDAS

Una lista de ideas rápidas es una lista predeterminada de categorías de riesgos que podrían dar lugar a riesgos individuales del proyecto y que también pueden actuar como fuentes de riesgo general del proyecto. La lista de ideas rápidas se puede utilizar como un marco para ayudar al equipo del proyecto para la generación de ideas, utilizando las técnicas de identificación de riesgos. Las categorías de riesgo en el nivel más bajo de la estructura de desglose de los riesgos se pueden utilizar como una lista de ideas rápidas para los riesgos individuales de cada proyecto. Algunos marcos estratégicos comunes son más adecuados para la identificación de las fuentes de riesgo general del proyecto, por ejemplo PESTLE (política, económica, social, tecnológico, legal, ambiental), TECOP (técnica, ambiental, comercial, operacional, política) o VUCA (volatilidad, incertidumbre, complejidad, ambigüedad).

11.2.2.6 REUNIONES

Para llevar a cabo la identificación de riesgos, el equipo del proyecto puede llevar a cabo una reunión especializada (a menudo llamado un taller de riesgos). La mayoría de los talleres de riesgos incluyen alguna forma de tormenta de ideas (véase la Sección 4.1.2.2), pero se pueden incluir otras técnicas de identificación de riesgos dependiendo del nivel del proceso de riesgo definido en el plan de gestión de los riesgos. Utilizar un facilitador experto aumentará la efectividad de la reunión. También es esencial el garantizar que las personas adecuadas participen en el taller de riesgos. En proyectos más grandes, puede ser conveniente invitar al patrocinador del proyecto, expertos en la materia, vendedores, representantes del cliente y otros interesados en el proyecto. Los talleres de riesgos para proyectos más pequeños pueden limitarse a un subconjunto del equipo del proyecto.

11.2.3 IDENTIFICAR LOS RIESGOS: SALIDAS

11.2.3.1 REGISTRO DE RIESGOS

El registro de riesgos captura los detalles de los riesgos individuales del proyecto que hayan sido identificados. Los resultados de Realizar el Análisis Cualitativo de Riesgos, Planificar la Respuesta a los Riesgos, Implementar la Respuesta a los Riesgos y Monitorear los Riesgos son registrados en el registro de riesgos a medida que estos procesos son realizados a lo largo del proyecto. El registro de riesgos puede contener información sobre riesgos limitada o detallada en función de las variables del proyecto, tales como el tamaño y la complejidad.

Una vez finalizado el proceso Identificar los Riesgos, el contenido del registro de riesgos puede incluir, entre otros:

◆ **Lista de riesgos identificados.** A cada riesgo individual del proyecto se le asigna un identificador único en el registro de riesgos. Los riesgos identificados se describen con tanto detalle como sea necesario para asegurar una comprensión inequívoca. Puede ser utilizada una declaración de riesgo estructurada para distinguir los riesgos de su(s) causa(s) y su(s) efecto(s).

◆ **Dueños de riesgo potencial.** Cuando el dueño de un riesgo potencial ha sido identificado durante el proceso Identificar los Riesgos, el dueño del riesgo es registrado en el registro de riesgos. Esto será confirmado durante el proceso Realizar el Análisis Cualitativo de Riesgos.

◆ **Lista de respuestas potenciales a los riesgos.** Cuando ha sido identificada una respuesta a un riesgo potencial durante el proceso Identificar los Riesgos, es registrada en el registro de riesgos. Esto será confirmado durante el proceso Planificar la Respuesta a los Riesgos.

Pueden ser registrados datos adicionales para cada riesgo identificado, dependiendo del formato de registro de riesgos determinado en el plan de gestión de los riesgos. Este puede incluir: un título breve del riesgo, categoría de riesgo, estado actual del riesgo, una o más causas, uno o más efectos sobre los objetivos, factores desencadenantes de riesgo (eventos o condiciones que indiquen que el riesgo está a punto de ocurrir), referencia de la EDT/WBS de las actividades afectadas y la información de tiempo (cuando se identificó el riesgo, cuando podría ocurrir el riesgo, cuando podría ya no ser relevante y cuál es la fecha límite para la adopción de medidas).

11.2.3.2 INFORME DE RIESGOS

El informe de riesgos presenta información sobre las fuentes de riesgo general del proyecto, e información resumida sobre los riesgos individuales de proyecto identificados. El informe de riesgos es desarrollado en forma progresiva a lo largo del proceso Gestión de los Riesgos del Proyecto. Los resultados de Realizar el Análisis Cualitativo de Riesgos, Realizar el Análisis Cuantitativo de Riesgos, Planificar la Respuesta a los Riesgos, Implementar la Respuesta a los Riesgos y Monitorear los Riesgos también son incorporados en el informe de riesgos a medida que se completan estos procesos. Una vez finalizado el proceso Identificar los Riesgos, la información en el registro de riesgos puede incluir, entre otros:

◆ Las fuentes de riesgo general del proyecto, indicando cuáles son los impulsores más importantes de la exposición general al riesgo del proyecto; y

◆ La información resumida sobre los riesgos individuales del proyecto identificados, tales como el número de amenazas y oportunidades identificadas, la distribución de riesgos en todas las categorías de riesgo, métricas y tendencias, etc.

Se puede incluir información adicional en el informe de riesgos, dependiendo de los requisitos de información especificados en el plan de gestión de los riesgos.

11.2.3.3 ACTUALIZACIONES A LOS DOCUMENTOS DEL PROYECTO

Los documentos del proyecto que pueden actualizarse como resultado de este proceso incluyen, entre otros:

◆ **Registro de supuestos.** Descrito en la Sección 4.1.3.2. Durante el proceso Identificar los Riesgos se pueden determinar nuevos supuestos, se pueden identificar nuevas restricciones y los supuestos o limitaciones existentes pueden ser revisados y modificados. El registro de supuestos debe actualizarse con esta nueva información.

◆ **Registro de incidentes.** Descrito en la Sección 4.3.3.3. El registro de incidentes debe ser actualizado para captar nuevos problemas descubiertos o cambios en los incidentes actualmente registrados.

◆ **Registro de lecciones aprendidas.** Descrito en la Sección 4.4.3.1. El registro de lecciones aprendidas puede ser actualizado con información sobre las técnicas que fueron efectivas en la identificación de riesgos, a fin de mejorar el desempeño en las fases posteriores o en otros proyectos.

11.3 REALIZAR EL ANÁLISIS CUALITATIVO DE RIESGOS

Realizar el Análisis Cualitativo de Riesgos es el proceso de priorizar los riesgos individuales del proyecto para análisis o acción posterior, evaluando la probabilidad de ocurrencia e impacto de dichos riesgos, así como otras características. El beneficio clave de este proceso es que concentra los esfuerzos en los riesgos de alta prioridad. Este proceso se lleva a cabo a lo largo de todo el proyecto. El Gráfico 11-8 muestra las entradas, herramientas, técnicas y salidas del proceso. El Gráfico 11-9 representa el diagrama de flujo de datos para el proceso.

Realizar el Análisis Cualitativo de Riesgos

Entradas

.1 Plan para la dirección del proyecto
  • Plan de gestión de los riesgos
.2 Documentos del proyecto
  • Registro de supuestos
  • Registro de riesgos
  • Registro de interesados
.3 Factores ambientales de la empresa
.4 Activos de los procesos de la organización

Herramientas y Técnicas

.1 Juicio de expertos
.2 Recopilación de datos
  • Entrevistas
.3 Análisis de datos
  • Evaluación de la calidad de los datos sobre riesgos
  • Evaluación de probabilidad e impacto de los riesgos
  • Evaluación de otros parámetros de riesgo
.4 Habilidades interpersonales y de equipo
  • Facilitación
.5 Categorización de riesgos
.6 Representación de datos
  • Matriz de probabilidad e impacto
  • Diagramas jerárquicos
.7 Reuniones

Salidas

.1 Actualizaciones a los documentos del proyecto
  • Registro de supuestos
  • Registro de incidentes
  • Registro de riesgos
  • Informe de riesgos

Gráfico 11-8. Realizar el Análisis Cualitativo de Riesgos: Entradas, Herramientas y Técnicas, y Salidas

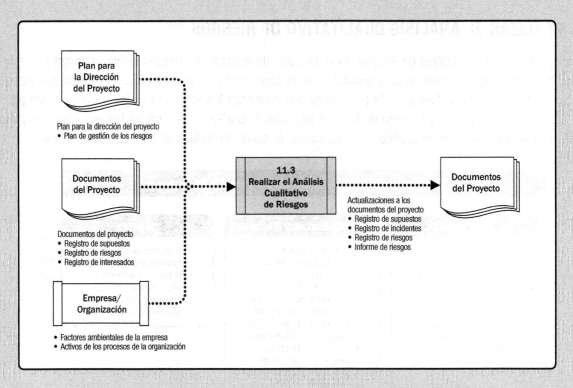

Gráfico 11-9. Realizar el Análisis Cualitativo de Riesgos: Diagrama de Flujo de Datos

Realizar el Análisis Cualitativo de Riesgos evalúa la prioridad de los riesgos individuales del proyecto que hayan sido identificados usando su probabilidad de ocurrencia, el correspondiente impacto en los objetivos del proyecto si se produce el riesgo y otros factores. Tales evaluaciones son subjetivas, ya que se basan en la percepción del riesgo por parte del equipo del proyecto y otros interesados. Por lo tanto, una evaluación eficaz requiere la identificación explícita y la gestión de las actitudes frente al riesgo por parte de los participantes clave en el marco del proceso Realizar el Análisis Cualitativo de Riesgos. La percepción del riesgo introduce sesgos en la evaluación de los riesgos identificados, de modo que debe prestarse atención en la identificación de dichos sesgos y en su corrección. Cuando se utiliza un facilitador para apoyar el proceso Realizar el Análisis Cualitativo de Riesgos, abordar el sesgo es una parte clave de la función del facilitador. Una evaluación de la calidad de la información disponible sobre los riesgos individuales del proyecto también ayuda a clarificar la evaluación de la importancia de cada riesgo para el proyecto.

Realizar el Análisis Cualitativo de Riesgos establece las prioridades relativas de los riesgos individuales del proyecto para Planificar la Respuesta a los Riesgos. Se identifica un dueño del riesgo para cada riesgo, quien va a asumir la responsabilidad de planificar una respuesta adecuada al riesgo y garantizar que se implemente. Realizar el Análisis Cualitativo de Riesgos también establece los fundamentos para Realizar el Análisis Cuantitativo de Riesgos si se requiere este proceso.

El proceso Realizar el Análisis Cualitativo de Riesgos se lleva a cabo de manera regular a lo largo del ciclo de vida del proyecto, tal como se define en el plan de gestión de los riesgos. A menudo, en un entorno de desarrollo ágil el proceso Realizar el Análisis Cualitativo de Riesgos se lleva a cabo antes del comienzo de cada iteración.

11.3.1 REALIZAR EL ANÁLISIS CUALITATIVO DE RIESGOS: ENTRADAS

11.3.1.1 PLAN PARA LA DIRECCIÓN DEL PROYECTO

Descrito en la Sección 4.2.3.1. Los componentes del plan para la dirección del proyecto incluyen el plan de gestión de los riesgos como se describe en la Sección 11.1.3.1. De particular interés en este proceso son los roles y responsabilidades para llevar a cabo la gestión de riesgos, los presupuestos para la gestión de riesgos, las actividades del cronograma para la gestión de riesgos, las categorías de riesgo (a menudo definidas en una estructura de desglose de riesgos), las definiciones de probabilidad e impacto, la matriz de probabilidad e impacto y los umbrales de riesgo de los interesados. Estas entradas normalmente se adaptan al proyecto durante el proceso Planificar la Gestión de los Riesgos. Si no están disponibles, pueden desarrollarse durante el proceso Realizar el Análisis Cualitativo de Riesgos y ser presentados al patrocinador del proyecto para su aprobación antes de ser usados.

11.3.1.2 DOCUMENTOS DEL PROYECTO

Los documentos del proyecto que pueden ser considerados como entradas para este proceso incluyen, entre otros:

◆ **Registro de supuestos.** Descrito en la Sección 4.1.3.2. El registro de supuestos se utiliza para la identificación, gestión y seguimiento de los supuestos y restricciones clave que pueden afectar al proyecto. Estos pueden informar la evaluación de la prioridad de los riesgos individuales del proyecto.

◆ **Registro de riesgos.** Descrito en la Sección 11.2.3.1. El registro de riesgos contiene detalles de cada riesgo individual del proyecto identificado que será evaluado durante el proceso Realizar el Análisis Cualitativo de Riesgos.

◆ **Registro de interesados.** Descrito en la Sección 13.1.3.1. Este incluye detalles de los interesados del proyecto que pueden ser propuestos como dueños de riesgos.

11.3.1.3 FACTORES AMBIENTALES DE LA EMPRESA

Los factores ambientales de la empresa que pueden influir en el proceso Realizar el Análisis Cualitativo de Riesgos incluyen, entre otros:

◆ Estudios de la industria sobre proyectos similares, y

◆ Material publicado, incluyendo bases de datos de riesgos comerciales o listas de verificación.

11.3.1.4 ACTIVOS DE LOS PROCESOS DE LA ORGANIZACIÓN

Los activos de los procesos de la organización que pueden influir en el proceso Realizar el Análisis Cualitativo de Riesgos incluyen, entre otros, la información de proyectos similares completados.

11.3.2 REALIZAR EL ANÁLISIS CUALITATIVO DE RIESGOS: HERRAMIENTAS Y TÉCNICAS

11.3.2.1 JUICIO DE EXPERTOS

Descrito en la Sección 4.1.2.1. Se debe tomar en cuenta la pericia de los individuos o grupos que tengan conocimientos especializados o capacitación en los siguientes temas:

◆ Proyectos similares anteriores, y

◆ Análisis cualitativo de riesgos.

El juicio de expertos a menudo se obtiene a través de entrevistas o talleres facilitados de riesgos. La posibilidad de que los puntos de vista de expertos estén sesgados debe tenerse en cuenta en este proceso.

11.3.2.2 RECOPILACIÓN DE DATOS

La técnicas de recopilación de datos que pueden utilizarse para este proceso incluyen, entre otras, entrevistas. Se pueden utilizar entrevistas estructuradas o semi-estructuradas (Sección 5.2.2.2) para evaluar la probabilidad y el impacto de los riesgos individuales del proyecto, así como otros factores. El entrevistador debería promover un ambiente de confianza y confidencialidad en el marco de la entrevista a fin de fomentar evaluaciones honestas e imparciales.

11.3.2.3 ANÁLISIS DE DATOS

Las técnicas de análisis de datos que pueden utilizarse durante este proceso incluyen, entre otras:

◆ **Evaluación de la calidad de los datos sobre riesgos.** La evaluación de la calidad de los datos sobre riesgos valora el grado en que los datos sobre los riesgos individuales del proyecto son precisos y confiables como base para el análisis cualitativo de riesgos. El uso de datos de riesgos de baja calidad podría resultar en un análisis cualitativo de riesgos de escasa utilidad para el proyecto. Si la calidad de los datos es inaceptable, podría ser necesario recopilar mejores datos. La calidad de los datos de riesgos puede ser evaluada a través de un cuestionario que mida las percepciones de los interesados del proyecto sobre diversas características, que pueden incluir integridad, objetividad, pertinencia y oportunidad. A continuación se puede generar un promedio ponderado de las características de calidad de los datos seleccionados para dar una puntuación global de calidad.

◆ **Evaluación de probabilidad e impacto de los riesgos.** La evaluación de la probabilidad de los riesgos toma en cuenta la probabilidad de ocurrencia de un riesgo específico. La evaluación del impacto de los riesgos toma en cuenta el efecto potencial sobre uno o más de los objetivos del proyecto, tales como cronograma, costo, calidad o desempeño. Los impactos serán negativos para las amenazas y positivo para las oportunidades. Para cada uno de los riesgos individuales del proyecto identificados, se evalúan la probabilidad y el impacto. Los riesgos se pueden evaluar a través de entrevistas o reuniones con participantes seleccionados por estar familiarizados con los tipos de riesgo registrados en el registro de riesgos. Entre ellos se incluyen los miembros del equipo del proyecto y expertos que no pertenecen al proyecto. Durante estas entrevistas o reuniones, se evalúan el nivel de probabilidad de cada riesgo y su impacto sobre cada objetivo del proyecto. Son de esperar diferencias en los niveles de probabilidad y el impacto percibido por los interesados, y tales diferencias deberían ser exploradas. También se registran los detalles explicativos, incluidos los supuestos que justifican los niveles asignados. Las probabilidades e impactos de los riesgos son evaluados utilizando las definiciones proporcionadas en el plan de gestión de los riesgos (véase la Tabla 11-1). Los riesgos con probabilidad e impacto bajos pueden ser incluidos en el registro de riesgos como parte de una lista de observación para su futuro monitoreo.

◆ **Evaluación de otros parámetros de riesgo.** El equipo de proyecto puede tomar en cuenta otras características de riesgo (además de probabilidad e impacto) al priorizar los riesgos individuales del proyecto para su posterior análisis y acciones. Estas características pueden incluir, entre otras:

- *Urgencia.* El período dentro del cual debe ser implementada una respuesta al riesgo con el fin de ser efectiva. Un período breve indica una elevada urgencia.

- *Proximidad.* El período antes de que el riesgo pudiera tener un impacto en uno o más objetivos del proyecto. Un breve período indica una elevada proximidad.

- *Inactividad.* El período que puede transcurrir después de ocurrido el riesgo, antes de que se descubra su impacto. Un breve período indica una baja inactividad.

- *Manejabilidad.* La facilidad con la que el dueño (u organización propietaria) de un riesgo puede gestionar la aparición o el impacto de un riesgo. Cuando la gestión es fácil, la manejabilidad es alta.

- *Controlabilidad.* El grado en el que el dueño (u organización propietaria) del riesgo es capaz de controlar el resultado del riesgo. Cuando el resultado puede ser fácilmente controlado, la controlabilidad es alta.

- *Detectabilidad.* La facilidad con que pueden ser detectados y reconocidos los resultados de que el riesgo ocurra, o esté a punto de ocurrir. Cuando la ocurrencia del riesgo se puede detectar fácilmente, la detectabilidad es alta.

- *Conectividad.* La medida en que el riesgo está relacionado con otros riesgos individuales del proyecto. Cuando un riesgo está conectado con muchos otros riesgos, la conectividad es alta.

- *Impacto estratégico.* La posibilidad de que el riesgo tenga un efecto positivo o negativo sobre los objetivos estratégicos de la organización. Cuando el riesgo tiene un efecto importante sobre los objetivos estratégicos, el impacto estratégico es alto.

- *Propincuidad.* El grado en que se percibe que un riesgo importa por parte de uno o más interesados. Cuando un riesgo es percibido como muy significativo, la propincuidad es alta.

La consideración de algunas de estas características puede proporcionar una priorización más robusta de los riesgos de lo que es posible mediante la evaluación de solamente la probabilidad y el impacto.

11.3.2.4 HABILIDADES INTERPERSONALES Y DE EQUIPO

Las habilidades interpersonales y de equipo que pueden utilizarse en este proceso incluyen, entre otras, la facilitación (véase la Sección 4.1.2.3). La facilitación mejora la efectividad del análisis cualitativo de los riesgos individuales del proyecto. Un facilitador experto puede ayudar a los participantes a mantenerse centrados en la tarea de análisis de riesgos, seguir con precisión el método asociado con la técnica, llegar a un consenso sobre evaluaciones de probabilidad e impactos, identificar y superar las fuentes del sesgo, y resolver los desacuerdos que puedan surgir.

11.3.2.5 CATEGORIZACIÓN DE RIESGOS

Los riesgos del proyecto se pueden categorizar por fuentes de riesgo (p.ej., utilizando la estructura de desglose de los Riesgos (RBS); véase el Gráfico 11-4), por área del proyecto afectada (p.ej., utilizando la estructura de desglose del trabajo (EDT/WBS); véase las Gráficas 5-12, 5-13 y 5-14) o por otras categorías útiles (p.ej., fase del proyecto, presupuesto del proyecto, y roles y responsabilidades) a fin de determinar qué áreas del proyecto están más expuestas a los efectos de la incertidumbre. Los riesgos también se pueden categorizar según causas raíces comunes. Las categorías de riesgo que pueden ser utilizadas para el proyecto se definen en la plan de gestión de los riesgos.

La agrupación de riesgos en categorías puede llevar al desarrollo de respuestas a los riesgos más efectivas al centrar la atención y el esfuerzo sobre las áreas de mayor exposición al riesgo, o mediante el desarrollo de respuestas genéricas a los riesgos a fin de hacer frente a grupos de riesgos relacionados.

11.3.2.6 REPRESENTACIÓN DE DATOS

Las técnicas de representación de datos que pueden utilizarse durante este proceso incluyen, entre otras:

◆ **Matriz de probabilidad e impacto.** Una matriz de probabilidad e impacto es una cuadrícula para vincular la probabilidad de ocurrencia de cada riesgo con su impacto sobre los objetivos del proyecto en caso de que ocurra dicho riesgo. Esta matriz especifica las combinaciones de probabilidad e impacto que permiten que los riesgos individuales del proyecto sean divididos en grupos de prioridad (véase el Gráfico 11-5). Los riesgos se pueden priorizar con vistas a un análisis posterior y a la planificación de respuestas a los riesgos basadas en su probabilidad e impactos. Se evalúa la probabilidad de ocurrencia de cada riesgo individual del proyecto, así como su impacto en uno o varios de los objetivos del proyecto en caso de presentarse, utilizando las definiciones de probabilidad e impacto sobre el proyecto tal como se especifica en el plan de gestión de riesgos. Se les asigna un nivel de prioridad a los riesgos individuales del proyecto, basado en la combinación de su probabilidad e impacto evaluados, usando una matriz de probabilidad e impacto.

Una organización puede evaluar un riesgo por separado para cada objetivo (por ejemplo, costo, tiempo y alcance) al tener una matriz de probabilidad e impacto para cada uno. Alternativamente, puede desarrollar maneras de determinar un nivel general de prioridad para cada riesgo, ya sea mediante la combinación de las evaluaciones para diferentes objetivos, o tomando el nivel de prioridad más alto independientemente de cual objetivo se vea afectado.

◆ **Diagramas jerárquicos.** Cuando los riesgos han sido clasificados utilizando más de dos parámetros, no se puede utilizar la matriz de probabilidad e impacto y se requieren otras representaciones gráficas. Por ejemplo, una gráfica de burbujas muestra tres dimensiones de datos, donde cada riesgo se representa como un disco (burbuja), y los tres parámetros están representados por el valor en el eje x, el valor en el eje y y el tamaño de la burbuja. Un ejemplo de gráfica de burbujas se muestra en el Gráfico 11-10, con la detectabilidad y la proximidad representadas en los ejes x y y, y el valor del impacto representado por el tamaño de la burbuja.

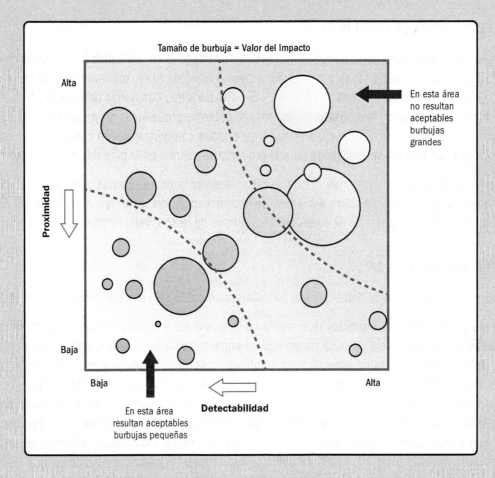

Gráfico 11-10. Ejemplo de Gráfica de Burbujas que muestra Detectabilidad, Proximidad y el Valor del Impacto

11.3.2.7 REUNIONES

Para llevar a cabo el análisis cualitativo de riesgos, el equipo del proyecto puede llevar a cabo una reunión especializada (a menudo llamada un taller de riesgos) dedicada a la discusión de los riesgos individuales del proyecto identificados. Los objetivos de esta reunión incluyen la revisión de los riesgos previamente identificados, la evaluación de la probabilidad y los impactos (y posiblemente otros parámetros de riesgo), la categorización y la priorización. El dueño del riesgo, que será el encargado de planificar una respuesta adecuada al riesgo y de notificar los avances en la gestión del riesgo, será asignado a cada riesgo individual del proyecto como parte del proceso Realizar el Análisis Cualitativo de Riesgos. La reunión puede comenzar por revisar y confirmar la probabilidad y las escalas de impacto que se utilizarán para el análisis. Durante la discusión en la reunión también se pueden identificar riesgos adicionales, y estos deben ser registrados para su análisis. Utilizar un facilitador experto aumentará la efectividad de la reunión.

11.3.3 REALIZAR EL ANÁLISIS CUALITATIVO DE RIESGOS: SALIDAS

11.3.3.1 ACTUALIZACIONES A LOS DOCUMENTOS DEL PROYECTO

Los documentos del proyecto que pueden actualizarse como resultado de llevar a cabo este proceso incluyen, entre otros:

◆ **Registro de supuestos.** Descrito en la Sección 4.1.3.2. Durante el proceso Realizar el Análisis Cualitativo de Riesgos se pueden hacer nuevos supuestos, se pueden identificar nuevas restricciones y los supuestos o limitaciones existentes pueden ser revisados y modificados. El registro de supuestos debe actualizarse con esta nueva información.

◆ **Registro de incidentes.** Descrito en la Sección 4.3.3.3. El registro de incidentes debe ser actualizado para captar nuevos problemas descubiertos o cambios en los incidentes actualmente registrados.

◆ **Registro de riesgos.** Descrito en la Sección 11.2.3.1. El registro de riesgos es actualizado con la nueva información generada durante el proceso Realizar el Análisis Cualitativo de Riesgos. Las actualizaciones al registro de riesgos pueden incluir evaluaciones de probabilidad e impacto para cada riesgo individual del proyecto, su nivel de prioridad o calificación de riesgo, el dueño del riesgo nominado, la información de la urgencia del riesgo o categorización de riesgos, así como una lista de observación para los riesgos de baja prioridad o que requieren análisis adicional.

◆ **Informe de riesgos.** Descrito en la Sección 11.2.3.2. El informe de riesgos se actualiza para reflejar los riesgos individuales del proyecto más importantes (por lo general los que tienen la mayor probabilidad e impacto), así como una lista con prioridades de todos los riesgos identificados en el proyecto y una conclusión resumida.

11.4 REALIZAR EL ANÁLISIS CUANTITATIVO DE RIESGOS

Realizar el Análisis Cuantitativo de Riesgos es el proceso de analizar numéricamente el efecto combinado de los riesgos individuales del proyecto identificados y otras fuentes de incertidumbre sobre los objetivos generales del proyecto. El beneficio clave de este proceso es que cuantifica la exposición al riesgo del proyecto en general, y también puede proporcionar información cuantitativa adicional sobre los riesgos para apoyar la planificación de la respuesta a los riesgos. Este proceso no es requerido para cada proyecto, pero en los que se utiliza se lleva a cabo durante todo el proyecto. Las entradas y salidas de este proceso se presentan en el Gráfico 11-11. El Gráfico 11-12 representa el diagrama de flujo de datos para el proceso.

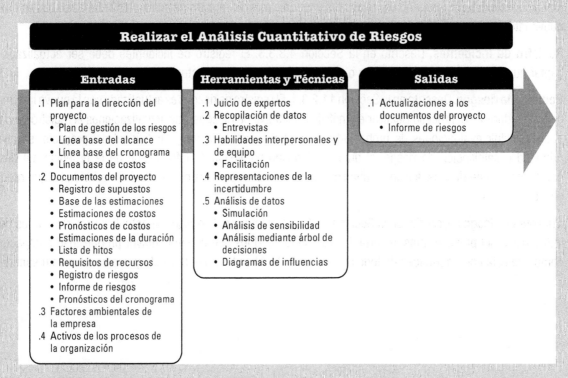

Realizar el Análisis Cuantitativo de Riesgos

Entradas

.1 Plan para la dirección del proyecto
  - Plan de gestión de los riesgos
  - Línea base del alcance
  - Línea base del cronograma
  - Línea base de costos
.2 Documentos del proyecto
  - Registro de supuestos
  - Base de las estimaciones
  - Estimaciones de costos
  - Pronósticos de costos
  - Estimaciones de la duración
  - Lista de hitos
  - Requisitos de recursos
  - Registro de riesgos
  - Informe de riesgos
  - Pronósticos del cronograma
.3 Factores ambientales de la empresa
.4 Activos de los procesos de la organización

Herramientas y Técnicas

.1 Juicio de expertos
.2 Recopilación de datos
  - Entrevistas
.3 Habilidades interpersonales y de equipo
  - Facilitación
.4 Representaciones de la incertidumbre
.5 Análisis de datos
  - Simulación
  - Análisis de sensibilidad
  - Análisis mediante árbol de decisiones
  - Diagramas de influencias

Salidas

.1 Actualizaciones a los documentos del proyecto
  - Informe de riesgos

Gráfico 11-11. Realizar el Análisis Cuantitativo de Riesgos: Entradas, Herramientas y Técnicas, y Salidas

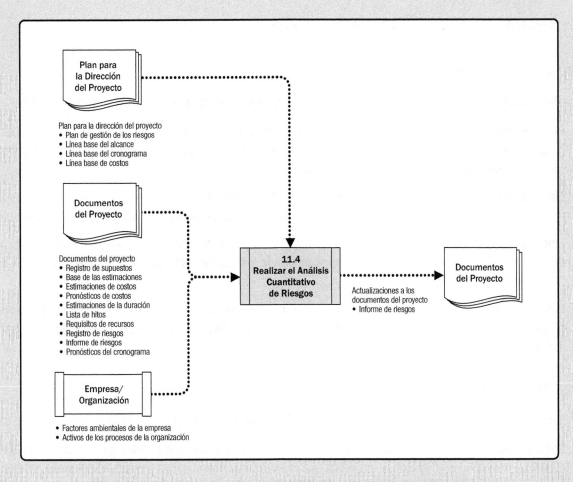

Gráfico 11-12. Realizar el Análisis Cuantitativo de Riesgos: Diagrama de Flujo de Datos

Realizar el Análisis Cuantitativo de Riesgos no es necesario para todos los proyectos. La realización de un análisis profundo depende de la disponibilidad de datos de alta calidad sobre los riesgos individuales del proyecto y otras fuentes de incertidumbre, así como de una sólida línea base del proyecto subyacente para el alcance, el cronograma y el costo. El análisis cuantitativo de riesgos por lo general requiere un software de riesgo especializado y pericia en el desarrollo y la interpretación de los modelos de riesgo. Además, consume tiempo y costo adicionales. El uso de análisis cuantitativo de riesgos para un proyecto será especificado en el plan de gestión de los riesgos del proyecto. Es probablemente apropiado para proyectos grandes o complejos, proyectos estratégicamente importantes, proyectos para los cuales es un requisito contractual o proyectos en los que un interesado clave lo requiere. El análisis cuantitativo de riesgos es el único método confiable para evaluar el riesgo general del proyecto a través de la evaluación del efecto global sobre los resultados del proyecto de todos los riesgos individuales del proyecto y otras fuentes de incertidumbre.

Realizar el Análisis Cuantitativo de Riesgos utiliza la información sobre los riesgos individuales del proyecto que han sido evaluados por el proceso Realizar el Análisis Cualitativo de Riesgos como que presentan un potencial significativo para afectar los objetivos del proyecto.

Las salidas de Realizar el Análisis Cuantitativo de Riesgos se utilizan como entradas para el proceso Planificar la Respuesta a los Riesgos, en particular en la recomendación de respuestas al nivel de riesgo general del proyecto y de los riesgos individuales clave. Un análisis cuantitativo de riesgos también podrá llevarse a cabo a continuación del proceso Planificar la Respuesta a los Riesgos, a fin de determinar la probable efectividad de las respuestas previstas para reducir la exposición general al riesgo del proyecto.

11.4.1 REALIZAR EL ANÁLISIS CUANTITATIVO DE RIESGOS: ENTRADAS

11.4.1.1 PLAN PARA LA DIRECCIÓN DEL PROYECTO

Descrito en la Sección 4.2.3.1. Los componentes del plan para la dirección del proyecto incluyen, entre otros:

◆ **Plan de gestión de los riesgos.** Descrito en la Sección 11.1.3.1. El plan de gestión de los riesgos especifica si se requiere un análisis cuantitativo de riesgos para el proyecto. También detalla los recursos disponibles para el análisis y la frecuencia esperada de los análisis.

◆ **Línea base del alcance.** Descrito en la Sección 5.4.3.1. La línea base del alcance describe el punto de partida a partir del cual se evalúa el efecto de los riesgos individuales del proyecto y otras fuentes de incertidumbre.

◆ **Línea base del cronograma.** Descrito en la Sección 6.5.3.1. La línea base del cronograma describe el punto de partida a partir del cual se puede evaluar el efecto de los riesgos individuales del proyecto y otras fuentes de incertidumbre.

◆ **Línea base de costos.** Descrito en la Sección 7.3.3.1. La línea base de costos describe el punto de partida a partir del cual se puede evaluar el efecto de los riesgos individuales del proyecto y otras fuentes de incertidumbre.

11.4.1.2 DOCUMENTOS DEL PROYECTO

Los documentos del proyecto que pueden ser considerados como entradas para este proceso incluyen, entre otros:

◆ **Registro de supuestos.** Descrito en la Sección 4.1.3.2. Los supuestos pueden ser un aporte al análisis cuantitativo de riesgos si su evaluación indica que presentan un riesgo para los objetivos del proyecto. El efecto de las restricciones también puede ser modelado durante un análisis cuantitativo de riesgos.

◆ **Base de las estimaciones.** Descrita en la Sección 6.4.3.2 y 7.2.3.2. La base de las estimaciones utilizadas en la planificación del proyecto puede quedar reflejada en la variabilidad modelada durante un proceso de análisis cuantitativo de riesgos. Esto puede incluir información sobre el propósito, clasificación, precisión supuesta, metodología y fuente de la estimación.

◆ **Estimaciones de costos.** Descrito en la Sección 7.2.3.1. Las estimaciones de costos proporcionan el punto de partida a partir del cual se evalúa la variabilidad de costos.

◆ **Pronósticos de costos.** Descrito en la Sección 7.4.3.2. Las previsiones tales como la Estimación hasta la Conclusión (ETC), Estimación a la Conclusión (EAC), Presupuesto hasta la Conclusión (BAC) e Índice de Desempeño del Trabajo por Completar (TCPI) se pueden comparar con los resultados de un análisis cuantitativo de riesgo de costos para determinar el nivel de confianza asociado con la consecución de estos objetivos.

◆ **Estimaciones de la duración.** Descrito en la Sección 6.4.3.1. Las estimaciones de la duración proporcionan el punto de partida desde el cual se evalúa la variabilidad del cronograma.

◆ **Lista de hitos.** Descrito en la Sección 6.2.3.3. Los eventos significativos en el proyecto definen los objetivos de programación con los cuales se comparan los resultados de un análisis cuantitativo de riesgo de programación, a fin de determinar el nivel de confianza asociado con el logro de estos objetivos.

◆ **Requisitos de recursos.** Descrito en la Sección 9.2.3.1. Los requisitos de recursos proporcionan el punto de partida desde el cual se evalúa la variabilidad.

◆ **Registro de riesgos.** Descrito en la Sección 11.2.3.1. El registro de riesgos contiene detalles de los riesgos individuales del proyecto a ser utilizados como entrada para el análisis cuantitativo de riesgos.

◆ **Informe de riesgos.** Descrito en la Sección 11.2.3.2. El informe de riesgos describe las fuentes del riesgo general del proyecto y el estado actual del riesgo general del proyecto.

◆ **Pronósticos del cronograma.** Descrito en la Sección 6.6.3.2. Los pronósticos pueden ser comparados con los resultados de un análisis cuantitativo de riesgos del cronograma para determinar el nivel de confianza asociado con el logro de estos objetivos.

11.4.1.3 FACTORES AMBIENTALES DE LA EMPRESA

Los factores ambientales de la empresa que pueden influir en el proceso Realizar el Análisis Cuantitativo de Riesgos incluyen, entre otros:

◆ Estudios de la industria sobre proyectos similares, y

◆ Material publicado, incluyendo bases de datos de riesgos comerciales o listas de verificación.

11.4.1.4 ACTIVOS DE LOS PROCESOS DE LA ORGANIZACIÓN

Los activos de los procesos de la organización que pueden influir en el proceso Realizar el Análisis Cuantitativo de Riesgos incluyen la información de proyectos similares completados.

11.4.2 REALIZAR EL ANÁLISIS CUANTITATIVO DE RIESGOS: HERRAMIENTAS Y TÉCNICAS

11.4.2.1 JUICIO DE EXPERTOS

Descrito en la Sección 4.1.2.1. Se debe tomar en cuenta la pericia de los individuos o grupos que tengan conocimientos especializados o capacitación en los siguientes temas:

◆ La traducción de la información sobre los riesgos individuales del proyecto y otras fuentes de incertidumbre en entradas numéricas para el modelo de análisis cuantitativo de riesgos,

◆ La selección de la representación más apropiada de la incertidumbre a fin de modelar los riesgos particulares u otras fuentes de incertidumbre,

◆ Las técnicas de modelado que resulten apropiadas en el contexto del proyecto,

◆ La identificación de qué herramientas serían las más adecuadas para las técnicas de modelado seleccionados, y

◆ La interpretación de los resultados del análisis cuantitativo de riesgos.

11.4.2.2 RECOPILACIÓN DE DATOS

Las entrevistas (véase la Sección 5.2.2.2) se pueden utilizar a fin de generar entradas para el análisis cuantitativo de riesgos, valiéndose de las entradas que incluyen riesgos individuales del proyecto y otras fuentes de incertidumbre. Esto es particularmente útil cuando se requiere información procedente de los expertos. El entrevistador debería promover un ambiente de confianza y confidencialidad durante la entrevista a fin de fomentar contribuciones honestas e imparciales.

11.4.2.3 HABILIDADES INTERPERSONALES Y DE EQUIPO

Las habilidades interpersonales y de equipo que pueden utilizarse en este proceso incluyen, entre otras, la facilitación (véase la Sección 4.1.2.3). Un facilitador experto es útil para la recopilación de datos de entrada durante un taller de riesgos que involucre a los miembros del equipo del proyecto y a otros interesados. Los talleres facilitados pueden mejorar la efectividad mediante el establecimiento de una clara comprensión del propósito del taller, la creación de consenso entre los participantes, la garantía de un enfoque continuo sobre la tarea y el uso de enfoques creativos para hacer frente a los conflictos interpersonales o fuentes de sesgo.

11.4.2.4 REPRESENTACIONES DE LA INCERTIDUMBRE

El análisis cuantitativo de riesgos requiere entradas a un modelo de análisis cuantitativo de riesgos que refleje los riesgos individuales del proyecto y otras fuentes de incertidumbre.

Cuando la duración, el costo o los recursos necesarios para una actividad planificada son inciertos, el rango de valores posibles se puede representar en el modelo como una distribución de probabilidad. Esta puede tomar diversas formas. Las más comúnmente utilizadas son distribuciones triangulares, normales, log normales, beta, uniformes o discretas. Se debe tener cuidado al seleccionar una distribución de probabilidad apropiada a fin de reflejar el rango de valores posibles para la actividad planeada.

Los riesgos individuales del proyecto pueden ser cubiertos por las distribuciones de probabilidad. Como alternativa, los riesgos pueden ser incluidos en el modelo como ramas probabilísticas, donde se añaden actividades opcionales para el modelo a fin de representar el impacto en tiempo y / o costos del riesgo en caso de producirse, y la posibilidad de que estas actividades ocurran realmente en una corrida de simulación en particular corresponde a la probabilidad del riesgo. Las ramas son de mayor utilidad para los riesgos que podrían ocurrir independientemente de cualquier actividad planificada. Cuando los riesgos están relacionados, por ejemplo, con una causa común o una dependencia lógica, se utiliza la correlación en el modelo para indicar esta relación.

Otras fuentes de incertidumbre también se pueden representar utilizando ramas para describir trayectorias alternativas a través del proyecto.

11.4.2.5 ANÁLISIS DE DATOS

Las técnicas de análisis de datos que pueden utilizarse durante este proceso incluyen, entre otras:

◆ **Simulación.** El análisis cuantitativo de riesgos utiliza un modelo que simula los efectos combinados de los riesgos individuales del proyecto y otras fuentes de incertidumbre a fin de evaluar su impacto potencial en la consecución de los objetivos del proyecto. Las simulaciones se realizan habitualmente mediante un análisis de Monte Carlo. Cuando se realiza un análisis de Monte Carlo para el riesgo de costo, la simulación utiliza las estimaciones de costos del proyecto. Al realizar un análisis de Monte Carlo para el riesgo de cronograma, se utilizan el diagrama de red del cronograma y las estimaciones de duración. Un análisis cuantitativo integral del riesgo de costos-cronograma utiliza ambas entradas. La salida es un modelo de análisis cuantitativo de riesgos.

Se utilizan aplicaciones informáticas para iterar el modelo de análisis cuantitativo de riesgos varias miles de veces. Los valores de entrada (por ejemplo, estimaciones de costos, estimaciones de duración o aparición de ramas probabilísticos) son elegidos al azar para cada iteración. Las salidas representan el rango de posibles resultados para el proyecto (por ejemplo, fecha de finalización del proyecto, costo del proyecto a la terminación). Las salidas típicas incluyen un histograma que presenta el número de iteraciones donde se produjo un resultado de la simulación en particular, o una distribución de probabilidad acumulada (curva S) que representa la probabilidad de lograr cualquier resultado en particular o menos. Un ejemplo de la curva S de un análisis de Monte Carlo sobre riesgos de costos se muestra en el Gráfico 11-13.

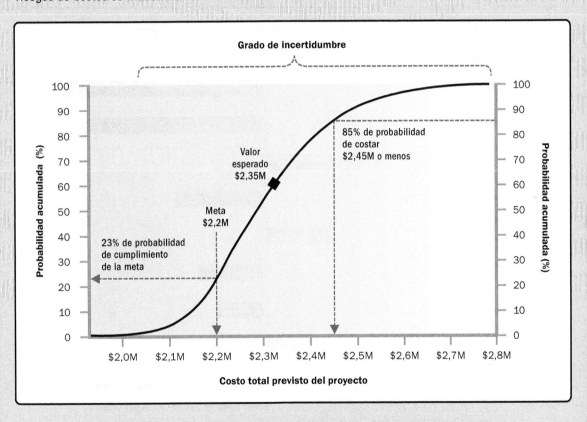

Gráfico 11-13. Ejemplo de Curva S de Análisis Cuantitativo de Riesgos de Costos

Para un análisis cuantitativo de riesgos de cronograma, también es posible llevar a cabo un análisis de criticidad que determina qué elementos del modelo de riesgo tienen el mayor efecto sobre la ruta crítica del proyecto. Se calcula un índice de criticidad para cada elemento en el modelo de riesgo, lo que entrega la frecuencia con que aparece ese elemento en la ruta crítica durante la simulación, expresada generalmente como un porcentaje. La salida de un análisis de criticidad permite que el equipo del proyecto enfoque los esfuerzos de planificación de respuesta al riesgo en aquellas actividades con el efecto potencial más alto sobre el desempeño general del cronograma del proyecto.

◆ **Análisis de sensibilidad.** El análisis de sensibilidad ayuda a determinar qué riesgos individuales del proyecto u otras fuentes de incertidumbre tienen el impacto con mayor potencial sobre los resultados del proyecto. Correlaciona las variaciones en los resultados del proyecto con las variaciones en los elementos del modelo de análisis cuantitativo de riesgos.

Una visualización típica de los análisis de sensibilidad es el diagrama de tornado, que presenta el coeficiente de correlación calculado para cada elemento del modelo de análisis cuantitativo de riesgos que pueda influir en el resultado del proyecto. Este puede incluir los riesgos individuales del proyecto, las actividades del proyecto con un alto grado de variabilidad, o fuentes específicas de ambigüedad. Los elementos están clasificados por fortaleza de correlación descendente, dando la apariencia típica de un tornado. El Gráfico 11-14 muestra un ejemplo de diagrama de tornado.

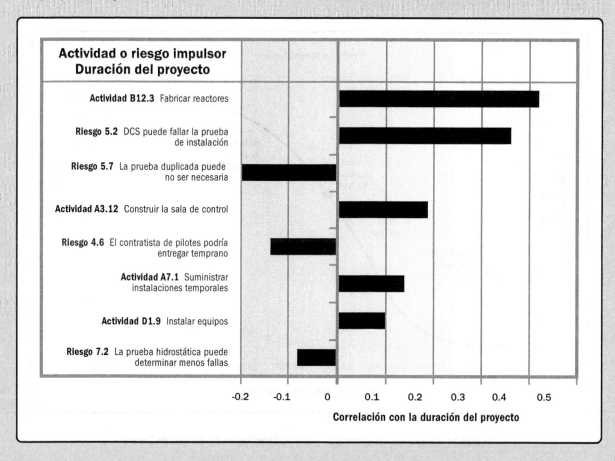

Gráfico 11-14. Ejemplo de Diagrama de Tornado

◆ **Análisis mediante árbol de decisiones.** Los árboles de decisiones se utilizan para apoyar la selección del mejor curso de acción entre varios alternativos. Las trayectorias alternativas a través del proyecto se muestran en el árbol de decisiones utilizando ramas que representan diferentes decisiones o eventos, cada uno de los cuales puede tener costos asociados y riesgos individuales del proyecto relacionados (incluyendo tanto las amenazas como las oportunidades). Los puntos finales de las ramas en el árbol de decisiones representan el resultado de seguir esa trayectoria en particular, que puede ser negativo o positivo.

El árbol de decisiones se evalúa calculando el valor monetario esperado de cada rama, lo que permite seleccionar la trayectoria óptima. El Gráfico 11-15 muestra un ejemplo de árbol de decisiones.

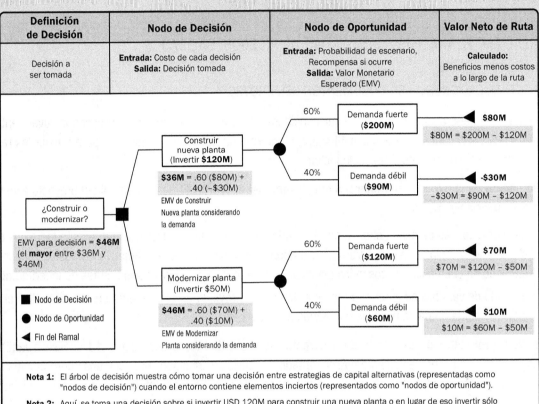

Definición de Decisión	Nodo de Decisión	Nodo de Oportunidad	Valor Neto de Ruta
Decisión a ser tomada	**Entrada:** Costo de cada decisión **Salida:** Decisión tomada	**Entrada:** Probabilidad de escenario, Recompensa si ocurre **Salida:** Valor Monetario Esperado (EMV)	**Calculado:** Beneficios menos costos a lo largo de la ruta

Nota 1: El árbol de decisión muestra cómo tomar una decisión entre estrategias de capital alternativas (representadas como "nodos de decisión") cuando el entorno contiene elementos inciertos (representados como "nodos de oportunidad").

Nota 2: Aquí, se toma una decisión sobre si invertir USD 120M para construir una nueva planta o en lugar de eso invertir sólo USD 50M millones para modernizar la planta existente. Para cada decisión se debe tomar en cuenta la demanda (que es incierta, y por lo tanto representa un nodo de oportunidad). Por ejemplo, la fuerte demanda apunta a ingresos con la nueva planta de USD 200M, pero sólo a USD 120M para la planta modernizada, quizás debido a las limitaciones de capacidad de esta última. El final de cada ramal muestra el efecto neto de los beneficios menos los costos. Para cada ramal de decisión, se agregan todos los efectos (ver áreas sombreadas) a fin de determinar el Valor Monetario Esperado (EMV) conjunto de la decisión. No olvide tener en cuenta los costos de la inversión. A partir de los cálculos de las áreas sombreadas, la planta modernizada presenta un EMV más alto, de $46M, que también es el EMV de la decisión general. (Esta opción también representa el menor riesgo, evitando el resultado de una pérdida de $30M en el peor caso posible).

Gráfico 11-15. Ejemplo de Árbol de Decisiones

◆ **Diagramas de influencias.** Los diagramas de influencias son ayudas gráficas para la toma de decisiones en condiciones de incertidumbre. Un diagrama de influencias representa un proyecto o situación dentro del proyecto como un conjunto de entidades, resultados e influencias, junto con las relaciones y efectos entre ellos. Cuando un elemento en el diagrama de influencias es incierto, como consecuencia de la existencia de riesgos individuales del proyecto o de otras fuentes de incertidumbre, este puede ser representado en el diagrama de influencias utilizando rangos o distribuciones de probabilidad. A continuación se evalúa el diagrama de influencias utilizando una técnica de simulación, tal como el análisis de Monte Carlo, para indicar qué elementos tienen la mayor influencia sobre los resultados clave. Las salidas de un diagrama de influencias son similares a las de otros métodos de análisis cuantitativo de riesgos, incluyendo las curvas S y los diagramas de tornado.

11.4.3 REALIZAR EL ANÁLISIS CUANTITATIVO DE RIESGOS: SALIDAS

11.4.3.1 ACTUALIZACIONES A LOS DOCUMENTOS DEL PROYECTO

Los documentos del proyecto que pueden ser considerados como salidas para este proceso incluyen, entre otros, el informe de riesgos descrito en la Sección 11.2.3.2. El informe de riesgos se actualizará para reflejar los resultados del análisis cuantitativo de riesgos. Éste suele incluir:

◆ **Evaluación de la exposición general a los riesgos del proyecto.** El riesgo general del proyecto está reflejado en dos mediciones claves:

- Las posibilidades de éxito del proyecto, indicadas por la probabilidad de que el proyecto logre sus objetivos clave (por ejemplo, fecha de finalización requerida o hitos intermedios, objetivo de costos requerido, etc.) teniendo en cuenta los riesgos individuales del proyecto identificados y otras fuentes de incertidumbre; y

- El grado de variabilidad inherente restante dentro del proyecto en el momento en que se realizó el análisis, indicado por la gama de posibles resultados del proyecto.

◆ **Análisis probabilístico detallado del proyecto.** Se presentan las salidas clave del análisis cuantitativo de riesgos, tales como curvas S, diagramas de tornado y análisis de criticidad, junto con una interpretación narrativa de los resultados. Los posibles resultados detallados de un análisis cuantitativo de riesgos pueden incluir:

- La cantidad de reserva para contingencias necesaria para proporcionar un determinado nivel de confianza;

- La identificación de los riesgos individuales del proyecto u otras fuentes de incertidumbre que tienen el mayor efecto sobre la ruta crítica del proyecto; y

- Los principales condicionantes del riesgo general del proyecto, con la mayor influencia en la incertidumbre de los resultados del proyecto.

◆ **Lista priorizada de riesgos individuales del proyecto.** Esta lista incluye aquellos riesgos individuales del proyecto que representan la mayor amenaza o suponen la mayor oportunidad para el proyecto, como lo indica el análisis de sensibilidad.

◆ **Tendencias en los resultados del análisis cuantitativo de riesgos.** A medida que se repite el análisis en diferentes momentos durante el ciclo de vida del proyecto, pueden aparecer tendencias que informan la planificación de las respuestas a los riesgos.

◆ **Respuestas recomendadas a los riesgos.** El informe de riesgos puede presentar respuestas sugeridas al nivel de exposición general al riesgo del proyecto o riesgos individuales clave del proyecto, sobre la base de los resultados del análisis cuantitativo de riesgos. Estas recomendaciones formarán entradas para el proceso Planificar la Respuesta a los Riesgos.

11.5 PLANIFICAR LA RESPUESTA A LOS RIESGOS

Planificar la Respuesta a los Riesgos es el proceso de desarrollar opciones, seleccionar estrategias y acordar acciones para abordar la exposición general al riesgo del proyecto, así como para tratar los riesgos individuales del proyecto. El beneficio clave de este proceso es que identifica las formas adecuadas de abordar el riesgo general del proyecto y los riesgos individuales del proyecto. Este proceso también asigna recursos e incorpora actividades en los documentos del proyecto y el plan para la dirección del proyecto, según sea necesario. Este proceso se lleva a cabo a lo largo de todo el proyecto. El Gráfico 11-16 muestra las entradas, herramientas y técnicas, y salidas del proceso. El Gráfico 11-17 representa el diagrama de flujo de datos para el proceso.

Planificar la Respuesta a los Riesgos

Entradas

.1 Plan para la dirección del proyecto
  • Plan de gestión de los recursos
  • Plan de gestión de los riesgos
  • Línea base de costos
.2 Documentos del proyecto
  • Registro de lecciones aprendidas
  • Cronograma del proyecto
  • Asignaciones del equipo del proyecto
  • Calendarios de recursos
  • Registro de riesgos
  • Informe de riesgos
  • Registro de interesados
.3 Factores ambientales de la empresa
.4 Activos de los procesos de la organización

Herramientas y Técnicas

.1 Juicio de expertos
.2 Recopilación de datos
  • Entrevistas
.3 Habilidades interpersonales y de equipo
  • Facilitación
.4 Estrategias para amenazas
.5 Estrategias para oportunidades
.6 Estrategias de respuesta a contingencias
.7 Estrategias para el riesgo general del proyecto
.8 Análisis de datos
  • Análisis de alternativas
  • Análisis costo-beneficio
.9 Toma de decisiones
  • Análisis de decisiones con múltiples criterios

Salidas

.1 Solicitudes de cambio
.2 Actualizaciones al plan para la dirección del proyecto
  • Plan de gestión del cronograma
  • Plan de gestión de los costos
  • Plan de gestión de la calidad
  • Plan de gestión de los recursos
  • Plan de gestión de las adquisiciones
  • Línea base del alcance
  • Línea base del cronograma
  • Línea base de costos
.3 Actualizaciones a los documentos del proyecto
  • Registro de supuestos
  • Pronósticos de costos
  • Registro de lecciones aprendidas
  • Cronograma del proyecto
  • Asignaciones del equipo del proyecto
  • Registro de riesgos
  • Informe de riesgos

Gráfico 11-16. Planificar la Respuesta a los Riesgos: Entradas, Herramientas y Técnicas, y Salidas

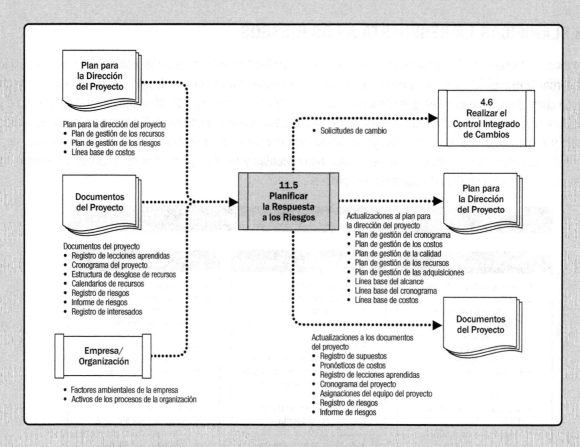

Gráfico 11-17. Planificar la Respuesta a los Riesgos: Diagrama de Flujo de Datos

Las respuestas efectivas y adecuadas a los riesgos pueden reducir al mínimo las amenazas individuales, maximizar las oportunidades individuales y reducir la exposición global al riesgo del proyecto. Las respuestas inadecuadas a los riesgos pueden tener el efecto inverso. Una vez que los riesgos hayan sido identificados, analizados y priorizados, el dueño del riesgo nominado debería desarrollar planes para hacer frente a cada uno de los riesgos individuales del proyecto que el equipo del proyecto considere que es lo suficientemente importante, ya sea debido a la amenaza que supone para los objetivos del proyecto o debido a la oportunidad que ofrece. El director del proyecto también debería considerar cómo responder apropiadamente al actual nivel de riesgo general del proyecto.

Las respuestas a los riesgos deben adecuarse a la importancia del riesgo, ser rentables con relación al desafío a cumplir, realistas dentro del contexto del proyecto, acordadas por todas las partes involucradas y deben estar a cargo de una persona responsable. A menudo es necesario seleccionar la respuesta óptima a los riesgos entre varias opciones. Para cada riesgo, se debe seleccionar la estrategia o la combinación de estrategias con mayor probabilidad de eficacia. Las técnicas estructuradas para la toma de decisiones se pueden utilizar para elegir la respuesta más apropiada. Para los proyectos grandes o complejos puede ser apropiado utilizar un modelo de optimización matemática o un análisis de opciones reales como base para un análisis económico más robusto de las estrategias alternativas de respuesta a los riesgos.

Se desarrollan acciones específicas para implementar la estrategia acordada para respuesta a los riesgos, incluidas estrategias principales y de refuerzo, según sea necesario. Puede desarrollarse un plan de contingencia (o plan de reserva) que se implementará si la estrategia seleccionada no resulta totalmente efectiva o si se produce un riesgo aceptado. También deben identificarse los riesgos secundarios. Los riesgos secundarios son riesgos que surgen como resultado directo de la implementación de una respuesta a los riesgos. A menudo se asigna una reserva para contingencias de tiempo o costo. En los casos en que ésta se establece, el plan puede incluir la identificación de las condiciones que suscitan su utilización.

11.5.1 PLANIFICAR LA RESPUESTA A LOS RIESGOS: ENTRADAS

11.5.1.1 PLAN PARA LA DIRECCIÓN DEL PROYECTO

Descrito en la Sección 4.2.3.1. Los componentes del plan para la dirección del proyecto incluyen, entre otros:

◆ **Plan de Gestión de los Recursos.** Descrito en la Sección 9.1.3.1. El plan de gestión de los recursos se utiliza para ayudar a determinar cómo los recursos asignados a los respuestas a los riesgos acordadas se coordinarán con otros recursos del proyecto.

◆ **Plan de gestión de los riesgos.** Descrito en la Sección 11.1.3.1. En este proceso se utilizan los roles y las responsabilidades y los umbrales de riesgo.

◆ **Línea base de costos.** Descrita en la Sección 7.3.3.1. La línea base de costos tiene información sobre el fondo de contingencias que se asigna para responder a los riesgos.

11.5.1.2 DOCUMENTOS DEL PROYECTO

Los documentos del proyecto que pueden ser considerados como entradas para este proceso incluyen, entre otros:

◆ **Registro de lecciones aprendidas.** Descrito en la Sección 4.4.3.1. Las lecciones aprendidas de las respuestas efectivas a los riesgos utilizadas en fases anteriores del proyecto son examinadas para determinar si las respuestas similares podrían ser útiles durante el resto del proyecto.

◆ **Cronograma del proyecto.** Descrito en la Sección 6.5.3.2. El cronograma se usa para determinar cómo se programarán las respuestas acordadas a los riesgos junto con otras actividades del proyecto.

◆ **Asignaciones del equipo del proyecto.** Descritas en la Sección 9.3.3.2. Las asignaciones del equipo de proyecto pueden mostrar los recursos que se pueden asignar a los respuestas acordadas a los riesgos.

◆ **Calendarios de recursos.** Descrito en la Sección 9.2.1.2. Los calendarios de recursos identifican cuándo están disponibles los recursos potenciales para ser asignados a las respuestas acordadas a los riesgos.

◆ **Registro de riesgos.** Descrito en la Sección 11.2.3.1. El registro de riesgos contiene detalles de los riesgos individuales del proyecto que han sido identificados y priorizados, y para los cuales se requieren respuestas a los riesgos. El nivel de prioridad para cada riesgo puede ayudar a orientar la selección de las respuestas apropiadas a los riesgos. Por ejemplo, las amenazas o las oportunidades con alta prioridad pueden requerir acción prioritaria y estrategias de respuesta altamente proactivas. Las amenazas y oportunidades que se encuentran en la zona de baja prioridad podrían no requerir una acción de gestión proactiva, más allá de ser incluidas en el registro de riesgos como parte de la lista de observación o de ser agregadas a una reserva para contingencias.

El registro de riesgos identifica al dueño del riesgo nominado para cada riesgo. También puede contener respuestas preliminares a los riesgos identificadas anteriormente en el proceso Gestión de los Riesgos del Proyecto. El registro de riesgos puede proporcionar otros datos sobre los riesgos identificados que pueden ayudar en la planificación de respuestas a los riesgos, incluidas las causas raíz, los disparadores de riesgo y las señales de advertencia, los riesgos que requieren respuestas en el corto plazo y los riesgos donde se ha identificado la necesidad de un análisis adicional.

◆ **Informe de riesgos.** Descrito en la Sección 11.2.3.2. El informe de riesgos presenta el nivel actual de exposición general a los riesgos del proyecto que informará la selección de la estrategia de respuesta a los riesgos. El informe de riesgos también puede enumerar los riesgos individuales del proyecto en orden de prioridad y proporcionar un análisis adicional de la distribución de los riesgos individuales del proyecto que pueden comunicar la selección de respuesta a los riesgos.

◆ **Registro de interesados.** Descrito en la Sección 13.1.3.1. El registro de interesados identifica a los posibles dueños de respuestas a los riesgos.

11.5.1.3 FACTORES AMBIENTALES DE LA EMPRESA

Los factores ambientales de la empresa que pueden influir en el proceso Planificar la Respuesta a los Riesgos incluyen, entre otros, el apetito al riesgo y los umbrales de los interesados clave.

11.5.1.4 ACTIVOS DE LOS PROCESOS DE LA ORGANIZACIÓN

Los activos de los procesos de la organización que pueden influir en el proceso Planificar la Respuesta a los Riesgos incluyen, entre otros:

◆ Plantillas para el plan de gestión de los riesgos, registro de riesgos e informe de riesgos;

◆ Bases de datos históricas; y

◆ Repositorios de lecciones aprendidas procedentes de proyectos similares.

11.5.2 PLANIFICAR LA RESPUESTA A LOS RIESGOS: HERRAMIENTAS Y TÉCNICAS

11.5.2.1 JUICIO DE EXPERTOS

Descrito en la Sección 4.1.2.1. Se debe tomar en cuenta la pericia de los individuos o grupos que tengan conocimientos especializados en los siguientes temas:

◆ Estrategias de respuesta a amenazas,

◆ Estrategias de respuesta a oportunidades,

◆ Estrategias de respuesta a contingencias, y

◆ Estrategias de respuesta al riesgo general del proyecto.

Pueden ser solicitados aportes de expertos con especial pericia en el tema correspondiente a un riesgo individual específico del proyecto, por ejemplo, cuando se requiera un conocimiento técnico especializado.

11.5.2.2 RECOPILACIÓN DE DATOS

La técnicas de recopilación de datos que pueden utilizarse para este proceso incluyen, entre otras, entrevistas (véase la Sección 5.2.2.2). El desarrollo de respuestas a los riesgos individuales del proyecto y el riesgo general del proyecto puede llevarse a cabo durante las entrevistas estructuradas o semiestructuradas (véase la Sección 5.2.2.2) con los dueños de los riesgos. Otros interesados también pueden ser entrevistados, si es necesario. El entrevistador debería promover un ambiente de confianza y confidencialidad en el marco de la entrevista a fin de fomentar aportes honestos e imparciales.

11.5.2.3 HABILIDADES INTERPERSONALES Y DE EQUIPO

Las habilidades interpersonales y de equipo que pueden utilizarse en este proceso incluyen, entre otras, la facilitación (véase la Sección 4.1.2.3). El uso de la facilitación mejora la efectividad de la elaboración de las respuestas a los riesgos individuales del proyecto y el riesgo general del proyecto. Un facilitador experto puede ayudar a los dueños de los riesgos a entender el riesgo, identificar y comparar las estrategias alternativas de posible respuesta a los riesgos, elegir una estrategia de respuesta adecuada, e identificar y superar las fuentes de sesgo.

11.5.2.4 ESTRATEGIAS PARA AMENAZAS

Se pueden considerar cinco estrategias alternativas para hacer frente a las amenazas, de la siguiente manera:

◆ **Escalar.** El escalamiento es apropiado cuando el equipo de proyecto o el patrocinador del proyecto está de acuerdo en que una amenaza se encuentra fuera del alcance del proyecto o que la respuesta propuesta excedería la autoridad del director del proyecto. Los riesgos escalados se gestionan a nivel de programa, nivel de portafolio, u otra parte relevante de la organización, y no al nivel de los proyectos. El director del proyecto determina quién debería ser notificado acerca de la amenaza y comunica los detalles a esa persona o parte de la organización. Es importante que la propiedad de las amenazas escaladas sea aceptada por la parte relevante en la organización. Las amenazas son por lo general escaladas al nivel que coincide con los objetivos que se verían afectados si se produjera la amenaza. Las amenazas escaladas ya no son monitoreadas por el equipo del proyecto después del escalamiento, aunque pueden ser registradas en el registro de riesgos para propósitos de información.

◆ **Evitar.** Evitar el riesgo es cuando el equipo del proyecto actúa para eliminar la amenaza o proteger al proyecto de su impacto. Puede resultar apropiado para las amenazas de alta prioridad con una alta probabilidad de ocurrencia y un gran impacto negativo. La evasión puede implicar el cambio de algún aspecto del plan para la dirección del proyecto o del objetivo que está en peligro para eliminar la amenaza del todo, lo que reduce su probabilidad de ocurrencia a cero. El dueño del riesgo también puede tomar medidas para aislar los objetivos del proyecto del impacto del riesgo en caso de que se produjera. Los ejemplos de las acciones evasivas pueden incluir la eliminación de la causa de una amenaza, la extensión del cronograma, el cambio de la estrategia del proyecto o la reducción del alcance. Algunos riesgos se pueden evitar aclarando los requisitos, obteniendo información, mejorando la comunicación o adquiriendo experiencia.

◆ **Transferir.** La transferencia implica el cambio de titularidad de una amenaza a un tercero para que maneje el riesgo y para que soporte el impacto si se produce la amenaza. Transferir el riesgo a menudo implica el pago de una prima de riesgo a la parte que asume la amenaza. La transferencia puede ser lograda por una gama de acciones que incluye, entre otras, el uso de seguros, garantías de cumplimiento, fianzas, certificados de garantía, etc. Para transferir a un tercero la propiedad y la responsabilidad de riesgos específicos se pueden utilizar acuerdos.

◆ **Mitigar.** En la mitigación de riesgos se toman medidas para reducir la probabilidad de ocurrencia y/o el impacto de una amenaza. Las acciones de mitigación tempranas son a menudo más efectivas que tratar de reparar el daño después de que se ha producido la amenaza. Ejemplos de acciones de mitigación son adoptar procesos menos complejos, realizar más pruebas o seleccionar un vendedor más estable. La mitigación puede involucrar el desarrollo de un prototipo (véase la Sección 5.2.2.8) para reducir el riesgo de pasar de un modelo a pequeña escala de un proceso o producto a uno de tamaño real. Cuando no es posible reducir la probabilidad, una respuesta de mitigación podría reducir el impacto centrándose en los factores que impulsan la severidad. Por ejemplo, incorporar redundancias en el diseño de un sistema puede permitir reducir el impacto causado por una falla del componente original.

◆ **Aceptar.** La aceptación de riesgos reconoce la existencia de una amenaza, pero no se toman medidas proactivas. Esta estrategia puede ser apropiada para las amenazas de baja prioridad, y también puede ser adoptada cuando no es posible o rentable hacer frente a una amenaza de ninguna otra manera. La aceptación puede ser activa o pasiva. La estrategia de aceptación activa más común consiste en establecer una reserva para contingencias, que incluya la cantidad de tiempo, dinero o recursos necesarios para manejar la amenaza si ésta se presenta. La aceptación pasiva no implica ninguna acción proactiva, aparte de la revisión periódica de la amenaza para asegurarse de que no cambie significativamente.

11.5.2.5 ESTRATEGIAS PARA OPORTUNIDADES

Se pueden considerar cinco estrategias alternativas para hacer frente a las oportunidades, de la siguiente manera:

◆ **Escalar.** Esta estrategia de respuesta a los riesgos es apropiada cuando el equipo de proyecto o el patrocinador del proyecto están de acuerdo en que una oportunidad se encuentra fuera del alcance del proyecto o que la respuesta propuesta excedería la autoridad del director del proyecto. Las oportunidades escaladas se gestionan a nivel de programa, nivel de portafolio, u otra parte relevante de la organización, y no al nivel de los proyectos. El director del proyecto determina quién debería ser notificado acerca de la oportunidad y comunica los detalles a esa persona o parte de la organización. Es importante que la responsabilidad de las oportunidades escaladas sea aceptada por la parte relevante en la organización. Las oportunidades son por lo general escaladas al nivel que coincide con los objetivos que se verían afectados si se produjera la oportunidad. Las oportunidades escaladas ya no son monitoreadas por el equipo del proyecto después del escalamiento, aunque pueden ser registradas en el registro de riesgos para propósitos de información.

◆ **Explotar.** La estrategia de explotar se puede seleccionar para oportunidades con alta prioridad, cuando la organización quiere asegurarse de que la oportunidad se haga realidad. Esta estrategia busca capturar el beneficio asociado con una oportunidad especial garantizando que sin duda suceda, lo que aumenta la probabilidad de ocurrencia al 100%. Algunos ejemplos de respuestas de explotación pueden incluir la asignación al proyecto de los recursos más talentosos de una organización para reducir el tiempo hasta la conclusión, o el uso de nuevas tecnologías o mejoras tecnológicas para reducir el costo y la duración.

◆ **Compartir.** Compartir implica la transferencia de la propiedad de una oportunidad a un tercero para que éste comparta algunos de los beneficios si se produce la oportunidad. Es importante seleccionar con cuidado el nuevo dueño de una oportunidad compartida, de tal modo que sea el más capacitado para capturar la oportunidad para el beneficio del proyecto. Compartir el riesgo a menudo implica el pago de una prima de riesgo a la parte que asume la oportunidad. Ejemplos de acciones de compartir incluyen la formación de asociaciones de riesgo compartido, equipos, compañías de propósito especial o empresas conjuntas.

◆ **Mejorar.** La estrategia de mejorar se utiliza para aumentar la probabilidad y/o el impacto de una oportunidad. Las acciones de mejoramiento tempranas son a menudo más efectivas que tratar de mejorar el beneficio después de que se ha producido la oportunidad. La probabilidad de ocurrencia de una oportunidad puede ser aumentada al centrar la atención sobre sus causas. Cuando no es posible aumentar la probabilidad, una respuesta de mejora podría aumentar el impacto centrándose en los factores que impulsan el tamaño de los beneficios potenciales. Entre los ejemplos de mejorar las oportunidades se cuenta la adición de más recursos a una actividad para terminar más pronto.

◆ **Aceptar.** La aceptación de una oportunidad reconoce su existencia, pero no se toman medidas proactivas. Esta estrategia puede ser apropiada para las oportunidades de baja prioridad, y también puede ser adoptada cuando no es posible o rentable hacer frente a una oportunidad de ninguna otra manera. La aceptación puede ser activa o pasiva. La estrategia de aceptación activa más común consiste en establecer una reserva para contingencias, que incluya la cantidad de tiempo, dinero o recursos necesarios para aprovechar la oportunidad si ésta se presenta. La aceptación pasiva no implica ninguna acción proactiva, aparte de la revisión periódica de la oportunidad para asegurarse de que no cambie significativamente.

11.5.2.6 ESTRATEGIAS DE RESPUESTA A CONTINGENCIAS

Algunas estrategias de respuesta se diseñan para ser usadas únicamente si se producen determinados eventos. Para algunos riesgos, resulta apropiado para el equipo del proyecto elaborar un plan de respuesta que sólo se ejecutará bajo determinadas condiciones predefinidas, cuando se prevé que habrá suficientes señales de advertencia para implementar el plan. Se deben definir y rastrear los eventos que disparan la respuesta para contingencias, tales como no cumplir con hitos intermedios u obtener una prioridad más alta con un vendedor. Las respuestas a los riesgos identificadas mediante esta técnica se denominan a menudo planes de contingencia o planes de reserva, e incluyen los eventos desencadenantes identificados que ponen en marcha los planes.

11.5.2.7 ESTRATEGIAS PARA EL RIESGO GENERAL DEL PROYECTO

Las respuestas a los riesgos deberían ser planificadas y ejecutadas no sólo para los riesgos individuales del proyecto, sino también para hacer frente al riesgo general del proyecto. Las mismas estrategias de respuesta a los riesgos que se utilizan para hacer frente a los riesgos individuales del proyecto también se pueden aplicar al riesgo general del proyecto:

◆ **Evitar.** Cuando el nivel de riesgo general del proyecto sea significativamente negativo y fuera de los umbrales de riesgo acordados para el proyecto, puede ser adoptada una estrategia de evasión. Esto implica tomar acciones focalizadas para reducir el efecto negativo de la incertidumbre sobre el proyecto en su conjunto, y colocar el proyecto de nuevo dentro de los umbrales. Un ejemplo de evasión al nivel general del proyecto incluiría la eliminación de elementos de alto riesgo del alcance del proyecto. Cuando no sea posible llevar el proyecto de nuevo dentro de los umbrales, el proyecto puede ser cancelado. Esto representa el grado más extremo de evasión de riesgos y debería ser usado sólo si el nivel general de amenaza es, y seguirá siendo, inaceptable.

◆ **Explotar.** Cuando el nivel de riesgo general del proyecto sea significativamente positivo y fuera de los umbrales acordados de riesgo para el proyecto, puede ser adoptada una estrategia de explotación. Esto implica tomar acciones focalizadas para capturar el efecto positivo de la incertidumbre sobre el proyecto en su conjunto. Un ejemplo de la explotación a nivel general del proyecto incluiría la adición al proyecto de elementos del alcance de alto beneficio a fin de agregar valor o beneficios para los interesados. Como alternativa, los umbrales de riesgo para el proyecto pueden ser modificados con el acuerdo de los principales interesados a fin de aprovechar la oportunidad.

◆ **Transferir/compartir.** Si el nivel de riesgo general del proyecto es alto, pero la organización es incapaz de hacerle frente de manera efectiva, puede ser involucrado un tercero para manejar el riesgo en nombre de la organización. En caso de que el riesgo general del proyecto sea negativo se requiere una estrategia de transferencia, que puede implicar el pago de una prima de riesgo. En el caso de riesgo general del proyecto altamente positivo, la propiedad puede ser compartida con el fin de cosechar los beneficios asociados. Los ejemplos de estrategias tanto de transferir como de compartir el riesgo general del proyecto incluyen, entre otros, la creación de una estructura colaborativa de negocios en el que el comprador y el vendedor comparten el riesgo general del proyecto, el lanzamiento de una empresa conjunta (joint venture) o de propósito especial, o el subcontratar elementos clave del proyecto.

◆ **Mitigar/mejorar.** Estas estrategias involucran el cambio del nivel de riesgo general del proyecto para optimizar las posibilidades de lograr los objetivos del mismo. La estrategia de mitigación se utiliza cuando el riesgo global del proyecto es negativo, y cuando es positivo se aplica la de mejora. Ejemplos de estrategias de mitigación o de mejora incluyen volver a planificar el proyecto, cambiar el alcance y los límites del proyecto, modificar la prioridad del proyecto, cambiar la asignación de recursos, ajustar los tiempos de entrega, etc.

◆ **Aceptar.** Cuando no es posible una estrategia de respuesta proactiva a los riesgos para enfrentar el riesgo general del proyecto, la organización puede optar por continuar con el proyecto tal como está definido actualmente, aunque el riesgo global del proyecto esté fuera de los umbrales acordados. La aceptación puede ser activa o pasiva. La estrategia de aceptación activa más común consiste en establecer una reserva general para contingencias del proyecto, que incluya cantidades de tiempo, dinero o recursos a ser usados si el proyecto excede sus umbrales. La aceptación pasiva no implica ninguna acción proactiva, aparte de la revisión periódica del nivel de riesgo general del proyecto para asegurarse de que no cambie significativamente.

11.5.2.8 ANÁLISIS DE DATOS

Puede ser considerado una serie de estrategias alternativas de respuesta a los riesgos. Las técnicas de análisis de datos que pueden utilizarse para seleccionar una estrategia preferida de respuesta a los riesgos incluyen, entre otras:

◆ **Análisis de alternativas.** Una simple comparación de las características y requerimientos de las opciones alternativas de respuesta a los riesgos puede dar lugar a una decisión sobre cuál es la respuesta más apropiada.

◆ **Análisis costo-beneficio.** Si el impacto de un riesgo individual del proyecto se puede cuantificar en términos monetarios, entonces la rentabilidad de las estrategias alternativas de respuesta a los riesgos se puede determinar usando el análisis costo-beneficio (véase la Sección 8.1.2.3). La relación de (cambio en el nivel de impacto) dividido por (costo de implementación) entrega la rentabilidad de la estrategia de respuesta, con una relación más alta indicando una respuesta más efectiva.

11.5.2.9 TOMA DE DECISIONES

Las técnicas para la toma de decisiones que pueden utilizarse para seleccionar una estrategia de respuesta a los riesgos incluyen, entre otras, el análisis de decisiones con múltiples criterios (descrito en la Sección 8.1.2.4). Pueden ser objeto de examen una o más estrategias de respuesta a los riesgos. Las técnicas para la toma de decisiones pueden ayudar a priorizar las estrategias de respuesta a los riesgos. El análisis de decisiones con múltiples criterios utiliza una matriz de decisión a fin de proporcionar un enfoque sistemático para el establecimiento de criterios clave de decisión, evaluar y clasificar alternativas, y seleccionar una opción preferida. Los criterios para la selección de la respuesta a los riesgos pueden incluir, entre otros, el costo de la respuesta, la probable efectividad de la respuesta para cambiar la probabilidad y/o el impacto, la disponibilidad de recursos, las restricciones en tiempo (urgencia, proximidad e inactividad), el nivel de impacto si el riesgo se produce, el efecto de la respuesta sobre los riesgos relacionados, la introducción de riesgos secundarios, etc. más adelante en el proyecto se pueden seleccionar diferentes estrategias si la opción original ha demostrado ser inefectiva.

11.5.3 PLANIFICAR LA RESPUESTA A LOS RIESGOS: SALIDAS

11.5.3.1 SOLICITUDES DE CAMBIO

Descritas en la Sección 4.3.3.4. Las respuestas planificadas a los riesgos pueden dar lugar a una solicitud de cambio de las líneas base de costos o del cronograma o de otros componentes del plan para la dirección del proyecto. Las solicitudes de cambio se procesan para su revisión y tratamiento por medio del proceso Realizar el Control Integrado de Cambios (Sección 4.6).

11.5.3.2 ACTUALIZACIONES DEL PLAN PARA LA DIRECCIÓN DEL PROYECTO

Cualquier cambio en el plan para la dirección del proyecto pasa por el proceso de control de cambios de la organización mediante una solicitud de cambio. Los componentes que pueden requerir una solicitud de cambio para el plan para la dirección del proyecto incluyen, entre otros:

◆ **Plan de gestión del cronograma.** Descrito en la Sección 6.1.3.1. Los cambios en el plan de gestión del cronograma, tales como los cambios a la carga y nivelación de recursos, o los cambios a la estrategia de programación, están incorporados.

◆ **Plan de gestión de los costos.** Descrito en la Sección 7.1.3.1. Los cambios al plan de gestión de los costos, tales como cambios en la contabilidad, seguimiento e informes de costos, así como actualizaciones a la estrategia del presupuesto y la manera en que se consumen las reservas para contingencias, están incorporados.

◆ **Plan de gestión de la calidad.** Descrito en la Sección 8.1.3.1. Los cambios en el plan de gestión de la calidad, tales como los cambios en los enfoques para cumplir los requisitos, los enfoques sobre gestión de la calidad o los procesos de control de calidad, están incorporados.

◆ **Plan de Gestión de los Recursos.** Descrito en la Sección 9.1.3.1. Los cambios en el plan de gestión de los recursos, tales como los cambios a la asignación de recursos, o las actualizaciones a la estrategia de recursos, están incorporados.

◆ **Plan de gestión de las adquisiciones.** Descrito en la Sección 12.1.3.1. Los cambios en el plan de gestión de las adquisiciones, tales como alteraciones en la decisión de hacer o comprar o en el (los) tipos de los contratos, están incorporados.

◆ **Línea base del alcance.** Descrito en la Sección 5.4.3.1. Los cambios en la línea base del alcance se incorporan en respuesta a los cambios aprobados en el alcance que puedan derivarse de las respuestas acordadas a los riesgos.

◆ **Línea base del cronograma.** Descrito en la Sección 6.5.3.1. Los cambios en la línea base del cronograma se incorporan en respuesta a los cambios aprobados en las estimaciones de programación que puedan derivarse de las respuestas acordadas a los riesgos.

◆ **Línea base de costos.** Descrito en la Sección 7.3.3.1. Los cambios en la línea base de costos se incorporan en respuesta a los cambios aprobados en las estimaciones de costos que puedan derivarse de las respuestas acordadas a los riesgos.

11.5.3.3 ACTUALIZACIONES A LOS DOCUMENTOS DEL PROYECTO

Los documentos del proyecto que pueden actualizarse como resultado de llevar a cabo este proceso incluyen, entre otros:

◆ **Registro de supuestos.** Descrito en la Sección 4.1.3.2. Durante el proceso Planificar la Respuesta a los Riesgos se pueden determinar nuevos supuestos, pueden ser identificadas nuevas restricciones y los supuestos o limitaciones existentes pueden ser revisados y modificados. El registro de supuestos debe actualizarse con esta nueva información.

◆ **Pronósticos de costos.** Descrito en la Sección 7.4.3.2. Las proyecciones de costos pueden cambiar como resultado de las respuestas previstas a los riesgos.

◆ **Registro de lecciones aprendidas.** Descrito en la Sección 4.4.3.1. El registro de lecciones aprendidas se actualiza con información sobre respuestas a los riesgos que puede ser útil para futuras fases del proyecto o para proyectos futuros.

◆ **Cronograma del proyecto.** Descrito en la Sección 6.5.3.2. Las actividades relacionadas con las respuestas acordadas a los riesgos se pueden añadir al cronograma del proyecto.

◆ **Asignaciones del equipo del proyecto.** Descrito en la Sección 9.3.3.2. Una vez que se confirmen las respuestas, los recursos necesarios se deberían asignar a cada acción asociada con un plan de respuesta a los riesgos. Estos recursos incluyen el personal adecuadamente calificado y experimentado necesario para efectuar la acción acordada (por lo general dentro del equipo del proyecto), una asignación específica de presupuesto y tiempo para la acción, y cualquier recurso técnico necesario para completar la acción.

◆ **Registro de riesgos.** Descrito en la Sección 11.2.3.1. El registro de riesgos se actualiza cuando se seleccionan y se acuerdan las respuestas adecuadas a los riesgos. Las actualizaciones al registro de riesgos pueden incluir, entre otras:

   ■ Estrategias de respuesta acordadas;

   ■ Acciones específicas para implementar la estrategia de respuesta seleccionada;

   ■ Condiciones desencadenantes, síntomas y señales de advertencia relativos a la ocurrencia de un riesgo;

   ■ Presupuesto y actividades del cronograma necesarios para implementar las respuestas seleccionadas;

   ■ Planes de contingencia y desencadenantes de riesgos que requieren su ejecución;

   ■ Planes de reserva a ser utilizados cuando ha ocurrido un riesgo y la respuesta inicial no ha sido la adecuada;

   ■ Riesgos residuales que se espera que permanezcan después de la ejecución de las respuestas planificadas, así como los riesgos que han sido aceptados deliberadamente; y

   ■ Riesgos secundarios que surgen como resultado directo de la implementación de una respuesta a los riesgos.

◆ **Informe de riesgos.** Descrito en la Sección 11.2.3.2. El informe de riesgos puede ser actualizado para presentar las respuestas acordadas a la exposición general al riesgo del proyecto y a los riesgos de alta prioridad, junto con los cambios anticipados que se pueden esperar como resultado de la aplicación de estas respuestas.

11.6 IMPLEMENTAR LA RESPUESTA A LOS RIESGOS

Implementar la Respuesta a los Riesgos es el proceso de implementar planes acordados de respuesta a los riesgos. El beneficio clave de este proceso es que asegura que las respuestas a los riesgos acordadas se ejecuten tal como se planificaron, a fin de abordar la exposición al riesgo del proyecto en general, minimizar las amenazas individuales del proyecto y maximizar las oportunidades individuales del proyecto. Este proceso se lleva a cabo a lo largo de todo el proyecto. El Gráfico 11-18 muestra las entradas, herramientas y técnicas, y salidas del proceso. El Gráfico 11-19 representa el diagrama de flujo de datos para el proceso.

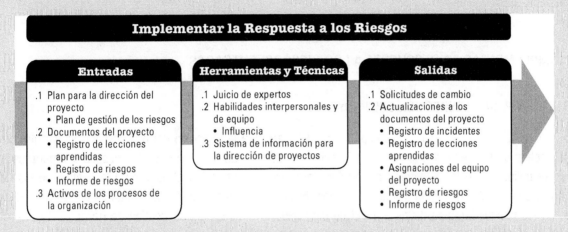

Gráfico 11-18. Implementar la Respuesta a los Riesgos: Entradas, Herramientas y Técnicas, y Salidas

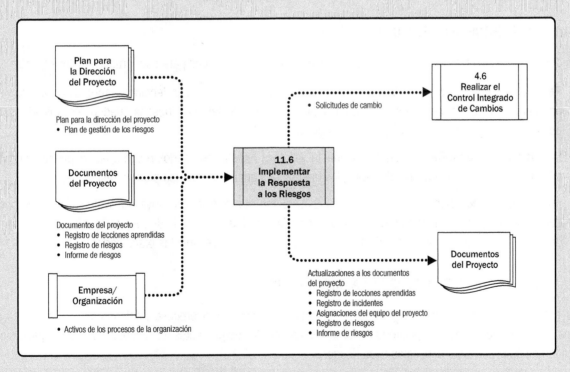

Gráfico 11-19. Implementar la Respuesta a los Riesgos: Diagrama de Flujo de Datos

Una adecuada atención al proceso Implementar la Respuesta a los Riesgos garantizará que las respuestas acordadas a los riesgos se ejecuten realmente. Un problema común con la Gestión de los Riesgos del Proyecto es que los equipos de proyecto invierten esfuerzo en la identificación y análisis de riesgos y el desarrollo de respuestas a los riesgos, posteriormente, las respuestas a los riesgos son acordadas y documentadas en el registro de riesgos y el informe de riesgos, pero no se toman medidas para gestionar el riesgo.

Sólo si los dueños de los riesgos acometen el nivel requerido de esfuerzo para implementar las respuestas acordadas, se manejarán de forma proactiva la exposición general al riesgo del proyecto y las amenazas y oportunidades individuales.

11.6.1 IMPLEMENTAR LA RESPUESTA A LOS RIESGOS: ENTRADAS

11.6.1.1 PLAN PARA LA DIRECCIÓN DEL PROYECTO

Descrito en la Sección 4.2.3.1. Los componentes del plan para la dirección del proyecto incluyen, entre otros, el plan de gestión de los riesgos. Descrito en la Sección 11.1.3, el plan de gestión de los riesgos enumera los roles y las responsabilidades de los miembros del equipo del proyecto y otros interesados para la gestión de los riesgos. Esta información es utilizada en la asignación de los dueños para las respuestas acordadas a los riesgos. El plan de gestión de los riesgos también define el nivel de detalle de la metodología de gestión de riesgos para el proyecto. También especifica los umbrales de riesgo para el proyecto basados en el apetito al riesgo de los interesados clave, los cuales definen el objetivo aceptable que se requiere que logre la aplicación de las respuestas a los riesgos.

11.6.1.2 DOCUMENTOS DEL PROYECTO

Los documentos del proyecto que pueden ser considerados como entradas para este proceso incluyen, entre otros:

◆ **Registro de lecciones aprendidas.** Descrito en la Sección 4.4.3.1. Las lecciones aprendidas anteriormente en el proyecto con respecto a la implementación de las respuestas a los riesgos pueden ser aplicadas a fases posteriores en el mismo, para mejorar la efectividad de este proceso.

◆ **Registro de riesgos.** Descrito en la Sección 11.2.3.1. El registro de riesgos registra las respuestas acordadas a los riesgos para cada riesgo individual y los dueños designados para cada plan de respuesta.

◆ **Informe de riesgos.** Descrito en la Sección 11.2.3.2. El informe de riesgos incluye una evaluación de la exposición general al riesgo del proyecto actualizada, así como la estrategia acordada de respuesta a los riesgos. También describe los principales riesgos individuales del proyecto con sus respuestas planificadas.

11.6.1.3 ACTIVOS DE LOS PROCESOS DE LA ORGANIZACIÓN

Los activos de los procesos de organización que pueden influir en el proceso Implementar la Respuesta a los Riesgos incluyen, entre otros, el repositorio de lecciones aprendidas de proyectos terminados y similares que indican la efectividad de determinadas respuestas a los riesgos.

11.6.2 IMPLEMENTAR LA RESPUESTA A LOS RIESGOS: HERRAMIENTAS Y TÉCNICAS

11.6.2.1 JUICIO DE EXPERTOS

Descrito en la Sección 4.1.2.1. Se debería tomar en cuenta la pericia de individuos o grupos con conocimientos especializados para validar o modificar, de ser necesario, las respuestas a los riesgos y decidir cómo ponerlas en práctica de la manera más eficiente y efectiva.

11.6.2.2 HABILIDADES INTERPERSONALES Y DE EQUIPO

Las habilidades interpersonales y de equipo que pueden utilizarse en este proceso incluyen, entre otras, el influenciar. Algunas de las acciones de respuesta a los riesgos pueden ser propiedad de personas fuera del equipo del proyecto inmediato o que tienen otras demandas que compiten entre sí. El director del proyecto o la persona responsable de facilitar el proceso de riesgo puede precisar influir (véase la Sección 9.5.2.1) para alentar a los dueños de los riesgos nominados a tomar las medidas necesarias cuando se requiera.

11.6.2.3 SISTEMA DE INFORMACIÓN PARA LA DIRECCIÓN DE PROYECTOS (PMIS)

Descrito en la Sección 4.3.2.2. Los sistemas de información para la dirección de proyectos pueden incluir software para programación, recursos y costos a fin de asegurar que se integren en el proyecto los planes acordados de respuesta a los riesgos, junto con otras actividades de proyectos.

11.6.3 IMPLEMENTAR LA RESPUESTA A LOS RIESGOS: SALIDAS

11.6.3.1 SOLICITUDES DE CAMBIO

Descrito en la Sección 4.3.3.4. La implementación de las respuestas a los riesgos puede dar lugar a una solicitud de cambio de las líneas base de costos o del cronograma o de otros componentes del plan para la dirección del proyecto. Las solicitudes de cambio se procesan para su revisión y tratamiento por medio del proceso Realizar el Control Integrado de Cambios (Sección 4.6).

11.6.3.2 ACTUALIZACIONES A LOS DOCUMENTOS DEL PROYECTO

Los documentos del proyecto que pueden actualizarse como resultado de llevar a cabo este proceso incluyen, entre otros:

◆ **Registro de incidentes.** Descrito en la Sección 4.3.3.3. Cuando los incidentes son identificados como parte del proceso Implementar la Respuesta a los Riesgos, son registrados en el registro de incidentes.

◆ **Registro de lecciones aprendidas.** Descrito en la Sección 4.4.3.1. El registro de lecciones aprendidas se actualiza con información sobre las dificultades encontradas al implementar respuestas a los riesgos y cómo podrían haberse evitado, así como los enfoques que han funcionado bien para implementar respuestas a los riesgos.

◆ **Asignaciones del equipo del proyecto.** Descrito en la Sección 9.3.3.2. Una vez que se confirmen las respuestas a los riesgos, se deberían asignar los recursos necesarios a cada acción asociada con un plan de respuesta a los riesgos. Estos recursos incluyen el personal calificado y experimentado necesario para efectuar la acción acordada, una asignación específica de presupuesto y tiempo para la acción, y cualquier recurso técnico necesario para completar la acción.

◆ **Registro de riesgos.** Descrito en la Sección 11.2.3.1. El registro de riesgos puede ser actualizado para reflejar cualquier cambio en las respuestas a los riesgos previamente acordadas para los riesgos individuales del proyecto, que se realizan posteriormente como resultado del proceso Implementar la Respuesta a los Riesgos.

◆ **Informe de riesgos.** Descrito en la Sección 11.2.3.2. El registro de riesgos puede ser actualizado para reflejar cualquier cambio en la respuesta a los riesgos previamente acordada para la exposición general al riesgo del proyecto que se realiza posteriormente como resultado del proceso Implementar la Respuesta a los Riesgos.

11.7 MONITOREAR LOS RIESGOS

Monitorear los Riesgos es el proceso de monitorear la implementación de los planes acordados de respuesta a los riesgos, hacer seguimiento a los riesgos identificados, identificar y analizar nuevos riesgos y evaluar la efectividad del proceso de gestión de los riesgos a lo largo del proyecto. El beneficio clave de este proceso es que permite que las decisiones del proyecto se basen en la información actual sobre la exposición al riesgo del proyecto en general y los riesgos individuales del proyecto. Este proceso se lleva a cabo a lo largo de todo el proyecto. El Gráfico 11-20 muestra las entradas, herramientas y técnicas, y salidas del proceso. El Gráfico 11-21 representa el diagrama de flujo de datos para el proceso.

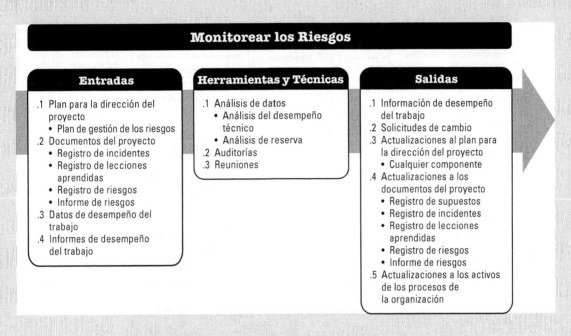

Monitorear los Riesgos

Entradas	Herramientas y Técnicas	Salidas
.1 Plan para la dirección del proyecto • Plan de gestión de los riesgos .2 Documentos del proyecto • Registro de incidentes • Registro de lecciones aprendidas • Registro de riesgos • Informe de riesgos .3 Datos de desempeño del trabajo .4 Informes de desempeño del trabajo	.1 Análisis de datos • Análisis del desempeño técnico • Análisis de reserva .2 Auditorías .3 Reuniones	.1 Información de desempeño del trabajo .2 Solicitudes de cambio .3 Actualizaciones al plan para la dirección del proyecto • Cualquier componente .4 Actualizaciones a los documentos del proyecto • Registro de supuestos • Registro de incidentes • Registro de lecciones aprendidas • Registro de riesgos • Informe de riesgos .5 Actualizaciones a los activos de los procesos de la organización

Gráfico 11-20. Monitorear los Riesgos: Entradas, Herramientas y Técnicas, y Salidas

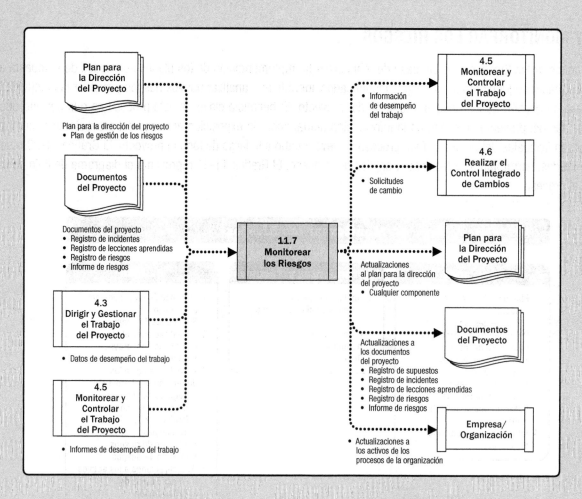

Gráfico 11-21. Monitorear los Riesgos: Diagrama de Flujo de Datos

Para garantizar que el equipo del proyecto y los principales interesados estén conscientes del actual nivel de exposición al riesgo, el trabajo del proyecto debería ser monitoreado continuamente en busca de riesgos individuales nuevos, cambiantes y obsoletos y de cambios en el nivel de riesgo general del proyecto mediante la aplicación del proceso Monitorear los Riesgos. El proceso Monitorear los Riesgos utiliza la información de desempeño generada durante la ejecución del proyecto para determinar si:

◆ Las respuestas a los riesgos implementadas son efectivas,

◆ El nivel de riesgo general del proyecto ha cambiado,

◆ El estado de los riesgos individuales del proyecto ha cambiado,

◆ Han aparecido nuevos riesgos individuales del proyecto,

◆ El enfoque de gestión del riesgo sigue siendo adecuado,

◆ Los supuestos del proyecto siguen siendo válidos,

◆ Se respetan las políticas y procedimientos de gestión de riesgos,

◆ Las reservas para contingencias de costos o cronograma requieren modificación, y

◆ La estrategia del proyecto sigue siendo válida.

11.7.1 MONITOREAR LOS RIESGOS: ENTRADAS

11.7.1.1 PLAN PARA LA DIRECCIÓN DEL PROYECTO

Descrito en la Sección 4.2.3.1. Los componentes del plan para la dirección del proyecto incluyen, entre otros, el plan de gestión de los riesgos descrito en la Sección 11.1.3.1. El plan de gestión de los riesgos proporciona orientación sobre cómo y cuándo se deben revisar los riesgos, qué políticas y procedimientos deberían seguirse, los roles y las responsabilidades en el proceso de seguimiento y los formatos de los informes.

11.7.1.2 DOCUMENTOS DEL PROYECTO

Los documentos del proyecto que deberían ser considerados como entradas para este proceso incluyen, entre otros:

◆ **Registro de incidentes.** Descrito en la Sección 4.3.3.3. El registro de incidentes se utiliza para ver si alguno de los incidentes pendientes ha sido actualizado y se necesita una actualización del registro de riesgos.

◆ **Registro de lecciones aprendidas.** Descrito en la Sección 4.4.3.1. Las lecciones aprendidas tempranamente en el proyecto relacionadas con los riesgos pueden ser aplicadas a fases posteriores del mismo.

◆ **Registro de riesgos.** Descrito en la Sección 11.2.3.1. El registro de riesgos tiene entradas clave que incluyen riesgos individuales del proyecto identificados, dueños de los riesgos, respuestas acordadas a los riesgos y acciones específicas de implementación. También puede proporcionar otros detalles, incluyendo las acciones de control para evaluar la efectividad de los planes de respuesta, los síntomas y signos de advertencia de riesgos, los riesgos residuales y secundarios, y una lista de vigilancia de los riesgos de baja prioridad.

◆ **Informe de riesgos.** Descrito en la Sección 11.2.3.2. El informe de riesgos incluye una evaluación de la exposición general al riesgo del proyecto actualizada, así como la estrategia acordada de respuesta a los riesgos. También describe los principales riesgos individuales con las respuestas planificadas y los dueños de los riesgos.

11.7.1.3 DATOS DE DESEMPEÑO DEL TRABAJO

Descrito en la Sección 4.3.3.2. Los datos de desempeño del trabajo contienen datos sobre el estado del proyecto, tales como respuestas a los riesgos que se hayan implementado, los riesgos que se han producido, los riesgos que están activos y aquellos que han sido cerrados.

11.7.1.4 INFORMES DE DESEMPEÑO DEL TRABAJO

Descritos en la Sección 4.5.3.1. Los informes de desempeño del trabajo suministran datos de las mediciones del desempeño, que pueden ser analizados para brindar información de desempeño del trabajo del proyecto, incluido el análisis de variación, los datos sobre el valor ganado y los datos para proyecciones. Esta información podría ser relevante en el seguimiento de los riesgos relacionados con el desempeño.

11.7.2 MONITOREAR LOS RIESGOS: HERRAMIENTAS Y TÉCNICAS

11.7.2.1 ANÁLISIS DE DATOS

Las técnicas de análisis de datos que pueden utilizarse para este proceso incluyen, entre otras:

◆ **Análisis del desempeño técnico.** El análisis del desempeño técnico compara los logros técnicos durante la ejecución del proyecto con el cronograma de logros técnicos. Requiere la definición de medidas objetivas y cuantificables del desempeño técnico que se puedan utilizar para comparar los resultados reales con los planificados. Tales medidas del desempeño pueden incluir peso, tiempos de transacción, número de defectos presentados, capacidad de almacenamiento, etc. La desviación puede indicar el impacto potencial de las amenazas u oportunidades.

◆ **Análisis de reserva.** Descrito en la Sección 7.2.2.6. A lo largo de la ejecución del proyecto se pueden materializar algunos riesgos individuales del proyecto, con impactos positivos o negativos sobre las reservas para contingencias del presupuesto o del cronograma. El análisis de reserva compara la cantidad de reservas para contingencias restantes con la cantidad de riesgo remanente en un momento dado del proyecto, con objeto de determinar si la reserva restante es suficiente. Esto puede comunicarse utilizando diversas representaciones gráficas, incluido un diagrama de pendientes de realizar.

11.7.2.2 AUDITORÍAS

Descritas en la Sección 8.2.2.5. Las auditorías de riesgos son un tipo de auditoría que puede ser utilizado para considerar la efectividad del proceso de gestión de riesgos. El director del proyecto es el responsable de asegurar que las auditorías de riesgos se realicen con una frecuencia adecuada, tal y como se definiera en el plan de gestión de los riesgos del proyecto. Las auditorías de riesgos se pueden incluir en las reuniones de rutina de revisión del proyecto, o pueden ser parte de una reunión de revisión de riesgos, o pueden celebrarse reuniones específicas de auditoría de riesgos si el equipo así lo decide. El formato de la auditoría de los riesgos y sus objetivos deben definirse claramente antes de efectuar la auditoría.

11.7.2.3 REUNIONES

Las reuniones que pueden utilizarse durante este proceso incluyen, entre otras, las revisiones de riesgos. Las revisiones de los riesgos son programadas periódicamente y deberían examinar y documentar la efectividad de las respuestas a los riesgos en el tratamiento del riesgo general del proyecto y de los riesgos individuales identificados en el mismo. La revisiones de riesgos también pueden dar lugar a la identificación de nuevos riesgos individuales del proyecto, (incluidos los riesgos secundarios que surgen a partir de las respuestas acordadas al riesgo), la reevaluación de los riesgos actuales, el cierre de los riesgos obsoletos, incidentes que han surgido como consecuencia de los riesgos que se han producido, y la identificación de lecciones a ser aprendidas para la implementación en fases en curso en el proyecto actual o en proyectos similares en el futuro. La revisión de riesgos puede llevarse a cabo como parte de una reunión periódica del estado del proyecto o puede ser considerada una reunión dedicada a la revisión de riesgos, tal como se especifica en el plan de gestión de los riesgos.

11.7.3 MONITOREAR LOS RIESGOS: SALIDAS

11.7.3.1 INFORMACIÓN DE DESEMPEÑO DEL TRABAJO

Descrito en la Sección 4.5.1.3. La información de desempeño del trabajo incluye información sobre cómo se está llevando a cabo la gestión de los riesgos del proyecto, mediante la comparación de los riesgos individuales que se han producido con la expectativa de cómo iban a producirse. Esta información indica la efectividad de los procesos de planificación de la respuesta y de implementación de la misma.

11.7.3.2 SOLICITUDES DE CAMBIO

Descrito en la Sección 4.3.3.4. El proceso de Monitorear los Riesgos puede dar lugar a una solicitud de cambio de las líneas base de costos o del cronograma o de otros componentes del plan para la dirección del proyecto. Las solicitudes de cambio se procesan para su revisión y tratamiento por medio del proceso Realizar el Control Integrado de Cambios (Sección 4.6).

Las solicitudes de cambio pueden incluir acciones correctivas y preventivas recomendadas para hacer frente al actual nivel de riesgo general del proyecto o para hacer frente a los riesgos individuales del proyecto.

11.7.3.3 ACTUALIZACIONES DEL PLAN PARA LA DIRECCIÓN DEL PROYECTO

Cualquier cambio en el plan para la dirección del proyecto pasa por el proceso de control de cambios de la organización mediante una solicitud de cambio. Esto puede afectar a cualquier componente del plan para la dirección del proyecto.

11.7.3.4 ACTUALIZACIONES A LOS DOCUMENTOS DEL PROYECTO

Los documentos del proyecto que pueden actualizarse como resultado de llevar a cabo este proceso incluyen, entre otros:

◆ **Registro de supuestos.** Descrito en la Sección 4.1.3.2. Durante el proceso Monitorear los Riesgos se pueden hacer nuevos supuestos, pueden ser identificadas nuevas restricciones y los supuestos o limitaciones existentes pueden ser revisados y modificados. El registro de supuestos se actualiza con esta nueva información.

◆ **Registro de incidentes.** Descrito en la Sección 4.3.3.3. Cuando los incidentes son identificados como parte del proceso Monitorear los Riesgos, son registrados en el registro de incidentes.

◆ **Registro de lecciones aprendidas.** Descrito en la Sección 4.4.3.1. El registro de lecciones aprendidas se actualiza con cualquiera de las lecciones relacionadas con el riesgo aprendidas durante las revisiones de riesgos para que puedan ser utilizadas en las fases posteriores del proyecto o en proyectos futuros.

◆ **Registro de riesgos.** Descrito en la Sección 11.2.3.1. El registro de riesgos se actualiza con información sobre los riesgos individuales del proyecto generados durante el proceso Monitorear los Riesgos. Esto puede incluir la adición de nuevos riesgos, la actualización de los riesgos obsoletos o riesgos que ocurrieron, la actualización de las respuestas a los riesgos, y así sucesivamente.

◆ **Informe de riesgos.** Descrito en la Sección 11.2.3.2. A medida que se obtenga nueva información a través del proceso Monitorear los Riesgos, el informe de riesgos se actualiza para reflejar el estado actual de los principales riesgos individuales del proyecto y el nivel actual de riesgo general del proyecto. El informe de riesgos también puede incluir detalles de los principales riesgos individuales del proyecto, las respuestas acordadas y los dueños, y las conclusiones y recomendaciones. También puede incluir conclusiones de las auditorías de riesgo sobre la efectividad del proceso de gestión de riesgos.

11.7.3.5 ACTUALIZACIONES A LOS ACTIVOS DE LOS PROCESOS DE LA ORGANIZACIÓN

Los activos de los procesos de la organización que son actualizados como resultado del proceso Monitorear los Riesgos incluyen, entre otros:

◆ Plantillas para el plan de gestión de los riesgos, registro de riesgos e informe de riesgos; y

◆ Estructura de desglose de riesgos.

12

GESTIÓN DE LAS ADQUISICIONES DEL PROYECTO

La Gestión de las Adquisiciones del Proyecto incluye los procesos necesarios para comprar o adquirir productos, servicios o resultados que es preciso obtener fuera del equipo del proyecto. La Gestión de las Adquisiciones del Proyecto incluye los procesos de gestión y de control requeridos para desarrollar y administrar acuerdos tales como contratos, órdenes de compra, memorandos de acuerdo (MOAs) o acuerdos de nivel de servicio (SLAs) internos. El personal autorizado para adquirir los bienes y/o servicios requeridos para el proyecto puede incluir miembros del equipo del proyecto, la gerencia o parte del departamento de compras de la organización, si corresponde.

Los procesos de Gestión de las Adquisiciones del Proyecto incluyen los siguientes:

12.1 Planificar la Gestión de las Adquisiciones del Proyecto—Es el proceso de documentar las decisiones de adquisiciones del proyecto, especificar el enfoque e identificar a los proveedores potenciales.

12.2 Efectuar las Adquisiciones—Es el proceso de obtener respuestas de los proveedores, seleccionar a un proveedor y adjudicarle un contrato.

12.3 Controlar las Adquisiciones—Es el proceso de gestionar las relaciones de adquisiciones, monitorear la ejecución de los contratos, efectuar cambios y correcciones, según corresponda, y cerrar los contratos.

Los procesos de adquisición se presentan como procesos separados con interfaces definidas. En la práctica, los procesos de adquisición pueden ser complejos y pueden interactuar entre sí y con procesos de otras Áreas de Conocimiento de formas que no pueden detallarse en su totalidad dentro de la *Guía del PMBOK®*. Los procesos descritos en esta sección están escritos considerando que los bienes o servicios obtenidos son externos al proyecto.

El Gráfico 12-1 muestra una descripción general de los procesos de Gestión de las Adquisiciones del Proyecto. Los procesos de la Gestión de las Adquisiciones del Proyecto se presentan como procesos diferenciados con interfaces definidas, aunque en la práctica se superponen e interactúan entre ellos de formas que no pueden detallarse en su totalidad dentro de la *Guía del PMBOK®*.

Descripción General de la Gestión de las Adquisiciones del Proyecto

12.1 Planificar la Gestión de las Adquisiciones

.1 Entradas
    .1 Acta de constitución del proyecto
    .2 Documentos de negocio
    .3 Plan para la dirección del proyecto
    .4 Documentos del proyecto
    .5 Factores ambientales de la empresa
    .6 Activos de los procesos de la organización

.2 Herramientas y Técnicas
    .1 Juicio de expertos
    .2 Recopilación de datos
    .3 Análisis de datos
    .4 Criterios de selección de proveedores
    .5 Reuniones

.3 Salidas
    .1 Plan de gestión de las adquisiciones
    .2 Estrategia de las adquisiciones
    .3 Documentos de las licitaciones
    .4 Enunciados del trabajo relativo a adquisiciones
    .5 Criterios de selección de proveedores
    .6 Decisiones de hacer o comprar
    .7 Estimaciones independientes de costos
    .8 Solicitudes de cambio
    .9 Actualizaciones a los documentos del proyecto
    .10 Actualizaciones a los activos de los procesos de la organización

12.2 Efectuar las Adquisiciones

.1 Entradas
    .1 Plan para la dirección del proyecto
    .2 Documentos del proyecto
    .3 Documentación de las adquisiciones
    .4 Propuestas de los vendedores
    .5 Factores ambientales de la empresa
    .6 Activos de los procesos de la organización

.2 Herramientas y Técnicas
    .1 Juicio de expertos
    .2 Publicidad
    .3 Conferencia de oferentes
    .4 Análisis de datos
    .5 Habilidades interpersonales y de equipo

.3 Salidas
    .1 Vendedores seleccionados
    .2 Acuerdos
    .3 Solicitudes de cambio
    .4 Actualizaciones al plan para la dirección del proyecto
    .5 Actualizaciones a los documentos del proyecto
    .6 Actualizaciones a los activos de los procesos de la organización

12.3 Controlar las Adquisiciones

.1 Entradas
    .1 Plan para la dirección del proyecto
    .2 Documentos del proyecto
    .3 Acuerdos
    .4 Documentación de las adquisiciones
    .5 Solicitudes de cambio aprobadas
    .6 Datos de desempeño del trabajo
    .7 Factores ambientales de la empresa
    .8 Activos de los procesos de la organización

.2 Herramientas y Técnicas
    .1 Juicio de expertos
    .2 Administración de reclamaciones
    .3 Análisis de datos
    .4 Inspección
    .5 Auditorías

.3 Salidas
    1 Adquisiciones cerradas
    .2 Información de desempeño del trabajo
    .3 Actualizaciones de la documentación de las adquisiciones
    .4 Solicitudes de cambio
    .5 Actualizaciones al plan para la dirección del proyecto
    .6 Actualizaciones a los documentos del proyecto
    .7 Actualizaciones a los activos de los procesos de la organización

Gráfico 12-1. Descripción General de la Gestión de las Adquisiciones del Proyecto

CONCEPTOS CLAVE PARA LA GESTIÓN DE LAS ADQUISICIONES DEL PROYECTO

Más que en la mayoría de los demás procesos de la dirección de proyectos, pueden existir obligaciones y sanciones legales significativas vinculadas al proceso de adquisición. El director del proyecto no necesita ser un experto capacitado en leyes y regulaciones de gestión de adquisiciones, pero debería estar lo suficientemente familiarizado con el proceso de adquisición para tomar decisiones inteligentes relativas a los contratos y las relaciones contractuales. Normalmente el director del proyecto no está autorizado a firmar acuerdos legales vinculantes para la organización; esto está reservado a aquellos que tienen la autoridad para hacerlo.

Los procesos de Gestión de las Adquisiciones del Proyecto involucran acuerdos que describen la relación entre dos partes—un comprador y un vendedor. Los acuerdos pueden ser tan simples como la compra de una cantidad determinada de horas de trabajo a un costo de mano de obra especificado, o pueden ser tan complejos como los contratos internacionales de construcción plurianuales. El enfoque de contratación y el contrato en sí mismo deberían reflejar la simplicidad o la complejidad de los entregables o el esfuerzo requerido y deberían ser redactados de manera que cumplan con las leyes locales, nacionales e internacionales que rigen los contratos.

Un contrato debe establecer claramente los entregables y los resultados esperados, incluida cualquier transferencia de conocimiento del vendedor al comprador. Todo aquello que no esté en el contrato no puede exigirse legalmente. Cuando se trabaja a nivel internacional, los directores de proyecto deben considerar cómo la cultura y las leyes locales influyen sobre los contratos y su capacidad de ser cumplidos, independientemente de lo bien que esté redactado el contrato.

Un contrato de compra incluye términos y condiciones y puede incorporar otros detalles del comprador respecto a lo que el vendedor debe realizar o proporcionar. Es responsabilidad del equipo de dirección del proyecto garantizar que todas las adquisiciones satisfagan las necesidades específicas del proyecto, a la vez que trabaja con la oficina de adquisiciones para asegurar que se sigan las políticas de la organización en materia de adquisiciones. Según el área de aplicación, un acuerdo puede ser un contrato, un SLA, un convenio, un MOA o una orden de compra.

La mayoría de las organizaciones cuenta con políticas y procedimientos documentados que definen específicamente reglas de adquisición, así como quién está autorizado a firmar y administrar dichos acuerdos en nombre de la organización. En todo el mundo, las organizaciones utilizan diferentes nombres para los departamentos o divisiones que se ocupan de las adquisiciones, tales como compras, contrataciones o simplemente adquisiciones; sin embargo, las responsabilidades suelen ser similares.

Si bien todos los documentos del proyecto pueden estar sujetos a algún tipo de revisión y aprobación, el carácter jurídicamente vinculante de un contrato significa que estará sujeto a un proceso de aprobación más exhaustivo que a menudo involucra al departamento legal. En todos los casos, el objetivo fundamental del proceso de revisión y aprobación es asegurar que el contrato describa adecuadamente los productos, servicios o resultados que el vendedor está de acuerdo en proporcionar, cumpliendo a la vez las leyes y regulaciones que rigen las adquisiciones. Estas secciones a menudo son apéndices o anexos separados, lo que permite utilizar un lenguaje contractual legal estandarizado.

Un proyecto complejo puede implicar la gestión simultánea o secuencial de múltiples contratos. En tales casos, el ciclo de vida de cada contrato puede comenzar y finalizar durante cualquier fase del ciclo de vida del proyecto. La relación comprador-vendedor puede existir a muchos niveles en cualquier proyecto, y entre organizaciones internas y externas a la organización compradora.

Dependiendo del área de aplicación, el vendedor puede identificarse como contratista, vendedor, proveedor de servicios o proveedor. El comprador puede ser el dueño del producto final, un subcontratista, la organización compradora, un solicitante de servicios o simplemente el comprador. Durante el ciclo de vida del contrato, el vendedor puede ser considerado en primer lugar como oferente, luego como la fuente seleccionada y finalmente como el proveedor o vendedor contratado.

El adjudicatario puede gestionar el trabajo como un proyecto. En dichos casos:

◆ El comprador se transforma en el cliente para los subcontratistas, proveedores y proveedores de servicios y es por lo tanto un interesado clave del proyecto desde la perspectiva del vendedor.

◆ El equipo de dirección del proyecto del vendedor puede ocuparse de todos los procesos involucrados en realizar el trabajo o proporcionar los servicios.

◆ Los términos y condiciones del contrato y los enunciados del trabajo (SOWs) relativo a las adquisiciones se transforman en entradas clave de muchos de los procesos de dirección del vendedor. El contrato puede efectivamente contener las entradas (p.ej. principales entregables, hitos clave, objetivos de costos) o limitar las opciones del equipo del proyecto (por ejemplo, en proyectos de integración informática, se requiere a menudo que el comprador apruebe las decisiones relacionadas con los recursos humanos). Los enunciados del trabajo relativo a las adquisiciones pueden tener otros nombres, tales como el enunciado del trabajo técnico.

◆ El propio vendedor puede transformarse en un comprador de productos, servicios y materiales de menor costo de subcontratistas y proveedores.

En esta sección se supone que el comprador de un elemento para el proyecto está asignado al equipo del proyecto y/o forma parte de la organización más grande. Se supone que el vendedor proporciona servicios y/o materiales al proyecto y por lo general está fuera de la organización ejecutante. En algunos proyectos, el rol del vendedor puede ser asumido por un grupo o función que forma parte de la organización ejecutante pero es externo al proyecto. En proyectos más grandes y complejos, el vendedor puede volverse parte de un equipo integral del proyecto luego de la adjudicación del contrato.

En el caso de organizaciones más pequeñas o empresas de reciente creación y aquellas que carecen de un departamento de compras, contrataciones o adquisiciones, el director del proyecto puede asumir el papel de autorizador de compras para negociar y firmar contratos directamente (compras descentralizadas). En el caso de organizaciones más maduras, las funciones concretas de adquisición y contratación serán llevadas a cabo por un departamento separado con el rol específico de comprar, negociar y firmar contratos (compras centralizadas).

En contrataciones internacionales, las jurisdicciones legales bajo las cuales se administrarán los contratos están claramente estipuladas en el contrato. En la mayoría de los casos, el vendedor es un contratista externo que está vinculado mediante una relación contractual formal.

TENDENCIAS Y PRÁCTICAS EMERGENTES EN LA GESTIÓN DE LAS ADQUISICIONES

Existe una serie de tendencias importantes en herramientas de software, riesgo, procesos, logística y tecnología en diferentes industrias que pueden afectar la tasa de éxito de los proyectos. Las tendencias y prácticas emergentes para la Gestión de las Adquisiciones del Proyecto incluyen, entre otras:

◆ **Avances en las herramientas.** Se ha registrado una mejora significativa en el desarrollo de herramientas para gestionar las fases de adquisiciones e implementación de un proyecto. Actualmente, las herramientas en línea para adquisiciones ofrecen a los compradores un único punto donde pueden anunciarse las adquisiciones y proporcionan a los vendedores una única fuente para encontrar documentos de las licitaciones y completarlos directamente en línea. En el campo de la construcción/ingeniería/infraestructura, el uso creciente del modelo de información del edificio (BIM) en herramientas de software ha demostrado ahorrar cantidades significativas de tiempo y dinero en los proyectos que lo utilizan. Este enfoque puede reducir sustancialmente las reclamaciones de construcción, reduciendo así tanto los costos como el cronograma. Las principales compañías y gobiernos de todo el mundo están comenzando a exigir el uso del BIM en proyectos grandes.

◆ **Gestión de riesgos más avanzada.** Una tendencia creciente en gestión de riesgos es redactar contratos que asignen riesgos específicos de manera precisa a aquellas entidades más capaces de gestionarlos. Ningún contratista es capaz de gestionar todos los riesgos mayores posibles en un proyecto. El comprador deberá aceptar los riesgos que los contratistas no puedan controlar, como los cambios en las políticas corporativas de la organización compradora, cambios en los requisitos regulatorios y otros riesgos externos al proyecto. Los contratos pueden especificar que la gestión de riesgos sea llevada a cabo como parte del contrato.

◆ **Cambios en los procesos de contratación.** En los últimos años, ha habido un crecimiento significativo de los megaproyectos, particularmente en las áreas de desarrollo de infraestructura y proyectos de ingeniería. Los proyectos de miles de millones de dólares ahora son comunes. Una gran proporción de estos involucran contratos internacionales con múltiples contratistas de muchos países y son inherentemente más riesgosos que los proyectos que sólo utilizan contratistas locales. Cada vez más, el contratista trabaja estrechamente con el cliente en el proceso de adquisición para aprovechar los descuentos por compras en cantidad u otras consideraciones especiales. Para estos proyectos, el uso de contratos estándar, internacionalmente reconocidos, está aumentando a fin de reducir problemas y reclamaciones durante la ejecución.

◆ **Logística y gestión de la cadena de suministro.** Dado que muchos proyectos grandes de ingeniería, construcción e infraestructura se llevan a cabo a través de múltiples contratistas internacionales, la gestión del flujo de materiales se vuelve crítica para una finalización exitosa. Para elementos con plazo de entrega largo, tanto la fabricación de los elementos como el transporte hasta el lugar del proyecto se vuelven fuerzas impulsoras del cronograma. En el campo de la TI, un elemento con plazo de entrega largo podría requerir un pedido con 2 a 3 meses de antelación. En proyectos de construcción complejos, los elementos con plazo de entrega largo podrían requerir un pedido con 1 a 2 años de antelación o más. Para estos proyectos, los elementos con plazo de entrega largo pueden adquirirse con antelación a otros contratos de adquisición, a fin de cumplir con la fecha de conclusión planificada del proyecto. Para estos materiales, suministros o equipamiento con plazo de entrega largo, es posible comenzar las contrataciones antes de completar el diseño definitivo del propio producto final, en base a los requisitos conocidos identificados en el diseño a alto nivel. La gestión de la cadena de suministro es un área de creciente énfasis por parte del equipo del proyecto del contratista. Tempranamente en el proyecto se identifican no sólo las fuentes primarias de suministros, sino que por lo general también se identifican las fuentes secundarias de respaldo. Muchos países alrededor del mundo exigen que los contratistas internacionales compren ciertos porcentajes mínimos de material y suministros a proveedores locales.

◆ **Tecnología y relaciones de los interesados.** Los proyectos con financiación pública están sujetos cada vez a un mayor escrutinio. Una tendencia en los proyectos de infraestructura y construcción comercial es el uso de tecnología como las cámaras web (webcams) para mejorar las comunicaciones y las relaciones de los interesados. Durante la construcción, se instalan una o más cámaras web en el lugar, con actualizaciones periódicas a un sitio web disponible públicamente. El avance del proyecto puede ser visto en Internet por todos los interesados. También es posible almacenar datos de vídeo que pueden analizarse en caso que surja una reclamación. Algunos proyectos han descubierto que el uso de cámaras web minimiza los conflictos relativos a las obras de construcción en el lugar, ya que la cámara web ha registrado los eventos, por lo que no debería haber desacuerdo sobre los hechos en cuestión.

◆ **Contrataciones a prueba.** No todos los vendedores son apropiados para el entorno de una organización. Por lo tanto, algunos proyectos contratarán de forma paga a varios candidatos a vendedores para los entregables y productos del trabajo iniciales, antes de comprometerse plenamente con una mayor parte del alcance del proyecto. Esto acelera el impulso al permitir que el comprador evalúe a los socios potenciales, a la vez que avanza en el trabajo del proyecto.

CONSIDERACIONES SOBRE ADAPTACIÓN

Debido a que cada proyecto es único, el director del proyecto puede necesitar adaptar la forma en que se aplican los procesos de Gestión de las Adquisiciones del Proyecto. Las consideraciones sobre adaptación incluyen, entre otras:

◆ **Complejidad de las adquisiciones.** ¿Existe una adquisición principal o existen múltiples adquisiciones en diferentes momentos con diferentes vendedores que contribuyen a la complejidad de las adquisiciones?

◆ **Ubicación física.** ¿Los compradores y vendedores están en la misma ubicación, o razonablemente cerca, o en diferentes zonas horarias, países o continentes?

◆ **Gobernanza y entorno regulatorio.** ¿Las leyes y regulaciones locales relativas a las actividades de adquisición están integradas con las políticas de la organización en materia de adquisiciones? ¿Cómo afecta esto a los requisitos de auditoría de los contratos?

◆ **Disponibilidad de contratistas.** ¿Existen contratistas disponibles capaces de realizar el trabajo?

CONSIDERACIONES PARA ENTORNOS ÁGILES/ADAPTATIVOS

En entornos ágiles, pueden utilizarse vendedores específicos para ampliar el equipo. Esta relación de trabajo colaborativa puede conducir a un modelo de adquisiciones de riesgo compartido, donde comprador y vendedor comparten el riesgo y las recompensas asociados a un proyecto.

Los proyectos más grandes pueden utilizar un enfoque adaptativo para algunos entregables y un enfoque más estable para otras partes. En estos casos, puede utilizarse un acuerdo rector tal como un acuerdo maestro de servicios (MSA) para el compromiso general, y el trabajo adaptativo se coloca en un apéndice o suplemento. Esto permite que ocurran cambios en el alcance adaptativo sin afectar el contrato general.

12.1 PLANIFICAR LA GESTIÓN DE LAS ADQUISICIONES DEL PROYECTO

Planificar la Gestión de las Adquisiciones del Proyecto es el proceso de documentar las decisiones de adquisiciones del proyecto, especificar el enfoque e identificar a los proveedores potenciales. El beneficio clave de este proceso es que determina si es preciso adquirir bienes y servicios desde fuera del proyecto y, si fuera el caso, qué adquirir, de qué manera y cuándo hacerlo. Los bienes y servicios pueden adquirirse de otras partes de la organización ejecutante o de fuentes externas. Este proceso se lleva a cabo una única vez o en puntos predefinidos del proyecto. El Gráfico 12-2 muestra las entradas, herramientas y técnicas, y salidas de este proceso. El Gráfico 12-3 ilustra el diagrama de flujo de datos del proceso.

Planificar la Gestión de las Adquisiciones del Proyecto

Entradas	Herramientas y Técnicas	Salidas

.1 Acta de constitución del proyecto
.2 Documentos de negocio
  • Caso de negocio
  • Plan de gestión de beneficios
.3 Plan para la dirección del proyecto
  • Plan para la gestión del alcance
  • Plan de gestión de la calidad
  • Plan de gestión de los recursos
  • Línea base del alcance
.4 Documentos del proyecto
  • Lista de hitos
  • Asignaciones del equipo del proyecto
  • Documentación de requisitos
  • Matriz de trazabilidad de requisitos
  • Requisitos de recursos
  • Registro de riesgos
  • Registro de interesados
.5 Factores ambientales de la empresa
.6 Activos de los procesos de la organización
	.1 Juicio de expertos
	.2 Recopilación de datos
	  • Investigación de mercado
	.3 Análisis de datos
	  • Análisis de Hacer o Comprar
	.4 Análisis de selección de proveedores
	.5 Reuniones
		.1 Plan de gestión de las adquisiciones
		.2 Estrategia de las adquisiciones
		.3 Documentos de las licitaciones
		.4 Enunciados del trabajo relativo a adquisiciones
		.5 Criterios de selección de proveedores
		.6 Decisiones de hacer o comprar
		.7 Estimaciones independientes de costos
		.8 Solicitudes de cambio
		.9 Actualizaciones a los documentos del proyecto
		  • Registro de lecciones aprendidas
		  • Lista de hitos
		  • Documentación de requisitos
		  • Matriz de trazabilidad de requisitos
		  • Registro de riesgos
		  • Registro de interesados
		.10 Actualizaciones a los activos de los procesos de la organización

Gráfico 12-2. Planificar la Gestión de las Adquisiciones del Proyecto: Entradas, Herramientas y Técnicas, y Salidas

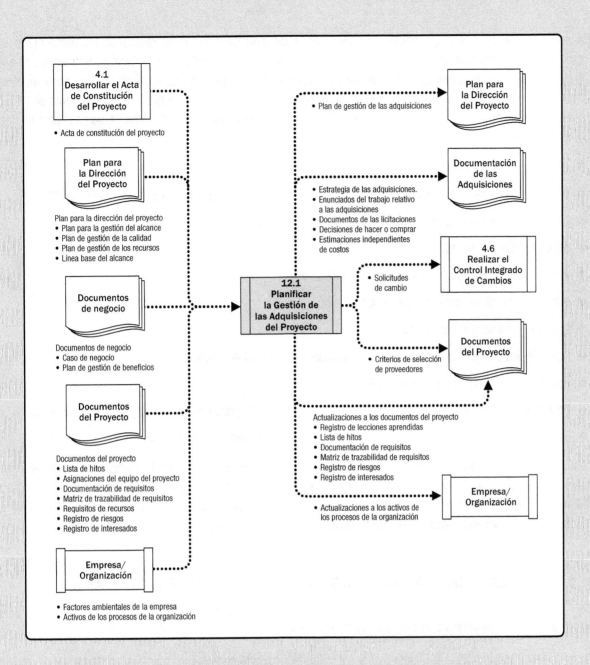

Gráfico 12-3. Planificar la Gestión de las Adquisiciones del Proyecto: Diagrama de Flujo de Datos

La definición de roles y responsabilidades relativos a las adquisiciones debe realizarse tempranamente en el proceso Planificar la Gestión de las Adquisiciones del Proyecto. El director del proyecto debe garantizar que el equipo del proyecto esté dotado de experiencia en adquisiciones al nivel requerido por el proyecto. Los participantes del proceso de adquisición pueden incluir personal del departamento de compras o adquisiciones, así como personal del departamento legal de la organización compradora. Estas responsabilidades deben documentarse en el plan de gestión de las adquisiciones.

Los pasos típicos pueden ser:

◆ Preparar los enunciados del trabajo (SOWs) relativo a las adquisiciones o términos de referencia (TOR).

◆ Preparar una estimación de costos de alto nivel para determinar el presupuesto.

◆ Anunciar la oportunidad.

◆ Identificar una breve lista de vendedores calificados.

◆ Preparar y emitir los documentos de la licitación.

◆ Preparar y presentar propuestas por parte del vendedor.

◆ Realizar una evaluación técnica de las propuestas que incluya la calidad.

◆ Realizar una evaluación de costos de las propuestas.

◆ Preparar la evaluación final combinada de la calidad y el costo para seleccionar la propuesta ganadora.

◆ Finalizar las negociaciones y firmar el contrato entre el comprador y el vendedor.

Los requisitos del cronograma del proyecto pueden influir considerablemente en la estrategia durante el proceso Planificar la Gestión de las Adquisiciones del Proyecto. Las decisiones tomadas durante el desarrollo del plan de gestión de las adquisiciones también pueden influir en el cronograma del proyecto y están integradas con el proceso Desarrollar el Cronograma, el proceso Estimar los Recursos de las Actividades y con las decisiones de hacer o comprar.

12.1.1 PLANIFICAR LA GESTIÓN DE LAS ADQUISICIONES DEL PROYECTO: ENTRADAS

12.1.1.1 ACTA DE CONSTITUCIÓN DEL PROYECTO

Descrita en la Sección 4.1.3.1. El acta de constitución del proyecto contiene los objetivos, descripción del proyecto, resumen de hitos y los recursos financieros preaprobados.

12.1.1.2 DOCUMENTOS DE NEGOCIO

Descritos en la Sección 1.2.6. Los documentos de negocio incluyen los siguientes:

◆ **Caso de negocio.** La estrategia de las adquisiciones y el caso de negocio necesitan estar alineados para asegurar que el caso de negocio siga siendo válido.

◆ **Plan de gestión de beneficios.** El plan de gestión de beneficios describe cuándo se espera que estén disponibles ciertos beneficios del proyecto, lo que determinará las fechas de las adquisiciones y el lenguaje contractual.

12.1.1.3 PLAN PARA LA DIRECCIÓN DEL PROYECTO

Descrito en la Sección 4.2.3.1. Los componentes del plan para la dirección del proyecto incluyen, entre otros:

◆ **Plan de gestión del alcance.** Descrito en la Sección 5.1.3.1. El plan de gestión del alcance describe la manera en que se gestionará el alcance del trabajo de los contratistas a través de la fase de ejecución del proyecto.

◆ **Plan de gestión de la calidad.** Descrito en la Sección 8.1.3.1. El plan de gestión de la calidad contiene los estándares y códigos aplicables de la industria que el proyecto debe cumplir. Esta información se utiliza en documentos de licitación tales como la RFP y finalmente se hará referencia a ella en el contrato. Esta información puede utilizarse en la precalificación de proveedores o como parte de los criterios de selección.

◆ **Plan de gestión de los recursos.** Descrito en la Sección 9.1.3.1. El plan de gestión de los recursos tiene información sobre qué recursos se comprarán o alquilarán, junto con cualquier supuesto o restricción que pueda influir en las adquisiciones.

◆ **Línea base del alcance.** Descrita en la Sección 5.4.3.1. La línea base del alcance contiene el enunciado del alcance, la EDT/WBS y el diccionario de la EDT/WBS. Tempranamente en el proyecto, el alcance del proyecto aún puede estar evolucionando. Los elementos del alcance que son conocidos se utilizan para desarrollar el enunciado del trabajo (SOW) y los términos de referencia (TOR).

12.1.1.4 DOCUMENTOS DEL PROYECTO

Los documentos del proyecto que pueden ser considerados como entradas para este proceso incluyen, entre otros:

◆ **Lista de hitos.** Descrita en la Sección 6.2.3.3. La lista de los principales hitos muestra cuándo los vendedores deben entregar sus resultados.

◆ **Asignaciones del equipo del proyecto.** Descritas en la Sección 9.3.3.2. Las asignaciones del equipo del proyecto contienen información sobre las habilidades y capacidades del equipo del proyecto y su disponibilidad para apoyar las actividades de adquisición. Si el equipo del proyecto no posee las habilidades para llevar a cabo las actividades de adquisición de las que es responsable, se deberán adquirir recursos adicionales y/o se deberá brindar capacitación.

- **Documentación de requisitos.** Descrita en la Sección 5.2.3.1. La documentación de requisitos puede incluir:

  - Requisitos técnicos que el vendedor debe satisfacer, y

  - Requisitos con implicaciones contractuales y legales que pueden incluir aspectos relacionados con salud, seguridad, desempeño, medio ambiente, seguros, derechos de propiedad intelectual, igualdad de oportunidad en el empleo, licencias, permisos y otros requisitos no técnicos.

- **Matriz de trazabilidad de requisitos.** Descrita en la Sección 5.2.3.2. La matriz de trazabilidad de requisitos vincula los requisitos del producto desde su origen hasta los entregables que los satisfacen.

- **Requisitos de recursos.** Descritos en la Sección 9.2.3.1. Los requisitos de recursos contienen información sobre necesidades específicas, tales como recursos físicos y del equipo, que puede ser necesario adquirir.

- **Registro de riesgos.** Descrito en la Sección 11.2.3.1. El registro de riesgos proporciona la lista de riesgos, junto con los resultados del análisis de riesgos y de la planificación de la respuesta a los riesgos. Algunos riesgos se transfieren a través de un acuerdo de adquisición.

- **Registro de interesados.** Descrito en la Sección 13.1.3.1. El registro de interesados proporciona detalles sobre los participantes del proyecto y sus intereses en el mismo, incluidos agencias reguladoras, personal de contratación y personal legal.

12.1.1.5 FACTORES AMBIENTALES DE LA EMPRESA

Los factores ambientales de la empresa que pueden influir en el proceso Planificar la Gestión de las Adquisiciones del Proyecto incluyen, entre otros:

- Condiciones del mercado;

- Productos, servicios y resultados disponibles en el mercado;

- Vendedores, incluido su desempeño pasado o reputación;

- Términos y condiciones típicos para los productos, servicios y resultados, o para la industria específica;

- Requisitos locales específicos, tales como los requisitos regulatorios para mano de obra o vendedores locales;

- Asesoramiento jurídico en relación con las adquisiciones;

- Sistemas de gestión de contratos, incluidos los procedimientos para el control de cambios de los contratos;

- Sistema establecido de proveedores de niveles múltiples, con datos sobre vendedores precalificados en función de la experiencia previa; y

- Sistema de contabilidad financiera y pagos de contratos.

12.1.1.6 ACTIVOS DE LOS PROCESOS DE LA ORGANIZACIÓN

Los distintos tipos de acuerdos contractuales utilizados por la organización también influyen en las decisiones para el proceso Planificar la Gestión de las Adquisiciones del Proyecto. Los activos de los procesos de la organización que pueden influir en el proceso Planificar la Gestión de las Adquisiciones del Proyecto incluyen, entre otros:

◆ **Listas de vendedores preaprobados.** Las listas de vendedores que han sido debidamente evaluados y aprobados pueden racionalizar los pasos necesarios para anunciar la oportunidad y reducir el tiempo del proceso de selección de vendedores.

◆ **Políticas, procedimientos y pautas formales de adquisición.** La mayoría de las organizaciones cuentan con políticas formales de adquisición y organizaciones de compra. En caso de no disponer de tal respaldo para las adquisiciones, el equipo del proyecto debe proporcionar tanto los recursos como la pericia necesarios para llevar adelante dichas actividades de adquisición.

◆ **Tipos de contrato.** Por lo general, todas las relaciones contractuales legales se encuadran en una de las siguientes dos grandes categorías: los contratos de precio fijo o los contratos de costos reembolsables. Asimismo, existe un tercer tipo híbrido utilizado frecuentemente y que se denomina contrato por tiempo y materiales. Los tipos de contrato más difundidos se abordan a continuación como tipos diferenciados, pero, en la práctica, no es inusual combinar uno o más tipos en el marco de una misma adquisición.

  ■ *Contratos de precio fijo.* Esta categoría de contrato implica establecer un precio total fijo para un producto, servicio o resultado definidos que se van a suministrar. Estos contratos deben utilizarse cuando los requisitos están bien definidos y no se prevén cambios significativos en el alcance. Los tipos de contrato de precio fijo incluyen:

    ❍ *Precio fijo cerrado (FFP).* El tipo de contrato de uso más común es el FFP. Es el preferido por la mayoría de las organizaciones compradoras dado que el precio de los bienes se fija al comienzo y no está sujeto a cambios, salvo que se modifique el alcance del trabajo.

    ❍ *Precio fijo más honorarios con incentivos (FPIF).* Este acuerdo de precio fijo confiere cierta flexibilidad al comprador y al vendedor, ya que permite desviaciones en el desempeño, con incentivos financieros ligados al cumplimiento de las métricas acordadas. Por lo general, estos incentivos financieros están relacionados con los costos, el cronograma o el desempeño técnico del vendedor. En los contratos FPIF se fija un precio tope y todos los costos que superen dicho precio tope son asumidos por el vendedor.

    ❍ *Precio fijo con ajustes económicos de precio (FPEPA).* Este tipo se utiliza cuando el período de desempeño del vendedor abarca un período considerable de años, o cuando los pagos se efectúan en una moneda diferente. Se trata de un contrato de precio fijo, pero con una disposición especial que permite ajustes finales predefinidos al precio del contrato debido a cambios en las condiciones, tales como cambios inflacionarios o aumentos (o disminuciones) del costo de productos específicos.

◆ **Contratos de costos reembolsables.** Esta categoría de contrato implica efectuar pagos (reembolsos de costos) al vendedor por todos los costos legítimos y reales en que incurriera para completar el trabajo, más los honorarios que representan la ganancia del vendedor. Este tipo de contrato debe utilizarse cuando se espera que el alcance del trabajo cambie significativamente durante la ejecución del contrato. Las variaciones pueden incluir:

- *Costo más honorarios fijos (CPFF).* Al vendedor se le reembolsan todos los costos autorizados para realizar el trabajo del contrato, a la vez que recibe el pago de sus honorarios fijos calculados como un porcentaje de los costos del proyecto estimados al inicio. El monto de los honorarios no cambia, a menos que se modifique el alcance del proyecto.

- *Costo más honorarios con incentivos (CPIF).* Al vendedor se le reembolsan todos los costos autorizados para realizar el trabajo del contrato, y recibe honorarios con incentivos predeterminados, basados en el logro de objetivos específicos de desempeño establecidos en el contrato. En los contratos CPIF, si los costos finales son inferiores o superiores a los costos originales estimados, el comprador y el vendedor comparten las desviaciones de costos según una fórmula previamente negociada; por ejemplo, un reparto de 80/20 por encima o por debajo de los costos objetivo sobre la base del desempeño real del vendedor.

- *Costo más honorarios por cumplimiento de objetivos (CPAF).* Al vendedor se le reembolsan todos los costos legítimos, pero la mayor parte de los honorarios se obtiene en base a la satisfacción de ciertos criterios subjetivos generales de desempeño que se definen e incorporan dentro del contrato. Los honorarios se establecen exclusivamente sobre la base de la determinación subjetiva del desempeño del vendedor por parte del comprador y, por lo general, no admiten apelación.

◆ **Contratos por tiempo y materiales (T&M).** Los contratos por tiempo y materiales (también llamados por tiempo y medios) son un tipo híbrido de acuerdo contractual con aspectos tanto de los contratos de costos reembolsables como de los contratos de precio fijo. A menudo, se utilizan para el aumento de personal, la adquisición de expertos y cualquier tipo de apoyo externo cuando no es posible establecer con rapidez un enunciado preciso del trabajo.

12.1.2 PLANIFICAR LA GESTIÓN DE LAS ADQUISICIONES DEL PROYECTO: HERRAMIENTAS Y TÉCNICAS

12.1.2.1 JUICIO DE EXPERTOS

Descrito en la Sección 4.1.2.1. Se debe tomar en cuenta la pericia de los individuos o grupos que tengan conocimientos especializados o capacitación en los siguientes temas:

◆ Adquisiciones y compras,

◆ Tipos de contrato y documentos contractuales, y

◆ Regulaciones y temas relativos al cumplimiento.

12.1.2.2 RECOPILACIÓN DE DATOS

Entre las técnicas de recopilación de datos que pueden utilizarse para este proceso se incluye, entre otras, la investigación de mercado. La investigación de mercado incluye el estudio de las capacidades de la industria y de los vendedores específicos. Los equipos de adquisiciones pueden hacer uso de la información obtenida en conferencias, reseñas en línea y una diversidad de fuentes para identificar las capacidades del mercado. El equipo también puede refinar objetivos específicos de adquisición para hacer uso de las tecnologías en fase de maduración y a la vez equilibrar los riesgos asociados al espectro de vendedores capaces de suministrar los materiales o servicios deseados.

12.1.2.3 ANÁLISIS DE DATOS

Las técnicas de análisis de datos que pueden utilizarse para este proceso incluyen, entre otras, el análisis de hacer o comprar. El análisis de hacer o comprar se utiliza para determinar si el trabajo o los entregables pueden ser realizados de manera satisfactoria por el equipo del proyecto o deben ser adquiridos de fuentes externas. Los factores a considerar en la decisión de hacer o comprar incluyen la asignación actual de recursos de la organización y sus habilidades y capacidades, la necesidad de pericia especializada, el deseo de no ampliar las obligaciones laborales permanentes y la necesidad de pericia independiente. También incluye la evaluación de los riesgos involucrados en cada decisión de hacer o comprar.

El análisis de hacer o comprar puede utilizar el plazo de retorno de la inversión, el retorno de la inversión (ROI), la tasa interna de retorno (IRR), el flujo de caja descontado, el valor actual neto (NPV), el análisis costo/beneficio (BCA), u otras técnicas a fin de decidir si incluir algo como parte del proyecto o si comprarlo externamente.

12.1.2.4 ANÁLISIS DE SELECCIÓN DE PROVEEDORES

Antes de decidir acerca del método de selección, es necesario revisar la priorización de las demandas del proyecto que compiten entre sí. Dado que los métodos de selección competitivos pueden requerir que los vendedores inviertan gran cantidad de tiempo y recursos por adelantado, es buena práctica incluir el método de evaluación en los documentos de las licitaciones de modo que los oferentes sepan cómo serán evaluados. Los métodos de selección comúnmente utilizados incluyen los siguientes:

◆ **Menor costo.** El método del menor costo puede ser adecuado para adquisiciones de carácter estándar o rutinario en las que existen prácticas y estándares bien establecidos y de las que se espera un resultado específico y bien definido, el cual puede ejecutarse a diferentes costos.

◆ **Sólo por calificaciones.** El método de selección sólo por calificaciones se aplica cuando el tiempo y el costo de un proceso completo de selección no tendría sentido, porque el valor de la adquisición es relativamente bajo. El comprador establece una lista breve y selecciona al oferente con la mejor credibilidad, calificaciones, experiencia, pericia, áreas de especialización y referencias.

◆ **Puntuación por propuesta técnica superior/basada en calidad.** Se pide a la empresa seleccionada que presente una propuesta con detalles técnicos y de costos y luego se la invita a negociar el contrato, si la propuesta técnica resulta ser aceptable. Según este método, las propuestas técnicas se evalúan primero en base a la calidad de la solución técnica ofrecida. Se selecciona al vendedor que presentó la propuesta técnica con mayor puntuación, siempre que su propuesta financiera pueda ser negociada y aceptada.

◆ **Basado en costos y calidad.** El método basado en costos y calidad permite incluir al costo como un factor del proceso de selección de vendedores. En general, cuando el riesgo y/o la incertidumbre del proyecto son mayores, la calidad debería ser un elemento clave en comparación con el costo.

◆ **Proveedor único.** El comprador le pide a un vendedor determinado que prepare propuestas técnicas y financieras, que luego son negociadas. Dado que no existe competencia, este método sólo es aceptable cuando está debidamente justificado y debe entenderse como una excepción.

◆ **Presupuesto fijo.** El método del presupuesto fijo requiere dar a conocer el presupuesto disponible a los vendedores invitados en la RFP y seleccionar la propuesta técnica mejor calificada dentro del límite del presupuesto. Debido a que los vendedores están sujetos a una restricción de costo, adaptarán el alcance y la calidad de su oferta a ese presupuesto. Por lo tanto, el comprador deberá asegurarse de que el presupuesto es compatible con el SOW y que el vendedor será capaz de realizar las tareas dentro del presupuesto. Este método solamente es adecuado cuando el SOW está definido de manera precisa, no se prevén cambios, y el presupuesto es fijo y no puede ser superado.

12.1.2.5 REUNIONES

La investigación por sí sola podría no proporcionar la información específica para formular una estrategia de adquisición sin recurrir a reuniones adicionales de intercambio de información con oferentes potenciales. Al colaborar con oferentes potenciales, la organización que compra el material o servicio se podría beneficiar, a la vez que el vendedor podría ejercer su influencia para lograr un enfoque o producto beneficioso para ambas partes. Las reuniones pueden utilizarse con el fin de determinar la estrategia para gestionar y monitorear las adquisiciones.

12.1.3 PLANIFICAR LA GESTIÓN DE LAS ADQUISICIONES DEL PROYECTO: SALIDAS

12.1.3.1 PLAN DE GESTIÓN DE LAS ADQUISICIONES

El plan de gestión de las adquisiciones contiene las actividades a emprender durante el proceso de adquisición. Debe documentar si se ha de emplear la licitación pública internacional, la licitación pública nacional, la licitación local, etc. Si el proyecto es financiado externamente, las fuentes y la disponibilidad de la financiación deben estar alineadas con el plan de gestión de las adquisiciones y el cronograma del proyecto.

El plan de gestión de las adquisiciones puede incluir directivas para:

◆ La forma en que se coordinarán las adquisiciones con otros aspectos del proyecto, como el desarrollo del cronograma del proyecto y los procesos de control;

◆ El cronograma de las actividades de adquisición clave;

◆ Las métricas de adquisiciones que se emplearán para gestionar contratos;

◆ Los roles y responsabilidades de los interesados relativos a las adquisiciones, incluidas la autoridad y las restricciones del equipo del proyecto cuando la organización ejecutante tiene un departamento de adquisiciones;

◆ Las restricciones y los supuestos que podrían afectar las adquisiciones planificadas;

◆ La jurisdicción legal y la moneda en la que se efectuarán los pagos;

◆ Determinar si se utilizarán estimaciones independientes y si son necesarias como criterios de evaluación;

◆ Los asuntos relacionados con la gestión de riesgos, incluida la identificación de requisitos para obtener garantías de cumplimiento o contratos de seguros a fin de mitigar algunas formas de riesgo del proyecto; y

◆ Los vendedores precalificados, si los hubiese, que se utilizarán.

Dependiendo de las necesidades del proyecto, un plan de gestión de las adquisiciones puede ser formal o informal, muy detallado o formulado de manera general.

12.1.3.2 ESTRATEGIA DE LAS ADQUISICIONES

Una vez finalizado el análisis de hacer o comprar y tomada la decisión de adquirir desde fuera del proyecto, se debería identificar una estrategia de adquisición. El objetivo de la estrategia de las adquisiciones es determinar el método de entrega del proyecto, el tipo de acuerdo(s) legalmente vinculante(s) y el modo en que avanzarán las adquisiciones a través de las fases de adquisición.

◆ **Métodos de entrega.** Los métodos de entrega son diferentes en el caso de servicios profesionales y en el de proyectos de construcción.

- Para servicios profesionales, los métodos de entrega incluyen: comprador/proveedor de servicios sin subcontrataciones, comprador/proveedor de servicios con subcontrataciones permitidas, unión temporal de empresas (joint venture) entre comprador y proveedor de servicios, y comprador/proveedor de servicios que actúa como representante.

- Para la construcción industrial o comercial, los métodos de entrega del proyecto incluyen, entre otros: llave en mano, diseño construcción (DB), diseño licitación construcción (DBB), diseño construcción operación (DBO), construcción propiedad operación transferencia (BOOT) y otros.

◆ **Formas de pago de los contratos.** Las formas de pago de los contratos están separadas de los métodos de entrega del proyecto y se coordinan con los sistemas financieros internos de la organización compradora. Incluyen, entre otras, los siguientes tipos de contrato y sus variaciones: pago único, precio fijo cerrado, costo más honorarios por cumplimiento de objetivos, costo más honorarios con incentivos, tiempo y materiales, costo objetivo y otros.

- Los contratos de precio fijo son adecuados cuando el tipo de trabajo es predecible y los requisitos están bien definidos y son poco propensos a cambiar.

- Los contratos de costo más margen son adecuados cuando el trabajo está evolucionando, es propenso a cambiar o no está bien definido.

- Los incentivos y los bonos por cumplimiento de objetivos pueden utilizarse para alinear los objetivos del comprador y el vendedor.

◆ **Fases de la adquisición.** La estrategia de las adquisiciones también puede incluir información sobre las fases de la adquisición. La información puede incluir:

- Secuenciación o división en fases de la adquisición, una descripción de cada fase y los objetivos específicos de cada fase;

- Indicadores e hitos de desempeño de las adquisiciones a utilizar en el monitoreo;

- Criterios para pasar de una fase a otra;

- Plan de monitoreo y evaluación para el seguimiento del avance; y

- Proceso para la transferencia de conocimientos a utilizar en fases subsiguientes.

12.1.3.3 DOCUMENTOS DE LAS LICITACIONES

Los documentos de las licitaciones se utilizan para solicitar propuestas a posibles vendedores. Términos como licitación, oferta o cotización generalmente se utilizan cuando la decisión de selección del vendedor se basa en el precio (como cuando se compran artículos comerciales o de tipo estándar), mientras que el término propuesta generalmente se emplea cuando otras consideraciones, como la capacidad técnica o el enfoque técnico, son las más importantes. La terminología específica de las adquisiciones puede variar según la industria y la ubicación de la adquisición.

Dependiendo de los bienes o servicios requeridos, los documentos de las licitaciones pueden incluir una solicitud de información, una solicitud de cotización, una solicitud de propuesta u otros documentos adecuados. A continuación se presentan las condiciones relativas a su uso:

◆ **Solicitud de información (RFI).** Una RFI se utiliza cuando se necesita más información de los vendedores acerca de los bienes y servicios a adquirir. Por lo general, va seguida de una RFQ o RFP.

◆ **Solicitud de cotización (RFQ).** Una RFQ se utiliza comúnmente cuando se necesita mayor información sobre cómo los proveedores pueden satisfacer los requisitos y/o cuánto costará.

◆ **Solicitud de propuesta (RFP).** Una RFP se utiliza cuando existe un problema en el proyecto y la solución no es fácil de determinar. Este es el más formal de los documentos de tipo "solicitud de" y tiene estrictas reglas de adquisición en cuanto al contenido, la línea de tiempo y las respuestas de los vendedores.

El comprador estructura los documentos de las licitaciones con objeto de facilitar la elaboración de una respuesta precisa y completa de parte de cada posible vendedor, y de hacer más fácil la evaluación de las respuestas. Estos documentos incluyen una descripción de la forma deseada de respuesta, de los correspondientes SOWs relativo a las adquisiciones y de cualquier disposición contractual requerida.

La complejidad y el nivel de detalle de los documentos de las licitaciones deben ser coherentes con el valor de la adquisición planificada y con los riesgos asociados a la misma. Los documentos de las licitaciones deben ser lo suficientemente detallados para asegurar respuestas coherentes y adecuadas, pero a la vez suficientemente flexibles para permitir tener en cuenta posibles sugerencias de los vendedores sobre mejores formas de satisfacer los mismos requisitos.

12.1.3.4 ENUNCIADOS DEL TRABAJO RELATIVO A LAS ADQUISICIONES

El enunciado del trabajo (SOW) para cada adquisición se elabora a partir de la línea base del alcance del proyecto y sólo define la parte del alcance del proyecto que se incluirá dentro del contrato en cuestión. El SOW describe el artículo que se planea adquirir con suficiente detalle como para permitir que los posibles vendedores determinen si están en condiciones de proporcionar los productos, servicios o resultados requeridos. El nivel de detalle necesario puede variar en función de la naturaleza del artículo, las necesidades del comprador o la forma del contrato previsto. La información recogida en un SOW puede incluir especificaciones, cantidad deseada, niveles de calidad, datos de desempeño, período de desempeño, lugar de trabajo y otros requisitos.

El SOW relativo a las adquisiciones debe ser claro, completo y conciso. Incluye una descripción de los servicios adicionales requeridos, tales como informar el desempeño o el soporte operativo para el artículo adquirido después de finalizado el proyecto. El SOW puede ser revisado según sea necesario, a medida que avanza a través del proceso de adquisición hasta que se incorpora a un acuerdo firmado.

La frase *términos de referencia* (TOR) se utiliza en ocasiones durante la contratación de servicios. De modo similar a os SOWs relativo a las adquisiciones, los TOR normalmente incluyen los siguientes elementos:

◆ Tareas que el contratista debe realizar, así como los requisitos de coordinación especificados;

◆ Estándares aplicables al proyecto que el contratista ha de cumplir;

◆ Datos que deben ser presentados para su aprobación;

◆ Lista detallada de todos los datos y servicios que el comprador proporcionará al contratista para su uso en la ejecución del contrato, si corresponde; y

◆ Definición del cronograma para su presentación inicial y el tiempo de revisión/aprobación requerido.

12.1.3.5 CRITERIOS DE SELECCIÓN DE PROVEEDORES

Al elegir los criterios de evaluación, el comprador procura asegurar que la propuesta seleccionada ofrezca la mejor calidad para los servicios requeridos. Los criterios de selección de proveedores pueden incluir, entre otros:

◆ Competencia y capacidad;

◆ Costo del producto y costo del ciclo de vida;

◆ Fechas de entrega;

◆ Experiencia y enfoque técnicos;

◆ Experiencia específica relevante;

◆ Adecuación del enfoque y el plan de trabajo propuestos para responder al SOW;

◆ Calificaciones, disponibilidad y competencia del personal clave;

◆ Estabilidad financiera de la empresa;

◆ Experiencia en gestión; y

◆ Adecuación del programa de transferencia de conocimientos, incluida la capacitación.

Para proyectos internacionales, los criterios de evaluación podrían incluir requisitos de "contenido local", por ejemplo, la participación de nacionales en el personal clave propuesto.

Los criterios específicos podrían ser una puntuación numérica, un código de color o una descripción escrita de qué tan bien satisface el vendedor las necesidades de la organización compradora. Los criterios formarán parte de un sistema de ponderación que puede utilizarse para seleccionar un único vendedor, a quien se pedirá que firme un contrato y establezca una secuencia de negociación mediante la clasificación de todas las propuestas según puntuaciones ponderadas asignadas a cada una de ellas.

12.1.3.6 DECISIONES DE HACER O COMPRAR

El análisis de hacer o comprar conduce a una decisión sobre si un determinado trabajo puede ser realizado de manera satisfactoria por el equipo del proyecto o debe ser adquirido de fuentes externas.

12.1.3.7 ESTIMACIONES DE COSTOS INDEPENDIENTES

En el caso de adquisiciones grandes, la organización compradora puede elegir entre preparar su propia estimación independiente o contratar a un perito profesional externo para realizar una estimación de costos que servirá como base de comparación de las respuestas propuestas. Las diferencias significativas entre las estimaciones de costos pueden ser un indicio de que el SOW relativo a las adquisiciones fue deficiente o ambiguo, o que los vendedores potenciales no interpretaron correctamente o no pudieron dar una respuesta completa al mismo.

12.1.3.8 SOLICITUDES DE CAMBIO

Descritas en la Sección 4.3.3.4. Una decisión que implica adquirir bienes, servicios o recursos puede requerir una solicitud de cambio. Otras decisiones durante la planificación de las adquisiciones también pueden crear la necesidad de solicitudes de cambio adicionales. Los cambios al plan para la dirección del proyecto, sus planes subsidiarios y otros componentes pueden derivar en solicitudes de cambio que influyan en las acciones de adquisición. Las solicitudes de cambio se procesan para su revisión y tratamiento por medio del proceso Realizar el Control Integrado de Cambios (Sección 4.6).

12.1.3.9 ACTUALIZACIONES A LOS DOCUMENTOS DEL PROYECTO

Los documentos del proyecto que pueden actualizarse como resultado de llevar a cabo este proceso incluyen, entre otros:

◆ **Registro de lecciones aprendidas.** Descrito en la Sección 4.4.3.1. El registro de lecciones aprendidas se actualiza con cualquier lección pertinente en materia de regulaciones y cumplimiento, recopilación de datos, análisis de datos y análisis de selección de proveedores.

◆ **Lista de hitos.** Descrita en la Sección 6.2.3.3. La lista de los principales hitos muestra cuándo se prevé que los vendedores entreguen sus resultados.

◆ **Documentación de requisitos.** Descrita en la Sección 5.2.3.1. La documentación de requisitos puede incluir:

  ■ Requisitos técnicos que el vendedor debe satisfacer, y

  ■ Requisitos con implicaciones contractuales y legales que podrían incluir aspectos relacionados con salud, seguridad, desempeño, medio ambiente, seguros, derechos de propiedad intelectual, igualdad de oportunidad en el empleo, licencias, permisos y otros requisitos no técnicos.

◆ **Matriz de trazabilidad de requisitos.** Descrita en la Sección 5.2.3.2. La matriz de trazabilidad de requisitos vincula los requisitos del producto desde su origen hasta los entregables que los satisfacen.

◆ **Registro de riesgos.** Descrito en la Sección 11.2.3.1. Cada vendedor aprobado tiene su propio conjunto único de riesgos, dependiendo de la organización del vendedor, la duración del contrato, el entorno externo, el método de entrega del proyecto, el tipo de medio de contratación elegido y el precio final acordado.

◆ **Registro de interesados.** Descrito en la Sección 13.1.3.1. El registro de interesados se actualiza con cualquier información adicional sobre los interesados, particularmente agencias reguladoras, personal de contratación y personal legal.

12.1.3.10 ACTUALIZACIONES A LOS ACTIVOS DE LOS PROCESOS DE LA ORGANIZACIÓN

Los activos de los procesos de la organización que son actualizados como resultado del proceso Planificar la Gestión de las Adquisiciones del Proyecto incluyen, entre otros, la información sobre vendedores calificados.

En el caso de proyectos con pocas adquisiciones y adquisiciones relativamente simples, algunas de estas salidas se pueden combinar. Sin embargo, para proyectos con adquisiciones grandes y complejas donde gran parte del trabajo es realizado por contratistas, existen varios tipos diferentes de documentación. La Tabla 12-1 es una lista representativa de los tipos comunes de documentos utilizados en las adquisiciones y parte de su contenido. Dada la naturaleza legal de las adquisiciones, esta lista no debe considerarse prescriptiva, sino que debe usarse más bien como un esquema general de los tipos de documentos y contenidos necesarios para efectuar las adquisiciones. La organización, el entorno y las restricciones legales dictan la información y los documentos de licitación necesarios que requiere el proyecto.

Tabla 12-1. Comparación de la Documentación de las Adquisiciones

Plan de Gestión de las Adquisiciones	Estrategia de las Adquisiciones	Enunciado del Trabajo	Documentos de las Licitaciones
Cómo será coordinado e integrado el trabajo de adquisiciones con otros trabajos del proyecto, especialmente con los recursos, el cronograma y el presupuesto	Métodos de entrega de las adquisiciones	Descripción del artículo que se planea adquirir	Solicitud de información (RFI), Solicitud de cotización (RFQ), Solicitud de propuesta (RFP)
Cronograma para las actividades clave de adquisición	Tipos de acuerdos	Especificaciones, requisitos de calidad y métricas de desempeño	
Métricas de adquisiciones para gestionar el contrato	Fases de la adquisición	Descripción de servicios adicionales requeridos	
Responsabilidades de todos los interesados		Métodos y criterios de aceptación	
Supuestos y restricciones para las adquisiciones		Datos de desempeño y otros informes requeridos	
Jurisdicción legal y moneda utilizada para el pago		Calidad	
Información sobre estimaciones independientes		Período y lugar de desempeño	
Asuntos relacionados con la gestión de riesgos		Moneda; cronograma de pagos	
Garantía			
Vendedores precalificados, si corresponde			

12.2 EFECTUAR LAS ADQUISICIONES

Efectuar las Adquisiciones es el proceso de obtener respuestas de los proveedores, seleccionarlos y adjudicarles un contrato. El beneficio clave de este proceso es que selecciona un proveedor calificado e implementa el acuerdo legal para la entrega. Los resultados finales del proceso son los acuerdos establecidos, incluidos los contratos formales. Este proceso se lleva a cabo periódicamente a lo largo del proyecto, según sea necesario. El Gráfico 12-4 muestra las entradas, herramientas y técnicas, y salidas del proceso Efectuar las Adquisiciones. El Gráfico 12-5 representa el diagrama de flujo de datos para el proceso.

Efectuar las Adquisiciones

Entradas	Herramientas y Técnicas	Salidas
.1 Plan para la dirección del proyecto • Plan para la gestión del alcance • Plan de gestión de los requisitos • Plan de gestión de las comunicaciones • Plan de gestión de los riesgos • Plan de gestión de las adquisiciones • Plan de gestión de la configuración • Línea base de costos .2 Documentos del proyecto • Registro de lecciones aprendidas • Cronograma del proyecto • Documentación de requisitos • Registro de riesgos • Registro de interesados .3 Documentación de las adquisiciones .4 Propuestas de los vendedores .5 Factores ambientales de la empresa .6 Activos de los procesos de la organización	.1 Juicio de expertos .2 Publicidad .3 Conferencia de oferentes .4 Análisis de datos • Evaluación de propuestas .5 Habilidades interpersonales y de equipo • Negociación	.1 Vendedores seleccionados .2 Acuerdos .3 Solicitudes de cambio .4 Actualizaciones al plan para la dirección del proyecto • Plan de gestión de los requisitos • Plan de gestión de la calidad • Plan de gestión de las comunicaciones • Plan de gestión de los riesgos • Plan de gestión de las adquisiciones • Línea base del alcance • Línea base del cronograma • Línea base de costos .5 Actualizaciones a los documentos del proyecto • Registro de lecciones aprendidas • Documentación de requisitos • Matriz de trazabilidad de requisitos • Calendarios de recursos • Registro de riesgos • Registro de interesados .6 Actualizaciones a los activos de los procesos de la organización

Gráfico 12-4. Efectuar las Adquisiciones: Entradas, Herramientas y Técnicas, y Salidas

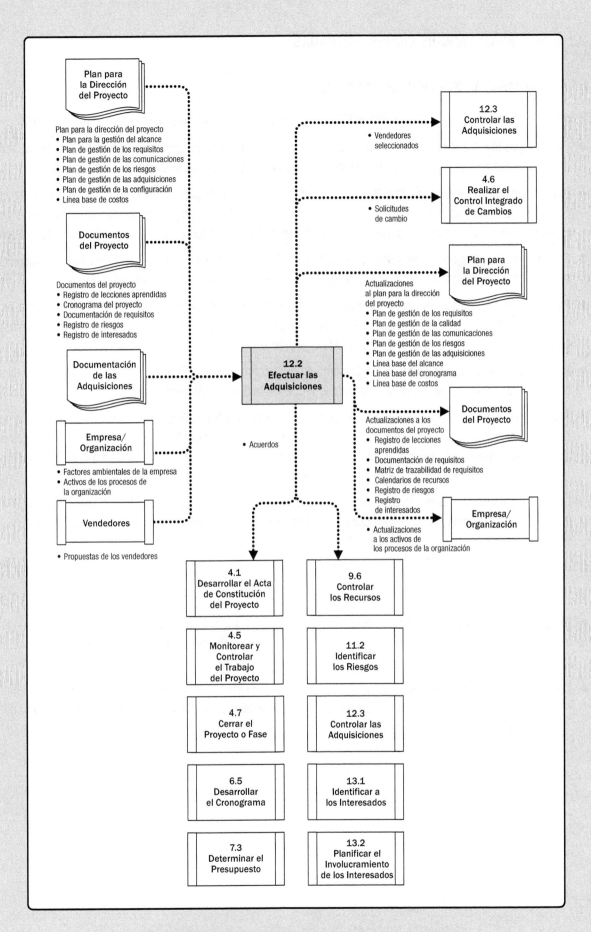

Gráfico 12-5. Efectuar las Adquisiciones: Diagrama de Flujo de Datos

12.2.1 EFECTUAR LAS ADQUISICIONES: ENTRADAS

12.2.1.1 PLAN PARA LA DIRECCIÓN DEL PROYECTO

Descrito en la Sección 4.2.3.1. Los componentes del plan para la dirección del proyecto incluyen, entre otros:

◆ **Plan de gestión del alcance.** Descrito en la Sección 5.1.3.1. El plan de gestión del alcance describe la manera en que se gestionará el alcance global del trabajo, incluido el alcance realizado por los vendedores.

◆ **Plan de gestión de los requisitos.** Descrito en la Sección 5.1.3.2. El plan de gestión de los requisitos describe cómo se analizarán, documentarán y gestionarán los requisitos. El plan de gestión de los requisitos puede incluir el modo en que los vendedores gestionarán los requisitos que deben satisfacer en virtud del acuerdo existente.

◆ **Plan de gestión de las comunicaciones.** Descrito en la Sección 10.1.3.1. El plan de gestión de las comunicaciones describe la forma en que se llevarán a cabo las comunicaciones entre compradores y vendedores.

◆ **Plan de gestión de los riesgos.** Descrito en la Sección 11.1.3.1. El plan de gestión de los riesgos es un componente del plan para la dirección del proyecto y describe el modo en que se estructurarán y se llevarán a cabo las actividades de gestión de riesgos para el proyecto.

◆ **Plan de gestión de las adquisiciones.** Descrito en la Sección 12.1.3.1. El plan de gestión de las adquisiciones contiene las actividades a emprender durante el proceso Efectuar las Adquisiciones.

◆ **Plan de gestión de la configuración.** Descrito en la Sección 5.6.1.1. El plan de gestión de la configuración define los elementos que son configurables, los que requieren un control formal de cambios, y el proceso para controlar los cambios de estos elementos. Incluye formatos y procesos para el modo en que los vendedores gestionarán la configuración de manera consistente con el enfoque del comprador.

◆ **Línea base de costos.** Descrita en la Sección 7.3.3.1. La línea base de costos incluye el presupuesto para las adquisiciones, así como los costos asociados con la gestión del proceso de adquisición y de los vendedores.

12.2.1.2 DOCUMENTOS DEL PROYECTO

Los documentos del proyecto que pueden ser considerados como entradas para este proceso incluyen, entre otros:

◆ **Registro de lecciones aprendidas.** Descrito en la Sección 4.4.3.1. Las lecciones aprendidas tempranamente en el proyecto en cuanto a efectuar las adquisiciones pueden aplicarse a fases más tardías del proyecto para mejorar la eficiencia de este proceso.

◆ **Cronograma del proyecto.** Descrito en la Sección 6.5.3.2. El cronograma del proyecto identifica las fechas de comienzo y finalización de las actividades del proyecto, incluidas las actividades de adquisición. También define cuándo están previstos los entregables del contratista.

◆ **Documentación de requisitos.** Descrita en la Sección 5.2.3.1. La documentación de requisitos puede incluir:

  ■ Requisitos técnicos que el vendedor debe satisfacer, y

  ■ Requisitos con implicaciones contractuales y legales que podrían incluir aspectos relacionados con salud, seguridad, desempeño, medio ambiente, seguros, derechos de propiedad intelectual, igualdad de oportunidad en el empleo, licencias, permisos y otros requisitos no técnicos.

◆ **Registro de riesgos.** Descrito en la Sección 11.2.3.1. Cada vendedor aprobado tiene su propio conjunto único de riesgos, dependiendo de la organización del vendedor, la duración del contrato, el entorno externo, el método de entrega del proyecto, el tipo de medio de contratación elegido y el precio final acordado.

◆ **Registro de interesados.** Descrito en la Sección 13.1.3.1. Este documento contiene todos los detalles acerca de los interesados identificados.

12.2.1.3 DOCUMENTACIÓN DE LAS ADQUISICIONES

La documentación de las adquisiciones proporciona un registro escrito utilizado para alcanzar el acuerdo legal y puede incluir documentos más antiguos anteriores al proyecto actual. La documentación de las adquisiciones puede incluir:

◆ **Documentos de las licitaciones.** Descritos en la Sección 12.1.3.3. Los documentos de las licitaciones incluyen las RFI, RFP, RFQ u otros documentos enviados a los vendedores para que puedan elaborar una respuesta a la licitación.

◆ **Enunciado del trabajo relativo a las adquisiciones.** Descrito en la Sección 12.1.3.4. El enunciado del trabajo (SOW) relativo a las adquisiciones proporciona a los vendedores un conjunto de objetivos, requisitos y resultados claramente definidos, a partir de los que pueden proporcionar una respuesta cuantificable.

◆ **Estimaciones de costos independientes.** Descritas en la Sección 12.1.3.7. Las estimaciones de costos independientes se desarrollan ya sea internamente o mediante recursos externos y proporcionan un control de razonabilidad frente a las propuestas presentadas por los oferentes.

◆ **Criterios de selección de proveedores.** Descritos en la Sección 12.1.3.5. Estos criterios describen cómo serán evaluadas las propuestas de los oferentes, incluidos criterios y pesos para la evaluación. Para la mitigación de riesgos, el comprador puede decidir firmar acuerdos con más de un vendedor para mitigar el daño causado por un único vendedor que tenga problemas que afecten al proyecto en general.

12.2.1.4 PROPUESTAS DE LOS VENDEDORES

Las propuestas de los vendedores, preparadas en respuesta a un paquete de documentos de licitación, conforman la información básica que será utilizada por un organismo de evaluación a fin de seleccionar uno o más adjudicatarios (vendedores). Si el vendedor va a presentar una propuesta de precio, es buena práctica exigir que esté separada de la propuesta técnica. El organismo de evaluación revisa cada propuesta presentada según los criterios de selección de proveedores y selecciona al que mejor puede satisfacer los requisitos de la organización compradora.

12.2.1.5 FACTORES AMBIENTALES DE LA EMPRESA

Los factores ambientales de la empresa que pueden influir en el proceso Efectuar las Adquisiciones incluyen:

◆ Leyes y regulaciones locales relativas a las adquisiciones;

◆ Leyes y regulaciones locales que garantizan que las principales adquisiciones involucran a vendedores locales;

◆ Entorno económico externo que limita los procesos de adquisición;

◆ Condiciones del mercado;

◆ Información relativa a experiencias pasadas relevantes con los vendedores, tanto positivas como negativas;

◆ Acuerdos previos ya existentes; y

◆ Sistemas de gestión de contratos.

12.2.1.6 ACTIVOS DE LOS PROCESOS DE LA ORGANIZACIÓN

Los activos de los procesos de la organización que pueden influir en el proceso Efectuar las Adquisiciones incluyen, entre otros:

◆ Lista de vendedores preferidos que han sido precalificados,

◆ Políticas de la organización que influyen en la selección de un vendedor,

◆ Plantillas o guías específicas de la organización que determinarán la forma en que los acuerdos son redactados y construidos, y

◆ Políticas y procedimientos financieros relativos a los procesos de facturación y pago.

12.2.2 EFECTUAR LAS ADQUISICIONES: HERRAMIENTAS Y TÉCNICAS

12.2.2.1 JUICIO DE EXPERTOS

Descrito en la Sección 4.1.2.1. Se debe tomar en cuenta la pericia de los individuos o grupos que tengan conocimientos especializados o capacitación en los siguientes temas:

◆ Evaluación de propuestas;

◆ Asuntos técnicos o en la materia;

◆ Áreas funcionales relevantes tales como finanzas, ingeniería, diseño, desarrollo, gestión de la cadena de suministro, etc.;

◆ Entorno regulatorio de la industria;

◆ Leyes, regulaciones y requisitos de cumplimiento; y

◆ Negociación.

12.2.2.2 PUBLICIDAD

La publicidad consiste en la comunicación de un producto, servicio o resultado a los usuarios o los usuarios potenciales. Las listas existentes de vendedores potenciales a menudo se pueden ampliar mediante la colocación de anuncios en publicaciones de amplia difusión, tales como periódicos escogidos o publicaciones profesionales especializadas. La mayoría de las jurisdicciones gubernamentales exige la publicidad o publicación en línea de los contratos gubernamentales pendientes.

12.2.2.3 CONFERENCIAS DE OFERENTES

Las conferencias de oferentes (también denominadas conferencias de contratistas, conferencias de proveedores o conferencias previas a la licitación) son reuniones entre el comprador y los posibles vendedores que se celebran antes de la presentación de propuestas. Se utilizan para asegurar que todos los posibles oferentes comprendan la adquisición de manera clara y en común, y que ningún oferente reciba trato preferencial.

12.2.2.4 ANÁLISIS DE DATOS

Entre las técnicas de análisis de datos que pueden utilizarse para este proceso se incluye, entre otras, la evaluación de propuestas. Las propuestas se evalúan para asegurar que estén completas y respondan plenamente a los documentos de la licitación, los enunciados del trabajo relativo a las adquisiciones, los criterios de selección de proveedores y demás documentos incluidos en el paquete de la licitación.

12.2.2.5 HABILIDADES INTERPERSONALES Y DE EQUIPO

Las habilidades interpersonales y de equipo que pueden utilizarse en este proceso incluyen la negociación. La negociación es una discusión orientada a llegar a un acuerdo. La negociación de adquisiciones aclara la estructura, derechos y obligaciones de las partes y otros términos relativos a las compras para que se logre alcanzar un acuerdo mutuo antes de firmar el contrato. El lenguaje final de los documentos refleja todos los acuerdos alcanzados. La negociación se cierra con un documento contractual firmado u otro acuerdo formal que puede ser celebrado por ambas partes, la compradora y la vendedora.

La negociación debería estar dirigida por un miembro del equipo de adquisiciones que esté autorizado a firmar contratos. El director del proyecto y otros miembros del equipo de dirección del proyecto pueden estar presentes durante la negociación para brindar ayuda, según sea necesario.

12.2.3 EFECTUAR LAS ADQUISICIONES: SALIDAS

12.2.3.1 VENDEDORES SELECCIONADOS

Los vendedores seleccionados son aquellos para los que, en función del resultado de la evaluación de la propuesta o licitación, se ha establecido que se encuentran en un rango competitivo. La aprobación final de las adquisiciones complejas, de alto valor y alto riesgo, requiere por lo general la aprobación de los directivos de la organización antes de la adjudicación.

12.2.3.2 ACUERDOS

Un contrato es un acuerdo vinculante para las partes que obliga al vendedor a proporcionar los productos, servicios o resultados especificados; obliga al comprador a retribuir al vendedor; y representa una relación legal que está sujeta a recursos ante los tribunales. Los principales componentes del documento de un acuerdo varían y pueden incluir, entre otros:

- ◆ Enunciados del trabajo relativo a las adquisiciones o los principales entregables;
- ◆ Cronograma, los hitos o la fecha en la que se requiere un cronograma;
- ◆ Informes de desempeño;
- ◆ Precios y las condiciones de pago;
- ◆ Inspección, calidad y criterios de aceptación;
- ◆ Garantía y el soporte futuro del producto;
- ◆ Incentivos y las sanciones;
- ◆ Seguro y las garantías de cumplimiento;
- ◆ Aprobaciones de los subcontratistas subordinados;
- ◆ Términos y condiciones generales;
- ◆ Manejo de las solicitudes de cambio; y
- ◆ Cláusula de finalización y los mecanismos de resolución alternativa de controversias.

12.2.3.3 SOLICITUDES DE CAMBIO

Descritas en la Sección 4.3.3.4. Las solicitudes de cambio al plan para la dirección del proyecto, sus planes subsidiarios y otros componentes se procesan para su revisión y tratamiento por medio del proceso Realizar el Control Integrado de Cambios (Sección 4.6).

12.2.3.4 ACTUALIZACIONES DEL PLAN PARA LA DIRECCIÓN DEL PROYECTO

Cualquier cambio en el plan para la dirección del proyecto pasa por el proceso de control de cambios de la organización mediante una solicitud de cambio. Los componentes del plan para la dirección del proyecto que pueden requerir una solicitud de cambio para el plan para la dirección del proyecto incluyen, entre otros:

◆ **Plan de gestión de los requisitos.** Descrito en la Sección 5.1.3.2. Los requisitos del proyecto pueden cambiar debido a cambios identificados por los vendedores.

◆ **Plan de gestión de la calidad.** Descrito en la Sección 8.1.3.1. Los vendedores pueden ofrecer estándares de calidad alternativos o soluciones alternativas que influyen en los enfoques de calidad definidos en el plan de gestión de la calidad.

◆ **Plan de gestión de las comunicaciones.** Descrito en la Sección 10.1.3.1. A medida que se contratan los vendedores, el plan de gestión de las comunicaciones se actualiza para incorporar sus enfoques y necesidades de comunicación.

◆ **Plan de gestión de los riesgos.** Descrito en la Sección 11.1.3.1. Cada acuerdo y cada vendedor tiene su propio conjunto de riesgos que puede requerir actualizaciones al plan de gestión de los riesgos. Los riesgos específicos se incorporan al registro de riesgos.

◆ **Plan de gestión de las adquisiciones.** Descrito en la Sección 12.1.3.1. Se pueden requerir actualizaciones dependiendo de los resultados de los procesos de negociación y contratación.

◆ **Línea base del alcance.** Descrita en la Sección 5.4.3.1. La EDT/WBS y los entregables del proyecto, que se documentan en la línea base del alcance, se deben tener en cuenta al llevar a cabo las actividades de adquisición. Alguno o todos ellos podrían cambiar durante el proceso de adquisición.

◆ **Línea base del cronograma.** Descrita en la Sección 6.5.3.1. En el caso de que se produzcan cambios en la entrega creados por los vendedores que afecten el desempeño general del cronograma del proyecto, podría ser necesario actualizar y aprobar la línea base del cronograma para reflejar las expectativas actuales.

◆ **Línea base de costos.** Descrita en la Sección 7.3.3.1. Los precios de los contratistas y los materiales pueden cambiar con frecuencia durante la entrega de un proyecto. Estos cambios pueden ocurrir debido a la fluctuación en los precios de los materiales y la mano de obra causada por el entorno económico externo y deben incorporarse a la línea base de costos.

12.2.3.5 ACTUALIZACIONES A LOS DOCUMENTOS DEL PROYECTO

Los documentos del proyecto que pueden actualizarse como resultado de llevar a cabo este proceso incluyen, entre otros:

◆ **Registro de lecciones aprendidas.** Descrito en la Sección 4.4.3.1. El registro de lecciones aprendidas se actualiza con información sobre las dificultades encontradas al efectuar las adquisiciones y cómo podrían haberse evitado, así como los enfoques que han funcionado bien.

◆ **Documentación de requisitos.** Descrita en la Sección 5.2.3.1. La documentación de requisitos puede incluir:

  ■ Requisitos técnicos que el vendedor debe satisfacer, y

  ■ Requisitos con implicaciones contractuales y legales que pueden incluir aspectos relacionados con salud, seguridad, desempeño, medio ambiente, seguros, derechos de propiedad intelectual, igualdad de oportunidad en el empleo, licencias, permisos y otros requisitos no técnicos.

◆ **Matriz de trazabilidad de requisitos.** Descrita en la Sección 5.2.3.2. A medida que los vendedores son incorporados al plan del proyecto, el registro de requisitos y la matriz de trazabilidad podrían cambiar dependiendo de las capacidades del vendedor específico.

◆ **Calendarios de recursos.** Descritos en la Sección 9.2.1.2. Los calendarios de recursos del cronograma podrían requerir actualización dependiendo de la disponibilidad de los vendedores.

◆ **Registro de riesgos.** Descrito en la Sección 11.2.3.1. Cada vendedor aprobado tiene su propio conjunto único de riesgos, dependiendo de la organización del vendedor, la duración del contrato, el entorno externo, el método de entrega del proyecto, el tipo de medio de contratación elegido y el precio final acordado. Durante el proceso de contratación, se realizan cambios al registro de riesgos que reflejan los riesgos específicos de cada vendedor.

◆ **Registro de interesados.** Descrito en la Sección 13.1.3.1. Este documento contiene todos los detalles acerca de los interesados identificados. El registro de interesados se actualiza a medida que se realizan acuerdos con vendedores específicos.

12.2.3.6 ACTUALIZACIONES A LOS ACTIVOS DE LOS PROCESOS DE LA ORGANIZACIÓN

Los elementos de los activos de los procesos de la organización que pueden actualizarse como resultado del proceso Efectuar las Adquisiciones pueden incluir:

◆ Listados de vendedores posibles y precalificados; e

◆ Información relativa a experiencias relevantes con los vendedores, tanto positivas como negativas.

12.3 CONTROLAR LAS ADQUISICIONES

Controlar las Adquisiciones es el proceso de gestionar las relaciones de adquisiciones; monitorear la ejecución de los contratos y efectuar cambios y correcciones, según corresponda; y cerrar los contratos. El beneficio clave de este proceso es que garantiza que el desempeño tanto del vendedor como del comprador satisface los requisitos del proyecto de conformidad con los términos del acuerdo legal. Este proceso se lleva a cabo a lo largo del proyecto, según sea necesario. El Gráfico 12-6 muestra las entradas, herramientas y técnicas, y salidas de este proceso. El Gráfico 12-7 representa el diagrama de flujo de datos del proceso.

Controlar las Adquisiciones

Entradas	Herramientas y Técnicas	Salidas
.1 Plan para la dirección del proyecto • Plan de gestión de los requisitos • Plan de gestión de los riesgos • Plan de gestión de las adquisiciones • Plan de gestión de cambios • Línea base del cronograma .2 Documentos del proyecto • Registro de supuestos • Registro de lecciones aprendidas • Lista de hitos • Informes de calidad • Documentación de requisitos • Matriz de trazabilidad de requisitos • Registro de riesgos • Registro de interesados .3 Acuerdos .4 Documentación de las adquisiciones .5 Solicitudes de cambio aprobadas .6 Datos de desempeño del trabajo .7 Factores ambientales de la empresa .8 Activos de los procesos de la organización	.1 Juicio de expertos .2 Administración de reclamaciones .3 Análisis de datos • Revisiones del desempeño • Análisis del valor ganado • Análisis de tendencias .4 Inspección .5 Auditorías	.1 Adquisiciones cerradas .2 Información de desempeño del trabajo .3 Actualizaciones de la documentación de las adquisiciones .4 Solicitudes de cambio .5 Actualizaciones al plan para la dirección del proyecto • Plan de gestión de los riesgos • Plan de gestión de las adquisiciones • Línea base del cronograma • Línea base de costos .6 Actualizaciones a los documentos del proyecto • Registro de lecciones aprendidas • Requisitos de recursos • Matriz de trazabilidad de requisitos • Registro de riesgos • Registro de interesados .7 Actualizaciones a los activos de los procesos de la organización

Gráfico 12-6. Controlar las Adquisiciones: Entradas, Herramientas y Técnicas, y Salidas

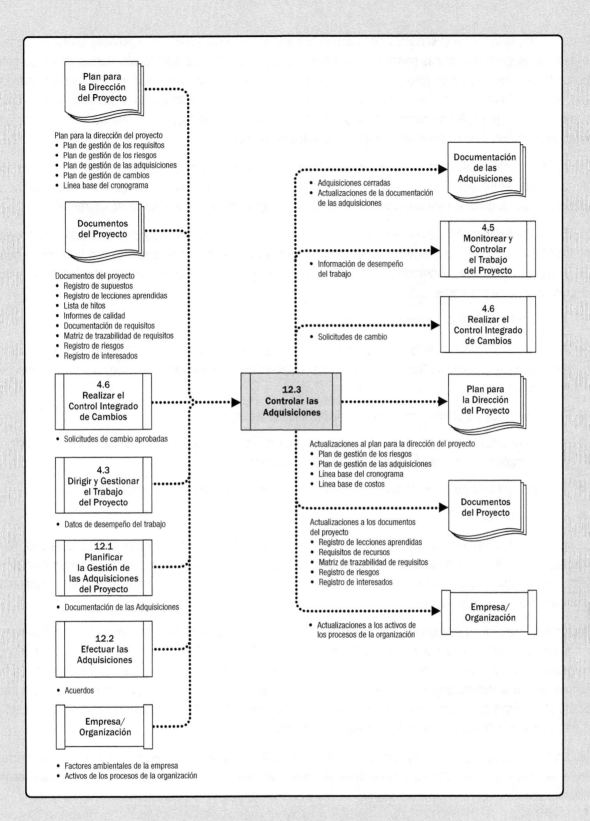

Plan para la Dirección del Proyecto

Plan para la dirección del proyecto
- Plan de gestión de los requisitos
- Plan de gestión de los riesgos
- Plan de gestión de las adquisiciones
- Plan de gestión de cambios
- Línea base del cronograma

Documentos del Proyecto

Documentos del proyecto
- Registro de supuestos
- Registro de lecciones aprendidas
- Lista de hitos
- Informes de calidad
- Documentación de requisitos
- Matriz de trazabilidad de requisitos
- Registro de riesgos
- Registro de interesados

4.6 Realizar el Control Integrado de Cambios
- Solicitudes de cambio aprobadas

4.3 Dirigir y Gestionar el Trabajo del Proyecto
- Datos de desempeño del trabajo

12.1 Planificar la Gestión de las Adquisiciones del Proyecto
- Documentación de las Adquisiciones

12.2 Efectuar las Adquisiciones
- Acuerdos

Empresa/ Organización
- Factores ambientales de la empresa
- Activos de los procesos de la organización

12.3 Controlar las Adquisiciones

Documentación de las Adquisiciones
- Adquisiciones cerradas
- Actualizaciones de la documentación de las adquisiciones

4.5 Monitorear y Controlar el Trabajo del Proyecto
- Información de desempeño del trabajo

4.6 Realizar el Control Integrado de Cambios
- Solicitudes de cambio

Plan para la Dirección del Proyecto

Actualizaciones al plan para la dirección del proyecto
- Plan de gestión de los riesgos
- Plan de gestión de las adquisiciones
- Línea base del cronograma
- Línea base de costos

Documentos del Proyecto

Actualizaciones a los documentos del proyecto
- Registro de lecciones aprendidas
- Requisitos de recursos
- Matriz de trazabilidad de requisitos
- Registro de riesgos
- Registro de interesados

Empresa/ Organización
- Actualizaciones a los activos de los procesos de la organización

Gráfico 12-7. Controlar las Adquisiciones: Diagrama de Flujo de Datos

Tanto el comprador como el vendedor administran el contrato de adquisición con finalidades similares. Cada uno de ellos debe asegurar que ambas partes cumplan con sus respectivas obligaciones contractuales y que sus propios derechos legales se encuentren protegidos. Debido a la naturaleza legal de la relación, resulta fundamental que el equipo de dirección del proyecto tenga conocimiento de las repercusiones de las medidas que se toman al controlar una adquisición. En proyectos mayores, con múltiples proveedores, uno de los aspectos clave de la administración del contrato es la gestión de la comunicación entre los distintos proveedores.

Debido al aspecto legal, muchas organizaciones tratan la administración de contratos como una función de la organización que es independiente del proyecto. Si bien el equipo del proyecto puede contar con un administrador de adquisiciones, por lo general, esta persona rinde cuentas a un supervisor de un departamento diferente.

El proceso Controlar las Adquisiciones incluye la aplicación de los procesos adecuados de la dirección de proyectos a la relación o las relaciones contractuales, y la integración de las salidas de dichos procesos con la dirección general del proyecto. A menudo esta integración se da en múltiples niveles cuando intervienen múltiples vendedores y múltiples productos, servicios o resultados.

Las actividades administrativas pueden incluir:

◆ Recolección de datos y la gestión de los registros del proyecto, incluidos el mantenimiento de registros detallados del desempeño físico y financiero y el establecimiento de indicadores medibles del desempeño de las adquisiciones;

◆ Refinamiento de los planes y cronogramas de las adquisiciones;

◆ Arreglos necesarios para recopilar, analizar e informar datos del proyecto relacionados con las adquisiciones y la elaboración de informes periódicos para la organización;

◆ Monitoreo del entorno de las adquisiciones a fin de facilitar la implementación o realizar ajustes; y

◆ Pago de facturas.

La calidad de los controles, incluida la independencia y credibilidad de las auditorías de la adquisición, resulta crítica para la confiabilidad del sistema de adquisiciones. El código de ética de la organización, su asesor jurídico y los acuerdos de asesoramiento legal externo, incluida cualquier iniciativa anticorrupción en curso, pueden contribuir a un control adecuado de las adquisiciones.

El proceso Controlar las Adquisiciones tiene un componente de gestión financiera que implica el monitoreo de los pagos al vendedor. Esto asegura que se cumplan las condiciones de pago definidas en el contrato y que la retribución se corresponda con el avance del vendedor, según lo establecido en el contrato. Una consideración fundamental a tener en cuenta cuando se realizan pagos es asegurar que exista una estrecha relación entre los pagos efectuados y el trabajo realizado. Un contrato que estipule pagos vinculados a la salida y los entregables del proyecto, en lugar de las entradas tales como las horas de trabajo, contará con mejores controles.

Los acuerdos pueden ser corregidos por mutuo consentimiento en cualquier momento con anterioridad al cierre del contrato, según los términos del acuerdo relativos al control de cambios. Por regla general estas modificaciones se reflejan por escrito.

12.3.1 CONTROLAR LAS ADQUISICIONES: ENTRADAS

12.3.1.1 PLAN PARA LA DIRECCIÓN DEL PROYECTO

Descrito en la Sección 4.2.3.1. Los componentes del plan para la dirección del proyecto incluyen, entre otros:

◆ **Plan de gestión de los requisitos.** Descrito en la Sección 5.1.3.2. El plan de gestión de los requisitos describe cómo se analizarán, documentarán y gestionarán los requisitos de los contratistas.

◆ **Plan de gestión de los riesgos.** Descrito en la Sección 11.1.3.1. El plan de gestión de los riesgos describe el modo en que las actividades de riesgo creadas por los vendedores se estructurarán y se llevarán a cabo para el proyecto.

◆ **Plan de gestión de las adquisiciones.** Descrito en la Sección 12.1.3.2. El plan de gestión de las adquisiciones contiene las actividades a llevar a cabo durante el proceso Controlar las Adquisiciones.

◆ **Plan de gestión de cambios.** Descrito en la Sección 4.2.3.1. El plan de gestión de cambios contiene información sobre el modo en que se procesarán los cambios creados por los vendedores.

◆ **Línea base del cronograma.** Descrita en la Sección 6.5.3.1. En el caso de que se produzcan retrasos creados por los vendedores que afecten el desempeño general del proyecto, podría ser necesario actualizar y aprobar el cronograma para reflejar las expectativas actuales.

12.3.1.2 DOCUMENTOS DEL PROYECTO

Los documentos del proyecto que pueden ser considerados como entradas de este proceso incluyen, entre otros:

◆ **Registro de supuestos.** Descrito en la Sección 4.1.3.2. El registro de supuestos documenta los supuestos que se han hecho durante el proceso de adquisición.

◆ **Registro de lecciones aprendidas.** Descrito en la Sección 4.4.3.1. Las lecciones aprendidas tempranamente en el proyecto pueden aplicarse más adelante en el proyecto para mejorar el desempeño de los contratistas y el proceso de adquisición.

◆ **Lista de hitos.** Descrita en la Sección 6.2.3.3. La lista de los principales hitos muestra cuándo se prevé que los vendedores entreguen sus resultados.

◆ **Informes de calidad.** Descritos en la Sección 8.2.3.1. Los informes de calidad pueden identificar los procesos, procedimientos o productos de los vendedores que no están en cumplimiento.

◆ **Documentación de requisitos.** Descrita en la Sección 5.2.3.1. La documentación de requisitos puede incluir:

  ■ Requisitos técnicos que el vendedor debe satisfacer, y
  ■ Requisitos con implicaciones contractuales y legales que podrían incluir aspectos relacionados con salud, seguridad, desempeño, medio ambiente, seguros, derechos de propiedad intelectual, igualdad de oportunidad en el empleo, licencias, permisos y otros requisitos no técnicos.

◆ **Matriz de trazabilidad de requisitos.** Descrita en la Sección 5.2.3.2. La matriz de trazabilidad de requisitos vincula los requisitos del producto desde su origen hasta los entregables que los satisfacen.

◆ **Registro de riesgos.** Descrito en la Sección 11.2.3.1. Cada vendedor aprobado tiene su propio conjunto único de riesgos, dependiendo de la organización del vendedor, la duración del contrato, el entorno externo, el método de entrega del proyecto, el tipo de medio de contratación elegido y el precio final acordado.

◆ **Registro de interesados.** Descrito en la Sección 13.1.3.1. El registro de interesados incluye información acerca de los interesados identificados, incluidos miembros contratados del equipo, vendedores seleccionados, funcionarios de contratación y otros interesados involucrados en las adquisiciones.

12.3.1.3 ACUERDOS

Descritos en la Sección 12.2.3.2. Los acuerdos son convenios entre partes, que incluyen el convenio de los deberes de cada una de las partes. Los acuerdos relevantes se revisan para verificar que se cumplan los términos y condiciones.

12.3.1.4 DOCUMENTACIÓN DE LAS ADQUISICIONES

La documentación de las adquisiciones contiene registros completos de apoyo para administrar los procesos de adquisición. La documentación de las adquisiciones incluye el enunciado del trabajo, información de pagos, información de desempeño del trabajo de los contratistas, planes, planos y demás correspondencia.

12.3.1.5 SOLICITUDES DE CAMBIO APROBADAS

Descritas en la Sección 4.6.3.1. Las solicitudes de cambio aprobadas pueden incluir modificaciones a los términos y condiciones del contrato, incluidos los enunciados del trabajo (SOW) relativo a las adquisiciones, los precios y la descripción de los productos, servicios o resultados a suministrar. Todos los cambios relativos a adquisiciones se documentan formalmente por escrito y se aprueban antes de ser implementados a través del proceso Controlar las Adquisiciones. En proyectos y programas complejos, las solicitudes de cambio pueden provenir de vendedores involucrados en el proyecto que pueden influir en otros vendedores involucrados. El proyecto debe tener la capacidad de identificar, comunicar y resolver los cambios que afectan el trabajo de múltiples vendedores.

12.3.1.6 DATOS DE DESEMPEÑO DEL TRABAJO

Descritos en la Sección 4.3.3.2. Los datos de desempeño del trabajo contienen datos de los vendedores sobre el estado del proyecto, tales como el desempeño técnico; actividades que han comenzado, están en curso o han finalizado; y costos incurridos o comprometidos. Los datos de desempeño del trabajo también pueden incluir información sobre las facturas de los vendedoresque han sido pagadas.

12.3.1.7 FACTORES AMBIENTALES DE LA EMPRESA

Los factores ambientales de la empresa que pueden influir en el proceso Controlar las Adquisiciones incluyen, entre otros:

◆ Sistema de control de cambios del contrato,

◆ Condiciones del mercado,

◆ Sistema de gestión financiera y de cuentas a pagar, y

◆ Código de ética de la organización compradora.

12.3.1.8 ACTIVOS DE LOS PROCESOS DE LA ORGANIZACIÓN

Los activos de los procesos de la organización que pueden influir en el proceso Controlar las Adquisiciones incluyen, entre otros, las políticas de adquisición.

12.3.2 CONTROLAR LAS ADQUISICIONES: HERRAMIENTAS Y TÉCNICAS

12.3.2.1 JUICIO DE EXPERTOS

Descrito en la Sección 4.1.2.1. Se debe tomar en cuenta la pericia de los individuos o grupos que tengan conocimientos especializados o capacitación en los siguientes temas:

◆ Áreas funcionales relevantes tales como finanzas, ingeniería, diseño, desarrollo, gestión de la cadena de suministro, etc.;

◆ Leyes, regulaciones y requisitos de cumplimiento; y

◆ Administración de reclamaciones.

12.3.2.2 ADMINISTRACIÓN DE RECLAMACIONES

Los cambios impugnados y los cambios potencialmente constructivos son aquellos cambios solicitados en que comprador y vendedor no pueden llegar a un acuerdo sobre la compensación por el cambio, o incluso sobre si un cambio ha tenido lugar. Estos cambios impugnados se denominan reclamaciones. Cuando no pueden ser resueltos, se convierten en conflictos y finalmente en apelaciones. Las reclamaciones se documentan, procesan, monitorean y gestionan a lo largo del ciclo de vida del contrato, generalmente de conformidad con los términos del mismo. Si las partes no resuelven por sí mismas una reclamación, puede ser necesario gestionarla de acuerdo con los procedimientos de resolución alternativa de conflictos (ADR) establecidos en el contrato. El método preferido para la resolución de todas las reclamaciones y conflictos es la negociación.

12.3.2.3 ANÁLISIS DE DATOS

Las técnicas de análisis de datos que pueden utilizarse para monitorear y controlar las adquisiciones incluyen, entre otras:

- ◆ **Revisiones del Desempeño.** Las revisiones del desempeño de los contratos miden, comparan y analizan el desempeño de calidad, recursos, cronograma y costos frente al acuerdo. Esto incluye identificar los paquetes de trabajo adelantados o atrasados en el cronograma, por encima o por debajo del presupuesto, o que tienen problemas de recursos o calidad.

- ◆ **Análisis del Valor Ganado (EVA).** Descrito en la Sección 7.4.2.2. Para determinar el grado de desviación con respecto al objetivo, se calculan las variaciones del cronograma y del costo, junto con los índices de desempeño del cronograma y del costo.

- ◆ **Análisis de Tendencias.** Descrito en la Sección 4.5.2.2. El análisis de tendencias puede desarrollar un pronóstico de la estimación a la conclusión (EAC) para el desempeño del costo, a fin de determinar si el desempeño está mejorando o se está deteriorando. Véase la Sección 7.4.2.2 para más detalles sobre los métodos de EAC.

12.3.2.4 INSPECCIÓN

Una inspección es una revisión estructurada del trabajo que está siendo realizado por el contratista. Esto puede implicar una revisión simple de los entregables o una verdadera revisión física del trabajo en sí mismo. En proyectos de construcción/ingeniería/infraestructura, las inspecciones involucran recorridas del lugar por parte del comprador y del contratista para asegurar un entendimiento mutuo del trabajo en curso.

12.3.2.5 AUDITORÍAS

Las auditorías se describen en la Sección 8.2.2.5. Las auditorías son una revisión estructurada del proceso de adquisición. Los derechos y obligaciones relativos a las auditorías deben estar descritos en el contrato de adquisición. Las observaciones resultantes de las auditorías deben ponerse en conocimiento del director del proyecto del comprador y el director del proyecto del vendedor para realizar ajustes al proyecto, cuando sea necesario.

12.3.3 CONTROLAR LAS ADQUISICIONES: SALIDAS

12.3.3.1 ADQUISICIONES CERRADAS

El comprador, por lo general mediante su administrador de adquisiciones autorizado, proporciona al vendedor una notificación formal por escrito de que se ha completado el contrato. Por lo general, los requisitos para el cierre formal de la adquisición se definen en los términos y condiciones del contrato, y se incluyen en el plan de gestión de las adquisiciones. Normalmente, todos los entregables deberían haber sido suministrados a tiempo y de conformidad con los requisitos técnicos y de calidad, no debería haber reclamaciones o facturas pendientes, y todos los pagos finales deberían haber sido efectuados. El equipo de dirección del proyecto debería haber aprobado todos los entregables antes del cierre.

12.3.3.2 INFORMACIÓN DE DESEMPEÑO DEL TRABAJO

Descrita en la Sección 4.5.1.3. La información de desempeño del trabajo incluye información sobre cómo se está desempeñando un vendedor mediante la comparación de los entregables recibidos, el desempeño técnico alcanzado, y los costos incurridos y aceptados frente al presupuesto del SOW para el trabajo realizado.

12.3.3.3 ACTUALIZACIONES A LA DOCUMENTACIÓN DE LAS ADQUISICIONES

La documentación de las adquisiciones que puede actualizarse incluye el contrato con todos los cronogramas de respaldo, los cambios solicitados del contrato que no han sido aprobados y las solicitudes de cambio aprobadas. La documentación de las adquisiciones también incluye toda documentación técnica elaborada por el vendedor y otra información de desempeño del trabajo tal como los entregables, los informes de desempeño del vendedor y las garantías, los documentos financieros (incluidas facturas y registros de pago) y los resultados de las inspecciones relacionadas con el contrato.

12.3.3.4 SOLICITUDES DE CAMBIO

Descritas en la Sección 4.3.3.4. El proceso Controlar las Adquisiciones podría generar solicitudes de cambio al plan para la dirección del proyecto, sus planes subsidiarios y otros componentes tales como la línea base de costos, la línea base del cronograma y el plan de gestión de las adquisiciones. Las solicitudes de cambio se procesan para su revisión y tratamiento por medio del proceso Realizar el Control Integrado de Cambios (Sección 4.6).

Los cambios solicitados pero no resueltos pueden incluir instrucciones proporcionadas por el comprador o medidas adoptadas por el vendedor, que la otra parte considere un cambio constructivo en el contrato. Dado que cualquiera de estos cambios constructivos puede ser objetado por una de las partes y conducir a una reclamación contra la otra parte, dichos cambios se identifican y documentan únicamente por medio de la correspondencia del proyecto.

12.3.3.5 ACTUALIZACIONES DEL PLAN PARA LA DIRECCIÓN DEL PROYECTO

Cualquier cambio en el plan para la dirección del proyecto pasa por el proceso de control de cambios de la organización mediante una solicitud de cambio. Los componentes que pueden requerir una solicitud de cambio para el plan para la dirección del proyecto incluyen, entre otros:

◆ **Plan de gestión de los riesgos.** Descrito en la Sección 11.1.3.1. Cada acuerdo y cada vendedor tiene su propio conjunto de riesgos que puede requerir actualizaciones al plan de gestión de los riesgos. Si durante la ejecución del contrato se presentan riesgos significativos imprevistos, el plan de gestión de los riesgos podría requerir actualización. Los riesgos específicos se incorporan al registro de riesgos.

◆ **Plan de gestión de las adquisiciones.** Descrito en la Sección 12.1.3.1. El plan de gestión de las adquisiciones contiene las actividades a emprender durante el proceso de adquisición. Se pueden requerir actualizaciones dependiendo de los resultados del desempeño de los vendedores durante la ejecución del trabajo.

◆ **Línea base del cronograma.** Descrita en la Sección 6.5.3.1. En el caso de que se produzcan cambios significativos en el cronograma creados por los vendedores que afecten el desempeño general del cronograma del proyecto, podría ser necesario actualizar y aprobar la línea base del cronograma para reflejar las expectativas actuales. El comprador debe estar atento a los posibles impactos en cascada de los retrasos en el cronograma creados por un vendedor que afecten a otros vendedores.

◆ **Línea base de costos.** Descrita en la Sección 7.3.3.1. Los costos de los contratistas y los materiales pueden cambiar con frecuencia durante la entrega de un proyecto. Estos cambios pueden ocurrir debido a la fluctuación en los precios de los materiales y la mano de obra causada por el entorno económico externo y deben incorporarse a la línea base de costos.

12.3.3.6 ACTUALIZACIONES A LOS DOCUMENTOS DEL PROYECTO

Los documentos del proyecto que pueden actualizarse como resultado de llevar a cabo este proceso incluyen, entre otros:

◆ **Registro de lecciones aprendidas.** Descrito en la Sección 4.4.3.1. El registro de lecciones aprendidas puede actualizarse con técnicas que fueron eficaces para mantener el alcance, el cronograma y el costo de los elementos adquiridos. Cuando se producen variaciones, el registro debe mostrar las acciones correctivas utilizadas para responder a las variaciones y qué tan eficaces fueron esas acciones. Si existen reclamaciones, se debe documentar la información para evitar las recurrencias. También se puede registrar información adicional sobre cómo mejorar el proceso de adquisición.

◆ **Requisitos de recursos.** Descritos en la Sección 9.2.3.1. A medida que avanza el trabajo de los contratistas, podría haber cambios en los requisitos de recursos que derivan del trabajo que se está realizando y que no está de acuerdo con el cronograma de trabajo planificado.

◆ **Matriz de trazabilidad de requisitos.** Descrita en la Sección 5.2.3.2. La matriz de trazabilidad de requisitos se actualiza con información acerca de los requisitos que se han satisfecho.

◆ **Registro de riesgos.** Descrito en la Sección 11.2.3.1. Cada vendedor aprobado tiene su propio conjunto único de riesgos, dependiendo de la organización del vendedor, la duración del contrato, el entorno externo, el método de entrega del proyecto, el tipo de medio de contratación elegido y el precio final acordado. Durante la ejecución del proyecto se realizan cambios al registro de riesgos, ya que los antiguos riesgos podrían dejar de ser aplicables y podrían presentarse nuevos riesgos.

◆ **Registro de interesados.** Descrito en la Sección 13.1.3.1. A medida que el trabajo avanza a través de la fase de ejecución, los contratistas y los proveedores pueden cambiar. Estos cambios se deben reflejar en el registro de interesados.

12.3.3.7 ACTUALIZACIONES A LOS ACTIVOS DE LOS PROCESOS DE LA ORGANIZACIÓN

Los activos de los procesos de la organización que pueden actualizarse como resultado del proceso Controlar las Adquisiciones incluyen, entre otros:

◆ **Cronogramas y solicitudes de pago.** Todos los pagos deben efectuarse de conformidad con los términos y condiciones del contrato de adquisición.

◆ **Documentación sobre la evaluación del desempeño del vendedor.** La documentación sobre la evaluación del desempeño del vendedor es preparada por el comprador y documenta la capacidad del vendedor para seguir realizando el trabajo del contrato actual, indica si el vendedor puede ser autorizado a realizar trabajos en proyectos futuros, o califica el desempeño del vendedor en el trabajo del proyecto o su desempeño pasado.

◆ **Actualizaciones a las listas de vendedores precalificados.** Las listas de vendedores precalificados son listas de vendedores potenciales que son previamente calificados (aprobados). Estas listas se actualizarán de acuerdo con los resultados del proceso Controlar las Adquisiciones, ya que los vendedores podrían ser descalificados y eliminados de las listas en base a un desempeño deficiente.

◆ **Repositorio de lecciones aprendidas.** Las lecciones aprendidas deben archivarse en el repositorio de lecciones aprendidas para mejorar las adquisiciones en proyectos futuros. Al final de un contrato, los resultados reales de la adquisición se comparan con los resultados proyectados en el plan de gestión de las adquisiciones original. Estas lecciones aprendidas establecen si se alcanzaron los objetivos del proyecto y, en caso negativo, proporcionan las razones por las que no se alcanzaron.

◆ **Archivo de la adquisición.** Se prepara un juego indexado completo de la documentación del contrato, incluido el contrato cerrado, para su incorporación a los archivos finales del proyecto.

13

GESTIÓN DE LOS INTERESADOS DEL PROYECTO

La Gestión de los Interesados del Proyecto incluye los procesos requeridos para identificar a las personas, grupos u organizaciones que pueden afectar o ser afectados por el proyecto, para analizar las expectativas de los interesados y su impacto en el proyecto, y para desarrollar estrategias de gestión adecuadas a fin de lograr la participación eficaz de los interesados en las decisiones y en la ejecución del proyecto. Los procesos apoyan el trabajo del equipo del proyecto para analizar las expectativas de los interesados, evaluar el grado en que afectan o son afectados por el proyecto, y desarrollar estrategias para involucrar de manera eficaz a los interesados en apoyo de las decisiones del proyecto y la planificación y ejecución del trabajo del proyecto.

Los procesos de Gestión de los Interesados del Proyecto son:

13.1 Identificar a los Interesados—Es el proceso de identificar periódicamente a los interesados del proyecto así como de analizar y documentar información relevante relativa a sus intereses, participación, interdependencias, influencia y posible impacto en el éxito del proyecto.

13.2 Planificar el Involucramiento de los Interesados—Es el proceso de desarrollar enfoques para involucrar a los interesados del proyecto, con base en sus necesidades, expectativas, intereses y el posible impacto en el proyecto.

13.3 Gestionar el Involucramiento de los Interesados—Es el proceso de comunicarse y trabajar con los interesados para satisfacer sus necesidades y expectativas, abordar los incidentes y fomentar el compromiso y el involucramiento adecuado de los interesados.

13.4 Monitorear el Involucramiento de los Interesados—Es el proceso de monitorear las relaciones de los interesados del proyecto y adaptar las estrategias para involucrar a los interesados a través de la modificación de las estrategias y los planes de involucramiento.

El Gráfico 13-1 muestra una descripción general de los procesos de Gestión de los Interesados del Proyecto. Los procesos de Gestión de los Interesados del Proyecto se presentan como procesos diferenciados con interfaces definidas, aunque en la práctica se superponen e interactúan entre ellos de formas que no pueden detallarse en su totalidad dentro de la *Guía del PMBOK®*.

```
                    ┌─────────────────────────────┐
                    │   Descripción General de    │
                    │ la Gestión de los Interesados│
                    │       del Proyecto          │
                    └─────────────────────────────┘
```

13.1 Identificar a los Interesados

.1 .1 Entradas
  .1 Acta de constitución del proyecto
  .2 Documentos de negocio
  .3 Plan para la dirección del proyecto
  .4 Documentos del proyecto
  .5 Acuerdos
  .6 Factores ambientales de la empresa
  .7 Activos de los procesos de la organización

.2 Herramientas y Técnicas
  .1 Juicio de expertos
  .2 Recopilación de datos
  .3 Análisis de datos
  .4 Representación de datos
  .5 Reuniones

.3 Salidas
  .1 Registro de interesados
  .2 Solicitudes de cambio
  .3 Actualizaciones al plan para la dirección del proyecto
  .4 Actualizaciones a los documentos del proyecto

13.2 Planificar el Involucramiento de los Interesados

.1 Entradas
  .1 Acta de constitución del proyecto
  .2 Plan para la dirección del proyecto
  .3 Documentos del proyecto
  .4 Acuerdos
  .5 Factores ambientales de la empresa
  .6 Activos de los procesos de la organización

.2 Herramientas y Técnicas
  .1 Juicio de expertos
  .2 Recopilación de datos
  .3 Análisis de datos
  .4 Toma de decisiones
  .5 Representación de datos
  .6 Reuniones

.3 Salidas
  .1 Plan de involucramiento de los interesados

13.3 Gestionar el Involucramiento de los Interesados

.1 Entradas
  .1 Plan para la dirección del proyecto
  .2 Documentos del proyecto
  .3 Factores ambientales de la empresa
  .4 Activos de los procesos de la organización

.2 Herramientas y Técnicas
  .1 Juicio de expertos
  .2 Habilidades de comunicación
  .3 Habilidades interpersonales y de equipo
  .4 Reglas básicas
  .5 Reuniones

.3 Salidas
  .1 Solicitudes de cambio
  .2 Actualizaciones al plan para la dirección del proyecto
  .3 Actualizaciones a los documentos del proyecto

13.4 Monitorear el Involucramiento de los Interesados

.1 Entradas
  .1 Plan para la dirección del proyecto
  .2 Documentos del proyecto
  .3 Datos de desempeño del trabajo
  .4 Factores ambientales de la empresa
  .5 Activos de los procesos de la organización

.2 Herramientas y Técnicas
  .1 Análisis de datos
  .2 Toma de decisiones
  .3 Representación de datos
  .4 Habilidades de comunicación
  .5 Habilidades interpersonales y de equipo
  .6 Reuniones

.3 Salidas
  .1 Información de desempeño del trabajo
  .2 Solicitudes de cambio
  .3 Actualizaciones al plan para la dirección del proyecto
  .4 Actualizaciones a los documentos del proyecto

Gráfico 13-1. Descripción General de la Gestión de los Interesados del Proyecto

CONCEPTOS CLAVE PARA LA GESTIÓN DE LOS INTERESADOS DEL PROYECTO

Cada proyecto tiene interesados que se ven afectados o pueden afectar al proyecto, ya sea de forma positiva o negativa. Algunos interesados pueden tener una capacidad limitada para influir en el trabajo o los resultados del proyecto; otros pueden tener una influencia significativa sobre el mismo y sobre sus resultados esperados. La investigación académica y el análisis de los desastres registrados en proyectos de alto perfil destacan la importancia de un enfoque estructurado para la identificación, priorización e involucramiento de todos los interesados. La capacidad del director y el equipo del proyecto para identificar correctamente e involucrar a todos los interesados de manera adecuada puede significar la diferencia entre el éxito y el fracaso del proyecto. Para aumentar las posibilidades de éxito, el proceso de identificación e involucramiento de los interesados debería comenzar lo antes posible una vez que el acta de constitución del proyecto haya sido aprobada, el director del proyecto haya sido asignado y el equipo empiece a formarse.

La satisfacción de los interesados debería identificarse y gestionarse como uno de los objetivos del proyecto. La clave para el involucramiento eficaz de los interesados es centrarse en la comunicación continua con todos los interesados, incluidos los miembros del equipo, para comprender sus necesidades y expectativas, abordar los incidentes en el momento en que ocurren, gestionar conflictos de intereses y fomentar un adecuado involucramiento de los interesados en las decisiones y actividades del proyecto.

El proceso de identificar e involucrar a los interesados en beneficio del proyecto es iterativo. Si bien los procesos de Gestión de los Interesados del Proyecto se describen una única vez, las actividades de identificación, priorización e involucramiento deberían revisarse y actualizarse periódicamente, y al menos en los siguientes momentos en que:

◆ El proyecto avanza a través de diferentes fases en su ciclo de vida,

◆ Los interesados actuales ya no están involucrados en el trabajo del proyecto o los nuevos interesados se convierten en miembros de la comunidad de interesados del proyecto, o

◆ Existen cambios significativos en la organización o la comunidad de interesados en general.

TENDENCIAS Y PRÁCTICAS EMERGENTES EN EL INVOLUCRAMIENTO DE LOS INTERESADOS DEL PROYECTO

Se están desarrollando definiciones más amplias de los interesados que extienden las categorías tradicionales de empleados, proveedores y accionistas para incluir grupos como los reguladores, grupos de lobby, ambientalistas, organizaciones financieras, los medios y aquellos que simplemente creen que son interesados—perciben que serán afectados por el trabajo o los resultados del proyecto.

Las tendencias y prácticas emergentes para la Gestión de los Interesados del Proyecto incluyen, entre otras:

◆ Identificar a todos los interesados, no sólo a un conjunto limitado;

◆ Asegurar que todos los miembros del equipo participen en actividades de involucramiento de los interesados;

◆ Revisar periódicamente la comunidad de interesados, a menudo en paralelo con revisiones de los riesgos individuales del proyecto;

◆ Consultar con los interesados más afectados por el trabajo o los resultados del proyecto a través del concepto de cocreación. La cocreación pone mayor énfasis en incluir a los interesados afectados como socios en el equipo; y

◆ Capturar el valor del involucramiento eficaz de los interesados, tanto positivo como negativo. El valor positivo se puede basar en la consideración de beneficios derivados de niveles más altos de apoyo activo por parte de los interesados, particularmente interesados poderosos. El valor negativo se puede obtener midiendo los verdaderos costos de no involucrar de manera eficaz a los interesados, lo que conduce a retiros de productos o pérdida de reputación por parte de la organización o el proyecto.

CONSIDERACIONES SOBRE ADAPTACIÓN

Debido a que cada proyecto es único, el director del proyecto puede necesitar adaptar la forma en que se aplican los procesos de Gestión de los Interesados del Proyecto. Las consideraciones sobre adaptación incluyen, entre otras:

◆ **Diversidad de los interesados.** ¿Cuántos interesados existen? ¿Qué tan diversa es la cultura dentro de la comunidad de interesados?

◆ **Complejidad de las relaciones de los interesados.** ¿Qué tan complejas son las relaciones dentro de la comunidad de interesados? Cuanto mayor sea el número de redes en las que participa un interesado o grupo de interesados, más complejas serán las redes de información y desinformación que el interesado puede recibir.

◆ **Tecnología de la comunicación.** ¿Qué tecnología de comunicación está disponible? ¿Qué mecanismos de apoyo están a disposición para asegurar que se obtenga el mejor valor de la tecnología?

CONSIDERACIONES PARA ENTORNOS ÁGILES/ADAPTATIVOS

Los proyectos que experimentan un alto grado de cambio requieren de la participación activa y el involucramiento de los interesados del proyecto. Para facilitar la discusión y la toma de decisiones oportunas y productivas, los equipos adaptativos interactúan directamente con los interesados, en lugar de hacerlo a través de los distintos niveles gerenciales. A menudo el cliente, el usuario y el desarrollador intercambian información en un proceso dinámico co-creativo que conduce a un mayor involucramiento de los interesados y una mayor satisfacción. Las interacciones periódicas con la comunidad de interesados a lo largo del proyecto mitigan el riesgo, construyen confianza y apoyan los ajustes con mayor antelación en el ciclo del proyecto, reduciendo así los costos y aumentando la probabilidad de éxito del proyecto.

A fin de acelerar el intercambio de información dentro y a través de la organización, los métodos ágiles promueven una fuerte transparencia. El propósito de invitar a los interesados a las reuniones y revisiones del proyecto o de publicar objetos del proyecto en espacios públicos es hacer visible lo antes posible cualquier desalineación, dependencia u otro incidente relacionado con el proyecto que experimenta el cambio.

13.1 IDENTIFICAR A LOS INTERESADOS

Identificar a los Interesados es el proceso de identificar periódicamente a los interesados del proyecto así como de analizar y documentar información relevante relativa a sus intereses, participación, interdependencias, influencia y posible impacto en el éxito del proyecto. El beneficio clave de este proceso es que permite al equipo del proyecto identificar el enfoque adecuado para el involucramiento de cada interesado o grupo de interesados. Este proceso se lleva a cabo periódicamente a lo largo del proyecto, según sea necesario. El Gráfico 13-2 muestra las entradas, herramientas y técnicas, y salidas del proceso. El Gráfico 13-3 representa el diagrama de flujo de datos para el proceso.

Identificar a los Interesados

Entradas

- .1 Acta de constitución del proyecto
- .2 Documentos de negocio
  - Caso de negocio
  - Plan de gestión de beneficios
- .3 Plan para la dirección del proyecto
  - Plan de gestión de las comunicaciones
  - Plan de involucramiento de los interesados
- .4 Documentos del proyecto
  - Registro de cambios
  - Registro de incidentes
  - Documentación de requisitos
- .5 Acuerdos
- .6 Factores ambientales de la empresa
- .7 Activos de los procesos de la organización

Herramientas y Técnicas

- .1 Juicio de expertos
- .2 Recopilación de datos
  - Cuestionarios y encuestas
  - Tormenta de ideas
- .3 Análisis de datos
  - Análisis de Interesados
  - Análisis de documentos
- .4 Representación de datos
  - Mapeo/representación de interesados
- .5 Reuniones

Salidas

- .1 Registro de interesados
- .2 Solicitudes de cambio
- .3 Actualizaciones al plan para la dirección del proyecto
  - Plan de gestión de los requisitos
  - Plan de gestión de las comunicaciones
  - Plan de gestión de los riesgos
  - Plan de involucramiento de los interesados
- .4 Actualizaciones a los documentos del proyecto
  - Registro de supuestos
  - Registro de incidentes
  - Registro de riesgos

Gráfico 13-2. Identificar a los Interesados: Entradas, Herramientas y Técnicas, y Salidas

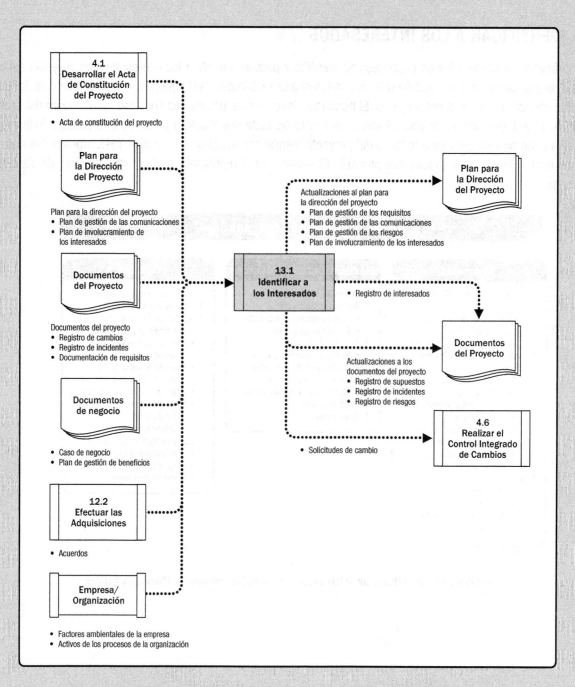

Gráfico 13-3. Identificar a los Interesados: Diagrama de Flujo de Datos

Con frecuencia este proceso ocurre por primera vez en un proyecto ya sea antes o al mismo tiempo en que se desarrolla y aprueba el acta de constitución del proyecto. El mismo se repite según sea necesario, pero siempre debería realizarse al comienzo de cada fase y cuando ocurre un cambio significativo en el proyecto o la organización. Cada vez que se repite el proceso de identificación, los componentes del plan para la dirección del proyecto y los documentos del proyecto deberían consultarse para identificar a los interesados relevantes del proyecto.

13.1.1 IDENTIFICAR A LOS INTERESADOS: ENTRADAS

13.1.1.1 ACTA DE CONSTITUCIÓN DEL PROYECTO

Descrita en la Sección 4.1.3.1. El acta de constitución del proyecto identifica la lista de interesados clave. También puede contener información sobre las responsabilidades de los interesados.

13.1.1.2 DOCUMENTOS DE NEGOCIO

En la primera iteración del proceso Identificar a los Interesados, el caso de negocio y el plan de gestión de beneficios son fuentes de información acerca de los interesados del proyecto.

◆ **Caso de negocio.** Descrito en la Sección 1.2.6.1. El caso de negocio identifica los objetivos del proyecto e identifica una lista inicial de interesados afectados por el proyecto.

◆ **Plan de gestión de beneficios.** Descrito en la Sección 1.2.6.2. El plan de gestión de beneficios describe el plan previsto para obtener los beneficios establecidos en el caso de negocio. Puede identificar a los individuos y grupos que se beneficiarán con la entrega de los resultados del proyecto y que por lo tanto se consideran como interesados.

13.1.1.3 PLAN PARA LA DIRECCIÓN DEL PROYECTO

Descrito en la Sección 4.2.3.1. El plan para la dirección del proyecto no está disponible durante la identificación inicial de los interesados; sin embargo, una vez desarrollado, los componentes del plan para la dirección del proyecto incluyen, entre otros:

◆ **Plan de gestión de las comunicaciones.** Descrito en la Sección 10.1.3.1. Las comunicaciones y el involucramiento de los interesados están estrechamente relacionados. La información incluida en el plan de gestión de las comunicaciones es una fuente de conocimiento acerca de los interesados del proyecto.

◆ **Plan de involucramiento de los interesados.** Descrito en la Sección 13.2.3.1. El plan de involucramiento de los interesados identifica las estrategias de gestión y las acciones necesarias para involucrar a los interesados de manera eficaz.

13.1.1.4 DOCUMENTOS DEL PROYECTO

Es poco probable que los documentos del proyecto sean una entrada para la identificación inicial de los interesados. Sin embargo, la identificación de interesados ocurre a lo largo de todo el proyecto. Una vez superada la fase inicial del proyecto, habrá más documentos disponibles que se utilizan a lo largo del proyecto. Los documentos del proyecto que pueden ser considerados como entradas para este proceso incluyen, entre otros:

◆ **Registro de cambios.** Descrito en la Sección 4.6.3.3. El registro de cambios puede introducir un nuevo interesado o cambiar la naturaleza de la relación de un interesado existente con el proyecto.

◆ **Registro de incidentes.** Descrito en la Sección 4.3.3.3. El registro de incidentes registra los incidentes que pueden introducir nuevos interesados al proyecto o cambiar el tipo de participación de los interesados existentes.

◆ **Documentación de requisitos.** Descrita en la Sección 5.2.3.1. Los requisitos pueden proporcionar información sobre los interesados potenciales.

13.1.1.5 ACUERDOS

Descritos en la Sección 12.2.3.2. Las partes de un acuerdo son interesados del proyecto. El acuerdo puede contener referencias a otros interesados.

13.1.1.6 FACTORES AMBIENTALES DE LA EMPRESA

Los factores ambientales de la empresa que pueden influir en el proceso Identificar a los Interesados incluyen, entre otros:

◆ Cultura, clima político y marco de gobernanza de la organización;

◆ Estándares gubernamentales o de la industria (regulaciones, estándares de productos y códigos de conducta);

◆ Tendencias globales, regionales o locales y prácticas o hábitos; y

◆ Distribución geográfica de instalaciones y recursos..

13.1.1.7 ACTIVOS DE LOS PROCESOS DE LA ORGANIZACIÓN

Los activos de los procesos de la organización que pueden influir en el proceso Identificar a los Interesados incluyen, entre otros:

◆ Plantillas e instrucciones del registro de interesados,

◆ Registros de interesados de proyectos anteriores, y

◆ Repositorio de lecciones aprendidas con información acerca de las preferencias, acciones e involucramiento de los interesados.

13.1.2 IDENTIFICAR A LOS INTERESADOS: HERRAMIENTAS Y TÉCNICAS

13.1.2.1 JUICIO DE EXPERTOS

Descrito en la Sección 4.1.2.1. Se debe tomar en cuenta la pericia de los individuos o grupos que tengan conocimientos especializados o capacitación en los siguientes temas:

◆ Comprensión de la política y las estructuras de poder de la organización,

◆ Conocimiento del entorno y la cultura de la organización y otras organizaciones afectadas, incluidos clientes y el entorno en general,

◆ Conocimiento de la industria o el tipo de entregable del proyecto, y

◆ Conocimiento de las contribuciones y la pericia de los miembros individuales del equipo.

13.1.2.2 RECOPILACIÓN DE DATOS

Las técnicas de recopilación de datos que pueden utilizarse para este proceso incluyen, entre otras:

◆ **Cuestionarios y encuestas.** Descritos en la Sección 5.2.2.2. Los cuestionarios y encuestas pueden incluir reuniones uno a uno, sesiones de grupos focales u otras técnicas masivas de recolección de información.

◆ **Tormenta de ideas.** Descrita en la Sección 4.1.2.2. La tormenta de ideas, tal como se utiliza para identificar interesados, puede incluir tanto la tormenta de ideas como la escritura de ideas.

■ *Tormenta de ideas.* Una técnica general de recopilación de datos y creatividad que recoge el aporte de grupos tales como miembros del equipo o expertos en la materia.

■ *Escritura de ideas (brain writing).* Un refinamiento de la tormenta de ideas que otorga tiempo a los participantes individuales para considerar la(s) pregunta(s) individualmente antes de llevar a cabo la sesión de creatividad grupal. La información puede recopilarse en grupos cara a cara o mediante entornos virtuales apoyados por tecnología.

13.1.2.3 ANÁLISIS DE DATOS

Las técnicas de análisis de datos que pueden utilizarse para este proceso incluyen, entre otras:

◆ **Análisis de interesados.** El análisis de interesados da como resultado una lista de interesados e información relevante como sus cargos en la organización, roles en el proyecto, "intereses", expectativas, actitudes (sus niveles de apoyo al proyecto) y su preocupación por la información relativa al proyecto. En un sentido amplio, los intereses de los interesados pueden incluir, entre otros, una combinación de:

 ■ *Interés.* Una persona o grupo puede verse afectado por una decisión relacionada con el proyecto o sus resultados.

 ■ *Derechos (derechos legales o morales).* Los derechos legales, como la salud y seguridad en el trabajo, pueden estar definidos en el marco legislativo de un país. Los derechos morales pueden implicar conceptos de protección de sitios históricos o sostenibilidad ambiental.

 ■ *Propiedad.* Una persona o grupo tiene un título legal de un activo o una propiedad.

 ■ *Conocimiento.* Conocimiento especializado, que puede beneficiar al proyecto a través de una entrega más eficaz de objetivos del proyecto, resultados de la organización o conocimiento de las estructuras de poder de la organización.

 ■ *Contribución.* Provisión de fondos u otros recursos, incluidos recursos humanos, o prestación de apoyo para el proyecto de formas más intangibles, como el respaldo para promover los objetivos del proyecto o actuar como amortiguador entre el proyecto y las estructuras de poder de la organización y su política.

◆ **Análisis de documentos.** Descrito en la Sección 5.2.2.3. Evaluación de la documentación disponible del proyecto y las lecciones aprendidas de proyectos anteriores para identificar a los interesados y otra información complementaria.

13.1.2.4 REPRESENTACIÓN DE DATOS

Entre las técnicas de representación de datos que pueden utilizarse en este proceso se incluye, entre otras, el mapeo/representación de interesados. El mapeo/representación de interesados es un método para categorizar a los interesados utilizando diversos métodos. La categorización de los interesados ayuda al equipo a construir relaciones con los interesados del proyecto identificados. Los métodos comunes incluyen:

◆ **Matriz de poder/interés, matriz de poder/influencia o matriz de impacto/influencia.** Cada una de estas técnicas agrupa a los interesados según su nivel de autoridad (poder), nivel de inquietud acerca de los resultados del proyecto (interés), capacidad para influir en los resultados del proyecto (influencia) o capacidad para causar cambios en la planificación o la ejecución del proyecto. Estos modelos de clasificación son útiles para proyectos pequeños o para proyectos con relaciones simples entre los interesados y el proyecto, o dentro de la propia comunidad de interesados.

◆ **Cubo de interesados.** Se trata de un refinamiento de los modelos matriciales antes mencionados. Este modelo combina los elementos matriciales en un modelo tridimensional que puede ser útil para los directores y equipos de proyecto a fin de identificar e involucrar a su comunidad de interesados. Proporciona un modelo con múltiples dimensiones que mejora la representación de la comunidad de interesados como entidad multidimensional y ayuda en el desarrollo de las estrategias de comunicación.

◆ **Modelo de prominencia.** Describe clases de interesados basándose en evaluaciones de su poder (nivel de autoridad o capacidad de influir en los resultados del proyecto), urgencia (necesidad de atención inmediata, ya sea por restricciones de tiempo o por el marcado interés de los interesados en el resultado) y legitimidad (su involucramiento es adecuado). Existe una adaptación del modelo de prominencia que sustituye la legitimidad por proximidad (que se aplica al equipo y mide su nivel de involucramiento con el trabajo del proyecto). El modelo de prominencia presenta su mayor utilidad en comunidades de interesados grandes y complejas o cuando existen redes complejas de relaciones dentro de la comunidad. También resulta útil para determinar la importancia relativa de los interesados identificados.

◆ **Dirección de la influencia.** Clasifica a los interesados de acuerdo con su influencia en el trabajo del proyecto o en el propio equipo del proyecto. Los interesados se pueden clasificar de las siguientes maneras:

■ *Ascendente* (alta dirección de la organización ejecutante u organización del cliente, patrocinador y comité de dirección),

■ *Descendente* (el equipo o los especialistas que aportan conocimientos o habilidades de forma temporal),

■ *Hacia afuera* (grupos de interesados y sus representantes fuera del equipo del proyecto, tales como proveedores, departamentos gubernamentales, el público, usuarios finales y reguladores), o

■ *Lateral* (los pares del director del proyecto, tales como otros directores de proyecto o mandos intermedios que compiten por los recursos escasos del proyecto o que colaboran con el director del proyecto compartiendo recursos o información).

◆ **Priorización.** La priorización de los interesados puede ser necesaria para proyectos con un gran número de interesados, donde los miembros de la comunidad de interesados cambian frecuentemente, o cuando las relaciones entre los interesados y el equipo del proyecto o dentro de la comunidad de interesados son complejas.

13.1.2.5 REUNIONES

Las reuniones se utilizan para desarrollar un entendimiento sobre los interesados significativos del proyecto. Pueden adoptar la forma de talleres de facilitación, discusiones guiadas en grupos pequeños, y grupos virtuales que utilizan tecnología electrónica o de medios sociales para compartir ideas y analizar datos.

13.1.3 IDENTIFICAR A LOS INTERESADOS: SALIDAS

13.1.3.1 REGISTRO DE INTERESADOS

La principal salida del proceso Identificar a los Interesados es el registro de interesados. Este documento contiene información acerca de los interesados identificados e incluye, entre otras cosas:

◆ **Información de identificación.** Nombre, puesto en la organización, ubicación y datos de contacto, y rol en el proyecto.

◆ **Información de evaluación.** Requisitos principales, expectativas, potencial para influir en los resultados del proyecto, y la fase del ciclo de vida del proyecto en la que el interesado tiene la mayor influencia o impacto.

◆ **Clasificación de los interesados.** Interno/externo, impacto/influencia/poder/interés, ascendente/descendente/ hacia afuera/lateral, o cualquier otro modelo de clasificación elegido por el director del proyecto.

13.1.3.2 SOLICITUDES DE CAMBIO

Descrito en la Sección 4.3.3.4. Durante la primera iteración de la identificación de interesados, no habrá solicitudes de cambio. A medida que la identificación de interesados avanza a lo largo del proyecto, los nuevos interesados o la nueva información acerca de los interesados puede dar lugar a una solicitud de cambio del producto, el plan para la dirección del proyecto o los documentos del proyecto.

Las solicitudes de cambio se procesan para su revisión y tratamiento por medio del proceso Realizar el Control Integrado de Cambios (Sección 4.6).

13.1.3.3 ACTUALIZACIONES DEL PLAN PARA LA DIRECCIÓN DEL PROYECTO

Cuando los interesados se identifican justo al comienzo de un proyecto, no habrá actualizaciones del plan para la dirección del proyecto. Conforme avanza el proyecto, cualquier cambio en el plan para la dirección del proyecto pasa por el proceso de control de cambios de la organización mediante una solicitud de cambio. Los componentes que pueden requerir una solicitud de cambio para el plan para la dirección del proyecto incluyen, entre otros:

◆ **Plan de gestión de los requisitos.** Descrito en la Sección 5.1.3.2. Los interesados recientemente identificados pueden afectar el modo en que serán planificadas, monitoreadas y reportadas las actividades asociadas a los requisitos y qué se informará sobre éstas.

◆ **Plan de gestión de las comunicaciones.** Descrito en la Sección 10.1.3.1. Los requisitos de comunicación de los interesados y las estrategias de comunicación acordadas se registran en el plan de gestión de las comunicaciones.

◆ **Plan de gestión de los riesgos.** Descrito en la Sección 11.1.3.1. Cuando los requisitos de comunicación de los interesados y las estrategias de comunicación acordadas afectan el enfoque para gestionar el riesgo en el proyecto, esto se refleja en el plan de gestión de los riesgos.

◆ **Plan de involucramiento de los interesados.** Descrito en la Sección 13.2.3.1. Las estrategias de comunicación acordadas para los interesados identificados se registran en el plan de involucramiento de los interesados.

13.1.3.4 ACTUALIZACIONES A LOS DOCUMENTOS DEL PROYECTO

Los documentos del proyecto que pueden actualizarse como resultado de llevar a cabo este proceso incluyen, entre otros:

◆ **Registro de supuestos.** Descrito en la Sección 4.1.3.2. Gran parte de la información acerca del poder relativo, el interés y el involucramiento de los interesados se basa en supuestos. Esta información se ingresa al registro de supuestos. Además, también se ingresa cualquier restricción asociada a la interacción con interesados específicos.

◆ **Registro de incidentes.** Descrito en la Sección 4.3.3.3. Los nuevos incidentes que se presenten como resultado de este proceso son registrados en el registro de incidentes.

◆ **Registro de riesgos.** Descrito en la Sección 11.2.3.1. Los nuevos riesgos identificados durante este proceso son registrados en el registro de riesgos y gestionados mediante los procesos de gestión de riesgos.

13.2 PLANIFICAR EL INVOLUCRAMIENTO DE LOS INTERESADOS

Planificar el Involucramiento de los Interesados es el proceso de desarrollar enfoques para involucrar a los interesados del proyecto, con base en sus necesidades, expectativas, intereses y el posible impacto en el proyecto. El beneficio clave es que proporciona un plan factible para interactuar de manera eficaz con los interesados. Este proceso se lleva a cabo periódicamente a lo largo del proyecto, según sea necesario.

El Gráfico 13-4 muestra las entradas, herramientas y técnicas, y salidas del proceso. El Gráfico 13-5 representa el diagrama de flujo de datos para el proceso.

Planificar el Involucramiento de los Interesados

Entradas	Herramientas y Técnicas	Salidas

.1 Acta de constitución del proyecto
.2 Plan para la dirección del proyecto
  • Plan de gestión de los recursos
  • Plan de gestión de las comunicaciones
  • Plan de gestión de los riesgos
.3 Documentos del proyecto
  • Registro de supuestos
  • Registro de cambios
  • Registro de incidentes
  • Cronograma del proyecto
  • Registro de riesgos
  • Registro de interesados
.4 Acuerdos
.5 Factores ambientales de la empresa
.6 Activos de los procesos de la organización
	.1 Juicio de expertos
	.2 Recopilación de datos
	  • Estudios comparativos
	.3 Análisis de datos
	  • Análisis de supuestos y restricciones
	  • Análisis de causa raíz
	.4 Toma de decisiones
	  • Priorización/clasificación
	.5 Representación de datos
	  • Mapeo mental
	  • Matriz de evaluación de la participación de los Interesados
	.6 Reuniones
		.1 Plan de involucramiento de los interesados

Gráfico 13-4. Planificar el Involucramiento de los Interesados: Entradas, Herramientas y Técnicas, y Salidas

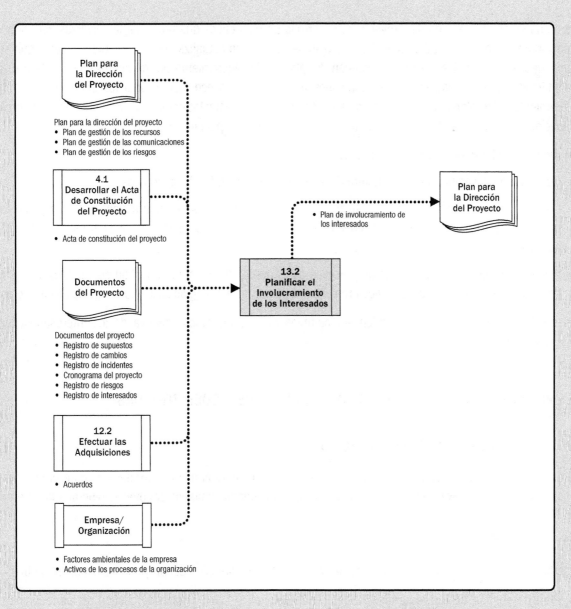

Plan para la Dirección del Proyecto

Plan para la dirección del proyecto
• Plan de gestión de los recursos
• Plan de gestión de las comunicaciones
• Plan de gestión de los riesgos

4.1
Desarrollar el Acta de Constitución del Proyecto

• Acta de constitución del proyecto

Documentos del Proyecto

Documentos del proyecto
• Registro de supuestos
• Registro de cambios
• Registro de incidentes
• Cronograma del proyecto
• Registro de riesgos
• Registro de interesados

12.2
Efectuar las Adquisiciones

• Acuerdos

Empresa/ Organización

• Factores ambientales de la empresa
• Activos de los procesos de la organización

13.2
Planificar el Involucramiento de los Interesados

• Plan de involucramiento de los interesados

Plan para la Dirección del Proyecto

Gráfico 13-5. Planificar el Involucramiento de los Interesados: Diagrama de Flujo de Datos

Temprano en el ciclo de vida del proyecto se desarrolla un plan eficaz que reconoce las diversas necesidades de información de los interesados del proyecto; este plan se revisa y se actualiza periódicamente a medida que cambia la comunidad de interesados. La primera versión del plan de involucramiento de los interesados se desarrolla una vez identificada la comunidad inicial de interesados mediante el proceso Identificar a los Interesados. El plan de involucramiento de los interesados se actualiza periódicamente para reflejar los cambios en la comunidad de interesados. Las situaciones disparadoras típicas que requieren actualizaciones del plan incluyen, entre otras:

◆ Cuando comienza una nueva fase del proyecto;

◆ Cuando existen cambios en la estructura de la organización o dentro de la industria;

◆ Cuando nuevos individuos o grupos se transforman en interesados, los interesados actuales ya no forman parte de la comunidad de interesados o la importancia de determinados interesados para el éxito del proyecto cambia; y

◆ Cuando las salidas de otras áreas de procesos del proyecto, tales como la gestión de cambios, la gestión de riesgos o la gestión de incidentes, requieren una revisión de las estrategias de involucramiento de los interesados.

Los resultados de estos ajustes pueden ser cambios en la importancia relativa de los interesados que han sido identificados.

13.2.1 PLANIFICAR EL INVOLUCRAMIENTO DE LOS INTERESADOS: ENTRADAS

13.2.1.1 ACTA DE CONSTITUCIÓN DEL PROYECTO

Descrita en la Sección 4.1.3.1. El acta de constitución del proyecto contiene información sobre el propósito, los objetivos y los criterios de éxito del proyecto que puede ser considerada al planificar cómo involucrar a los interesados.

13.2.1.2 PLAN PARA LA DIRECCIÓN DEL PROYECTO

Descrito en la Sección 4.2.3.1. Los componentes del plan para la dirección del proyecto incluyen, entre otros:

◆ **Plan de gestión de los recursos.** Descrito en la Sección 9.1.3.1. El plan de gestión de los recursos puede contener información relativa a los roles y responsabilidades del equipo y de otros interesados enumerados en el registro de interesados.

◆ **Plan de gestión de las comunicaciones.** Descrito en la Sección 10.1.3.1. Las estrategias de comunicación para la gestión de los interesados y sus planes de implementación son a la vez entradas y receptores de la información de los procesos de Gestión de los Interesados del Proyecto.

◆ **Plan de gestión de los riesgos.** Descrito en la Sección 11.1.3.1. El plan de gestión de los riesgos puede contener umbrales de riesgo o actitudes frente al riesgo que pueden ayudar en la selección de la combinación de estrategias óptima para el involucramiento de los interesados.

13.2.1.3 DOCUMENTOS DEL PROYECTO

Los documentos del proyecto que pueden considerarse como entradas para este proceso, especialmente una vez realizada la planificación inicial, incluyen, entre otros:

◆ **Registro de supuestos.** Descrito en la Sección 4.1.3.2. El registro de supuestos contiene información sobre supuestos y restricciones y puede estar vinculado a interesados específicos.

◆ **Registro de cambios.** Descrito en la Sección 4.6.3.3. El registro de cambios contiene cambios en el alcance original del proyecto. Generalmente se vincula a interesados específicos porque éstos pertenecen a distintas categorías que solicitan ciertos cambios, toman decisiones sobre las solicitudes de cambio o se ven afectados por la implementación de los cambios aprobados.

◆ **Registro de incidentes.** Descrito en la Sección 4.3.3.3. La gestión y resolución de incidentes contenidos en el registro de incidentes requerirá de comunicaciones adicionales con los interesados afectados.

◆ **Cronograma del proyecto.** Descrito en la Sección 6.5.3.2. El cronograma contiene actividades que pueden vincularse a interesados específicos como dueños o ejecutores.

◆ **Registro de riesgos.** Descrito en la Sección 11.2.3.1. El registro de riesgos contiene los riesgos identificados del proyecto y generalmente los vincula a los interesados específicos ya sea como dueños del riesgo o como sujetos al impacto del riesgo.

◆ **Registro de interesados.** Descrito en la Sección 13.1.3.1. El registro de interesados proporciona la lista de interesados del proyecto, incluidos datos de clasificación adicionales y demás información.

13.2.1.4 ACUERDOS

Descritos en la Sección 12.2.3.2. Al planificar la participación de contratistas y proveedores, la coordinación generalmente implica trabajar con el grupo de adquisiciones/contrataciones de la organización para asegurar la gestión eficaz de contratistas y proveedores.

13.2.1.5 FACTORES AMBIENTALES DE LA EMPRESA

Los factores ambientales de la empresa que pueden influir en el proceso Planificar el Involucramiento de los Interesados incluyen, entre otros:

◆ Cultura, clima político y marco de gobernanza de la organización;

◆ Políticas de gestión de personal;

◆ Apetitos al riesgo de los interesados;

◆ Canales de comunicación establecidos;

◆ Tendencias, prácticas o hábitos globales, regionales o locales; y

◆ Distribución geográfica de instalaciones y recursos.

13.2.1.6 ACTIVOS DE LOS PROCESOS DE LA ORGANIZACIÓN

Los activos de los procesos de la organización que pueden influir en el proceso Planificar el Involucramiento de los Interesados incluyen, entre otros:

◆ Políticas y procedimientos corporativos relativos a medios sociales, ética y seguridad;

◆ Políticas y procedimientos corporativos para la gestión de incidentes, riesgos, cambios y datos;

◆ Requisitos de comunicación de la organización;

◆ Guías estandarizadas para el desarrollo, intercambio, almacenamiento y recuperación de información;

◆ Repositorio de lecciones aprendidas con información acerca de las preferencias, acciones e involucramiento de los interesados; y

◆ Herramientas de software necesarias para apoyar el involucramiento eficaz de los interesados.

13.2.2 PLANIFICAR EL INVOLUCRAMIENTO DE LOS INTERESADOS: HERRAMIENTAS Y TÉCNICAS

13.2.2.1 JUICIO DE EXPERTOS

Descrito en la Sección 4.1.2.1. Se debe tomar en cuenta la pericia de los individuos o grupos que tengan conocimientos especializados o capacitación en los siguientes temas:

◆ Política y las estructuras de poder de la organización y fuera de la organización,

◆ Entorno y la cultura de la organización y fuera de la organización,

◆ Técnicas analíticas y de evaluación a utilizar en los procesos de involucramiento de los interesados,

◆ Medios y las estrategias de comunicación, y

◆ Conocimiento de proyectos anteriores sobre las características de los interesados, grupos de interesados y organizaciones involucradas en el proyecto actual que puedan haber participado en proyectos anteriores similares.

13.2.2.2 RECOPILACIÓN DE DATOS

Entre las técnicas de recopilación de datos que pueden utilizarse para este proceso se incluye, entre otras, los estudios comparativos. Descritos en la Sección 8.1.2.2. Los resultados del análisis de interesados se comparan con la información de otras organizaciones u otros proyectos que se consideran de clase mundial.

13.2.2.3 ANÁLISIS DE DATOS

Las técnicas de análisis de datos que pueden utilizarse para este proceso incluyen, entre otras:

◆ **Análisis de supuestos y restricciones.** Descrito en la Sección 11.2.2.3. El análisis de los supuestos y las restricciones actuales puede llevarse a cabo para adaptar las estrategias de involucramiento adecuadas.

◆ **Análisis de causa raíz.** Descrito en la Sección 8.2.2.2. El análisis de causa raíz identifica las razones subyacentes para el nivel de apoyo de los interesados del proyecto, a fin de seleccionar la estrategia adecuada para mejorar su nivel de involucramiento.

13.2.2.4 TOMA DE DECISIONES

Las técnicas de toma de decisiones que pueden utilizarse para este proceso incluyen, entre otras, la priorización/clasificación. Los requisitos de los interesados deben ser priorizados y clasificados, al igual que los propios interesados. Los interesados con el mayor interés y la mayor influencia a menudo se priorizan a la cabeza de la lista.

13.2.2.5 REPRESENTACIÓN DE DATOS

Las técnicas de representación de datos que pueden utilizarse en este proceso incluyen, entre otras:

◆ **Mapeo mental.** Descrito en la Sección 5.2.2.3. El mapeo mental se utiliza para organizar visualmente la información sobre los interesados y sus relaciones entre sí y con la organización.

◆ **Matriz de evaluación del involucramiento de los interesados.** La matriz de evaluación del involucramiento de los interesados permite comparar los niveles actuales de participación de los interesados con los niveles deseados de participación necesarios para la entrega exitosa del proyecto. El Gráfico 13-6 muestra una forma de clasificar el nivel de participación de los interesados. El nivel de participación de los interesados puede clasificarse de la siguiente manera:

  ▪ *Desconocedor.* Desconocedor del proyecto y de sus impactos potenciales.

  ▪ *Reticente.* Conocedor del proyecto y de sus impactos potenciales pero reticente a cualquier cambio que pueda ocurrir como consecuencia del trabajo o los resultados del proyecto. Estos interesados no prestarán apoyo al trabajo o los resultados del proyecto.

  ▪ *Neutral.* Conocedor del proyecto, aunque ni lo apoya ni lo deja de apoyar.

  ▪ *De apoyo.* Conocedor del proyecto y de sus impactos potenciales; apoya el trabajo y sus resultados.

  ▪ *Líder.* Conocedor del proyecto y de sus impactos potenciales, y activamente involucrado en asegurar el éxito del mismo.

En el Gráfico 13-6, C representa el nivel de participación actual de cada interesado y D indica el nivel que el equipo del proyecto ha evaluado como esencial para asegurar el éxito del proyecto (deseado). La brecha entre actual y deseado para cada interesado determinará el nivel de comunicaciones necesario para involucrar al interesado de manera eficaz. El cierre de esta brecha entre actual y deseado es un elemento esencial del monitoreo del involucramiento de los interesados.

Interesado	Desconocedor	Reticente	Neutral	De apoyo	Líder
Interesado 1	C			D	
Interesado 2			C	D	
Interesado 3				D C	

Gráfico 13-6. Matriz de Evaluación del Involucramiento de los Interesados

13.2.2.6 REUNIONES

Las reuniones se utilizan para discutir y analizar los datos de entrada del proceso de planificación del involucramiento de los interesados y para desarrollar un plan sólido de involucramiento de los interesados.

13.2.3 PLANIFICAR EL INVOLUCRAMIENTO DE LOS INTERESADOS: SALIDAS

13.2.3.1 PLAN DE INVOLUCRAMIENTO DE LOS INTERESADOS

El plan de involucramiento de los interesados es un componente del plan para la dirección del proyecto que identifica las estrategias y acciones requeridas para promover el involucramiento productivo de los interesados en la toma de decisiones y la ejecución. Dependiendo de las necesidades del proyecto y las expectativas de los interesados, puede ser formal o informal y muy detallado o formulado de manera general.

El plan de involucramiento de los interesados puede incluir, entre otras cosas, estrategias o enfoques para involucrar a individuos o grupos de interesados.

13.3 GESTIONAR EL INVOLUCRAMIENTO DE LOS INTERESADOS

Gestionar el Involucramiento de los Interesados es el proceso de comunicarse y trabajar con los interesados para satisfacer sus necesidades y expectativas, abordar los incidentes y fomentar la participación adecuada de los interesados. El beneficio clave de este proceso es que permite al director del proyecto incrementar el apoyo y minimizar la resistencia por parte de los interesados. Este proceso se lleva a cabo a lo largo de todo el proyecto. El Gráfico 13-7 muestra las entradas, herramientas y técnicas, y salidas del proceso. El Gráfico 13-8 representa el diagrama de flujo de datos para el proceso.

Gestionar el Involucramiento de los Interesados

Entradas

.1 Plan para la dirección del proyecto
  • Plan de gestión de las comunicaciones
  • Plan de gestión de los riesgos
  • Plan de involucramiento de los interesados
  • Plan de gestión de cambios
.2 Documentos del proyecto
  • Registro de cambios
  • Registro de incidentes
  • Registro de lecciones aprendidas
  • Registro de interesados
.3 Factores ambientales de la empresa
.4 Activos de los procesos de la organización

Herramientas y Técnicas

.1 Juicio de expertos
.2 Habilidades de comunicación
  • Retroalimentación
.3 Habilidades interpersonales y de equipo
  • Gestión de conflictos
  • Conciencia cultural
  • Negociación
  • Observación/conversación
  • Conciencia política
.4 Reglas básicas
.5 Reuniones

Salidas

.1 Solicitudes de cambio
.2 Actualizaciones al plan para la dirección del proyecto
  • Plan de gestión de las comunicaciones
  • Plan de involucramiento de los interesados
.3 Actualizaciones a los documentos del proyecto
  • Registro de cambios
  • Registro de incidentes
  • Registro de lecciones aprendidas
  • Registro de interesados

Gráfico 13-7. Gestionar el Involucramiento de los Interesados: Entradas, Herramientas y Técnicas, y Salidas

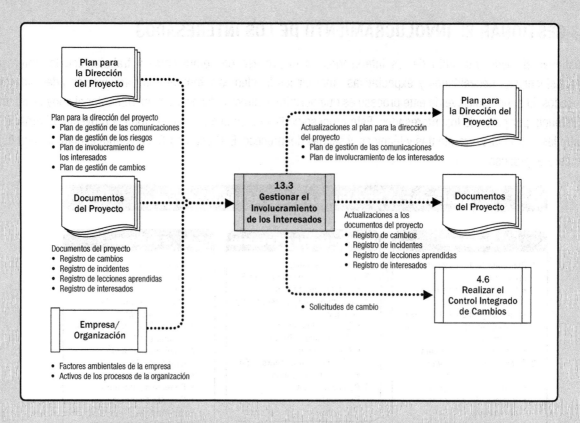

Gráfico 13-8. Gestionar el Involucramiento de los Interesados: Diagrama de Flujo de Datos

Gestionar el Involucramiento de los Interesados implica realizar actividades tales como:

◆ Involucrar a los interesados en las etapas adecuadas del proyecto para obtener, confirmar o mantener su compromiso continuo con el éxito del mismo;

◆ Gestionar las expectativas de los interesados mediante negociación y comunicación;

◆ Abordar riesgos o posibles inquietudes relacionados con la gestión de los interesados y anticipar futuros incidentes que puedan plantear los interesados; y

◆ Aclarar y resolver los incidentes que han sido identificados.

Gestionar el involucramiento de los interesados ayuda a asegurar que los interesados comprendan claramente las metas, objetivos, beneficios y riesgos del proyecto, así como la forma en que su contribución aumentará el éxito del proyecto.

13.3.1 GESTIONAR EL INVOLUCRAMIENTO DE LOS INTERESADOS: ENTRADAS

13.3.1.1 PLAN PARA LA DIRECCIÓN DEL PROYECTO

Descrito en la Sección 4.2.3.1. Los componentes del plan para la dirección del proyecto incluyen, entre otros:

◆ **Plan de gestión de las comunicaciones.** Descrito en la Sección 10.1.3.1. El plan de gestión de las comunicaciones describe los métodos, formatos y tecnologías utilizados para la comunicación con los interesados.

◆ **Plan de gestión de los riesgos.** Descrito en la Sección 11.1.3.1. El plan de gestión de los riesgos describe las categorías de riesgo, apetitos al riesgo y formatos de los informes que pueden utilizarse para gestionar el involucramiento de los interesados.

◆ **Plan de involucramiento de los interesados.** Descrito en la Sección 13.2.3.1. El plan de involucramiento de los interesados proporciona orientación e información sobre la gestión de las expectativas de los interesados.

◆ **Plan de gestión de cambios.** Descrito en la Sección 4.2.3.1. El plan de gestión de cambios describe el proceso para presentar, evaluar e implementar los cambios en el proyecto.

13.3.1.2 DOCUMENTOS DEL PROYECTO

Los documentos del proyecto que pueden ser considerados como entradas de este proceso incluyen, entre otros:

◆ **Registro de cambios.** Descrito en la Sección 4.6.3.3. Las solicitudes de cambio y su estado se documentan en el registro de cambios y se comunican a los interesados adecuados.

◆ **Registro de incidentes.** Descrito en la Sección 4.3.3.3. Las inquietudes del proyecto o de los interesados se documentan en el registro de incidentes, así como cualquier elemento de acción asignado asociado a la gestión del incidente.

◆ **Registro de lecciones aprendidas.** Descrito en la Sección 4.4.3.1. Las lecciones aprendidas anteriormente en el proyecto con respecto a la gestión del involucramiento de los interesados pueden ser aplicadas a fases posteriores en el mismo para mejorar la eficiencia y la eficacia de este proceso.

◆ **Registro de interesados.** Descrito en la Sección 13.1.3.1. El registro de interesados proporciona la lista de interesados del proyecto, así como cualquier información necesaria para ejecutar el plan de involucramiento de los interesados.

13.3.1.3 FACTORES AMBIENTALES DE LA EMPRESA

Los factores ambientales de la empresa que pueden influir en el proceso Gestionar el Involucramiento de los Interesados incluyen, entre otros:

◆ Cultura, el clima político y la estructura de gobernanza de la organización;

◆ Políticas de gestión de personal;

◆ Umbrales de riesgo de los interesados;

◆ Canales de comunicación establecidos;

◆ Tendencias, prácticas o hábitos globales, regionales o locales; y

◆ Distribución geográfica de instalaciones y recursos.

13.3.1.4 ACTIVOS DE LOS PROCESOS DE LA ORGANIZACIÓN

Los activos de los procesos de la organización que pueden influir en el proceso Gestionar el Involucramiento de los Interesados incluyen, entre otros:

◆ Políticas y procedimientos corporativos relativos a medios sociales, ética y seguridad;

◆ Políticas y procedimientos corporativos para la gestión de incidentes, riesgos, cambios y datos;

◆ Requisitos de comunicación de la organización;

◆ Guías estandarizadas para el desarrollo, intercambio, almacenamiento y recuperación de información; y

◆ Información histórica procedente de proyectos anteriores similares.

13.3.2 GESTIONAR EL INVOLUCRAMIENTO DE LOS INTERESADOS: HERRAMIENTAS Y TÉCNICAS

13.3.2.1 JUICIO DE EXPERTOS

Descrito en la Sección 4.1.2.1. Se debe tomar en cuenta la pericia de los individuos o grupos que tengan conocimientos especializados o capacitación en los siguientes temas:

◆ Política y las estructuras de poder de la organización y fuera de la organización;

◆ Entorno y cultura de la organización y fuera de la organización;

◆ Técnicas analíticas y de evaluación a utilizar en los procesos de involucramiento de los interesados;

◆ Métodos y estrategias de comunicación;

◆ Características de los interesados, grupos de interesados y organizaciones involucradas en el proyecto actual que puedan haber participado en proyectos anteriores; y

◆ Gestión de requisitos, gestión de proveedores y gestión de cambios.

13.3.2.2 HABILIDADES DE COMUNICACIÓN

Los métodos de comunicación identificados para cada interesado en el plan de gestión de las comunicaciones se aplican durante la gestión del involucramiento de los interesados. El equipo de dirección del proyecto utiliza la retroalimentación para ayudar a comprender la reacción de los interesados frente a las diversas actividades de dirección del proyecto y decisiones clave. La retroalimentación se puede recoger, por ejemplo, de las siguientes maneras:

◆ Conversaciones, tanto formales como informales,

◆ Identificación y discusión de incidentes,

◆ Reuniones,

◆ Informes del avance, y

◆ Encuestas.

13.3.2.3 HABILIDADES INTERPERSONALES Y DE EQUIPO

Las habilidades interpersonales y de equipo que pueden utilizarse en este proceso incluyen, entre otras:

◆ **Gestión de conflictos.** Descrita en la Sección 9.5.2.1. El director del proyecto debe garantizar que los conflictos se resuelvan de manera oportuna.

◆ **Conciencia cultural.** Descrita en la Sección 10.1.2.6. La conciencia cultural se utiliza para ayudar al director y al equipo del proyecto a comunicarse de manera eficaz teniendo en cuenta las diferencias culturales y los requisitos de los interesados.

◆ **Negociación.** Descrita en la Sección 12.2.2.5. La negociación se utiliza para conseguir apoyo o un acuerdo que respalde el trabajo del proyecto o sus resultados y para resolver conflictos dentro del equipo o con otros interesados.

◆ **Observación/conversación.** Descrita en la Sección 5.2.2.6. La observación/conversación se utiliza para mantenerse en contacto con el trabajo y las actitudes de los miembros del equipo del proyecto y otros interesados.

◆ **Conciencia política.** Descrita en la Sección 10.1.2.6. La conciencia política se logra a través de la comprensión de las relaciones de poder dentro y en torno al proyecto.

13.3.2.4 REGLAS BÁSICAS

Las reglas básicas, definidas en el acta de constitución del equipo, establecen el comportamiento esperado de los miembros del equipo del proyecto, así como de otros interesados, con respecto al involucramiento de los interesados.

13.3.2.5 REUNIONES

Descritas en la Sección 10.1.2.8. Las reuniones se utilizan para discutir y abordar cualquier incidente o inquietud con respecto al involucramiento de los interesados. Los tipos de reuniones que son beneficiosos como parte de este proceso incluyen, entre otros:

◆ Toma de decisiones,

◆ Resolución de incidentes,

◆ Lecciones aprendidas y retrospectivas,

◆ Lanzamiento del proyecto,

◆ Planificación de sprints, y

◆ Actualizaciones de estado.

13.3.3 GESTIONAR EL INVOLUCRAMIENTO DE LOS INTERESADOS: SALIDAS

13.3.3.1 SOLICITUDES DE CAMBIO

Descritas en la Sección 4.3.3.4. Como resultado de gestionar el involucramiento de los interesados, pueden surgir cambios en el alcance del proyecto o del producto. Todas las solicitudes de cambio se procesan para su revisión y tratamiento por medio del proceso Realizar el Control Integrado de Cambios (Sección 4.6).

13.3.3.2 ACTUALIZACIONES DEL PLAN PARA LA DIRECCIÓN DEL PROYECTO

Cualquier cambio en el plan para la dirección del proyecto pasa por el proceso de control de cambios de la organización mediante una solicitud de cambio. Los componentes del plan para la dirección del proyecto que pueden requerir una solicitud de cambio para el plan para la dirección del proyecto incluyen, entre otros:

◆ **Plan de gestión de las comunicaciones.** Descrito en la Sección 10.1.3.1. El plan de gestión de las comunicaciones se actualiza para reflejar nuevos requisitos o modificaciones de los requisitos de los interesados.

◆ **Plan de involucramiento de los interesados.** Descrito en la Sección 13.2.3.1. El plan de involucramiento de los interesados se actualiza para reflejar estrategias de gestión nuevas o modificadas necesarias para involucrar a los interesados de manera eficaz.

13.3.3.3 ACTUALIZACIONES A LOS DOCUMENTOS DEL PROYECTO

Los documentos del proyecto que pueden actualizarse como resultado de llevar a cabo este proceso incluyen, entre otros:

◆ **Registro de cambios.** Descrito en la Sección 4.6.3.3. El registro de cambios puede actualizarse en base a cualquier solicitud de cambio.

◆ **Registro de incidentes.** Descrito en la Sección 4.3.3.3. El registro de incidentes puede actualizarse para reflejar una actualización o el desarrollo de una entrada al registro de incidentes.

◆ **Registro de lecciones aprendidas.** Descrito en la Sección 4.4.3.1. El registro de lecciones aprendidas se actualiza con enfoques eficaces o ineficaces para gestionar el involucramiento de los interesados, de modo que esa información pueda ser utilizada en el proyecto actual o en proyectos futuros.

◆ **Registro de interesados.** Descrito en la Sección 13.1.3.1. El registro de interesados puede actualizarse en base a nueva información proporcionada a los interesados sobre incidentes resueltos, cambios aprobados y estado general del proyecto.

13.4 MONITOREAR EL INVOLUCRAMIENTO DE LOS INTERESADOS

Monitorear el Involucramiento de los Interesados es el proceso de monitorear las relaciones de los interesados del proyecto y adaptar las estrategias para involucrar a los interesados a través de la modificación de las estrategias y los planes de involucramiento. El beneficio clave de este proceso es que se mantiene o incrementa la eficiencia y la eficacia de las actividades de participación de los interesados a medida que el proyecto evoluciona y su entorno cambia. Este proceso se lleva a cabo a lo largo de todo el proyecto. El Gráfico 13-9 muestra las entradas, herramientas y técnicas, y salidas del proceso. El Gráfico 13-10 representa el diagrama de flujo de datos para el proceso.

Monitorear el Involucramiento de los Interesados

Entradas

.1 Plan para la dirección del proyecto
  • Plan de gestión de los recursos
  • Plan de gestión de las comunicaciones
  • Plan de involucramiento de los interesados
.2 Documentos del proyecto
  • Registro de incidentes
  • Registro de lecciones aprendidas
  • Comunicaciones del proyecto
  • Registro de riesgos
  • Registro de interesados
.3 Datos de desempeño del trabajo
.4 Factores ambientales de la empresa
.5 Activos de los procesos de la organización

Herramientas y Técnicas

.1 Análisis de datos
  • Análisis de alternativas
  • Análisis de causa raíz
  • Análisis de Interesados
.2 Toma de decisiones
  • Análisis de decisiones con múltiples criterios
  • Votación
.3 Representación de datos
  • Matriz de evaluación del involucramiento de los interesados
.4 Habilidades de comunicación
  • Retroalimentación
  • Presentaciones
.5 Habilidades interpersonales y de equipo
  • Escuchar de forma activa
  • Conciencia cultural
  • Liderazgo
  • Creación de relaciones de trabajo
  • Conciencia política
.6 Reuniones

Salidas

.1 Información de desempeño del trabajo
.2 Solicitudes de cambio
.3 Actualizaciones al plan para la dirección del proyecto
  • Plan de gestión de los recursos
  • Plan de gestión de las comunicaciones
  • Plan de involucramiento de los interesados
.4 Actualizaciones a los documentos del proyecto
  • Registro de incidentes
  • Registro de lecciones aprendidas
  • Registro de riesgos
  • Registro de interesados

Gráfico 13-9. Monitorear el Involucramiento de los Interesados: Entradas, Herramientas y Técnicas, y Salidas

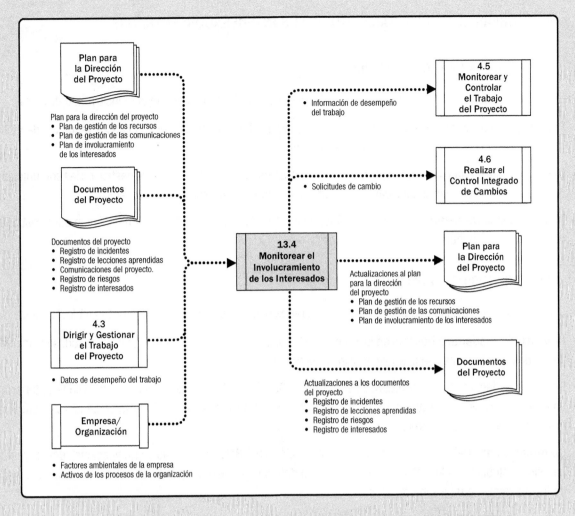

Gráfico 13-10. Monitorear el Involucramiento de los Interesados: Diagrama de Flujo de Datos

13.4.1 MONITOREAR EL INVOLUCRAMIENTO DE LOS INTERESADOS: ENTRADAS

13.4.1.1 PLAN PARA LA DIRECCIÓN DEL PROYECTO

Descrito en la Sección 4.2.3.1. Los componentes del plan para la dirección del proyecto incluyen, entre otros:

◆ **Plan de gestión de los recursos.** Descrito en la Sección 9.1.3.1. El plan de gestión de los recursos identifica los métodos para la gestión de los miembros del equipo.

◆ **Plan de gestión de las comunicaciones.** Descrito en la Sección 10.1.3.1. El plan de gestión de las comunicaciones describe los planes y estrategias para la comunicación con los interesados del proyecto.

◆ **Plan de involucramiento de los interesados.** Descrito en la Sección 13.2.3.1. Define el plan para gestionar las necesidades y expectativas de los interesados.

13.4.1.2 DOCUMENTOS DEL PROYECTO

Los documentos del proyecto que pueden ser considerados como entradas para este proceso incluyen, entre otros:

◆ **Registro de incidentes.** Descrito en la Sección 4.3.3.3. El registro de incidentes documenta todos los incidentes conocidos relacionados con el proyecto y los interesados.

◆ **Registro de lecciones aprendidas.** Descrito en la Sección 4.4.3.1. Las lecciones aprendidas anteriormente en el proyecto pueden ser aplicadas en fases posteriores del mismo para mejorar la eficiencia y la eficacia del involucramiento de los interesados.

◆ **Comunicaciones del proyecto.** Descritas en la Sección 10.2.3.1. Incluyen las comunicaciones del proyecto que han sido distribuidas a los interesados tal como se define en el plan de gestión de las comunicaciones y el plan de involucramiento de los interesados.

◆ **Registro de riesgos.** Descrito en la Sección 11.2.3.1. El registro de riesgos contiene los riesgos identificados para el proyecto, incluidos aquellos relacionados con el involucramiento y las interacciones de los interesados, su categorización y lista de respuestas potenciales.

◆ **Registro de interesados.** Descrito en la Sección 13.1.3.1. El registro de interesados contiene información de los interesados que incluye, entre otras cosas, la identificación, evaluación y clasificación de los interesados.

13.4.1.3 DATOS DE DESEMPEÑO DEL TRABAJO

Descritos en la Sección 4.3.3.2. Los datos de desempeño del trabajo contienen datos sobre el estado del proyecto, tales como qué interesados apoyan el proyecto y su nivel y tipo de participación.

13.4.1.4 FACTORES AMBIENTALES DE LA EMPRESA

Los factores ambientales de la empresa que pueden influir en el proceso Monitorear el Involucramiento de los Interesados incluyen, entre otros:

◆ Cultura, clima político y marco de gobernanza de la organización;

◆ Políticas de gestión de personal;

◆ Umbrales de riesgo de los interesados;

◆ Canales de comunicación establecidos;

◆ Tendencias, prácticas o hábitos globales, regionales o locales; y

◆ Distribución geográfica de instalaciones y recursos.

13.4.1.5 ACTIVOS DE LOS PROCESOS DE LA ORGANIZACIÓN

Los activos de los procesos de la organización que pueden influir en el proceso Monitorear el Involucramiento de los Interesados incluyen, entre otros:

◆ Políticas y procedimientos corporativos relativos a medios sociales, ética y seguridad;

◆ Políticas y procedimientos corporativos para la gestión de incidentes, riesgos, cambios y datos;

◆ Requisitos de comunicación de la organización;

◆ Guías estandarizadas para el desarrollo, intercambio, almacenamiento y recuperación de información; y

◆ Información histórica procedente de proyectos anteriores.

13.4.2 MONITOREAR EL INVOLUCRAMIENTO DE LOS INTERESADOS: HERRAMIENTAS Y TÉCNICAS

13.4.2.1 ANÁLISIS DE DATOS

Las técnicas de análisis de datos que pueden utilizarse para este proceso incluyen, entre otras:

◆ **Análisis de alternativas.** Descrito en la Sección 9.2.2.5. El análisis de alternativas puede utilizarse para evaluar las opciones para responder a las variaciones en los resultados deseados del involucramiento de los interesados.

◆ **Análisis de causa raíz.** Descrito en la Sección 8.2.2.2. Se puede utilizar un análisis de causa raíz para determinar el motivo subyacente básico por el cual el involucramiento de los interesados no está teniendo el efecto planificado.

◆ **Análisis de interesados.** Descrito en la Sección 13.1.2.3. El análisis de interesados ayuda a determinar la posición de los individuos y grupos de interesados en cualquier momento determinado del proyecto.

13.4.2.2 TOMA DE DECISIONES

Las técnicas de toma de decisiones que pueden utilizarse para este proceso incluyen, entre otras:

◆ **Análisis de decisiones con múltiples criterios.** Descrito en la Sección 8.1.2.4. Los criterios para el involucramiento exitoso de los interesados se priorizan y ponderan para identificar la selección más adecuada.

◆ **Votación.** Descrita en la Sección 5.2.2.4. La votación se puede utilizar para seleccionar la mejor respuesta para una variación en el involucramiento de los interesados.

13.4.2.3 REPRESENTACIÓN DE DATOS

Entre las técnicas de representación de datos utilizadas en este proceso se incluye, entre otras, la matriz de evaluación del involucramiento de los interesados. Descrita en la Sección 13.2.2.3. La matriz de evaluación del involucramiento de los interesados monitorea el involucramiento de los interesados mediante el seguimiento de los cambios en el nivel de participación de cada interesado.

13.4.2.4 HABILIDADES DE COMUNICACIÓN

Las técnicas de comunicación que pueden utilizarse para este proceso incluyen, entre otras:

◆ **Retroalimentación.** Descrita en la Sección 10.2.2.3. La retroalimentación se utiliza para asegurar que la información proporcionada a los interesados sea recibida y comprendida.

◆ **Presentaciones.** Descritas en la Sección 10.2.2.3. Las presentaciones proporcionan información clara a los interesados.

13.4.2.5 HABILIDADES INTERPERSONALES Y DE EQUIPO

Las habilidades interpersonales y de equipo que pueden utilizarse para este proceso incluyen, entre otras:

◆ **Escuchar de forma activa.** Descrito en la Sección 10.2.2.6. Escuchar de forma activa se utiliza para reducir los malentendidos y otros problemas de comunicación.

◆ **Conciencia cultural.** Descrita en la Sección 10.1.2.6. La conciencia cultural y la sensibilidad cultural ayudan al director del proyecto a planificar las comunicaciones en base a los requisitos y las diferencias culturales de los interesados y los miembros del equipo.

◆ **Liderazgo.** Descrito en la Sección 3.4.4. El involucramiento exitoso de los interesados requiere fuertes habilidades de liderazgo para comunicar la visión e inspirar a los interesados a apoyar el trabajo y los resultados del proyecto.

◆ **Creación de Relaciones de Trabajo.** Descrita en la Sección 10.2.2.6. La creación de relaciones de trabajo (networking) asegura el acceso a información sobre los niveles de participación de los interesados.

◆ **Conciencia política.** Descrita en la Sección 10.1.2.6. La conciencia política se utiliza para comprender las estrategias de la organización, comprender quién ejerce poder e influencia en este ámbito, y para desarrollar la capacidad de comunicarse con estos interesados.

13.4.2.6 REUNIONES

Los tipos de reuniones incluyen reuniones sobre el estado del proyecto, reuniones de pie, retrospectivas y cualquier otra reunión acordada en el plan de involucramiento de los interesados para monitorear y evaluar los niveles de participación de los interesados. Las reuniones ya no están limitadas por las interacciones cara a cara o voz a voz. Si bien las interacciones cara a cara son ideales, pueden resultar caras. Las teleconferencias y la tecnología salvan la brecha y proporcionan numerosas formas de conectarse y llevar a cabo una reunión.

13.4.3 MONITOREAR EL INVOLUCRAMIENTO DE LOS INTERESADOS: SALIDAS

13.4.3.1 INFORMACIÓN DE DESEMPEÑO DEL TRABAJO

Descrita en la Sección 4.5.1.3. La información de desempeño del trabajo incluye información sobre el estado de involucramiento de los interesados, como el nivel de apoyo actual al proyecto y comparado con los niveles deseados de participación, tal como se definen en la matriz de evaluación del involucramiento de los interesados, el cubo de interesados u otra herramienta.

13.4.3.2 SOLICITUDES DE CAMBIO

Descrito en la Sección 4.3.3.4. Una solicitud de cambio puede incluir acciones correctivas y preventivas para mejorar el nivel actual de involucramiento de los interesados. Las solicitudes de cambio se procesan para su revisión y tratamiento por medio del proceso Realizar el Control Integrado de Cambios (Sección 4.6).

13.4.3.3 ACTUALIZACIONES DEL PLAN PARA LA DIRECCIÓN DEL PROYECTO

Cualquier cambio en el plan para la dirección del proyecto pasa por el proceso de control de cambios de la organización mediante una solicitud de cambio. Los componentes del plan para la dirección del proyecto que pueden requerir una solicitud de cambio incluyen, entre otros:

◆ **Plan de gestión de los recursos.** Descrito en la Sección 9.1.3.1. Las responsabilidades del equipo relativas a las actividades de involucramiento de los interesados pueden requerir actualización.

◆ **Plan de gestión de las comunicaciones.** Descrito en la Sección 10.1.3.1. Las estrategias de comunicación del proyecto pueden requerir actualización.

◆ **Plan de involucramiento de los interesados.** Descrito en la Sección 13.2.3.1. La información sobre la comunidad de interesados del proyecto puede requerir actualización.

13.4.3.4 ACTUALIZACIONES A LOS DOCUMENTOS DEL PROYECTO

Los documentos del proyecto que pueden actualizarse como resultado de llevar a cabo este proceso incluyen, entre otros:

◆ **Registro de incidentes.** Descrito en la Sección 4.3.3.3. La información del registro de incidentes indica actitudes de los interesados y puede requerir actualización.

◆ **Registro de lecciones aprendidas.** Descrito en la Sección 4.4.3.1. El registro de lecciones aprendidas se actualiza con información sobre las dificultades y cómo podrían haberse evitado. También se actualiza con enfoques que han funcionado bien y aquellos que no han funcionado bien para involucrar a los interesados de manera óptima.

◆ **Registro de riesgos.** Descrito en la Sección 11.2.3.1. Puede surgir la necesidad de actualizar el registro de riesgos con las respuestas a los riesgos de los interesados.

◆ **Registro de interesados.** Descrito en la Sección 13.1.3.1. El registro de interesados se actualiza con información como resultado de monitorear el involucramiento de los interesados.

REFERENCIAS

[1]   Project Management Institute. 2017. *The Standard for Project Management*. Newtown Square, PA: Author.

[2]   Project Management Institute. 2013. *The Standard for Portfolio Management* – Third Edition. Newtown Square, PA: Author.

[3]   Project Management Institute. 2017. *The Standard for Program Management* – Fourth Edition. Newtown Square, PA: Author.

[4]   Project Management Institute. 2016. *The PMI Lexicon of Project Management Terms*. Available from http://www.pmi.org/lexiconterms

[5]   Project Management Institute. *Code of Ethics and Professional Conduct*. Available from http://www.pmi.org/codeofethics

[6]   Project Management Institute. 2013. *Managing Change in Organizations: A Practice Guide*. Newtown Square, PA: Author.

[7]   Project Management Institute. 2015. *Business Analysis for Practitioners: A Practice Guide*. Newtown Square, PA: Author.

[8]   Project Management Institute. 2014. *Implementing Organizational Project Management: A Practice Guide*. Newtown Square, PA: Author.

[9]   Project Management Institute. 2014. Project Management Institute Excellence in Practice-Research Collaboration, PMI-RI Standards Program: Making Sense of PPP Governance, December 19, 2014. Newtown Square, PA: Author

[10]   Project Management Institute. 2016. *Governance of Portfolios, Programs, and Projects: A Practice Guide*. Newtown Square, PA: Author.

[11]   Project Management Institute. (2013). *PMI's Pulse of the Profession® In-Depth Report: The Competitive Advantage of Effective Talent Management*. Available from http://www.pmi.org

[12]   Project Management Institute. 2015. White Paper, Complexity Management for Projects, Programmes, and Portfolios: An Engineering Systems Perspective, March 2015. Newtown Square, PA: Author.

[13]   Project Management Institute. 2014. *Navigating Complexity: A Practice Guide*. Newtown Square, PA: Author.

[14]   Project Management Institute. 2016. *Requirements Management: A Practice Guide*. Newtown Square, PA: Author.

[15]   Project Management Institute. 2006. *Practice Standard for Work Breakdown Structures (WBS)*. Newtown Square, PA: Author.

[16]   Project Management Institute. 2011. *Practice Standard for Scheduling* – Second Edition. Newtown Square, PA: Author.

[17]   Project Management Institute. 2011. *Practice Standard for Earned Value Management* – Second Edition

[18]   International Standards Organization. 2015. ISO 9000:2015 *Quality Management Systems—Fundamentals and Vocabulary*. Geneva: Author.

Parte 2

El estándar para la Dirección de proyectos

1

INTRODUCCIÓN

Un estándar es un documento establecido por una autoridad, costumbre o consenso como un modelo o ejemplo. Este estándar fue desarrollado utilizando un proceso basado en los conceptos de consenso, apertura, debido proceso y equilibrio. Este estándar describe los procesos considerados como buenas prácticas en la mayoría de los proyectos, la mayoría de las veces. Estos procesos están organizados por Grupo de Procesos. Asimismo, define conceptos clave de la dirección de proyectos incluidos el vínculo entre la dirección de proyectos y la estrategia y los objetivos de la organización, la gobernanza, la dirección de portafolios, la dirección de programas, el entorno del proyecto y el éxito del proyecto. También cubre información sobre ciclos de vida del proyecto, interesados del proyecto y el rol del director del proyecto. La Sección 1 analiza conceptos clave y proporciona información contextual acerca de la dirección de proyectos. Las Secciones 2 a 6 proporcionan definiciones para cada uno de los cinco Grupos de Procesos y describen los procesos dentro de esos Grupos de Procesos. Las Secciones 2 a 6 también describen los beneficios clave, las entradas y salidas para cada proceso de la dirección de proyectos. Este estándar sirve de base y marco para la *Guía de los Fundamentos para la Dirección de Proyectos (PMBOK® Guide)*[1] La *Guía del PMBOK®* amplía la información de este estándar, brindando una descripción más detallada del contexto, el entorno y las influencias en la dirección de proyectos. Además, la *Guía del PMBOK®* proporciona descripciones de las entradas y salidas de los procesos de la dirección de proyectos, identifica herramientas y técnicas, y analiza conceptos clave y tendencias emergentes asociados con cada Área de Conocimiento.

[1] Project Management Institute. 2017. *Guía de los Fundamentos para la Dirección de Proyectos (Guía del PMBOK®).* Newton Square, PA: Autor.

1.1 PROYECTOS Y DIRECCIÓN DE PROYECTOS

Un proyecto es un esfuerzo temporal que se lleva a cabo para crear un producto, servicio o resultado único. La naturaleza temporal de los proyectos indica un principio y un final definidos. Que sea temporal no significa necesariamente que un proyecto sea de corta duración. El final de un proyecto se alcanza cuando se logran los objetivos o cuando se termina el proyecto porque sus objetivos no se cumplirán o no podrán ser cumplidos, o cuando ya no existe la necesidad que dio origen al proyecto. La decisión de terminar un proyecto requiere aprobación y autorización por parte de una autoridad competente.

La dirección de proyectos es la aplicación de conocimientos, habilidades, herramientas y técnicas a las actividades del proyecto para cumplir con los requisitos del mismo. Se logra mediante la aplicación e integración adecuadas de los procesos de dirección de proyectos identificados para el proyecto.

Dirigir un proyecto por lo general incluye, entre otros aspectos:

◆ Identificar los requisitos del proyecto;

◆ Abordar las diversas necesidades, inquietudes y expectativas de los interesados;

◆ Establecer y mantener una comunicación activa con los interesados;

◆ Gestionar los recursos; y

◆ Equilibrar las restricciones contrapuestas del proyecto que incluyen, entre otras

■ Alcance,

■ Cronograma,

■ Costo,

■ Calidad,

■ Recursos y

■ Riesgos.

Las circunstancias del proyecto influirán en cómo se implementa cada proceso de la dirección de proyectos y cómo se priorizan las restricciones del proyecto.

1.2 RELACIONES ENTRE PORTAFOLIOS, PROGRAMAS Y PROYECTOS

Un portafolio se define como los proyectos, programas, portafolios subsidiarios y operaciones cuya gestión se realiza de manera coordinada para alcanzar los objetivos estratégicos. La dirección de portafolios es la gestión centralizada de uno o más portafolios a fin de alcanzar los objetivos estratégicos. La dirección de portafolios se centra en asegurar que el desempeño del portafolio sea consistente con los objetivos de la organización y en evaluar los componentes del portafolio para optimizar la asignación de recursos. Los portafolios pueden incluir trabajo de naturaleza operativa.

Un programa se define como proyectos relacionados, programas subsidiarios y actividades de programas, cuya gestión se realiza de manera coordinada para obtener beneficios que no se obtendrían si se gestionaran de forma individual. Los programas incluyen trabajo relacionado con el programa que está fuera del alcance de los proyectos específicos del programa. La dirección de programas es la aplicación de conocimientos, habilidades y principios para alcanzar los objetivos del programa y para obtener beneficios y control no disponibles cuando los componentes del programa relacionados se gestionan individualmente. Los programas también pueden incluir trabajo de naturaleza operativa.

La dirección de programas apoya las estrategias organizacionales mediante la autorización, cambio o conclusión de proyectos y mediante la gestión de sus interdependencias. La gestión de las interdependencias de los proyectos puede incluir, entre otras acciones:

◆ Resolver restricciones y/o conflictos de recursos que afectan a los componentes del programa;

◆ Alinearse con las estrategias de la organización que influyen y afectan las metas y los objetivos del programa;

◆ Gestionar incidentes y emplear la gestión de cambios dentro de una estructura de gobernanza compartida;

◆ Abordar los riesgos del proyecto y el programa que pueden afectar a uno o más componentes; y

◆ Gestionar la obtención de beneficios del programa mediante el análisis, secuenciación y monitoreo eficaces de las interdependencias de los componentes.

Un proyecto puede dirigirse en tres escenarios separados: como un proyecto independiente (fuera de un portafolio o programa); dentro de un programa; o dentro de un portafolio. Cuando un proyecto está dentro de un portafolio o programa, la dirección de proyectos interactúa con la dirección de portafolios y programas.

El Gráfico 1-1 ilustra un ejemplo de una estructura de portafolios que indica las relaciones entre los componentes, recursos compartidos e interesados. Los componentes del portafolio se agrupan a fin de facilitar la gobernanza y la gestión eficaces del trabajo y para alcanzar las estrategias y prioridades de la organización. La planificación de la organización y de los portafolios afecta a los componentes mediante el establecimiento de prioridades basadas en los riesgos, el financiamiento y otras consideraciones. Esto permite a las organizaciones tener una visión general sobre cómo los objetivos estratégicos se reflejan en el portafolio; establecer una gobernanza adecuada de portafolios, programas y proyectos; y autorizar recursos humanos, financieros o físicos. Estos recursos se asignarán en base al desempeño y los beneficios esperados. El Gráfico 1-1 ilustra que las estrategias y prioridades de una organización se vinculan, y que se establecen relaciones entre portafolios y programas, entre portafolios y proyectos, y entre programas y proyectos individuales. Estas relaciones no son siempre estrictamente jerárquicas.

La dirección organizacional de proyectos (OPM) es un marco para la ejecución de estrategias a través de la dirección de portafolios, la dirección de programas y la dirección de proyectos. Proporciona un marco que permite a las organizaciones implementar de manera consistente y predecible estrategias organizacionales capaces de producir un mejor desempeño, mejores resultados y una ventaja competitiva sostenible.

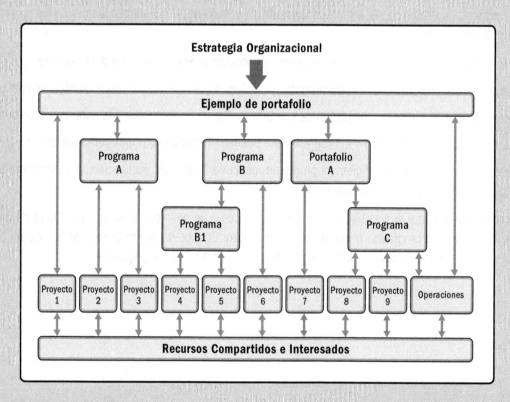

Gráfico 1-1. Ejemplo de Interfaces entre la Dirección de Proyectos, la Dirección de Programas y la Dirección de Portafolios

1.3 VÍNCULO ENTRE GOBERNANZA ORGANIZACIONAL Y GOBERNANZA DEL PROYECTO

Existen diversos tipos de gobernanza incluida la gobernanza organizacional; la gobernanza de la dirección organizacional de proyectos (OPM); y la gobernanza de portafolios, programas y proyectos. La gobernanza organizacional es una forma estructurada de proporcionar dirección y control a través de políticas y procesos, para cumplir con las metas estratégicas y operativas. Por lo general la gobernanza organizacional está a cargo de una junta directiva para garantizar la rendición de cuentas, la imparcialidad y la transparencia a sus interesados. Los principios, decisiones y procesos de la gobernanza organizacional pueden influir y afectar la gobernanza de portafolios, programas y proyectos de las siguientes maneras:

◆ Haciendo cumplir los requisitos legales, regulatorios, normativos y de cumplimiento,

◆ Definiendo responsabilidades éticas, sociales y ambientales, y

◆ Especificando políticas operativas, legales y de riesgo.

La gobernanza del proyecto consiste en el marco, funciones y procesos que guían las actividades de dirección del proyecto a fin de crear un producto, servicio o resultado único para cumplir con las metas organizacionales, estratégicas y operativas. La gobernanza a nivel del proyecto incluye:

◆ Guiar y supervisar la gestión del trabajo del proyecto;

◆ Asegurar la adhesión a las políticas, estándares y guías;

◆ Establecer roles, responsabilidades y autoridades de la gobernanza;

◆ Tomar decisiones sobre escalamiento de riesgos, cambios y recursos (p.ej., equipo, financieros, físicos, instalaciones);

◆ Asegurar el adecuado involucramiento de los interesados; y

◆ Monitorear el desempeño.

El marco de gobernanza del proyecto proporciona a los interesados del proyecto la estructura, los procesos, los roles, las responsabilidades, las rendiciones de cuentas y los modelos de toma de decisiones para dirigir el proyecto. Los elementos del marco de gobernanza de un proyecto incluyen, entre otros, principios o procesos para:

◆ Revisión de fases o cambios de etapas;

◆ Identificar, escalar y resolver riesgos e incidentes;

◆ Definir roles, responsabilidades y autoridades;

◆ Gestionar el conocimiento del proyecto y capturar las lecciones aprendidas;

◆ Tomar decisiones, resolver problemas y escalar temas que están más allá de la autoridad del director del proyecto; y

◆ Revisar y aprobar cambios al proyecto y cambios al producto que están fuera de la autoridad del director del proyecto.

1.4 ÉXITO DEL PROYECTO Y GESTIÓN DE BENEFICIOS

Los proyectos se inician para aprovechar oportunidades de negocio que están alineadas con las metas estratégicas de una organización. Antes de iniciar un proyecto, a menudo se desarrolla un caso de negocio para definir los objetivos del proyecto, la inversión requerida, y los criterios financieros y cualitativos para el éxito del proyecto. El caso de negocio proporciona la base para medir el éxito y el avance a lo largo del ciclo de vida del proyecto mediante la comparación de los resultados con los objetivos y los criterios de éxito identificados.

Por lo general, los proyectos se inician como resultado de una o más de las siguientes consideraciones estratégicas:

◆ Demanda del mercado,

◆ Oportunidad estratégica/necesidad de negocio,

◆ Necesidad social,

◆ Temas ambientales,

◆ Solicitud del cliente,

◆ Avance tecnológico,

◆ Requisito legal o regulatorio, y

◆ Problema existente o previsto.

Un plan de gestión de beneficios describe el modo y el momento en que se entregarán los beneficios del proyecto y cómo se medirán los mismos. El plan de gestión de beneficios puede incluir lo siguiente:

◆ **Beneficios esperados.** El valor de negocio tangible e intangible que se espera ganar con la implementación del producto, servicio o resultado.

◆ **Alineación estratégica.** El modo en que los beneficios del proyecto apoyan y se alinean con las estrategias de negocio de la organización.

◆ **Plazo para obtener los beneficios.** Beneficios por fase: corto plazo, largo plazo y continuos.

◆ **Responsable de los beneficios.** La persona o grupo responsable que monitorea, registra e informa los beneficios obtenidos en el transcurso del plazo establecido en el plan.

◆ **Métricas.** Las mediciones directas e indirectas utilizadas para mostrar los beneficios obtenidos.

◆ **Riesgos.** Riesgos asociados con el logro de los beneficios esperados.

El éxito del proyecto se mide con relación a sus objetivos y criterios de éxito. En muchos casos, el éxito del producto, servicio o resultado no se conoce hasta pasado un tiempo de concluido el proyecto. Por ejemplo, un aumento de la participación en el mercado, una disminución de los gastos operativos o el éxito de un nuevo producto pueden no conocerse cuando el proyecto pasa al ámbito de operaciones. En estas circunstancias, la oficina de dirección de proyectos (PMO), el comité de dirección de portafolios o alguna otra función de negocio dentro de la organización debe evaluar el éxito en una fecha posterior, a fin de determinar si los resultados cumplieron los objetivos de negocio.

Tanto el caso de negocio como el plan de gestión de beneficios se desarrollan antes de iniciar el proyecto. Además, luego de concluido el proyecto se hace referencia a ambos documentos. Por lo tanto, se los considera documentos de negocio más que documentos del proyecto o componentes del plan para la dirección del proyecto. Cuando corresponda, estos documentos de negocio pueden ser entradas de algunos de los procesos involucrados en dirigir el proyecto, como el desarrollo del acta de constitución del proyecto.

1.5 EL CICLO DE VIDA DEL PROYECTO

El ciclo de vida de un proyecto es la serie de fases que atraviesa un proyecto desde su inicio hasta su conclusión. Una fase del proyecto es un conjunto de actividades del proyecto, relacionadas de manera lógica, que culmina con la finalización de uno o más entregables. Las fases pueden ser secuenciales, iterativas o superpuestas. Los nombres, número y duración de las fases del proyecto se determinan en función de las necesidades de gestión y control de la(s) organización(es) que participa(n) en el proyecto, la naturaleza propia del proyecto y su área de aplicación. Las fases son acotadas en el tiempo, con un inicio y un final o punto de control (a veces denominado revisión de fase, punto de revisión de fase, revisión de control u otro término similar). En el punto de control, el acta de constitución del proyecto y los documentos de negocio se reexaminan en base al entorno actual. En ese momento, el desempeño del proyecto se compara con el plan para la dirección del proyecto para determinar si el proyecto se debe cambiar, terminar o continuar tal como se planificó.

El ciclo de vida del proyecto puede verse afectado por los aspectos propios de la organización, la industria, el método de desarrollo o la tecnología empleada. Mientras que cada proyecto tiene un inicio y un final, los entregables específicos y el trabajo que se llevan a cabo varían ampliamente dependiendo del proyecto. El ciclo de vida proporciona el marco de referencia básico para dirigir el proyecto, independientemente del trabajo específico involucrado.

Aunque los proyectos varían en el tamaño y el grado de complejidad que contienen, un proyecto típico puede configurarse dentro de la siguiente estructura de ciclo de vida del proyecto (véase el Gráfico 1-2):

◆ Inicio del proyecto,

◆ Organización y preparación,

◆ Ejecución del trabajo, y

◆ Cierre del proyecto.

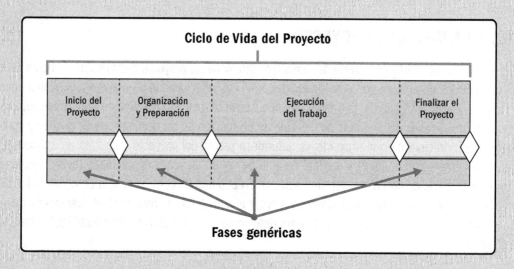

Gráfico 1-2. Representación Genérica del Ciclo de Vida de un Proyecto

Una estructura genérica del ciclo de vida normalmente presenta las siguientes características:

◆ Los niveles de costo y dotación de personal son bajos al inicio del proyecto, aumentan según se desarrolla el trabajo y caen rápidamente cuando el proyecto se acerca al cierre.

◆ Los riesgos son mayores en el inicio del proyecto, según se ilustra en el Gráfico 1-3. Estos factores disminuyen durante el ciclo de vida del proyecto, a medida que se van adoptando decisiones y aceptando los entregables.

◆ La capacidad de los interesados de influir en las características finales del producto del proyecto, sin afectar significativamente el costo ni el cronograma, es más alta al inicio del proyecto y va disminuyendo a medida que el proyecto avanza hacia su conclusión. El Gráfico 1-3 ilustra que el costo de efectuar cambios y de corregir errores suele aumentar sustancialmente según el proyecto se acerca a su fin.

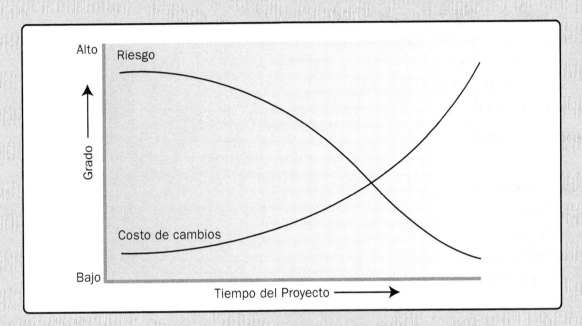

Gráfico 1-3. Impacto de las Variables en el Tiempo

1.6 INTERESADOS DEL PROYECTO

Un interesado es un individuo, grupo u organización que puede afectar, verse afectado, o percibirse a sí mismo como afectado por una decisión, actividad o resultado de un proyecto. Los interesados del proyecto pueden ser internos o externos al proyecto, pueden estar involucrados activamente, involucrados pasivamente, o desconocer el proyecto. Los interesados del proyecto pueden tener un impacto positivo o negativo en el proyecto, o recibir un impacto positivo o negativo del proyecto. Los ejemplos de interesados incluyen, entre otros:

◆ *Interesados internos:*

- Patrocinador,
- Gerente de recursos,
- La oficina de dirección de proyectos (PMO),
- El comité de dirección de portafolios,
- Director del programa,
- Directores de proyecto de otros proyectos, y
- Miembros del equipo.

◆ *Interesados externos:*

- Clientes,
- Usuarios finales,
- Proveedores,
- Accionistas,
- Organismos reguladores, y
- Competidores.

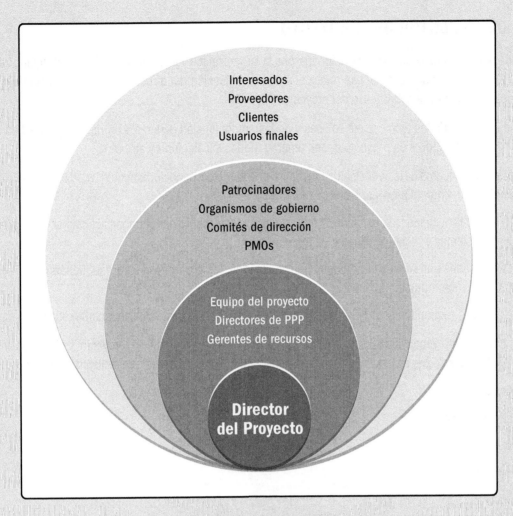

Gráfico 1-4. Ejemplos de Interesados del Proyecto

El Gráfico 1-4 muestra ejemplos de interesados del proyecto. La participación de los interesados puede variar desde una participación ocasional en encuestas y grupos de opinión, hasta el patrocinio total del proyecto que incluye la provisión de apoyo financiero, político o de otros tipos. El tipo y nivel de participación en el proyecto pueden cambiar durante el ciclo de vida del proyecto. Por lo tanto, la identificación, análisis e involucramiento exitosos de los interesados y la gestión eficaz de sus expectativas y participación en el proyecto a lo largo del ciclo de vida, son críticos para el éxito del proyecto.

1.7 ROL DEL DIRECTOR DEL PROYECTO

El director del proyecto es la persona asignada por la organización ejecutora para liderar al equipo responsable de alcanzar los objetivos del proyecto. Las relaciones de comunicación del director del proyecto están basadas en la estructura organizacional y la gobernanza del proyecto.

Además de las habilidades técnicas específicas y de las competencias generales en materia de gestión requeridas para el proyecto, los directores de proyecto deben tener al menos los siguientes atributos:

◆ Conocimientos acerca de la dirección de proyectos, el entorno del negocio, aspectos técnicos y demás información necesaria para dirigir el proyecto de manera eficaz;

◆ Las habilidades necesarias para liderar el equipo del proyecto, coordinar el trabajo, colaborar con los interesados, resolver problemas y tomar decisiones de manera eficaz;

◆ Las capacidades para desarrollar y gestionar el alcance, los cronogramas, presupuestos, recursos, riesgos, planes, presentaciones e informes; y

◆ Otros atributos requeridos para dirigir con éxito el proyecto, como personalidad, actitud, ética y liderazgo.

Los directores de proyecto llevan a cabo el trabajo a través del equipo del proyecto y de otros interesados. Los directores de proyecto dependen de importantes habilidades interpersonales que incluyen, entre otras:

◆ Liderazgo,

◆ Trabajo en equipo,

◆ Motivación,

◆ Comunicación,

◆ Influencia,

◆ Toma de decisiones,

◆ Conocimientos de política y cultura,

◆ Negociación,

◆ Facilitación,

◆ Gestión de conflictos, y

◆ Proporcionar orientación.

El director del proyecto es exitoso cuando los objetivos del proyecto se han alcanzado. Otro aspecto del éxito es la satisfacción de los interesados. El director del proyecto debe atender las necesidades, inquietudes y expectativas de los interesados para satisfacer a los interesados relevantes. Para ser exitoso, el director del proyecto debe adaptar el enfoque del proyecto, el ciclo de vida y los procesos de la dirección de proyectos para satisfacer los requisitos del proyecto y el producto.

1.8 ÁREAS DE CONOCIMIENTO DE LA DIRECCIÓN DE PROYECTOS

Las Áreas de Conocimiento de la Dirección de Proyectos son campos o áreas de especialización que se emplean comúnmente al dirigir proyectos. Un Área de Conocimiento es un conjunto de procesos asociados a un tema particular de la dirección de proyectos. Estas 10 Áreas de Conocimiento se utilizan en la mayoría de los proyectos, la mayoría de las veces. Las necesidades de un proyecto específico pueden requerir Áreas de Conocimiento adicionales. Las 10 Áreas de Conocimiento son:

◆ **Gestión de la Integración del Proyecto.** La Gestión de la Integración del Proyecto incluye los procesos y actividades para identificar, definir, combinar, unificar y coordinar los diversos procesos y actividades de dirección del proyecto dentro de los Grupos de Procesos de la Dirección de Proyectos.

◆ **Gestión del Alcance del Proyecto.** La Gestión del Alcance del Proyecto incluye los procesos requeridos para garantizar que el proyecto incluya todo el trabajo requerido, y únicamente el trabajo requerido, para completar el proyecto con éxito.

◆ **Gestión del Cronograma del Proyecto.** La Gestión del Cronograma del Proyecto incluye los procesos requeridos para administrar la finalización del proyecto a tiempo.

◆ **Gestión de los Costos del Proyecto.** La Gestión de los Costos del Proyecto incluye los procesos involucrados en planificar, estimar, presupuestar, financiar, obtener financiamiento, gestionar y controlar los costos de modo que se complete el proyecto dentro del presupuesto aprobado.

◆ **Gestión de la Calidad del Proyecto.** La Gestión de la Calidad del Proyecto incluye los procesos para incorporar la política de calidad de la organización en cuanto a la planificación, gestión y control de los requisitos de calidad del proyecto y el producto, a fin de satisfacer las expectativas de los interesados.

◆ **Gestión de los Recursos del Proyecto.** La Gestión de los Recursos del Proyecto incluye los procesos para identificar, adquirir y gestionar los recursos necesarios para la conclusión exitosa del proyecto.

◆ **Gestión de las Comunicaciones del Proyecto.** La Gestión de las Comunicaciones del Proyecto incluye los procesos requeridos para garantizar que la planificación, recopilación, creación, distribución, almacenamiento, recuperación, gestión, control, monitoreo y disposición final de la información del proyecto sean oportunos y adecuados.

◆ **Gestión de los Riesgos del Proyecto.** La Gestión de los Riesgos del Proyecto incluye los procesos para llevar a cabo la planificación de la gestión, identificación, análisis, planificación de respuesta, implementación de respuesta y monitoreo de los riesgos de un proyecto.

◆ **Gestión de las Adquisiciones del Proyecto.** La Gestión de las Adquisiciones del Proyecto incluye los procesos necesarios para comprar o adquirir productos, servicios o resultados que es preciso obtener fuera del equipo del proyecto.

◆ **Gestión de los Interesados del Proyecto.** La Gestión de los Interesados del Proyecto incluye los procesos requeridos para identificar a las personas, grupos u organizaciones que pueden afectar o ser afectados por el proyecto, para analizar las expectativas de los interesados y su impacto en el proyecto, y para desarrollar estrategias de gestión adecuadas a fin de lograr la participación eficaz de los interesados en las decisiones y en la ejecución del proyecto.

1.9 GRUPOS DE PROCESOS DE LA DIRECCIÓN DE PROYECTOS

Este estándar describe los procesos de la dirección de proyectos empleados para cumplir con los objetivos del proyecto. Los procesos de la dirección de proyectos se agrupan en cinco Grupos de Procesos de la Dirección de Proyectos:

◆ **Grupo de Procesos de Inicio.** Proceso(s) realizado(s) para definir un nuevo proyecto o nueva fase de un proyecto existente al obtener la autorización para iniciar el proyecto o fase. Los procesos de Inicio se describen en la Sección 2.

◆ **Grupo de Procesos de Planificación.** Proceso(s) requerido(s) para establecer el alcance del proyecto, refinar los objetivos y definir el curso de acción requerido para alcanzar los objetivos propuestos del proyecto. Los procesos de Planificación se describen en la Sección 3.

◆ **Grupo de Procesos de Ejecución.** Proceso(s) realizado(s) para completar el trabajo definido en el plan para la dirección del proyecto a fin de satisfacer los requisitos del proyecto. Los procesos de Ejecución se describen en la Sección 4.

◆ **Grupo de Procesos de Monitoreo y Control.** Proceso(s) requerido(s) para hacer seguimiento, analizar y regular el progreso y el desempeño del proyecto, para identificar áreas en las que el plan requiera cambios y para iniciar los cambios correspondientes. Los procesos de Monitoreo y Control se describen en la Sección 5.

◆ **Grupo de Procesos de Cierre.** Proceso(s) llevado(s) a cabo para completar o cerrar formalmente un proyecto, fase o contrato. Los procesos de Cierre se describen en la Sección 6.

Estos cinco Grupos de Procesos son independientes de las áreas de aplicación (como marketing, servicios de información o contabilidad) y del enfoque de las industrias (como construcción, aeroespacial, telecomunicaciones). Los procesos individuales de los Grupos de Procesos a menudo se repiten antes de concluir una fase o un proyecto. El número de iteraciones de los procesos e interacciones entre los procesos varía según las necesidades del proyecto. En general, los procesos se encuadran en una de tres categorías:

◆ **Procesos utilizados una única vez o en puntos predefinidos del proyecto.** Ejemplos de ellos son desarrollar el acta de constitución del proyecto y cerrar el proyecto o fase.

◆ **Procesos que se llevan a cabo periódicamente según sea necesario.** Adquirir recursos se lleva a cabo cuando se necesitan recursos. Efectuar las adquisiciones se llevará a cabo antes de necesitar el elemento adquirido.

◆ **Procesos que se realizan de manera continua a lo largo de todo el proyecto.** Definir las actividades puede ocurrir a lo largo del ciclo de vida del proyecto, en especial cuando el proyecto utiliza planificación gradual o un enfoque de desarrollo adaptativo. Muchos de los procesos de monitoreo y control son continuos desde el inicio del proyecto hasta su cierre.

La salida de un proceso normalmente se convierte en la entrada para otro proceso o es un entregable del proyecto o fase del proyecto. Por ejemplo, el plan para la dirección del proyecto y los documentos del proyecto (p.ej., registro de riesgos, matriz de asignación de responsabilidades, etc.) producidos en el Grupo de Procesos de Planificación son proporcionados al Grupo de Procesos de Ejecución donde se realizan las actualizaciones. El Gráfico 1-4 ilustra un ejemplo de cómo los Grupos de Procesos pueden superponerse durante un proyecto o fase.

Los Grupos de Procesos no son fases del proyecto. Cuando el proyecto está dividido en fases, los procesos de los Grupos de Procesos interactúan dentro de cada fase. Es posible que todos los Grupos de Procesos estén representados dentro de una fase, como se ilustra en el Gráfico 1-5. Dado que los proyectos están separados en fases diferenciadas, como por ejemplo desarrollo conceptual, estudio de viabilidad, diseño, prototipo, construcción, o prueba, etc., los procesos de cada Grupo de Procesos se repiten en cada fase según sea necesario, hasta que se hayan cumplido los criterios de finalización de esa fase.

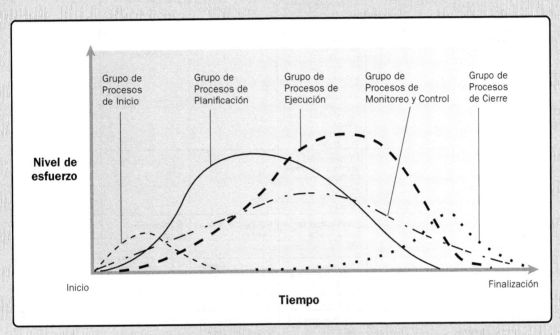

Gráfico 1-5. Ejemplo de Interacciones entre los Grupos de Procesos dentro de un Proyecto o Fase

La Tabla 1-1 muestra los 49 procesos configurados dentro de los Grupos de Procesos y Áreas de Conocimiento.

Tabla 1-1. Correspondencia entre Grupos de Procesos y Áreas de Conocimiento de la Dirección de Proyectos

Áreas de Conocimiento	Grupos de Procesos de la Dirección de Proyectos				
	Grupo de Procesos de Inicio	Grupo de Procesos de Planificación	Grupo de Procesos de Ejecución	Grupo de Procesos de Monitoreo y Control	Grupo de Procesos de Cierre
4. Gestión de la Integración del Proyecto	4.1 Desarrollar el Acta de Constitución del Proyecto	4.2 Desarrollar el Plan para la Dirección del Proyecto	4.3 Dirigir y Gestionar el Trabajo del Proyecto 4.4 Gestionar el Conocimiento del Proyecto	4.5 Monitorear y Controlar el Trabajo del Proyecto 4.6 Realizar el Control Integrado de Cambios	4.7 Cerrar el Proyecto o Fase
5. Gestión del Alcance del Proyecto		5.1 Planificar la Gestión del Alcance 5.2 Recopilar Requisitos 5.3 Definir el Alcance 5.4 Crear la EDT/WBS		5.5 Validar el Alcance 5.6 Controlar el Alcance	
6. Gestión del Cronograma del Proyecto		6.1 Planificar la Gestión del Cronograma 6.2 Definir las Actividades 6.3 Secuenciar las Actividades 6.4 Estimar la Duración de las Actividades 6.5 Desarrollar el Cronograma		6.6 Controlar el Cronograma	
7. Gestión de los Costos del Proyecto		7.1 Planificar la Gestión de los Costos 7.2 Estimar los Costos 7.3 Determinar el Presupuesto		7.4 Controlar los Costos	
8. Gestión de la Calidad del Proyecto		8.1 Planificar la Gestión de la Calidad	8.2 Gestionar la Calidad	8.3 Controlar la Calidad	
9. Gestión de los Recursos del Proyecto		9.1 Planificar la Gestión de Recursos 9.2 Estimar los Recursos de las Actividades	9.3 Adquirir Recursos 9.4 Desarrollar el Equipo 9.5 Dirigir al Equipo	9.6 Controlar los Recursos	
10. Gestión de las Comunicaciones del Proyecto		10.1 Planificar la Gestión de las Comunicaciones	10.2 Gestionar las Comunicaciones	10.3 Monitorear las Comunicaciones	
11. Gestión de los Riesgos del Proyecto		11.1 Planificar la Gestión de los Riesgos 11.2 Identificar los Riesgos 11.3 Realizar el Análisis Cualitativo de Riesgos 11.4 Realizar el Análisis Cuantitativo de Riesgos 11.5 Planificar la Respuesta a los Riesgos	11.6 Implementar la Respuesta a los Riesgos	11.7 Monitorear los Riesgos	
12. Gestión de las Adquisiciones del Proyecto		12.1 Planificar la Gestión de las Adquisiciones	12.2 Efectuar las Adquisiciones	12.3 Controlar las Adquisiciones	
13. Gestión de los Interesados del Proyecto	13.1 Identificar a los Interesados	13.2 Planificar el Involucramiento de los Interesados	13.3 Gestionar la Participación de los Interesados	13.4 Monitorear el Involucramiento de los Interesados	

1.10 FACTORES AMBIENTALES DE LA EMPRESA Y ACTIVOS DE LOS PROCESOS DE LA ORGANIZACIÓN

Los proyectos existen y operan en entornos que pueden influir en ellos. Estas influencias pueden tener un impacto favorable o desfavorable en el proyecto. Dos categorías principales de influencias son los factores ambientales de la empresa (EEFs) y los activos de los procesos de la organización (OPAs).

Los EEFs provienen del entorno fuera del proyecto y a menudo fuera de la empresa. Estos factores hacen referencia a condiciones que no están bajo el control del equipo del proyecto y que influyen, restringen o dirigen el proyecto. Los EEFs pueden tener un impacto a nivel de la empresa, portafolios, programas o proyectos. (Para obtener información adicional sobre los EEFs consulte la Sección 2.2 de la *Guía del PMBOK®*.) Un conjunto de dichos factores son la cultura, estructura y gobierno internos de la organización. Los ejemplos en esta área incluyen, entre otros: visión, misión, valores, creencias, normas culturales, jerarquía y relaciones de autoridad.

Los OPAs son internos de la empresa. Pueden surgir de la propia empresa, un portafolio, un programa, otro proyecto o una combinación de estos. Los OPAs son los planes, los procesos, las políticas, los procedimientos y las bases de conocimiento específicos de la organización ejecutora y utilizados por la misma. Estos activos influyen en la dirección del proyecto. Los ejemplos incluyen, entre otros: procedimientos de control de cambios, plantillas, información de proyectos anteriores y repositorios de lecciones aprendidas. (Para obtener información adicional sobre los OPAs, consulte la Sección 2.3 de la *Guía del PMBOK®*.)

1.11 ADAPTAR LOS OBJETOS DEL PROYECTO

En este contexto, el término objeto incluye los procesos de la dirección de proyectos, entradas, herramientas, técnicas, salidas, EEFs y OPAs. El director del proyecto y el equipo de dirección del proyecto seleccionan y adaptan los objetos adecuados para utilizar en su proyecto específico. Esta actividad de selección y adecuación se conoce como adaptar. Adaptar es necesario porque cada proyecto es único; por lo tanto, no todos los procesos, entradas, herramientas, técnicas o salidas son necesarios en cada proyecto.

El plan para la dirección del proyecto es el objeto más prevalente. Posee muchos componentes, tales como los planes de gestión subsidiarios, líneas base y una descripción del ciclo de vida del proyecto. Los planes de gestión subsidiarios son planes asociados a un Área de Conocimiento o aspecto específico del proyecto, por ejemplo, un plan de gestión del cronograma, plan de gestión de los riesgos y plan de gestión de cambios. Parte de la actividad de adaptar consiste en identificar los componentes del plan para la dirección del proyecto necesarios para un proyecto particular. El plan para la dirección del proyecto es una entrada y las actualizaciones al plan para la dirección del proyecto son una salida de muchos procesos en este estándar. En lugar de enumerar los componentes individuales del plan para la dirección del proyecto en las tablas de entradas/salidas, los ejemplos de los componentes que *pueden* ser entradas o que *pueden* actualizarse como salidas se enumeran en las tablas de entradas/salidas para cada proceso. Los posibles componentes se enumeran solamente como ejemplos. Estas entradas y salidas no son siempre necesarias y no son las únicas entradas o actualizaciones al plan para la dirección del proyecto que un director de proyecto puede usar en ese proceso particular.

El plan para la dirección del proyecto es uno de los principales objetos del proyecto, pero existen otros documentos que no son parte del plan para la dirección del proyecto que se utilizan para dirigir el proyecto. Estos otros documentos se denominan documentos del proyecto. De modo similar a los componentes del plan para la dirección del proyecto, los documentos del proyecto necesarios para un proceso dependerán del proyecto individual. El director del proyecto es responsable de identificar los documentos del proyecto necesarios para un proceso y los documentos del proyecto que se actualizarán como una salida de un proceso. Los documentos del proyecto enumerados en las tablas de entradas/salidas a lo largo de este estándar son posibles ejemplos de documentos del proyecto y no una lista completa.

La Tabla 1-2 contiene una lista representativa de componentes del plan para la dirección del proyecto y de documentos del proyecto. No es una lista completa, pero proporciona una representación de los tipos de documentos que a menudo se utilizan para ayudar a dirigir un proyecto.

Tabla 1-2. Plan para la Dirección del Proyecto y Documentos del Proyecto

Plan para la Dirección del Proyecto	Documentos del Proyecto	
1. Plan para la gestión del alcance	1. Atributos de la actividad	20. Métricas de calidad
2. Plan de gestión de los requisitos	2. Lista de actividades	21. Informe de calidad
3. Plan de gestión del cronograma	3. Registro de supuestos	22. Documentación de requisitos
4. Plan de gestión de los costos	4. Base de las estimaciones	23. Matriz de trazabilidad de requisitos
5. Plan de gestión de la calidad	5. Registro de cambios	24. Estructura de desglose de recursos
6. Plan de gestión de los recursos	6. Estimaciones de costos	25. Calendarios de recursos
7. Plan de gestión de las comunicaciones	7. Pronósticos de costos	26. Requisitos de recursos
8. Plan de gestión de los riesgos	8. Estimaciones de la duración	27. Registro de riesgos
9. Plan de gestión de las adquisiciones	9. Registro de incidentes	28. Informe de riesgos
10. Plan de involucramiento de los interesados	10. Registro de lecciones aprendidas	29. Datos del cronograma
11. Plan de gestión de cambios	11. Lista de hitos	30. Pronósticos del cronograma
12. Plan de gestión de la configuración	12. Asignaciones de recursos físicos	31. Registro de interesados
13. Línea base del alcance	13. Calendarios del proyecto	32. Acta de constitución del equipo
14. Línea base del cronograma	14. Comunicaciones del proyecto	33. Documentos de prueba y evaluación
15. Línea base de costos	15. Cronograma del proyecto	
16. Línea base para la medición del desempeño	16. Diagrama de red del cronograma del proyecto	
17. Descripción del ciclo de vida del proyecto	17. Enunciado del alcance del proyecto	
18. Enfoque de desarrollo	18. Asignaciones del equipo del proyecto	
19. Revisiones de la gestión	19. Mediciones de control de calidad	

Los documentos de negocio son documentos que generalmente se originan fuera del proyecto y se utilizan como entradas al proyecto. Entre los ejemplos de documentos de negocio se incluyen el caso de negocio y el plan de gestión de beneficios. El uso de los documentos de negocio dependerá de la cultura de la compañía y el proceso de iniciación del proyecto.

Los factores ambientales de la empresa que influyen en el proyecto y los activos de los procesos de la organización disponibles para el proyecto dependerán del proyecto y el entorno del proyecto y no se enumeran en este estándar.

2

GRUPO DE PROCESOS DE INICIO

El Grupo de Procesos de Inicio está compuesto por aquellos procesos realizados para definir un nuevo proyecto o una nueva fase de un proyecto existente al obtener la autorización para iniciar el proyecto o fase. El propósito del Grupo de Procesos de Inicio es alinear las expectativas de los interesados y el propósito del proyecto, informar a los interesados sobre el alcance y los objetivos, y analizar cómo su participación en el proyecto y sus fases asociadas puede ayudar a asegurar el cumplimiento de sus expectativas. Dentro de los procesos de Inicio, se define el alcance inicial y se comprometen los recursos financieros iniciales. Además, se identifican los interesados que van a interactuar y ejercer alguna influencia sobre el resultado global del proyecto. Finalmente, si aún no fue nombrado, se designa al director del proyecto. Esta información se plasma en el acta de constitución del proyecto y el registro de interesados. Cuando se aprueba el acta de constitución del proyecto, el proyecto es autorizado oficialmente y el director del proyecto es autorizado a aplicar recursos de la organización a las actividades del proyecto.

Los beneficios clave de este Grupo de Procesos son que solamente los proyectos alineados con los objetivos estratégicos de la organización son autorizados y que el caso de negocio, los beneficios y los interesados son considerados desde el inicio del proyecto. En algunas organizaciones, el director del proyecto está involucrado en el desarrollo del caso de negocio y la definición de los beneficios. En esas organizaciones, el director del proyecto generalmente ayuda a escribir el acta de constitución del proyecto; en otras organizaciones, el anteproyecto es realizado por el patrocinador del proyecto, la oficina de dirección de proyectos (PMO), el comité de dirección de portafolios u otro grupo de interesados. Este estándar supone que el proyecto ha sido aprobado por el patrocinador u otro órgano rector y que ellos han revisado los documentos de negocio antes de autorizar el proyecto.

Los documentos de negocio son documentos que generalmente se originan fuera del proyecto, pero se utilizan como entrada al proyecto. Entre los ejemplos de documentos de negocio se incluyen el caso de negocio y el plan de gestión de beneficios. El Gráfico 2-1 muestra el patrocinador y los documentos de negocio con relación a los Procesos de Inicio.

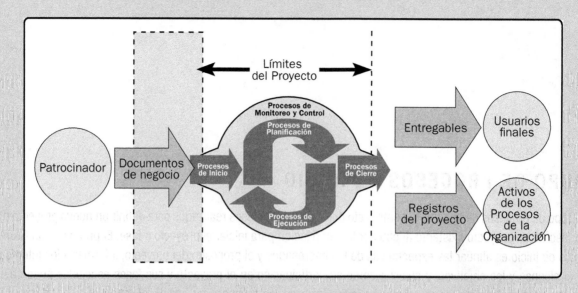

Gráfico 2-1. Límites del Proyecto

Tal como se describe en la Sección 1.5, los proyectos a menudo se dividen en fases. Cuando se hace esto, la información de los procesos del Grupo de Procesos de Inicio se reexamina para determinar si la información aún es válida. Revisar los procesos de Inicio al comienzo de cada fase ayuda a mantener el proyecto centrado en la necesidad de negocio que el proyecto se comprometió a abordar. Se verifican el acta de constitución del proyecto, los documentos de negocio y los criterios de éxito. Se revisan la influencia, las fuerzas impulsoras, las expectativas y los objetivos de los interesados del proyecto.

Involucrar a los patrocinadores, clientes y a otros interesados desde el inicio genera un entendimiento común de los criterios de éxito. Asimismo, aumenta la probabilidad de aceptación de los entregables una vez concluido el proyecto y la satisfacción de los interesados a lo largo del proyecto.

El Grupo de Procesos de Inicio incluye los procesos de la dirección de proyectos identificados en las Secciones 2.1 a 2.2.

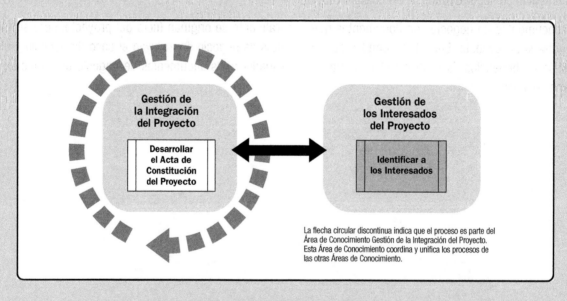

Gráfico 2-2. Grupo de Procesos de Inicio

2.1 DESARROLLAR EL ACTA DE CONSTITUCIÓN DEL PROYECTO

Desarrollar el Acta de Constitución del Proyecto es el proceso de desarrollar un documento que autoriza formalmente la existencia de un proyecto y confiere al director de proyecto la autoridad para asignar los recursos de la organización a las actividades del proyecto. El beneficio clave de este proceso es que proporciona un vínculo directo entre el proyecto y los objetivos estratégicos de la organización, crea un registro formal del proyecto y muestra el compromiso de la organización con el proyecto. Este proceso se lleva a cabo una única vez o en puntos predefinidos del proyecto. Las entradas y salidas de este proceso se muestran en el Gráfico 2-3.

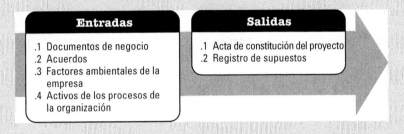

Gráfico 2-3. Desarrollar el Acta de Constitución del Proyecto: Entradas y Salidas

2.2 IDENTIFICAR A LOS INTERESADOS

Identificar a los Interesados es el proceso de identificar periódicamente a los interesados del proyecto así como de analizar y documentar información relevante relativa a sus intereses, participación, interdependencias, influencia y posible impacto en el éxito del proyecto. El beneficio clave de este proceso es que permite al equipo del proyecto identificar el enfoque adecuado para el involucramiento de cada interesado o grupo de interesados. Este proceso se lleva a cabo periódicamente a lo largo del proyecto, según sea necesario. Las entradas y salidas de este proceso se presentan en el Gráfico 2-4.

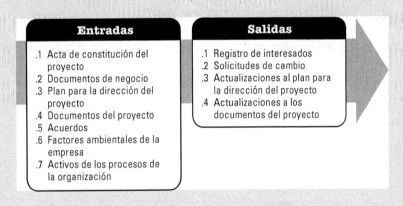

Gráfico 2-4. Identificar a los Interesados: Entradas y Salidas

Las necesidades del proyecto determinan qué componentes del plan para la dirección del proyecto y qué documentos del proyecto son necesarios.

2.2.1 COMPONENTES DEL PLAN PARA LA DIRECCIÓN DEL PROYECTO

Los ejemplos de componentes del plan para la dirección del proyecto que pueden ser entradas de este proceso incluyen, entre otros:

◆ El plan de gestión de las comunicaciones, y

◆ El plan de involucramiento de los interesados.

2.2.2 EJEMPLOS DE DOCUMENTOS DEL PROYECTO

Los ejemplos de documentos del proyecto que pueden ser entradas de este proceso incluyen, entre otros:

◆ Registro de cambios,

◆ Registro de incidentes, y

◆ Documentación de requisitos.

2.2.3 ACTUALIZACIONES AL PLAN PARA LA DIRECCIÓN DEL PROYECTO

Los ejemplos de componentes del plan para la dirección del proyecto que pueden actualizarse como resultado de este proceso incluyen, entre otros:

◆ Plan de gestión de los requisitos,

◆ Plan de gestión de las comunicaciones,

◆ Plan de gestión de los riesgos, y

◆ Plan de involucramiento de los interesados.

2.2.4 ACTUALIZACIONES A LOS DOCUMENTOS DEL PROYECTO

Los ejemplos de documentos del proyecto que pueden actualizarse como resultado de este proceso incluyen, entre otros:

◆ Registro de supuestos,

◆ Registro de incidentes, y

◆ Registro de riesgos.

3

GRUPO DE PROCESOS DE PLANIFICACIÓN

El Grupo de Procesos de Planificación está compuesto por aquellos procesos que establecen el alcance total del esfuerzo, definen y refinan los objetivos y desarrollan la línea de acción requerida para alcanzar dichos objetivos. Los procesos del Grupo de Procesos de Planificación desarrollan los componentes del plan para la dirección del proyecto y los documentos del proyecto utilizados para llevarlo a cabo. La naturaleza de un proyecto puede requerir el uso de reiterados ciclos de realimentación para análisis adicionales. Es probable que se requiera una revisión de la planificación a medida que se recopilan o se comprenden más características o información sobre el proyecto. Los cambios importantes que ocurren a lo largo del ciclo de vida del proyecto pueden generar la necesidad de reconsiderar uno o más de los procesos de planificación y, posiblemente, uno o ambos procesos de Inicio. Este refinamiento continuo del plan para la dirección del proyecto recibe el nombre de elaboración progresiva, para indicar que la planificación y la documentación son actividades iterativas o continuas. El beneficio clave de este Grupo de Procesos consiste en definir la línea de acción para completar con éxito el proyecto o fase.

El equipo de dirección del proyecto busca el aporte y estimula la participación de los interesados relevantes tanto durante la planificación del proyecto como en el desarrollo del plan para la dirección del proyecto y de los documentos del mismo. Cuando se termina el esfuerzo de planificación inicial, la versión aprobada del plan para la dirección del proyecto se considera una línea base. A lo largo del proyecto, los procesos de Monitoreo y Control comparan el desempeño del proyecto con las líneas base.

El Grupo de Procesos de Planificación (Gráfico 3-1) incluye los procesos de la dirección de proyectos identificados en las Secciones 3-1 a 3.24.

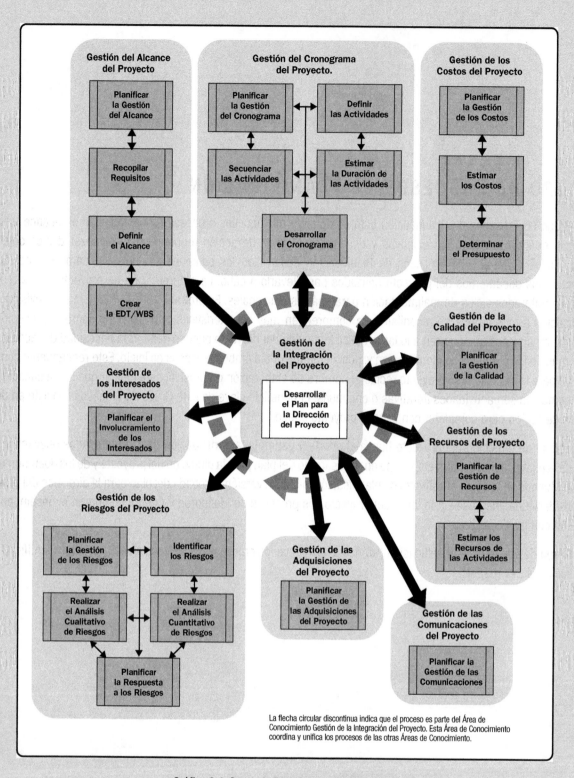

Gestión del Alcance del Proyecto

- Planificar la Gestión del Alcance
- Recopilar Requisitos
- Definir el Alcance
- Crear la EDT/WBS

Gestión del Cronograma del Proyecto.

- Planificar la Gestión del Cronograma
- Definir las Actividades
- Secuenciar las Actividades
- Estimar la Duración de las Actividades
- Desarrollar el Cronograma

Gestión de los Costos del Proyecto

- Planificar la Gestión de los Costos
- Estimar los Costos
- Determinar el Presupuesto

Gestión de la Integración del Proyecto

Desarrollar el Plan para la Dirección del Proyecto

Gestión de la Calidad del Proyecto

- Planificar la Gestión de la Calidad

Gestión de los Interesados del Proyecto

- Planificar el Involucramiento de los Interesados

Gestión de los Recursos del Proyecto

- Planificar la Gestión de Recursos
- Estimar los Recursos de las Actividades

Gestión de los Riesgos del Proyecto

- Planificar la Gestión de los Riesgos
- Identificar los Riesgos
- Realizar el Análisis Cualitativo de Riesgos
- Realizar el Análisis Cuantitativo de Riesgos
- Planificar la Respuesta a los Riesgos

Gestión de las Adquisiciones del Proyecto

- Planificar la Gestión de las Adquisiciones del Proyecto

Gestión de las Comunicaciones del Proyecto

- Planificar la Gestión de las Comunicaciones

La flecha circular discontinua indica que el proceso es parte del Área de Conocimiento Gestión de la Integración del Proyecto. Esta Área de Conocimiento coordina y unifica los procesos de las otras Áreas de Conocimiento.

Gráfico 3-1. Grupo de Procesos de Planificación

3.1 DESARROLLAR EL PLAN PARA LA DIRECCIÓN DEL PROYECTO

Desarrollar el Plan para la Dirección del Proyecto es el proceso de definir, preparar y coordinar todos los componentes del plan y consolidarlos en un plan integral para la dirección del proyecto. El beneficio clave de este proceso es la producción de un documento integral que define la base para todo el trabajo del proyecto y el modo en que se realizará el trabajo. Este proceso se lleva a cabo una única vez o en puntos predefinidos del proyecto. Las entradas y salidas de este proceso se presentan en el Gráfico 3-2.

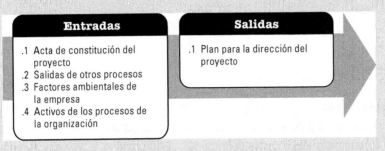

Gráfico 3-2. Desarrollar el Plan para la Dirección del Proyecto: Entradas y Salidas

Las necesidades del proyecto determinan qué componentes del plan para la dirección del proyecto y qué documentos del proyecto son necesarios.

3.2 PLANIFICAR LA GESTIÓN DEL ALCANCE

Planificar la Gestión del Alcance es el proceso de crear un plan para la gestión del alcance que documente cómo serán definidos, validados y controlados el alcance del proyecto y del producto. El beneficio clave de este proceso es que proporciona guía y dirección sobre cómo se gestionará el alcance a lo largo del proyecto. Este proceso se lleva a cabo una única vez o en puntos predefinidos del proyecto. Las entradas y salidas de este proceso se presentan en el Gráfico 3-3.

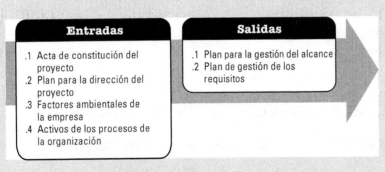

Gráfico 3-3. Planificar la Gestión del Alcance: Entradas y Salidas

Las necesidades del proyecto determinan qué componentes del plan para la dirección del proyecto son necesarios.

3.2.1 COMPONENTES DEL PLAN PARA LA DIRECCIÓN DEL PROYECTO

Los ejemplos de componentes del plan para la dirección del proyecto que pueden ser entradas de este proceso incluyen, entre otros:

◆ Plan de gestión de la calidad,

◆ Descripción del ciclo de vida del proyecto, y

◆ Enfoque de desarrollo.

3.3 RECOPILAR REQUISITOS

Recopilar Requisitos es el proceso de determinar, documentar y gestionar las necesidades y los requisitos de los interesados para cumplir con los objetivos del proyecto. El beneficio clave de este proceso es que proporciona la base para definir el alcance del producto y el alcance del proyecto. Este proceso se lleva a cabo una única vez o en puntos predefinidos del proyecto. Las entradas y salidas de este proceso se presentan en el Gráfico 3-4.

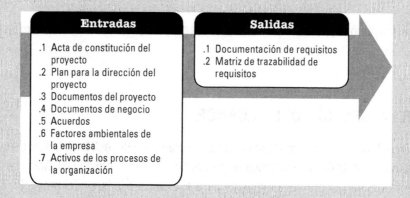

Entradas	Salidas
.1 Acta de constitución del proyecto .2 Plan para la dirección del proyecto .3 Documentos del proyecto .4 Documentos de negocio .5 Acuerdos .6 Factores ambientales de la empresa .7 Activos de los procesos de la organización	.1 Documentación de requisitos .2 Matriz de trazabilidad de requisitos

Gráfico 3-4. Recopilar Requisitos: Entradas y Salidas

Las necesidades del proyecto determinan qué componentes del plan para la dirección del proyecto y qué documentos del proyecto son necesarios.

3.3.1 COMPONENTES DEL PLAN PARA LA DIRECCIÓN DEL PROYECTO

Los ejemplos de componentes del plan para la dirección del proyecto que pueden ser entradas de este proceso incluyen, entre otros:

◆ El plan de gestión del alcance,

◆ Plan de gestión de los requisitos, y

◆ Plan de involucramiento de los interesados.

3.3.2 EJEMPLOS DE DOCUMENTOS DEL PROYECTO

Los ejemplos de documentos del proyecto que pueden ser entradas de este proceso incluyen, entre otros:

◆ Registro de supuestos,

◆ Registro de lecciones aprendidas, y

◆ Registro de interesados.

3.4 DEFINIR EL ALCANCE

Definir el Alcance es el proceso que consiste en desarrollar una descripción detallada del proyecto y del producto. El beneficio clave de este proceso es que describe los límites del producto, servicio o resultado y los criterios de aceptación. Este proceso se lleva a cabo una única vez o en puntos predefinidos del proyecto. Las entradas y salidas de este proceso se presentan en el Gráfico 3-5.

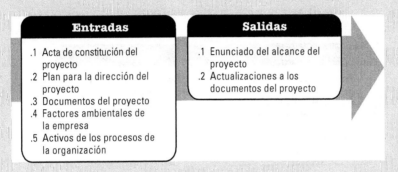

Gráfico 3-5. Definir el Alcance: Entradas y Salidas

Las necesidades del proyecto determinan qué componentes del plan para la dirección del proyecto y qué documentos del proyecto son necesarios.

3.4.1 COMPONENTES DEL PLAN PARA LA DIRECCIÓN DEL PROYECTO

Como ejemplo de un componente del plan para la dirección del proyecto que puede ser una entrada de este proceso se puede citar, entre otros, el plan para la gestión del alcance del proyecto.

3.4.2 EJEMPLOS DE DOCUMENTOS DEL PROYECTO

Los ejemplos de documentos del proyecto que pueden ser entradas de este proceso incluyen, entre otros:

◆ Registro de supuestos,

◆ Documentación de requisitos, y

◆ Registro de riesgos.

3.4.3 ACTUALIZACIONES A LOS DOCUMENTOS DEL PROYECTO

Los documentos del proyecto que pueden actualizarse como resultado de este proceso incluyen, entre otros:

◆ El registro de supuestos,

◆ La documentación de requisitos,

◆ La matriz de trazabilidad de requisitos, y

◆ El registro de interesados.

3.5 CREAR LA EDT/WBS

Crear la Estructura de Desglose del Trabajo (EDT/WBS) es el proceso de subdividir los entregables del proyecto y el trabajo del proyecto en componentes más pequeños y más fáciles de manejar. El beneficio clave de este proceso es que proporciona un marco de lo que se debe entregar. Este proceso se lleva a cabo una única vez o en puntos predefinidos del proyecto. Las entradas y salidas de este proceso se presentan en el Gráfico 3-6.

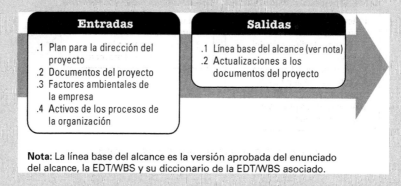

Entradas	Salidas
.1 Plan para la dirección del proyecto .2 Documentos del proyecto .3 Factores ambientales de la empresa .4 Activos de los procesos de la organización	.1 Línea base del alcance (ver nota) .2 Actualizaciones a los documentos del proyecto

Nota: La línea base del alcance es la versión aprobada del enunciado del alcance, la EDT/WBS y su diccionario de la EDT/WBS asociado.

Gráfico 3-6. Crear la EDT/WBS: Entradas y Salidas

Las necesidades del proyecto determinan qué componentes del plan para la dirección del proyecto y qué documentos del proyecto son necesarios.

3.5.1 COMPONENTES DEL PLAN PARA LA DIRECCIÓN DEL PROYECTO

Como ejemplo de un componente del plan para la dirección del proyecto que puede ser una entrada de este proceso se puede citar, entre otros, el plan para la gestión del alcance del proyecto.

3.5.2 EJEMPLOS DE DOCUMENTOS DEL PROYECTO

Los ejemplos de documentos del proyecto que pueden ser entradas de este proceso incluyen, entre otros:

◆ Enunciado del alcance del proyecto, y

◆ Documentación de requisitos.

3.5.3 ACTUALIZACIONES A LOS DOCUMENTOS DEL PROYECTO

Los documentos del proyecto que pueden actualizarse como resultado de este proceso incluyen, entre otros:

◆ Registro de supuestos, y

◆ Documentación de requisitos.

3.6 PLANIFICAR LA GESTIÓN DEL CRONOGRAMA

Planificar la Gestión del Cronograma es el proceso de establecer las políticas, los procedimientos y la documentación para planificar, desarrollar, gestionar, ejecutar y controlar el cronograma del proyecto. El beneficio clave de este proceso es que proporciona guía y dirección sobre cómo se gestionará el cronograma del proyecto a lo largo del mismo. Este proceso se lleva a cabo una única vez o en puntos predefinidos del proyecto. Las entradas y salidas de este proceso se presentan en el Gráfico 3-7.

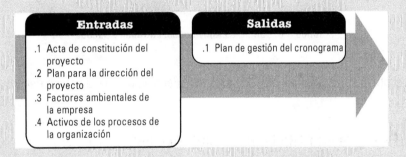

Gráfico 3-7. Planificar la Gestión del Cronograma: Entradas y Salidas

Las necesidades del proyecto determinan qué componentes del plan para la dirección del proyecto son necesarios.

3.6.1 COMPONENTES DEL PLAN PARA LA DIRECCIÓN DEL PROYECTO

Los ejemplos de componentes del plan para la dirección del proyecto que pueden ser entradas de este proceso incluyen, entre otros:

◆ Plan de gestión del alcance, y

◆ Enfoque de desarrollo.

3.7 DEFINIR LAS ACTIVIDADES

Definir las Actividades es el proceso de identificar y documentar las acciones específicas que se deben realizar para elaborar los entregables del proyecto. El beneficio clave de este proceso es que descompone los paquetes de trabajo en actividades del cronograma que proporcionan una base para la estimación, programación, ejecución, monitoreo y control del trabajo del proyecto. Este proceso se lleva a cabo a lo largo de todo el proyecto. Las entradas y salidas de este proceso se presentan en el Gráfico 3-8.

Entradas	Salidas
.1 Plan para la dirección del proyecto .2 Factores ambientales de la empresa .3 Activos de los procesos de la organización	.1 Lista de actividades .2 Atributos de la actividad .3 Lista de hitos .4 Solicitudes de cambio .5 Actualizaciones al plan para la dirección del proyecto

Gráfico 3-8. Definir las Actividades: Entradas y Salidas

Las necesidades del proyecto determinan qué componentes del plan para la dirección del proyecto son necesarios.

3.7.1 COMPONENTES DEL PLAN PARA LA DIRECCIÓN DEL PROYECTO

Los ejemplos de componentes del plan para la dirección del proyecto que pueden ser entradas de este proceso incluyen, entre otros:

◆ Plan de gestión del cronograma, y

◆ Línea base del alcance.

3.7.2 ACTUALIZACIONES AL PLAN PARA LA DIRECCIÓN DEL PROYECTO

Los componentes del plan para la dirección del proyecto que pueden actualizarse como resultado de este proceso incluyen, entre otros:

◆ Línea base del cronograma, y

◆ Línea base de costos.

3.8 SECUENCIAR LAS ACTIVIDADES

Secuenciar las Actividades es el proceso que consiste en identificar y documentar las relaciones entre las actividades del proyecto. El beneficio clave de este proceso es la definición de la secuencia lógica de trabajo para obtener la máxima eficiencia teniendo en cuenta todas las restricciones del proyecto. Este proceso se lleva a cabo a lo largo de todo el proyecto. Las entradas y salidas de este proceso se presentan en el Gráfico 3-9.

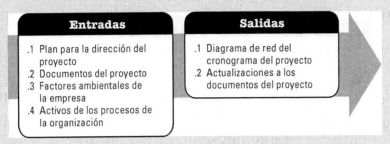

Entradas

.1 Plan para la dirección del proyecto
.2 Documentos del proyecto
.3 Factores ambientales de la empresa
.4 Activos de los procesos de la organización

Salidas

.1 Diagrama de red del cronograma del proyecto
.2 Actualizaciones a los documentos del proyecto

Gráfico 3-9. Secuenciar las Actividades: Entradas y Salidas

Las necesidades del proyecto determinan qué componentes del plan para la dirección del proyecto y qué documentos del proyecto son necesarios.

3.8.1 COMPONENTES DEL PLAN PARA LA DIRECCIÓN DEL PROYECTO

Los ejemplos de componentes del plan para la dirección del proyecto que pueden ser entradas de este proceso incluyen, entre otros:

◆ Plan de gestión del cronograma, y

◆ Línea base del alcance.

3.8.2 EJEMPLOS DE DOCUMENTOS DEL PROYECTO

Los ejemplos de documentos del proyecto que pueden ser entradas de este proceso incluyen, entre otros:

◆ Atributos de las actividades,

◆ Lista de actividades,

◆ Registro de supuestos, y

◆ Lista de hitos.

3.8.3 ACTUALIZACIONES A LOS DOCUMENTOS DEL PROYECTO

Los documentos del proyecto que pueden actualizarse como resultado de este proceso incluyen, entre otros:

◆ Atributos de las actividades,

◆ Lista de actividades,

◆ Registro de supuestos, y

◆ Lista de hitos.

3.9 ESTIMAR LA DURACIÓN DE LAS ACTIVIDADES

Estimar la Duración de las Actividades es el proceso de realizar una estimación de la cantidad de períodos de trabajo necesarios para finalizar las actividades individuales con los recursos estimados. El beneficio clave de este proceso es que establece la cantidad de tiempo necesario para finalizar cada una de las actividades. Este proceso se lleva a cabo a lo largo de todo el proyecto. Las entradas y salidas de este proceso se presentan en el Gráfico 3-10.

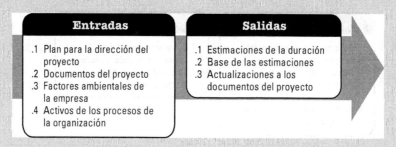

Entradas	Salidas
.1 Plan para la dirección del proyecto .2 Documentos del proyecto .3 Factores ambientales de la empresa .4 Activos de los procesos de la organización	.1 Estimaciones de la duración .2 Base de las estimaciones .3 Actualizaciones a los documentos del proyecto

Gráfico 3-10. Estimar la Duración de las Actividades: Entradas y Salidas

Las necesidades del proyecto determinan qué componentes del plan para la dirección del proyecto y qué documentos del proyecto son necesarios.

3.9.1 COMPONENTES DEL PLAN PARA LA DIRECCIÓN DEL PROYECTO

Los ejemplos de componentes del plan para la dirección del proyecto que pueden ser entradas de este proceso incluyen, entre otros:

◆ Plan de gestión del cronograma, y

◆ Línea base del alcance.

3.9.2 EJEMPLOS DE DOCUMENTOS DEL PROYECTO

Los ejemplos de documentos del proyecto que pueden ser entradas de este proceso incluyen, entre otros:

◆ Atributos de las actividades,

◆ Lista de actividades,

◆ Registro de supuestos,

◆ Registro de lecciones aprendidas,

◆ Lista de hitos,

◆ Asignaciones del equipo del proyecto,

◆ Estructura de desglose de recursos,

◆ Calendarios de recursos,

◆ Requisitos de recursos, y

◆ Registro de riesgos.

3.9.3 ACTUALIZACIONES A LOS DOCUMENTOS DEL PROYECTO

Los documentos del proyecto que pueden actualizarse como resultado de este proceso incluyen, entre otros:

◆ Atributos de las actividades,

◆ El registro de supuestos,

◆ El registro de lecciones aprendidas.

3.10 DESARROLLAR EL CRONOGRAMA

Desarrollar el Cronograma es el proceso de analizar secuencias de actividades, duraciones, requisitos de recursos y restricciones del cronograma para crear un modelo de cronograma para la ejecución, el monitoreo y el control del proyecto. El beneficio clave de este proceso es que genera un modelo de programación con fechas planificadas para completar las actividades del proyecto. Este proceso se lleva a cabo a lo largo de todo el proyecto. Las entradas y salidas de este proceso se presentan en el Gráfico 3-11.

Entradas	Salidas
.1 Plan para la dirección del proyecto .2 Documentos del proyecto .3 Acuerdos .4 Factores ambientales de la empresa .5 Activos de los procesos de la organización	.1 Línea base del cronograma .2 Cronograma del proyecto .3 Datos del cronograma .4 Calendarios del proyecto .5 Solicitudes de cambio .6 Actualizaciones al plan para la dirección del proyecto .7 Actualizaciones a los documentos del proyecto

Gráfico 3-11. Desarrollar el Cronograma: Entradas y Salidas

Las necesidades del proyecto determinan qué componentes del plan para la dirección del proyecto y qué documentos del proyecto son necesarios.

3.10.1 COMPONENTES DEL PLAN PARA LA DIRECCIÓN DEL PROYECTO

Los ejemplos de componentes del plan para la dirección del proyecto que pueden ser entradas de este proceso incluyen, entre otros:

◆ Plan de gestión del cronograma, y

◆ Línea base del alcance.

3.10.2 EJEMPLOS DE DOCUMENTOS DEL PROYECTO

Los ejemplos de documentos del proyecto que pueden ser entradas de este proceso incluyen, entre otros:

◆ Atributos de las actividades,

◆ Lista de actividades,

◆ Registro de supuestos,

◆ Base de las estimaciones,

◆ Estimaciones de la duración,

◆ Registro de lecciones aprendidas,

◆ Lista de hitos,

◆ Diagrama de red del cronograma del proyecto,

◆ Asignaciones del equipo del proyecto,

◆ Calendarios de recursos,

◆ Requisitos de recursos, y

◆ Registro de riesgos.

3.10.3 ACTUALIZACIONES AL PLAN PARA LA DIRECCIÓN DEL PROYECTO

Los componentes del plan para la dirección del proyecto que pueden actualizarse como resultado de este proceso incluyen, entre otros:

◆ Plan de gestión del cronograma, y

◆ Línea base de costos.

3.10.4 ACTUALIZACIONES A LOS DOCUMENTOS DEL PROYECTO

Los documentos del proyecto que pueden actualizarse como resultado de este proceso incluyen, entre otros:

◆ Atributos de las actividades,

◆ Registro de supuestos,

◆ Estimaciones de la duración,

◆ Registro de lecciones aprendidas,

◆ Requisitos de recursos, y

◆ Registro de riesgos.

3.11 PLANIFICAR LA GESTIÓN DE LOS COSTOS

Planificar la Gestión de los Costos es el proceso de definir cómo se han de estimar, presupuestar, gestionar, monitorear y controlar los costos del proyecto. El beneficio clave de este proceso es que proporciona guía y dirección sobre cómo se gestionarán los costos del proyecto a lo largo del mismo. Este proceso se lleva a cabo una única vez o en puntos predefinidos del proyecto. Las entradas y salidas de este proceso se presentan en el Gráfico 3-12.

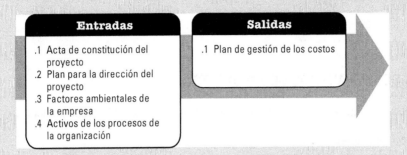

Gráfico 3-12. Planificar la Gestión de los Costos: Entradas y Salidas

Las necesidades del proyecto determinan qué componentes del plan para la dirección del proyecto son necesarios.

3.11.1 COMPONENTES DEL PLAN PARA LA DIRECCIÓN DEL PROYECTO

Los ejemplos de componentes del plan para la dirección del proyecto que pueden ser entradas de este proceso incluyen, entre otros:

◆ Plan de gestión del cronograma, y

◆ Plan de gestión de los riesgos.

3.12 ESTIMAR LOS COSTOS

Estimar los Costos es el proceso de desarrollar una aproximación de los recursos monetarios necesarios para completar el trabajo del proyecto. El beneficio clave de este proceso es que determina los recursos monetarios requeridos para el proyecto. Este proceso se lleva a cabo periódicamente a lo largo del proyecto, según sea necesario. Las entradas y salidas de este proceso se presentan en el Gráfico 3-13.

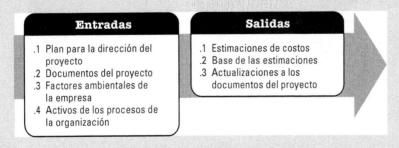

Gráfico 3-13. Estimar los Costos: Entradas y Salidas

Las necesidades del proyecto determinan qué componentes del plan para la dirección del proyecto y qué documentos del proyecto son necesarios.

3.12.1 COMPONENTES DEL PLAN PARA LA DIRECCIÓN DEL PROYECTO

Los ejemplos de componentes del plan para la dirección del proyecto que pueden ser entradas de este proceso incluyen, entre otros:

◆ Plan de gestión de los costos,

◆ Plan de gestión de la calidad, y

◆ Línea base del alcance.

3.12.2 EJEMPLOS DE DOCUMENTOS DEL PROYECTO

Los ejemplos de documentos del proyecto que pueden ser entradas de este proceso incluyen, entre otros:

◆ Registro de lecciones aprendidas,

◆ Cronograma del proyecto,

◆ Requisitos de recursos, y

◆ Registro de riesgos.

3.12.3 ACTUALIZACIONES A LOS DOCUMENTOS DEL PROYECTO

Los documentos del proyecto que pueden actualizarse como resultado de este proceso incluyen, entre otros:

◆ Registro de supuestos,

◆ Registro de lecciones aprendidas, y

◆ Registro de riesgos.

3.13 DETERMINAR EL PRESUPUESTO

Determinar el Presupuesto es el proceso que consiste en sumar los costos estimados de las actividades individuales o paquetes de trabajo para establecer una línea base de costos autorizada. El beneficio clave de este proceso es que determina la línea base de costos con respecto a la cual se puede monitorear y controlar el desempeño del proyecto. Este proceso se lleva a cabo una única vez o en puntos predefinidos del proyecto. Las entradas y salidas de este proceso se presentan en el Gráfico 3-14.

Entradas	Salidas
.1 Plan para la dirección del proyecto	.1 Línea base de costos
.2 Documentos del proyecto	.2 Requisitos de financiamiento del proyecto
.3 Documentos de negocio	.3 Actualizaciones a los documentos del proyecto
.4 Acuerdos	
.5 Factores ambientales de la empresa	
.6 Activos de los procesos de la organización	

Gráfico 3-14. Determinar el Presupuesto: Entradas y Salidas

Las necesidades del proyecto determinan qué componentes del plan para la dirección del proyecto y qué documentos del proyecto son necesarios.

3.13.1 COMPONENTES DEL PLAN PARA LA DIRECCIÓN DEL PROYECTO

Los ejemplos de componentes del plan para la dirección del proyecto que pueden ser entradas de este proceso incluyen, entre otros:

◆ Plan de gestión de los costos,

◆ Plan de gestión de los recursos, y

◆ Línea base del alcance.

3.13.2 EJEMPLOS DE DOCUMENTOS DEL PROYECTO

Los ejemplos de documentos del proyecto que pueden ser entradas de este proceso incluyen, entre otros:

◆ Base de las estimaciones,

◆ Estimaciones de costos,

◆ Cronograma del proyecto, y

◆ Registro de riesgos.

3.13.3 ACTUALIZACIONES A LOS DOCUMENTOS DEL PROYECTO

Los documentos del proyecto que pueden actualizarse como resultado de este proceso incluyen, entre otros:

◆ Estimaciones de costos,

◆ Cronograma del proyecto, y

◆ Registro de riesgos.

3.14 PLANIFICAR LA GESTIÓN DE LA CALIDAD

Planificar la Gestión de la Calidad es el proceso de identificar los requisitos y/o estándares de calidad para el proyecto y sus entregables, así como de documentar cómo el proyecto demostrará el cumplimiento de los mismos. El beneficio clave de este proceso es que proporciona guía y dirección sobre cómo se gestionará y verificará la calidad a lo largo del proyecto. Este proceso se lleva a cabo una única vez o en puntos predefinidos del proyecto. Las entradas y salidas de este proceso se muestran en el Gráfico 3-15.

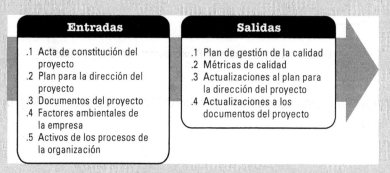

Entradas	Salidas
.1 Acta de constitución del proyecto	.1 Plan de gestión de la calidad
.2 Plan para la dirección del proyecto	.2 Métricas de calidad
.3 Documentos del proyecto	.3 Actualizaciones al plan para la dirección del proyecto
.4 Factores ambientales de la empresa	.4 Actualizaciones a los documentos del proyecto
.5 Activos de los procesos de la organización	

Gráfico 3-15. Planificar la Gestión de la Calidad: Entradas y Salidas

Las necesidades del proyecto determinan qué componentes del plan para la dirección del proyecto y qué documentos del proyecto son necesarios.

3.14.1 COMPONENTES DEL PLAN PARA LA DIRECCIÓN DEL PROYECTO

Los ejemplos de componentes del plan para la dirección del proyecto que pueden ser entradas de este proceso incluyen, entre otros:

◆ Plan de gestión de los requisitos,

◆ Plan de gestión de los riesgos,

◆ Plan de involucramiento de los interesados, y

◆ Línea base del alcance.

3.14.2 EJEMPLOS DE DOCUMENTOS DEL PROYECTO

Los ejemplos de documentos del proyecto que pueden ser entradas de este proceso incluyen, entre otros:

◆ Registro de supuestos,

◆ Documentación de requisitos,

◆ Matriz de trazabilidad de requisitos,

◆ Registro de riesgos, y

◆ Registro de interesados.

3.14.3 ACTUALIZACIONES AL PLAN PARA LA DIRECCIÓN DEL PROYECTO

Los ejemplos de componentes del plan para la dirección del proyecto que pueden actualizarse como resultado de este proceso incluyen, entre otros:

◆ Plan de gestión de los riesgos, y

◆ Línea base del alcance.

3.14.4 ACTUALIZACIONES A LOS DOCUMENTOS DEL PROYECTO

Los documentos del proyecto que pueden actualizarse como resultado de este proceso incluyen, entre otros:

◆ Registro de lecciones aprendidas,

◆ Matriz de trazabilidad de requisitos,

◆ Registro de riesgos, y

◆ Registro de interesados.

3.15 PLANIFICAR LA GESTIÓN DE RECURSOS

Planificar la Gestión de Recursos es el proceso de definir cómo estimar, adquirir, gestionar y utilizar los recursos físicos y del equipo. El beneficio clave de este proceso es que establece el enfoque y el nivel del esfuerzo de gestión necesarios para gestionar los recursos del proyecto en base al tipo y complejidad del proyecto. Este proceso se lleva a cabo una única vez o en puntos predefinidos del proyecto. Las entradas y salidas de este proceso se muestran en el Gráfico 3-16.

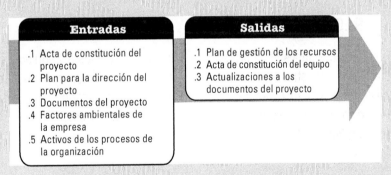

Entradas

.1 Acta de constitución del proyecto
.2 Plan para la dirección del proyecto
.3 Documentos del proyecto
.4 Factores ambientales de la empresa
.5 Activos de los procesos de la organización

Salidas

.1 Plan de gestión de los recursos
.2 Acta de constitución del equipo
.3 Actualizaciones a los documentos del proyecto

Gráfico 3-16. Planificar la Gestión de Recursos: Entradas y Salidas

Las necesidades del proyecto determinan qué componentes del plan para la dirección del proyecto y qué documentos del proyecto son necesarios.

3.15.1 COMPONENTES DEL PLAN PARA LA DIRECCIÓN DEL PROYECTO

Los ejemplos de componentes del plan para la dirección del proyecto que pueden ser entradas de este proceso incluyen, entre otros:

◆ Plan de gestión de la calidad, y

◆ Línea base del alcance.

3.15.2 EJEMPLOS DE DOCUMENTOS DEL PROYECTO

Los ejemplos de documentos del proyecto que pueden ser entradas de este proceso incluyen, entre otros:

◆ Cronograma del proyecto,

◆ Documentación de requisitos,

◆ Registro de riesgos, y

◆ Registro de interesados.

3.15.3 ACTUALIZACIONES A LOS DOCUMENTOS DEL PROYECTO

Los documentos del proyecto que pueden actualizarse como resultado de este proceso incluyen, entre otros:

◆ Registro de supuestos, y

◆ Registro de riesgos.

3.16 ESTIMAR LOS RECURSOS DE LAS ACTIVIDADES

Estimar los Recursos de las Actividades es el proceso de estimar los recursos del equipo y el tipo y las cantidades de materiales, equipamiento y suministros necesarios para ejecutar el trabajo del proyecto. El beneficio clave de este proceso es que identifica el tipo, cantidad y características de los recursos necesarios para completar el proyecto. Este proceso se lleva a cabo periódicamente a lo largo del proyecto, según sea necesario. Las entradas y salidas de este proceso se presentan en el Gráfico 3-17.

Entradas	**Salidas**
.1 Plan para la dirección del proyecto	.1 Requisitos de recursos
.2 Documentos del proyecto	.2 Base de las estimaciones
.3 Factores ambientales de la empresa	.3 Estructura de desglose de recursos
.4 Activos de los procesos de la organización	.4 Actualizaciones a los documentos del proyecto

Gráfico 3-17. Estimar los Recursos de las Actividades: Entradas y Salidas

Las necesidades del proyecto determinan qué componentes del plan para la dirección del proyecto y qué documentos del proyecto son necesarios.

3.16.1 COMPONENTES DEL PLAN PARA LA DIRECCIÓN DEL PROYECTO

Los ejemplos de componentes del plan para la dirección del proyecto que pueden ser entradas de este proceso incluyen, entre otros:

◆ Plan de gestión de los recursos, y

◆ Línea base del alcance.

3.16.2 EJEMPLOS DE DOCUMENTOS DEL PROYECTO

Los ejemplos de documentos del proyecto que pueden ser entradas de este proceso incluyen, entre otros:

◆ Atributos de las actividades,

◆ Lista de actividades,

◆ Registro de supuestos,

◆ Estimaciones de costos,

◆ Calendarios de recursos, y

◆ Registro de riesgos.

3.16.3 ACTUALIZACIONES A LOS DOCUMENTOS DEL PROYECTO

Los documentos del proyecto que pueden actualizarse como resultado de este proceso incluyen, entre otros:

◆ Atributos de las actividades,

◆ Registro de supuestos, y

◆ Registro de lecciones aprendidas.

3.17 PLANIFICAR LA GESTIÓN DE LAS COMUNICACIONES

Planificar la Gestión de las Comunicaciones es el proceso de desarrollar un enfoque y un plan apropiados para las actividades de comunicación del proyecto con base en las necesidades de información de cada interesado o grupo, en los activos de la organización disponibles y en las necesidades del proyecto. El beneficio clave de este proceso es un enfoque documentado para involucrar a los interesados de manera eficaz y eficiente mediante la presentación oportuna de información relevante. Este proceso se lleva a cabo periódicamente a lo largo del proyecto, según sea necesario. Las entradas y salidas de este proceso se presentan en el Gráfico 3-18.

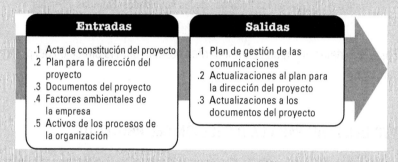

Gráfico 3-18. Planificar la Gestión de las Comunicaciones: Entradas y Salidas

Las necesidades del proyecto determinan qué componentes del plan para la dirección del proyecto y qué documentos del proyecto son necesarios.

3.17.1 COMPONENTES DEL PLAN PARA LA DIRECCIÓN DEL PROYECTO

Los ejemplos de componentes del plan para la dirección del proyecto que pueden ser entradas de este proceso incluyen, entre otros:

◆ Plan de gestión de los recursos, y

◆ Plan de involucramiento de los interesados.

3.17.2 EJEMPLOS DE DOCUMENTOS DEL PROYECTO

Los ejemplos de documentos del proyecto que pueden ser entradas de este proceso incluyen, entre otros:

◆ Documentación de requisitos, y

◆ Registro de interesados.

3.17.3 ACTUALIZACIONES AL PLAN PARA LA DIRECCIÓN DEL PROYECTO

Los componentes del plan para la dirección del proyecto que pueden actualizarse como resultado de este proceso incluyen, entre otros, el plan de involucramiento de los interesados.

3.17.4 ACTUALIZACIONES A LOS DOCUMENTOS DEL PROYECTO

Los documentos del proyecto que pueden actualizarse como resultado de este proceso incluyen, entre otros:

◆ Cronograma del proyecto, y

◆ Registro de interesados.

3.18 PLANIFICAR LA GESTIÓN DE LOS RIESGOS

Planificar la Gestión de los Riesgos es el proceso de definir cómo realizar las actividades de gestión de riesgos de un proyecto. El beneficio clave de este proceso es que asegura que el nivel, el tipo y la visibilidad de gestión de riesgos son proporcionales tanto a los riesgos como a la importancia del proyecto para la organización y otros interesados. Este proceso se lleva a cabo una única vez o en puntos predefinidos del proyecto. Las entradas y salidas de este proceso se presentan en el Gráfico 3-19.

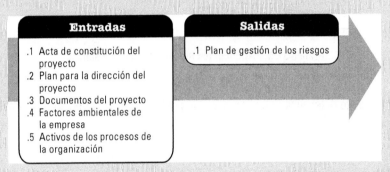

Entradas	Salidas
.1 Acta de constitución del proyecto .2 Plan para la dirección del proyecto .3 Documentos del proyecto .4 Factores ambientales de la empresa .5 Activos de los procesos de la organización	.1 Plan de gestión de los riesgos

Gráfico 3-19. Planificar la Gestión de los Riesgos: Entradas y Salidas

Las necesidades del proyecto determinan qué componentes del plan para la dirección del proyecto y qué documentos del proyecto son necesarios.

3.18.1 COMPONENTES DEL PLAN PARA LA DIRECCIÓN DEL PROYECTO

Al planificar la Gestión de los Riesgos del Proyecto se deben tener en cuenta todos los componentes disponibles del plan para la dirección del proyecto, a fin de asegurar que la gestión de riesgos sea consistente con las necesidades del proyecto.

3.18.2 EJEMPLOS DE DOCUMENTOS DEL PROYECTO

Como ejemplo de un documento del proyecto que puede ser una entrada de este proceso se puede citar, entre otros, el registro de interesados.

3.19 IDENTIFICAR LOS RIESGOS

Identificar los Riesgos es el proceso de identificar los riesgos individuales del proyecto, así como las fuentes de riesgo general del proyecto y documentar sus características. El beneficio clave de este proceso es la documentación de los riesgos individuales existentes del proyecto y las fuentes de riesgo general del proyecto. También reúne información para que el equipo del proyecto pueda responder adecuadamente a los riesgos identificados. Este proceso se lleva a cabo a lo largo de todo el proyecto. Las entradas y salidas de este proceso se presentan en el Gráfico 3-20.

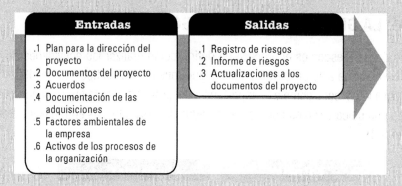

Entradas

.1 Plan para la dirección del proyecto
.2 Documentos del proyecto
.3 Acuerdos
.4 Documentación de las adquisiciones
.5 Factores ambientales de la empresa
.6 Activos de los procesos de la organización

Salidas

.1 Registro de riesgos
.2 Informe de riesgos
.3 Actualizaciones a los documentos del proyecto

Gráfico 3-20. Identificar los Riesgos: Entradas y Salidas

Las necesidades del proyecto determinan qué componentes del plan para la dirección del proyecto y qué documentos del proyecto son necesarios.

3.19.1 COMPONENTES DEL PLAN PARA LA DIRECCIÓN DEL PROYECTO

Los ejemplos de componentes del plan para la dirección del proyecto que pueden ser entradas de este proceso incluyen, entre otros:

◆ Plan de gestión de los requisitos,

◆ Plan de gestión del cronograma,

◆ Plan de gestión de los costos,

◆ Plan de gestión de la calidad,

◆ Plan de gestión de los recursos,

◆ Plan de gestión de los riesgos,

◆ Línea base del alcance,

◆ Línea base del cronograma, y

◆ Línea base de costos.

3.19.2 EJEMPLOS DE DOCUMENTOS DEL PROYECTO

Los ejemplos de documentos del proyecto que pueden ser entradas de este proceso incluyen, entre otros:

◆ Registro de supuestos,

◆ Estimaciones de costos,

◆ Estimaciones de la duración,

◆ Registro de incidentes,

◆ Registro de lecciones aprendidas,

◆ Documentación de requisitos,

◆ Requisitos de recursos, y

◆ Registro de interesados.

3.19.3 ACTUALIZACIONES A LOS DOCUMENTOS DEL PROYECTO

Los documentos del proyecto que pueden actualizarse como resultado de este proceso incluyen, entre otros:

◆ Registro de supuestos,

◆ Registro de incidentes, y

◆ Registro de lecciones aprendidas.

3.20 REALIZAR EL ANÁLISIS CUALITATIVO DE RIESGOS

Realizar el Análisis Cualitativo de Riesgos es el proceso de priorizar los riesgos individuales del proyecto para análisis o acción posterior, evaluando la probabilidad de ocurrencia e impacto de dichos riesgos, así como otras características. El beneficio clave de este proceso es que concentra los esfuerzos en los riesgos de alta prioridad. Este proceso se lleva a cabo a lo largo de todo el proyecto. Las entradas y salidas de este proceso se presentan en el Gráfico 3-21.

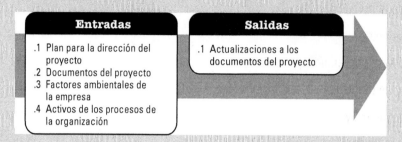

Entradas

.1 Plan para la dirección del proyecto
.2 Documentos del proyecto
.3 Factores ambientales de la empresa
.4 Activos de los procesos de la organización

Salidas

.1 Actualizaciones a los documentos del proyecto

Gráfico 3-21. Realizar el Análisis Cualitativo de Riesgos: Entradas y Salidas

Las necesidades del proyecto determinan qué componentes del plan para la dirección del proyecto y qué documentos del proyecto son necesarios.

3.20.1 COMPONENTES DEL PLAN PARA LA DIRECCIÓN DEL PROYECTO

Como ejemplo de un componente del plan para la dirección del proyecto que puede ser una entrada de este proceso se puede citar, entre otros, el plan de gestión de los riesgos.

3.20.2 EJEMPLOS DE DOCUMENTOS DEL PROYECTO

Los ejemplos de documentos del proyecto que pueden ser entradas de este proceso incluyen, entre otros:

◆ Registro de supuestos,

◆ Registro de riesgos, y

◆ Registro de interesados.

3.20.3 ACTUALIZACIONES A LOS DOCUMENTOS DEL PROYECTO

Los documentos del proyecto que pueden actualizarse como resultado de este proceso incluyen, entre otros:

◆ Registro de supuestos,

◆ Registro de incidentes,

◆ Registro de riesgos, y

◆ Informe de riesgos.

3.21 REALIZAR EL ANÁLISIS CUANTITATIVO DE RIESGOS

Realizar el Análisis Cuantitativo de Riesgos es el proceso de analizar numéricamente el efecto combinado de los riesgos individuales del proyecto identificados y otras fuentes de incertidumbre sobre los objetivos generales del proyecto. El beneficio clave de este proceso es que cuantifica la exposición al riesgo del proyecto en general y también puede proporcionar información cuantitativa adicional sobre los riesgos para apoyar la planificación de la respuesta a los riesgos. Este proceso se lleva a cabo a lo largo de todo el proyecto. Las entradas y salidas de este proceso se presentan en el Gráfico 3-22.

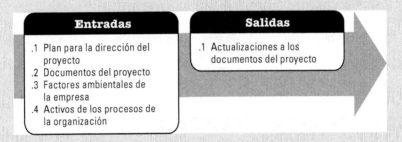

Gráfico 3-22. Realizar el Análisis Cuantitativo de Riesgos: Entradas y Salidas

Las necesidades del proyecto determinan qué componentes del plan para la dirección del proyecto y qué documentos del proyecto son necesarios.

3.21.1 COMPONENTES DEL PLAN PARA LA DIRECCIÓN DEL PROYECTO

Los ejemplos de componentes del plan para la dirección del proyecto que pueden ser entradas de este proceso incluyen, entre otros:

◆ Plan de gestión de los riesgos,

◆ Línea base del alcance,

◆ Línea base del cronograma, y

◆ Línea base de costos.

3.21.2 EJEMPLOS DE DOCUMENTOS DEL PROYECTO

Los ejemplos de documentos del proyecto que pueden ser entradas de este proceso incluyen, entre otros:

◆ Registro de supuestos,

◆ Base de las estimaciones,

◆ Estimaciones de costos,

◆ Pronósticos de costos,

◆ Estimaciones de la duración,

◆ Lista de hitos,

◆ Requisitos de recursos,

◆ Registro de riesgos,

◆ Informe de riesgos, y

◆ Pronóstico del cronograma.

3.21.3 ACTUALIZACIONES A LOS DOCUMENTOS DEL PROYECTO

Los documentos del proyecto que pueden actualizarse como resultado de este proceso incluyen, entre otros, el informe de riesgos.

3.22 PLANIFICAR LA RESPUESTA A LOS RIESGOS

Planificar la Respuesta a los Riesgos es el proceso de desarrollar opciones, seleccionar estrategias y acordar acciones para abordar la exposición al riesgo del proyecto en general, así como para tratar los riesgos individuales del proyecto. El beneficio clave de este proceso es que identifica las formas adecuadas de abordar el riesgo general del proyecto y los riesgos individuales del proyecto. Este proceso también asigna recursos e incorpora actividades en los documentos del proyecto y el plan para la dirección del proyecto, según sea necesario. Este proceso se lleva a cabo a lo largo de todo el proyecto. Las entradas y salidas de este proceso se presentan en el Gráfico 3-23.

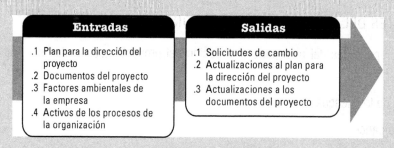

Gráfico 3-23. Planificar la Respuesta a los Riesgos: Entradas y Salidas

Las necesidades del proyecto determinan qué componentes del plan para la dirección del proyecto y qué documentos del proyecto son necesarios.

3.22.1 COMPONENTES DEL PLAN PARA LA DIRECCIÓN DEL PROYECTO

Los ejemplos de componentes del plan para la dirección del proyecto que pueden ser entradas de este proceso incluyen, entre otros:

◆ Plan de gestión de los recursos,

◆ Plan de gestión de los riesgos, y

◆ Línea base de costos.

3.22.2 EJEMPLOS DE DOCUMENTOS DEL PROYECTO

Los ejemplos de documentos del proyecto que pueden ser entradas de este proceso incluyen, entre otros:

◆ Registro de lecciones aprendidas,

◆ Cronograma del proyecto,

◆ Asignaciones del equipo del proyecto,

◆ Calendarios de recursos,

◆ Registro de riesgos,

◆ Informe de riesgos, y

◆ Registro de interesados.

3.22.3 ACTUALIZACIONES AL PLAN PARA LA DIRECCIÓN DEL PROYECTO

Los componentes del plan para la dirección del proyecto que pueden actualizarse como resultado de este proceso incluyen, entre otros:

◆ Plan de gestión del cronograma,

◆ Plan de gestión de los costos,

◆ Plan de gestión de la calidad,

◆ Plan de gestión de los recursos,

◆ Plan de gestión de las adquisiciones,

◆ Línea base del alcance,

◆ Línea base del cronograma, y

◆ Línea base de costos.

3.22.4 ACTUALIZACIONES A LOS DOCUMENTOS DEL PROYECTO

Los documentos del proyecto que pueden actualizarse como resultado de este proceso incluyen, entre otros:

◆ Registro de supuestos,

◆ Pronósticos de costos,

◆ Registro de lecciones aprendidas,

◆ Cronograma del proyecto,

◆ Asignaciones del equipo del proyecto,

◆ Registro de riesgos, y

◆ Informe de riesgos.

3.23 PLANIFICAR LA GESTIÓN DE LAS ADQUISICIONES

Planificar la Gestión de las Adquisiciones es el proceso de documentar las decisiones de adquisiciones del proyecto, especificar el enfoque e identificar a los proveedores potenciales. El beneficio clave de este proceso es que determina si es preciso adquirir bienes y servicios desde fuera del proyecto y, si fuera el caso, qué adquirir, de qué manera y cuándo hacerlo. Los bienes y servicios pueden adquirirse de otras partes de la organización ejecutora o de fuentes externas. Este proceso se lleva a cabo una única vez o en puntos predefinidos del proyecto. Las entradas y salidas de este proceso se presentan en el Gráfico 3-24.

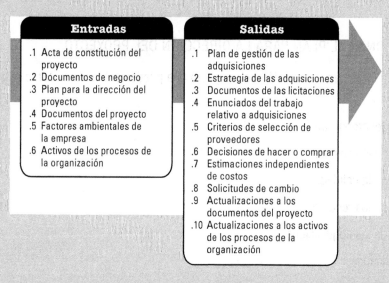

Entradas

.1 Acta de constitución del proyecto
.2 Documentos de negocio
.3 Plan para la dirección del proyecto
.4 Documentos del proyecto
.5 Factores ambientales de la empresa
.6 Activos de los procesos de la organización

Salidas

.1 Plan de gestión de las adquisiciones
.2 Estrategia de las adquisiciones
.3 Documentos de las licitaciones
.4 Enunciados del trabajo relativo a adquisiciones
.5 Criterios de selección de proveedores
.6 Decisiones de hacer o comprar
.7 Estimaciones independientes de costos
.8 Solicitudes de cambio
.9 Actualizaciones a los documentos del proyecto
.10 Actualizaciones a los activos de los procesos de la organización

Gráfico 3-24. Planificar la Gestión de las Adquisiciones del Proyecto: Entradas y Salidas

Las necesidades del proyecto determinan qué componentes del plan para la dirección del proyecto y qué documentos del proyecto son necesarios.

3.23.1 COMPONENTES DEL PLAN PARA LA DIRECCIÓN DEL PROYECTO

Los ejemplos de componentes del plan para la dirección del proyecto que pueden ser entradas de este proceso incluyen, entre otros:

◆ Plan de gestión del alcance,

◆ Plan de gestión de la calidad,

◆ Plan de gestión de los recursos, y

◆ Línea base del alcance.

3.23.2 EJEMPLOS DE DOCUMENTOS DEL PROYECTO

Los ejemplos de documentos del proyecto que pueden ser entradas de este proceso incluyen, entre otros:

◆ Lista de hitos,

◆ Asignaciones del equipo del proyecto,

◆ Documentación de requisitos,

◆ Matriz de trazabilidad de requisitos,

◆ Requisitos de recursos,

◆ Registro de riesgos, y

◆ Registro de interesados.

3.23.3 ACTUALIZACIONES A LOS DOCUMENTOS DEL PROYECTO

Los documentos del proyecto que pueden actualizarse como resultado de este proceso incluyen, entre otros:

◆ Registro de lecciones aprendidas,

◆ Lista de hitos,

◆ La documentación de requisitos,

◆ Matriz de trazabilidad de requisitos,

◆ Registro de riesgos, y

◆ Registro de interesados.

3.24 PLANIFICAR EL INVOLUCRAMIENTO DE LOS INTERESADOS

Planificar el Involucramiento de los Interesados es el proceso de desarrollar enfoques para involucrar a los interesados del proyecto, con base en sus necesidades, expectativas, intereses y el posible impacto en el proyecto. El beneficio clave es que proporciona un plan factible para interactuar de manera eficaz con los interesados. Este proceso se lleva a cabo periódicamente a lo largo del proyecto, según sea necesario. Las entradas y salidas de este proceso se presentan en el Gráfico 3-25.

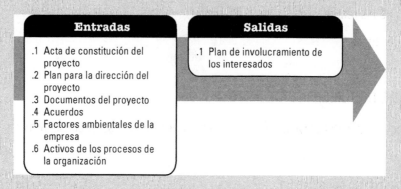

Gráfico 3-25. Planificar el Involucramiento de los Interesados: Entradas y Salidas

Las necesidades del proyecto determinan qué componentes del plan para la dirección del proyecto y qué documentos del proyecto son necesarios.

3.24.1 COMPONENTES DEL PLAN PARA LA DIRECCIÓN DEL PROYECTO

Los ejemplos de componentes del plan para la dirección del proyecto que pueden ser entradas de este proceso incluyen, entre otros:

◆ Plan de gestión de los recursos,

◆ Plan de gestión de las comunicaciones, y

◆ Plan de gestión de los riesgos.

3.24.2 EJEMPLOS DE DOCUMENTOS DEL PROYECTO

Los ejemplos de documentos del proyecto que pueden ser entradas de este proceso incluyen, entre otros:

◆ Registro de supuestos,

◆ Registro de cambios,

◆ Registro de incidentes,

◆ Cronograma del proyecto,

◆ Registro de riesgos, y

◆ Registro de interesados.

4

GRUPO DE PROCESOS DE EJECUCIÓN

El Grupo de Procesos de Ejecución está compuesto por aquellos procesos realizados para completar el trabajo definido en el plan para la dirección del proyecto a fin de satisfacer los requisitos del proyecto. Este Grupo de Procesos implica coordinar recursos, gestionar el involucramiento de los interesados, e integrar y realizar las actividades del proyecto conforme al plan para la dirección del proyecto. El beneficio clave de este Grupo de Procesos es que el trabajo necesario para cumplir con los requisitos y objetivos del proyecto se lleva a cabo de acuerdo con el plan. Gran parte del presupuesto, recursos y tiempo del proyecto se utiliza en la realización de los procesos del Grupo de Procesos de Ejecución. Los procesos del Grupo de Procesos de Ejecución pueden generar solicitudes de cambio. En caso de ser aprobadas, las solicitudes de cambio pueden desencadenar uno o más procesos de planificación que conducen a un plan de gestión o documentos del proyecto modificados, y posiblemente a nuevas líneas base. El Grupo de Procesos de Ejecución (Gráfico 4-1) incluye los procesos de la dirección de proyectos identificados en las Secciones 4.1 a 4.10.

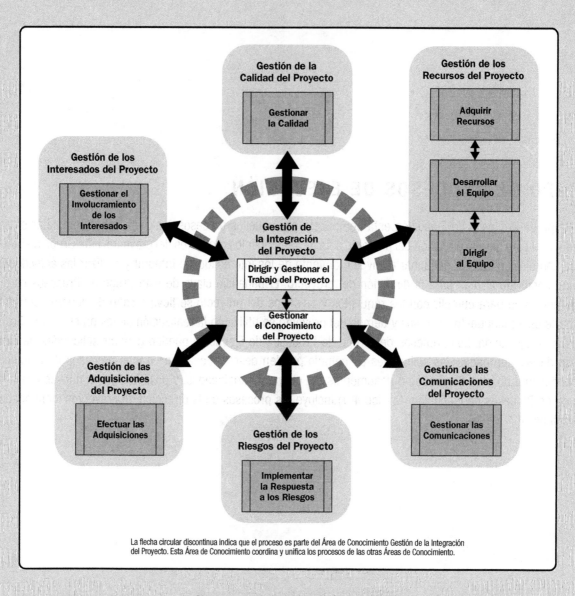

La flecha circular discontinua indica que el proceso es parte del Área de Conocimiento Gestión de la Integración del Proyecto. Esta Área de Conocimiento coordina y unifica los procesos de las otras Áreas de Conocimiento.

Gráfico 4-1. Grupo de Procesos de Ejecución

4.1 DIRIGIR Y GESTIONAR EL TRABAJO DEL PROYECTO

Dirigir y Gestionar el Trabajo del Proyecto es el proceso de liderar y llevar a cabo el trabajo definido en el plan para la dirección del proyecto e implementar los cambios aprobados para alcanzar los objetivos del proyecto. El beneficio clave de este proceso es que proporciona la dirección general del trabajo y los entregables del proyecto, mejorando así la probabilidad de éxito del proyecto. Este proceso se lleva a cabo a lo largo de todo el proyecto. Las entradas y salidas de este proceso se presentan en el Gráfico 4-2.

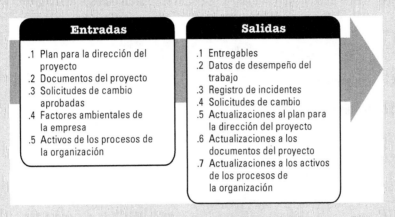

Entradas	Salidas
.1 Plan para la dirección del proyecto .2 Documentos del proyecto .3 Solicitudes de cambio aprobadas .4 Factores ambientales de la empresa .5 Activos de los procesos de la organización	.1 Entregables .2 Datos de desempeño del trabajo .3 Registro de incidentes .4 Solicitudes de cambio .5 Actualizaciones al plan para la dirección del proyecto .6 Actualizaciones a los documentos del proyecto .7 Actualizaciones a los activos de los procesos de la organización

Gráfico 4-2. Dirigir y Gestionar el Trabajo del Proyecto: Entradas y Salidas

Las necesidades del proyecto determinan qué componentes del plan para la dirección del proyecto y qué documentos del proyecto son necesarios.

4.1.1 COMPONENTES DEL PLAN PARA LA DIRECCIÓN DEL PROYECTO

Cualquier componente del plan para la dirección del proyecto puede ser una entrada de este proceso.

4.1.2 EJEMPLOS DE DOCUMENTOS DEL PROYECTO

Los ejemplos de documentos del proyecto que pueden ser entradas de este proceso incluyen, entre otros:

◆ Registro de cambios,

◆ Registro de lecciones aprendidas,

◆ Lista de hitos,

◆ Comunicaciones del proyecto,

◆ Cronograma del proyecto,

◆ Matriz de trazabilidad de requisitos,

◆ Registro de riesgos, y

◆ Informe de riesgos.

4.1.3 ACTUALIZACIONES AL PLAN PARA LA DIRECCIÓN DEL PROYECTO

Cualquier componente del plan para la dirección del proyecto puede actualizarse como resultado de este proceso.

4.1.4 ACTUALIZACIONES A LOS DOCUMENTOS DEL PROYECTO

Los documentos del proyecto que pueden actualizarse como resultado de este proceso incluyen, entre otros:

◆ Lista de actividades,

◆ Registro de supuestos,

◆ Registro de lecciones aprendidas,

◆ Documentación de requisitos,

◆ Registro de riesgos, y

◆ Registro de interesados.

4.2 GESTIONAR EL CONOCIMIENTO DEL PROYECTO

Gestionar el Conocimiento del Proyecto es el proceso de utilizar el conocimiento existente y crear nuevo conocimiento para alcanzar los objetivos del proyecto y contribuir al aprendizaje de la organización. Los beneficios clave de este proceso son que el conocimiento previo de la organización se aprovecha para producir o mejorar los resultados del proyecto y que el conocimiento creado por el proyecto está disponible para apoyar las operaciones de la organización y los futuros proyectos o fases. Este proceso se lleva a cabo a lo largo de todo el proyecto. Las entradas y salidas de este proceso se presentan en el Gráfico 4-3.

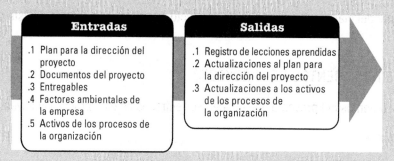

Gráfico 4-3. Gestionar el Conocimiento del Proyecto: Entradas y Salidas

Las necesidades del proyecto determinan qué componentes del plan para la dirección del proyecto y qué documentos del proyecto son necesarios.

4.2.1 COMPONENTES DEL PLAN PARA LA DIRECCIÓN DEL PROYECTO

Todos los componentes del plan para la dirección del proyecto pueden ser entradas de este proceso.

4.2.2 EJEMPLOS DE DOCUMENTOS DEL PROYECTO

Los ejemplos de documentos del proyecto que pueden ser entradas de este proceso incluyen, entre otros:

◆ Registro de lecciones aprendidas,

◆ Asignaciones del equipo del proyecto,

◆ Estructura de desglose de recursos,

◆ Criterios de selección de proveedores, y

◆ Registro de interesados.

4.2.3 ACTUALIZACIONES AL PLAN PARA LA DIRECCIÓN DEL PROYECTO

Cualquier componente del plan para la dirección del proyecto puede actualizarse como resultado de este proceso.

4.3 GESTIONAR LA CALIDAD

Gestionar la Calidad es el proceso de convertir el plan de gestión de la calidad en actividades ejecutables de calidad que incorporen al proyecto las políticas de calidad de la organización. El beneficio clave de este proceso es que incrementa la probabilidad de cumplir con los objetivos de calidad, así como de identificar los procesos ineficaces y las causas de la mala calidad. Este proceso se lleva a cabo a lo largo de todo el proyecto. Las entradas y salidas de este proceso se muestran en el Gráfico 4-4.

Entradas	Salidas
.1 Plan para la dirección del proyecto	.1 Informes de calidad
.2 Documentos del proyecto	.2 Documentos de prueba y evaluación
.3 Activos de los procesos de la organización	.3 Solicitudes de cambio
	.4 Actualizaciones al plan para la dirección del proyecto
	.5 Actualizaciones a los documentos del proyecto

Gráfico 4-4. Gestionar la Calidad: Entradas y Salidas

Las necesidades del proyecto determinan qué componentes del plan para la dirección del proyecto y qué documentos del proyecto son necesarios.

4.3.1 COMPONENTES DEL PLAN PARA LA DIRECCIÓN DEL PROYECTO

Como ejemplo de un componente del plan para la dirección del proyecto que puede ser una entrada de este proceso se puede citar, entre otros, el plan de gestión de la calidad.

4.3.2 EJEMPLOS DE DOCUMENTOS DEL PROYECTO

Los ejemplos de documentos del proyecto que pueden ser entradas de este proceso incluyen, entre otros:

◆ Registro de lecciones aprendidas,

◆ Mediciones de control de calidad,

◆ Métricas de calidad, y

◆ Informe de riesgos.

4.3.3 ACTUALIZACIONES AL PLAN PARA LA DIRECCIÓN DEL PROYECTO

Los componentes del plan para la dirección del proyecto que pueden actualizarse como resultado de este proceso incluyen, entre otros:

◆ Plan de gestión de la calidad,

◆ Línea base del alcance,

◆ Línea base del cronograma, y

◆ Línea base de costos.

4.3.4 ACTUALIZACIONES A LOS DOCUMENTOS DEL PROYECTO

Los documentos del proyecto que pueden actualizarse como resultado de este proceso incluyen, entre otros:

◆ Registro de incidentes,

◆ Registro de lecciones aprendidas, y

◆ Registro de riesgos.

4.4 ADQUIRIR RECURSOS

Adquirir Recursos es el proceso de obtener miembros del equipo, instalaciones, equipamiento, materiales, suministros y otros recursos necesarios para completar el trabajo del proyecto. El beneficio clave de este proceso es que describe y guía la selección de recursos y los asigna a sus respectivas actividades. Este proceso se lleva a cabo periódicamente a lo largo del proyecto, según sea necesario. Las entradas y salidas de este proceso se muestran en el Gráfico 4-5.

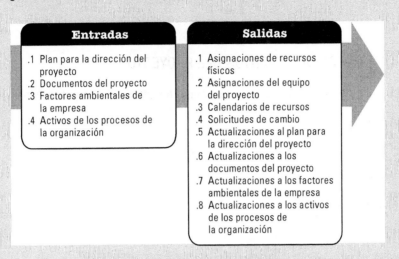

Gráfico 4-5. Adquirir Recursos: Entradas y Salidas

Las necesidades del proyecto determinan qué componentes del plan para la dirección del proyecto y qué documentos del proyecto son necesarios.

4.4.1 COMPONENTES DEL PLAN PARA LA DIRECCIÓN DEL PROYECTO

Los ejemplos de componentes del plan para la dirección del proyecto que pueden ser entradas de este proceso incluyen, entre otros:

◆ Plan de gestión de los recursos,

◆ Plan de gestión de las adquisiciones, y

◆ Línea base de costos.

4.4.2 EJEMPLOS DE DOCUMENTOS DEL PROYECTO

Los ejemplos de documentos del proyecto que pueden ser entradas de este proceso incluyen, entre otros:

◆ Cronograma del proyecto,

◆ Calendarios de recursos,

◆ Requisitos de recursos, y

◆ Registro de interesados.

4.4.3 ACTUALIZACIONES AL PLAN PARA LA DIRECCIÓN DEL PROYECTO

Los componentes del plan para la dirección del proyecto que pueden actualizarse como resultado de este proceso incluyen, entre otros:

◆ Plan de gestión de los recursos, y

◆ Línea base de costos.

4.4.4 ACTUALIZACIONES A LOS DOCUMENTOS DEL PROYECTO

Los documentos del proyecto que pueden actualizarse como resultado de este proceso incluyen, entre otros:

◆ Registro de lecciones aprendidas,

◆ Cronograma del proyecto,

◆ Estructura de desglose de recursos,

◆ Calendario de recursos,

◆ Requisitos de recursos,

◆ Registro de riesgos, y

◆ Registro de interesados.

4.5 DESARROLLAR EL EQUIPO

Desarrollar el Equipo es el proceso de mejorar las competencias, la interacción de los miembros del equipo y el ambiente general del equipo para lograr un mejor desempeño del proyecto. El beneficio clave de este proceso es que produce como resultado una mejora del trabajo en equipo, mejoras de las habilidades interpersonales y competencias, empleados motivados, reducción de la deserción y mejora el desempeño del proyecto en general. Este proceso se lleva a cabo a lo largo de todo el proyecto. Las entradas y salidas de este proceso se muestran en el Gráfico 4-6.

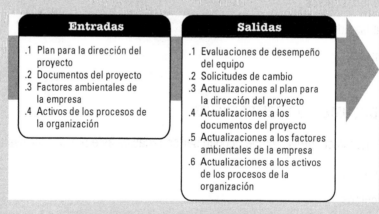

Gráfico 4-6. Desarrollar el Equipo: Entradas y Salidas

Las necesidades del proyecto determinan qué componentes del plan para la dirección del proyecto y qué documentos del proyecto son necesarios.

4.5.1 COMPONENTES DEL PLAN PARA LA DIRECCIÓN DEL PROYECTO

Como ejemplo de un componente del plan para la dirección del proyecto que puede ser una entrada de este proceso se puede citar, entre otros, el plan de gestión de los recursos.

4.5.2 EJEMPLOS DE DOCUMENTOS DEL PROYECTO

Los ejemplos de documentos del proyecto que pueden ser entradas de este proceso incluyen, entre otros:

◆ Registro de lecciones aprendidas,

◆ Cronograma del proyecto,

◆ Asignaciones del equipo del proyecto,

◆ Calendarios de recursos, y

◆ Acta de constitución del equipo.

4.5.3 ACTUALIZACIONES AL PLAN PARA LA DIRECCIÓN DEL PROYECTO

Entre los componentes del plan para la dirección del proyecto que pueden actualizarse como resultado de este proceso se puede citar, entre otros, el plan de gestión de los recursos.

4.5.4 ACTUALIZACIONES A LOS DOCUMENTOS DEL PROYECTO

Entre los documentos del proyecto que pueden actualizarse como resultado de este proceso se pueden citar, entre otros:

◆ Registro de lecciones aprendidas,

◆ Cronograma del proyecto,

◆ Asignaciones del equipo del proyecto,

◆ Calendarios de recursos, y

◆ Acta de constitución del equipo.

4.6 DIRIGIR AL EQUIPO

Dirigir al Equipo es el proceso que consiste en hacer seguimiento del desempeño de los miembros del equipo, proporcionar retroalimentación, resolver problemas y gestionar cambios en el equipo a fin de optimizar el desempeño del proyecto. El beneficio clave de este proceso es que influye en el comportamiento del equipo, gestiona los conflictos y resuelve los problemas. Este proceso se lleva a cabo a lo largo de todo el proyecto. Las entradas y salidas de este proceso se muestran en el Gráfico 4-7.

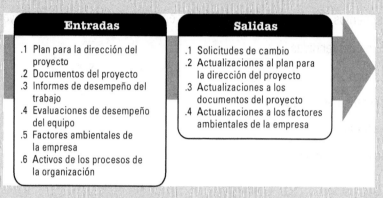

Entradas
- .1 Plan para la dirección del proyecto
- .2 Documentos del proyecto
- .3 Informes de desempeño del trabajo
- .4 Evaluaciones de desempeño del equipo
- .5 Factores ambientales de la empresa
- .6 Activos de los procesos de la organización

Salidas
- .1 Solicitudes de cambio
- .2 Actualizaciones al plan para la dirección del proyecto
- .3 Actualizaciones a los documentos del proyecto
- .4 Actualizaciones a los factores ambientales de la empresa

Gráfico 4-7. Dirigir al Equipo: Entradas y Salidas

Las necesidades del proyecto determinan qué componentes del plan para la dirección del proyecto y qué documentos del proyecto son necesarios.

4.6.1 COMPONENTES DEL PLAN PARA LA DIRECCIÓN DEL PROYECTO

Como ejemplo de un componente del plan para la dirección del proyecto que puede ser una entrada de este proceso se puede citar, entre otros, el plan de gestión de los recursos.

4.6.2 EJEMPLOS DE DOCUMENTOS DEL PROYECTO

Los ejemplos de documentos del proyecto que pueden ser entradas de este proceso incluyen, entre otros:

◆ Registro de incidentes,

◆ Registro de lecciones aprendidas,

◆ Asignaciones del equipo del proyecto, y

◆ Acta de constitución del equipo.

4.6.3 ACTUALIZACIONES AL PLAN PARA LA DIRECCIÓN DEL PROYECTO

Los componentes del plan para la dirección del proyecto que pueden actualizarse como resultado de este proceso incluyen, entre otros:

◆ Plan de gestión de los recursos,

◆ Línea base del cronograma, y

◆ Línea base de costos.

4.6.4 ACTUALIZACIONES A LOS DOCUMENTOS DEL PROYECTO

Los documentos del proyecto que pueden actualizarse como resultado de este proceso incluyen, entre otros:

◆ Registro de incidentes,

◆ Registro de lecciones aprendidas, y

◆ Asignaciones del equipo del proyecto.

4.7 GESTIONAR LAS COMUNICACIONES

Gestionar las Comunicaciones es el proceso de garantizar que la recopilación, creación, distribución, almacenamiento, recuperación, gestión, monitoreo y disposición final de la información del proyecto sean oportunos y adecuados. El beneficio clave de este proceso es que permite un flujo de información eficaz y eficiente entre el equipo del proyecto y los interesados. Este proceso se lleva a cabo a lo largo de todo el proyecto. Las entradas y salidas de este proceso se presentan en el Gráfico 4-8.

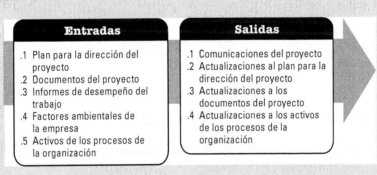

Gráfico 4-8. Gestionar las Comunicaciones: Entradas y Salidas

Las necesidades del proyecto determinan qué componentes del plan para la dirección del proyecto y qué documentos del proyecto son necesarios.

4.7.1 COMPONENTES DEL PLAN PARA LA DIRECCIÓN DEL PROYECTO

Los ejemplos de componentes del plan para la dirección del proyecto que pueden ser entradas de este proceso incluyen, entre otros:

- ◆ Plan de gestión de los recursos,

- ◆ Plan de gestión de las comunicaciones, y

- ◆ Plan de involucramiento de los interesados.

4.7.2 EJEMPLOS DE DOCUMENTOS DEL PROYECTO

Los ejemplos de documentos del proyecto que pueden ser entradas de este proceso incluyen, entre otros:

- ◆ Registro de cambios,

- ◆ Registro de incidentes,

- ◆ Registro de lecciones aprendidas,

- ◆ Informe de calidad,

- ◆ Informe de riesgos, y

- ◆ Registro de interesados.

4.7.3 ACTUALIZACIONES AL PLAN PARA LA DIRECCIÓN DEL PROYECTO

Los ejemplos de los componentes del plan para la dirección del proyecto que pueden actualizarse como resultado de este proceso incluyen, entre otros:

- ◆ Plan de gestión de las comunicaciones, y

- ◆ Plan de involucramiento de los interesados.

4.7.4 ACTUALIZACIONES A LOS DOCUMENTOS DEL PROYECTO

Los documentos del proyecto que pueden actualizarse como resultado de este proceso incluyen, entre otros:

- ◆ Registro de incidentes,

- ◆ Registro de lecciones aprendidas,

- ◆ Cronograma del proyecto,

- ◆ Registro de riesgos, y

- ◆ Registro de interesados.

4.8 IMPLEMENTAR LA RESPUESTA A LOS RIESGOS

Implementar la Respuesta a los Riesgos es el proceso de implementar planes acordados de respuesta a los riesgos. El beneficio clave de este proceso es que asegura que las respuestas a los riesgos acordadas se ejecuten tal como se planificaron a fin de abordar la exposición al riesgo del proyecto en general, así como de minimizar las amenazas individuales del proyecto y maximizar las oportunidades individuales del proyecto. Este proceso se lleva a cabo a lo largo de todo el proyecto. Las entradas y salidas de este proceso se presentan en el Gráfico 4-9.

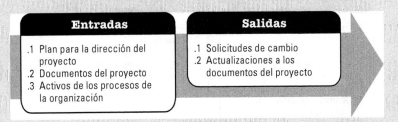

Entradas	Salidas
.1 Plan para la dirección del proyecto	.1 Solicitudes de cambio
.2 Documentos del proyecto	.2 Actualizaciones a los documentos del proyecto
.3 Activos de los procesos de la organización	

Gráfico 4-9. Implementar la Respuesta a los Riesgos: Entradas y Salidas

Las necesidades del proyecto determinan qué componentes del plan para la dirección del proyecto y qué documentos del proyecto son necesarios.

4.8.1 COMPONENTES DEL PLAN PARA LA DIRECCIÓN DEL PROYECTO

Como ejemplo de un componente del plan para la dirección del proyecto que puede ser una entrada de este proceso se puede citar, entre otros, el plan de gestión de los riesgos.

4.8.2 EJEMPLOS DE DOCUMENTOS DEL PROYECTO

Los ejemplos de documentos del proyecto que pueden ser entradas de este proceso incluyen, entre otros:

◆ Registro de lecciones aprendidas,

◆ Registro de riesgos, y

◆ Informe de riesgos.

4.8.3 ACTUALIZACIONES A LOS DOCUMENTOS DEL PROYECTO

Los documentos del proyecto que pueden actualizarse como resultado de este proceso incluyen, entre otros:

◆ Registro de incidentes,

◆ Registro de lecciones aprendidas,

◆ Asignaciones del equipo del proyecto,

◆ Registro de riesgos, y

◆ Informe de riesgos.

4.9 EFECTUAR LAS ADQUISICIONES

Efectuar las Adquisiciones es el proceso de obtener respuestas de los proveedores, seleccionarlos y adjudicarles un contrato. El beneficio clave de este proceso es que selecciona un proveedor calificado e implementa el acuerdo legal para la entrega. Este proceso se lleva a cabo periódicamente a lo largo del proyecto, según sea necesario. Las entradas y salidas de este proceso se presentan en el Gráfico 4-10.

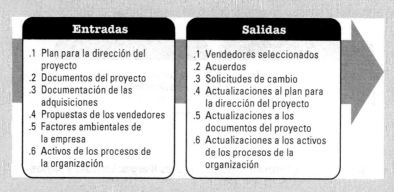

Entradas	Salidas
.1 Plan para la dirección del proyecto .2 Documentos del proyecto .3 Documentación de las adquisiciones .4 Propuestas de los vendedores .5 Factores ambientales de la empresa .6 Activos de los procesos de la organización	.1 Vendedores seleccionados .2 Acuerdos .3 Solicitudes de cambio .4 Actualizaciones al plan para la dirección del proyecto .5 Actualizaciones a los documentos del proyecto .6 Actualizaciones a los activos de los procesos de la organización

Gráfico 4-10. Efectuar las Adquisiciones: Entradas y Salidas

Las necesidades del proyecto determinan qué componentes del plan para la dirección del proyecto y qué documentos del proyecto son necesarios.

4.9.1 COMPONENTES DEL PLAN PARA LA DIRECCIÓN DEL PROYECTO

Los ejemplos de componentes del plan para la dirección del proyecto que pueden ser entradas de este proceso incluyen, entre otros:

◆ Plan de gestión del alcance,

◆ Plan de gestión de los requisitos,

◆ Plan de gestión de las comunicaciones,

◆ Plan de gestión de los riesgos,

◆ Plan de gestión de las adquisiciones,

◆ Plan de gestión de la configuración, y

◆ Línea base de costos.

4.9.2 EJEMPLOS DE DOCUMENTOS DEL PROYECTO

Los ejemplos de documentos del proyecto que pueden ser entradas de este proceso incluyen, entre otros:

◆ Registro de lecciones aprendidas,

◆ Cronograma del proyecto,

◆ Documentación de requisitos,

◆ Registro de riesgos, y

◆ Registro de interesados.

4.9.3 ACTUALIZACIONES AL PLAN PARA LA DIRECCIÓN DEL PROYECTO

Los componentes del plan para la dirección del proyecto que pueden actualizarse como resultado de este proceso incluyen, entre otros:

◆ Plan de gestión de los requisitos,

◆ Plan de gestión de la calidad,

◆ Plan de gestión de las comunicaciones,

◆ Plan de gestión de los riesgos,

◆ Plan de gestión de las adquisiciones,

◆ Línea base del alcance,

◆ Línea base del cronograma, y

◆ Línea base de costos.

4.9.4 ACTUALIZACIONES A LOS DOCUMENTOS DEL PROYECTO

Los documentos del proyecto que pueden actualizarse como resultado de este proceso incluyen, entre otros:

◆ Registro de lecciones aprendidas,

◆ Documentación de requisitos,

◆ Matriz de trazabilidad de requisitos,

◆ Calendarios de recursos,

◆ Registro de riesgos, y

◆ Registro de interesados.

4.10 GESTIONAR LA PARTICIPACIÓN DE LOS INTERESADOS

Gestionar el Involucramiento de los Interesados es el proceso de comunicarse y trabajar con los interesados para satisfacer sus necesidades y expectativas, abordar los incidentes y fomentar la participación adecuada de los interesados. El beneficio clave de este proceso es que permite al director del proyecto incrementar el apoyo y minimizar la resistencia por parte de los interesados. Este proceso se lleva a cabo a lo largo de todo el proyecto. Las entradas y salidas de este proceso se presentan en el Gráfico 4-11.

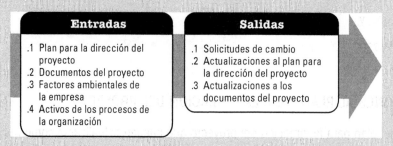

Entradas	Salidas
.1 Plan para la dirección del proyecto	.1 Solicitudes de cambio
.2 Documentos del proyecto	.2 Actualizaciones al plan para la dirección del proyecto
.3 Factores ambientales de la empresa	.3 Actualizaciones a los documentos del proyecto
.4 Activos de los procesos de la organización	

Gráfico 4-11. Gestionar el Involucramiento de los Interesados: Entradas y Salidas

Las necesidades del proyecto determinan qué componentes del plan para la dirección del proyecto y qué documentos del proyecto son necesarios.

4.10.1 COMPONENTES DEL PLAN PARA LA DIRECCIÓN DEL PROYECTO

Los ejemplos de componentes del plan para la dirección del proyecto que pueden ser entradas de este proceso incluyen, entre otros:

◆ Plan de gestión de las comunicaciones,

◆ Plan de gestión de los riesgos,

◆ Plan de involucramiento de los interesados, y

◆ Plan de gestión de cambios.

4.10.2 EJEMPLOS DE DOCUMENTOS DEL PROYECTO

Los ejemplos de documentos del proyecto que pueden ser entradas de este proceso incluyen, entre otros:

◆ Registro de cambios,

◆ Registro de incidentes,

◆ Registro de lecciones aprendidas, y

◆ Registro de interesados.

4.10.3 ACTUALIZACIONES AL PLAN PARA LA DIRECCIÓN DEL PROYECTO

Los componentes del plan para la dirección del proyecto que pueden actualizarse como resultado de este proceso incluyen, entre otros:

◆ Plan de gestión de las comunicaciones, y

◆ Plan de involucramiento de los interesados.

4.10.4 ACTUALIZACIONES A LOS DOCUMENTOS DEL PROYECTO

Los documentos del proyecto que pueden actualizarse como resultado de este proceso incluyen, entre otros:

◆ Registro de cambios,

◆ Registro de incidentes,

◆ Registro de lecciones aprendidas, y

◆ Registro de interesados.

5

GRUPO DE PROCESOS DE MONITOREO Y CONTROL

El Grupo de Procesos de Monitoreo y Control está compuesto por aquellos procesos requeridos para hacer seguimiento, analizar y regular el progreso y el desempeño del proyecto, para identificar áreas en las que el plan requiera cambios y para iniciar los cambios correspondientes. Monitorear es recolectar datos de desempeño del proyecto, producir medidas de desempeño e informar y difundir la información sobre el desempeño. Controlar es comparar el desempeño real con el desempeño planificado, analizar las variaciones, evaluar las tendencias para realizar mejoras en los procesos, evaluar las alternativas posibles y recomendar las acciones correctivas apropiadas según sea necesario. El beneficio clave de este Grupo de Procesos radica en que el desempeño del proyecto se mide y se analiza a intervalos regulares, a partir de eventos apropiados o cuando ocurren condiciones de excepción a fin de identificar y corregir variaciones respecto del plan para la dirección del proyecto. El Grupo de Procesos de Monitoreo y Control también implica:

◆ Evaluar solicitudes de cambio y decidir acerca de la respuesta adecuada;

◆ Recomendar acciones correctivas o preventivas para anticipar posibles problemas;

◆ Monitorear las actividades del proyecto, comparándolas con el plan para la dirección del proyecto y con las líneas base del proyecto; e

◆ Influir en los factores que podrían eludir el proceso de control de cambios, de modo que únicamente se implementen cambios aprobados.

El monitoreo continuo proporciona al equipo del proyecto y a otros interesados conocimientos sobre el estado del proyecto y permite identificar las áreas que requieren más atención. El Grupo de Procesos de Monitoreo y Control monitorea y controla el trabajo que se está realizando dentro de cada Área de Conocimiento, cada Grupo de Procesos, cada fase del ciclo de vida y el proyecto en su conjunto. El Grupo de Procesos de Monitoreo y Control (Gráfico 5-1) incluye los procesos de la dirección de proyectos identificados en las Secciones 5.1 a 5.12.

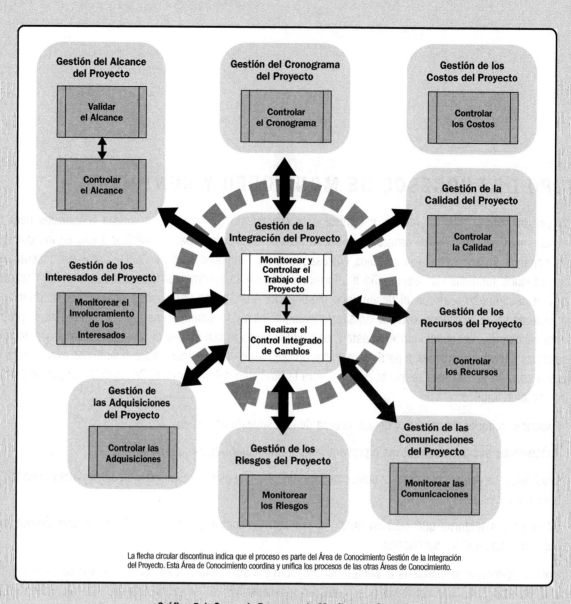

Gestión del Alcance del Proyecto
- Validar el Alcance
- Controlar el Alcance

Gestión del Cronograma del Proyecto
- Controlar el Cronograma

Gestión de los Costos del Proyecto
- Controlar los Costos

Gestión de la Integración del Proyecto
- Monitorear y Controlar el Trabajo del Proyecto
- Realizar el Control Integrado de Cambios

Gestión de la Calidad del Proyecto
- Controlar la Calidad

Gestión de los Interesados del Proyecto
- Monitorear el Involucramiento de los Interesados

Gestión de los Recursos del Proyecto
- Controlar los Recursos

Gestión de las Adquisiciones del Proyecto
- Controlar las Adquisiciones

Gestión de los Riesgos del Proyecto
- Monitorear los Riesgos

Gestión de las Comunicaciones del Proyecto
- Monitorear las Comunicaciones

La flecha circular discontinua indica que el proceso es parte del Área de Conocimiento Gestión de la Integración del Proyecto. Esta Área de Conocimiento coordina y unifica los procesos de las otras Áreas de Conocimiento.

Gráfico 5-1. Grupo de Procesos de Monitoreo y Control

5.1 MONITOREAR Y CONTROLAR EL TRABAJO DEL PROYECTO

Monitorear y Controlar el Trabajo del Proyecto es el proceso de hacer seguimiento, revisar e informar el avance general a fin de cumplir con los objetivos de desempeño definidos en el plan para la dirección del proyecto. El beneficio clave de este proceso es que permite a los interesados comprender el estado actual del proyecto, reconocer las medidas adoptadas para abordar los problemas de desempeño y tener visibilidad del estado futuro del proyecto con los pronósticos del cronograma y de costos. Este proceso se lleva a cabo a lo largo de todo el proyecto. Las entradas y salidas de este proceso se presentan en el Gráfico 5-2.

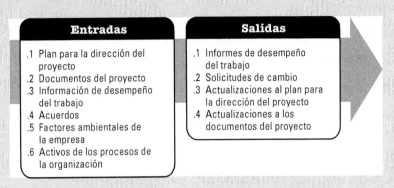

Entradas
- .1 Plan para la dirección del proyecto
- .2 Documentos del proyecto
- .3 Información de desempeño del trabajo
- .4 Acuerdos
- .5 Factores ambientales de la empresa
- .6 Activos de los procesos de la organización

Salidas
- .1 Informes de desempeño del trabajo
- .2 Solicitudes de cambio
- .3 Actualizaciones al plan para la dirección del proyecto
- .4 Actualizaciones a los documentos del proyecto

Gráfico 5-2. Monitorear y Controlar el Trabajo del Proyecto: Entradas y Salidas

Las necesidades del proyecto determinan qué componentes del plan para la dirección del proyecto y qué documentos del proyecto son necesarios.

5.1.1 COMPONENTES DEL PLAN PARA LA DIRECCIÓN DEL PROYECTO

Cualquier componente del plan para la dirección del proyecto puede ser una entrada de este proceso.

5.1.2 EJEMPLOS DE DOCUMENTOS DEL PROYECTO

Los ejemplos de documentos del proyecto que pueden ser entradas de este proceso incluyen, entre otros:

- ◆ Registro de supuestos,
- ◆ Base de las estimaciones,
- ◆ Pronósticos de costos,
- ◆ Registro de incidentes,
- ◆ Registro de lecciones aprendidas,
- ◆ Lista de hitos,
- ◆ Informes de calidad,
- ◆ Registro de riesgos,
- ◆ Informe de riesgos, y
- ◆ Pronóstico del cronograma.

5.1.3 ACTUALIZACIONES AL PLAN PARA LA DIRECCIÓN DEL PROYECTO

Cualquier componente del plan para la dirección del proyecto puede actualizarse como resultado de este proceso.

5.1.4 ACTUALIZACIONES A LOS DOCUMENTOS DEL PROYECTO

Los documentos del proyecto que pueden actualizarse como resultado de este proceso incluyen, entre otros:

◆ Pronósticos de costos,

◆ Registro de incidentes,

◆ Registro de lecciones aprendidas,

◆ Registro de riesgos, y

◆ Pronóstico del cronograma.

5.2 REALIZAR EL CONTROL INTEGRADO DE CAMBIOS

Realizar el Control Integrado de Cambios es el proceso de revisar todas las solicitudes de cambio, aprobar y gestionar los cambios a entregables, activos de los procesos de la organización, documentos del proyecto y al plan para la dirección del proyecto, y comunicar las decisiones. Este proceso revisa todas las solicitudes de cambio a documentos del proyecto, entregables o plan para la dirección del proyecto y determina la resolución de las solicitudes de cambio. El beneficio clave de este proceso es que permite que los cambios documentados dentro del proyecto sean considerados de una manera integrada y simultáneamente aborda el riesgo general del proyecto, el cual a menudo surge de cambios realizados sin tener en cuenta los objetivos o planes generales del proyecto. Este proceso se lleva a cabo a lo largo de todo el proyecto. Las entradas y salidas de este proceso se presentan en el Gráfico 5-3.

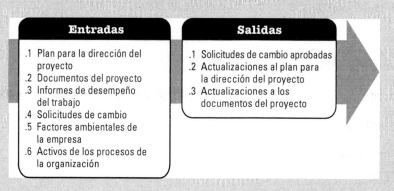

Entradas	Salidas
.1 Plan para la dirección del proyecto .2 Documentos del proyecto .3 Informes de desempeño del trabajo .4 Solicitudes de cambio .5 Factores ambientales de la empresa .6 Activos de los procesos de la organización	.1 Solicitudes de cambio aprobadas .2 Actualizaciones al plan para la dirección del proyecto .3 Actualizaciones a los documentos del proyecto

Gráfico 5-3. Realizar el Control Integrado de Cambios: Entradas y Salidas

Las necesidades del proyecto determinan qué componentes del plan para la dirección del proyecto y qué documentos del proyecto son necesarios.

5.2.1 COMPONENTES DEL PLAN PARA LA DIRECCIÓN DEL PROYECTO

Los ejemplos de componentes del plan para la dirección del proyecto que pueden ser entradas de este proceso incluyen, entre otros:

◆ Plan de gestión de cambios,

◆ Plan de gestión de la configuración,

◆ Línea base del alcance,

◆ Línea base del cronograma, y

◆ Línea base de costos.

5.2.2 EJEMPLOS DE DOCUMENTOS DEL PROYECTO

Los ejemplos de documentos del proyecto que pueden ser entradas de este proceso incluyen, entre otros:

◆ Base de las estimaciones,

◆ Matriz de trazabilidad de requisitos,

◆ Informe de riesgos, y

◆ Registro de cambios.

5.2.3 ACTUALIZACIONES AL PLAN PARA LA DIRECCIÓN DEL PROYECTO

Cualquier componente del plan para la dirección del proyecto puede actualizarse como resultado de este proceso.

5.2.4 ACTUALIZACIONES A LOS DOCUMENTOS DEL PROYECTO

Cualquier documento del proyecto formalmente controlado puede cambiarse como resultado de este proceso. Un documento del proyecto que normalmente se actualiza como resultado de este proceso es el registro de cambios. El registro de cambios se utiliza para documentar los cambios que ocurren durante un proyecto.

5.3 VALIDAR EL ALCANCE

Validar el Alcance es el proceso de formalizar la aceptación de los entregables del proyecto que se hayan completado. El beneficio clave de este proceso es que aporta objetividad al proceso de aceptación y aumenta la probabilidad de que el producto, servicio o resultado final sea aceptado mediante la validación de cada entregable individual. Este proceso se lleva a cabo periódicamente a lo largo del proyecto, según sea necesario. Las entradas y salidas de este proceso se presentan en el Gráfico 5-4.

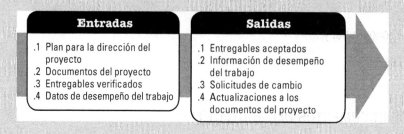

Entradas

.1 Plan para la dirección del proyecto
.2 Documentos del proyecto
.3 Entregables verificados
.4 Datos de desempeño del trabajo

Salidas

.1 Entregables aceptados
.2 Información de desempeño del trabajo
.3 Solicitudes de cambio
.4 Actualizaciones a los documentos del proyecto

Gráfico 5-4. Validar el Alcance: Entradas y Salidas

Las necesidades del proyecto determinan qué componentes del plan para la dirección del proyecto y qué documentos del proyecto son necesarios.

5.3.1 COMPONENTES DEL PLAN PARA LA DIRECCIÓN DEL PROYECTO

Los ejemplos de componentes del plan para la dirección del proyecto que pueden ser entradas de este proceso incluyen, entre otros:

◆ Plan de gestión del alcance,

◆ Plan de gestión de los requisitos, y

◆ Línea base del alcance.

5.3.2 EJEMPLOS DE DOCUMENTOS DEL PROYECTO

Los ejemplos de documentos del proyecto que pueden ser entradas de este proceso incluyen, entre otros:

◆ Registro de lecciones aprendidas,

◆ Informes de calidad,

◆ Documentación de requisitos, y

◆ Matriz de trazabilidad de requisitos.

5.3.3 ACTUALIZACIONES A LOS DOCUMENTOS DEL PROYECTO

Los ejemplos de documentos del proyecto que pueden actualizarse como resultado de este proceso incluyen, entre otros:

◆ Registro de lecciones aprendidas,

◆ Documentación de requisitos, y

◆ Matriz de trazabilidad de requisitos.

5.4 CONTROLAR EL ALCANCE

Controlar el Alcance es el proceso en el cual se monitorea el estado del alcance del proyecto y del producto, y se gestionan cambios a la línea base del alcance. El beneficio clave de este proceso es que la línea base del alcance es mantenida a lo largo del proyecto. Este proceso se lleva a cabo a lo largo de todo el proyecto. Las entradas y salidas de este proceso se presentan en el Gráfico 5-5.

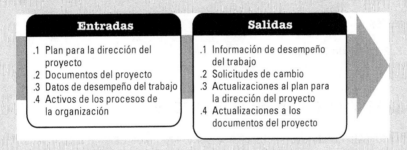

Entradas	Salidas
.1 Plan para la dirección del proyecto	.1 Información de desempeño del trabajo
.2 Documentos del proyecto	.2 Solicitudes de cambio
.3 Datos de desempeño del trabajo	.3 Actualizaciones al plan para la dirección del proyecto
.4 Activos de los procesos de la organización	.4 Actualizaciones a los documentos del proyecto

Gráfico 5-5. Controlar el Alcance: Entradas y Salidas

Las necesidades del proyecto determinan qué componentes del plan para la dirección del proyecto y qué documentos del proyecto son necesarios.

5.4.1 COMPONENTES DEL PLAN PARA LA DIRECCIÓN DEL PROYECTO

Los ejemplos de componentes del plan para la dirección del proyecto que pueden ser entradas de este proceso incluyen, entre otros:

◆ Plan de gestión del alcance,

◆ Plan de gestión de los requisitos,

◆ Plan de gestión de cambios,

◆ Plan de gestión de la configuración,

◆ Línea base del alcance, y

◆ Línea base para la medición del desempeño.

5.4.2 EJEMPLOS DE DOCUMENTOS DEL PROYECTO

Los ejemplos de documentos del proyecto que pueden ser entradas de este proceso incluyen, entre otros:

◆ Registro de lecciones aprendidas,

◆ Documentación de requisitos, y

◆ Matriz de trazabilidad de requisitos.

5.4.3 ACTUALIZACIONES AL PLAN PARA LA DIRECCIÓN DEL PROYECTO

Los componentes del plan para la dirección del proyecto que pueden actualizarse como resultado de este proceso incluyen, entre otros:

◆ Plan de gestión del alcance,

◆ Línea base del alcance,

◆ Línea base del cronograma,

◆ Línea base de costos, y

◆ Línea base para la medición del desempeño.

5.4.4 ACTUALIZACIONES A LOS DOCUMENTOS DEL PROYECTO

Los documentos del proyecto que pueden actualizarse como resultado de este proceso incluyen, entre otros:

◆ Registro de lecciones aprendidas,

◆ Documentación de requisitos, y

◆ Matriz de trazabilidad de requisitos.

5.5 CONTROLAR EL CRONOGRAMA

Controlar el Cronograma es el proceso de monitorear el estado del proyecto para actualizar el cronograma del proyecto y gestionar cambios a la línea base del cronograma. El beneficio clave de este proceso es que la línea base del cronograma es mantenida a lo largo del proyecto. Este proceso se lleva a cabo a lo largo de todo el proyecto. Las entradas y salidas de este proceso se presentan en el Gráfico 5-6.

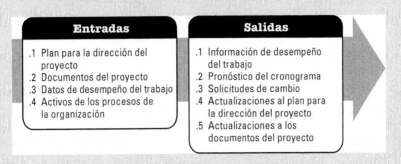

Entradas

.1 Plan para la dirección del proyecto
.2 Documentos del proyecto
.3 Datos de desempeño del trabajo
.4 Activos de los procesos de la organización

Salidas

.1 Información de desempeño del trabajo
.2 Pronóstico del cronograma
.3 Solicitudes de cambio
.4 Actualizaciones al plan para la dirección del proyecto
.5 Actualizaciones a los documentos del proyecto

Gráfico 5-6. Controlar el Cronograma: Entradas y Salidas

Las necesidades del proyecto determinan qué componentes del plan para la dirección del proyecto y qué documentos del proyecto son necesarios.

5.5.1 COMPONENTES DEL PLAN PARA LA DIRECCIÓN DEL PROYECTO

Los ejemplos de componentes del plan para la dirección del proyecto que pueden ser entradas de este proceso incluyen, entre otros:

◆ Plan de gestión del cronograma,

◆ Línea base del cronograma,

◆ Línea base del alcance, y

◆ Línea base para la medición del desempeño.

5.5.2 EJEMPLOS DE DOCUMENTOS DEL PROYECTO

Los ejemplos de documentos del proyecto que pueden ser entradas de este proceso incluyen, entre otros:

◆ Registro de lecciones aprendidas,

◆ Calendarios del proyecto,

◆ Cronograma del proyecto,

◆ Calendarios de recursos, y

◆ Datos del cronograma.

5.5.3 ACTUALIZACIONES AL PLAN PARA LA DIRECCIÓN DEL PROYECTO

Los componentes del plan para la dirección del proyecto que pueden actualizarse como resultado de este proceso incluyen, entre otros:

◆ Plan de gestión del cronograma,

◆ Línea base del cronograma,

◆ Línea base de costos, y

◆ Línea base para la medición del desempeño.

5.5.4 ACTUALIZACIONES A LOS DOCUMENTOS DEL PROYECTO

Los documentos del proyecto que pueden actualizarse como resultado de este proceso incluyen, entre otros:

◆ Registro de supuestos,

◆ Base de las estimaciones,

◆ Registro de lecciones aprendidas,

◆ Cronograma del proyecto,

◆ Calendarios de recursos,

◆ Registro de riesgos, y

◆ Datos del cronograma.

5.6 CONTROLAR LOS COSTOS

Controlar los Costos es el proceso de monitorear el estado del proyecto para actualizar los costos del proyecto y gestionar cambios a la línea base de costos. El beneficio clave de este proceso es que la línea base de costos es mantenida a lo largo del proyecto. Este proceso se lleva a cabo a lo largo de todo el proyecto. Las entradas y salidas de este proceso se presentan en el Gráfico 5-7.

Entradas	Salidas
.1 Plan para la dirección del proyecto	.1 Información de desempeño del trabajo
.2 Documentos del proyecto	.2 Pronósticos de costos
.3 Requisitos de financiamiento del proyecto	.3 Solicitudes de cambio
.4 Datos de desempeño del trabajo	.4 Actualizaciones al plan para la dirección del proyecto
.5 Activos de los procesos de la organización	.5 Actualizaciones a los documentos del proyecto

Gráfico 5-7. Controlar los Costos: Entradas y Salidas

Las necesidades del proyecto determinan qué componentes del plan para la dirección del proyecto son necesarios.

5.6.1 COMPONENTES DEL PLAN PARA LA DIRECCIÓN DEL PROYECTO

Los ejemplos de componentes del plan para la dirección del proyecto que pueden ser entradas de este proceso incluyen, entre otros:

◆ Plan de gestión de los costos,

◆ Línea base de costos, y

◆ Línea base para la medición del desempeño.

5.6.2 EJEMPLOS DE DOCUMENTOS DEL PROYECTO

Como ejemplo de un documento del proyecto que puede ser una entrada de este proceso se puede citar, entre otros, el registro de lecciones aprendidas.

5.6.3 ACTUALIZACIONES AL PLAN PARA LA DIRECCIÓN DEL PROYECTO

Los componentes del plan para la dirección del proyecto que pueden actualizarse como resultado de este proceso incluyen, entre otros:

◆ Plan de gestión de los costos,

◆ Línea base de costos, y

◆ Línea base para la medición del desempeño.

5.6.4 ACTUALIZACIONES A LOS DOCUMENTOS DEL PROYECTO

Los documentos del proyecto que pueden actualizarse como resultado de este proceso incluyen, entre otros:

◆ Registro de supuestos,

◆ Base de las estimaciones,

◆ Estimaciones de costos,

◆ Registro de lecciones aprendidas, y

◆ Registro de riesgos.

5.7 CONTROLAR LA CALIDAD

Controlar la Calidad es el proceso de monitorear y registrar los resultados de la ejecución de las actividades de gestión de calidad, para evaluar el desempeño y asegurar que las salidas del proyecto sean completas, correctas y satisfagan las expectativas del cliente. El beneficio clave de este proceso es verificar que los entregables y el trabajo del proyecto cumplen con los requisitos especificados por los interesados clave para la aceptación final. Este proceso se lleva a cabo a lo largo de todo el proyecto. Las entradas y salidas de este proceso se muestran en el Gráfico 5-8.

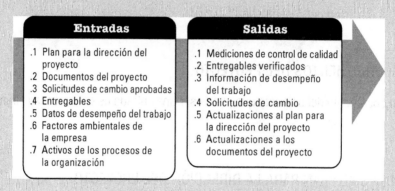

Entradas	Salidas
.1 Plan para la dirección del proyecto	.1 Mediciones de control de calidad
.2 Documentos del proyecto	.2 Entregables verificados
.3 Solicitudes de cambio aprobadas	.3 Información de desempeño del trabajo
.4 Entregables	.4 Solicitudes de cambio
.5 Datos de desempeño del trabajo	.5 Actualizaciones al plan para la dirección del proyecto
.6 Factores ambientales de la empresa	.6 Actualizaciones a los documentos del proyecto
.7 Activos de los procesos de la organización	

Gráfico 5-8. Controlar la Calidad: Entradas y Salidas

Las necesidades del proyecto determinan qué componentes del plan para la dirección del proyecto y qué documentos del proyecto son necesarios.

5.7.1 COMPONENTES DEL PLAN PARA LA DIRECCIÓN DEL PROYECTO

Como ejemplo de un componente del plan para la dirección del proyecto que puede ser una entrada de este proceso se puede citar, entre otros, el plan de gestión de la calidad.

5.7.2 EJEMPLOS DE DOCUMENTOS DEL PROYECTO

Los ejemplos de documentos del proyecto que pueden ser entradas de este proceso incluyen, entre otros:

◆ Registro de lecciones aprendidas,

◆ Métricas de calidad, y

◆ Documentos de prueba y evaluación.

5.7.3 ACTUALIZACIONES AL PLAN PARA LA DIRECCIÓN DEL PROYECTO

Entre los componentes del plan para la dirección del proyecto que pueden actualizarse como resultado de este proceso se puede citar, entre otros, el plan de gestión de la calidad.

5.7.4 ACTUALIZACIONES A LOS DOCUMENTOS DEL PROYECTO

Los documentos del proyecto que pueden actualizarse como resultado de este proceso incluyen, entre otros:

◆ Registro de incidentes,

◆ Registro de lecciones aprendidas,

◆ Registro de riesgos, y

◆ Documentos de prueba y evaluación.

5.8 CONTROLAR LOS RECURSOS

Controlar los Recursos es el proceso de asegurar que los recursos asignados y adjudicados al proyecto están disponibles tal como se planificó, así como de monitorear la utilización de recursos planificada frente a la real y tomar acciones correctivas según sea necesario. El beneficio clave de este proceso es asegurar que los recursos asignados están disponibles para el proyecto en el momento adecuado y en el lugar adecuado y son liberados cuando ya no se necesitan. Este proceso se lleva a cabo a lo largo de todo el proyecto. Las entradas y salidas de este proceso se muestran en el Gráfico 5-9.

Entradas	Salidas
.1 Plan para la dirección del proyecto .2 Documentos del proyecto .3 Datos de desempeño del trabajo .4 Acuerdos .5 Activos de los procesos de la organización	.1 Información de desempeño del trabajo .2 Solicitudes de cambio .3 Actualizaciones al plan para la dirección del proyecto .4 Actualizaciones a los documentos del proyecto

Gráfico 5-9. Controlar los Recursos: Entradas y Salidas

Las necesidades del proyecto determinan qué componentes del plan para la dirección del proyecto y qué documentos del proyecto son necesarios.

5.8.1 COMPONENTES DEL PLAN PARA LA DIRECCIÓN DEL PROYECTO

Como ejemplo de un componente del plan para la dirección del proyecto que puede ser una entrada de este proceso se puede citar, entre otros, el plan de gestión de los recursos.

5.8.2 EJEMPLOS DE DOCUMENTOS DEL PROYECTO

Los ejemplos de documentos del proyecto que pueden ser entradas de este proceso incluyen, entre otros:

◆ Registro de incidentes,

◆ Registro de lecciones aprendidas,

◆ Asignaciones de recursos físicos,

◆ Cronograma del proyecto,

◆ Estructura de desglose de recursos,

◆ Requisitos de recursos, y

◆ Registro de riesgos.

5.8.3 ACTUALIZACIONES AL PLAN PARA LA DIRECCIÓN DEL PROYECTO

Entre los componentes del plan para la dirección del proyecto que pueden actualizarse como resultado de este proceso se incluyen, entre otros:

◆ Plan de gestión de los recursos,

◆ Línea base del cronograma, y

◆ Línea base de costos.

5.8.4 ACTUALIZACIONES A LOS DOCUMENTOS DEL PROYECTO

Los documentos del proyecto que pueden actualizarse como resultado de este proceso incluyen, entre otros:

◆ Registro de supuestos,

◆ Registro de incidentes,

◆ Registro de lecciones aprendidas,

◆ Asignaciones de recursos físicos,

◆ Estructura de desglose de recursos, y

◆ Registro de riesgos.

5.9 MONITOREAR LAS COMUNICACIONES

Monitorear las Comunicaciones es el proceso de asegurar que se satisfagan las necesidades de información del proyecto y de sus interesados. El beneficio clave de este proceso es el flujo óptimo de información tal como se define en el plan de gestión de las comunicaciones y el plan de involucramiento de los interesados. Este proceso se lleva a cabo a lo largo de todo el proyecto. Las entradas y salidas de este proceso se presentan en el Gráfico 5-10.

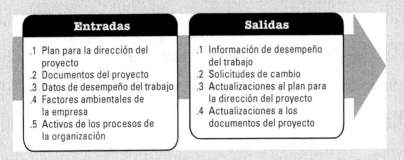

Gráfico 5-10. Monitorear las Comunicaciones: Entradas y Salidas

Las necesidades del proyecto determinan qué componentes del plan para la dirección del proyecto y qué documentos del proyecto son necesarios.

5.9.1 COMPONENTES DEL PLAN PARA LA DIRECCIÓN DEL PROYECTO

Los ejemplos de componentes del plan para la dirección del proyecto que pueden ser entradas de este proceso incluyen, entre otros:

◆ Plan de gestión de los recursos,

◆ Plan de gestión de las comunicaciones, y

◆ Plan de involucramiento de los interesados.

5.9.2 EJEMPLOS DE DOCUMENTOS DEL PROYECTO

Los ejemplos de documentos del proyecto que pueden ser entradas de este proceso incluyen, entre otros:

◆ Registro de incidentes,

◆ Registro de lecciones aprendidas, y

◆ Comunicaciones del proyecto.

5.9.3 ACTUALIZACIONES AL PLAN PARA LA DIRECCIÓN DEL PROYECTO

Los componentes del plan para la dirección del proyecto que pueden actualizarse como resultado de este proceso incluyen, entre otros:

◆ Plan de gestión de las comunicaciones, y

◆ Plan de involucramiento de los interesados.

5.9.4 ACTUALIZACIONES A LOS DOCUMENTOS DEL PROYECTO

Los documentos del proyecto que pueden actualizarse como resultado de este proceso incluyen, entre otros:

◆ Registro de incidentes,

◆ Registro de lecciones aprendidas, y

◆ Registro de interesados.

5.10 MONITOREAR LOS RIESGOS

Monitorear los Riesgos es el proceso de monitorear la implementación de los planes acordados de respuesta a los riesgos, hacer seguimiento a los riesgos identificados, identificar y analizar nuevos riesgos y evaluar la efectividad del proceso de gestión de los riesgos a lo largo del proyecto. El beneficio clave de este proceso es que permite que las decisiones del proyecto se basen en la información actual sobre la exposición al riesgo del proyecto en general y los riesgos individuales del proyecto. Este proceso se lleva a cabo a lo largo de todo el proyecto. Las entradas y salidas de este proceso se presentan en el Gráfico 5-11.

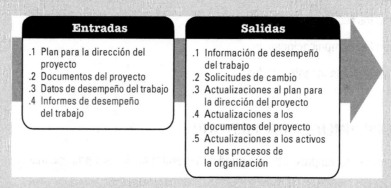

Entradas	Salidas
.1 Plan para la dirección del proyecto .2 Documentos del proyecto .3 Datos de desempeño del trabajo .4 Informes de desempeño del trabajo	.1 Información de desempeño del trabajo .2 Solicitudes de cambio .3 Actualizaciones al plan para la dirección del proyecto .4 Actualizaciones a los documentos del proyecto .5 Actualizaciones a los activos de los procesos de la organización

Gráfico 5-11. Monitorear los Riesgos: Entradas y Salidas

Las necesidades del proyecto determinan qué componentes del plan para la dirección del proyecto y qué documentos del proyecto son necesarios.

5.10.1 COMPONENTES DEL PLAN PARA LA DIRECCIÓN DEL PROYECTO

Como ejemplo de un componente del plan para la dirección del proyecto que puede ser una entrada de este proceso se puede citar, entre otros, el plan de gestión de los riesgos.

5.10.2 EJEMPLOS DE DOCUMENTOS DEL PROYECTO

Los ejemplos de documentos del proyecto que pueden ser entradas de este proceso incluyen, entre otros:

◆ Registro de incidentes,

◆ Registro de lecciones aprendidas,

◆ Registro de riesgos, y

◆ Informe de riesgos.

5.10.3 ACTUALIZACIONES AL PLAN PARA LA DIRECCIÓN DEL PROYECTO

Cualquier componente del plan para la dirección del proyecto puede actualizarse como resultado de este proceso.

5.10.4 ACTUALIZACIONES A LOS DOCUMENTOS DEL PROYECTO

Los documentos del proyecto que pueden actualizarse como resultado de este proceso incluyen, entre otros:

◆ Registro de supuestos,

◆ Registro de incidentes,

◆ Registro de lecciones aprendidas,

◆ Registro de riesgos, y

◆ Informe de riesgos.

5.11 CONTROLAR LAS ADQUISICIONES

Controlar las Adquisiciones es el proceso de gestionar las relaciones de adquisiciones, monitorear la ejecución de los contratos y efectuar cambios y correcciones, según corresponda, y cerrar los contratos. El beneficio clave de este proceso es que garantiza que el desempeño tanto del vendedor como del comprador satisface los requisitos del proyecto de conformidad con los términos de los acuerdos legales. Este proceso se lleva a cabo a lo largo del proyecto, cuando las adquisiciones están activas. Las entradas y salidas de este proceso se presentan en el Gráfico 5-12.

Entradas	Salidas
.1 Plan para la dirección del proyecto .2 Documentos del proyecto .3 Acuerdos .4 Documentación de las adquisiciones .5 Solicitudes de cambio aprobadas .6 Datos de desempeño del trabajo .7 Factores ambientales de la empresa .8 Activos de los procesos de la organización	.1 Adquisiciones cerradas .2 Información de desempeño del trabajo .3 Actualizaciones de la documentación de las adquisiciones .4 Solicitudes de cambio .5 Actualizaciones al plan para la dirección del proyecto .6 Actualizaciones a los documentos del proyecto .7 Actualizaciones a los activos de los procesos de la organización

Gráfico 5-12. Controlar las Adquisiciones: Entradas y Salidas

Las necesidades del proyecto determinan qué componentes del plan para la dirección del proyecto y qué documentos del proyecto son necesarios.

5.11.1 COMPONENTES DEL PLAN PARA LA DIRECCIÓN DEL PROYECTO

Los ejemplos de componentes del plan para la dirección del proyecto que pueden ser entradas de este proceso incluyen, entre otros:

◆ Plan de gestión de los requisitos,

◆ Plan de gestión de los riesgos,

◆ Plan de gestión de las adquisiciones,

◆ Plan de gestión de cambios, y

◆ Línea base del cronograma.

5.11.2 EJEMPLOS DE DOCUMENTOS DEL PROYECTO

Los ejemplos de documentos del proyecto que pueden ser entradas de este proceso incluyen, entre otros:

◆ Registro de supuestos,

◆ Registro de lecciones aprendidas,

◆ Lista de hitos,

◆ Informes de calidad,

◆ Documentación de requisitos,

◆ Matriz de trazabilidad de requisitos,

◆ Registro de riesgos, y

◆ Registro de interesados.

5.11.3 ACTUALIZACIONES AL PLAN PARA LA DIRECCIÓN DEL PROYECTO

Los componentes del plan para la dirección del proyecto que pueden actualizarse como resultado de este proceso incluyen, entre otros:

◆ Plan de gestión de los riesgos,

◆ Plan de gestión de las adquisiciones,

◆ Línea base del cronograma, y

◆ Línea base de costos.

5.11.4 ACTUALIZACIONES A LOS DOCUMENTOS DEL PROYECTO

Los documentos del proyecto que pueden actualizarse como resultado de este proceso incluyen, entre otros:

◆ Registro de lecciones aprendidas,

◆ Requisitos de recursos,

◆ Matriz de trazabilidad de requisitos,

◆ Registro de riesgos, y

◆ Registro de interesados.

5.12 MONITOREAR EL INVOLUCRAMIENTO DE LOS INTERESADOS

Monitorear el Involucramiento de los Interesados es el proceso de monitorear las relaciones de los interesados del proyecto y adaptar las estrategias para involucrar a los interesados, a través de la modificación de las estrategias y los planes de involucramiento. El beneficio clave de este proceso es que se mantiene o incrementa la eficiencia y la eficacia de las actividades de participación de los interesados a medida que el proyecto evoluciona y su entorno cambia. Este proceso se lleva a cabo a lo largo de todo el proyecto. Las entradas y salidas de este proceso se presentan en el Gráfico 5-13.

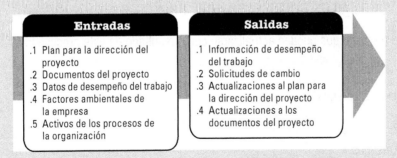

Gráfico 5-13. Monitorear el Involucramiento de los Interesados: Entradas y Salidas

Las necesidades del proyecto determinan qué componentes del plan para la dirección del proyecto y qué documentos del proyecto son necesarios.

5.12.1 COMPONENTES DEL PLAN PARA LA DIRECCIÓN DEL PROYECTO

Los ejemplos de componentes del plan para la dirección del proyecto que pueden ser entradas de este proceso incluyen, entre otros:

◆ Plan de gestión de los recursos,

◆ Plan de gestión de las comunicaciones, y

◆ Plan de involucramiento de los interesados.

5.12.2 EJEMPLOS DE DOCUMENTOS DEL PROYECTO

Los ejemplos de documentos del proyecto que pueden ser entradas de este proceso incluyen, entre otros:

◆ Registro de incidentes,

◆ Registro de lecciones aprendidas,

◆ Comunicaciones del proyecto,

◆ Registro de riesgos, y

◆ Registro de interesados.

5.12.3 ACTUALIZACIONES AL PLAN PARA LA DIRECCIÓN DEL PROYECTO

Los componentes del plan para la dirección del proyecto que pueden actualizarse como resultado de este proceso incluyen, entre otros:

◆ Plan de gestión de los recursos,

◆ Plan de gestión de las comunicaciones, y

◆ Plan de involucramiento de los interesados.

5.12.4 ACTUALIZACIONES A LOS DOCUMENTOS DEL PROYECTO

Los documentos del proyecto que pueden actualizarse como resultado de este proceso incluyen, entre otros:

◆ Registro de incidentes,

◆ Registro de lecciones aprendidas,

◆ Registro de riesgos, y

◆ Registro de interesados.

6

GRUPO DE PROCESOS DE CIERRE

El Grupo de Procesos de Cierre está compuesto por el(los) proceso(s) llevado(s) a cabo para completar o cerrar formalmente un proyecto, fase o contrato. Este Grupo de Procesos verifica que los procesos definidos se han completado dentro de todos los Grupos de Procesos a fin de cerrar el proyecto o fase, según corresponda, y establece formalmente que el proyecto o fase del mismo ha finalizado. El beneficio clave de este Grupo de Procesos es que las fases, proyectos y contratos se cierran adecuadamente. Si bien existe un único proceso en este Grupo de Procesos, las organizaciones pueden tener sus propios procesos asociados al cierre de proyectos, fases o contratos. Por lo tanto, se mantiene el término Grupo de Procesos.

Este Grupo de Procesos también puede abordar el cierre anticipado del proyecto, por ejemplo, proyectos abortados o proyectos cancelados.

El Grupo de Procesos de Cierre (Gráfico 6-1) incluye el proceso de la dirección de proyectos identificado en la Sección 6.1.

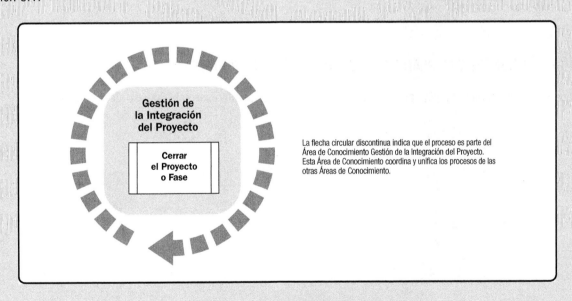

Gráfico 6-1. Grupo de Procesos de Cierre

6.1 CERRAR EL PROYECTO O FASE

Cerrar el Proyecto o Fase es el proceso de finalizar todas las actividades para el proyecto, fase o contrato. Los beneficios clave de este proceso son que la información del proyecto o fase se archiva, el trabajo planificado se completa y los recursos de la organización se liberan para emprender nuevos esfuerzos. Este proceso se lleva a cabo una única vez o en puntos predefinidos del proyecto. Las entradas y salidas de este proceso se presentan en el Gráfico 6-2.

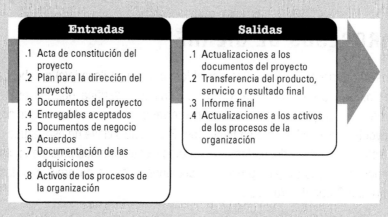

Entradas	Salidas
.1 Acta de constitución del proyecto .2 Plan para la dirección del proyecto .3 Documentos del proyecto .4 Entregables aceptados .5 Documentos de negocio .6 Acuerdos .7 Documentación de las adquisiciones .8 Activos de los procesos de la organización	.1 Actualizaciones a los documentos del proyecto .2 Transferencia del producto, servicio o resultado final .3 Informe final .4 Actualizaciones a los activos de los procesos de la organización

Gráfico 6-2. Cerrar el Proyecto o Fase: Entradas y Salidas

Las necesidades del proyecto determinan qué componentes del plan para la dirección del proyecto y qué documentos del proyecto son necesarios.

6.1.1 COMPONENTES DEL PLAN PARA LA DIRECCIÓN DEL PROYECTO

Todos los componentes del plan para la dirección del proyecto pueden ser entradas de este proceso.

6.1.2 EJEMPLOS DE DOCUMENTOS DEL PROYECTO

Los ejemplos de documentos del proyecto que pueden ser entradas de este proceso incluyen, entre otros:

◆ Registro de supuestos,

◆ Base de las estimaciones,

◆ Registro de cambios,

◆ Registro de incidentes,

◆ Registro de lecciones aprendidas,

◆ Lista de hitos,

◆ Comunicaciones del proyecto,

◆ Mediciones de control de calidad,

◆ Informes de calidad,

◆ Documentación de requisitos,

◆ Registro de riesgos, y

◆ Informe de riesgos.

6.1.3 ACTUALIZACIONES A LOS DOCUMENTOS DEL PROYECTO

Los documentos del proyecto que pueden actualizarse como resultado de este proceso incluyen, entre otros, el registro de lecciones aprendidas.

Parte 3

Apéndices, Glosario e Índice

APÉNDICE X1
CAMBIOS DE LA SEXTA EDICIÓN

El propósito de este apéndice es proporcionar una visión general de los cambios realizados a la *Guía de los Fundamentos para la Dirección de Proyectos (Guía del PMBOK®)*—Quinta Edición para crear la *Guía del PMBOK®*—Sexta Edición.

X1.1 ALCANCE DE LA ACTUALIZACIÓN

El alcance aprobado para la *Guía del PMBOK®*—Sexta Edición incluye:

◆ Revisar lo siguiente y determinar si el material será incluido o excluido en las nuevas ediciones, y realizar un seguimiento de la disposición:

■ Todo el material relevante para las Secciones 1 a 13, Anexo A1, y el Glosario que fue diferido durante el desarrollo de la *Guía de los Fundamentos para la Dirección de Proyectos (Guía del PMBOK®)*—Quinta Edición

■ Todos los comentarios y retroalimentación relevante para las Secciones 1 a 13, Anexo A1, y el Glosario de la *Guía de los Fundamentos para la Dirección de Proyectos (Guía del PMBOK®)*—Quinta Edición que han sido recibidos por el PMI desde el desarrollo y la publicación iniciales.

◆ Revisar, interpretar y garantizar la alineación apropiada con la ISO 21500 en el desarrollo de la norma.

◆ Garantizar la armonización con cualquier otra norma fundamental pertinente del PMI.

◆ Tomar en cuenta los resultados del estudio de delineación del rol del director del proyecto y otros estudios e investigación del PMI para ser incorporados, en su caso.

◆ Revisar, conducir y analizar la investigación en busca de adiciones significativas, eliminaciones y cambios a la Sexta Edición y, posiblemente, en busca de entradas estratégicas para ediciones futuras.

Con esta directiva en mente, el equipo de actualización se centró en lograr una mayor coherencia y claridad mediante la refinación y la estandarización de los procesos, entradas, herramientas y técnicas, y salidas.

X1.2 REGLAS PARA LA ARMONIZACIÓN ENTRE LOS TÉRMINOS DEL GLOSARIO Y EL *LÉXICO DE TÉRMINOS DE DIRECCIÓN DE PROYECTOS DEL PMI*

Para garantizar que los términos utilizados en la *Guía del PMBOK®* estén alineados con el *Léxico de Términos de Dirección de Proyectos del PMI*[1] y armonicen con otras normas pertinentes del PMI, la Sexta Edición siguió estas reglas de negocio:

◆ Para los términos que se encuentran tanto en la *Guía del PMBOK®* como en el *Léxico del PMI*, se utiliza la definición del *Léxico del PMI*.

◆ Cuando los términos utilizados en la *Guía del PMBOK®* no se encuentren en el *Léxico del PMI*, pero se encuentren en otras normas pertinentes de PMI, las definiciones de los términos deberían ser idénticas. Si las definiciones no se alinean con las respectivas normas, el término se llevó al equipo del Léxico del PMI en busca de asistencia para la creación de una definición común aceptable.

X1.3 REGLAS PARA EL MANEJO DE ENTRADAS Y SALIDAS

Las siguientes reglas de negocio fueron utilizadas para proporcionar consistencia en el orden y la información dentro de las entradas y salidas de cada proceso de dirección de proyectos:

◆ *Reglas Fundamentales:*

■ Las entradas son cualquiera de los documentos que son clave para el proceso.

■ Las salidas deben convertirse en una entrada a otro proceso de dirección de proyectos a menos que la salida sea una salida terminal o esté incorporada dentro de otra entrada tal como los documentos del proyecto.

■ Las entradas deben provenir de una salida de otro proceso de dirección de proyectos a menos que la entrada venga de fuera del proyecto.

◆ *Reglas para los Documentos del Proyecto:*

■ Cuando los documentos específicos del proyecto son identificados por primera vez, son enumerados como una salida específica. Posteriormente, son enumerados como "actualizaciones de documentos del proyecto" en la lista de salida, y se describen en la sección narrativa.

■ Cuando cualquier documento del proyecto es una entrada, el término "documentos del proyecto" es enumerado y los documentos específicos del proyecto se describen en la sección narrativa.

◆ *Reglas para el Plan para la Dirección del Proyecto:*

■ Para aquellos procesos de planificación que crean un plan subsidiario, el acta de constitución del proyecto es la primera entrada y el plan para la dirección del proyecto es la segunda entrada.

■ El proceso que crea un componente del plan de dirección del proyecto enumera específicamente el componente. Posteriormente, los componentes son enumerados como "actualizaciones del plan para la dirección del proyecto" en la lista de salida, y se describen en la sección narrativa.

■ Cuando el plan de dirección del proyecto sirve como una entrada de proceso, los componentes específicos del plan de la dirección del proyecto que se pueden tomar en cuenta se describen en la sección narrativa.

---

[1] Project Management Institute. 2016. *The PMI Lexicon of Project Management Terms (Léxico de Términos de Dirección de Proyectos del PMI).* Disponible en http://www.pmi.org/Lexiconterms

◆ *Reglas de Secuenciación:*

▪ Si el acta de constitución del proyecto es una entrada, es la primera entrada.

▪ Cuando el plan de gestión de proyectos es una entrada o salida, los planes de dirección subsidiarios se enumeran en el orden de las secciones en la *Guía del PMBOK®* donde son producidos como salida, seguido de líneas de base y luego cualquier otro plan.

▪ Los documentos del proyecto son enumerados en orden alfabético.

▪ Los factores ambientales de la empresa y los activos de los procesos de la organización se enumeran en último lugar, en ese orden.

▪ Cuando las actualizaciones son una salida se enumeran en la siguiente secuencia:

  ○ Actualizaciones del plan para la dirección del proyecto,

  ○ Actualizaciones a los documentos del proyecto, y

  ○ Actualizaciones a los activos de los procesos de la organización.

X1.4 REGLAS PARA EL MANEJO DE HERRAMIENTAS Y TÉCNICAS

La Sexta Edición se esforzó por reducir el número de herramientas y técnicas, centrándose en las que se utilizan actualmente en la mayoría de los proyectos la mayor parte del tiempo. Se eliminó una serie de herramientas y técnicas sobre la base de la investigación académica y del mercado. Con el fin de reducir la repetición, una herramienta o técnica es descrita la primera vez que aparece en la lista y los procesos posteriores utilizando esa herramienta o técnica hacen referencia a la descripción anterior.

La Sexta Edición agrupó a algunas de las herramientas y técnicas utilizadas habitualmente según su propósito. No todas las herramientas y técnicas se encuadran dentro de un grupo, pero para aquellas herramientas o técnicas que son parte de un grupo, el grupo se enumera y a continuación se describen en la narrativa ejemplos de herramientas y técnicas de ese grupo. Los grupos de herramientas y técnicas son:

◆ Recopilación de datos,

◆ Análisis de datos,

◆ Representación de datos,

◆ Toma de decisiones,

◆ Habilidades de comunicación, y

◆ Habilidades interpersonales y de equipo.

El Apéndice X6 identifica todas las herramientas y técnicas en la *Guía del PMBOK®* por grupo, en su caso, e indica los procesos en los que se utilizan.

X1.5 PLAN PARA LA DIRECCIÓN DEL PROYECTO

No todos los componentes del plan para la dirección del proyecto se crean en un proceso separado. Se considera que dichos componentes se han creado en el proceso Desarrollar el Plan para la Dirección del Proyecto. Incluyen el plan de gestión de cambios, el plan de gestión de la configuración, la línea base para la medición del desempeño, el ciclo de vida del proyecto, el enfoque de desarrollo, y las revisiones de gestión.

X1.6 SECCIÓN 1—INTRODUCCIÓN

La sección de Introducción fue rescrita de manera significativa. Se mantiene la información preliminar sobre los proyectos, programas y portafolios que se alinea con otras normas fundamentales del PMI. Sin embargo, hay nueva información sobre los ciclos de vida del proyecto y el desarrollo, las fases del proyecto y los puntos de transición de fase. Esta información proporciona una descripción de alto nivel sobre la selección de los enfoques de desarrollo entre predictivo, iterativo, incremental y adaptativo, en base a la naturaleza del proyecto. La nueva información sobre los documentos de negocio incluye el caso de negocio y el plan de gestión de beneficios.

X1.7 SECCIÓN 2—EL ENTORNO EN EL QUE OPERAN LOS PROYECTOS

El contenido de la Sección 2 fue rescrito de manera significativa. Permanece la información sobre activos de los procesos de la organización y los factores ambientales de la empresa. Sin embargo, hay nuevo contenido sobre gobernanza, elementos de gestión y tipos de estructura organizativa.

X1.8 SECCIÓN 3—EL ROL DEL DIRECTOR DEL PROYECTO

Esta es una nueva sección que describe el rol del director del proyecto dentro del equipo. Incluye información sobre la esfera de influencia y las competencias del director del proyecto. El Triángulo de Talentos del PMI® es discutido con énfasis en las habilidades de gestión estratégica y de negocio, habilidades de dirección técnica de proyectos y habilidades de liderazgo. También se discuten en el marco de esta sección los estilos de liderazgo y la personalidad. La parte final de esta sección se centra en el director del proyecto como un integrador.

X1.9 ÁGIL

Desde la Quinta Edición de la *Guía del PMBOK®* se ha producido una mayor adopción de metodologías ágiles y adaptativas en la dirección de proyectos. La Sexta Edición ha incluido una subsección llamada Consideraciones para Entornos Adaptativos al inicio de las Secciones 4 a 13. Algunas herramientas y técnicas específicamente ágiles se han introducido en la *Guía del PMBOK®*, tales como iteraciones o sprints, y planificación de iteraciones. El Apéndice X3 describe el uso de los enfoques ágil, adaptativo, iterativo e híbrido desde la perspectiva de los Grupos de Procesos de Dirección de Proyectos.

X1.10 MATERIAL INTRODUCTORIO DEL ÁREA DE CONOCIMIENTO

Cada una de las secciones del Área de Conocimiento incluye material normalizado antes de presentar el primer proceso. El material es presentado en las siguientes subsecciones:

◆ **Conceptos Clave.** Recoge los conceptos clave relacionados con el área de conocimiento específica. Esta información se presentó en ediciones anteriores; en esta edición se consolida y se presenta para propósitos de coherencia entre las áreas de conocimiento. Estos conceptos clave están compilados en el Apéndice X4.

◆ **Tendencias y Prácticas Emergentes.** La profesión de dirección de proyectos sigue evolucionando. Sin embargo, el propósito de la *Guía del PMBOK®* no es liderar la industria; es describir lo que se considera una buena práctica en la mayoría de los proyectos, la mayor parte del tiempo. Esta subsección identifica algunas de las tendencias o prácticas emergentes que se están produciendo, pero que no pueden ponerse en práctica en la mayoría de los proyectos.

◆ **Consideraciones sobre Adaptación.** La Sexta Edición hace hincapié en la importancia de adaptar todos los aspectos del proyecto para satisfacer las necesidades de la organización, el medio ambiente, los interesados y otras variables. Esta subsección identifica las áreas que el director del proyecto puede tener en cuenta a la hora de adaptar su proyecto. Estas consideraciones sobre adaptación están compiladas en el Apéndice X5.

◆ **Consideraciones para Entornos Ágiles/Adaptativos.** Esta subsección identifica algunas de las áreas en las que los enfoques adaptativos pueden ser diferentes de los enfoques predictivos en el Área de Conocimiento en particular.

X1.11 ÁREA DE CONOCIMIENTO Y CAMBIOS EN LOS PROCESOS

Se cambiaron los nombres de dos Áreas de Conocimiento para reflejar más de cerca el trabajo que se realiza.

◆ La Gestión del Tiempo del Proyecto se cambió a Gestión del Cronograma del Proyecto para reflejar que el cronograma del proyecto es definido y gestionado durante el proyecto, mientras que el tiempo no se gestiona.

◆ En la Sexta Edición se abordan tanto los recursos del equipo como los recursos físicos. Por lo tanto, el Área de Conocimiento de Gestión de los Recursos Humanos del Proyecto fue cambiada a Gestión de los Recursos del Proyecto.

Uno de los procesos fue eliminado y se añadieron tres nuevos procesos, para reflejar los cambios en la forma en que los proyectos son gestionados en la práctica. Un proceso fue desplazado entre Áreas de Conocimiento. Estos cambios se resumen a continuación, y se discuten en la sección del Área de conocimiento correspondiente:

◆ Gestionar el Conocimiento del Proyecto (Sección 4.4)—Agregado.

◆ Estimar los Recursos de las Actividades (Sección 6.4)—Movido a Gestión de los Recursos del Proyecto.

◆ Controlar los Recursos (Sección 9.6)—Agregado.

◆ Implementar la Respuesta a los Riesgos (Sección 11.6)—Agregado.

◆ Cerrar las Adquisiciones (Sección 12.4)—Eliminado.

Varios nombres de proceso fueron cambiados para mejorar la consistencia en los procesos y mejorar la claridad. La investigación indica que los directores de proyectos tienden a supervisar, facilitar y gestionar en lugar de controlar, sobre todo en los procesos que implican interacción con la gente. Por lo tanto, los nombres de procesos para Controlar las Comunicaciones, Controlar los Riesgos y Controlar la Participación de los Interesados fueron cambiados a Monitorear las Comunicaciones, Monitorear los Riesgos y Monitorear el Involucramiento de los Interesados. La siguiente tabla resume todos los cambios de nombre de proceso:

◆ Realizar el Aseguramiento de Calidad (Sección 8.2)—Cambiado a Gestionar la Calidad.

◆ Planificar la Gestión de los Recursos Humanos (Sección 9.1)—Cambiado a Planificar la Gestión de Recursos.

◆ Adquirir el Equipo del Proyecto (Sección 9.2)—Cambiado a Adquirir Recursos.

◆ Desarrollar el Equipo del Proyecto (Sección 9.3)—Cambiado a Desarrollar el Equipo.

◆ Dirigir el Equipo del Proyecto (Sección 9.4)—Cambiado a Dirigir al Equipo.

◆ Controlar las Comunicaciones (Sección 10.3)—Cambiado a Monitorear las Comunicaciones

◆ Controlar los Riesgos (Sección 11.6)—Cambiado a Monitorear los Riesgos.

◆ Planificar la Gestión de los Interesados (Sección 13.2)—Cambiado a Planificar el Involucramiento de los Interesados.

◆ Controlar la Participación de los Interesados (Sección 13.4)—Cambiado a Monitorear el Involucramiento de los Interesados.

X1.12 SECCIÓN 4—CAMBIOS A LA GESTIÓN DE LA INTEGRACIÓN DEL PROYECTO

Fue agregado un nuevo proceso: Gestionar el Conocimiento del Proyecto. Este es el resultado de muchos comentarios diferidos a partir de la Quinta Edición que indican la necesidad de abordar la gestión del conocimiento en los proyectos. Un resultado clave de este proceso es el registro de lecciones aprendidas. Este registro se utiliza a través de muchos de los procesos en la Sexta Edición. Esto pone de relieve la necesidad de aprender continuamente a lo largo del proyecto en lugar de esperar hasta el final para reflexionar.

Los documentos de negocio son entradas para los procesos Desarrollar el Acta de Constitución del Proyecto y Cerrar el Proyecto o Fase. La introducción de los documentos de negocio pone de relieve la importancia de mantenerse en sintonía con el caso de negocio y la gestión de los beneficios durante todo el proyecto. Las actividades administrativas de cierre para las adquisiciones han sido absorbidas en el proceso Cerrar el Proyecto o Fase.

Se implementaron los cambios consistentes con la información que se describe en las Secciones desde la X1.1 hasta la X1.11. La Tabla X1-1 resume los procesos de la Sección 4:

Procesos de la Quinta Edición	Procesos de la Sexta Edición
4.1 Desarrollar el Acta de Constitución del Proyecto	4.1 Desarrollar el Acta de Constitución del Proyecto
4.2 Desarrollar el Plan para la Dirección del Proyecto	4.2 Desarrollar el Plan para la Dirección del Proyecto
4.3 Dirigir y Gestionar el Trabajo del Proyecto	4.3 Dirigir y Gestionar el Trabajo del Proyecto
4.4 Monitorear y Controlar el Trabajo del Proyecto	4.4 Gestionar el Conocimiento del Proyecto
4.5 Realizar el Control Integrado de Cambios	4.5 Monitorear y Controlar el Trabajo del Proyecto
4.6 Cerrar el Proyecto o Fase	4.6 Realizar el Control Integrado de Cambios
	4.7 Cerrar el Proyecto o Fase

X1.13 SECCIÓN 5—CAMBIOS A LA GESTIÓN DEL ALCANCE DEL PROYECTO

El equipo de la Sexta Edición colaboró con El estándar para el Análisis de Negocios a fin de asegurarse de que ambas normas fundamentales estuvieran alineadas, aunque no duplicadas. No fueron necesarios cambios en los nombres de los procesos.

Se implementaron los cambios consistentes con la información que se describe en las Secciones desde la X1.1 hasta la X1.11.

X1.14 SECCIÓN 6—CAMBIOS A LA GESTIÓN DEL CRONOGRAMA DEL PROYECTO

Se cambió el nombre de la Sección 6 de Gestión del Tiempo del Proyecto a Gestión del Cronograma del Proyecto. La investigación indicó el soporte para el cambio de nombre, ya que los directores de proyectos no gestionan el tiempo; ellos definen y gestionan el cronograma del proyecto. Debido al cambio de enfoque y cambio de nombre de la Gestión de los Recursos Humanos del Proyecto a Gestión de los Recursos del Proyecto, el proceso Estimar los Recursos de las Actividades fue movido de esta Área de Conocimiento a la Gestión de los Recursos del Proyecto. Algunos conceptos ágiles fueron incorporados en el proceso Desarrollar el Cronograma. Las figuras y el texto asociado fueron actualizados para aclarar los conceptos de programación tratados en la sección.

Se implementaron los cambios consistentes con la información que se describe en las Secciones desde la X1.1 hasta la X1.11. La Tabla X1-2 resume los procesos de la Sección 6:

Procesos de la Quinta Edición	Procesos de la Sexta Edición
6.1 Planificar la Gestión del Cronograma	6.1 Planificar la Gestión del Cronograma
6.2 Definir las Actividades	6.2 Definir las Actividades
6.3 Secuenciar las Actividades	6.3 Secuenciar las Actividades
6.4 Estimar los Recursos de las Actividades	6.4 Estimar la Duración de las Actividades
6.5 Estimar la Duración de las Actividades	6.5 Desarrollar el Cronograma
6.6 Desarrollar el Cronograma	6.6 Controlar el Cronograma
6.7 Controlar el Cronograma	

X1.15 SECCIÓN 7—CAMBIOS A LA GESTIÓN DE LOS COSTOS DEL PROYECTO

Se implementaron los cambios consistentes con la información que se describe en las Secciones desde la X1.1 hasta la X1.11.

X1.16 SECCIÓN 8—CAMBIOS A LA GESTIÓN DE LA CALIDAD DEL PROYECTO

Se llevó a cabo la investigación académica y de mercado en relación con el proceso Realizar el Aseguramiento de Calidad. La investigación indicó que muchas de las herramientas y técnicas de calidad que fueron identificadas anteriormente no son ampliamente utilizadas en los proyectos de hoy en día. La profesión se centra más en la gestión de la calidad a través del plan de gestión de la calidad. Por lo tanto, el proceso Realizar el Aseguramiento de Calidad cambió su enfoque y el nombre fue cambiado a Gestionar la Calidad.

Se implementaron los cambios consistentes con la información que se describe en las Secciones desde la X1.1 hasta la X1.11. La Tabla X1-3 resume los procesos de la Sección 8:

Tabla X1-3. Cambios a la Sección 8

Procesos de la Quinta Edición	Procesos de la Sexta Edición
8.1 Planificar la Gestión de la Calidad	8.1 Planificar la Gestión de la Calidad
8.2 Realizar el Aseguramiento de Calidad	8.2 Gestionar la Calidad
8.3 Controlar la Calidad	8.3 Controlar la Calidad

X1.17 SECCIÓN 9—CAMBIOS A LA GESTIÓN DE LOS RECURSOS DEL PROYECTO

La Sexta Edición amplió el alcance de esta sección a partir de su enfoque anterior sobre los recursos humanos a fin de incluir todos los recursos. Para distinguir entre los recursos humanos y los demás recursos, se utiliza el término recursos del equipo para referirse a los recursos humanos y el término recursos físicos se utiliza para referirse a otros recursos. El proceso Estimar los Recursos de las Actividades se transfirió a esta Área de Conocimiento desde la Gestión del Cronograma del Proyecto, y se añadió un nuevo proceso Controlar los Recursos. La palabra "proyecto" fue eliminada de Desarrollar el Equipo y de Dirigir al Equipo, ya que se infiere que el único equipo del cual el director del proyecto está preocupado por su desarrollo y la gestión es el equipo del proyecto.

Se implementaron los cambios consistentes con la información que se describe en las Secciones desde la X1.1 hasta la X1.11. La Tabla X1-4 resume los procesos de la Sección 9:

Tabla X1-4. Cambios a la Sección 9

Procesos de la Quinta Edición	Procesos de la Sexta Edición
9.1 Planificar la Gestión de los Recursos Humanos	9.1 Planificar la Gestión de Recursos
9.2 Adquirir el Equipo del Proyecto	9.2 Estimar los Recursos de las Actividades
9.3 Desarrollar el Equipo del Proyecto	9.3 Adquirir Recursos
9.4 Dirigir el Equipo del Proyecto	9.4 Desarrollar el Equipo
	9.5 Dirigir al Equipo
	9.6 Controlar los Recursos

X1.18 SECCIÓN 10—CAMBIOS A LA GESTIÓN DE LAS COMUNICACIONES DEL PROYECTO

Se hizo en esta sección una distinción sutil pero importante acerca de la comunicación del proyecto. El término "comunicación" indica el acto de comunicar, tal como facilitar una reunión, dar información y escuchar en forma activa. El término "comunicaciones" indica los objetos de la comunicación, tales como notas, presentaciones y mensajes de correo electrónico. Debido a que no es posible controlar cómo y cuándo se comunican las personas, el nombre del proceso Controlar las Comunicaciones se ha cambiado a Monitorear las Comunicaciones.

Se implementaron los cambios consistentes con la información que se describe en las Secciones desde la X1.1 hasta la X1.11. La Tabla X1-5 resume los procesos de la Sección 10:

Procesos de la Quinta Edición	Procesos de la Sexta Edición
10.1 Planificar la Gestión de las Comunicaciones	10.1 Planificar la Gestión de las Comunicaciones
10.2 Gestionar las Comunicaciones	10.2 Gestionar las Comunicaciones
10.3 Controlar las Comunicaciones	10.3 Monitorear las Comunicaciones

X1.19 SECCIÓN 11—CAMBIOS A LA GESTIÓN DE LOS RIESGOS DEL PROYECTO

Se integró un mayor énfasis en el riesgo general del proyecto a través de los procesos de gestión de riesgos. Fue agregado un nuevo proceso: Implementar la Respuesta a los Riesgos. Este proceso se realiza como parte del Grupo de Procesos de Ejecución. El nuevo proceso hace hincapié en la importancia de no sólo la planificación de respuestas a los riesgos, sino también de su implementación. "Escalar", una nueva respuesta a los riesgos, se introdujo para indicar que si se identifican riesgos que están fuera del alcance de los objetivos del proyecto, deberían ser pasados a la persona o parte relevante de la organización. Debido a que los riesgos son eventos o condiciones futuras e inciertas, no pueden ser controlados; sin embargo, pueden ser monitoreados. Por lo tanto, se cambió el nombre del proceso Controlar los Riesgos a Monitorear los Riesgos.

Se implementaron los cambios consistentes con la información que se describe en las Secciones desde la X1.1 hasta la X1.11. La Tabla X1-6 resume los procesos de la Sección 11:

Tabla X1-6. Cambios a la Sección 11

Procesos de la Quinta Edición	Procesos de la Sexta Edición
11.1 Planificar la Gestión de los Riesgos	11.1 Planificar la Gestión de los Riesgos
11.2 Identificar los Riesgos	11.2 Identificar los Riesgos
11.3 Realizar el Análisis Cualitativo de Riesgos	11.3 Realizar el Análisis Cualitativo de Riesgos
11.4 Realizar el Análisis Cuantitativo de Riesgos	11.4 Realizar el Análisis Cuantitativo de Riesgos
11.5 Planificar la Respuesta a los Riesgos	11.5 Planificar la Respuesta a los Riesgos
11.6 Controlar los Riesgos	11.6 Implementar la Respuesta a los Riesgos
	11.7 Monitorear los Riesgos

X1.20 SECCIÓN 12—CAMBIOS A LA GESTIÓN DE LAS ADQUISICIONES DEL PROYECTO

Mucha de la información en esta Área de Conocimiento ha sido actualizada para reflejar una perspectiva más global. Muchos proyectos se llevan a cabo con interesados en varios países, o por parte de organizaciones con oficinas en varios países.

El estudio de mercado muestra que muy pocos directores de proyectos cierran efectivamente las adquisiciones. Alguien en los departamentos de contratos, adquisiciones o legales por lo general tiene esa autoridad. Por lo tanto, la información de Cerrar las Adquisiciones sobre la evaluación de todos los entregables completados, y compararlos con el contrato fue absorbida por Controlar las Adquisiciones. La información sobre administración, comunicaciones y registros fue movida a Cerrar el Proyecto o Fase.

Se implementaron los cambios consistentes con la información que se describe en las Secciones desde la X1.1 hasta la X1.11. La Tabla X1-7 resume los procesos de la Sección 12:

Tabla X1-7. Cambios a la Sección 12

Procesos de la Quinta Edición	Procesos de la Sexta Edición
12.1 Planificar la Gestión de las Adquisiciones	12.1 Planificar la Gestión de las Adquisiciones
12.2 Efectuar las Adquisiciones	12.2 Efectuar las Adquisiciones
12.3 Controlar las Adquisiciones	12.3 Controlar las Adquisiciones
12.4 Cerrar las Adquisiciones	

X1.21 SECCIÓN 13—CAMBIOS A LA GESTIÓN DE LOS INTERESADOS DEL PROYECTO

De acuerdo con la investigación y las prácticas actuales, se hizo un cambio para centrarse en la participación de los interesados en vez de la gestión de los interesados. Debido a que los directores de proyectos rara vez, o nunca, tienen la capacidad de controlar a los interesados, fue cambiado el nombre de Controlar la Participación de los Interesados a Monitorear el Involucramiento de los Interesados.

Se implementaron los cambios consistentes con la información que se describe en las Secciones desde la X1.1 hasta la X1.11. La Tabla X1-8 resume los procesos de la Sección 13:

Tabla X1-8. Cambios a la Sección 13

Procesos de la Quinta Edición	Procesos de la Sexta Edición
13.1 Identificar a los Interesados	13.1 Identificar a los Interesados
13.2 Planificar la Gestión de los Interesados	13.2 Planificar el Involucramiento de los Interesados
13.3 Gestionar la Participación de los Interesados	13.3 Gestionar la Participación de los Interesados
13.4 Controlar la Participación de los Interesados	13.4 Monitorear el Involucramiento de los Interesados

X1.22 GLOSARIO

El glosario de la *Guía del PMBOK®*—Sexta Edición fue actualizado para aclarar el significado y mejorar la calidad y la exactitud de las traducciones. Fueron eliminados los términos que no se utilizan en la Sexta Edición, o que no se utilizan de forma diferente al uso diario.

APÉNDICE X2
CONTRIBUYENTES Y REVISORES DE LA
GUÍA DEL PMBOK® —SEXTA EDICIÓN

Los voluntarios del PMI primero intentaron codificar los Fundamentos para la Dirección de Proyectos en el Informe Especial sobre *Ética, Estándares y Acreditación*, publicado en 1983. Desde entonces, se han presentado otros voluntarios para actualizar y mejorar ese documento original y contribuir a este estándar mundialmente reconocido para la dirección de proyectos, *La Guía de los Fundamentos para la Dirección de Proyectos (Guía del PMBOK®)* del PMI. En este apéndice se enumeran aquellas personas que han contribuido al desarrollo y producción de la *Guía del PMBOK®* – Sexta Edición. Ninguna lista puede representar adecuadamente todas las contribuciones de quienes se han ofrecido voluntariamente para desarrollar la *Guía del PMBOK®* – Sexta Edición.

El Project Management Institute agradece a todas estas personas por su apoyo y reconoce sus contribuciones a la profesión de dirección de proyectos.

X2.1 *GUÍA DEL PMBOK®* —COMITÉ CENTRAL PARA LA SEXTA EDICIÓN

Las siguientes personas sirvieron como miembros, contribuyeron con texto o conceptos y sirvieron como líderes dentro del Comité Central del Proyecto:

Cyndi Snyder Dionisio, MBA, PMP, Presidente
David A. Hillson, PhD, PMI Fellow, HonFAPM, Vice Presidente (Líder de Voluntariado y Líder de la Sección 11)
Lynda Bourne, DPM, FACS (Líder de las Secciones 10 y 13)
Larkland A. Brown, PMP, PMI-ACP (Líder de la Sección 6)
Pan C.P. Kao, PhD, PMP, (Líder de las Secciones 7 y 12)
Mercedes Martinez Sanz, PMP (Líder de la Sección 4)
Alejandro Romero-Torres, PhD, PMP, (Líder de Calidad y Gestión de Documentos y Líder de la Sección 5)
Guy Schleffer, PfMP, PMP, (Líder de las Secciones 8 y 9)
Michael J. Stratton, PhD, PMP (Líder de las Secciones 1, 2 y 3)†
Kristin L. Vitello, Especialista de Proyecto en Estándares
Gwen Whitman, EMBA, PfMP (Líder de Comunicaciones del Proyecto)

---

†Fallecido. El comité central y el PMI reconocen a Michael J. Stratton por su trabajo en la *Guía del PMBOK* - Sexta Edición. Mike estuvo dedicado a la profesión, y este trabajo es un testimonio de sus contribuciones al campo de la dirección de proyectos.

X2.2 APORTANTES NOTABLES

Además de los miembros del Comité Central del Proyecto, las siguientes personas proporcionaron entradas o conceptos significativos:

Ernest Baker, PMP, Profesional de PRINCE2®
Cheryl Burcham, PMP
Guido Caciagli, B., PMP
Jimmy I. Char, PMP, SDI
Cătălin-Teodor Dogaru, PhD, MBA
Andrés Falcón, PMP
Anna Maria Felici, PMP
Jesse Fewell, CST, PMI-ACP
Eren Gokce, MBA, PMP
Pamela S. Goodhue, MBA, PMP
Franco R. Graziano, MPA, PMP
Mike Griffiths, PMP, PMI-ACP
Joy Gumz, CPA, PMP
Salah M. Haswah, PMP, PgMP
Puja Kasariya, PMP
Srikanth Krishnamoorthy, PMP, PGDSA
Tom Magee, MBA, PMP
David A. Maynard, MBA, PMP
Bob Mahler, PMP, PMI-RMP
Frank R. Parth, MBA, PMP
Dattatraya Y. Pathak, PMP, PfMP
Judy Payne, PhD, MBA
Nagy Attalla Saad, PMP, ITIL
Davidov Shai
Kavita Sharma, PMP, RMP
Jurgen T. Sturany, PMP
Dirk Withake, PgMP, PMP

X2.3 *GUÍA DEL PMBOK*®—COMITÉ DE CONTENIDO PARA LA SEXTA EDICIÓN

Las siguientes personas contribuyeron con textos o conceptos y formularon recomendaciones sobre los borradores de la *Guía del PMBOK*® —Sexta Edición:

Vahid Azadmanesh, MBA, PMP
Brad Bigelow, PMP, MSP
Wayne R. Brantley, MSEd, PMP
Marcelo A. Briola PhD, PMP
Michael C. Broadway, PMP
Mariana Nella Caffarena Bolivar
Steven Flannes
Sandra Fonseca, PhD, CISA, CRISC
Theofanis C. Giotis, PMP, PMI-ACP
Piyush Govil, BE, PMP
Rex M. Holmlin, PE, PMP
Éamonn V. Kelly, DBA, PMP
Srikanth Krishnamoorthy
Fabiano de Alcântara de Lima, PhD, PMP
Shashank Neppalli
Andrea Pantano
Kristine Persun, PMP
Piyush Prakash PMP, Prince 2
Raju N. Rao, PMP, SCPM
Krupakar Reddy, PMP, Profesional de PRINCE2
Emadeldin Seddik, PhD, PMP
Tejas V. Sura, PMP, PfMP
Nicholas Tovar
Fede Varchavsky, MBA, PMP
Angelo Valle, PhD, CRK
Ronald H. Verheijden, PMP

X2.4 REVISORES

X2.4.1 REVISIÓN COMO SME

Además de los miembros del Comité, las siguientes personas presentaron su revisión y recomendaciones sobre los borradores del estándar:

David P. Bieg, PMI-PBA
James F. Carilli, PMP, PgMP
Shika Carter, PMP, PgMP
Dan Deakin, PMP, CISSP
Theofanis C. Giotis, PMP, PMI-ACP
Dave Gunner, MSc, PMP
George Jucan, PMP
Ginger Levin, PhD, PMP, PgMP
Vanina Mangano, PMP, PMI-RMP
Juan Carlos Moreno, MBA, PMP
Marvin R. Nelson, MBA, SCPM
Klaus Nielsen, MBA, PMP
Chris Richards, PMP
Ivan Rincon, MBA, PMP
Shaligram Pokharel, REng (Nepal), PhD
Paul E. Shaltry, MA, PMP
Carolina Gabriela Spindola, PMP, SSBB
Langeswaran Supramaniam, C Build E FCABE, PMP
Michael A Yinger

X2.4.2 REVISIÓN FINAL DEL PROYECTO DE NORMA (PORCIÓN DEL ESTÁNDAR)

Además de los miembros del Comité, las siguientes personas formularon recomendaciones para mejorar el proyecto de norma de la *Guía del PMBOK®* —Sexta Edición (porción del estándar):

Ahmed A. Raouf Hamdy, PhD, PMP
Farhad Abdollahyan, PMP, OPM3 CP
Adil Abdulghani
Tetsuhide Abe, PMP
Klaus Abert
Ayodeji R. Abitogun, MBA, PMP
Taiwo Abraham
Mohammad I. Abu Irshaid, PMP, PfMP
Manuel Acosta A.
Phill C. Akinwale, MSc, PMP
Mazen Al Bazreh
Jose Rafael Alcala Gomez, PMP
Ameer Ali
Hammam Zayed Alkouz, PMP, PMI-RMP
Bill Allbee, PMP
Charmaine Y. Allen, PMP, PBA
Kristin L. Allen, PE, PMP
Abdulaziz Almalki
Ayman Alminawi, MBA, PMP
Ahmad Moh. Al-Musallami, MSc, PMP
Imad Alsadeq, P3M3, MB
Mohammed Ahmad S. Al-Shamsi, PhD, PEng
Essam Alsultan, MBA, PMP
Haluk Altunel, PhD, PMP
Priscilla S. R. Alves, PMP
Angelo Amaral
Barnabas Seth Amarteifio, PMP, ITIL (Experto)
Wilson Anandaraj, MBA, PMP
Guillermo Anton
John Aogon, PMP
Hamid Aougab, PMP, PMI-ACP

Charalampos Apostolopoulos, PhD, PMP
Rodolfo Arguello
Abd Razak B Ariffin, PMP
Deepak Arora, MBA, PMP
C. H. ArunPrabu, PMP
Zaher Asfari, MBA, PMI-ACP
Ayman Atallah, BE, PMP
Reza Atashfaraz, MSc, PMP
Sharaf A. Attas, PMP, PMI-RMP
Abdurazaq Attuwaijri
Ashraf M Awwad, MSc, PMP
Vikram Kumar B. T.
Nabeel Eltyeb Babiker, PMP, P3O
Mohamed A Badie, PMP, Prince2 Practitioner
Smitha Balakrishnan
Saket Bansal, PMP, PMI-ACP
Manuel F. Baquero V., MSc, PMP
Haytham Baraka, PMP, CCP
Robert Barclay
Karuna Basu
Joy Beatty, PMI-PBA, CBAP
Frances Bellows, PMP, ACP
Peter G. Bembir, MPhil, PMP
Anis Ben Hassen, Msc Project/Programme/Portfolio Management, PMP
Racquel Benedict
German Bernate, MPM
Bryan D. Berthot, MBA, PMP
Karl F. Best, PMP, CStd
Shantanu Bhamare, PMP, LIMC
Jasbir Singh Bhogal, PMP, ITIL-V3
Michael M. Bissonette, MBA, PfMP
Molly Blake-Michaels, MS, PMP

Nigel Blampied, PE, PMP
Wolfgang Blickle, PMP, PMI-ACP
Jaqueline Boeck
Dennis L. Bolles, PMP
Kiron D. Bondale, PMP, PMI-RMP
Raúl Borges, PMP
Farid F. Bouges, PhD, PMP, PfMP
Joao Boyadjian
Damiano Bragantini, PMP
Ralf Braune
Kevin Brennan
Naga Pradeep Buddhavarapu, PMP
David E. Buehler, PMP
Susan M. Burk
Andrea Caccamese, PMP, Prince2 Practitioner
Roberto A. Cadena Legaspi, PMP, MCI
Shawna D. Camp, MBA, PMP
Iker Castillo, PMP
Igor Castro
Helena Cedersjö, MSc, PMP
Balasubramanian Chandrasekaran, BE, PMP
Joo-Kwan Chang
Panos Chatzipanos, PhD, Dr Eur Ing
Pengzhi Chen, PMP, MSC
Wilson Lee Chung, PMP
Xavier Clerfeuille, MSc, SSL Black Belt
Martin A. Collado, PMP, ITIL
Sergio Luis Conte, PhD, PMP
Lawrence (Larry) Cooper, PMP, PMI-ACP
Hélio R. Costa, DSc
Scott Cunningham

Adriano Jose da Silva Neves,
   PhD, PMP
Hernán D'Adamo, MPM, PMP
Michelle Daigle, PMP
Larry C Dalton, PfMP, PgMP
Farshid Damirchilo, MSc
Tran Dang
Teodor Darabaneanu, PMP, MEng
Russell W. Darnall, DM, PMP
Edson G. Freitas, PMP
Jean-Michel de Jaeger, EMBA, PMP
Maria Angela de Souza Fernandes
Allan E. Dean PMP, PgMP
G. Murat Dengiz, PMP
Valerie P. Denney, DBA, PMP
Jacqueline E. Dennis, PMP, PgMP
Konika Dey, MCA, PMP
Cyndi Snyder Dionisio, MBA, PMP
Ajay Kumar Dixit, MBA, B Tech
Roland Doerr, MSc, PMP
Rex Wotan Dominguez Chang
Jorge Duenas-Lozano
Stephen M. Duffield, MPM, CPPD
Josée Dufour, PMP
Darya Duma, PEng, PMP
Keiran J. Dunne, PhD
Awab Elameer, PMP, PMI-SP
Khaled EL-Nakib, MSc, PMP
Yasir Elsadig, PMP, PfMP
Majdi N. Elyyan, PMP, PMI-RMP
Pedro Engrácia
Mark W. Erwin, PMP, PMI-ACP
Behnam Faizabadi, PhD, PMP
Marco Falcao, PMP, PMI-RMP
Puian Masudi Far, PhDc, PMP
Jamil Faraj
Saurater Faraday, PMI-RMP
Fereydoun Fardad, PMP, PRINCE2
Sergio Ferreto Gutiérrez, MPM, MBA
David Foley, MBA

Les Foley, MPM, PMP
Gloria Folle Estrada, PMP
Frank P. Forte, PMP
Laura Franch, PMP
Nestor C. Gabarda Jr., ECE, PMP
Jaime Garcia Castro, PMP
Sam Ghavanloo, PMP
Ing Gustavo Giannattasio
   MBA, PMP
Sheila Gibbs
Carl M. Gilbert, PMP PfMP
Theofanis Giotis, PhDc, PMP
José Abranches Gonçalves,
   MSc, PMP
Juan Carlos González,
   PMP, PMI-ACP
Jean Gouix, PMP, PgMP
Therese Graff
Scott M. Graffius, PMP, CSM
Brian Grafsgaard, PMP, PgMP
Sara Grilli Colombo
Anita Griner
Maxim Grishin, PhD, PMP
Robert C Grove, MBA, PMP
David Guan, PMP
Juan E. Guarache, V, BEng, PMP
Pier Luigi Guida
Vijay Guliani, PMP, PMI-PBA
Tomasz Gutmanski
Omar Haddad, CAPM, PMP
Mustafa Hafizoglu, PMP
Yoshifumi Hamamichi
Simon Harris, PMP, CGEIT
Patti M. Harter, PMP
Sean Shraden Hasley, MSIT-PM
Ahmed Hassan
Akram Hassan, PhD, PMP
Susumu Hayakawa, PMP
Bruce A. Hayes, PMP
Guangcheng He, PMP

David G. Hendrickson, PMP
Barbara Henrich
Baruch Herrera
Sergio Herrera-Apestigue,
   PMP, P3O
Robert Hierholtz, PhD, MBA, PMP
Robert N. Higgins V,
   PMP, ITIL Expert
David A. Hillson, PhD, PMI Fellow,
   HonFAPM
Shirley Hinton, PMP
Kenji Hiraishi, MsE, PMP
Lenora Holmsten, PMP, MPM
Jenny Anne Horst-Martz, JD, PMP
Alfred J. Howard, PMP, ITIL Expert
Cynthia L. Hoxey, PMP
Gheorghe Hriscu, PMP, CGEIT
Ananth HV PMP, CSM
Guillermo A. Ibañez, PMP, ITIL
Victor Manuel Ibanez Salazar,
   PMP, MA
Waleed Idris
Shuichi Ikeda, PMP
Andrea Innocenti PMP, CGEIT
Can Izgi, PMP
Pablo Jaramillo
Tariq Javed, MS, PMP
Cari Jewell, PMP, MISST
Gabriela Jimenez P.
Icvillajoe Joe
Tony Johnson, PMP, PfMP
Michele J. Jones, PMP
Yves Jordan, PMP
Alisher Kabildjanov, PMP
SS Kanagaraj, PMP, ITIL
Naoki Kasahara, PMP
Arcady Katnikov
Suhail Khaled
Basher Khalil
Aaron Ho Khong, PMP, ITIL Expert

M. Raashid Kiani, PMP, CSM

Taeyoung Kim, PMP

Ariel S. Kirshbom, PMP, ACP

Konstantinos Kirytopoulos,
PhD, PMP

Ian Koenig PMP

Athens Kolias, MPM, PMP

Henry Kondo, PMP, PfMP

Maciej Koszykowski,
PMP, PMI-RMP

Rouzbeh Kotobzadeh,
PMP, PMI-ACP

Srikanth Krishnamoorthy,
PMP, PGDSA

Amit Kumar

Devesh Kumar

Pramit Kumar, PMP

Rakesh Kumar, MBA, PMP

Santosh Kumar

S. Y. Satish Kumar

Abhilash Kuzhikat, PMP, CISA

Thierry Labriet

G.Lakshmi Sekhar, PMP, PMI-SP

Boon Soon Lam

Vincent Hiu Sing Lam, PMP

Ruchie Lamba

Deborah Langlois MBA, PMP

Alvaro Latorre,MsC, PMP

Olivier Lazar

Chang-Hee Lee, PMP, CISA

Cheryl G. Lee, PMP, PMI-PBA

Oliver F. Lehmann, MSc, PMP

Michael J Leisegang, PMP

Craig Letavec, PgMP, PfMP

Jean-Pierre Lhomme, PMP

Junquan Liu

Shihan Liu

Tong Liu (James Liu), PhD, PMP

Anand Loganathan, MS

Anand Lokhande, PMP

Nancy Lopez

Samuel López González de Murillo,
MPM, PMP

Carlos López Javier, MBA, PMP

Zheng Lou, MBA, PMP

Sérgio Lourenço, PMP, PMI-RMP

Catia Lourenço

Hugo Kleber Magalhães Lourenço,
PMP, ACP

Amy S. Lugibihl, PMP

Sergio O. Lugo, MBA, PMP

Vijaya Prasanth M. L., PMP, MCTS

José Carlos Machicao, MSc, PMP

Frederick G. Mackaden,
CRISC, PMP

Jas Madhur

Krishan Gopal Maheshwari,
PMP, ITILv3 Expert

Konstantinos Maliakas,
MSc (PM), PMP

Rich Maltzman, PMP

Vaios Maniotis

Antonio Marino, PMP, PMI-ACP

Gaitan Marius Titi, Eng, PMP

Photoula Markou-Voskou

Lou Marks, PMP

Cristian Martín Corrales, MPM, PMP

Mike McElroy, MHA, PMP

Jon McGlothian, MBA, PMP

William T. McNamara, PMP

Rob D. Meadows, MBA, PMP

Alain Patrick Medenou,
PMP, PRINCE2 Practitioner

Lourdes Medina, PMP, PfMP

Peter Berndt de Souza Mello,
PMI-SP, PMP

Yan Bello Mendez

Ernst Menet, PMP

Sunil Meshram, PMP

Mohammed M'Hamdi, PMP

Lubomira Mihailova, MBA, PMP

Gloria J. Miller, PMP

Romeo Mitchell, MSc, BSc

Mannan Mohammed, Peng, PMP

Venkatram Vasi Mohanvasi

Ricardo Monteiro

Paula Morais

Maciej Mordaka, PMP

Rachel A. Morris, PMP

Doris Moss

Henrique Moura, PMP, PMI-RMP

Timur Mukharyamov, PhD, PMP

Antonio Muntaner, PMP

Muktesh Murthy, MBA (IS), PMP

Lemya Musa M. Idris,
PMP, PMI-PBA

Khalid M. Musleh, PMP, PMI-RMP

Syed Ahsan Mustaqeem, PE, PMP

Todd Nielsen Myers, MBA, PMP

Narayanaswamy Nagarajan, PMP

Kiran Nalam

Faig Nasibov, PMP

Asad Naveed, PMP, RMP

Serge Patrick N'Guessan,
MSIS, PMP

Praveen K. Nidumolu,
PMP, PMI-ACP

Eric Nielsen, PMP

Jeffrey S. Nielsen, PMP, PgMP

Víctor Nieva Martín-Portugués, PMP

Michael C. Nollet, PMP, PMI-ACP

Takamasa Nomura

Ernesto Antonio Noya Carbajal

Mufaro M. Nyachoto,
PMI-PBA, CAPM

Conor O'Brien,
MBA (Tech Open), PMP

Peter O'Driscoll

Michael O. Ogberuhor, PMP, EVP

Bayonle Oladoja, PMP, PRINCE2

Antonio Oliva González, PMP, EMPM

Habeeb Omar, PgMP, PfMP

Stefan Ondek, PMP

Marian Oprea, PMP, ITIL

Henrique Ortega-Tenorio, PMP

Venkateswar Oruganti, FIETE, PMP

Musab Abdalmageed Osman
Abubakar

Jaime Andres Alvarez Ospina,
PMP, PMI-RMP

Tabitha A. Palmer, PMP

Neeraj Pandit, PMP

Luke Panezich, PMP, PMI-ACP

Hariyo Pangarso

Laura Paton, PMP, PMI-PBA

Seenivasan Pavanasam,
PMP, PgMP

Anil Peer, PEng, PMP

Mauricio Perez Calvo,
PMP, PMI-RMP

Dana Persada Mulyoto, MBA, PMP

LEE Nan Phin, PMP, CSM

Luca Pietrandrea

Crispin ("Kik") Piney, BSc, PgMP

Jose Angelo Pinto, PMP, OPM3 CP

Narendra Pondugula, PMP, PMI-ACP

Hin-Fei Poon

Svetlana Prahova, PMP

B. K. Subramanya Prasad, PMP, CSM

T.V. Prasanna Raaj, PMP

Suhail Qadir, PMP, BTech

Collin Quiring, PMP, OPM3

Nader K. Rad, PMP

Noalur Rahim, PMP

Prashanth Bagepalli Rajarao,
BE, PMP

S. Ramani, PgMP, PfMP

Gurdev S. Randhawa, PMP

Alakananda Rao, PMP

Vicky Restrepo, PMP

Raman Rezaei

Tashfeen Riaz, PMP, MPM

Juan Carlos Rincón Acuña,
PhD, PMP

Juan Sebastian Rivera Ortiz

Dan Roman, PMP, PMI-ACP

Rafael Fernando Ronces Rosas,
PMP, ITIL

David W. Ross, PMP, PgMP

Kaydashov Ruslan, PMP

Philip Leslie Russell, PMP

Mohamed Salah Eldien Saad, PMP

Eyad Saadeh, PfMP, PgMP

Imad Sabonji, PMP

Kumar Sadasivan, PMP

Mihail Sadeanu, PhD, PMP

Gopal Sahai, PMP, PMI-PBA

Joudi Ahmad Said, PMP, MSc

Ibrahim Saig, PhD, PMP, MRCPI

Brian Salk, PhD, PMP

Omar A. Samaniego, PMP, PMI-RMP

Abubaker Sami, PfMP, PgMP

Carlos Sánchez Golding, PMP

Yiannis Sandis, MSc, PMP

Iván S. Tejera Santana,
PMP, PMI-ACP

Murali Santhanam, PMP, BCom

Subhendu Sarangi

Saikat Sarkar, PMP

Shreesh Sarvagya

Supriya Saxena

Nicole Schelter, PMP

Kathy Schwalbe, PhD, PMP

Dion Serben

Marcus Gregorio Serrano,
MBA, PMP

Isaac Sethian, MBA, PMP

Bruce G. Shapiro, PMP

Ian Sharpe, 4-DM CPPD

Cindy C Shelton, PMP, PMI-ACP

Nitin Shende, PMP, PRINCE2

Gregory P. Shetler, PhD, PgMP

Patricia C. C. Sibinelli, MEng, PMP

Alexsandro Silva

Christopher M. Simonek, PMP

Rohit Singh

Sathya Sivagurunathan

Venkatramanan S., PMP

Michelle A. Sobers, MS

Pamela L. Soderholm, PMP

Khaled Soliman

Mauro Sotille, PMP, PMI-RMP

Sriram Srinivasan, PMP, CGEIT

Pranay Srivastava, PMP, CSM

Alexander Stamenov

Jamie Stasch

John Stenbeck, PMP, PMI-ACP

Michael J. Stratton, PhD, PMP

S. Sudha, PMP

John L. Sullivan, MEd, PMP

Karen Z. Sullivan, PMP, PSM

Surichaqui

Yasuji Suzuki, PMP

Mark A. Swiderski, PMP, MBA

Titus K. Syengo, PMP

Paul S. Szwed, DSc, PMP

Hadi Tahmasbi Ashtiani

Shoji Tajima, PMP, ITC

Peter Tashkoff, PMP

Ahmet Taspinar

Gokrem Tekir

Sunil Telkar PMP, PGDBL

Sal J. Thompson, MBA, PMP

Mark S. Tolbert, PMP, PMI-ACP

Mukund Toro, PMP

Stephen Tower, PMP, MBCI

John Tracy, PMP, MBA

Biagio Tramontana, Eng, PMP

Micol Trezza, MBA, PMP

Konstantin Trunin, PMP

X2.4.3 REVISIÓN FINAL DEL PROYECTO DE NORMA (PORCIÓN DE LA GUÍA)

Además de los miembros del Comité, las siguientes personas formularon recomendaciones para mejorar el proyecto de norma de la *Guía del PMBOK®* —Sexta Edición (porción de la guía):

Farhad Abdollahyan, PMP, OPM3CP
Tetsuhide Abe, PMP
Ali Abedi, PhD, PMP
Amir Mansour Abdollahi, MSc, PE
Eric Aboagye
Umesh AC
Jer Adamsson
Carles Adell, MPM, PMP
Mounir A. Ajam, RMP, GPM-bTM
Uğur Aksoylu, PMP
Tarik Al Hraki, PMP, PMI-RMP
Melad Al Aqra, PMP, MIET
Amer Albuttma, BSc, PMP
Jose Rafael Alcala Gomez, PMP
Filippo Alessandro, PMP
Hammam Zayed Alkouz,
    PMP, PMI-RMP
Eric Allen
Wasel A. Al-Muhammad, MBA, PMP
Turki Mohammed Alqawsi, MITM
Imad Alsadeq, MB, P3M3
Haluk Altunel, PhD, PMP
Barnabas Seth Amarteifio,
    PMP, ITIL (Expert)
Serge Amon, MBA, PMP
Abd Razak B Ariffin, PMP
Sridhar Arjula
Kalpesh Ashar, PMP, PMI-ACP
Vijaya C. Avula, PMP, ACP
Andy Bacon, PMP, CSP
Andrey Badin
Sherif I. Bakr, PMP, MBA
Karuna Basu
Chandra Beaveridge, BEng, PMP
Jane Alam Belgaum, PMP
Stefan Bertschi, PhD

Harwinder Singh Bhatia,
    PMP, PMI-ACP
Jasbir Singh Bhogal, PMP, ITIL-V3
Jayaram Bhogi PMP, CSM
Michael M. Bissonette, MBA, MS
Greta Blash, PMP, PMI-ACP
Steve Blash, PMP, PMI-ACP
Dennis L. Bolles, PMP
Rodolphe Boudet, PMP
Farid F. Bouges, PhD, PfMP, PMP
Damiano Bragantini, PMP
Ralf Braune, PhD, PMP
Maria del Carmen Brown, PMP
James N. Bullock,
    PMP, ASQ CMQ/OE
Andy Burns PMP, PMI-ACP
Nicola Bussoni, PMP
Roberto A. Cadena Legaspi,
    PMP, MCI
Carla M. Campion,
    BEng (Hons), PMP
Shika Carter, PMP, PgMP
Luis Casacó, MA, PMP
Guillermo A. Cepeda L.,
    PMP, PMI-RMP
Kristine Chapman
Panos Chatzipanos,
    PhD, Dr Eur Eng.
Satish Chhiba
Aditya Chinni
Virgiliu Cimpoeru, PhDc, PMP
Jorge Omar Clemente, PMP, CPA
Martin A. Collado, PMP, ITIL
Sergio Luis Conte, PhD, PMP
Franco Cosenza, PGDipBA, PMP
Veronica Cruz

Ron Cwik MBA, PMP
Yudha P. Damiat, PMP, PMI-SP
Farshid Damirchilo, MSc
William H. Dannenmaier, PMP, MBA
Sankalpa Dash
Gina Davidovic PMP, PgMP
Beatriz Benezra Dehtear, MBA
G. Murat Dengiz, PMP
Stephen A. Devaux, PMP, MSPM
Shanmugasundaram Dhandapani
Sachin S. Dhaygude, PMP, PMI-ACP
Ivana Dilparic
Marcelo Sans Dodson, DBA,PMP
Nedal A. Dudin, PMP, PBA
Jorge A. Dueñas, PMP, AVS
Eunice Duran Tapia, PMP, PfMP
Wael K. Elmetwaly, PMP, PMI-ACP
Talha M. El-Gazzar, PMP
Carol Elliott, MBA, PMP
Larry Elwood, PMP, CISSP
Angela England
Marco Falcao, PMP, PMI-RMP
Puian Masudi Far, PhDc, PMP
Jared Farnum
Jose L. Fernandez-Sanchez, PhD
Eduardo S. Fiol, PMP
Regis Fitzgibbon
Garry Flemings
Carlos Augusto Freitas, CAPM, PMP
Scott J. Friedman, PMP, ACG
MAG Sanaa Fuchs
Nestor C. Gabarda Jr., ECE, PMP
Robert M. Galbraith, PMP
Carl M. Gilbert, PMP, PfMP
Theofanis Giotis, PhDc, PMP
Dhananjay Gokhale

José Abranches Gonçalves,
    MSc, PMP
Herbert G. Gonder, PMP
Edward Gorni, PMP, MSc
Julie Grabb PMP, B Math
Stuart Gray
Christiane Gresse von
    Wangenheim, Dr. rer. nat., PMP
Grzegorz Grzesiak
Ahmed Guessous, PMP
Neeraj Gupta, PMP, CSM
Sunita Gupta
Raj Guttha PhD, PMP
Mustafa Hafizoglu, PMP
Kazuro Haga, PMP, PMI-RMP
Yoshifumi Hamamichi
Simon Harris, PMP, CGEIT
Gabrielle B. Haskins, PMP
Hossam Hassan
Madhavi Hawa, MBA
Randell R. Hayes II, PMP, MBA
Guangcheng He, PMP
Kym Henderson, RFD, MSc (Comp)
Sergio Herrera-Apestigue,
    PMP, P3O
Robert Hierholtz, PhD, MBA, PMP
Bob Hillier, PMP
Aaron Ho Khong, PMP, ITIL Expert
Scott C. Holbrook, PMP, CISSP
Regina Holzinger, PhD, PMP
Christina M. House, MBA, PMP
Gheorghe Hriscu, PMP, CGEIT
Terri Anne Iacobucci, SPHR, PMP
Guillermo A. Ibañez, PMP, ITIL
Can Izgi, PMP
Anand Jayaraman PMP, MCA
Anil K. Jayavarapu, PMP
Cari Jewell, PMP, MISST
Martina Jirickova
Alan John

Tony Johnson, PMP, PfMP
Michele J. Jones, PMP
Rajesh G. Kadwe, PMP
Orhan Kalayci, PMP, CBAP
Samer Faker Kamal,
    PMP, LEED AP BD+C
Surendran Kamalanathan
Vaijayantee Kamat, PMP
Nils Kandelin
Carl Karshagen, PMP
Anton Kartamyshev
Scott Kashkin, MS, PMP
Katsuichi Kawamitsu, PMP, ITC
Rachel V. Keen, PMP
Suhail Khaled
Jamal Khalid
Eng. Ahmed Samir Khalil,
    PMP, OPM3-CP
Basher Khalil
Ranga Raju Kidambi
Mostafa K. Kilani, BEng, PMP
Diwakar Killamsetty
Taeyoung Kim, PMP
Konstantinos Kirytopoulos,
    PhD, PMP
Kashinath Kodliwadmanth
Maarten Koens, PMP
Dwaraka Ramana Kompally,
    MBA, PMP
Henry Kondo, PMP, PfMP
Maciej Koszykowski,
    PMP, PMI-RMP
Ahmed A F Krimly
Srikanth Krishnamoorthy,
    PMP, PGDSA
Bret Kuhne
Avinash Kumar, PMP
Pramit Kumar, PMP
Thomas M. Kurihara
Andrew Lakritz

Boon Soon Lam
Luc R. Lang PMP
Jon Lazarus
Chang-Hee Lee PMP, CISA
Ivan Lee PMP, PMI-ACP
Oliver F. Lehmann, MSc, PMP
Katherine A. Leigh
Donald LePage
Peter Liakos, PMP, Cert APM
Tong Liu, PhD, PMP
Chandra Sekhar Lolla
    Venkata Satya
Stefania Lombardi, PhDc, PMP
Daniel D. Lopez, CSP, PMP
Zheng Lou, MBA, PMP
Sérgio Lourenço, PMP, PMI-RMP
Hugo Kleber Magalhães Lourenço,
    PMP, ACP
Xiang Luo, PMP, PMI-PBA
José Carlos Machicao, PMP, MSc
Sowjanya Machiraju, MS, PMP
Robert Mahler
Mostafa M. Abbas, PMP, OCE
Konstantinos Maliakas,
    MSc (PM), PMP
Rich Maltzman, PMP
Ammar Mango
Antonio Marino, PMP, PMI-ACP
Gaitan Marius Titi, Eng, PMP
Lou Marks, PMP
Rodrigo Marques da Rocha
Ronnie Maschk, PMP
Maria T Mata-Sivera, PMP
Kurisinkal Mathew
Stephen J. Matney, CEM, PMP
David A. Maynard, MBA, PMP
Pierre Mbeniyaba Mboundou
Thomas McCabe
Jon McGlothian, MBA, PMP
Alan McLoughlin, PMP, PMI-ACP

Ernst Menet, PMP

Mohammed M'Hamdi, PMP

Roberta Miglioranza, PMP, Prince2

Gloria J. Miller, PMP

Daniel Minahan, MSPM, PMP

Javier A Miranda, PMP, PMI-ACP

Saddam Mohammed Babikr
   Mohammed

Venkatramvasi Mohanvasi, PMP

Maciej Mordaka, PMP

Paola Morgese, PMP

Moises Moshinsky, MSc, PMP

Henrique Moura, PMP, PMI-RMP

Nathan Mourfield

Alison K. Munro, MSc, PMP

Khalid M. Musleh, PMP, PMI-RMP

Vasudev Narayanan

Faig Nasibov, PMP

Daud Nasir, PMP, LSSBB

Nasrullah

Nghi M. Nguyen, PhD, PMP

Eric Nielsen, PMP

Yamanta Raj Niroula, PMP

Emily Nyindodo

Peter O'Driscoll

Kiyohisa Okada

Bayonle Oladoja, PMP, PRINCE2

Sofia Olguin

Edward C. Olszanowski III,
   PMP, EMBA

Austen B. Omonyo, PhD, PMP

Stefan Ondek, PMP

Tom Oommen

H. Metin Ornek, PMP, MBA

Juan Carlos Pacheco

Durgadevi S. Padmanaban,
   MBA, PMP

Ravindranath Palahalli

Boopathy Pallavapuram, PMP

Rajeev R. Pandey

Luke Panezich, PMP, PMI-ACP

Sungjoon Park, PMP

Gino Parravidino Jacobo, PMP, ITIL

Richard L. Pascoe, PMP

George Pasieka, PMP

Sneha Patel, PMP

Satyabrata Pati, PMP

Seenivasan Pavanasam PMP, PgMP

R. Anthoney Pavelich, PMP

P. B. Ramesh, PMP, ACP

Brent C. Peters, BA

Yvan Petit, PhD, PMP

Crispin ("Kik") Piney, BSc, PgMP

Jose Angelo Pinto, PMP, OPM3 CP

Napoleón Posada, MBA, PMP

B K Subramanya Prasad, PMP, CSM

Carl W. Pro, PMP, PMI-RMP

Srikanth PV

Nader K. Rad, PMP

Karen Rainford, EdD, PMP

S. Ramani, PfMP, PgMP

Niranjana Koodavalli Ramaswamy,
   BE Mech, PGDM

Jesus Esteban Ramirez, BEng, eCS

Michele Ranaldo, PMP

Gurdev S. Randhawa, PMP

Sreekiran K. Ranganna, PMP, MBA

Alakananda Rao

Muhammad Sauood ur Rauf, PMP

P. Ravikumar, PMP, PMI-ACP

Michael Reed, PMP, PfMP

Messias Reis, PMP

Alexander V. Revin, PMP

Mohammadreza Rezaei

Gustavo Ribas

David B. Rich, PMP

Gregg D. Richie, PMP, MCTS

Edgar Robleto Cuadra

Bernard Roduit

David Roe, PMP

Rafael Fernando Ronces Rosas,
   PMP, ITIL

Prakash Roshan

William S. Ruggles, PMP, CSSMBB

Nagy Attalla Saad, PMP, ITIL

Natesa Sabapathy, PhD, PMP

Kumar Sadasivan, PMP

Dzhamshid Safin, PhD, PMP

Edgardo S. Safranchik, PMP

Ibrahim Mohammed Ali Saig

Naoto Sakaue

Xavier Salas Ceciliano, MSc, PMP

Anderson Sales

Floriano Salvaterra, PMP, IPMA-C

Omar A. Samaniego, PMP, PMI-RMP

Abubaker Sami, PfMP, PgMP

Angela Sammon

P. Sampathkumar, MBA, PMP

Iván S. Tejera Santana,
   PMP, PMI-ACP

Luciana de Jesus Santos, PMP

Aminu Sarafa, PMP, CCP

Darpan Saravia, PMP, CSM

Tamara Scatcherd

Stephen M. Schneider, PhD, PMP

Ludwig Schreier, Eur Ing, PMP

Birgitte Sharif, PMP

Sanjeev Sharma

Alexander Shavrin, PhD, PMP

Nitin Shende, PMP, PRINCE2

Luqman Shantal, PMP, TOGAF

N. K. Shrivastava, PMP, SPC4

Mohamad Sibai

Gustavo Silva

Sumit Kumar Sinha, PMP

Ronald Zack Sionakides, MBA, PMP

Klas Skogmar, EMBA, PMP

J. Greg Smith, EVP

Kenneth F. Smith, PhD, PMP

Pamela L. Soderholm, PMP

John Paul Soltesz
Sheilina Somani, RPP, PMP
Mauro Sotille, PMP, PMI-RMP
Setty Sreelatha, PMP, PMI-ACP
Shishir Srivastav, PMP, CSM
Pranay Srivastava, PMP, CSM
John Stenbeck, PMP, PMI-ACP
Jim Stewart
Yasuji Suzuki, PMP
Mark A. Swiderski, PMP, MBA
Ahmed Taha, PMP, PMI-RMP
Francis Taiwo, PMP, PMI-ACP
Yahya Tatar, PMP, MBA
Gerhard J. Tekes, PMP, PMI-RMP
Gokrem Tekir
João Paulo Tinoco
Claudia A. Tocantins, MSc, PMP
Mukund Toro, PMP
Juan Torres Vela
Stephen Tower, PMP, MBCI
Brenda Tracy
John Tracy, MBA, PMP

Konstantin Trunin, PMP
Tassos Tsochataridis, MSc, PMP
Krishnakant T. Upadhyaya, PMP
Ali Vahedi Diz, PgMP, PfMP
Jorge Valdés Garciatorres,
    PMP, SMC
Jose Felix Valdez-Torero, PMP
Tom Van Medegael, PMP
Raymond Z van Tonder,
    PMP, ND Elec Eng
Ravi Vanukuru, BE, PMP
Ricardo Viana Vargas, MSc, PMP
Neelanshu Varma, PMP
Debbie Varn, PMP, SHRM-SCP
Vijay Vemana, PgMP, PMP
Nagesh V., PMP
Aloysio Vianna Jr., DEng, PMP
Roberto Villa, PMP
Jorge Villanueva, MSc (PM), PMP
Dave Violette, MPM, PMP
Yiannis Vithynos PMP, PMI-ACP
Steve Waddell, MBA, PMP

Xiaojin Wang, PhD, PMP
J. LeRoy Ward, PMP, PgMP
Toshiyuki Henry Watanabe, PE, PMP
Ashleigh Waters, PMP
Ganesh Watve, MBA, PMP
Patrick Weaver, PMP, PMI-SP
Michal P. Wieteska
Roger Wild, PMP
Rebecca A. Winston, JD
Lisa Wolf
Carlos Magno Xavier, PhD, PMP
Wenyi Xiao, PMP
Haotian Xu, CAPM
Clement C. L. Yeung, PMP
Saeed Zamani
Azam M. Zaqzouq, MCT, PMP
Omran M. Zbeida, PMP, BSP
Marcin Zmigrodzki, PMP, PgMP
Rolf Dieter Zschau, PMP
Alan Zucker, PMP, CSM

X2.5 GRUPO ASESOR DE LOS MIEMBROS (MAG) DEL PROGRAMA DE ESTÁNDARES DEL PMI

Las siguientes personas sirvieron como miembros del Grupo Asesor de los Miembros del Programa de Estándares del PMI durante el desarrollo de la *Guía del PMBOK®* —Sexta Edición:

Maria Cristina Barbero, PMP, PMI-ACP
Brian Grafsgaard, PMP, PgMP
Hagit Landman, PMP, PMI-SP
Yvan Petit, PhD, PMP
Chris Stevens, PhD
Dave Violette, MPM, PMP
John Zlockie, MBA, PMP, PMI Standards Manager

X2.6 REVISIÓN POR EL ORGANISMO DE CONSENSO

Las siguientes personas sirvieron como miembros del Organismo de Consenso del Programa de Estándares del PMI:

Nigel Blampied, PE, PMP

Dennis L. Bolles, PMP

Chris Cartwright, MPM, PMP

Sergio Coronado, PhD

Andrea Demaria, PMP

John L. Dettbarn, Jr., DSc, PE

Charles T. Follin, PMP

Laurence Goldsmith, MBA, PMP

Dana J Goulston, PMP

Brian Grafsgaard, PMP, PgMP

David Gunner, PMP

Dorothy L. Kangas, PMP

Thomas Kurihara

Hagit Landman, PMP, PMI-SP

Timothy MacFadyen

Harold "Mike" Mosley, Jr., PE, PMP

Eric S Norman, PMP, PgMP

Nanette Patton, MSBA, PMP

Yvan Petit, PhD, PMP

Crispin ("Kik") Piney, BSc, PgMP

Michael Reed, PMP, PfMP

David W. Ross, PMP, PgMP

Paul E. Shaltry, PMP

Chris Stevens, PhD

Adam D. Sykes, MS, PMP

Matthew D. Tomlinson, PMP, PgMP

Dave Violette, MPM, PMP

X2.7 PERSONAL DE PRODUCCIÓN

Se menciona en especial a los siguientes empleados del PMI:

Donn Greenberg, Director, Publicaciones

Roberta Storer, Editora de Productos

Stephen A. Townsend, Director, Network Programs

Barbara Walsh, Supervisora de Producción de Publicaciones

X2.8 GRUPO DE VOLUNTARIOS DE VERIFICACIÓN DE LA TRADUCCIÓN AL ESPAÑOL

Enrique Cappella, PMP

Brenda Elizabeth Hernandez Castro PMP, BRMP

Fernando Schinca, MBA, PMP

Jorge Escotto, MIT, PMI-RMP, PMP

Esteban Villegas, PMP

Cristina Zerpa, PMP

Jorge Clemente, PMP, CPA

Cristian Soto, MPM, PMP

Ruben Escotto, MA, PMP

X2.9 MIEMBROS DEL COMITÉ DE VERIFICACIÓN DE LAS TRADUCCIONES

Sierra Hampton-Simmons, Gerente Global, Exámenes de Certificación

Barbara Walsh, Supervisora de Producción de Publicaciones

Roberta Storer, Editora de Productos

Margaret Lyons, Desarrolladora de Exámenes

Chris Wilhol, Diseñador de Programas de Enseñanza

Huiting (Joyce) Ye

Vivian Isaak, Presidente, Magnum Group, Inc., Agencia de traducción

Brian Middleton, Gerente de Soluciones Estratégicas, Magnum Group, Inc., Agencia de traducción

APÉNDICE X3
ENTORNOS DE PROYECTOS ÁGILES, ITERATIVOS, ADAPTATIVOS E HÍBRIDOS

Este apéndice explora los matices de cómo se llevan a cabo los Grupos de Procesos de Dirección de Proyectos descritos en *El Estándar para la Dirección de Proyectos* en relación con el entorno del proyecto y el ciclo de vida.

La Sección 1.2.4.1 de la *Guía del PMBOK®* declara que el "ciclo de vida del proyecto debe ser lo suficientemente flexible para enfrentar la diversidad de factores incluidos en el proyecto". Es la naturaleza de los proyectos evolucionar a medida que se cuenta con información más detallada y específica. Esta capacidad para evolucionar y adaptarse es más relevante en entornos con un alto grado de cambio e incertidumbre, o con una amplia variación de interpretación y expectativas por parte de los interesados.

X3.1 EL CONTINUO DE LOS CICLOS DE VIDA DEL PROYECTO

Para entender la aplicación del proceso en proyectos adaptativos, se debe definir el continuo de los ciclos de vida del proyecto. El Glosario de la *Guía del PMBOK®* describe el ciclo de vida del proyecto como "la serie de fases que atraviesa un proyecto desde su inicio hasta su conclusión." Dentro del ciclo de vida de un proyecto, generalmente existen una o más fases asociadas al desarrollo del producto, servicio o resultado. A estas se les llama un ciclo de vida del desarrollo. Los ciclos de vida del desarrollo pueden ser predictivos (orientados al plan), adaptativos (ágiles), iterativos, incrementales o un híbrido de los anteriores.

El Gráfico X3-1 muestra las diversas formas en que se manejan los requisitos y planes, cómo se gestionan el riesgo y el costo, las consideraciones de programación y la forma en que la participación de los interesados clave se maneja en función del tipo de ciclo de vida que se está empleando.

Predictivos	Iterativos	Incrementales	Ágiles
Los requisitos son definidos por adelantado antes de que comience el desarrollo	Los requisitos pueden ser elaborados a intervalos periódicos durante la entrega		Los requisitos se elaboran con frecuencia durante la entrega
Entregar planes para el eventual entregable. Posteriormente, entregar solo un único producto final al final de la línea de tiempo del proyecto	La entrega puede ser dividida en subconjuntos del producto global		La entrega ocurre frecuentemente con subconjuntos del producto global valorados por el cliente
El cambio es restringido tanto como sea posible	El cambio es incorporado a intervalos periódicos		El cambio es incorporado en tiempo real durante la entrega
Los interesados clave son involucrados en hitos específicos	Los interesados clave son involucrados periódicamente		Los interesados clave son involucrados continuamente
El riesgo y los costos son controlados mediante una planificación detallada de las consideraciones que mayormente se conocen	El riesgo y los costos son controlados mediante la elaboración progresiva de los planes con nueva información		El riesgo y los costos son controlados a medida que surgen los requisitos y limitaciones

Gráfico X3-1. El Continuo de los Ciclos de Vida del Proyecto

Los ciclos de vida del proyecto predictivos se caracterizan por un énfasis en la especificación de los requisitos y la planificación detallada durante las fases iniciales de un proyecto. Los planes detallados basados en los requisitos y limitaciones conocidos pueden reducir el riesgo y el costo. También están previstos los hitos para la participación de los interesados clave. A medida que progresa la ejecución del plan detallado, los procesos de monitoreo y control se enfocan en los cambios restrictivos que podrían afectar el alcance, el cronograma o el presupuesto.

Los ciclos de vida altamente adaptativos o ágiles para los proyectos se caracterizan por la elaboración progresiva de los requisitos basados en ciclos breves e iterativos de planificación y de ejecución. Los riesgos y los costos son reducidos mediante la evolución progresiva de los planes iniciales. Los interesados están continuamente involucrados, y proporcionan retroalimentación frecuente que permite responder a los cambios con mayor rapidez y conduce también a una mejor calidad.

Las siguientes consideraciones se aplican a los elementos fundamentales del continuo del ciclo de vida: (a) los riesgos y costos se reducen mediante la evolución iterativa de los planes iniciales; y (b) los interesados clave tienen más oportunidades para participar en los ciclos incrementales, iterativos y ágiles que los interesados en los hitos del proyecto de los ciclos de vida altamente predictivos.

Los ciclos de vida del proyecto en los elementos fundamentales del continuo del ciclo de vida tienden a alinearse más estrechamente con el lado predictivo o el lado ágil del continuo, dependiendo de la forma en que los requisitos son especificados, cómo se gestionan los riesgos y costos, así como de la naturaleza de la participación de los interesados clave. Los proyectos en esta parte del continuo pueden utilizar métodos de proyecto híbridos.

Debe hacerse hincapié en que los ciclos de vida de desarrollo son complejos y multidimensionales. A menudo, las diferentes fases de un proyecto determinado emplean diferentes ciclos de vida, al igual que distintos proyectos dentro de un determinado programa se pueden ejecutar cada uno de manera diferente.

X3.2 FASES DEL PROYECTO

La Sección 1.2.4.2 de la *Guía del PMBOK*® define las fases como "un conjunto de actividades del proyecto, relacionadas lógicamente que culmina con la finalización de uno o más entregables". Se repiten según sea necesario los procesos en cada uno de los Grupos de Procesos en cada fase, hasta que se hayan satisfecho los criterios de finalización para esa fase.

Los proyectos en el lado más adaptativo del continuo hacen uso de dos patrones recurrentes de relaciones de fase de proyecto como se describe en las Secciones X3.2.1 y X3.2.2.

X3.2.1 FASES SECUENCIALES BASADAS EN ITERACIÓN

Los proyectos adaptativos a menudo se descomponen en una secuencia de fases denominadas Iteraciones. Cada iteración utiliza los procesos de dirección de proyectos pertinentes. Estas iteraciones crean una cadencia de duración previsible, delimitada en el tiempo, acordada previamente y coherente, que ayuda con la programación.

La realización de los grupos de procesos en varias ocasiones incurre en gastos generales. Se consideran necesarios los gastos generales para gestionar con efectividad proyectos con un alto grado de complejidad, incertidumbre y cambio. El nivel de esfuerzo para fases a base de iteración se ilustra en el Gráfico X3-2.

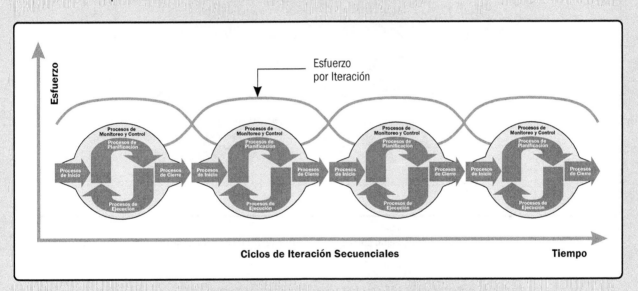

Gráfico X3-2. Nivel de Esfuerzo para los Grupos de Procesos a Través de los Ciclos de Iteración

X3.2.2 FASES QUE SE SUPERPONEN CONTINUAMENTE

En proyectos que son muy adaptativos a menudo se realizan todos los Grupos de Procesos de Dirección de Proyectos de forma continua durante todo el ciclo de vida del proyecto. Inspirado en las técnicas de pensamiento Lean, el enfoque es referenciado a menudo como "planificación continua y adaptativa", que reconoce que una vez que se inicie el trabajo el plan va a cambiar, y el plan debe reflejar este nuevo conocimiento. La intención es la de perfeccionar y mejorar de manera agresiva todos los elementos del plan para la dirección del proyecto, más allá de los puntos de control previamente programados y asociados con las iteraciones. La interacción de los Grupos de Procesos en este enfoque se ilustra en el Gráfico X3-3.

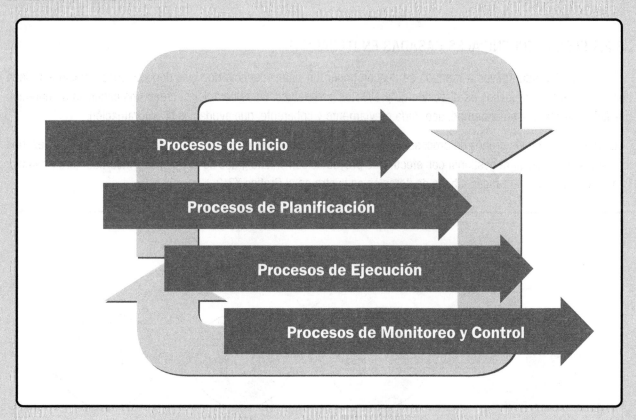

Gráfico X3-3. Relación entre Grupos de Procesos en Fases Continuas

Estos enfoques altamente adaptativos extraen continuamente tareas de una lista priorizada de trabajo. Esto tiene como objetivo minimizar los gastos generales de gestionar los Grupos de Procesos en forma recurrente, eliminando el inicio y el final de las actividades de iteración. Los sistemas de extracción continua pueden ser vistos como micro iteraciones con énfasis en maximizar el tiempo disponible para ejecución en lugar de para gestión. No obstante, ellos necesitan sus propios mecanismos de planificación, seguimiento y ajuste para mantenerlos alineados y adaptarse a los cambios.

X3.3 GRUPOS DE PROCESOS EN ENTORNOS ADAPTATIVOS

Como se muestra en la sección anterior, cada uno de los Grupos de Procesos de Dirección de Proyectos ocurre en proyectos durante todo el continuo del ciclo de vida del proyecto. Existen algunas variaciones en la forma en que los Grupos de Procesos interactúan dentro de los ciclos de vida adaptativos y altamente adaptativos.

X3.3.1 GRUPO DE PROCESOS DE INICIO

Los procesos de inicio son aquellos procesos realizados para definir un nuevo proyecto o nueva fase de un proyecto existente al obtener la autorización para iniciar el proyecto o fase. Los proyectos adaptativos frecuentemente retoman y revalidan el acta de constitución del proyecto. A medida que avanza el proyecto, las prioridades contrapuestas y las dinámicas cambiantes pueden hacer que las restricciones del proyecto y los criterios de éxito se vuelvan obsoletos. Por esta razón, los procesos de inicio se llevan regularmente a cabo en proyectos adaptativos con el fin de garantizar que el proyecto se está moviendo dentro de las limitaciones, y hacia las metas que reflejen la información más reciente.

Los proyectos adaptativos dependen en gran medida de un cliente bien informado o de un representante designado por el cliente que puedan indicar las necesidades y deseos, y proporcionar retroalimentación sobre el entregable emergente de forma continua y permanente. La identificación de este interesado u otros interesados al inicio del proyecto permite interacciones frecuentes al realizar los procesos de Ejecución, Monitoreo y Control. La retroalimentación asociada asegura que se entreguen los resultados correctos de los proyectos. Como se ha indicado anteriormente, un Proceso de Inicio se lleva típicamente a cabo en cada ciclo iterativo de un proyecto de ciclo de vida adaptativo.

X3.3.2 GRUPO DE PROCESOS DE PLANIFICACIÓN

Los procesos de planificación son aquellos procesos requeridos para establecer el alcance del proyecto, refinar los objetivos y definir el curso de acción requerido para alcanzar los objetivos propuestos del proyecto.

Los ciclos de vida de proyectos altamente predictivos se caracterizan generalmente por pocos cambios en el alcance del proyecto y la elevada alineación de los interesados. Estos proyectos se benefician de la planificación detallada por adelantado. Los ciclos de vida adaptativos, por el contrario, desarrollan un conjunto de planes de alto nivel para los requisitos iniciales, y progresivamente elaboran requisitos a un nivel apropiado de detalle para el ciclo de planificación. Por lo tanto, los ciclos de vida predictivos y adaptativos difieren en cuanto a la cantidad de la planificación que se hace y cuándo se realiza.

Además, los proyectos que transcurren con un alto grado de complejidad e incertidumbre deberían involucrar en los procesos de planificación a tantos miembros del equipo e interesados como sea posible. La intención es superar la incertidumbre mediante la incorporación de una amplia gama de entradas en la planificación.

X3.3.3 GRUPO DE PROCESOS DE EJECUCIÓN

Los procesos de ejecución son aquellos procesos realizados para completar el trabajo definido en el plan para la dirección del proyecto a fin de satisfacer los requisitos del proyecto.

El trabajo en los ciclos de vida de proyectos ágiles, iterativos y adaptativos es dirigido y gestionado a través de iteraciones. Cada iteración es un periodo breve y fijo para llevar a cabo el trabajo, seguido de una demostración de la funcionalidad o el diseño. Tomando como base la demostración, los interesados pertinentes y el equipo llevan a cabo una revisión retrospectiva. La demostración y la revisión ayudan a comprobar el progreso contra el plan y determinan si se necesitan cambios en el alcance del proyecto, el cronograma o los procesos de ejecución. Estas sesiones también ayudan a gestionar el involucramiento de los interesados al mostrar incrementos del trabajo realizado y debatir el trabajo futuro. La retrospectiva permite que los incidentes con el enfoque de la ejecución sean identificados y discutidos en el momento oportuno, junto con las ideas para lograr mejoras. Las retrospectivas son herramientas básicas para gestionar el conocimiento del proyecto y desarrollar el equipo a través de discusiones sobre lo que está funcionando bien y la resolución de problemas en equipo.

A medida que el trabajo se lleva a cabo a través de iteraciones breves, también es seguido y gestionado en comparación con lapsos de entrega del proyecto a más largo plazo. Las tendencias de la velocidad de desarrollo, el gasto, las tasas de defectos y la capacidad del equipos, que son seguidas a nivel de iteración, se suman y se extrapolan a nivel de proyecto para rastrear el desempeño relacionado con la finalización. Los enfoques altamente adaptativos tienen como objetivo utilizar el conocimiento especializado del equipo para la realización de las tareas. En lugar de que un director del proyecto seleccione y ponga en secuencia los trabajos, se explican los objetivos de nivel superior y los miembros del equipo tienen la facultad de auto-organizar las tareas específicas como grupo a fin de satisfacer mejor los objetivos. Esto lleva a la creación de planes prácticos con altos niveles de aceptación por parte de los miembros del equipo.

Los equipos menos experimentados que trabajan en proyectos altamente adaptativos suelen necesitar orientación y asignaciones de trabajos antes de llegar a este estado de equipo empoderado. Sin embargo, mediante ensayos progresivos dentro de los confines de una iteración breve, los equipos son revisados como parte de la retrospectiva a fin de determinar si han adquirido las habilidades necesarias para desempeñarse sin orientación.

X3.3.4 GRUPO DE PROCESOS DE MONITOREO Y CONTROL

Los procesos de Monitoreo y Control son aquellos procesos requeridos para hacer seguimiento, analizar y regular el progreso y el desempeño del proyecto, para identificar áreas en las que el plan requiera cambios y para iniciar los cambios correspondientes.

Los enfoques iterativos, ágiles y adaptativos siguen, revisan y regulan el progreso y el desempeño mediante el mantenimiento de un registro de trabajos pendientes. El registro de trabajos pendientes es priorizado por un representante del negocio con la ayuda del equipo de proyecto, quienes estiman y proporcionan información acerca de las dependencias técnicas. El trabajo es extraído de la parte superior del registro de trabajos pendientes para la siguiente iteración, con base en la prioridad comercial y la capacidad del equipo. Las solicitudes de cambios y los informes de defectos son evaluados por el representante de la empresa en consulta con el equipo en busca de contribuciones técnicas, y se les asignan prioridades de acuerdo con el registro de trabajos pendientes.

Este enfoque con una única lista de cambios y de trabajos se originó en entornos de proyecto con muy altas tasas de cambio, que tienden a superar cualquier intento de separar las solicitudes de cambios de los trabajos previstos en un principio. La combinación de estos flujos de trabajo en un único registro de trabajos pendientes que puede ser fácilmente re-secuenciado proporciona un único lugar para que los interesados gestionen y controlen los trabajos del proyecto, realicen el control de los cambios y validen el alcance.

A medida que las tareas y cambios priorizados son extraídos del registro de trabajos pendientes y completados a través de iteraciones, se calculan las tendencias y las métricas sobre el trabajo realizado, las tentativas de cambio y las tasas de defectos. Mediante el frecuente muestreo del progreso a través de iteraciones breves, se realizan las mediciones de la capacidad del equipo y el progreso contra el alcance original midiendo el número de impactos del cambio y los esfuerzos de remediación de defectos. Esto permite que se realicen las estimaciones de costo, cronograma y alcance con base en las tasas de progreso real y los impactos del cambio.

Estas métricas y proyecciones son compartidas con los interesados en el proyecto a través de gráficos de tendencias (radiadores de información) a fin de comunicar el progreso, compartir incidentes, impulsar las actividades de mejora continua y gestionar las expectativas de los interesados.

X3.3.5 GRUPO DE PROCESOS DE CIERRE

Los Procesos de cierre son los procesos llevados a cabo para completar o cerrar formalmente un proyecto, fase o contrato. Se le asignan prioridades a los trabajos en los proyectos iterativos, adaptativos y ágiles a fin de llevar a cabo en primer lugar los elementos de mayor valor para el negocio. Por lo tanto, si el Grupo de Procesos de Cierre cierra prematuramente un proyecto o fase, hay una alta probabilidad de que ya se habrá generado un cierto valor útil para el negocio. Esto permite que el cierre prematuro sea menos un fracaso debido a costos hundidos y más una materialización temprana de beneficios, ganancia rápida o prueba de concepto para el negocio.

APÉNDICE X4
RESUMEN DE CONCEPTOS CLAVE
PARA LAS ÁREAS DE CONOCIMIENTO

El propósito de este apéndice es proporcionar un resumen de las secciones de Conceptos Clave para cada una de las Áreas de Conocimiento en las Secciones 4-13. Puede ser utilizado como una ayuda para los profesionales de proyectos, como una lista de verificación de los objetivos de aprendizaje para los proveedores de formación en dirección de proyectos, o como una ayuda para el estudio de los que se preparan para la certificación.

X4.1 CONCEPTOS CLAVE PARA LA GESTIÓN DE LA INTEGRACIÓN DEL PROYECTO

Los conceptos clave para la Gestión de la Integración del Proyecto incluyen:

◆ La Gestión de la Integración del Proyecto es la responsabilidad específica del director del proyecto, y no se puede delegar o transferir. El director del proyecto es quien combina los resultados de todas las otras Áreas de Conocimiento para proporcionar una visión general del proyecto. El director del proyecto es responsable en última instancia del proyecto en su conjunto.

◆ Los proyectos y la gestión de los mismos son por naturaleza integradores, donde la mayoría de las tareas implican más de un Área de Conocimiento.

◆ Las relaciones de los procesos dentro de los Grupos de Procesos de Dirección de Proyectos y entre los Grupos de Procesos de Dirección de Proyectos son iterativas.

◆ La Gestión de la Integración del Proyecto tiene que ver con:

  ■ Garantizar que las fechas de vencimiento de los entregables del proyecto, el ciclo de vida del proyecto y el plan de obtención de beneficios estén alineados;

  ■ Proporcionar un plan para la dirección del proyecto a fin de alcanzar los objetivos del proyecto;

  ■ Garantizar la creación y el uso de conocimientos apropiados desde y hacia el proyecto;

  ■ Gestionar el desempeño del proyecto y los cambios a las actividades del proyecto;

  ■ Tomar decisiones integradas relativas a los cambios clave que impactan al proyecto;

  ■ Medir y monitorear el progreso y tomar las medidas adecuadas;

  ■ Recopilar, analizar y comunicar la información del proyecto a los interesados pertinentes;

  ■ Completar todo el trabajo del proyecto y cerrar formalmente cada fase, contrato y el proyecto en su conjunto; y

  ■ Gestionar las transiciones de fases, cuando sea necesario.

X4.2 CONCEPTOS CLAVE PARA LA GESTIÓN DEL ALCANCE DEL PROYECTO

Los conceptos clave para la Gestión del Alcance del Proyecto incluyen:

◆ El alcance puede referirse al alcance del producto (las características y funciones de un producto, servicio o resultado), o al alcance del proyecto (el trabajo realizado para entregar un producto, servicio o resultado con las funciones y características especificadas).

◆ A través de un continuo, los ciclos de vida del proyecto abarcan desde predictivos hasta adaptativos o ágiles. En un ciclo de vida que usa un enfoque predictivo, los entregables del proyecto se definen al comienzo del mismo y cualquier cambio en el alcance es gestionado en forma progresiva. En un enfoque adaptativo o ágil, los entregables son desarrollados a través de múltiples iteraciones, donde se define un alcance detallado y es aprobado para cada iteración cuando ésta comienza.

◆ El grado de cumplimiento del alcance del *proyecto* se mide con relación al plan para la dirección del proyecto. El grado de cumplimiento del alcance del *producto* se mide con relación a los requisitos del producto.

X4.3 CONCEPTOS CLAVE PARA LA GESTIÓN DEL CRONOGRAMA DEL PROYECTO

Los conceptos clave para la Gestión del Cronograma del Proyecto incluyen:

◆ La programación de proyectos proporciona un plan detallado que representa cómo y cuándo el proyecto entregará los productos, servicios y resultados definidos en el alcance del proyecto.

◆ El cronograma del proyecto se utiliza como una herramienta para la comunicación, para la gestión de las expectativas de los interesados y como base para los informes de desempeño.

◆ Cuando sea posible, el cronograma detallado del proyecto debe permanecer flexible a lo largo del proyecto para adaptarse al conocimiento adquirido, la mayor comprensión del riesgo y las actividades de valor agregado.

X4.4 CONCEPTOS CLAVE PARA LA GESTIÓN DE LOS COSTOS DEL PROYECTO

Los conceptos clave para la Gestión de los Costos del Proyecto incluyen:

◆ La Gestión de los Costos del Proyecto se ocupa principalmente del costo de los recursos necesarios para completar las actividades del proyecto, pero también debe tener en cuenta el efecto de las decisiones del proyecto sobre el posterior costo recurrente del uso, mantenimiento y soporte de los entregables del proyecto.

◆ Los diversos interesados medirán los costos del proyecto de diferentes maneras y en momentos diferentes. Los requisitos de los interesados para la gestión de los costos deben ser considerados de manera explícita.

◆ La predicción y el análisis del desempeño financiero prospectivo del producto del proyecto se pueden realizar fuera del proyecto, o pueden ser parte de la Gestión de los Costos del Proyecto.

X4.5 CONCEPTOS CLAVE PARA LA GESTIÓN DE LA CALIDAD DEL PROYECTO

Los conceptos clave para la Gestión de la Calidad del Proyecto incluyen:

◆ La Gestión de la Calidad del Proyecto aborda la calidad tanto de la gestión del proyecto como la de sus entregables. Se aplica a todos los proyectos, independientemente de la naturaleza de sus entregables. Las medidas y técnicas de calidad son específicas para el tipo de entregables que genera el proyecto.

◆ La calidad y el grado son conceptos diferentes. La calidad es el "grado en el que un conjunto de características inherentes satisface los requisitos" (ISO 9000).[1] El grado es una categoría que se asigna a entregables que tienen el mismo uso funcional pero características técnicas diferentes. El director del proyecto y el equipo son los responsables de gestionar los compromisos asociados con entregar los niveles requeridos de calidad y grado.

◆ Se prefiere la prevención a la inspección. Es mejor incorporar calidad en los entregables, en lugar de encontrar problemas de calidad durante la inspección. El costo de prevenir errores es en general mucho menor que el de corregirlos cuando son detectados por una inspección o durante el uso.

◆ Los directores de proyecto pueden necesitar estar familiarizados con el muestreo. Muestreo por atributos (el resultado es conforme o no conforme) y muestreo por variable (el resultado se mide según una escala continua que refleja el grado de conformidad).

◆ Muchos proyectos establecen tolerancias y límites de control para las mediciones del proyecto y del producto. Tolerancias (rango establecido para los resultados aceptables) y límites de control (los límites de la variación normal para un proceso o rendimiento del proceso estadísticamente estables).

◆ El costo de la calidad (COQ) incluye todos los costos en los que se ha incurrido durante la vida del producto a través de inversiones para prevenir el incumplimiento de los requisitos, de la evaluación de la conformidad del producto o servicio con los requisitos, y del no cumplimiento de los requisitos (retrabajo). El costo de la calidad constituye a menudo la preocupación de la dirección del programa, la dirección de portafolios, la PMO o las operaciones.

◆ La gestión más eficaz de la calidad se logra cuando la calidad es incorporada en la planificación y el diseño del proyecto y el producto, y cuando la cultura de la organización está consciente y comprometida con la calidad.

---

[1] Organización Internacional de Normalización. 2015. *Sistemas de Gestión de Calidad—Fundamentos y Vocabulario.* Ginebra: Autor.

X4.6 CONCEPTOS CLAVE PARA LA GESTIÓN DE LOS RECURSOS DEL PROYECTO

Los conceptos clave para la Gestión de los Recursos del Proyecto incluyen:

◆ Los recursos del proyecto incluyen tanto los recursos físicos (equipos, materiales, instalaciones e infraestructura) y los recursos del equipo (individuos con roles y responsabilidades asignados en el proyecto).

◆ Se necesitan diferentes habilidades y competencias para gestionar los recursos del equipo vs. los recursos físicos.

◆ El director del proyecto debería ser a la vez el líder y el gerente del equipo de proyecto, y debería invertir esfuerzos adecuados en la adquisición, gestión, motivación, y empoderamiento de los miembros del equipo.

◆ El director del proyecto debería estar al tanto de las influencias del equipo tales como el entorno del equipo, la ubicación geográfica de los miembros del equipo, la comunicación entre los interesados, la gestión de cambios en la organización, las políticas internas y externas, las cuestiones culturales y la singularidad de la organización.

◆ El director del proyecto es responsable del desarrollo proactivo de las aptitudes y las competencias del equipo, conservando y mejorando al mismo tiempo la satisfacción y la motivación del equipo.

◆ La gestión de los recursos físicos se concentra en la asignación y utilización de los recursos físicos necesarios para la exitosa finalización del proyecto de una manera eficiente y efectiva. El no gestionar y controlar los recursos de manera eficiente puede reducir la posibilidad de completar el proyecto con éxito.

X4.7 CONCEPTOS CLAVE PARA LA GESTIÓN DE LAS COMUNICACIONES DEL PROYECTO

Los conceptos clave para la Gestión de las Comunicaciones del Proyecto incluyen:

◆ *Comunicación* es el proceso de intercambio de información, intencional o involuntariamente, entre individuos y/o grupos. *Comunicaciones* describe los medios por los cuales la información puede ser enviada o recibida, ya sea a través de actividades tales como reuniones y presentaciones, u objetos tales como mensajes de correo electrónico, redes sociales, informes de proyectos o la documentación del proyecto. La Gestión de las Comunicaciones del Proyecto aborda tanto el proceso de comunicación como la gestión de las actividades y objetos de comunicación.

◆ La comunicación efectiva crea un puente entre los diversos interesados, cuyas diferencias tendrán en general un impacto o influencia sobre la ejecución o el resultado del proyecto, por lo que es vital que toda la comunicación sea clara y concisa.

◆ Las actividades de comunicación incluyen interna y externa, formal e informal, escrita y oral.

◆ La comunicación puede ser dirigida en forma ascendente a los interesados en la alta dirección, en forma descendente a los miembros del equipo u horizontalmente a sus compañeros. Esto afectará el formato y el contenido del mensaje.

◆ La comunicación se realiza, consciente o inconscientemente, a través de palabras, expresiones faciales, gestos y otras acciones. Incluye el desarrollo de estrategias y planes para objetos de comunicación adecuados y la aplicación de habilidades para mejorar la efectividad.

◆ Se requiere un esfuerzo a fin de evitar malos entendidos y falta de comunicación, y los métodos, los mensajeros y los mensajes deben ser cuidadosamente seleccionados.

◆ La comunicación efectiva depende de la definición del propósito de la comunicación, la comprensión del receptor de la comunicación y el monitoreo de la efectividad.

X4.8 CONCEPTOS CLAVE PARA LA GESTIÓN DE LOS RIESGOS DEL PROYECTO

Los conceptos clave para la Gestión de los Riesgos del Proyecto incluyen:

◆ Todos los proyectos son riesgosos. Las organizaciones elijen enfrentar el riesgo del proyecto con el fin de crear valor, y equilibrar el riesgo y la recompensa.

◆ La Gestión de los Riesgos del Proyecto tiene como objetivo identificar y gestionar los riesgos que no estén cubiertos por otros procesos de dirección de proyectos.

◆ El riesgo existe en dos niveles dentro de cada proyecto: *Riesgo individual del proyecto* es un evento o condición incierta que, si se produce, tiene un efecto positivo o negativo en uno o más de los objetivos de un proyecto. *Riesgo general del proyecto* es el efecto de la incertidumbre sobre el proyecto en su conjunto, proveniente de todas las fuentes de incertidumbre incluidos riesgos individuales, que representa la exposición de interesados a las implicancias de las variaciones en el resultado del proyecto, tanto positivas como negativas. Los procesos de Gestión de los Riesgos del Proyecto abordan ambos niveles de riesgo en los proyectos.

◆ Los riesgos individuales del proyecto pueden tener un efecto positivo o negativo sobre los objetivos del proyecto, si se presentan. El Riesgo General del Proyecto también puede ser positivo o negativo.

◆ Los riesgos seguirán surgiendo durante la vida del proyecto, por lo que los procesos de Gestión de los Riesgos del Proyecto deben llevarse a cabo de manera iterativa.

◆ Con el fin de gestionar el riesgo de manera efectiva en un proyecto en particular, el equipo del proyecto debe saber qué nivel de exposición al riesgo es aceptable para lograr los objetivos del proyecto. Esto es definido mediante umbrales de riesgo medibles que reflejan el apetito al riesgo de la organización y de los interesados en el proyecto.

X4.9 CONCEPTOS CLAVE PARA LA GESTIÓN DE LAS ADQUISICIONES DEL PROYECTO

Los conceptos clave para la Gestión de las Adquisiciones del Proyecto incluyen:

◆ El director del proyecto debe estar lo suficientemente familiarizado con el proceso de adquisición a fin de tomar decisiones inteligentes con respecto a los contratos y las relaciones contractuales.

◆ Las adquisiciones implican acuerdos que describen la relación entre un comprador y un vendedor. Los acuerdos pueden ser simples o complejos, y el enfoque de las adquisiciones debe reflejar el grado de complejidad. Un acuerdo puede ser un contrato, un acuerdo de nivel de servicio, un convenio, un memorando de acuerdo o una orden de compra.

◆ Los acuerdos deben cumplir con las leyes locales, nacionales e internacionales relativas a los contratos.

◆ El director del proyecto debe garantizar que todas las adquisiciones respondan a las necesidades específicas del proyecto, mientras que trabaja con especialistas en adquisiciones para asegurar que las políticas de la organización se cumplan.

◆ El carácter jurídicamente vinculante de un acuerdo significa que va a ser sometido a un proceso más amplio de aprobación, a menudo con la intervención del departamento legal, a fin de garantizar que describa adecuadamente los productos, servicios o resultados que el vendedor está de acuerdo en suministrar, mientras se cumpla con las leyes y reglamentos relativos a las adquisiciones.

◆ Un proyecto complejo puede implicar la gestión simultánea o secuencial de múltiples contratos. La relación comprador-vendedor puede existir a muchos niveles en cualquier proyecto, y entre organizaciones internas y externas a la organización compradora.

X4.10 CONCEPTOS CLAVE PARA LA GESTIÓN DE LOS INTERESADOS DEL PROYECTO

Los conceptos clave para la gestión de los interesados del proyecto incluyen:

◆ Cada proyecto tiene interesados que se verán afectados o podrán afectar al proyecto, ya sea de forma positiva o negativa. Algunos interesados tendrán una capacidad limitada para influir en los trabajos o resultados del proyecto; otros tendrán una influencia significativa sobre el mismo y sobre sus resultados esperados.

◆ La capacidad del director y el equipo del proyecto para identificar correctamente e involucrar a todos los interesados de manera adecuada puede significar la diferencia entre el éxito y el fracaso del proyecto.

◆ Para aumentar las posibilidades de éxito, el proceso de identificación e involucramiento de los interesados debería comenzar lo antes posible una vez que el acta de constitución del proyecto haya sido aprobada, el director del proyecto haya sido asignado y el equipo empiece a formarse.

◆ La clave para un envolucramiento efectivo de los interesados es enfocarse en la comunicación continua con todos los interesados. La satisfacción de los interesados debería identificarse y gestionarse como uno de los objetivos clave del proyecto.

◆ El proceso de identificación y compromiso de los interesados en beneficio del proyecto es iterativo, y debe ser revisado y actualizado de forma rutinaria, sobre todo cuando el proyecto entra en una nueva fase, o si se presentan cambios significativos en la organización o en la más amplia comunidad de interesados.

APÉNDICE X5
RESUMEN DE CONSIDERACIONES SOBRE ADAPTACIÓN PARA LAS ÁREAS DE CONOCIMIENTO

El propósito de este apéndice es proporcionar un resumen de las secciones de Conceptos de Adaptación para cada una de las Áreas de Conocimiento en las Secciones de la 4 a la 13. Debido a que cada proyecto es único, esta información puede ser utilizada para ayudar a los profesionales a determinar cómo adaptar los procesos, entradas, herramientas y técnicas, y salidas para un proyecto. Esta información también puede ayudar a determinar el grado de rigor que debería aplicarse a los diversos procesos en un Área de Conocimiento.

X5.1 GESTIÓN DE LA INTEGRACIÓN DEL PROYECTO

Las consideraciones sobre la adaptación de la gestión de la integración del proyecto incluyen, entre otras:

◆ **Ciclo de vida del proyecto.** ¿En qué consiste un adecuado ciclo del vida del proyecto? ¿Qué fases debe comprender el ciclo de vida del proyecto?

◆ **Ciclo de vida del desarrollo.** ¿Qué enfoque y ciclo de vida de desarrollo son adecuados para el producto, servicio o resultado? ¿Es apropiado un enfoque predictivo o uno adaptativo? En caso de ser adaptativo, ¿el producto debe desarrollarse de manera incremental o iterativa? ¿Es mejor un enfoque híbrido?

◆ **Enfoques de gestión.** ¿Qué procesos de gestión son los más eficaces según la cultura de la organización y la complejidad del proyecto?

◆ **Gestión del conocimiento.** ¿Cómo se gestionará el conocimiento en el proyecto para fomentar un entorno de trabajo colaborativo?

◆ **Cambio.** ¿Cómo se gestionará el cambio en el proyecto?

◆ **Gobernanza.** ¿Qué juntas de control, comités y otros interesados son parte del proyecto? ¿Cuáles son los requisitos de presentación de informes sobre el estado del proyecto?

◆ **Lecciones aprendidas.** ¿Qué información se debe recoger a lo largo y al final del proyecto? ¿Cómo quedarán disponibles para futuros proyectos la información histórica y las lecciones aprendidas?

◆ **Beneficios.** ¿Cuándo y cómo debe informarse sobre los beneficios: al final del proyecto o al final de cada iteración o fase?

X5.2 GESTIÓN DEL ALCANCE DEL PROYECTO

Las consideraciones sobre la adaptación de la gestión del alcance del proyecto incluyen, entre otras:

◆ **Gestión de conocimientos y requisitos.** ¿Dispone la organización de sistemas formales o informales de gestión de conocimientos y requisitos? ¿Qué guías debería establecer el director del proyecto para los requisitos a ser reutilizados en el futuro?

◆ **Validación y control.** ¿Tiene la organización políticas, procedimientos y guías existentes, formales o informales, relacionados con la validación y el control?

◆ **Uso del enfoque ágil.** ¿Utiliza la organización enfoques ágiles para la gestión de proyectos? ¿Es el enfoque de desarrollo iterativo o incremental? ¿Se utiliza un enfoque predictivo? ¿Será productivo un enfoque híbrido?

◆ **Gobernanza.** ¿La organización cuenta con políticas, procedimientos y guías formales o informales de auditoría y gobernanza?

X5.3 GESTIÓN DEL CRONOGRAMA DEL PROYECTO

Las consideraciones sobre la adaptación de la gestión del cronograma del proyecto incluyen, entre otras:

◆ **El enfoque del ciclo de vida.** ¿Cuál es el enfoque del ciclo de vida más adecuado que permite un cronograma detallado?

◆ **Duración y recursos.** ¿Cuáles son los factores que influyen en la duración, tal como la correlación entre los recursos disponibles y la productividad?

◆ **Dimensiones del proyecto.** ¿Cómo se verá afectado el nivel de control deseado por la presencia de complejidad del proyecto, la incertidumbre tecnológica, los nuevos productos, el seguimiento del ritmo o progreso, (como la gestión del valor ganado, el porcentaje completado, los indicadores rojo-amarillo-verde (semáforo))?

◆ **Apoyo tecnológico.** ¿Se usa tecnología para desarrollar, registrar, transmitir, recibir y almacenar información del modelo de programación del proyecto y es ésta de fácil acceso?

X5.4 GESTIÓN DE LOS COSTOS DEL PROYECTO

Las consideraciones sobre la adaptación de la gestión de los costos del proyecto incluyen, entre otras:

◆ **Gestión del conocimiento.** ¿La organización cuenta con un repositorio formal de gestión del conocimiento y de bases de datos financieras que el director del proyecto deba usar y que sea de fácil acceso?

◆ **Estimar y presupuestar.** ¿La organización cuenta con políticas, procedimientos y guías existentes, tanto formales como informales, relacionados con la estimación de costos y la elaboración de presupuestos?

◆ **Gestión del valor ganado.** ¿La organización utiliza la gestión del valor ganado para dirigir proyectos?

◆ **Uso del enfoque ágil.** ¿La organización utiliza metodologías ágiles para dirigir proyectos? ¿Cómo afecta esto a la estimación de costos?

◆ **Gobernanza.** ¿La organización cuenta con políticas, procedimientos y guías formales o informales de auditoría y gobernanza?

X5.5 GESTIÓN DE LA CALIDAD DEL PROYECTO

Las consideraciones sobre la adaptación de la gestión de la calidad del proyecto incluyen, entre otras:

◆ **Cumplimiento de políticas y auditoría.** ¿Qué políticas y procedimientos de calidad existen en la organización? ¿Qué herramientas, técnicas y plantillas relacionadas con la calidad se utilizan en la organización?

◆ **Estándares y cumplimiento normativo.** ¿Existen estándares específicos de calidad en la industria que deban ser aplicados? ¿Existen restricciones gubernamentales, legales o regulatorias específicas que deben tenerse en cuenta?

◆ **Mejora continua.** ¿Cómo va a ser gestionada la mejora de la calidad en el proyecto? ¿Es manejada a nivel de organización o al nivel de cada proyecto?

◆ **Involucramiento de los interesados.** ¿Existe un entorno de colaboración con interesados y proveedores?

X5.6 GESTIÓN DE LOS RECURSOS DEL PROYECTO

Las consideraciones sobre la adaptación de la gestión de los recursos del proyecto incluyen, entre otras:

◆ **Diversidad.** ¿Cuáles son los antecedentes de la diversidad del equipo?

◆ **Ubicación física.** ¿Cuál es la ubicación física de los miembros del equipo y de los recursos físicos?

◆ **Recursos específicos de la industria.** ¿Qué recursos especiales se necesitan en la industria?

◆ **Adquisición de miembros del equipo.** ¿Cómo serán adquiridos los miembros del equipo para el proyecto? ¿Los recursos del equipo están dedicados al proyecto a tiempo completo o a tiempo parcial?

◆ **Desarrollo y gestión del equipo.** ¿Cómo se maneja el desarrollo del equipo para el proyecto? ¿Existen herramientas de la organización para gestionar el desarrollo del equipo o tendrán que ser establecidas nuevas herramientas? ¿Necesitará el equipo capacitación especial para manejar la diversidad?

◆ **Enfoques del ciclo de vida.** ¿Qué enfoque del ciclo de vida se utilizará en el proyecto?

X5.7 GESTIÓN DE LAS COMUNICACIONES DEL PROYECTO

Las consideraciones sobre la adaptación de la gestión de las comunicaciones del proyecto incluyen, entre otras:

◆ **Interesados.** ¿Los interesados son internos o externos a la organización, o ambas cosas?

◆ **Ubicación física.** ¿Cuál es la ubicación física de los miembros del equipo? ¿El equipo está ubicado en un mismo lugar? ¿Está el equipo en la misma zona geográfica? ¿Está el equipo distribuido en múltiples zonas horarias?

◆ **Tecnología de las comunicaciones.** ¿De qué tecnología se dispone para desarrollar, registrar, transmitir, recuperar, hacer seguimiento y almacenar objetos de comunicación? ¿Qué tecnologías son las más adecuadas y eficientes en materia de costos para comunicarse con los interesados?

◆ **Idioma.** El idioma es un factor primordial a considerar en las actividades de comunicación. ¿Se utiliza un solo idioma? ¿O se utilizan muchos idiomas? ¿Se han efectuado provisiones para ajustarse a la complejidad de los miembros del equipo de diferentes grupos lingüísticos?

◆ **Gestión del conocimiento.** ¿La organización cuenta con un repositorio formal de gestión del conocimiento? ¿Se utiliza el repositorio?

X5.8 GESTIÓN DE LOS RIESGOS DEL PROYECTO

Las consideraciones sobre la adaptación de la gestión de los riesgos del proyecto incluyen, entre otras:

◆ **Tamaño del proyecto.** ¿El tamaño del proyecto en términos de presupuesto, duración, alcance o tamaño del equipo requiere un enfoque más detallado sobre la gestión del riesgo? ¿O es lo suficientemente pequeño como para justificar un proceso simplificado de riesgo?

◆ **Complejidad del proyecto.** ¿Los altos niveles de innovación, las nuevas tecnologías, los acuerdos comerciales, las interfaces o las dependencias externas que aumentan la complejidad del proyecto exigen un sólido enfoque sobre los riesgos? ¿O el proyecto es lo bastante sencillo para que sea suficiente un proceso de riesgo reducido?

◆ **Importancia del proyecto.** ¿Qué tan importante es el proyecto desde el punto de vista estratégico? ¿Aumenta el nivel de riesgo para este proyecto debido que tiene como objetivo producir oportunidades importantes, aborda bloqueos significativos del desempeño organizacional o involucra importantes innovaciones de productos?

◆ **Enfoque de desarrollo.** ¿Es este un proyecto en cascada donde los procesos de riesgo pueden ser seguidos secuencialmente y en forma iterativa?, ¿o sigue el proyecto un enfoque ágil, donde el riesgo es abordado al comienzo de cada iteración, así como durante la ejecución?

X5.9 GESTIÓN DE LAS ADQUISICIONES DEL PROYECTO

Las consideraciones sobre la adaptación de la gestión de las adquisiciones del proyecto incluyen, entre otras:

◆ **Complejidad de las adquisiciones.** ¿Existe una adquisición principal o existen múltiples adquisiciones en diferentes momentos con diferentes vendedores que contribuyen a la complejidad de las adquisiciones?

◆ **Ubicación física.** ¿Los compradores y vendedores están en la misma ubicación, o razonablemente cerca, o en diferentes zonas horarias, países o continentes?

◆ **Gobernanza y entorno normativo.** ¿Las leyes y regulaciones locales relativas a las actividades de adquisición están integradas con las políticas de la organización en materia de adquisiciones? ¿Cómo afecta esto a los requisitos de auditoría de los contratos?

◆ **Disponibilidad de contratistas.** ¿Existen contratistas disponibles capaces de realizar el trabajo?

X5.10 GESTIÓN DE LOS INTERESADOS DEL PROYECTO

Las consideraciones sobre la adaptación de la gestión de los interesados del proyecto incluyen, entre otras:

◆ **Diversidad de los interesados.** ¿Cuántos interesados existen? ¿Qué tan diversa es la cultura dentro de la comunidad de interesados?

◆ **Complejidad de las relaciones de los interesados.** ¿Qué tan complejas son las relaciones dentro de la comunidad de interesados? Cuanto mayor sea el número de redes en las que participa un interesado o grupo de interesados, más complejas serán las redes de información y desinformación que el interesado puede recibir.

◆ **Tecnología de la comunicación.** ¿Qué tecnología de comunicación está disponible? ¿Qué mecanismos de apoyo están a disposición para asegurar que se obtenga el mejor valor de la tecnología?

APÉNDICE X6
HERRAMIENTAS Y TÉCNICAS

X6.1 INTRODUCCIÓN

La *Guía del PMBOK®* - Sexta Edición presenta las herramientas y las técnicas de forma diferente a las ediciones anteriores. En su caso, esta edición agrupa las herramientas y técnicas según su finalidad. El nombre del grupo describe la intención de lo que se debe hacer ,y las herramientas y técnicas en el grupo representan diferentes métodos para lograr el cometido. Por ejemplo, la recopilación de datos es un grupo con la intención de recolectar datos e información. La tormenta de ideas, las entrevistas y la investigación de mercado figuran entre las técnicas que pueden utilizarse para recopilar datos e información.

Este enfoque refleja el énfasis en la Sexta Edición sobre la importancia de adaptar la información presentada en la *Guía del PMBOK®* a las necesidades del entorno, la situación, la organización o el proyecto.

Existen 132 herramientas y técnicas individuales en la *Guía del PMBOK®* – Sexta Edición. Estas no son las únicas herramientas y técnicas que pueden ser utilizadas para dirigir un proyecto. Representan aquellas técnicas y herramientas que se consideran buenas prácticas en la mayoría de los proyectos, la mayoría de las veces. Algunas son mencionadas una vez y algunas aparecen muchas veces en la *Guía del PMBOK®*.

Para ayudar a los profesionales a identificar dónde se utilizan herramientas y técnicas específicas, este apéndice identifica cada herramienta y técnica, el grupo al que pertenece (si aplica) y el proceso en el que aparece cuando es enumerada en la *Guía del PMBOK®*. El proceso en el que una herramienta o técnica es descrita en la guía está en negrita. En otros procesos donde se enumera la herramienta o técnica, se hará referencia al proceso en el que se la describe. Los procesos pueden proporcionar descripciones adicionales sobre cómo una herramienta o técnica es utilizada en un proceso en particular.

X6.2 GRUPOS DE HERRAMIENTAS Y TÉCNICAS

Los siguientes grupos de herramientas y técnicas se utilizan en toda la *Guía del PMBOK®*:

◆ **Técnicas de recopilación de datos.** Utilizadas para recopilar datos e información de diversas fuentes. Existen nueve herramientas y técnicas de recopilación de datos.

◆ **Técnicas de análisis de datos.** Utilizadas para organizar, examinar y evaluar datos e información. Existen 27 herramientas y técnicas de análisis de datos.

◆ **Técnicas de representación de datos.** Utilizadas para mostrar representaciones gráficas u otros métodos utilizados para transmitir datos e información. Existen 16 herramientas y técnicas de representación de datos.

◆ **Técnicas para la toma de decisiones.** Utilizadas para seleccionar un curso de acción entre diferentes alternativas. Existen tres herramientas y técnicas para la toma de decisiones.

◆ **Habilidades de comunicación.** Se utilizan para transferir información entre los interesados. Existen cuatro herramientas y técnicas para la comunicación.

◆ **Habilidades interpersonales y de equipo.** Se utilizan para liderar e interactuar de manera efectiva con miembros del equipo y otros interesados. Existen 17 herramientas y técnicas de habilidades interpersonales y de equipo.

Hay 59 herramientas y técnicas no agrupadas.

Tabla X6-1. Categorización e Índice de Herramientas y Técnicas

| Herramienta y Técnica | Área de Conocimiento^A | | | | | | | | | |
	Integración	Alcance	Cronograma	Costo	Calidad	Recursos	Comunicación	Riesgo	Adquisición	Interesado
Herramientas y Técnicas de Recopilación de Datos										
Estudios Comparativos		5.2			**8.1**					13.2
Tormenta de ideas	**4.1**, 4.2	5.2			8.1			11.2		13.1
Hojas de verificación					**8.3**					
Listas de verificación	4.2				8.2, 8.3			**11.2**		
Grupos focales	4.1, 4.2	**5.2**								
Entrevistas	4.1, 4.2	**5.2**			8.1			11.2, 11.3, 11.4, 11.5		
Investigación de mercado									**12.1**	
Cuestionarios y encuestas		**5.2**			8.3					13.1
Muestreo estadístico					**8.3**					

Tabla X6-1. Categorización e Índice de Herramientas y Técnicas *(cont.)*

Herramienta y Técnica	Área de Conocimiento[A]									
	Integración	Alcance	Cronograma	Costo	Calidad	Recursos	Comunicación	Riesgo	Adquisición	Interesado
Herramientas y Técnicas de Análisis de Datos										
Análisis de alternativas	4.5, 4.6	5.1, 5.3	6.1, 6.4	7.1, 7.2	8.2	**9.2**, 9.6		11.5		13.4
Evaluación de otros parámetros de riesgo								**11.3**		
Análisis de supuestos y restricciones								**11.2**		13.2
Costo de la calidad				7.2	**8.1**					
Análisis costo-beneficio	4.5, 4.6				**8.1**	9.6		11.5		
Análisis mediante árbol de decisiones								**11.4**		
Análisis de documentos	4.7	**5.2**			8.2			11.2		13.1
Análisis del valor ganado	4.5		6.6	**7.4**					12.3	
Diagramas de influencias								**11.4**		
Gráfica de trabajo pendiente en la iteración			**6.6**							
Análisis de hacer o comprar									**12.1**	
Revisiones del desempeño			**6.6**		8.3	9.6			12.3	
Análisis de procesos					**8.2**					
Evaluación de propuestas									**12.2**	

Tabla X6-1. Categorización e Índice de Herramientas y Técnicas *(cont.)*

Herramienta y Técnica	Área de Conocimiento[A]									
	Integración	Alcance	Cronograma	Costo	Calidad	Recursos	Comunicación	Riesgo	Adquisición	Interesado
Herramientas y Técnicas de Análisis de Datos *(cont.)*										
Análisis de regresión	**4.7**									
Análisis de reserva			6.4	**7.2**, 7.3, 7.4				11.7		
Evaluación de la calidad de los datos sobre riesgos								**11.3**		
Evaluación de probabilidad e impacto de los riesgos								**11.3**		
Análisis de causa raíz	4.5				**8.2**, 8.3			11.2		13.2, 13.4
Análisis de sensibilidad								**11.4**		
Simulación			6.5					**11.4**		
Análisis de interesados								11.1		**13.1**, 13.4
Análisis FODA								**11.2**		13.2
Análisis del desempeño técnico								**11.7**		
Análisis de tendencias	**4.5**, 4.7	5.6	6.6	7.4		9.6			12.3	
Análisis de variación	**4.5**, 4.7	5.6	6.6	7.4						
Análisis de escenarios "¿Qué pasa si...?"			**6.5**, 6.6							

Herramienta y Técnica	Área de Conocimiento[A]									
	Integración	Alcance	Cronograma	Costo	Calidad	Recursos	Comunicación	Riesgo	Adquisición	Interesado
Herramientas y Técnicas de Representación de Datos										
Diagramas de afinidad		**5.2**			8.2					
Diagramas de causa y efecto					**8.2**, 8.3					
Diagramas de control					8.3					
Diagramas de flujo					**8.1**, 8.2					
Diagramas jerárquicos						9.1		11.3		
Histogramas					**8.2**, 8.3					
Modelo lógico de datos					8.1					
Diagramas matriciales					**8.1**, 8.2					
Mapeo mental		**5.2**			8.1					13.2
Priorización/ clasificación										**13.2**
Matriz de probabilidad e impacto								**11.3**		
Matriz de asignación de responsabilidades						9.1				
Diagramas de dispersión					**8.2**, 8.3					
Matriz de evaluación del involucramiento de los interesados							10.1, 10.3			**13.2**, 13.4
Mapeo / representación de interesados										**13.1**
Formatos tipo texto						9.1				
Herramientas y Técnicas para la Toma de Decisiones										
Análisis de decisiones con múltiples criterios	4.6	5.2, 5.3			**8.1**, 8.2	9.3		11.5		13.4
Votación	4.5, 4.6	**5.2**, 5.5	6.4	7.2						13.4
Toma de decisiones autocrática	4.6	5.2								
Herramientas y Técnicas para la Comunicación										
Competencia en comunicación							10.2			
Retroalimentación							10.2			13.4
No verbal							10.2			
Presentaciones							10.2			13.4

Herramienta y Técnica	Área de Conocimiento[A]									
	Integración	Alcance	Cronograma	Costo	Calidad	Recursos	Comunicación	Riesgo	Adquisición	Interesado
Herramientas y Técnicas de Habilidades Interpersonales y de Equipo										
Escuchar de forma activa	4.4						**10.2**			13.4
Evaluación de estilos de comunicación							**10.1**			
Gestión de conflictos	4.1, 4.2					9.4, **9.5**	10.2			13.3
Conciencia cultural							**10.1**, 10.2			13.3, 13.4
Toma de decisiones						9.5				
Inteligencia emocional						9.5				
Facilitación	**4.1**, 4.2, 4.4		5.2, 5.3					11.2, 11.3, 11.4, 11.5		
Influencia						9.4, **9.5**, 9.6		11.6		
Liderazgo	4.4					**9.5**				13.4
Gestión de reuniones	4.1, 4.2						**10.2**			
Motivación						**9.4**				
Negociación						9.3, 9.4, 9.6			**12.2**	13.3
Creación de relaciones de trabajo	4.4						**10.2**			13.4
Técnica de grupo nominal		**5.2**								
Observación/ conversación		**5.2**					10.3			13.3
Conciencia política	4.4						**10.1**, 10.2			13.3, 13.4
Desarrollo del espíritu de equipo						**9.4**				

Tabla X6-1. Categorización e Índice de Herramientas y Técnicas *(cont.)*

Herramienta y Técnica	Área de Conocimiento[A]									
	Integración	Alcance	Cronograma	Costo	Calidad	Recursos	Comunicación	Riesgo	Adquisición	Interesado
Herramientas y Técnicas no Agrupadas										
Publicidad									**12.2**	
Planificación ágil de liberaciones			**6.5**							
Estimación análoga			**6.4**	7.2		9.2				
Auditorías					**8.2**			11.7	12.3	
Conferencia de oferentes									**12.2**	
Estimación ascendente			**6.4**	7.2		9.2				
Herramientas de control de cambios	**4.6**									
Administración de reclamaciones									**12.3**	
Coubicación						**9.4**				
Métodos de Comunicación							**10.1**, 10.2			
Modelos de comunicación							**10.1**			
Análisis de requisitos de comunicación							**10.1**			
Tecnología de la comunicación						9.4	**10.1**, 10.2			
Diagramas de contexto		**5.2**								
Estrategias de respuesta a contingencias								**11.5**		
Costos agregados				**7.3**						
Método de la ruta crítica			**6.5**, 6.6							

Herramienta y Técnica	Área de Conocimiento[A]									
	Integración	Alcance	Cronograma	Costo	Calidad	Recursos	Comunicación	Riesgo	Adquisición	Interesado
Herramientas y Técnicas no Agrupadas *(cont.)*										
Descomposición		**5.4**	6.2							
Determinación e integración de las dependencias			**6.3**							
Diseñar para X					**8.2**					
Juicio de expertos	**4.1**, 4.2, 4.3, 4.4, 4.5, 4.6, 4.7	5.1, 5.2, 5.3, 5.4	6.1, 6.2, 6.4	7.1, 7.2, 7.3, 7.4	8.1	9.1, 9.2	10.1, 10.3	11.1, 11.2, 11.3, 11.4, 11.5, 11.6	12.1, 12.2, 12.3	13.1, 13.2, 13.3
Financiamiento				**7.3**						
Conciliación del límite de financiamiento				**7.3**						
Reglas básicas										**13.3**
Revisión de la información histórica				**7.3**						
Evaluaciones individuales y de equipo						**9.4**				
Gestión de la información	**4.4**									
Inspecciones		5.5			**8.3**				12.3	
Gestión del conocimiento	**4.4**									
Adelantos y retrasos			**6.3**, 6.5, 6.6							
Reuniones	4.1, 4.2, 4.3, 4.5, 4.6, 4.7	5.1	6.1, 6.2, 6.4	7.1	8.1, 8.3	9.1, 9.2, 9.4	**10.1**, 10,2, 10.3	11.1, 11.2, 11.3, 11.6	12.1	13.1, 13.2, 13.3, 13.4

Tabla X6-1. Categorización e Índice de Herramientas y Técnicas *(cont.)*

Herramienta y Técnica	Área de Conocimiento[A]									
	Integración	Alcance	Cronograma	Costo	Calidad	Recursos	Comunicación	Riesgo	Adquisición	Interesado
Herramientas y Técnicas no Agrupadas *(cont.)*										
Teoría organizacional						**9.1**				
Estimación paramétrica			**6.4**	7.2		9.2				
Asignación previa						**9.3**				
Método de diagramación por precedencia			**6.3**							
Resolución de problemas					**8.2**	9.6				
Análisis del producto		**5.3**								
Sistema de Información para la dirección de proyectos	**4.3**		6.3, 6.5, 6.6	7.2, 7.4		9.2, 9.5, 9.6	10.2, 10.3	11.6		
Presentación de informes del proyecto					**8.2**					
Listas rápidas								**11.2**		
Prototipos		**5.2**								
Métodos de mejora de la calidad					**8.2**					
Reconocimiento y recompensas						**9.4**				
Representaciones de la incertidumbre								**11.4**		
Optimización de recursos			**6.5**, 6.6							
Categorización de riesgos								**11.3**		
Planificación gradual			**6.2**							

Herramienta y Técnica	Área de Conocimiento[A]									
	Integración	Alcance	Cronograma	Costo	Calidad	Recursos	Comunicación	Riesgo	Adquisición	Interesado
Herramientas y Técnicas no Agrupadas *(cont.)*										
Compresión del cronograma			**6.5**, 6.6							
Análisis de la red del cronograma			**6.5**							
Análisis de selección de proveedores									**12.1**	
Estrategias para oportunidades								**11.5**		
Estrategias para el riesgo general del proyecto								**11.5**		
Estrategias para amenazas								**11.5**		
Planificación de pruebas e inspección					**8.1**					
Pruebas/ evaluaciones de productos					**8.3**					
Estimación por tres valores			**6.4**	7.2						
Índice de desempeño del trabajo por completar				**7.4**						
Capacitación						**9.4**				
Equipos virtuales						**9.3**, 9.4				

[A] Las entradas en negrita indican los números de sección de los procesos donde se describe una herramienta o técnica.

GLOSARIO

1. INCLUSIONES Y EXCLUSIONES

Este glosario incluye términos que:

◆ Son propios o prácticamente propios, de la dirección de proyectos (por ejemplo, enunciado del alcance del proyecto, paquete de trabajo, estructura de desglose del trabajo, método de la ruta crítica).

◆ No son propios de la dirección de proyectos, pero se usan de una forma diferente o con un significado más concreto en este ámbito que en el uso cotidiano y general (por ejemplo, fecha de inicio temprana).

En general, este glosario no incluye:

◆ Términos específicos de un área de aplicación.

◆ Términos cuyo uso en la de dirección de proyectos no difiere en forma sustancial del uso diario (por ejemplo, día calendario, retraso).

◆ Términos compuestos cuyo significado se deduce claramente de la combinación de sus componentes.

◆ Variantes, cuando el significado de la variante se deduce claramente del término básico.

◆ Términos que se utilizan una única vez y que no son críticos para comprender el propósito de la oración. Esto puede incluir una lista de ejemplos que no tendría cada término definido en el Glosario.

2. SIGLAS COMUNES

AAC   actual cost / costo real

BAC   budget at completion / presupuesto hasta la conclusión

CCB   change control board / comité de control de cambios

COQ   cost of quality / costo de la calidad

CPAF   cost plus award fee / costo más honorarios por cumplimiento de objetivos

CPFF   cost plus fixed fee / costo más honorarios fijos

CPI   cost performance index / índice de desempeño del costo

CPIF   cost plus incentive fee / costo más honorarios con incentivos

CPM   critical path method / método de la ruta crítica

CV   cost variance / variación del costo

EAC   estimate at completion / estimación a la conclusión

EF   early finish date / fecha de finalización temprana

ES   early start date / fecha de inicio temprana

ETC   estimate to complete / estimación hasta la conclusión

EV   earned value / valor ganado

EVM   earned value management / gestión del valor ganado

FF   finish-to-finish / final a final

FFP   firm fixed price / precio fijo cerrado

FPEPA   fixed price with economic price adjustment / precio fijo con ajuste económico de precio

FPIF   fixed price incentive fee / precio fijo más honorarios con incentivos

FS   finish to start / final a inicio

IFB   invitation for bid / invitación a licitación

LF	late finish date / fecha de finalización tardía
LOE	level of effort / nivel de esfuerzo
LS	late start date / fecha de inicio tardía
OBS	organizational breakdown structure / estructura de desglose de la organización
PDM	precedence diagramming method / método de diagramación por precedencia
PMBOK	Project Management Body of Knowledge / fundamentos para la dirección de proyectos
PV	planned value / valor planificadoQFD quality function deployment / despliegue de función de calidad
RACI	responsible, accountable, consult, and inform / responsable, encargado, consultar e informar
RAM	responsibility assignment matrix / matriz de asignación de responsabilidades
RBS	risk breakdown structure / estructura de desglose de riesgos
RFI	request for information / solicitud de información
RFP	request for proposal / solicitud de propuesta
RFQ	request for quotation / solicitud de cotización
SF	start-to-finish / inicio a final
SOW	statement of work / enunciado del trabajo
SPI	schedule performance index / índice de desempeño del cronograma
SS	start-to-start / inicio a inicio
SV	schedule variance / variación del cronograma
SWOT	strengths, weaknesses, opportunities, and threats / debilidades, amenazas, fortalezas y oportunidades (DAFO)
T&M	time and material contract / contrato por tiempo y materiales
VAC	variance at completion / variación a la conclusión
WBS	work breakdown structure / estructura de desglose del trabajo (EDT)

3. DEFINICIONES

Muchas de las palabras definidas aquí tienen definiciones más amplias, y en algunos casos distintas, en el diccionario. En algunos casos, un único término del glosario consiste en varias palabras (p.ej., análisis de causa raíz).

Acción Correctiva / Corrective Action. Actividad intencional que realinea el desempeño del trabajo del proyecto con el plan para la dirección del proyecto.

Acción Preventiva / Preventive Action. Actividad intencional que asegura que el desempeño futuro del trabajo del proyecto esté alineado con el plan para la dirección del proyecto.

Aceptar el Riesgo / Risk Acceptance. Estrategia de respuesta a los riesgos según la cual el equipo del proyecto decide reconocer el riesgo y no tomar ninguna medida a menos que el riesgo ocurra.

Acta de Constitución / Charter. Véase *acta de constitución del proyecto*.

Acta de Constitución del Equipo / Team Charter. Documento que registra los valores, acuerdos y pautas operativas del equipo, estableciendo además expectativas claras con respecto al comportamiento aceptable de los miembros del equipo del proyecto.

Acta de Constitución del Proyecto / Project Charter. Documento emitido por el iniciador del proyecto o patrocinador, que autoriza formalmente la existencia de un proyecto y confiere al director de proyecto la autoridad para aplicar los recursos de la organización a las actividades del proyecto.

Actividad / Activity. Porción definida y planificada de trabajo ejecutado durante el curso de un proyecto.

Actividad de la Ruta Crítica / Critical Path Activity. Cualquier actividad que se encuentre en la ruta crítica de un cronograma del proyecto.

Actividad en el Nodo (AON) / Activity-on-Node (AON). Véase *método de diagramación por precedencia (PDM)*.

Actividad Predecesora / Predecessor Activity. Actividad que precede desde el punto de vista lógico a una actividad dependiente en un cronograma.

Actividad Resumen / Summary Activity. Grupo de actividades relacionadas en el cronograma, las cuales son acumuladas y mostradas como una única actividad.

Actividad Sucesora / Successor Activity. Actividad dependiente que lógicamente ocurre después de otra actividad en un cronograma.

Activos de los Procesos de la Organización / Organizational Process Assets. Planes, procesos, políticas, procedimientos y bases de conocimiento que son específicos de la organización ejecutante y que son utilizados por la misma.

Actualización / Update. Modificación de cualquier entregable, componente del plan para la dirección del proyecto o documento del proyecto que no está bajo el control formal de cambios.

Acuerdo de Nivel de Servicio (SLA) / Service Level Agreement (SLA). Contrato entre un proveedor de servicios (ya sea interno o externo) y el usuario final que define el nivel de servicio esperado de parte del proveedor de servicios.

Acuerdos / Agreements. Cualquier documento o comunicación que defina las intenciones iniciales de un proyecto. Puede adoptar la forma de un contrato, memorándum de entendimiento (MOU), cartas de acuerdo, acuerdos verbales, correo electrónico, etc.

Adaptar / Tailoring. Determinar la combinación adecuada de procesos, entradas, herramientas, técnicas, salidas y fases del ciclo de vida para dirigir un proyecto.

Adelanto / Lead. Cantidad de tiempo en la que una actividad sucesora se puede anticipar con respecto a una actividad predecesora.

Administración de Reclamaciones / Claims Administration. Proceso de procesar, resolver y comunicar las reclamaciones contractuales.

Adquirir Recursos / Acquire Resources. Proceso de obtener miembros del equipo, instalaciones, equipamiento, materiales, suministros y otros recursos necesarios para completar el trabajo del proyecto.

Adquisición / Acquisition. Obtener los recursos humanos y materiales necesarios para ejecutar las actividades del proyecto. La adquisición implica un costo de los recursos, y no es necesariamente financiero.

Alcance / Scope. Suma de productos, servicios y resultados a ser proporcionados como un proyecto. Véase también *alcance del proyecto* y *alcance del producto.*

Alcance del Producto / Product Scope. Características y funciones de un producto, servicio o resultado.

Alcance del Proyecto / Project Scope. Trabajo realizado para entregar un producto, servicio o resultado con las funciones y características especificadas.

Amenaza / Threat. Riesgo que tendría un efecto negativo sobre uno o más objetivos del proyecto.

Análisis Costo-Beneficio / Cost-Benefit Analysis. Herramienta de análisis financiero utilizada para determinar los beneficios proporcionados por un proyecto respecto a sus costos.

Análisis de Alternativas / Alternative Analysis. Técnica utilizada para evaluar las opciones identificadas a fin de seleccionar las opciones o enfoques a utilizar para ejecutar y llevar a cabo el trabajo del proyecto.

Análisis de Causa Raíz / Root Cause Analysis. Técnica analítica utilizada para determinar el motivo subyacente básico que causa una variación, un defecto o un riesgo. Más de una variación, defecto o riesgo pueden deberse a una causa raíz.

Análisis de decisiones con múltiples criterios / Multicriteria Decision Analysis. Esta técnica utiliza una matriz de decisiones para proporcionar un enfoque analítico sistemático para establecer criterios, tales como niveles de riesgo, incertidumbre y valoración, a fin de evaluar y clasificar muchas ideas.

Análisis de Escenarios "¿Qué pasa si...?" / What-If Scenario Analysis. Proceso que consiste en evaluar escenarios a fin de predecir su efecto sobre los objetivos del proyecto.

Análisis de Hacer o Comprar / Make-or-Buy Analysis. Proceso de recopilar y organizar datos acerca de los requisitos del producto y analizarlos frente a las alternativas disponibles, incluida la compra o fabricación interna del producto.

Análisis de Interesados / Stakeholder Analysis. Técnica que consiste en recopilar y analizar de manera sistemática información cuantitativa y cualitativa, a fin de determinar qué intereses particulares deben tenerse en cuenta a lo largo del proyecto.

Análisis de la Lista de Verificación / Checklist Analysis. Técnica para revisar sistemáticamente los materiales usando una lista para verificar su exactitud y completitud.

Análisis de la Red del Cronograma / Schedule Network Analysis. Técnica para identificar fechas de inicio tempranas y tardías, así como fechas de finalización tempranas y tardías, para las partes no completadas de actividades del proyecto.

Análisis de Regresión / Regression Analysis. Técnica analítica en la que una serie de variables de entrada se examinan en relación a sus correspondientes resultados de salida a fin de desarrollar una relación matemática o estadística.

Análisis de Requisitos de Comunicación / Communication Requirements Analysis. Técnica analítica para determinar las necesidades de información de los interesados del proyecto a través de entrevistas, talleres, estudio de lecciones aprendidas de proyectos anteriores, etc.

Análisis de Reserva / Reserve Analysis. Técnica analítica para determinar las características y relaciones esenciales de los componentes en el plan para la dirección del proyecto a fin de establecer una reserva para la duración del cronograma, el presupuesto, los costos estimados o los fondos para un proyecto.

Análisis de Sensibilidad / Sensitivity Analysis. Técnica de análisis para determinar qué riesgos individuales del proyecto u otras fuentes de incertidumbre tienen el mayor impacto posible sobre los resultados del proyecto, mediante la correlación de las variaciones en los resultados del proyecto con las variaciones en los elementos de un modelo cuantitativo de análisis de riesgo.

Análisis de Tendencias / Trend Analysis. Técnica analítica que utiliza modelos matemáticos para pronosticar resultados futuros basada en resultados históricos.

Análisis de Variación / Variance Analysis. Técnica para determinar la causa y el grado de diferencia entre la línea base y el desempeño real.

Análisis del Producto / Product Analysis. Para proyectos que tienen como entregable un producto, se trata de una herramienta para definir el alcance, la cual implica, por lo general, formular preguntas acerca de un producto y generar respuestas para describir el uso, las características y otros aspectos relevantes de lo que se va a fabricar.

Análisis FODA / SWOT Analysis. Análisis de Fortalezas, Oportunidades, Debilidades y Amenazas de una organización, proyecto u opción.

Análisis Mediante Árbol de Decisiones / Decision Tree Analysis. Técnica de diagramación y cálculo para evaluar las implicancias de una cadena de opciones múltiples en presencia de incertidumbre.

Apetito al Riesgo / Risk Appetite. Grado de incertidumbre que una organización o un individuo están dispuestos a aceptar con miras a una recompensa.

Aprendizaje Organizacional / Organizational Learning. Disciplina enfocada en la forma en que individuos, grupos y organizaciones desarrollan el conocimiento.

Área de Conocimiento de la Dirección de Proyectos / Project Management Knowledge Area. Área identificada de la dirección de proyectos definida por sus requisitos de conocimientos y que se describe en términos de sus procesos, prácticas, datos iniciales, resultados, herramientas y técnicas que los componen.

Atributos de la Actividad / Activity Attributes. Varios atributos asociados con cada actividad del cronograma que pueden incluirse dentro de la lista de actividades. Entre los atributos de la actividad se pueden mencionar códigos de la actividad, actividades predecesoras, actividades sucesoras, relaciones lógicas, adelantos y retrasos, requisitos de recursos, fechas impuestas, restricciones y supuestos.

Auditoría de los Riesgos / Risk Audit. Tipo de auditoría utilizada para considerar la efectividad del proceso de gestión de riesgos.

Auditorías de Calidad / Quality Audits. Una auditoría de calidad es un proceso estructurado e independiente para determinar si las actividades del proyecto cumplen con las políticas, los procesos y los procedimientos del proyecto y de la organización.

Auditorías de la Adquisición / Procurement Audits. Revisión de contratos y procesos contractuales en cuanto a su completitud, exactitud y efectividad.

Autoridad / Authority. Derecho de aplicar recursos al proyecto, gastar fondos, tomar decisiones u otorgar aprobaciones.

Base de las Estimaciones / Basis of Estimates. Documentación de apoyo que describe los detalles utilizados para establecer estimaciones del proyecto tales como supuestos, restricciones, nivel de detalle, rangos y niveles de confianza.

Calendario de Recursos / Resource Calendar. Calendario que identifica los días y turnos de trabajo en que cada recurso específico está disponible.

Calendario del Proyecto / Project Calendar. Calendario que identifica los días laborables y turnos de trabajo disponibles para las actividades del cronograma.

Calidad / Quality. Grado en el que un conjunto de características inherentes satisface los requisitos.

Cambio / Change. Modificación de cualquier entregable, componente del plan para la dirección del proyecto o documento del proyecto formalmente controlados.

Caso de Negocio / Business Case. Estudio de viabilidad económica documentado utilizado para establecer la validez de los beneficios de un componente seleccionado que carece de una definición suficiente y que se usa como base para la autorización de otras actividades de dirección del proyecto.

Categoría de Riesgo / Risk Category. Grupo de posibles causas de riesgo.

Categorización de Riesgos / Risk Categorization. Organización por fuentes de riesgo (p.ej., utilizando la RBS), por área del proyecto afectada (p.ej., utilizando la EDT/WBS) o por otra categoría útil (p.ej., fase del proyecto) a fin de determinar qué áreas del proyecto están más expuestas a los efectos de la incertidumbre.

Cerrar el Proyecto o Fase / Close Project or Phase. Proceso de finalizar todas las actividades para el proyecto, fase o contrato.

Ciclo de Vida / Life Cycle. Véase *ciclo de vida del proyecto.*

Ciclo de Vida Adaptativo / Adaptive Life Cycle. Ciclo de vida del proyecto que es iterativo o incremental.

Ciclo de Vida del Producto / Product Life Cycle. Serie de fases que representan la evolución de un producto, desde el concepto hasta la entrega, el crecimiento, la madurez y el retiro.

Ciclo de Vida del Proyecto / Project Life Cycle. Serie de fases que atraviesa un proyecto desde su inicio hasta su conclusión.

Ciclo de Vida Incremental / Incremental Life Cycle. Ciclo de vida adaptativo del proyecto donde el entregable se produce a través de una serie de iteraciones que sucesivamente añaden funcionalidad dentro de un marco de tiempo predeterminado. El entregable contiene la capacidad necesaria y suficiente para considerarse completo sólo después de la iteración final.

Ciclo de Vida Iterativo / Iterative Life Cycle. Ciclo de vida del proyecto donde el alcance del proyecto generalmente se determina tempranamente en el ciclo de vida del proyecto, pero las estimaciones de tiempo y costos se modifican periódicamente conforme aumenta la comprensión del producto por parte del equipo del proyecto. Las iteraciones desarrollan el producto a través de una serie de ciclos repetidos, mientras que los incrementos van añadiendo sucesivamente funcionalidad al producto.

Ciclo de Vida Predictivo / Predictive Life Cycle. Forma de ciclo de vida del proyecto en la cual el alcance, el tiempo y el costo del proyecto se determinan en las fases tempranas del ciclo de vida.

Código de Cuentas / Code of Accounts. Sistema de numeración que se utiliza para identificar de forma única cada uno de los componentes de la estructura de desglose del trabajo (WBS).

Colchón / Buffer. Véase *reserva para contingencias.*

Comité de Control de Cambios (CCB) / Change Control Board (CCB). Grupo formalmente constituido responsable de revisar, evaluar, aprobar, retrasar o rechazar los cambios en el proyecto, así como de registrar y comunicar dichas decisiones.

Compartir el Riesgo / Risk Sharing. Estrategia de respuesta a los riesgos según la cual el equipo del proyecto asigna la responsabilidad de una oportunidad a un tercero que está en las mejores condiciones de capturar el beneficio de esa oportunidad.

Componente de la Estructura de Desglose del Trabajo / Work Breakdown Structure Component. Entrada en la estructura de desglose del trabajo que puede estar en cualquier nivel.

Compresión del Cronograma / Schedule Compression. Técnica utilizada para acortar la duración del cronograma sin reducir el alcance del proyecto.

Conciliación del Límite de Financiamiento / Funding Limit Reconciliation. Proceso de comparar el gasto planificado de fondos del proyecto con cualquier límite sobre el desembolso de fondos para el proyecto a fin de identificar cualquier variación entre los límites de financiamiento y los gastos planificados.

Condición Disparadora / Trigger Condition. Evento o situación que indica que un riesgo está por ocurrir.

Conferencia de Oferentes / Bidder Conference. Reuniones con posibles vendedores previas a la preparación de una licitación o propuesta para asegurar que todos los posibles proveedores comprendan de manera clara y uniforme la necesidad de adquisición. También conocidas como conferencias de contratistas, conferencias de proveedores o conferencias previas a la licitación.

Conformidad / Conformance. Dentro del sistema de gestión de calidad, la conformidad es un concepto general de entregar resultados dentro de los límites que definen la variación aceptable para un requisito de calidad.

Conocimiento / Knowledge. Mezcla de experiencia, valores y creencias, información contextual, intuición y percepción que las personas utilizan para darle sentido a nuevas experiencias e información.

Conocimiento Explícito / Explicit Knowledge. Conocimiento que puede codificarse utilizando símbolos tales como palabras, números e imágenes.

Conocimiento Tácito / Tacit Knowledge. Conocimiento personal que puede ser difícil de articular y compartir tal como creencias, experiencia y percepciones.

Contingencia / Contingency. Evento o una ocurrencia que podría afectar la ejecución del proyecto y que puede tenerse en cuenta con una reserva.

Contrato / Contract. Un contrato es un acuerdo vinculante para las partes en virtud del cual el vendedor se obliga a proveer el producto, servicio o resultado especificado y el comprador a pagar por él.

Contrato de Costo Más Honorarios con Incentivos (CPIF) / Cost Plus Incentive Fee Contract (CPIF). Tipo de contrato de costos reembolsables en el que el comprador reembolsa al vendedor su costo permitido correspondiente (según se defina costo permitido en el contrato) y el vendedor obtiene sus ganancias si cumple los criterios de desempeño definidos.

Contrato de Costo Más Honorarios Fijos (CPFF) / Cost Plus Fixed Fee Contract (CPFF). Tipo de contrato de costos reembolsables en el que el comprador reembolsa al vendedor por su costo permitido correspondiente (según se defina costo permitido en el contrato) más una cantidad fija de ganancias (honorarios).

Contrato de Costo Más Honorarios por Cumplimiento de Objetivos (CPAF) / Cost Plus Award Fee Contract (CPAF). Categoría de contrato que implica efectuar pagos al vendedor por todos los costos legítimos y reales en que incurriera para completar el trabajo, más una bonificación que representa la ganancia del vendedor.

Contrato de Costo Reembolsable / Cost-Reimbursable Contract. Tipo de contrato que implica el pago al vendedor por los costos reales del proyecto, más un honorario que, por lo general, representa la ganancia del vendedor.

Contrato de Precio Fijo / Fixed-Price Contract. Acuerdo que fija los honorarios que se pagarán por un alcance definido del trabajo independientemente del costo o esfuerzo para entregarlo.

Contrato de Precio Fijo Cerrado (FFP) / Firm Fixed Price Contract (FFP). Tipo de contrato de precio fijo en el cual el comprador paga al vendedor un monto establecido (conforme lo defina el contrato), independientemente de los costos del vendedor.

Contrato de Precio Fijo con Ajuste Económico de Precio (FPEPA) / Fixed Price with Economic Price Adjustment Contract (FPEPA). Contrato de precio fijo, pero con una disposición especial que permite ajustes finales predefinidos al precio del contrato debido a cambios en las condiciones, tales como cambios inflacionarios o aumentos (o disminuciones) del costo de productos específicos.

Contrato de Precio Fijo Más Honorarios con Incentivos (FPIF) / Fixed Price Incentive Fee Contract (FPIF). Tipo de contrato en el cual el comprador paga al vendedor un monto establecido (conforme lo defina el contrato) y el vendedor puede ganar un monto adicional si cumple con los criterios de desempeño establecidos.

Contrato por Tiempo y Materiales (T&M) / Time and Material Contract (T&M). Tipo de contrato que es un acuerdo contractual híbrido, el cual contiene aspectos tanto de contratos de costos reembolsables como de contratos de precio fijo.

Control de Cambios / Change Control. Proceso por medio del cual se identifican, documentan, aprueban o rechazan las modificaciones de documentos, entregables o líneas base asociados con el proyecto.

Controlar / Control. Comparar el desempeño real con el desempeño planificado, analizar las variaciones, evaluar las tendencias para realizar mejoras en los procesos, evaluar las alternativas posibles y recomendar las acciones correctivas apropiadas según sea necesario.

Controlar el Alcance / Control Scope. Proceso en el cual se monitorea el estado del alcance del proyecto y del producto, y se gestionan cambios a la línea base del alcance.

Controlar el Cronograma / Control Schedule. Proceso de monitorear el estado del proyecto para actualizar el cronograma del proyecto y gestionar cambios a la línea base del cronograma.

Controlar la Calidad / Control Quality. Proceso de monitorear y registrar los resultados de la ejecución de las actividades de gestión de calidad, para evaluar el desempeño y asegurar que las salidas del proyecto sean completas, correctas y satisfagan las expectativas del cliente.

Controlar las Adquisiciones / Control Procurements. Proceso de gestionar las relaciones de adquisiciones, monitorear la ejecución de los contratos, efectuar cambios y correcciones, según corresponda, y cerrar los contratos.

Controlar los Costos / Control Costs. Proceso de monitorear el estado del proyecto para actualizar los costos del proyecto y gestionar cambios a la línea base de costos.

Controlar los Recursos / Control Resources. Proceso de asegurar que los recursos asignados y adjudicados al proyecto están disponibles tal como se planificó, así como de monitorear la utilización de recursos planificada frente a la real y realizar acciones correctivas según sea necesario.

Convergencia de Rutas / Path Convergence. Relación en la cual una actividad del cronograma tiene más de un predecesor.

Corrupción o Deslizamiento del Alcance / Scope Creep. Expansión no controlada del alcance del producto o proyecto sin ajustes de tiempo, costo y recursos.

Costo de la Calidad / Cost of Quality (CoQ). Todos los costos incurridos durante la vida del producto por inversión en la prevención de no conformidad con los requisitos, evaluación del producto o servicio en cuanto a su conformidad con los requisitos, e incumplimiento de los requisitos.

Costo Real (AC) / Actual Cost (AC). Costo real incurrido por el trabajo llevado a cabo en una actividad durante un período de tiempo específico.

Costos Agregados / Cost Aggregation. Suma de los costos estimados de nivel inferior asociados con los diversos paquetes de trabajo para un nivel dado dentro de la EDT/WBS del proyecto o para una cuenta de control de costos dada.

Coubicación / Colocation. Estrategia en la cual los miembros del equipo del proyecto se ubican físicamente cerca, para mejorar la comunicación, las relaciones laborales y la productividad.

Creación de Relaciones de Trabajo / Networking. Establecer vínculos y relaciones con otras personas de la misma organización o de otras organizaciones.

Crear la EDT (Estructura de Desglose de Trabajo WBS) / Create WBS. Proceso que consiste en subdividir los entregables del proyecto y el trabajo del proyecto en componentes más pequeños y más fáciles de manejar.

Criterios / Criteria. Estándares, reglas o pruebas en las que se puede basar un juicio o decisión o por medio de las cuales se puede evaluar un producto, servicio, resultado o proceso.

Criterios de Aceptación / Acceptance Criteria. Conjunto de condiciones que debe cumplirse antes de que se acepten los entregables.

Criterios de Selección de Proveedores / Source Selection Criteria. Conjunto de atributos requeridos por el comprador, los cuales debe satisfacer o superar a fin de ser seleccionado para un contrato.

Cronograma / Schedule. Véase *cronograma del proyecto y modelo de programación*.

Cronograma de Hitos / Milestone Schedule. Tipo de cronograma que presenta hitos con fechas planificadas. Véase también *cronograma maestro*.

Cronograma del Proyecto / Project Schedule. Salida de un modelo de programación que presenta actividades vinculadas con fechas planificadas, duraciones, hitos y recursos.

Cronograma Maestro / Master Schedule. Cronograma del proyecto resumido que identifica los principales entregables, componentes de la estructura de desglose del trabajo y los hitos clave del cronograma. Véase también *cronograma de hitos.*

Cuenta de Control / Control Account. Punto de control administrativo donde se integran el alcance, el presupuesto, el costo real y el cronograma, y se comparan con el valor ganado para la medición del desempeño.

Cuestionarios / Questionnaires. Conjuntos de preguntas escritas diseñadas para acumular información rápidamente, proveniente de un amplio número de encuestados.

Datos / Data. Mediciones discretas, no organizadas, sin procesar u observaciones crudas.

Datos de Desempeño del Trabajo / Work Performance Data. Observaciones y mediciones brutas identificadas durante las actividades ejecutadas para llevar a cabo el trabajo del proyecto.

Datos del Cronograma / Schedule Data. Conjunto de la información para describir y controlar el cronograma.

Decisiones de Hacer o Comprar / Make-or-Buy Decisions. Decisiones tomadas con respecto a la compra externa o la fabricación interna de un producto.

Defecto / Defect. Imperfección o deficiencia en un componente de un proyecto, que hace que dicho componente no cumpla con sus requisitos o especificaciones y deba ser reparado o reemplazado.

Definir el Alcance / Define Scope. Proceso de desarrollar una descripción detallada del proyecto y del producto.

Definir las Actividades / Define Activities. Proceso de identificar y documentar las acciones específicas que se deben realizar para elaborar los entregables del proyecto.

Dependencia / Dependency. Véase *relación lógica.*

Dependencia Discrecional / Discretionary Dependency. Relación establecida con base en el conocimiento de las mejores prácticas dentro de un área de aplicación particular o a un aspecto del proyecto donde se requiere una secuencia específica.

Dependencia Externa / External Dependency. Relación entre las actividades del proyecto y aquéllas que no pertenecen al proyecto.

Dependencia Obligatoria / Mandatory Dependency. Relación que es requerida por contrato o inherente a la naturaleza del trabajo.

Desarrollar el Acta de Constitución del Proyecto / Develop Project Charter. Proceso de desarrollar un documento que autoriza formalmente la existencia de un proyecto y confiere al director de proyecto la autoridad para aplicar los recursos de la organización a las actividades del proyecto.

Desarrollar el Cronograma / Develop Schedule. Proceso de analizar secuencias de actividades, duraciones, requisitos de recursos y restricciones del cronograma para crear el modelo del cronograma del proyecto para la ejecución, el monitoreo y el control del proyecto.

Desarrollar el Equipo / Develop Team. Proceso de mejorar las competencias, la interacción de los miembros del equipo y el ambiente general del equipo para lograr un mejor desempeño del proyecto.

Desarrollar el Plan para la Dirección del Proyecto / Develop Project Management Plan. Proceso de definir, preparar y coordinar todos los componentes del plan y consolidarlos en un plan integral para la dirección del proyecto.

Descomposición / Decomposition. Técnica utilizada para dividir y subdividir el alcance del proyecto y los entregables del proyecto en partes más pequeñas y manejables.

Descripción del Alcance del Producto / Product Scope Description. Descripción narrativa documentada del alcance del producto.

Determinar el Presupuesto / Determine Budget. Proceso de sumar los costos estimados de actividades individuales o paquetes de trabajo para establecer una línea base de costo autorizada.

Diagrama con Forma de Tornado / Tornado Diagram. Tipo especial de diagrama de barras utilizado en análisis de sensibilidad para comparar la importancia relativa de las variables.

Diagrama de Afinidad / Affinity Diagrams. Técnica que permite clasificar en grupos un gran número de ideas para su revisión y análisis.

Diagrama de Barras / Bar Chart. Representación gráfica de información relativa al cronograma. En el típico diagrama de barras, las actividades del cronograma o los componentes de la estructura de desglose del trabajo se listan de arriba hacia abajo en el lado izquierdo del diagrama, los datos se presentan en la parte superior y la duración de las actividades se muestra como barras horizontales ubicadas según fecha. Véase también *diagrama de Gantt.*

Diagrama de Control / Control Chart. Representación gráfica de los datos de un proceso a lo largo del tiempo y comparados con límites de control establecidos, que cuentan con una línea central que ayuda a detectar una tendencia de valores trazados con respecto a cualquiera de los límites de control.

Diagrama de Espina de Pescado / Fishbone diagram. Véase *diagrama de causa y efecto.*

Diagrama de Flujo / Flowchart. Representación en formato de diagrama de las entradas, acciones de proceso y salidas de uno o más procesos dentro de un sistema.

Diagrama de Gantt / Gantt Chart. Diagrama de barras con información del cronograma donde las actividades se enumeran en el eje vertical, las fechas se muestran en el eje horizontal y las duraciones de las actividades se muestran como barras horizontales colocadas según las fechas de inicio y finalización.

Diagrama de Influencias / Influence Diagram. Representación gráfica de situaciones que muestran las influencias causales, la cronología de eventos y otras relaciones entre las variables y los resultados.

Diagrama de Red del Cronograma del Proyecto / Project Schedule Network Diagram. Representación gráfica de las relaciones lógicas que existen entre las actividades del cronograma del proyecto.

Diagrama RACI / RACI Chart. Tipo común de matriz de asignación de responsabilidades que utiliza los estados responsable, encargado, consultar e informar (Responsible, Accountable, Consult, Inform) para definir la participación de los interesados en las actividades del proyecto.

Diagramas de Causa y Efecto / Cause and Effect Diagram. Técnica de descomposición que ayuda a rastrear un efecto no deseado hasta su causa raíz.

Diagramas de Contexto / Context Diagrams. Representación visual del alcance del producto que muestra un sistema empresarial (proceso, equipamiento, sistema informático, etc.) y cómo las personas y otros sistemas (actores) interactúan con él.

Diagramas Matriciales / Matrix Diagrams. Herramienta para la gestión y el control de la calidad utilizada para efectuar análisis de datos dentro de la estructura organizacional creada en la matriz. El diagrama matricial procura mostrar la solidez de las relaciones entre factores, causas y objetivos que existen entre las filas y columnas que conforman la matriz.

Diccionario de la EDT (WBS) / WBS Dictionary. Documento que proporciona información detallada sobre los entregables, actividades y planificación de cada componente de la estructura de desglose del trabajo.

Dirección de Portafolios / Portfolio Management. Gestión centralizada de uno o más portafolios a fin de alcanzar los objetivos estratégicos (también llamado cartera).

Dirección de Proyectos / Project Management. Aplicación de conocimientos, habilidades, herramientas y técnicas a actividades del proyecto para cumplir con los requisitos del proyecto.

Dirección del Programa / Program Management. Aplicación de conocimientos, habilidades y principios a un programa para alcanzar los objetivos del programa y obtener beneficios y control no disponibles cuando los componentes del programa se gestionan individualmente.

Director del Proyecto (PM) / Project Manager (PM). Persona nombrada por la organización ejecutante para liderar al equipo que es responsable de alcanzar los objetivos del proyecto.

Directorio del Equipo del Proyecto / Project Team Directory. Lista documentada de los miembros del equipo del proyecto, sus roles en el proyecto e información de su localización.

Dirigir al Equipo / Manage Team. Proceso que consiste en hacer seguimiento del desempeño de los miembros del equipo, proporcionar retroalimentación, resolver problemas y gestionar cambios en el equipo a fin de optimizar el desempeño del proyecto.

Dirigir y Gestionar el Trabajo del Proyecto / Direct and Manage Project Work. Proceso de liderar y llevar a cabo el trabajo definido en el plan para la dirección del proyecto e implementar los cambios aprobados para alcanzar los objetivos del proyecto.

Divergencia de Rutas / Path Divergence. Relación en la cual una actividad del cronograma tiene más de un sucesor.

Documentación de las Adquisiciones / Procurement Documentation. Todos los documentos utilizados para firmar, ejecutar y cerrar un acuerdo. La documentación de las adquisiciones puede incluir documentos anteriores al proyecto.

Documentación de Requisitos / Requirements Documentation. Descripción del modo en que los requisitos individuales cumplen con las necesidades de negocio del proyecto.

Documentos de las licitaciones / Bid Documents. Todos los documentos utilizados para solicitar información, cotizaciones o propuestas a posibles vendedores.

Documentos de Prueba y Evaluación / Test and Evaluation Documents. Documentos del proyecto que describen las actividades utilizadas para determinar si el producto cumple los objetivos de calidad establecidos en el plan de gestión de la calidad.

Dueño del Riesgo / Risk Owner. Persona responsable de monitorear los riesgos y de seleccionar e implementar una estrategia adecuada de respuesta a los riesgos.

Duración / Duration. Total de períodos de trabajo requeridos para completar una actividad o un componente de la estructura de desglose del trabajo, expresado en horas, días o semanas. *Compárese con esfuerzo.*

Duración de la Actividad / Activity Duration. Tiempo en unidades calendario entre el inicio y la finalización de una actividad del cronograma. Véase también *duración.*

Duración Real / Actual Duration. Tiempo en unidades calendario entre la fecha de inicio real de la actividad del cronograma y la fecha de los datos del cronograma del proyecto si la actividad del cronograma se está desarrollando o la fecha de finalización real si ya se ha completado la actividad del cronograma.

Efectuar las Adquisiciones / Conduct Procurements. Proceso de obtener respuestas de los proveedores, seleccionarlos y adjudicarles un contrato.

Ejecución Rápida / Fast Tracking. Técnica de compresión del cronograma en la que actividades o fases que normalmente se realizan en secuencia se llevan a cabo en paralelo al menos durante una parte de su duración.

Ejecutar / Execute. Dirigir, gestionar, realizar y llevar a cabo el trabajo del proyecto, proporcionar los entregables y brindar información sobre el desempeño del trabajo.

Elaboración Progresiva / Progressive Elaboration. Proceso iterativo de incrementar el nivel de detalle de un plan para la dirección del proyecto a medida que se cuenta con mayor cantidad de información y con estimaciones más precisas.

Enfoque de Desarrollo / Development Approach. Método utilizado para crear y desarrollar el producto, servicio o resultado durante el ciclo de vida del proyecto, tal como un método predictivo, iterativo, incremental, ágil o híbrido.

Entrada / Input. Elemento, interno o externo del proyecto requerido por un proceso antes de que dicho proceso continúe. Puede ser un resultado de un proceso predecesor.

Entregable / Deliverable. Cualquier producto, resultado o capacidad único y verificable para ejecutar un servicio que se debe producir para completar un proceso, una fase o un proyecto.

Entregables Aceptados / Accepted Deliverables. Productos, resultados o capacidades creados por un proyecto y validados por el cliente o los patrocinadores del proyecto que cumplen los criterios de aceptación especificados.

Entregables Verificados / Verified Deliverables. Entregables completados del proyecto que se han comprobado y confirmado como correctos a través del proceso Controlar la Calidad.

Entrevistas / Interviews. Manera formal o informal de obtener información de los interesados, a través de un diálogo directo con ellos.

Enunciado del Alcance del Proyecto / Project Scope Statement. Descripción del alcance, los entregables principales y las exclusiones del proyecto.

Enunciado del Trabajo (SOW) / Statement of Work (SOW). Descripción narrativa de los productos, servicios o resultados a ser entregados por el proyecto.

Enunciados del Trabajo Relativo a las Adquisiciones / Procurement Statement of Work. Describe el artículo que se planea adquirir con suficiente detalle como para permitir que los posibles vendedores determinen si están en condiciones de proporcionar los productos, servicios o resultados requeridos.

Equipo de Dirección del Proyecto / Project Management Team. Miembros del equipo del proyecto que participan directamente en las actividades de dirección del proyecto. Véase también *equipo del proyecto.*

Equipo del Proyecto / Project Team. Conjunto de individuos que respaldan al director del proyecto en la realización del trabajo del proyecto para alcanzar sus objetivos. Véase también *equipo de dirección del proyecto.*

Equipos Auto-Organizados / Self-Organizing Teams. Formación del equipo donde el equipo funciona en ausencia de control centralizado.

Equipos Virtuales / Virtual Teams. Grupos de personas que comparten una meta y cumplen sus roles dedicando poco o nada de tiempo para reunirse cara a cara.

Escalamiento del Riesgo / Risk Escalation. Estrategia de respuesta a los riesgos según la cual el equipo reconoce que un riesgo está fuera de su esfera de influencia y traslada la responsabilidad del riesgo a un nivel más alto de la organización donde se le gestiona de forma más efectiva.

Esfuerzo / Effort. Cantidad de unidades laborales necesarias para terminar una actividad del cronograma o un componente de la estructura de desglose del trabajo, generalmente expresado en horas, días o semanas de trabajo. *Compárese con duración.*

Esfuerzo Discreto / Discrete Effort. Actividad que puede planificarse y medirse y que genera una salida específica. [Nota: Esfuerzo discreto es uno de los tres tipos de actividades de gestión del valor ganado (EVM) utilizados para medir el desempeño del trabajo.]

Especificación / Specification. Enunciado preciso de las necesidades a ser satisfechas y las características esenciales requeridas.

Estabilización de Recursos / Resource Smoothing. Técnica de optimización de recursos en la cual se utilizan la holgura libre y total sin afectar la ruta crítica. Véase también *nivelación de recursos y técnica de optimización de recursos.*

Estándar / Standard. Documento establecido por una autoridad, costumbre o consenso como un modelo o ejemplo.

Estimación a la Conclusión (EAC) / Estimate at Completion (EAC). Costo total previsto para completar todo el trabajo, expresado como la suma del costo real a la fecha y la estimación hasta la conclusión.

Estimación Análoga / Analogous Estimating. Técnica para estimar la duración o el costo de una actividad o un proyecto utilizando datos históricos de una actividad o proyecto similar.

Estimación ascendente / Bottom-Up Estimating. Método de estimación de la duración o el costo del proyecto mediante la suma de las estimaciones de los componentes de nivel inferior en la estructura de desglose del trabajo (WBS).

Estimación de la Duración de la Actividad / Activity Duration Estimates. Evaluaciones cuantitativas del número probable de períodos de tiempo requeridos para completar una actividad.

Estimación Hasta la Conclusión (ETC) / Estimate to Complete (ETC). Costo previsto para terminar todo el trabajo restante del proyecto.

Estimación Paramétrica / Parametric Estimating. Técnica de estimación en la que se utiliza un algoritmo para calcular el costo o la duración con base en datos históricos y parámetros del proyecto.

Estimación por Tres Valores / Three-Point Estimating. Técnica utilizada para estimar el costo o la duración mediante la aplicación de un promedio o promedio ponderado de estimaciones optimistas, pesimistas y más probables, usado cuando existe incertidumbre con las estimaciones de las actividades individuales.

Estimaciones Independientes / Independent Estimates. Proceso donde participa un tercero a fin de obtener y analizar información para apoyar la predicción del costo, el cronograma u otros elementos.

Estimado / Estimate. Evaluación cuantitativa del monto o resultado probable de una variable, tal como costos del proyecto, recursos, esfuerzo o duraciones.

Estimar la Duración de las Actividades / Estimate Activity Durations. Proceso de realizar una estimación de la cantidad de períodos de trabajo necesarios para finalizar las actividades individuales con los recursos estimados.

Estimar los Costos / Estimate Costs. Proceso de desarrollar una aproximación de los recursos monetarios necesarios para completar el trabajo del proyecto.

Estimar los Recursos de las Actividades / Estimate Activity Resources. Proceso de estimar los recursos del equipo y el tipo y las cantidades de materiales, equipamiento y suministros necesarios para ejecutar el trabajo del proyecto.

Estrategia de las Adquisiciones / Procurement Strategy. Enfoque del comprador para determinar el método de entrega del proyecto y el tipo de acuerdo(s) legalmente vinculante(s) que debería utilizarse para obtener los resultados deseados.

Estrategias de Respuesta a Contingencias / Contingent Response Strategies. Respuestas proporcionadas que pueden utilizarse en caso de que ocurra un evento disparador específico.

Estructura de Desglose de la Organización (OBS) / Organizational Breakdown Structure (OBS). Representación jerárquica de la organización del proyecto que ilustra la relación entre las actividades del proyecto y las unidades de la organización que llevarán a cabo esas actividades.

Estructura de Desglose de Recursos / Resource Breakdown Structure. Representación jerárquica de los recursos por categoría y tipo.

Estructura de Desglose del Riesgo (RBS) / Risk Breakdown Structure (RBS). Representación jerárquica de las posibles fuentes de riesgos.

Estructura de Desglose del Trabajo (WBS/EDT) / Work Breakdown Structure (WBS). Descomposición jerárquica del alcance total del trabajo a ser realizado por el equipo del proyecto para cumplir con los objetivos del proyecto y crear los entregables requeridos.

Estudios Comparativos / Benchmarking. Comparación de prácticas, procesos y productos reales o planificados con los de organizaciones comparables a fin de identificar las mejores prácticas, generar ideas para mejorar y proporcionar una base para medir el desempeño.

Evaluación de Estilos de Comunicación / Communication Styles Assessment. Técnica para identificar el método, formato y contenido preferidos de la comunicación para los interesados durante las actividades de comunicación planificadas.

Evaluación de la Calidad de los Datos sobre Riesgos / Risk Data Quality Assessment. Técnica para evaluar el grado en que los datos sobre riesgos son útiles para la gestión de riesgos.

Evitar el Riesgo / Risk Avoidance. Estrategia de respuesta a los riesgos según la cual el equipo del proyecto actúa para eliminar la amenaza o proteger al proyecto de su impacto.

Exactitud / Accuracy. En el sistema de gestión de calidad, la exactitud es una evaluación de la corrección.

Explotación del Riesgo / Risk Exploiting. Estrategia de respuesta a los riesgos según la cual el equipo del proyecto actúa para garantizar la ocurrencia de una oportunidad.

Exposición al Riesgo / Risk Exposure. Medida acumulada del impacto potencial de todos los riesgos en cualquier momento dado de un proyecto, programa o portafolio.

Factores Ambientales de la Empresa / Enterprise Environmental Factors. Condiciones que no están bajo el control directo del equipo y que influyen, restringen o dirigen el proyecto, programa o portafolio.

Fase / Phase. Véase *fase del proyecto.*

Fase del Proyecto / Project Phase. Conjunto de actividades del proyecto relacionadas lógicamente que culmina con la finalización de uno o más entregables.

Fecha de Corte / Data Date. Momento en el tiempo en que se registra el estado del proyecto.

Fecha de Finalización / Finish Date. Un punto en el tiempo asociado con la conclusión de una actividad del cronograma. Habitualmente es calificada con una de las siguientes opciones: real, planificada, estimada, programada, temprana, tardía, línea base, objetivo o actual.

Fecha de Finalización Tardía (LF) / Late Finish Date (LF). En el método de la ruta crítica, punto en el tiempo más lejano posible en el cual las porciones no completadas de una actividad del cronograma pueden finalizar, sobre la base de la red del cronograma, los datos de fecha de conclusión del proyecto y cualquier restricción del cronograma.

Fecha de Finalización Temprana (EF) / Early Finish Date (EF). En el método de la ruta crítica, punto en el tiempo más cercano posible en el cual las porciones no completadas de una actividad del cronograma pueden finalizar, sobre la base de la red del cronograma, los datos de fecha y cualquier restricción del cronograma.

Fecha de Inicio / Start Date. Punto en el tiempo asociado con el inicio de una actividad del cronograma, usualmente calificada como: real, planificada, estimada, programada, temprana, tardía, objetivo, línea base o actual.

Fecha de Inicio Tardía (LS) / Late Start Date (LS). En el método de la ruta crítica, punto en el tiempo más lejano posible en el cual las porciones no completadas de una actividad del cronograma pueden comenzar, sobre la base de la lógica de la red del cronograma, los datos de fecha de conclusión del proyecto y cualquier restricción del cronograma.

Fecha de Inicio Temprana (ES) / Early Start Date (ES). En el método de la ruta crítica, punto en el tiempo más cercano posible en el cual las porciones no completadas de una actividad del cronograma pueden comenzar, sobre la base de la lógica de la red del cronograma, los datos de fecha y cualquier restricción del cronograma.

Fecha Impuesta / Imposed Date. Fecha fija impuesta sobre una actividad del cronograma, habitualmente expresada como una fecha que exige "comenzar después del" y "finalizar antes del".

Final a Final (FF) / Finish-to-Finish (FF). Relación lógica en la cual una actividad sucesora no puede finalizar hasta que haya concluido una actividad predecesora.

Final a Inicio (FS) / Finish-to-Start (FS). Relación lógica en la cual una actividad sucesora no puede comenzar hasta que haya concluido una actividad predecesora.

Fundamentos para la Dirección de Proyectos (PMBOK) / Project Management Body of Knowledge. Término que describe los conocimientos de la profesión de Dirección de Proyectos. Los fundamentos para la dirección de proyectos incluyen prácticas tradicionales comprobadas y ampliamente utilizadas, así como prácticas innovadoras emergentes para la profesión.

Gerente de Recursos / Resource Manager. Individuo con autoridad de dirección sobre uno o más recursos.

Gestión de la Calidad del Proyecto / Project Quality Management. La Gestión de la Calidad del Proyecto incluye los procesos para incorporar la política de calidad de la organización en cuanto a la planificación, gestión y control de los requisitos de calidad del proyecto y el producto, a fin de satisfacer las expectativas de los interesados.

Gestión de la Integración del Proyecto / Project Integration Management. La Gestión de la Integración del Proyecto incluye los procesos y actividades para identificar, definir, combinar, unificar y coordinar los diversos procesos y actividades de dirección del proyecto dentro de los Grupos de Procesos de la Dirección de Proyectos.

Gestión de las Adquisiciones del Proyecto / Project Procurement Management. La Gestión de las Adquisiciones del Proyecto incluye los procesos necesarios para comprar o adquirir productos, servicios o resultados que es preciso obtener fuera del equipo del proyecto.

Gestión de las Comunicaciones del Proyecto / Project Communications Management. Gestión de las Comunicaciones del Proyecto incluye los procesos requeridos para garantizar que la planificación, recopilación, creación, distribución, almacenamiento, recuperación, gestión, control, monitoreo y disposición final de la información del proyecto sean oportunos y adecuados.

Gestión de los Costos del Proyecto / Project Cost Management. La Gestión de los Costos del Proyecto incluye los procesos involucrados en planificar, estimar, presupuestar, financiar, obtener financiamiento, gestionar y controlar los costos de modo que se complete el proyecto dentro del presupuesto aprobado.

Gestión de los Interesados del Proyecto / Project Stakeholder Management. La Gestión de los Interesados del Proyecto incluye los procesos requeridos para identificar a las personas, grupos u organizaciones que pueden afectar o ser afectados por el proyecto, para analizar las expectativas de los interesados y su impacto en el proyecto, y para desarrollar estrategias de gestión adecuadas a fin de lograr la participación eficaz de los interesados en las decisiones y en la ejecución del proyecto.

Gestión de los Recursos del Proyecto / Project Resource Management. La Gestión de los Recursos del Proyecto incluye los procesos para identificar, adquirir y gestionar los recursos necesarios para la conclusión exitosa del proyecto.

Gestión de los Riesgos del Proyecto / Project Risk Management. La Gestión de los Riesgos del Proyecto incluye los procesos para llevar a cabo la planificación de la gestión, identificación, análisis, planificación de respuesta, implementación de respuesta y monitoreo de los riesgos de un proyecto.

Gestión del Alcance del Proyecto / Project Scope Management. La Gestión del Alcance del Proyecto incluye los procesos requeridos para garantizar que el proyecto incluye todo el trabajo requerido y únicamente el trabajo requerido para completar el proyecto con éxito.

Gestión del Cronograma del Proyecto / Project Schedule Management. La Gestión del Cronograma del Proyecto incluye los procesos requeridos para gestionar la terminación en plazo del proyecto.

Gestión del Valor Ganado / Earned Value Management. Metodología que combina medidas de alcance, cronograma y recursos para evaluar el desempeño y el avance del proyecto.

Gestionar el Conocimiento del Proyecto / Manage Project Knowledge. Proceso de utilizar el conocimiento existente y crear nuevo conocimiento para alcanzar los objetivos del proyecto y contribuir al aprendizaje de la organización.

Gestionar el Involucramiento de los Interesados / Manage Stakeholder Engagement. Proceso de comunicarse y trabajar con los interesados para satisfacer sus necesidades y expectativas, abordar los incidentes y fomentar la participación adecuada de los interesados.

Gestionar la Calidad / Manage Quality. Proceso de convertir el plan de gestión de la calidad en actividades ejecutables de calidad que incorporen al proyecto las políticas de calidad de la organización.

Gestionar las Comunicaciones / Manage Communications. Gestionar las Comunicaciones es el proceso de garantizar que la recopilación, creación, distribución, almacenamiento, recuperación, gestión, monitoreo y disposición final de la información del proyecto sean oportunos y adecuados.

Gobernanza del Proyecto / Project Governance. Marco, funciones y procesos que guían las actividades de dirección del proyecto a fin de crear un producto, servicio o resultado único para cumplir con las metas organizacionales, estratégicas y operativas.

Grado / Grade. Categoría o nivel que se utiliza para distinguir elementos que tienen el mismo uso funcional pero que no comparten los mismos requisitos de calidad.

Grupo de Procesos de Cierre / Closing Process Group. Proceso(s) llevado(s) a cabo para completar o cerrar formalmente un proyecto, fase o contrato.

Grupo de Procesos de Ejecución / Executing Process Group. Procesos realizados para completar el trabajo definido en el plan para la dirección del proyecto a fin de satisfacer los requisitos del proyecto.

Grupo de Procesos de Inicio / Initiating Process Group. Procesos realizados para definir un nuevo proyecto o nueva fase de un proyecto existente al obtener la autorización para iniciar el proyecto o fase.

Grupo de Procesos de la Dirección de Proyectos / Project Management Process Group. Agrupamiento lógico de las entradas, herramientas, técnicas y salidas relacionadas con la dirección de proyectos. Los Grupos de Procesos de la Dirección de Proyectos incluyen procesos de inicio, planificación, ejecución, monitoreo y control, y cierre. Los Grupos de Procesos de la Dirección de Proyectos no son fases del proyecto.

Grupo de Procesos de Monitoreo y Control / Monitoring and Controlling Process Group. Procesos requeridos para hacer seguimiento, analizar y regular el progreso y el desempeño del proyecto, para identificar áreas en las que el plan requiera cambios y para iniciar los cambios correspondientes.

Grupo de Procesos de Planificación / Planning Process Group. Procesos requeridos para establecer el alcance del proyecto, refinar los objetivos y definir el curso de acción requerido para alcanzar los objetivos propuestos del proyecto.

Grupos Focales / Focus Groups. Técnica de recolección de información que reúne a participantes precalificados y expertos en la materia para conocer sobre sus expectativas y actitudes con respecto a un producto, servicio o resultado propuesto.

Habilidades de Gestión / Management Skills. Capacidad para planificar, organizar, dirigir y controlar individuos o grupos de personas para alcanzar metas específicas.

Habilidades Interpersonales / Interpersonal Skills. Habilidades que se utilizan para establecer y mantener relaciones con otras personas.

Habilidades Interpersonales y de Equipo / Interpersonal and Team Skills. Habilidades que se utilizan para liderar e interactuar de manera efectiva con miembros del equipo y otros interesados.

Herramienta / Tool. Algo tangible, como una plantilla o un programa de software, utilizado al realizar una actividad para producir un producto o resultado.

Herramienta de Planificación / Scheduling Tool. Herramienta que proporciona nombres de componentes del cronograma, definiciones, relaciones estructurales y formatos que sustentan la aplicación de un método de planificación.

Herramientas de Control de Cambios / Change Control Tools. Herramientas manuales o automatizadas que ayudan en la gestión de cambios y o de la configuración. Como mínimo, las herramientas deben apoyar las actividades del CCB.

Histograma / Histogram. Diagrama de barras que muestra la representación gráfica de datos numéricos.

Histograma de Recursos / Resource Histogram. Diagrama de barras que muestra la cantidad de tiempo que un recurso está programado para trabajar durante una serie de períodos de tiempo.

Hito / Milestone. Punto o evento significativo dentro de un proyecto, programa o portafolio.

Hojas de Verificación / Checksheets. Hoja de anotaciones que puede utilizarse como lista de control cuando se recopilan datos.

Holgura / Float. También se denomina margen. Véase *holgura total* y *holgura libre*.

Holgura Libre / Free Float. Cantidad de tiempo que una actividad del cronograma puede demorarse sin retrasar la fecha de inicio temprana de ningún sucesor ni violar ninguna restricción del cronograma.

Holgura Total / Total Float. Cantidad de tiempo que una actividad del cronograma puede demorarse o extenderse respecto de su fecha de inicio temprana sin retrasar la fecha de finalización del proyecto ni violar ninguna restricción del cronograma.

Honorarios / Fee. Representan la ganancia como un componente de la compensación a un vendedor.

Honorarios con Incentivos / Incentive Fee. Conjunto de incentivos financieros asociados a los costos, cronograma o desempeño técnico del vendedor.

Identificar a los Interesados / Identify Stakeholders. Proceso de identificar periódicamente a los interesados del proyecto así como de analizar y documentar información relevante relativa a sus intereses, participación, interdependencias, influencia y posible impacto en el éxito del proyecto.

Identificar los Riesgos / Identify Risks. Proceso de identificar los riesgos individuales así como las fuentes de riesgo general y documentar sus características.

Implementar la Respuesta a los Riesgos / Implement Risk Responses. Proceso de implementar planes acordados de respuesta a los riesgos.

Incidente / Issue. Condición o situación actual que puede tener un impacto en los objetivos del proyecto.

Índice de Desempeño del Costo (CPI) / Cost Performance Index (CPI). Medida de eficiencia en función de los costos de los recursos presupuestados expresada como la razón entre el valor ganado y el costo real.

Índice de Desempeño del Cronograma (SPI) / Schedule Performance Index (SPI). Medida de eficiencia del cronograma que se expresa como la razón entre el valor ganado y el valor planificado.

Índice de Desempeño del Trabajo por Completar (TCPI) / To-Complete Performance Index (TCPI). Medida del desempeño del costo que se debe alcanzar con los recursos restantes a fin de cumplir con un objetivo de gestión especificado. Se expresa como la tasa entre el costo para culminar el trabajo pendiente y el presupuesto restante.

Información / Information. Datos organizados o estructurados, procesados con un fin específico para hacerlos significativos, valiosos y útiles en contextos específicos.

Información de Desempeño del Trabajo / Work Performance Information. Datos de desempeño recopilados en los procesos de control, analizados en comparación con los componentes del plan para la dirección del proyecto, los documentos del proyecto y otra información de desempeño del trabajo.

Información Histórica / Historical Information. Documentos y datos sobre proyectos anteriores, que incluyen archivos de proyectos, registros, correspondencias, contratos completados y proyectos cerrados.

Informe de Calidad / Quality Report. Documento del proyecto que incluye asuntos relacionados con la gestión de la calidad, recomendaciones de acciones correctivas y un resumen de hallazgos de las actividades de control de calidad, y que puede incluir recomendaciones para la mejora de procesos, proyectos y productos.

Informe de Riesgos / Risk Report. Documento del proyecto, desarrollado progresivamente a lo largo de los procesos de Gestión de los Riesgos del Proyecto, que resume la información sobre los riesgos individuales del proyecto y el nivel de riesgo general del proyecto.

Informes de Desempeño del Trabajo / Work Performance Reports. Representación física o electrónica de la información sobre el desempeño del trabajo compilada en documentos del proyecto, destinada a generar decisiones, acciones o conciencia.

Iniciación del Proyecto / Project Initiation. Lanzamiento de un proceso que puede resultar en la autorización de un nuevo proyecto.

Inicio a Final (SF) / Start-to-Finish (SF). Relación lógica en la cual una actividad sucesora no puede finalizar hasta que haya comenzado una actividad predecesora.

Inicio a Inicio (SS) / Start-to-Start (SS). Relación lógica en la cual una actividad sucesora no puede comenzar hasta que haya comenzado una actividad predecesora.

Inspección / Inspection. Examen de un producto de trabajo para determinar si se ajusta a los estándares documentados.

Inteligencia Emocional / Emotional Intelligence. Habilidad para identificar, evaluar y manejar las emociones personales de uno mismo y las de otras personas, así como las emociones colectivas de grupos de personas.

Intensificación / Crashing. Técnica utilizada para acortar la duración del cronograma con el menor incremento de costo mediante la adición de recursos.

Interesado / Stakeholder. Individuo, grupo u organización que puede afectar, verse afectado o percibirse a sí mismo como afectado por una decisión, actividad o resultado de un proyecto, programa o portafolio.

Invitación a Licitación (IFB) / Invitation for Bid (IFB). Generalmente, este término es equivalente a solicitud de propuesta. No obstante, en algunas áreas de aplicación, es posible que tenga una acepción más concreta o más específica.

Juicio de Expertos / Expert Judgment. Juicio que se brinda sobre la base de la experiencia en un área de aplicación, área de conocimiento, disciplina, industria, etc., según resulte apropiado para la actividad que se está ejecutando. Dicha experiencia puede ser proporcionada por cualquier grupo o persona con educación, conocimiento, habilidad, experiencia o capacitación especializada.

Lecciones Aprendidas / Lessons Learned. Conocimiento adquirido durante un proyecto que muestra cómo se abordaron o deberían abordarse en el futuro los eventos del proyecto, a fin de mejorar el desempeño futuro.

Límites de Control / Control Limits. Área compuesta por tres desviaciones estándar a cada lado de la línea central o promedio, de una distribución de datos normal trazada en un diagrama de control que refleja la variación prevista de los datos. Véase también *límites de las especificaciones.*

Límites de las Especificaciones / Specification Limits. Área a cada lado de la línea central o media de datos trazados en un diagrama de control que cumple con los requisitos del cliente para un producto o servicio. Esta área puede ser mayor o menor que el área definida por los límites de control. Véase también *límites de control.*

Línea Base / Baseline. Versión aprobada de un producto de trabajo que sólo puede cambiarse mediante procedimientos formales de control de cambios y que se usa como base de comparación con los resultados reales.

Línea Base de Costos / Cost Baseline. Versión aprobada del presupuesto del proyecto con fases de tiempo, excluida cualquier reserva de gestión, la cual sólo puede cambiarse a través de procedimientos formales de control de cambios y se utiliza como base de comparación con los resultados reales.

Línea Base del Alcance / Scope Baseline. Versión aprobada de un enunciado del alcance, estructura de desglose del trabajo (EDT/WBS) y su diccionario de la EDT/WBS asociado, que puede cambiarse utilizando procedimientos formales de control de cambios y que se utiliza como una base de comparación con los resultados reales.

Línea Base del Cronograma / Schedule Baseline. Versión aprobada de un modelo de programación que puede cambiarse usando procedimientos formales de control de cambios y que se utiliza como base de comparación con los resultados reales.

Línea Base para la Medición del Desempeño (PMB) / Performance Measurement Baseline (PMB). Líneas base del alcance, cronograma y costos integradas, utilizadas para comparación, a fin de gestionar, medir y controlar la ejecución del proyecto.

Lista de Actividades / Activity List. Tabla documentada de las actividades del cronograma que muestra la descripción de la actividad, su identificador y una descripción suficientemente detallada del alcance del trabajo para que los miembros del equipo del proyecto comprendan cuál es el trabajo que deben realizar.

Listas de Verificación de Calidad / Quality Checklists. Herramienta estructurada utilizada para verificar que se haya llevado a cabo un conjunto de pasos necesarios.

Lógica de la Red / Network Logic. Todas las dependencias de las actividades en un diagrama de red del cronograma del proyecto.

Mapeo Mental / Mind-Mapping. Técnica utilizada para consolidar las ideas que surgen durante sesiones individuales de tormenta de ideas en un esquema único para reflejar los puntos en común y las diferencias de entendimiento y así generar nuevas ideas.

Matriz de Asignación de Responsabilidades (RAM) / Responsibility Assignment Matrix (RAM). Cuadrícula que muestra los recursos del proyecto asignados a cada paquete de trabajo.

Matriz de Evaluación del Involucramiento de los Interesados / Stakeholder Engagement Assessment Matrix. Matriz que compara los niveles de participación actual y deseado de los interesados.

Matriz de Probabilidad e Impacto / Probability and Impact Matrix. Cuadrícula para mapear la probabilidad de ocurrencia de cada riesgo y su impacto sobre los objetivos del proyecto en caso de que ocurra dicho riesgo.

Matriz de Trazabilidad de Requisitos / Requirements Traceability Matrix. Cuadrícula que vincula los requisitos del producto desde su origen hasta los entregables que los satisfacen.

Mediciones de Control de Calidad / Quality Control Measurements. Resultados documentados de las actividades de controlar la calidad.

Mejora del Riesgo / Risk Enhancement. Estrategia de respuesta a los riesgos según la cual el equipo del proyecto actúa para incrementar la probabilidad de ocurrencia o impacto de una oportunidad.

Método de Diagramación por Precedencia (PDM) / Precedence Diagramming Method (PDM). Técnica utilizada para construir un modelo de programación en el cual las actividades se representan mediante nodos y se vinculan gráficamente mediante una o más relaciones lógicas para indicar la secuencia en que deben ser ejecutadas.

Método de la Ruta Crítica (CPM) / Critical Path Method (CPM). Método utilizado para estimar la mínima duración del proyecto y determinar el nivel de flexibilidad en la programación de los caminos de red lógicos dentro del cronograma.

Metodología / Methodology. Sistema de prácticas, técnicas, procedimientos y normas utilizado por quienes trabajan en una disciplina.

Métodos de Comunicación / Communication Methods. Procedimiento, técnica o proceso sistemático utilizado para transferir información entre los interesados del proyecto.

Métricas de Calidad / Quality Metrics. Descripción de un atributo del proyecto o del producto y de la manera en que se mide dicho atributo.

Mitigar el Riesgo / Risk Mitigation. Estrategia de respuesta a los riesgos según la cual el equipo del proyecto actúa para disminuir la probabilidad de ocurrencia o impacto de una amenaza.

Modelo de Programación / Schedule Model. Representación del plan para ejecutar las actividades del proyecto que incluye duraciones, dependencias y demás información de planificación, utilizada para generar un cronograma del proyecto junto con otros objetos de planificación.

Modelos de Comunicación / Communication Models. Descripción, analogía o esquema utilizado para representar cómo se llevará a cabo el proceso de comunicación del proyecto.

Monitorear / Monitor. Recolectar datos de desempeño del proyecto, producir medidas de desempeño e informar y difundir la información sobre el desempeño.

Monitorear el Involucramiento de los Interesados / Monitor Stakeholder Engagement. Proceso de monitorear las relaciones de los interesados del proyecto y adaptar las estrategias para involucrar a los interesados, a través de la modificación de las estrategias y los planes de involucramiento.

Monitorear las Comunicaciones / Monitor Communications. Proceso de asegurar que se satisfagan las necesidades de información del proyecto y de sus interesados.

Monitorear los Riesgos / Monitor Risks. Proceso de monitorear la implementación de los planes acordados de respuesta a los riesgos, hacer seguimiento a los riesgos identificados, identificar y analizar nuevos riesgos y evaluar la efectividad del proceso de gestión de los riesgos a lo largo del proyecto.

Monitorear y Controlar el Trabajo del Proyecto / Monitor and Control Project Work. Proceso de hacer seguimiento, revisar e informar el avance general a fin de cumplir con los objetivos de desempeño definidos en el plan para la dirección del proyecto.

Muestreo Estadístico / Statistical Sampling. Mecanismo que permite elegir una parte de una población de interés para su inspección.

Muestreo por Atributos / Attribute Sampling. Método para medir la calidad que consiste en observar la presencia (o ausencia) de alguna característica (atributo) en cada una de las unidades bajo consideración.

Nivel de Esfuerzo (LOE) / Level of Effort (LOE). Actividad que no produce productos finales definitivos y que se mide con el paso del tiempo.

Nivelación de Recursos / Resource Leveling. Técnica de optimización de recursos en la que se hacen ajustes al cronograma del proyecto para optimizar la asignación de recursos y que puede afectar la ruta crítica. Véase también *técnica de optimización de recursos y estabilización de recursos.*

Nodo / Node. Un punto en un diagrama de red del cronograma en el cual se conectan las líneas de dependencia.

Objetivo / Objective. Una meta hacia la cual se debe dirigir el trabajo, una posición estratégica que se quiere lograr, un fin que se desea alcanzar, un resultado a obtener, un producto a producir o un servicio a prestar.

Oficina de Dirección de Proyectos (PMO) / Project Management Office (PMO). Estructura de gestión que estandariza los procesos de gobernanza relacionados con el proyecto y facilita el intercambio de recursos, metodologías, herramientas y técnicas.

Oportunidad / Opportunity. Riesgo que tendría un efecto positivo sobre uno o más objetivos del proyecto.

Organigrama del Proyecto / Project Organization Chart. Documento que representa gráficamente a los miembros del equipo del proyecto y sus interrelaciones para un proyecto específico.

Organización Funcional / Functional Organization. Estructura de la organización en la que el personal se agrupa por áreas de especialización y el director del proyecto tiene autoridad limitada para asignar trabajo y aplicar recursos.

Organización Matricial / Matrix Organization. Estructura organizativa en la que el director del proyecto comparte responsabilidad con los gerentes funcionales para asignar prioridades y para dirigir el trabajo de las personas asignadas al proyecto.

Organización Patrocinadora / Sponsoring Organization. Entidad responsable de proporcionar el patrocinador del proyecto y el medio para su financiamiento, así como otros recursos del proyecto.

Paquete de Planificación / Planning Package. Componente de la estructura de desglose del trabajo bajo la cuenta de control con contenido de trabajo conocido pero sin actividades detalladas en el cronograma. Véase también *cuenta de control.*

Paquete de Trabajo / Work Package. Trabajo definido en el nivel más bajo de la estructura de desglose del trabajo para el cual se estiman y gestionan el costo y la duración.

Patrocinador / Sponsor. Persona o grupo que provee recursos y apoyo para el proyecto, programa o portafolio y que es responsable de facilitar su éxito.

Plan de Contingencia / Fallback Plan. Conjunto alternativo de acciones y tareas disponibles en caso de que el plan principal deba ser abandonado debido a incidentes, riesgos u otras causas.

Plan de Gestión de Beneficios / Benefits Management Plan. Explicación documentada que define los procesos para crear, maximizar y mantener los beneficios proporcionados por un proyecto o programa.

Plan de Gestión de Cambios / Change Management Plan. Componente del plan para la dirección del proyecto que establece el comité de control de cambios, documenta su grado de autoridad y describe cómo se ha de implementar el sistema de control de cambios.

Plan de Gestión de la Calidad / Quality Management Plan. Componente del plan para la dirección del proyecto o programa que describe cómo se implementarán las políticas, procedimientos y pautas aplicables para alcanzar los objetivos de calidad.

Plan de Gestión de la Configuración / Configuration Management Plan. Componente del plan para la dirección del proyecto que describe cómo identificar y tener en cuenta objetos del proyecto bajo control de configuración y cómo registrar e informar los cambios en los mismos.

Plan de Gestión de las Adquisiciones / Procurement Management Plan. Componente del plan para la dirección del proyecto o programa que describe cómo un equipo de proyecto adquirirá bienes y servicios desde fuera de la organización ejecutante.

Plan de Gestión de las Comunicaciones / Communications Management Plan. Componente del plan para la dirección del proyecto, programa o portafolio que describe cómo, cuándo y por medio de quién se administrará y difundirá la información del proyecto.

Plan de Gestión de los Costos / Cost Management Plan. Componente del plan para la dirección del proyecto o programa que describe la forma en que los costos serán planificados, estructurados y controlados.

Plan de Gestión de los Recursos / Resource Management Plan. Componente del plan para la dirección del proyecto que describe cómo se adquieren, asignan, monitorean y controlan los recursos del proyecto.

Plan de Gestión de los Requisitos / Requirements Management Plan. Componente del plan para la dirección de un proyecto o programa que describe cómo serán analizados, documentados y gestionados los requisitos.

Plan de Gestión de los Riesgos / Risk Management Plan. Componente del plan para la dirección del proyecto, programa o portafolio que describe el modo en que las actividades de gestión de riesgos serán estructuradas y llevadas a cabo.

Plan de Gestión del Cronograma / Schedule Management Plan. Componente del plan para la dirección del proyecto o programa que establece los criterios y las actividades para desarrollar, monitorear y controlar el cronograma.

Plan de Involucramiento de los Interesados / Stakeholder Engagement Plan. Componente del plan para la dirección del proyecto que identifica las estrategias y acciones requeridas para promover el involucramiento productivo de los interesados en la toma de decisiones y la ejecución del proyecto o programa.

Plan para la Dirección del Equipo / Team Management Plan. Componente del plan de gestión de los recursos que describe cuándo y el modo en que serán adquiridos los miembros del equipo y por cuánto tiempo serán requeridos.

Plan para la Dirección del Proyecto / Project Management Plan. Documento que describe el modo en que el proyecto será ejecutado, monitoreado y controlado, y cerrado.

Plan para la Gestión del Alcance del Proyecto / Scope Management Plan. Componente del plan para la dirección del proyecto o programa que describe el modo en que el alcance será definido, desarrollado, monitoreado, controlado y validado.

Planificación Gradual / Rolling Wave Planning. Técnica de planificación iterativa en la cual el trabajo a realizar a corto plazo se planifica en detalle, mientras que el trabajo futuro se planifica a un nivel superior.

Planificar el Involucramiento de los Interesados / Plan Stakeholder Engagement. Proceso de desarrollar enfoques para involucrar a los interesados del proyecto, con base en sus necesidades, expectativas, intereses y el posible impacto en el proyecto.

Planificar la Gestión de la Calidad / Plan Quality Management. Proceso de identificar los requisitos y/o estándares de calidad para el proyecto y sus entregables, así como de documentar cómo el proyecto demostrará el cumplimiento con los mismos.

Planificar la Gestión de las Adquisiciones del Proyecto / Plan Procurement Management. Proceso de documentar las decisiones de adquisiciones del proyecto; especificar el enfoque e identificar a los proveedores potenciales.

Planificar la Gestión de las Comunicaciones / Plan Communications Management. Proceso de desarrollar un enfoque y un plan apropiados para las actividades de comunicación del proyecto con base en las necesidades de información de cada interesado o grupo, en los activos de la organización disponibles y en las necesidades del proyecto.

Planificar la Gestión de los Costos / Plan Cost Management. Proceso de definir cómo se han de estimar, presupuestar, gestionar, monitorear y controlar los costos del proyecto.

Planificar la Gestión de los Riesgos / Plan Risk Management. Proceso de definir cómo realizar las actividades de gestión de riesgos de un proyecto.

Planificar la Gestión de Recursos / Plan Resource Management. Proceso de definir cómo estimar, adquirir, gestionar y utilizar los recursos físicos y del equipo.

Planificar la Gestión del Alcance / Plan Scope Management. Proceso de crear un plan para la gestión del alcance que documente cómo serán definidos, validados y controlados el alcance del proyecto y del producto.

Planificar la Gestión del Cronograma / Plan Schedule Management. Proceso de establecer las políticas, los procedimientos y la documentación para planificar, desarrollar, gestionar, ejecutar y controlar el cronograma del proyecto.

Planificar la Respuesta a los Riesgos / Plan Risk Responses. Proceso de desarrollar opciones, seleccionar estrategias y acordar acciones para abordar la exposición al riesgo del proyecto en general, así como para tratar los riesgos individuales del proyecto.

Plantillas / Templates. Documento parcialmente completo en un formato preestablecido, que proporciona una estructura definida para recopilar, organizar y presentar información y datos.

Pluralidad / Plurality. Decisiones tomadas por el bloque más grande de un grupo, aun cuando no se alcance una mayoría.

Política / Policy. Patrón estructurado de acciones adoptado por una organización de modo que la política de la organización puede explicarse como un conjunto de principios básicos que rigen la conducta de la organización.

Política de Calidad / Quality Policy. Política específica del Área de Conocimiento de Gestión de la Calidad del Proyecto que establece los principios básicos que deberían regir las acciones de la organización al implementar su sistema de gestión de calidad.

Porcentaje Completado / Percent Complete. Estimación expresada como un porcentaje de la cantidad de trabajo que se ha terminado de una actividad o un componente de la estructura de desglose del trabajo.

Portafolio / Portfolio. Proyectos, programas, portafolios secundarios y operaciones gestionados como un grupo para alcanzar los objetivos estratégicos.

Práctica / Practice. Tipo específico de actividad profesional o de gestión que contribuye a la ejecución de un proceso y que puede emplear una o más técnicas y herramientas.

Presupuesto / Budget. Estimación aprobada para el proyecto o cualquier componente de la estructura de desglose del trabajo o cualquier actividad del cronograma.

Presupuesto hasta la Conclusión (BAC) / Budget at Completion (BAC). Suma de todos los presupuestos establecidos para el trabajo a ser realizado.

Procedimiento / Procedure. Método establecido para alcanzar un desempeño o resultado consistentes; un procedimiento típicamente se puede describir como la secuencia de pasos que se utilizará para ejecutar un proceso.

Proceso / Process. Serie sistemática de actividades dirigidas a producir un resultado final de forma tal que se actuará sobre una o más entradas para crear una o más salidas.

Producto / Product. Objeto producido, cuantificable y que puede ser un elemento terminado o un componente. Otras palabras para hacer referencia a los productos son materiales y bienes. Véase también *entregable*.

Programa / Program. Proyectos, programas secundarios y actividades de programas relacionados cuya gestión se realiza de manera coordinada para obtener beneficios que no se obtendrían si se gestionaran en forma individual.

Pronóstico / Forecast. Estimación o predicción de condiciones y eventos futuros para el proyecto, basada en la información y el conocimiento disponibles en el momento de realizar el pronóstico.

Pronósticos del Cronograma / Schedule Forecasts. Estimaciones o predicciones de condiciones y eventos en el futuro del proyecto, basadas en la información y el conocimiento disponibles en el momento de calcular el cronograma.

Propuestas de los Vendedores / Seller Proposals. Respuestas formales de vendedores a una solicitud de propuesta u otro documento de adquisición especificando el precio, los términos comerciales de la venta y las especificaciones técnicas o capacidades que el vendedor realizará para la organización solicitante que en caso de ser aceptadas obligarán al vendedor a ejecutar el acuerdo resultante.

Prototipos / Prototypes. Método para obtener una retroalimentación temprana respecto de los requisitos, proporcionando un modelo operativo del producto esperado antes de construirlo realmente.

Proyecto / Project. Esfuerzo temporal que se lleva a cabo para crear un producto, servicio o resultado único.

Realizar el Análisis Cualitativo de Riesgos / Perform Qualitative Risk Analysis. Proceso de priorizar los riesgos individuales del proyecto para análisis o acción posterior, evaluando la probabilidad de ocurrencia e impacto de dichos riesgos, así como otras características.

Realizar el Análisis Cuantitativo de Riesgos / Perform Quantitative Risk Analysis. Proceso de analizar numéricamente el efecto combinado de los riesgos individuales del proyecto identificados y otras fuentes de incertidumbre sobre los objetivos generales del proyecto.

Realizar el Control Integrado de Cambios / Perform Integrated Change Control. Proceso de revisar todas las solicitudes de cambio; aprobar y gestionar cambios a entregables, activos de los procesos de la organización, documentos del proyecto y al plan de dirección del proyecto; y comunicar las decisiones.

Reclamación / Claim. Solicitud, demanda o declaración de derechos realizada por un vendedor con respecto a un comprador, o viceversa, para su consideración, compensación o pago en virtud de los términos de un contrato legalmente vinculante, como puede ser el caso de un cambio que es objeto de disputa.

Recopilar Requisitos / Collect Requirements. Proceso de determinar, documentar y gestionar las necesidades y los requisitos de los interesados para cumplir con los objetivos del proyecto.

Recorrido Hacia Atrás / Backward Pass. Técnica del método de la ruta crítica para calcular las fechas de inicio y finalización tardía mediante un recorrido hacia atrás a través del modelo de programación a partir de la fecha de finalización del proyecto.

Recorrido Hacia Delante / Forward Pass. Técnica del método de la ruta crítica para calcular las fechas de inicio y finalización tempranas mediante un recorrido hacia delante a través del cronograma a partir de la fecha de inicio del proyecto o de un momento determinado en el tiempo.

Recurso / Resource. Miembro del equipo o cualquier elemento físico necesario para completar el proyecto.

Red / Network. Véase *diagrama de red de cronograma del proyecto.*

Registro / Log. Documento que se utiliza para registrar y describir o indicar los elementos seleccionados identificados durante la ejecución de un proceso o actividad. Habitualmente se utiliza con un modificador, tal como de incidentes, de cambios o de supuestos.

Registro de Cambios / Change Log. Lista completa de los cambios presentados durante el proyecto y su estado actual.

Registro de Incidentes / Issue Log. Documento del proyecto donde se registra y monitorea información sobre los incidentes.

Registro de Interesados / Stakeholder Register. Documento que incluye la identificación, evaluación y clasificación de los interesados del proyecto.

Registro de Lecciones Aprendidas / Lessons Learned Register. Documento del proyecto que se utiliza para registrar el conocimiento adquirido durante un proyecto de modo que pueda ser empleado en el proyecto actual e ingresado al repositorio de lecciones aprendidas.

Registro de Riesgos / Risk Register. Repositorio en el cual se registran las salidas de los procesos de gestión de riesgos.

Registro de Supuestos / Assumption Log. Documento del proyecto utilizado para registrar todos los supuestos y restricciones a lo largo del ciclo de vida del proyecto.

Reglas Básicas / Ground Rules. Acuerdo del equipo con respecto al comportamiento aceptable de los miembros del equipo del proyecto.

Regulación / Regulations. Requisitos impuestos por una entidad gubernamental. Estos requisitos pueden establecer las características del producto, del proceso o del servicio (incluidas las disposiciones administrativas aplicables) que son de cumplimiento obligado, exigido por el gobierno.

Relación de Precedencia / Precedence Relationship. Dependencia lógica usada en el método de diagramación por precedencia.

Relación Lógica / Logical Relationship. Dependencia entre dos actividades, o entre una actividad y un hito.

Reparación de Defectos / Defect Repair. Actividad intencional para modificar una no conformidad de un producto o de alguno de sus componentes.

Repositorio de Lecciones Aprendidas / Lessons Learned Repository. Archivo de información histórica de las lecciones aprendidas en los proyectos.

Requisito / Requirement. Condición o capacidad que debe estar presente en un producto, servicio o resultado para satisfacer una necesidad de negocio.

Requisito de Calidad / Quality Requirement. Condición o capacidad que se utilizará para evaluar la conformidad mediante la validación de la aceptabilidad de un atributo como indicativo de la calidad de un resultado.

Requisitos de Financiamiento del Proyecto / Project Funding Requirements. Pronóstico de los costos del proyecto a ser pagados que se derivan de la línea base de costo para los requisitos totales o periódicos, incluidos los gastos proyectados más las deudas anticipadas.

Requisitos de Recursos / Resource Requirements. Tipos y cantidades de recursos requeridos para cada actividad en un paquete de trabajo.

Reserva / Reserve. Provisión de fondos en el plan para la dirección del proyecto para mitigar riesgos del cronograma y/o costos. Se utiliza a menudo con un modificador (p.ej., reserva de gestión, reserva para contingencias) con el objetivo de proporcionar más detalles sobre qué tipos de riesgos se pretende mitigar.

Reserva de Gestión / Management Reserve. Parte del presupuesto del proyecto o cronograma del proyecto mantenida fuera de la línea base para la medición del desempeño (PMB) con fines de control de gestión, que se reserva para trabajo imprevisto que está dentro del alcance del proyecto.

Reserva para Contingencias / Contingency Reserve. Tiempo o dinero asignado en el cronograma o línea base de costos para riesgos conocidos con estrategias de respuesta activas.

Responsabilidad / Responsibility. Asignación que puede delegarse dentro de un plan para la dirección del proyecto de modo tal que el recurso asignado incurre en la obligación de llevar a cabo los requisitos de la asignación.

Restricción / Constraint. Factor limitant que afecta la ejecución de un proyecto, programa, portafolio o proceso.

Resultado / Result. Una salida de la ejecución de procesos y actividades de dirección de proyectos. Los resultados incluyen consecuencias (p.ej., sistemas integrados, procesos revisados, organización reestructurada, pruebas, personal capacitado, etc.) y documentos (p.ej., políticas, planes, estudios, procedimientos, especificaciones, informes, etc.). Véase también *entregable*.

Retrabajo / Rework. Acción tomada para hacer que un componente defectuoso o no conforme cumpla con las disposiciones de los requisitos o especificaciones.

Retraso / Lag. Cantidad de tiempo en la que una actividad sucesora se retrasará con respecto a una actividad predecesora.

Revisión de Fase / Phase Gate. Revisión al final de una fase en la que se toma una decisión de continuar a la siguiente fase, continuar con modificaciones o dar por concluido un proyecto o programa.

Revisión del Riesgo / Risk Review. Reunión para examinar y documentar la efectividad de las respuestas a los riesgos en el tratamiento del riesgo general del proyecto y de los riesgos individuales identificados en el mismo.

Revisiones a la Documentación / Documentation Reviews. Proceso de recopilar un corpus de información y revisarlo para determinar exactitud y completitud.

Revisiones del Desempeño / Performance Reviews. Técnica que se utiliza para medir, comparar y analizar el desempeño real del trabajo en curso en el proyecto con la línea base.

Riesgo / Risk. Evento o condición incierta que, si se produce, tiene un efecto positivo o negativo en uno o más de los objetivos de un proyecto.

Riesgo General del Proyecto / Overall Project Risk. Efecto de la incertidumbre sobre el proyecto en su conjunto, proveniente de todas las fuentes de incertidumbre incluidos riesgos individuales, que representa la exposición de los interesados a las implicancias de las variaciones en el resultado del proyecto, tanto positivas como negativas.

Riesgo Residual / Residual Risk. Riesgo que permanece después de haber implementado las respuestas a los riesgos.

Riesgo Secundario / Secondary Risk. Riesgo que surge como resultado directo de la implantación de una respuesta a los riesgos.

Rol / Role. Función definida a ser realizada por un miembro del equipo del proyecto, como probar, archivar, inspeccionar o codificar.

Ruta Crítica / Critical Path. Secuencia de actividades que representa el camino más largo a través de un proyecto, lo cual determina la menor duración posible.

Ruta de Red / Network Path. Secuencia de actividades conectadas por relaciones lógicas en un diagrama de red del cronograma del proyecto.

Salida / Output. Producto, resultado o servicio generado por un proceso. Puede ser un dato inicial para un proceso sucesor.

Secuenciar las Actividades / Sequence Activities. Proceso de identificar y documentar las relaciones entre las actividades del proyecto.

Simulación / Simulation. Técnica analítica que modela el efecto combinado de las incertidumbres para evaluar su posible impacto en los objetivos.

Simulación Monte Carlo / Monte Carlo Simulation. Técnica de análisis donde un modelo informático se itera muchas veces, con los valores de entrada elegidos al azar para cada iteración a partir de los datos de entrada, incluidas distribuciones de probabilidad y ramas probabilísticas. Las salidas se generan para representar el rango de posibles resultados para el proyecto.

Sistema de Control de Cambios / Change Control System. Conjunto de procedimientos que describe la forma en que se gestionan y controlan las modificaciones de los entregables y la documentación del proyecto.

Sistema de Control de Cambios del Contrato / Contract Change Control System. Sistema utilizado para recopilar, rastrear, decidir y comunicar los cambios a un contrato.

Sistema de Dirección de Proyectos / Project Management System. Conjunto de los procesos, herramientas, técnicas, metodologías, recursos y procedimientos para dirigir un proyecto.

Sistema de Gestión de Calidad / Quality Management System. Marco organizativo cuya estructura proporciona las políticas, procesos, procedimientos y recursos necesarios para implementar el plan de gestión de la calidad. El típico plan de gestión de la calidad del proyecto debería ser compatible con el sistema de gestión de calidad de la organización.

Sistema de Gestión de la Configuración / Configuration Management System. Conjunto de procedimientos utilizado para rastrear objetos del proyecto y monitorear y controlar los cambios en estos objetos.

Sistema de Información para la Dirección de Proyectos / Project Management Information System. Sistema de información compuesto por herramientas y técnicas utilizadas para recopilar, integrar y difundir las salidas de los procesos de la dirección de proyectos.

Sistemas de Gestión de la Información / Information Management Systems. Instalaciones, procesos y procedimientos utilizados para recopilar, almacenar y distribuir información entre productores y consumidores de información en formato físico o electrónico.

Solicitud de Cambio / Change Request. Propuesta formal para modificar un documento, entregable o línea base.

Solicitud de Cotización (RFQ) / Request for Quotation (RFQ). Tipo de documento de adquisición que se utiliza para solicitar cotizaciones de precio a posibles vendedores de productos o servicios comunes o estándar. A veces se utiliza en lugar de la solicitud de propuesta y en algunas áreas de aplicación, es posible que tenga un significado más concreto o específico.

Solicitud de Información (RFI) / Request for Information (RFI). Tipo de documento de adquisición por el cual el comprador solicita al posible vendedor que proporcione una determinada información relacionada con un producto, servicio o capacidad del vendedor.

Solicitud de Propuesta (RFP) / Request for Proposal (RFP). Tipo de documento de adquisición que se utiliza para solicitar propuestas de posibles vendedores de productos o servicios. En algunas áreas de aplicación puede tener un significado más concreto o específico.

Supuesto / Assumption. Factor del proceso de planificación que se considera verdadero, real o cierto, sin prueba ni demostración.

Técnica / Technique. Procedimiento sistemático definido y utilizado por una o más personas para desarrollar una o más actividades, a fin de generar un producto o un resultado o prestar un servicio y que puede emplear una o más herramientas.

Técnica de Grupo Nominal / Nominal Group Technique. Técnica que mejora la tormenta de ideas, mediante un proceso de votación que se usa para jerarquizar las ideas más útiles, para realizar una tormenta de ideas adicional o para asignarles prioridades.

Técnica de Optimización de Recursos / Resource Optimization Technique. Técnica en la cual las fechas de inicio y finalización de las actividades se ajustan para equilibrar la demanda de recursos con la oferta disponible. Véase también *nivelación de recursos y estabilización de recursos*.

Técnicas para la Toma de Decisiones / Decision-Making Techniques. Técnicas para seleccionar un curso de acción entre diferentes alternativas.

Técnicas Analíticas / Analytical Techniques. Diversas técnicas utilizadas para evaluar, analizar o pronosticar resultados potenciales en base a posibles modificaciones de variables del proyecto o variables ambientales y sus relaciones con otras variables.

Técnicas de Análisis de Datos / Data Analysis Techniques. Técnicas para organizar, examinar y evaluar datos e información.

Técnicas de Diagramación / Diagramming Techniques. Métodos para presentar la información con enlaces lógicos que ayudan a comprenderla.

Técnicas de Evaluación de Propuestas / Proposal Evaluation Techniques. Proceso de analizar las propuestas proporcionadas por los proveedores para apoyar las decisiones de adjudicación de contratos.

Técnicas de Recopilación de Datos / Data Gathering Techniques. Técnicas para recopilar datos e información de diversas fuentes.

Técnicas de Representación de Datos / Data Representation Techniques. Representaciones gráficas u otros métodos utilizados para transmitir datos e información.

Tecnología de la Comunicación / Communication Technology. Herramientas, sistemas, programas informáticos específicos, etc., utilizados para transferir información entre los interesados del proyecto.

Tolerancia / Tolerance. Descripción cuantificada de la variación aceptable de un requisito de calidad.

Transferir el Riesgo / Risk Transference. Estrategia de respuesta a los riesgos según la cual el equipo del proyecto traslada el impacto de una amenaza a un tercero, junto con la responsabilidad de la respuesta.

Umbral / Threshold. Valor predeterminado de una variable medible del proyecto que representa un límite que exige tomar medidas en caso de ser alcanzado.

Umbral de Riesgo / Risk Threshold. Medida de la variación aceptable en torno a un objetivo que refleja el apetito de riesgo de la organización y los interesados. Véase también *apetito de riesgo.*

Unanimidad / Unanimity. Consenso entre todos los integrantes del grupo sobre una única línea de acción.

Validación / Validation. Proceso realizado para asegurar que un producto, servicio o resultado cumple con las necesidades del cliente y de otros interesados identificados. Compárese con verificación.

Validar el Alcance / Validate Scope. Proceso de formalizar la aceptación de los entregables del proyecto que se hayan completado.

Valor del Negocio / Business Value. Beneficio cuantificable neto que se deriva de una iniciativa de negocio. El beneficio puede ser tangible, intangible o ambos.

Valor Ganado (EV) / Earned Value (EV). Cantidad de trabajo ejecutado a la fecha, expresado en términos del presupuesto autorizado para ese trabajo.

Valor Planificado (PV) / Planned Value (PV). Presupuesto autorizado que ha sido asignado al trabajo planificado.

Variación / Variance. Desviación, cambio o divergencia cuantificable con respecto a una línea base o valor esperado.

Variación / Variation. Condición real que es diferente de la condición esperada que figura en la línea base del plan.

Variación a la Conclusión (VAC) / Variance At Completion (VAC). Proyección del monto del déficit o superávit presupuestario, expresada como la diferencia entre el presupuesto al concluir y estimación al concluir.

Variación del Costo (CV) / Cost Variance (CV). Monto del déficit o superávit presupuestario en un momento dado, expresado como la diferencia entre el valor ganado y el costo real.

Variación del Cronograma (SV) / Schedule Variance (SV). Medida de desempeño del cronograma que se expresa como la diferencia entre el valor ganado y el valor planificado.

Vendedor / Seller. Proveedor o suministrador de productos, servicios o resultados a una organización.

Verificación / Verification. Proceso que consiste en evaluar si un producto, servicio o resultado cumple o no con determinada regulación, requisito, especificación o condición impuesta. Compárese con *Validación.*

Voz del Cliente / Voice of the Customer. Técnica de planificación utilizada para proveer productos, servicios y resultados que reflejen fielmente los requisitos del cliente traduciéndolos en requisitos técnicos apropiados para cada fase del desarrollo de producto del proyecto.

ÍNDICE

A

AC. *Ver* Costo real

Acción correctiva
  definición, 698
  solicitud de cambio para, 96, 112

Acción preventiva
  definición, 698
  inspección y, 274
  solicitud de cambio para, 96, 112

Aceptar el riesgo
  definición, 698
  estrategias activas/pasivas, 443, 444, 446

Acta de constitución del equipo, 319–320, 339, 347, 698

Acta de constitución del proyecto. *Ver también* Proceso Desarrollar el Acta de Constitución del Proyecto; Lista de interesados clave
  como entrada, 83, 124, 135, 140, 152, 180, 236, 279, 314, 368, 402, 468, 509, 518
  como salida, 81
  definición, 698
  elementos, 155
  plan para la dirección del proyecto y, 34

Acta de Constitución. *Ver* proceso Desarrollar el Acta de Constitución del Proyecto; Acta de constitución del proyecto; Acta de constitución del equipo

Actitudes frente al riesgo, 420, 518

Actividad de la ruta crítica, 698

Actividad en el nodo (AON), 218, 698. *Ver también* Método de diagramación por precedencia

Actividad iterativa, 33

Actividad predecesora, 194, 698

Actividad resumen, 194, 217, 698

Actividad sucesora, 186, 188, 190, 214
  adelantos y, 192
  definición, 189, 698
  múltiple, 194
  retrasos y, 193

Actividad
  definición, 698
  iterativa, 33

Actividades de desarrollo del espíritu de equipo, 337, 341, 342

Activos de los procesos de la organización (OPAs)
  categorías, 39–40
  como entrada, 79, 84, 94, 102, 110, 117, 136, 141, 152, 157, 170, 180, 184, 189, 199, 209, 225, 237, 243, 251, 260, 281, 291, 302, 314, 324, 331, 340, 348, 355, 369, 383, 391, 403, 413, 422, 431, 441, 450, 471–472, 486, 497, 510, 520, 526, 533
  como salida, 105, 128, 335, 344, 388, 458, 481, 491, 501
  definición, 698
  factores ambientales de la empresa y, 557
  influencias del proyecto y, 37
  procesos, políticas y procedimientos, 40–41

Activos de los procesos, *Ver* Activos de los procesos de la organización

Activos. *Ver* Activos de los procesos de la organización (OPAs)

Actualización(es)
  definición, 698
  solicitud de cambio para, 96

Actualizaciones a las listas de vendedores precalificados, 501

Acuerdo maestro de servicios (MSA), 465

Acuerdos de nivel de servicio (SLA), 78, 461, 698

Análisis mediante árbol de decisiones, 435, 700

AON. *Ver* Actividad en el nodo

Apetito al riesgo, 720

Aprendizaje organizacional, 700

Archivo de la adquisición, 501

Áreas de Conocimiento de la Dirección de Proyectos, 23–25, 553, 700

Áreas de conocimiento, 23–25, 553

   Guía del PMBOK® componentes clave y, 18

   Grupos de Procesos y, 24–25, 556

   mapeo, 24–25, 556

   visión general, 23–25

Aseguramiento de calidad, 289. *Ver también* Proceso Gestionar la Calidad

Asignación previa de miembros del equipo, 333

Asignaciones de recursos físicos, 333, 354, 358, 626

Asignaciones de recursos. *Ver* Asignaciones de recursos físicos

Asignaciones del equipo del proyecto, 339, 344, 347

Atributo(s), 149

Atributos de la actividad, 700

   como entrada, 188, 198, 207, 322, 573, 576, 583

   como salida, 186, 194, 204, 221, 327, 573, 575, 576, 583

Auditoría de los riesgos, 456, 458, 701

Auditorías de calidad, 290, 294–296, 701

Auditorías de la adquisición, 494, 701

Auditorías, 118, 276, 498

   adquisición, 494, 701

   calidad, 290, 294–295, 296, 701

   riesgo, 456, 458, 701

   verificación de los elementos de configuración y, 118

Autoridad, 701. *Ver también* Marcos de gobernanza

B

BAC. *Ver* Presupuesto hasta la conclusión

Base de las estimaciones, 108, 204, 701

   como entrada, 116, 124, 208, 250, 430

   como salida, 229, 230, 247, 270, 326

Bases de conocimiento de la organización, *Ver* Repositorios de bases de conocimiento corporativas

BIM. *Ver* Modelo de información del edificio

Buenas prácticas, 2, 28

C

CA. *Ver* Cuenta de control

Calendario de recursos

   como entrada, 199, 208, 225, 323, 331, 339, 440

   como salida, 230, 334, 344, 491

   definición, 701

Calendario del proyecto, 220, 225, 701

Calendario. *Ver* Calendario del proyecto; Calendarios de recursos

Calidad. *Ver también* Proceso Planificar la Gestión de la Calidad; Gestión de la calidad del proyecto

   definición, 701

   grado y, 274

Cambio solicitado. *Ver también* Solicitudes de cambio

Cambio(s)

   definición, 701

   impugnados. 498

   proyectos y, 6

Cambios de etapas, 21, 545

Cambios en el alcance, 304, 319, 402, 472

Cambios impugnados, 498

Capacitación cruzada, 337

Características del proyecto, 47, 253

Caso de negocio del proyecto, 30–32

Caso de negocio

   como entrada, 125, 251, 469, 509

   definición, 701

   documentos de negocio y, 77–78

   proyecto, 30–32

Categoría de riesgo, 405, 417, 701

Categorización de riesgos, 425, 701

CCB. *Ver* Comité de control de cambios

Ciclo de vida adaptativo, 19, 701

Ciclo de vida del desarrollo, 19, 74

Ciclo de vida del producto

   costo de la calidad y, 245

   definición, 701

Ciclo de vida del proyecto, 19, 547–549

   adaptativo, 19, 131, 701

   definición, 701

   plan para la dirección del proyecto y, 135

   predictivo, 19, 131, 702

Ciclo de vida híbrido, 19

Control de costos del proyecto. *Ver* Proceso Controlar los Costos

Control de la configuración, 115, 118

Control del cronograma. *Ver* Proceso Controlar el Cronograma

Control integrado de cambios. *Ver* Proceso Realizar el Control Integrado de Cambios

Control/controlar/de control, 107, 702

Convergencia de rutas, 194, 712

Conversación, 145, 392, 527

COQ. *Ver* Costo de la calidad

Correo electrónico, 78, 311, 333, 340, 361, 362, 373, 374, 375, 376, 377, 385

Correspondencia, 388, 496, 499

Corrupción o deslizamiento del alcance, 154, 168, 182, 704

Costo de la Calidad (COQ), 245, 274, 282–283, 704

Costo Real (AC), 261, 704

Costo(s). *Ver también* Costo real
    fracaso, 274, 275, 282, 303
    indirecto, 246, 261

Costos agregados, 252, 704

Costos indirectos, 246, 261

Costos por fallas, 274, 275, 282, 303

Cotización, 477

Coubicación, 340, 343, 704

CPAF. *Ver* Contrato de costo más honorarios por cumplimiento de objetivos

CPFF. *Ver* Costo más honorarios fijos

CPI. *Ver* Índice de desempeño del costo

CPIF. *Ver* Contrato de costo más honorarios con incentivos (CPIF)

CPM. *Ver* Método de la ruta crítica

Creación de guiones gráficos, 147

Creación de relaciones de trabajo, 386, 534, 704

Criterios de aceptación, 154, 704

Criterios de selección de proveedores, 473–474, 478–479, 485, 704

Criterios, 704

Cronograma de hitos, 704. *Ver también* Cronograma maestro

Cronograma del proyecto
    como entrada, 93, 225, 242, 250, 314, 331, 339, 355, 440, 484, 519
    como salida, 217–219, 230, 256, 335, 344, 378, 387, 448
    definición, 705

Cronograma ganado (ES), 233

Cronograma línea base. *Ver* Línea base del cronograma

Cronograma maestro, 217, 705

Cronograma(s), 704. *Ver también* Proceso Controlar el Cronograma; Cronograma maestro; Cronograma del proyecto; Modelo de programación

Cronogramas y solicitudes de pago, 501

Cuenta de control, 161, 239, 254, 705

Cuestionarios, 143, 303, 511, 705

Cultura de la organización, 38. *Ver también* Diversidad cultural

Cultura de los clientes, 101

Cultura. *Ver* Cultura de la organización

Cumplimiento
    consideraciones sobre adaptación y, 276
    PMOs de control y, 48

CV. *Ver* Variación del costo

D

Datos de desempeño del trabajo, 26
    como entrada, 165, 169, 225, 260, 301, 355, 390, 456, 496, 532
    como salida, 95
    definición, 705

Datos del cronograma, 705
    como entrada, 225
    como salida, 220, 230

Datos. *Ver también* Datos de desempeño del trabajo
    definición, 705
    visión general, 26–27

Debilidades, amenazas, fortalezas y oportunidades. *Ver* Análisis FODA

Decisiones de hacer o comprar, 473, 479, 705

Decisiones de hacer versus comprar, 241

Defecto(s)
    definición, 705
    histogramas y, 293, 304

Demanda del mercado, 78

Deming, W. Edwards, 275

Dependencia. *Ver también* Relación lógica
    definición, 705
    obligatoria, 191, 710

Dependencias discrecionales, 191, 705

Dependencias externas, 192, 705

Dependencias internas, 192

E

Memorandos de entendimiento (MOUs), 78, 461

Método de diagramación por precedencia (PDM), 189–190
  definición, 717
  rutas críticas y, 210
  tipos de relaciones, 190

Método de fórmula fija, 182, 239

Método de la ruta crítica (CPM), 210–211, 227, 717

Método de selección sólo por calificaciones, 473

Método del menor costo, 473

Método del presupuesto fijo, 474

Metodología, 2, 717

Metodologías híbridas, 73

Métodos de comunicación, 374–375, 383, 717
  objetos y, 375

Métodos de entrega, 476

Métodos para generar pronósticos, 92, 220–221

Métricas de calidad
  como entrada, 291, 300
  como salida, 287
  definición, 717

Métricas. *Ver también* Mediciones de control de calidad; Métricas de calidad
  desempeño del trabajo, 109
  éxito del proyecto y, 34–35
  plan de gestión de beneficios y, 33

Mitigación, *Ver* Mitigar el riesgo

Mitigar el riesgo, 443, 446, 717

Modelo de alcance. *Ver* Diagramas de contexto

Modelo de información del edificio (BIM), 463

Modelo de programación del proyecto
  análisis de la red del cronograma y, 209
  datos del cronograma, 220
  desarrollo, 182
  mantenimiento, 182, 208
  objetivo, 217

Modelo de programación, 717

Modelo lógico de datos, 284

Modelo SIPOC, 284, 285

Modelos de comunicación emisor-receptor, 371, 381

Modelos de comunicación, 371–373, 717
  comunicación intercultural, 373
  muestra interactiva, 371

Monitorear, 717

Moral, 45, 338

Motivación
  comportamientos y, 60
  gestión de conflictos y, 348
  habilidades de equipo y, 341
  historias de usuarios y, 145
  liderazgo y, 65, 309
  personal y, 197

MOUs. *Ver* Memorandos de entendimiento

MSA. *Ver* Acuerdo maestro de servicios

Muestreo estadístico, 303, 718

Muestreo por atributos, 274, 699

N

Navigating Complexity: A Practice Guide (Navegando la Complejidad: Guía Práctica), 68

Negociación, 341, 357, 488, 527

Negociación de adquisiciones, 488

Nivel de Esfuerzo (LOE), 300, 325, 450, 718

Nivel de exactitud, 182, 238

Nivel de precisión, 238

Nivel del proceso, integración al, 67

Nivelación. *Ver* Nivelación de recursos

Nivelación de recursos, 207, 211, 212, 718

No conformidad
  costos y, 245, 282, 283
  prevención, 274
  problemas, 303
  trabajo, 284

Nodo, 189, 435, 718

NPV. *Ver* Valor actual neto

O

Objetivo, 718

Objetos del proyecto, adaptar, 558–559

Objetos y métodos de comunicación, 375

Objetos
  comunicación, 375
  proyecto, 558–559

OBS. *Ver* Estructura de desglose de la organización

Observación/conversación, 145, 527

Oferente. *Ver* Vendedor(es)

Oficina de dirección de proyectos (PMO), 40, 48–49, 718

OPAs, *Ver* Activos de los procesos de la organización (OPAs)